教行信証入門講話集

暁烏敏 Akegarasu Haya

書肆心水

教行信証入門講話集

目次

教行信証総序講話……7
教行信証教巻講話……117
教行信証行巻講話……205

凡例

一、本書は暁烏敏による『教行信証』についての連続講話の記録を収めたものである（四百字詰め原稿用紙換算一五〇〇枚分）。底本には会員頒布版の『暁烏敏全集』（一九七七年、発行者暁烏敏全集刊行会、発行所涼風学舎）を使用した。『暁烏敏全集』においては「教行信証講話」と題して集められているテキストである。「行巻」の途中で終っているが、講話自体がそこで途絶したものである。

一、本書では地の文・引用文ともに新仮名遣いで表記した。

一、踊り字（繰り返し記号）は「々」のみを使用し、それ以外の踊り字は繰り返す文字に戻して表記した。

一、読み仮名ルビは底本のものをすべていかし、さらに附加した。

一、読みにくい場合に送り仮名を加減した。ただし、親鸞の文章については底本の記述のままとした。

一、〔　〕の部分は本書刊行所による註釈である。

一、地の文においては現今一般に漢字表記が避けられる傾向にある左記の語を平仮名に置きかえて表記した。

雖も（いえども）愈々（いよいよ）印度（インド）此所・此処（ここ）悉く（ことごとく）此の（この）是れ・之（これ）併し・而し（しかし）併も・而も（しかも）屢々（しばしば）其処（そこ）其の（その）忽ち（たちまち）猶お（なお）乍ら（ながら）殆ど（ほとんど）儘（まま）稍（やや）

教行信証入門講話集

教行信証総序講話

顕浄土真実教行証文類序

愚禿釈親鸞述

窃に以みれば、難思の弘誓は難度の海を度する大船、無礙の光明は無明の闇を破する慧日なり。然れば則ち、浄邦縁熟して、調達闍世をして逆害を興ぜしめ、浄業機彰れて、釈迦韋提をして安養を選ばしめたまえり。斯れ乃ち、権化の仁、斉しく苦悩の群萠を救済し、世雄の悲、正しく逆・謗・闡提を恵まんと欲してなり。故に知んぬ、円融至徳の嘉号は、悪を転じて徳を成す正智、難信金剛の信楽は、疑を除き証を獲しむる真理なり。爾れば、凡小修し易き真教、愚鈍往き易き捷径なり。大聖一代の教、是之徳海に如くは無し。穢を捨て浄を忻い、行に迷い信に惑い、心昏く識寡く、悪重く障多きもの、特に如来の発遣を仰ぎ、必ず最勝の直道に帰して、専ら斯の行に奉え、唯斯の信を崇めよ。噫、弘誓の強縁は多生にも値い叵く、真実の浄信は億劫にも獲叵し。遇行信を獲ば遠く宿縁を慶べ。若し也此の廻疑網に覆蔽せられなば更りて復曠劫を逕歴せん。誠なる哉や、摂取不捨の真言、超世希有の正法、聞思して遅慮すること莫れ。爰に愚禿釈の親鸞、慶ばしき哉や、西蕃・月氏の聖典、東夏・日域の師釈に、遇い難くして今遇うことを得たり。聞き難くして已に聞くことを得たり。真宗の教・行・証を敬信して、特に如来の恩徳の深きことを知んぬ。斯を以て聞く所を慶び、獲る所を嘆ずるなり矣。

第一講　はじめに

昭和七年の正月を迎えお互いが一年ずつ年を加えました。一年の年を取ってさて反省してみる時、昨年一年どういう事をして来たか、何か自分によいことを戴いたかと、私は自分に算盤をはじいてみます。

物の点でも、有るものが無くなることもあろう、無かったものが有るようになる事もあろう。自分の身体の上でも、年を取ると歯も抜け、目方も減り、力も無くなってゆく。が、その間に何か残ったものはないであろうか……。出来たものは何時か壊れてゆく。会うた者は別れてゆくが、その間に、限りなき命に親しませて貰うことが出来ただろうか。それが出来ればそれだけが儲ものなんです。

私共は常に先徳のみ教えに触れておれば、その限り無き命を今日の日暮しの上に味わい、その命の底に限り無き光明を味わわせて戴くことが出来ます。これが信心と申すものであります。この信心のお味わいに念々触れさせて貰わなければ、我々がこの世に生を受けた意味がないのであります。

昨年の一年を顧みると、ただただ受けた事が多く、受けた御恩をしみじみ思います。不足勝ちの自分に、物の上でも、又智慧の上にも多分にお与えを受け、お育てに預かっておることを喜ぶのであります。

昨年は、日本の神代の精神の研究から、聖徳太子様の御精神を今迄よりも深い底に於いて触れることが出来、従って親鸞聖人の御信心にも今迄より深い所に於いてお味わいさせて貰うことが出来ました。その事は昨年一年の私の儲ものでありました。

この頃読んだ書物に、聖人が関東においでになる際お建てになった御堂の御本尊は、阿弥陀様でも、お釈迦様でも、法然上人でもなく、聖徳太子様であったという事が記されてあります。さもありなん、と今更のように嬉しく思うのであります。

私は十三才の年学校で御和讃の講義を聞いた。それから本年五十六才迄聖人のみ教えを色々の形に於いて受けて居るのであります。色々の人が広く深く聖人のお徳を慕われ、そのお手引で自分に気付かぬ事をだんだん深く新しく気付かして貰える事を喜んでおります。この頃になって、自分に考える許《ばか》りでなく、人の調べた考えを、心をひそめて聞かねばならぬのだなあとしみじみ感じております。

昨年は一月、二月、『古事記』によって日本精神を究めたが、今年は、午前『日本書紀』によって日本精神を究め、又一層聖徳太子の御精神を広く深く研鑽致したいと今日からその仕事にかかっております。

私は書物を自分で読む事が出来んので、皆に聞かして貰うておる。これも不自由のことで、自分で読めたら汽車の中でも船の中でも一寸の暇を盗んで見る事が出来るのだが、自分で読めないから時間を決めて人に読んで貰わねばならない。何か盗み事でもするようにせねば勉強が出来ない。時間が惜しいもので尋ねて来る方々にも不愛想に出来ないのを残念に思っております。その代りに、ゆっくり一人一人にお話出来なくなって、一層聖人の御心を極めてゆきたいと法座にのぞんでおるのであります。又、自分に供養する心で本年は『教行信証』をぼちぼちお味わいしてゆきたいと思います。『教行信証』は聖人の御著述の中で、最も大部の御書物であります。従来私共が教えを受けたところでは、聖人五十二才の年、常州稲田の草庵で完成されたというように決められております。それを標準にして、東西両本願寺では大正十二年立教開宗七百年記念法要が勤められたのであります。東本願寺では、立教開宗七百年記念のために草稿本が原寸大の写真版として出版せられました。今ここに持って来ているこれがその写真版であります。御草稿本はお弟子の性信房が伝えて、性信房の開基である東京坂東の報恩寺の宝物としてありましたが、今は浅草別院経蔵の金庫に保管されております。この御草稿本は、消えた所も、紙が継いである所もあり、中には紙の裏やら、反古紙やらに書いてあるのもあります。これが御草稿本なのであります。

又、西本願寺にも、御真筆の『教行信証』と伝えられているのがあります。それは蓮如上人が吉崎の御坊において御覧になった時、吉崎の御坊が火事で焼けた。その時に本向坊という人が、この書物は大切な御聖教故燃やしてはならぬと思い、腹を裂いて中に入れられた。本向坊は焼死されたが御聖教は燃えずにすんだ、だからこれを「腹籠りの御書」と俗に言っております。

今から十年程前に中沢氏の『史上の親鸞』という本を買ったが、それをこの頃読んだ。それによると『教行信証』は、聖人五十二才御製作でなくて、恐らく聖人が関東から京都へお帰りになったあと──六十三才にお帰りになったのですが──その後十年程の間、七十二、三才頃迄にお書きになったのではないかということが書いてある。

中沢さんの説は、聖人は六十二才迄関東においでになり、その終りの五、六年に聖徳太子のお書き物を御覧になって大変感激された。それから大変熱心に布教をされた。沢山の弟子が出来たが自分を顧りみ懐悔をなされた。こうして居れぬとの思召しで京都へお帰りになった。自分の身体もいつ駄目になるかわからぬから、自分の頂いた教えを伝えておきたいと思って『教行信証』をお書きになったのであろう。それから常時書物の御製作にかかられたのではなかろうか、と書いておられる。

中沢氏のこの研究に就いては、私は深く自分に研鑽しなければならぬと思う。六百年この方多くの学者達が研究して来たが、中沢氏は色々の書物を調べた揚句この説を立てられた。色々と気付かぬ事を気付かして貰った事を喜ぶのであります。

私は学校に居って毎日二時間ずつ、二年間『御本書』(《教行信証》)の講義を聴いたり、教理史や、宗乗、余乗の学問をしたが、くわしい事はわかりません。聖人が五十二才にお作りになったのだから、自分も五十二才になった時、この書物を深く味わいたいと思っておりました。その後ずっとその方の学問はしておらないので、くわしい事はわかりません。聖人が五十二才にお作りになったのだから、自分も五十二才になった時、この書物を深く味わいたいと思っておりました。

明治四十四年『歎異鈔講話』が出来た時に、『教行信証』を味わい、それを極く平易に、自分に味わっただけを発表したいと思い、『精神界』にその第一回を出した。が、その後ずっと怠っておって書かなかった。それから二十年経ちます。

本年から法座毎にぼちぼちお味わいさせて頂こうと思います。聖徳太子の御精神を明らかにして行くと共に、『教行信証』を味わい明らかにさせて頂きたいと思います。親鸞聖人のお徳を慕うておいでになる皆さんと共に味わって自分に教わりたいと思います。皆さんは別にこの書物の綱格だの或いは道理というものをお聞きになるのでなく、至心にただ聖人のお言葉を聴聞して、そのお言葉の中に、自分の助かる道を聞かして貰い、仏法に就いての明らかな道を進んで頂けると結構と思います。

学者達は、聖道門だとか、浄土門の綱格だとかいうことを論じておるが、私はそんな事を論ずるのでなく、一つ一つのお言葉を今日の日暮しの上に味わい、御教えを受けてゆこうとこんなに思っているのであります。

そこで今読んだ所でありますが、これは、『教行信証』の序文であります。別序、後序というのが別にあるので今読んだこの序分を一般に「総序」とよばれています。総序は聖人が仏様の眷属としてお書きになり、聖人の御信心の源を書いてあるのです。後序には『教行信証』をお書きになる由来を充分に書いてあります。

「窃に以みれば、難思の弘誓は難度の海を度する大船」と書き出され、終りに「斯を以て聞く所を慶び、獲る所を嘆ずるなり」とあるこのお聖教の思召し、阿弥陀さんの御本願を聴聞して、暗い胸の中を明らかにさせて頂いた一切を讃嘆したいという心持である。「難思」とは、思い難き——不可思議——である。

ああいう具合だからと計ることが出来ないのである。広大だという事を現わしてある。「弘」はひろい、「誓」はちかい。阿弥陀さんの本願を弘誓という。くわしく言えば四十八願、詰めて言えば十八願、もう一つ言えば「願わくば我作仏して聖法王に斉しく、生死を過度して解脱せざる靡けん」と仰った願である。「難思の弘誓」というのが一番もとである。

とあるこのお釈迦様の胸に現われ、それが伝統相承して親鸞聖人の胸に宿らせられた。そのお陰で聖人自らが明らかな身になられた。その喜びの余り七高僧と現われて、それが伝統相承して親鸞聖人の胸に宿らせられた。そのお陰で聖人自らが明らかな身になられた。阿弥陀如来の広大な本願が、お釈迦様の胸に現われ、七高僧と現われて、それが伝統相承して親鸞聖人の胸に宿らせられた。そのお陰で聖人自らが明らかな身になられた。だからこの『教行信証』という書物は初めから終りまで阿弥陀さんの御本願の言葉が書いてあるお聖教だと言ってよい。教も本願なれば行も本願、信も本願なれば証も本願である。この『教行信証』という書物は初めから終りまで阿弥陀さんの御本願の言葉が書いてあるお聖教だと言ってよい。教も本願なれば行も本願、信も本願なれば証も本願である。

凡夫が自分でもってこういう具合だから、一事として阿弥陀如来の清浄願心之廻向成就したまえる所に非ざること有ること無し」である。自分が信ずるのも、称えるのも、有難いと思うのも、全て如来様のお与えであ陀さんの御本願の言葉が書いてあるお聖教だと言ってよい。「若は信、若は行、一事として阿弥陀如来の清浄願心之廻向成就したまえる所に非ざること有ること無し」である。自分が信ずるのも、称えるのも、有難いと思うのも、全て如来様のお与えである。それでこの『教行証文類』全てが自分のはからいでなく、全て如来様の御本願が自分の胸に溢れ出て、自分の手先の筆に動いて現われて下さったのだとの思召しであります。それでこのお聖教の全体は、聖人

阿弥陀如来の本願がそうさせているのである。それでこの『教行証文類』全てが自分のはからいでなく、全て如来様の御本願が自分の胸に溢れ出て、自分の手先の筆に動いて現われて下さったのだとの思召しであります。それでこのお聖教の全体は、聖人

のお筆に依って書かれてはおるが、仏様の本願がそのままにこのお聖教の文字となって現われて下さったものなのです。「更に親鸞珍らしき法をも弘めず、如来の教法を、われも信じ人にも教え聞かしむるばかりなり」と非常に謙虚なお心持なのである、又非常に自信の強い思召しである。小さい自分の思いではない、自分の経験をもとにしたものではない、久遠劫の昔から栄えておる阿弥陀如来の御本願が現われ出て下さったのであるとの思召しをお書きになったのである。

善導大師は聖人が七高僧の五番目と崇めておられるお方である。この善導様は『観経』の講義をお書きになった。今迄の人が窺われなかった深い意味を発見してお書きになった。そういうところから聖人は『正信偈』に「善導独り仏の正意を明らかにし」と仰っておられる。この善導様が『観経』の講義をお書きになる時、お釈迦様が化仏となって現われ、その化仏のお指図に従ってお書きになったのである。それが今日の『観経四帖疏』即ち「玄義分」「序分義」「定善義」「散善義」の四巻の講義である。聖人は、化仏の教えを一々お受けなさったというよりは、阿弥陀如来の本願が善導様の上に現われ出て下さったのだとお味わいになられたのであります。

善導大師の『観経四帖疏』のほかに、善導大師の師匠道綽《どうしゃく》禅師の『観経』の講義『安楽集』がある。日本では法然上人の『選択集』がある。やはり『観経』のおこころを和らげられたお聖教である。それに対して聖人の『教行信証』は『仏説無量寿経』の中心の思想をお書きになったものであると窺われます。これは顕の道をお書きになったのである。

浄土真宗の教えというのは『仏説無量寿経』である。『仏説無量寿経』の宗とするところは、仏の名号である。そして「仏の名号を以て経の体と為る」と聖人は仰せられた。『無量寿経』の根本はこの本願である。この本願をお説き下されたのが『教行信証』である。私はこれから皆さんと一緒に『教行信証』を拝読させて貰って、その一つ一つの御言葉の上に聖人を通して、阿弥陀如来の御本願に触れさせて頂き、本願の思召しを信じて日暮しをさせて頂きたいと思います。『教行信証』の中に、聖人自らが喜びを申し述べておいでになる様《さま》は、丁度忠臣が二君に仕えず貞女二夫にまみえずというように、又、子供が親を慕うが如く、阿弥陀如来をお慕いになっておられることであります。

私共は善いにつけても、悪いにつけても、この世の色々の点に於いて、常に助けにゃおかん、一切衆生を仏にせにゃおかぬという大悲弘誓のお力を仰ぎ、自分も助かり、一切衆生も助かるという強い信心の道を歩かして貰いましょう。

仏は、一人でも助からぬ者があれば、仏にならぬと仰せられる。その切ないおこころを自分の胸のうちに頂き、自分が助からねば阿弥陀様はおいでにならぬのだと強い信心を頂いて、喜んで御恩報謝の生活をさせて貰いましょう。全てが本願のお手強さの現われだと喜び合うてゆきたいと思います。今日はこれだけにしておきます。

（昭和七年一月二日・明達寺初お講）

『顕浄土真実教行証文類』、略して『教行信証』（『御本書』ともいう）は親鸞聖人の主著であります。大抵の書物の題名は、その書物の内容を簡単に現わしておるのであります。この題号もそうであります。「顕《けん》」というは顕《あら》わす。「浄土」というは、道綽《どうしゃく》禅師が仏教を聖道門と浄土門とに分けられた、その浄土門の流れを相承して、善導大師、源信僧都、法然上人と伝わって我が親鸞聖人に到ったのであります。その浄土の教え、その「浄土」であります。「教」は教え、「行」は行う、或は修行、「証」はさとり。教によって生活があり、生活に依って証《さと》りの果報を得るのであります。「文類」の文《もん》はぶんという字を書きますが、お経の言葉や、お経を相承された先賢達のお言葉を文《もん》といいます。「類《るい》」というのはたぐい、お経のお言葉を類をもって集めるという意味であります。つまり、浄土の真実の教行証を顕わす文類、こういうことになります。

このお書物は三部経や七高僧のお言葉を集めてくわしく言えば、二十一部の経、四部の論、三十八部の釈、一部の外典《げてん》を頂いて集め、要所々々に聖人のお言葉が入っております。「文類」といわれるように部門分けをせられてあるのであります。ここに聖人のお骨折りが窺われます。

お経の初めに「如是我聞」という言葉があります。釈尊のお弟子方が、釈尊から教わった事を記されたその最初に出てくる語です。聖人は御年を召してから自分の信心の喜びを書き現わされましたが、何から何まで皆仏の教えから流れ出たものであることをお味わいになりました。ここに如是我聞のおこころがあり、「更に親鸞珍らしき法をも弘めず、如来の教法を、われも信じ人にも教え聞かしむるばかりなり」と仰せられることがそこなんであります。

南条文雄先生がお説教された時、初めから終りまでお聖教のお言葉がつながって出て来た。私は、先生はちっとも自分の言葉を仰らんなあと思った。私も近年御信心のお話をする時、初めから終りまで御和讃と『御文』その他のお聖教のお言葉が連続的に出て来ます。自分が新しく考え出した言葉よりもお聖教のお言葉の方が一層適切に自分の心を現わしているように思います。この頃になって漸くこの「文類」というお言葉をこの本の題号に付けられたところに、聖人の非常に謙虚なお心を味わうのであります。他に『浄土文類聚鈔』『浄土三経往生文類』『往還廻向文類』という文類がある。その他沢山の御著があるが、どの書を読みましても聖人は人を教えるというような態度が見えません。習うておられる、話をしておられても習うておられる。どのお聖教にもそのお心持が現われております。或る仏教以外の学者で、『教行信証』を読んで、親鸞は気違いのような男だ、人の書いた文句ばかり集めて本を出しておる、と言うた人があった。そこが聖人の聖人たる所以でありまして、自分の言葉でない、初めから終りまでみ教えを受けてゆくという態度であられます。

善導大師が阿弥陀如来のお言葉をお受けになって『観経』の講釈を書かれたように、親鸞聖人も、阿弥陀如来や、釈尊や、七高僧のお言葉を聴聞しながら筆を取っておいでになったという事が、この「文類」とある言葉の中によく味わわれます。

聖徳太子の『十七条憲法』の第三条に「詔を承けては必ず謹め」とある。このこころが「文類」という言葉に現われておる。仰せを聞くのです。教えを聞くのです。だから書物全体が「聞く所を慶び、獲る所を嘆ずるなり」である。聖人の御著述に『浄土和讃』『高僧和讃』『正像末和讃』があるが、これらはことごとく讃嘆の御著述であります。仏をほめてちっとも私事を交えない、素直なお気持で書かれてあります。こういう事は余程年を取らないと味わわれない境界であります。

孔子は、「三十にして立ち、四十にして惑わず、五十にして天命を知り、六十にして耳従う」と仰った。耳従うということが教えのままに素直にものが聞けるということであります。無礙自在の境地である。「忤《さか》うこと無きを宗と為せ」と仰った聖徳太子のおこころがそれである。太子はこの境地を三十二才の時にお味わいになっておってあのお言葉が出たのであった。清沢〔満之〕先生はよく、年だ年だと仰った。けれども修養のない者は、年が行けば行く程頑固になる。耳が従うの反対で、耳に逆らうておる。男も女も道を聞いておるものは年が行けば行く程素直になるのだ。誰の言う事でも尤だということになる。それが内容の無い者は年が行くとかちかちになる。我が身一人心得顔になる。これは恐しい事である。その罰で、この世に於いて淋しい冷たい日を送り、未来永劫焔の中、氷の中に堕ちて苦しまにゃならん。だから六十にして耳従うという事は世の幸せな人の事である。聖人はお年を召されてから「文類」と名の付く書をお書きになった。非常に尊い事である。外の方の御著述にはこういうものは珍しい。この書物の名の中に、聖人の独特のお心持が現われています。御自分の名をお書きにならず「親鸞集」、集めたと書かれてある。

今から二十年程前になるが、東京の或る人が、この頃こういう本を出したから読んで評してくれというて来た。初めから終りまで良い事ばかり書いてある。宗教や教育や人の感心する文句をうまくつなぎ合わせたものである。私は、これを書いた貴方はえらい方のやうです。が、この本の内容は皆こしらえ物でモザイクだ、と書いてやったことがある。この人は著作をして自分の教養の成果だと思っている。それも無理はない事かも知れぬが、それはまだ内省が足らんのです。

自分の一挙一動をしかと内省する時、その一つ一つ、全てが如来様より聞いたもの、習うたもの、皆貰いものであることを知らされるのであります。私はじっと坐って身の廻りを見渡してみると、何もかも貰い物である事を感じます。衣も貰い物、袈裟も貰い物、着物も襦袢も机も皆貰い物です。そうすると、これは誰に頂いた、これは誰に頂いたとその人の親切を思い出して喜ぶのであります。これは自分の信心の上の喜びにも味わわれることであります。こういう話をすると御坊さんはうまいもんじゃと言います。けれども坊さんは自分が稼いだからと思っている向きが多いです。本当は自分で稼いだ物は何も無い、皆頂き物なのだ、それがわからんのである。ここに麦がある、麦は自分で拵えた物か。畠に種を蒔き肥料をやったという。種を畠にただ蒔いても太陽のお照らしが無ければ、水のお与えが無ければ麦は出来ない。私が耕作したというがその手は親に貰ったものだ。買って来た種の元が考えられるか、ただ出来た物は何一つ無い。

聖人は二十九才の時法然上人に教えを受けられた。そして信心の道が開けた。そして自分の今日の信心の喜びのもとは『無量寿経』にある。それが伝統相承されて私の胸に流れて下さったのだと、流れを聞いて本源を尋ねられたのです。そこに「文類」と名を付けられた訳が出てくるのです。浄土真実の教行証を顕わす文類であります。この書は、『教行信証』ともいわれている。全て六巻ある。「教の巻」「行の巻」「信の巻」「証の巻」「真仏土の巻」。その真実の教行信証に対して、前五巻の方便の教行信証を顕わしておるのが「化身土の巻」、それで『教行信証』は六巻になるが、要するに真実の教行信証を顕わしてあるのであります。

題号にはこの書『顕浄土真実教行証文類』とある。実際には「信の巻」があるのに題には信の字が無い。それには訳があるのです。題号のこの顕の字が信の心です。顕という時に信心の信がそこに納まっているのです。教行証を顕わすという有難い味わいがあるのです。聖人は行という事と信という事とを一つに味わっておられる。信を題号に出されない。普通信ずるというのは向うのものをこちらに引き受ける時に信という。教えを聞いて信ずる。向うからこちらへ貰いうける。顕わすというのは、こちらに出す。ところが教行証を顕わす、と。信は顕に入れておいでになる。むずかしく言えば顕という字は聖人の自督です。教行証というのは、その自督に対する客観、それに対するものである。だから顕は能信、教行証は所信を現わす。教行証は所詮の法である。浄土真実教行信証文類と書かれるはずの所を顕浄土真実教行証文類と書かれる。信という字を抜いて顕という字を書かれる非常に味わいの深いことである。一段一文の底に聖人の御信心が顕われ出て下さるのだ。御信心を顕わされるのだからしてこの顕という字は自督、お領解を現わす。この『御本書』六巻は初めから終りまで聖人の御領解である。告白である。信心が顕われ出て下さる。顕という字は阿弥陀さんのお告げの信だと仰る。お告げは何処から出て来るか、先ず教えである。教えの中に信が納まっている。仏の骨折り――行の中に仏の信心が現われておる。その仏の信心の報いが顕われたのが証、信心が因で証は果であります。教えの中には信心の因とそこから開ける証《さと》りというものがあります。それを顕と言われる、それを信心だと味おうておられる。だからここへゆくと信心というものは、教行証三法に引き受けられた信である。教行証の三法に信が摂められてある。行を離れて信もなく、信を離れた行もない。教行証を信ずる、その信ずるということがもう一遍進んで顕ということになる。だからこの顕という字は、顕わすというよりも、もう一つ聖人のお心持からして言えば、浄土真実の教行証が現われ給う、どこに現われ給うかというと自分の上に現われ給うのだ、自分の心の中に現われ給うのだ。段々味おうてくると、自分の心に弥陀が、それから三経七祖のお言葉が、或いは御精神が、或いはお徳が我々の胸の中に現われ出て下さるのである。信ずる心も、念ずる心も、弥陀如来の方より廻向しましますのである。皆貰いものである。我々のこの毎日の信心も貰いものである。肉体も貰いものなら、着物も、田畑も、家も皆貰いものだと思う心までが貰いものである。これが他力廻向の信心である。全てが自分の心に頂かれた時に初めて他力廻向という味わいがある。空っぽのものに他力廻向はありません。

聖人は大変穏やかな、孔子様の言われた「耳従う」という素直な心持、聴聞のお心持でこのお聖教を書いておいでになる。そのお心持の現われがこの本の名になっている。だからこの『顕浄土真実教行証文類』という大綱をしかと味わうことによって、聖人のお聖教御撰述のお心持がすっかりわかる。阿弥陀如来の広説を述べるぞ、釈迦様の境界を明らかにするぞ、或いは教相判釈するぞ、などそういう事は思っておられない、お釈迦様も思ってはおられないのであります。

聖人は一生寺を建てられなかった、道場も開かれなかった。人が勧めても、自分にはそれを建てる値打ちはないのだと仰った。

ここに聖人の思召しを今更ながら尊く感ずるのであります。

又聖人は「親鸞は弟子一人ももたず候」と仰せられた。ここに聖人の面目躍如たるものがあります。聖人は弟子を持っておられたではないかと証拠を出す人もいるが、聖人自ら「わが弟子」などと名付けられたのではありません。弘法大師御直筆の書の中、大師の戒行を受けられた人の名が書いてある。それで見ると弘法大師も頭の低かった人であったといことがわかる。何故かというと、戒行を受けた人と同列に自分の名をお書きになってある。決して自分が師匠だとか、一番偉い者だとかいうことを言っておられない。自分の弟子だとも仰っておられない、同列だと仰る。親鸞聖人も自分が交際している人をわが弟子と仰らない。師匠顔をされない、ここに聖人の謙虚な心持が現われている。そして「文類」と仰るところにこの心持がはっきりと現われているのであります。御同朋御同行と仰せになる。一つも自分のものを持たれない、すっかり手放されるのであります。

お経の中には、不止善・不止悪ということが書かれてある。善の死魔です、悪の死魔です。昨日聖徳太子の『勝鬘経義疏』を読んでいる時に、愛も死魔なり、憎も死魔なりという御教えがあった。無暗に物を愛するとそこに執着が出る、憎む所にも又妨げが出る、だからあんまり好きなのも障りになるし、嫌いなのも障りになる。三部経の御教え、七高僧の御精神──お言葉、全ての根源は阿弥陀如来である。法蔵因位の本願海から流れ出て下さったのだ。『無量寿経』は、「如来の本願を説くを経の宗致と為す。即ち仏の名号を以て経の体と為るなり」と仰せられるように、この歓びの源はどこかと探ってゆかれる。その大本を探ってゆかれる時に、一番の大本をどこに見られたか、阿弥陀如来の本願である。

聖人は、自分の慶ぶ心、聴く心がわかってくると、この歓びの源はどこかと探ってゆかれる。その大本を探ってゆかれる時に、一番の大本をどこに見られたか、阿弥陀如来の本願である。法蔵因位の本願海から流れ出て下さったのだ。『教行信証』六巻はすっくりこのお言葉を以って味わう事が出来ます。

阿弥陀如来の本願、名号の功徳により、真如法性の境地に生まれることが出来、生活の上に溢れ出て下さるこのお味わいを昔の聖賢のお言葉の上に発見して、喜びつつ、仰ぎつつ、考えつつお書きになった。「悲喜之涙を抑えて、由来之縁を註す」と「後序」ます。

の文にお述べのように、嬉しさの余り、涙を泛べつつ、尊さに合掌しつつお暮しになった。その聖人のお姿をまざまざと今この目の前に仰ぎ見ることが出来るのであります。

（昭和七年一月三日・明達寺初お講）

第三講

窃《ひそか》に以《おもん》みれば、難思《なんし》の弘誓《ぐぜい》は難度《なんど》の海《かい》を度《ど》する大船《だいせん》、無礙《むげ》の光明《こうみょう》は無明《むみょう》の闇《あん》を破《は》する慧日《えにち》なり。

聖人がだんだん年を召されて、しかと自分にお考えになればなる程、自分は不甲斐ない者であるということを深くお感じになった。どちらかというと聖人は気の弱い、後へ控え勝ちのたちの方であった。しかし、力強い道を開いてお進みになったが――比叡山で学問をして居られた時も、叡山の坊さんの仲間に入って競争をして行くような気が無い。ただその中に居って自分の不甲斐なさ、足りなさを泣いておられた。しかし、自暴自棄に陥るような方でなかった。自分の不甲斐なさを知れば知るほど、いよいよ自分が助かって行かねばならんという心が燃え立った。或る時は六角堂の観音様に百夜の祈願を罷められた。しかして法然上人の教えによって阿弥陀如来の本願のお手強さを聞かれた。どうかして助からねばならぬと思って来たその心は、自分の小さな心でなくて、阿弥陀如来の助けにゃおかぬという大願業力が知らぬ内に響きこたえて下さったものであるという事を気付かせられた。助かりたいという心は、助けにゃおかぬという本願のお手強さが自分の胸に流れ出て下さったのだという事をお味わいになった。助けるとの願が我が上に成就して助かるに間違いないとの安心を得られた。

聖人はうぬぼれ根性の無いお方で、関東に四十才から六十才まで約二十年間お住まいになったが、寺一ヶ寺建てられなかった。たまたま誰か建てると言うても、大きな物を建てるな、平屋より少し高めのものしか建てるなと仰った。寺を建てて人を教える資格の無い者だということを始終思っておられたのです。弘法大師は高野山で、伝教大師は比叡山で沢山の人を集めて教えられた。即ち伝教大師や弘法大師の宗旨は学校が根本であり、沢山の弟子がありました。聖人は「親鸞は弟子一人ももたず候」と仰って学校を建てられない、寺を建てられない。今日真宗にも大学がある。誰が本当の教師になれるか、私が先生になるという者があればそれは曲者である。聖人より偉い者でなければなれぬ。聖人は先生にはならぬと仰った。学校を建てたり、寺を建てたりする事の出来ぬ内省の深い、頭の低いお方であったのです。

法然上人より特に可愛がられた勢観房源智という人、このお方は、お話をしておる時でも人が八人以上になればお話を止められた。何故かというと、どうしても聞く人が多くなれば、煩悩が多くなり、聞かす気になるからである。今頃の坊さんは、参りが少ないから説教は止めと言う、勢観房は参りが多くなれば説教は止めと言われた。これは謙虚な心である。聖人もやはり勢観房と同じである、始終自分を省みておられる。だから人の所迄手が出せないのだ、ただ自分の助かる道を一生懸命求められた。自分の胸の中に助からにゃならぬという願いを見出された時に、それは助けにゃおかんという本願の現われだという事を聞き出された。だから聖人に、ぱっと応えた救いの声は阿弥陀さんの本願なのであります。

「窃《ひそか》に以《おもん》みれば、難思の弘誓は難度の海を度する大船」。ひそかに、しかと考えてみると、難思とは思いがたき、算盤が合わん。我々は算盤をおく、人が菓子箱一つ持って来ても、自分が今迄世話を焼いたから貰ったのだと、菓子箱の目方をかける、やいた世話と菓子箱とをくらべてみる、いくら位する品物かと考えるのはそれだ。お慈悲というものにも算盤をはじいてみる。我々は人に捨てられた時か人から軽蔑せられたという時にもすぐに目方をかけてみる。自分ではからうのだ、そして暗闇に行くのだ。ところが聖人はその目方をかける心を自力のはからいと仰る。雑行雑種自力の心でもって目方を計ってみて、足らぬと思って絶望するのが凡夫である。はからうこと無くつくろうなき心を難思という、算盤桁が合わんのだ。

弘誓とは広い誓い、阿弥陀さんの本願である。本願は、十悪五逆五障三従の悪人も助けにゃおかぬ、一切衆生一人も残さず仏にせにゃ我は仏にならぬと仰る広い心、広い誓いである。子殺しも親殺しも捨てない、一切の人が愛想をつかすような罪人でも一人も捨てぬと、算盤勘定では合わない者を助けねばならぬ、救わねばならぬという大きな誓いがある、それが本願である。その誓いを聖人は「難度海を度する大船」と仰った。渡り難い海を渡す大きな船だと仰る。渡り難いとはどこか、この娑婆である。毎日の日暮しをみてみると朝から晩までからっと晴れているということは先ず無い、やはりどこかに曇りが出てくる。御開山は「貪愛瞋憎の雲霧は常に真実信心の天を覆う」と仰った。色んな雲が出てくる、中々娑婆はむずかしい。中国や、アメリカや、ソ連や、インドその他の間に起っている問題も、悩みの源は遠い所にあるのではありません。内に悩みの源があるのです。家庭や隣り近所の間に衝突がある間は、遠い国との間の争いも無くならない。争いの源は皆一つなのです。人間には皆逃れることの出来ない悩みというものがある。それが人の世の常である。その悩みというものは離れられないものと気付かせて下さる方があるのです。悩みがある時は、それを反省せしめられて正道に立ち返らねばならない。正道とは何か、弘誓です。自分はよく腹を立てる者だとじっと心を静めると腹立ちもどこかへ行ってしまう、腹立ちはひょっと来るものだから落ち着けばなくなる。内輪同志の間でも時々曇りが起こってくる。親爺か、婆か、子供かどこからか起こってくる。ところが世の中は一人怒ると一緒になって怒る事になる。苦しみが起こり、怒りが起こった時それを受け取らぬ事です。他の者迄一緒にならぬ事です。そしたら腹立ちもやがて消えてゆく。そうすれば皆柔和になる。相手が腹を立てずに居ると、立てた者は、ああよかった、相手になって貰わんでよかったと思う。我々は大きな願いに心が目覚めて行かねばなりません。聖人は、阿弥陀如来の御本願をじっと味おうてゆかれたのです。難度海は凡夫自力のはからいである。それを渡して下さるのは阿弥陀如来の弘誓である。

我々は大願業力の船に乗托して、助かるに間違いないと信じて行くのです。凡夫のはからいで考えればどうしても算盤が合わぬ事であるが、その算盤の合わぬ所に難思の弘誓がある。阿弥陀如来の誓いは大きな船なのです。聖人はこの船に乗托せり、と仰る。

「本願力にあいぬれば　むなしくすぐるひとぞなき」この手強い本願、聖人はいつもこの本願にすがってゆかれた、常に大きな願に乗托してゆかれた、願は宇宙の本体の顕現であると信じられた。その願は阿弥陀如来の大願業力から出される願である。

弘誓の大船に乗り込んでゆくという所に御開山の力ある真実の行が窺われるのであります。

（昭和七年一月六日・北安田北川家）

第四講

聖人が『顕浄土真実教行証文類』を御製作になったそのおころのまことを「難思の弘誓は難度の海を度する大船」とのお言葉に述べられた。そしてこの「総序」の終りの方に「噫、弘誓の強縁は多生にも値い叵く、真実の浄信は億劫にも獲叵し、遇（たまたま）行信を獲ば遠く宿縁を慶べ」とお書きになって、御自分の救われるその弘誓に会うたことをお述べになっておいでになる。この文を見ると聖人の胸の中に、この弘誓がまるっきり納まっている事が窺われます。弘誓は阿弥陀如来の本願の事である。何故そういうかというと、阿弥陀如来の本願は、自分一人がよい身になればよいというような手狭な願でない、十方衆生一人も残さず助けたい、一人でも悩んでいる者があれば自分も悩む、十方の一切の衆生と共に悩み、共に喜ぼう、十方衆生ことごとく仏にせずんば我は仏にならん、それが誓いであります。

我々は皆願いを持っておる。例えば、自分一代の内に自分が作れるだけの田を買おう、或いは土蔵を建てよう、というようにその願いがその人の徳を作り出すものです。小さな願いを持っておる者は小さな人間、大きな願いを持っておる者は大きな人間である。普通の人間はこうして生きておっても、願いを持って生きておるのやらおらんのやら。親に産んで育てて貰ったのに勝手に一人で大きくなったような顔をして、そして年頃になれば子を産み、楽に生きて行こうとか、楽に子供を育てようとかそういう方面の願いは起こすが、その間にもただ煩悩にあやつられてこの人生道中を何処迄行くやら、わかりもせず、考えもせずして、毎日出たとこ勝負でその日その日を暮らす、そのうちやがて死んでゆく。味気ない生き方をしている者が多い。人間には未来を当て込んだり、心配したりするという面があるが、これは一面から考えて取り越し苦労である。未来はどうなるだろうと心配するのは、願いがはっきりせんからだ。何処へ行けばよいのやらわからないのだ。ただ毎日の日暮しを外からあやつられて生きている者である。色々な煩悶が起こり、迷いが起こるということは自分の願いがはっきりしないという事である。無いということは自分の願いがはっきりしないという事なんです。未来の光が無い事なんです。人生の意義と言おうか、何処迄行くか、自分がこの世に何しに生まれて来たと言おうか、この世に於ける仕事と言おうか、それらの事がわからないのです。悟りを開くということ、未来がどうなるやらと心配するのは、今がどうなっておるやらわからん者である。未来が心配になる。未来がどうなるやらと心配するのは、今がどうなっておるやらわからん者である。それがはっきりしないのです。何処迄行くか、行きつく所を知らんのです。

は、明日の事は明日の風が吹くと言うたりすることでない、今足下に火がついておる我々なのだ。未来の用意はしておかねばならぬ、だからというて、食べ物、着物の用意をし、年を取ってからのためにお金を貯めて置かねばならぬか。それもよかろう、が、それで本当に未来の安心が出来るのか。金の値打ちが無くなれば貯めた金は何にもならぬ。ドイツが財政に困った時、風呂に入るにも二万マルク持って行かねば入れぬという時があった。金の値打ちが無くなれば風呂にも入れんのだ。私の知人に、工科大学を出て鉱山をやって居った人が居た。その仕事がいやになって、仏教の研究をしようと思い、鉱山を売って現金にし、金を銀行に預けた。子供が何人か居った。そこで、男の子は大学迄の費用を、女の子は嫁にやる費用を計算し、生活費にいくら、女中二人と下男にいくらとちゃんと計画を立て、山の上に家を建てて住んでいた。海も見え、立派な庭も作って、お経を読み、仏教の研究をし、私らを招待するように準備もしていた。ところが、欧州大戦以後物価が騰がった。そしたら予定ががらがらと狂うた。二千円で大学を卒業させる事も出来ず、千円で嫁にやれると思ったのに当てがはずれた。この人は愚痴を言った、こんなくらいなら山を持っておればよかったと。又これは昨年の話だが、暮になって品物が段々下がる。株も下がった。一時は二百円の株が三十円迄下がった。株は紙になって貰い手もない。生命保険に入っても満期頃になって物価が騰がれば、それこそ風呂賃もないようになる。日本の国がこうして安定している以上は安定だが――。株や金や山などの財産をもって安心して居っても先の事は当てにならない。身体が丈夫だからといってもそれも当てにならぬ。今日も電報を貰った。博多のお医者さんが急に死んだという電報である。この方は私がインドへ行く時百円下さった方である。私が博多へ行く時は一人で色々世話をして下さった。丈夫な医者で、殺しても死なぬような人であった。私は春には行く予定であったのに、あの人は私を見ずに死んだ。見ずに死のうとはよもや思っておらなかったであろう。世の中の事はわからんものである。考えれば考える程何処にもつながり場がない、自分の決めたものは間に合わない。そこで私達は自分の心の底に湧いている願いを見るのです。望みを見るのです。自分の願いがはっきりしたら、その成就のために動き、そして進むのです。我々はただ小さな量見で今日の衣食の事にかかずって暮したり、怒ったり怨んだり、叩き取ったり叩き合ったり、それは自滅の道であります。本当は我々には本然の願いがある、その願いを聴いてゆくのです。阿弥陀如来は一切衆生を助け、誰も悩みの無い、苦しみの無いそういう世界を開きたいと仰る、それが願いである。その願いは皆やはり私らの願いである。無量寿の生命を貰って大きな世界を開いてゆく、その願いに生きてゆく、身体は死ねば燃やされるけれども、なくならぬ命を頂いてゆく。その命を今本願という形をとって味わわれる。我々はその本願に乗托して行く。段々つきつめて行くと、末の見込みが立つということは、この本願に目覚めて自覚することである。人間にとって成仏ということが一番大事なことである。金の世界でない、財産の世界でない、身体の世界でない、仏の世界である。限りなき生命《いのち》と限りなき光明を自分のものとして生きる。仏になるより外に安心な道はないのだ。自分が他を批判してこうだと言うより、自分自身を明らかにするということが大事である。

聖徳太子は『十七条憲法』の第二条に「篤く三宝を敬え。三宝とは仏・法・僧なり。則ち四生之終帰《よつのうまれのついのよりどころ》・万国之極宗《よろずのくにのきわめのむね》なり」と仰った。四生之終帰とは、生きとし生ける者のたより場所、そのたより場所が三宝である。仏にたよるより外に助かる道はない。仏をたのむという事は、本願力に乗ずる事である。仏の方に向うてゆくのです。仏は無量寿仏である。その仏は、自分の真の願いの上に現われ給うのである。その仏をたより、信じて向うて行く時、明らかな光が拝まれる。死んだら何処へ行くという事をきめるのでない、仏の心の中に住まわして貰う。聖人は「弥陀の誓願不思議にたすけられまいらせて、往生をばとぐるなり」「念仏もうさんとおもいたつ心の発《おこ》るとき、すなわち摂取不捨の利益にあずけしめたまうなり」と仰る。仏の大きな誓願にはからわれてゆく。その精神を「窃《ひそか》に以《おもん》みれば、難思の弘誓は難度の海を度する大船」と仰った。自分で渡ることの出来ない海を、難思の弘誓でもって易々と渡してもらえる。弘誓のお手柄で本願力によって易々と生死の苦海を渡らしてもらう。御和讃に、

生死の苦海ほとりなし
ひさしくしずめるわれらをば
弥陀弘誓のふねのみぞ
のせてかならずわたしける

とある。

本当の助かりは、自分一人でない、一切衆生と共に行こうという願いに生きる所にある。もろもろと共に手を引き合うて生きて行く。この本願の弘誓を我々の願いとして、この願いに乗托して生きる。そこにお助けの道がある。その道を浄土に往生する道中と聞かして貰うのであります。

（昭和七年一月八日・安田徳三郎家）

第五講

聖人が老後に於いて筆をおとりになった『教行証文類』「総序」の御文を正月から話をしておりますが、その続きを今晩も話します。

「窃《ひそか》に以《おもん》みれば、難思の弘誓は難度の海を度する大船」、これだけのお言葉でも精しく味わえば一生涯かかっても味わい尽くされない程広大なのであります。『教行信証』六巻全てがこれだけの言葉に納まっておるというてもよい位であります。「噫《ああ》、弘誓の強縁は多生にも値い叵《がた》く」とこの「総序」の中に仰ってある弘誓は本願である。阿弥陀如来の本願、その本願のお手強さで渡り難い生死の苦海を渡るということは、人生全ての悩みを解脱し、迷いの世界から安養の浄土へ至る道である、ということを仰せられた。聖人が全てを阿弥陀如来の本願にうちまかせて「本願や名号、名号や本願、本願や行者、行者や本願」と言われたように御自分と

本願が一つになってお味わいになっておいでになる。だから聖人がお徳を讃嘆されるというのは「難思の弘誓は難度の海を度する大船」これだけで結構なのである。が、次々御文を味おうてゆくことが大切なのであるから、第一段のおこころを味わい尽くしたというのでなく、味わいかけたという気持で次のお言葉に移ろうと思います。

「無礙の光明は無明の闇を破する慧日なり」、無礙というのは障りが無いということ。太陽の光は、雲とか雨とか霧とかいうものに妨げられる。穴に入れれば太陽の光は見えない、閉ざした土蔵の中に入っても太陽の光は見えない、これも障りがあるからである。人間が徳を行うても色々の障りがあって、その徳の光が照らされないことがある。ところが、阿弥陀如来の無礙光と申します光明は何ものにも妨げられない。聖人は十二光仏といって十二の方面から仏を讃嘆されておる。その中に無礙光というのがある。天親菩薩は御自分の御安心を『浄土論』の偈文の最初に、帰命尽十方無礙光如来と述べられた。聖人は阿弥陀如来の全体を無礙光の中に納めてお味わいになったのである。そして御自分の御本尊として崇められたのであります。

「無礙の光明」は障りの無い明るい光、法蔵菩薩が世自在王仏の御前に行って、世自在王仏のお徳を讃嘆された最初の言葉に「光顔巍巍《ぎぎ》として威神極りなく。是の如きの燄明ともに等しきものなし。日月摩尼珠光の燄耀も皆 悉《ことごと》く穏蔽《おんぺい》して猶し聚墨の若し。如来の容顔は超世無倫なり。正覚の大音は十方に響流す。戒聞・精進・三昧・智慧・威徳 侶《ともがら》なく、殊勝希有なり」と仰ってある。これは、あなたのお顔の光は尊く、広大にして、太陽や月や玉の光も遠く及びません。このような太陽、月などの光は皆あなたのお光の前に出ると暗い。玉のようなものもその光を失い、又太陽の光の輝く中にも、月の光輝く中にも、玉の光の輝く中にも、あなたのお顔の光は、一段と勝れています。自分の胸は暗かった、ただこの暗い胸があなたのお顔の光に触れて、あなたのお徳に触れて明らかになりました。どうしても明らかにならなかったこの胸を明らかにさせて貰いました、というお礼の言葉であります。この法蔵菩薩が世自在王仏に対してお述べになりました御信心の道が、簡単に言えば、帰命尽十方無礙光如来ということになるのであります。我々はその如来を慕い、如来の無礙の光明に照らされてゆくのです。真宗では各家の内仏に、帰命尽十方無礙光如来、南無不可思議光如来の御名号が懸けてある。この懸けた名号に自分自身の名号が生きるのです。尽十方無腰光如来に帰命するという信心を持っておる人は、毎日毎夜に朗らかな心を味おうておるのであります。

「無明の闇を破する慧日なり」、阿弥陀さんの光明は無明の闇を照らされる。無明とは、釈尊が四諦・十二因縁をお説きになった際、無明という事をあげてある。その四諦の一は苦諦、これは人生の苦しみの有様を述べられたもの。二は集諦、苦しみの原因はどこにあるかを述べられたもの。三は滅諦、苦しみが無くなる——安立の境界。その境界にどうして行くかという事の問いから四の道諦が出てくる。道諦というのは道を問うことである。これが四諦である。次に十二因縁を説かれた。その十二因縁の教えは何を教えるか、あらゆる世の中の苦しみは無明から来る。和讃に、

無明煩悩しげくして
塵数のごとく遍満す
愛憎違順することは
高峰岳山にことならず

と無明煩悩の姿を仰ってある。無明――くらがりは何で起こるか。人間には智慧の無い者、馬鹿な者も居る。が、一番の愚かさは自分を知らないということである。それが元になって色んなことに悩む。勝手な作戦をして自分自分の掘った小さな穴にすっこんで人を呪い、世を呪い、自分を呪って暮しておる。原因はどこにあるか、心の闇にある。心が暗いからあの人が悪い、世の中が悪い、家が悪い、親が悪い、子が悪い、連合いが悪いと言うておる。仏は、無明とはこの目をふさいでおることなのだ、自分を知らないことだと教えられる。暗いのは目をつぶっておるからです。目をあければ明らかなのです。地獄行きの種は何かというと自分を知らぬこと、無明であります。外に地獄行きの原因はない。根本は無明であります。その無明が形を現わせば疑いである。暗いから疑うのです。向うがはっきりわからんから、あれかこれかと迷い、当てにならぬものを当てにするのです。それはその人の心が暗い証拠です。はっきり物がわかれば当てがってみる事も要らない。我々が人を疑うて悩んでおる時は、何を見ておるかというと、皆自分の心の暗い影を見ているのです。自分の通りの事を向うの人の上に見てそして悩んでおる。そして向うが悪いのだと言っておる。「疑えば則ち華開かず、信心清浄なる者は華開きて則ち仏を見たてまつる」と、これは『選択集』の中に記されてあるお言葉である。無明が人生の悩みのもとだということは、疑いが地獄のもとだということと同じことである。無明は無智という、疑いという、愚ともいう。だから人を疑うのは無智で馬鹿者である。自分が自分を信ぜられないから人も信ぜられない、その罰で苦しんでおる。だから世の中で苦しんでおる者程業さらしな者は無い。人を怨む者は幽霊になる。自分に確かなものが無いから他に頼ろうとする。自分の不確かな心から向うを見るから向うも不確かと思う。当てにならぬと言うてうらめしいという。自業自得の道理によって苦しんでゆかねばならない。こういう人は勝手にせよ、と言われねばならない。ところが仏は可愛想だと仰って根本的の治療をなさって下さる。

世の中には金が無い、子供がどうだ、やれ妻がどうだ、親父がどうだと言って泣いておる者がある。それは皆愛欲の上から起こる事なのです。その事件の解決をするということも一つの救いである。が、そういう事件の末をいくら世話やいておっても根本の胸が暗い間は何にもならぬものである。仏さんはその根本を憐み、無明の闇を照らされる。「仏かねてしろしめして、煩悩具足の凡夫とおおせられたることなれば、他力の悲願はかくのごときのわれらがためなりけりと知られて、いよいよたのもしくおぼゆるなり」と聖人が仰ったのはここの味わいである。「諸仏の大悲は苦あるものにおいてす、心ひとえに常没の衆生を憐念す」、仏は機嫌の悪い顔をして苦しんで暮しておる者には慈悲の心を動かされる。業を苦しんでおれば、その業を持っておる者が気の毒である、どうかして助けねばならぬ、助かる縁が無いかというのが仏の心である。聖人が「無礙の光明は無明の闇を破する慧日なり」と仰ったのは、自分が長い間無明の闇に閉ざされて疑ったり、はからったりして暗い日暮しをして居った、それが仏さんの智慧のお育てによって自分の愚さが照し出されて初めて疑いの闇が晴れて明らかな身にさせて貰ったというお喜びからこの御讃嘆が出たのであります。

　本願のお手強さがどうして私らの胸に響くかというと、智慧の光に照らされて響くのであります。だから本願と光明と、即ち阿弥陀様の因位の本願と果上の光明とによって押しつ引きつして助けて下さる。けれどもこの光明というのは、親鸞聖人からいえば法然上人の御教えである。法然上人を「智慧光のちからより　本師源空とあらわれて」と仰っておられる。智慧光は勢至菩薩である。阿弥陀仏はこの世にどういう形をとって現われて下さったかというと、法然上人として現われて下さった。上人のお育てにより暗い心を開いて下さったのだと聖人は仰せられる。

目が開かれるのは全く智慧光の力によってである。自分では自分を見ることは出来ない、内省することが出来ない、それが内省されたのは智慧のお照らしにあずかったからである。智慧の光に照らされて初めて御本願の尊さに目覚めさせられるのです。本願のお手強さが、智慧のおはからいで自身に注ぎかけられるのであります。阿弥陀仏の本願はどうして私に応えて下さるか、光明のお照らしによってである。光明のお照らしは善知識に会うことである。聖人は法然上人の御教えを讃嘆され、その光明はどこから現われるかを味わわれた。即ち、助けねばおかぬ、救わねばおかぬという弘誓の誓いが光明と姿を現わして我々に接して下さる、迫って下さっておる。そこにお助けがある。聖人はお助けを受けた根源を内省せられた。「難思の弘誓は難度の海を度する大船」とその根源を讃嘆せられた。その弘誓が自分のここに迫ってくるのはお称名というものによってである。「無礙の光明は無明の闇を破する慧日なり」、太陽だと御讃嘆あらせられるのである。明らかな身にさせて貰う、それも本願が至り届いて下さったのである。

　初めの「難思の弘誓」というのは願を讃嘆され、「無礙の光明」は智慧を讃嘆されたのであります。この最初の二句に聖人は願と智慧を讃嘆されたのであります。

　心から聖人と共にこのお言葉を讃嘆申し上げるようになりたいものであります。今晩はこれだけにしておきます。

（昭和七年一月九日・伊藤伊吉家）

第六講

窃《ひそか》に以《おもん》みれば、難思の弘誓は難度の海を度する大船、無礙の光明は無明の闇を破する慧日なり。

この二句の中に聖人の御信心の源がはっきり記されてあるということはこの前もお話致しました。流れを汲んで本源を尋ねるという言葉があります。例えば川の水を使う時この川の水はどこから来たか尋ねると、谷間から、更にその谷間の水はと尋ねると、冬の間に降った雪が溜っていたもの。その雪は何処から降って来たか、それは地球全体から蒸発する蒸気が凝結して雪になるというように本源を尋ねる。「窃《ひそか》に以《おもん》みれば」、しかと考えてみると、今日自分が頂いておる信心は、どこから流れ出て来たのだろうか。三塗の黒闇を逃れ、苦しみの境界を抜け出て、渡りがたい海を渡らして頂いた、こうさして頂いたその源はどこにあるだろうか。それは全く阿弥陀如来の本願弘誓にあり、そこより流れ出て下さったのだ、ということが言えるのである。阿弥陀如来の本願弘誓というのは、一切衆生一人も残さず助けずにはおかないという誓いである。凡夫は小さな事を考え、人が苦しんで居ろうが、自分さえよければよいというようなものである。自分が先ず大事なのである。仏さんは一切衆生を自分のものと信じておいでになる。一人でも悩んでおる者があれば仏の心は悩まれるのである。だから衆生一人も残さずに仏にせねば我は仏にならぬと、これが仏の弘誓である。聖人はその仏の心が段々流れ出て自分の心に迄通じて下さったために、渡りがたい生死の苦海を渡らして頂いたと阿弥陀如来の本願弘誓にその本源をお味わいになったのであります。

その次に出て来るのが「無礙の光明は無明の闇を破する慧日なり」、本願を建て修行をして、その願を成就し仏になられたその仏の徳の光、智慧の輝きが「無礙の光明」である。その光明は一切衆生のあらゆる煩悩の底を照らし破って明らかにして下さる。何等の障りが無い。

無明長夜の灯炬なり
智眼くらしとかなしむな
生死大海の船筏なり
罪障おもしとなげかざれ

願力無窮にましませば
罪業深重もおもからず
仏智無辺にましませば
散乱放逸もすてられず

仏の願が成就した時に、帰命尽十方無礙光如来とならせられた。親鸞聖人はその無礙の光を、釈尊、竜樹菩薩、天親菩薩、曇鸞大師、道綽《どうしゃく》禅師、善導大師、源信僧都、源空上人の御心の上に輝き出で給うと味わわれたのである。その光明は何を現わすか、智慧を現わす。仏の智慧の光はどうして我々を照らして下さるか、仏の光明に照らされるという事を、何かサーチライトのようなものでピカピカッと照らされるように思っている人がある。伏見の大谷別院に行った折、三十五、六の女の人が、私は昨日仏さんになった、仏の光明のもとに二、三十人集まって一週間その人の前で話を聞いたそうだ。そして終りの日にその女の人の話によると、仏を荘厳して、善知識のもとに、正定聚の菩薩になったと目の色を変えて喜んで飛び廻っていた。何でもその女の人が、私は昨日仏さんになった、仏の光明のもとに二、三十人集まって一週間その人の前で話を聞いたそうだ。そして終りの日にその女の人の話によると、仏を荘厳して、善知識のもとに、正定聚の菩薩になったと目の色を変えて喜んで飛び廻っていた。何でもその女の人が、私は昨日仏さんになった、仏を横に坐っておる、後に介添役が二人居る、何べんもお礼をさせられると脇息に頭が当たってその中に目がくらむ程ピカッと光る。仏前にお灯明をあげ、善知識が脇息を拝めたか─の声がかかる。拝めましたというと、さあそんなら助かった、正定聚の菩薩だ、極楽まいりは間違いなし、ただ人であったものが、ただ人ではなくなる、だから自分の身を大切にして日暮しせねばならん、沢山御恩を報じねばならないと言うそうである。これはよい事ではない、土蔵法門とか秘事法門とか言うものである。正定聚の菩薩になったと喜んでおったのも半年程で熱がさめたそうである。ピカッと光っても心がはっきりしないと駄目なんです。

善知識の言葉に従い明らかになるというのは、智慧の光に照らされるのである。道理もあろうし、感情もあろうし、訳もあるだろう。しかし感情や道理や訳で胸は中々明らかにならない、信の一念が大切なんです。「善知識の言葉に従い、帰命の一念発得すれば」と先徳は仰る。その善知識の教えによって如来の光明に照らされる。「一つには宿善、二つには善知識、三つには光明、四つには信心、五つには名号、この五重の義成就せずば、往生はかなうべからず」と蓮如上人の『御文』にある。善知識の手だて（方便）によって胸が明らかにな

「無礙の光明は無明の闇を破する慧日なり」。昨夜はこの無明の闇という事を話したが、その無明があらゆる苦しみの源をなす。世の中に苦しい事があるというのは、客観的の事象によるのではない、事象が苦しい事であるなら事象をいくら替えても又苦しい事象が出てくる。人間の苦しみは事象ではなくて、事象に対する自分の自覚、自分の無明で苦しまねばならぬ。だから苦しむ者は馬鹿だ、愚かだ。自分がはっきりわからぬから苦しまねばならぬ。苦しみのもとは皆無明である。苦しい自分をじっと考えると馬鹿だなあと気付く、暗い所に居るなあと気付く。私は始終自分にその事を思います。その暗い心は自分で飛び付く所がある。自分の愚かさがわかり、自分の闇がわかってくるとそうでない。常に聖人は御師匠をお慕いなされ、法然上人に会うて初めて心が開けた。一旦心が開けたら善知識は要らんようになるかというとそうでない。教えを受けねば晴れません。ここで善知識が大切なんです。親鸞聖人は法然上人に会うて初めて心が開けた。その暗い心は自分で晴れない、教えを受けねば晴れません。ここで善知識が大切なんです。親鸞聖人は法然上人に会うて初めて心が開けた。一旦心が開けたら善知識は要らんようになるかというとそうでない。常に聖人は御師匠をお慕いなされ、法然上人によって念仏せられた。だから苦しんでもすぐ飛び付く所がある。自分の愚かさがわかり、自分の闇がわかってくるとそうでない。それはお念仏である。それによって心の闇が照らし出され、明らかな身になる。

次に慧日、慧は智慧、日はお日様にお譬えになってある。我々の目に見える光で最も強い光は太陽である。聖人が自らを愚禿釈の親鸞と仰せられ、又悪業煩悩の塊だ、又、とても地獄は一定すみかぞかしと仰ったのも、それは智慧の光に照らし出されたお言葉である。我々は暗闇に居るという事に気が付いたら更に駄目を押さねばいかん。そして善とか悪とかを越えた真実に出会わねばならない。聖人は「顕浄土真実教行証文類」といって、「総序」の中では真宗ということは仰ってないが、「真」というのは一番の筋書である。とくに念を押して使われたお言葉は信心の信と真宗の真である。自然法爾の自の意味を味わえば、皆真である。真の光によって照らし出される時自分が本当にわかるのです。そして勇みが出るのです。自分が本当にわからんでおってやたらに竦《すく》んでみたり、跳ねてみたりする。憍慢と卑下とは同じことであります。

聖人は自分の信心のもとは如来の因位の本願、それが果上の光明となって現われて下さると仰る。その光明はどこに見られるか、善知識の言葉に見られる。光明は教えです。浄土真宗の教えは何かというと、本願と名号である。無礙光はその光明である。我々が、自分を馬鹿な奴じゃと知らされるという事、苦しんでおる奴じゃという事を知らされるということは、本願に目覚めるということである。馬鹿な者とは、行くべき所に行かん人をいうのである。右と思っても右へ行けん、左と思っても左へ行けない、馬鹿の自覚の無い者には沈痛な懺悔の涙はない。地獄は一定すみかぞかしと仰るところに、真の懺悔がある。仏に成らねばおかぬという願いがはっきりするから仏になれるのです。助かりたいと願いつつ蓋をしている者がある。釜を下から燃せば釜から湯気が出るが、重い蓋をして湯気が出るのを圧《おさ》えておる。この蓋が即ち疑いである。これがあるから、助かりたいという湯気も出られんのです。蓋が原因で湯気が出られないと気が付くと、ぱっと出られる。はっきりせんのはここに源がある。弘誓のお教えでこれがもとだとわかると、ぷっと出られる。そうすると本願がすっと成就する。「本願や名号、名号や本願」と仰せられる。それが光明摂取の内住まいということである。

（昭和七年一月十日・明達寺）

第七講

『教行信証』の最初のお言葉に就いて重ねて御教えを頂こうと思います。

「難思の弘誓は難度の海を度する大船」、阿弥陀如来の御本願を大きな船にお譬えになってある。「本願力に乗ずれば　報土にいたるとのべたまう」という御和讃を頂く時、やはりこの本願を乗物、船に見立ててお教え下さるのです。ところが或る場合には本願を海にお譬えになる。生死の苦海が海で、その海を渡って行く船が本願だというのが只今のお言葉ですが、又、大願海、大きな願いの海だと仰る。そうすると本願は船ではなくて、全てが本願である。本願は生死の海を渡す船だというてあるが、その本願が明らかに味わわれる時には、生死の海が無くなる。ただ本願のみになる。今晩はそこを味わってみたいと思います。

生死の海というのは、我々凡夫の小さな心から、自力我慢の執心をもって苦しんでおる有様をさしていわれておるのです。それを生死の苦海という。その苦しみの中に息抜きをし、その苦しみの世界から逃れて楽しい浄土へまいる道、それを船に譬えて竜樹菩薩は、「水路の乗船は則ち楽しきが如し」と易行道を顕揚された。水道の乗船、船に乗って行く旅なのである。船に乗って行く時には又生死の苦海がある。もし船が転覆したら大騒動になるということがある。ところが生死の苦海の果てに涅槃がある。そこで生死の苦海から涅槃のあなたへ行く橋渡しの船だということになる。その味わいが段々成長してくると「生死即涅槃、煩悩即菩提」となる。この境地に入ると今度は生死の苦海が無くなってただ本願ばかりがあるのである。我々が腹を立てるとか、妬み、嫉みが起こるとかいろいろの煩悩が起こる、それらの煩悩は皆罪業、悪業である。それを逃れて煩悩の無い国へ行く、その時はやはり本願は船である。本願の船に乗り込んでみると煩悩は無くなる。従って悪業も無くなる。それはどういうことかというと、欲しい、憎い、可愛いという心もやはり起きる、が、欲しい心も、可愛い心も、憎い心も全てが本願の仕業である。本願があればこそ、可愛いとか憎いとかの心があるのです。所謂煩悩なるものは本願の相であります。可愛いさ余れば憎さ百倍という、憎いということは可愛いということの増つの現われである。無関係ということと違う。可愛いと憎いは一つである。欲しいということと要らないということと一つである。それはおかしいではないかと――。私共が助かりたい救われたいという燃え立つような願いがあるのに、他のものに妨げられて苦しい切ない心になる。苦しい心があってもその時それを撥ねのけて行くという力、そこに本願がある。苦しいから逃げるというのはまだ本当の苦しみでない、本当の苦しみがあればそれを解脱しようとする。自由になりたいという願いがあればこそ不自由なという苦しみがある。一緒になりたいという願いがあればこそ別れているという悩みがある。だから悩みは反対の証明になる。その事に悩むのはその反対の願いが現われておるからだ。寒いと苦しんでいるのは暖かくなって欲しいという願いの現われである。又は、暑いという感じが強ければ強い程涼しくなって欲しいという願いがはっきりしてくる。

阿弥陀さんの本願は煩悩悪業をひっくるめて皆乗せ給う。積み残すような小さな船でない。大願の船である、船それぐるみ阿弥陀さんの本願である。だから私ら生死の海にあぶあぶして溺れかかっていると思っておるが、そこに阿弥陀さんの本願がある。生死の苦海すっかり阿弥陀さんの本願である。だからどちらへ転んでも、どちらへ逃げてもお助けの外に出られんのです。逃げるなら逃げてみよである。逃げてもよけても廻り道してもちゃんと阿弥陀様は待っておいでになる。表は生死の苦海だが、阿弥陀様の本願の手が裏からちゃんと廻っておる。我々がお慈悲という事をはっきりする時もしない時も皆本願がある。そのままのお慈悲なのだ。だがこれはずるい心と違う。ここは危い所です。そういう言葉に溺れて、そういう事だと思っておると、それはとんでもない間違いです。自分自分の胸に、自分は今生死の苦海に溺れておるか、本願の船に乗っておるか、もう生死の苦海がなくなり、本願の中におるかと問うてみることです。本願の中におるということは、海に落ちるという気づかいがないことである。海の波は、そっくり自分を浮かばそうという波である。大海全体がこの人のためである。憂いも辛いも皆その人にとっての御催促である、寒いも暑いも苦しいも楽しいも全てが本願のお働きである。大願弘誓のお働きである。怪我をしたり、病気になったり、その他様々の苦しみ悩み、それらの悲劇は結局自分を気付かして下さるための善巧摂化の方便である。皆本願である。阿弥陀如来の本願は色々の方便をもって現われ給う。気に入らぬ人の言葉になって現われたりしてにじみ出て下さる。健康も御催促、病気も御催促、我々の一生は如来の願いの中の住まいである。だからこうなると、何処へ行っても助かる道ばかりで落ちる所はないのだ。苦しいからといって、喜ばれぬからといって、駄目だということはない、そこに誓願の働きがある。有難いと思う心の中に、物足らぬという心が起こる所に大願業力が働いて下さる。何処を見てもお慈悲、本願の力の溢れ出ておらぬ所はないのです。非常に広い味わいであります。こうなると仇はない、危い所もないのです。雨よ来たれ、風よ来たれ、天気よ来たれ、雷よ鳴れ、霰《あられ》よ降れ、さあ何でも受けるぞ、どんな難に会うても挫けない、そこには本願のお手強さが動いておいでになるという励みが起こります。弘誓の船は小さな船ではない。大願海は本願海である。

　今から大分前面白い爺さんが居て、ここへも来たことがある、その爺さんがお慈悲を喜んだ時の話です。俺は今迄阿弥陀さんの本願は何処にあるかと思っておったが、実は本願は足の下にころころしておるのだったと言うておった。これは本当に味わった人の言葉であります。

　本願は船だと思っておったが、海がそのまま船なのだ、海全体が船だからもう渡る必要はない。覆る心配もないのだ。船に就いての譬えがもう一歩進んだ時、本願がそのまま海であるとの味わいになる。聖人が自然法爾と仰る、又善もほしからず、悪も恐しからずと仰る、あののどかな、素直な心持は、本願海の広々とした心の世界をお味わいになったものである。何処にも彼処にもお助けの願いが燃え立っておる。我々の身体の内にも外にも何処を眺めても、弘誓の力が満ち満ちてあられる。だからお互いに助からずにおくわけにはいかんのです。助かって行くただそれ一つなのです。右へ転ぼうが左へ転ぼうが、一度本願のお手強さに目が覚めたらどのようにしてもただ助かるという道一筋がある。そこ迄行くと己は悪い者だという尻込みも要らない、善い者だという自慢も要らない、助かったと納まったり、駄目な者だと尻込みすることは要らない。俺は駄目だというのはまだ自力の根性である。そういう算盤勘定が出る間はまだ自力根性が砕かれておらんのです。何かを当てにしておるのです。地獄の底に堕ちてみれば、そこにちゃんと本願のお手強さが待っておって下さるのです。どこへも逃げる所がない、追いつめられて閉じこめられたそこには本願があるばかりです。

「願力無窮にましませば罪業深重もおもからず」、この三界のあらゆる苦悩を皆乗せても沈まない大きな大きな船、いやその苦悩の乗せ所もない程の大船である。なぜなら、その苦悩そのものが皆すっかり船であるからである。苦悩は大願業力の現われである。だから乗って行く船賃も要らぬ、船も要らぬ。渡って行く所も要らぬのだ。すっかりこのままだ。この本願のお手強さに今も動かされておるのだ。それが本願海だ。本願の船が大願の海になる。

善導大師がこの本願のお味わいを二河白道のお譬えでお知らせになった。

一人の人あり、遥かの西に向うて進んで行こうとした。ところが忽然として中路に二つの河があった。南の方は火の河、北の方は水の河があり、その真中に幅四、五寸の白道があった。初めは百千里もある道と思ったが、今見る白道は幅四、五寸、長さ百歩。しかし、火の河からは焔が、水の河からは波浪がその道に覆いかぶさってくる。廻り道をしようとすると、水火の二河は長くて果てしない。向うへ行こうとすると、後方より群賊悪獣が出てその人を襲わんとする。前へ進まうとすれども、水や火のため道がわからなくなって行けぬ。立ち止まっておると、群賊悪獣に責め殺される。行こうとしても死ぬ、じっとしておっても死ぬ、抜けて出ても死ぬ、一つとして死を免れない。どうすればよいやらわからん。進退極まっておると、東の方から「汝その道を行け」、西から「汝一心正念にして直ちに来たれ、我れ能く汝を護らん」との声が聞こえる。これが有名な二河白道のお譬えであります。ただ真直ぐに行け、お前が思い立ったその道を来い、という発遣と招喚の勅命であります。

行者西に向うて行く、というのは、助かりたいということに気付いて、道を求める人のことである。幅四、五寸というのは衆生の四大、五陰に喩えてあり、火の河は瞋恚、水の河は貪欲、それが覆いかぶさって願いが消える。じっとしておれば群賊悪獣が来る、それはいろいろ娑婆にある煩悩が起こることを指す。行こうとすれば火に焼かれる、水に溺れる、じっとして居っても逃げても死ぬ。進退極まっておる時、真直ぐに進め、の声ありというのは、お釈迦様のお勧めの声、来たれ、というのは西方の阿弥陀如来の招喚のお声です。百歩の白道というのは、衆生が貪瞋の煩悩の中に在ってよく清浄願往生の心を起こすということであって、衆生がお浄土へまいりたいという願いが細々ながらある。その願いが白道なのです。ところがもう一歩深く見ると、その白道は、阿弥陀様の方からかかった白道である。行者の胸から向うへかかった白道でない。そして水火二河皆白道であり、四、五寸は算数の及ぶことのない無限に広い道となる。そうなるとこっちと向うの隔てがなくなる。娑婆と浄土の隔てがなくなる。煩悩即菩提、本願一実の大道、火の河水の河皆これ大道、それが大願海である。ここまで行くとどうなっておっても、助けにゃおかぬという大願業力が働いて下さる。本願とは小さな願いでない、大願業力だ、それを弘誓という。娑婆を見ても悲観しなくてよい。自分の内を見ても悲観しなくてよい、広大な道が開けておる。今迄人や自分を当てにしておった者はその当てが外れて苦しむ、その苦の中から立ち上って行くのです。外の人が褒めてくれるにつけても、誇るにつけても、又自分の力を見るにつけても、浅間しさを見るにつけても、さあこれからだぞと勇み立って行く。そこに、称名念仏勇みありという信心の味わいがあります。阿弥陀如来の本願を弘誓というのはこれであります。どうしても助けにゃおかんぞという、又助からにゃおれないという、これに答え給うのが弘誓である。だから「難思の弘誓は難度の海を度する大船」と仰ってある。この大船を渡すところの海、その海の彼方の浄土へ行く迄に貪瞋煩悩の火や水の河がある。そしてその中に四、五寸の白道がある。その白道を弥陀の招喚、釈迦の発遣により進むのです。

浄土も娑婆ももとは一つ、生死即涅槃です。行者の行く手には広々とした世界が開けている。その世界は、善も欲しからず、悪も恐しからぬ世界です。その世界に日暮しをさせて貰う、それがいわゆる温い摂取の光明の中の内住まいというお味わいなのであります。

（昭和七年一月十日・明達寺）

第八講

「窃《ひそか》に以《おもん》みれば、難思の弘誓は難度の海を度する大船」、この第一句は阿弥陀如来の御本願の尊さを讃嘆され、「無礙の光明は無明の闇を破する慧日なり」は光明の尊さを讃嘆あそばされたのであります。この第一句の本願は『無量寿経』の上巻のおこころであるし、光明は下巻のおこころであります。第一句は因位のお徳、第二句は果上のお徳を讃嘆された。この二句は『仏説無量寿経』の上下二巻の大体を詰づめて讃嘆なされたものであります。

然《しか》れば則《すなわ》ち、浄邦縁熟《じょうほうえんじゅく》して、調達闍世《ちょうだつじゃせ》をして逆害《ぎゃくがい》を興《こう》ぜしめ、浄業《じょうごう》機《き》彰《あらわ》れて、釈迦韋提《しゃかいだい》をして安養《あんよう》を選《えら》ばしめたまえり。斯《こ》れ乃《すなわ》ち、権化《ごんけ》の仁《にん》、斉《ひと》しく苦悩《くのう》の群萌《ぐんもう》を救済《くさい》し、世雄《せおう》の悲《ひ》、正《まさ》しく逆《ぎゃく》・謗《ほう》・闡提《せんだい》を恵《めぐ》まんと欲《おぼ》してなり。

これが『観経』のおこころを教えられた所であります。『無量寿経』では、法の真実を現わし、『観経』では機の真実を現わす、と常に聖人は教えて下さる。『大経』上下二巻には如来のお徳がこまごまと説き出されてある。その阿弥陀如来のお徳が実際この世の衆生に現われて御利益を蒙る相を述べられたのが『観経』である。『大経』と同じく『観経』も薬を飲んで病人が治るすがたを説き給うたのである。

「難思の弘誓は難度の海を度する大船、無礙の光明は無明の闇を破する慧日なり」、とこう仰ったその証拠は、「然れば則ち、浄邦縁熟して」云々の言葉に現わしてあります。『大経』下巻に聖行段というところがある。それはお浄土の菩薩の尊い日暮しがこまごま書いてある。それを頂いておると、自分の心や日暮しが照らされ、浄土の菩薩の日暮しが尊まれてくる。そして我々は駄目な奴じゃなあと自分の暗さを教えられるようになる。その暗さを説かれてあるのが三毒段、五悪段である。如来の光明に照らされて自分の胸の真暗闇がわかる。聖人は御自分の懺悔のお心持を『観経』の御教えの上に味わわれたのであります。

「然れば則ち、浄邦縁熟して、調達闍世をして逆害を興ぜしめ」、浄邦とは、浄土の縁が熟して、調達が闍世に逆害を興こさせた。調達とは提婆達多の事である。提婆達多とは、いつも話をするように、釈尊の弟子であり、従弟で、しばしばお釈迦様を殺そうとした人である。闍世とは阿闍世の事で、頻婆娑羅王と韋提希夫人との間に出来た王子である。逆害とは、逆は五逆罪、さかさま事である。提婆が阿闍世太子をそそのかして頻婆娑羅王を殺す、そういう逆害を興させた。浄業とは、浄土に生きる業因である。そのきざしが現われて来た。それが、阿闍世太子の母親韋提希をして、安養浄土を選ばしめることとなったのである。

「斯れ乃《すなわ》ち、権化の仁、斉しく苦悩の群萌を救済し」、これはどういうことかというと、提婆というのも、阿闍世というのも、韋提希というのも皆ただ人でない。久遠実成の阿弥陀さんが、我々衆生を済度の為に、或いは悪人となって現われ、或いは善人となって現われ、自分を導いて下さる。苦しみの中に沈んでおる一切衆生を救うて下さるということである。「世雄の悲」、世雄とは仏さん、だからこれは仏さんのお慈悲ということです。「正しく逆・謗・闡提を恵まんと欲してなり」。『大経』の十八願に「唯、五逆と正法を誹謗せんとをば除かん」とある。下巻の成就の文にも「唯、五逆と正法を誹謗せんとをば除く」とある。聖人は『教行信証』の最初に五逆罪を、次に謗法・闡提を挙げておいでになる。謗法とは法を謗る、闡提とは、仏になる種の無い者。そういう者を助けんと思い立って下さる。

以上第二段目の字句の解釈をしましたが、これからここ迄の所をくわしくお話したいと思います。

これは『観経』のお話です。昔仙人が摩迦陀国の首府王舎城の城下に居った。摩迦陀国の王様の名が頻婆娑羅、そのお后が韋提希である。このお二人共お釈迦様に深く御帰依なされていた。この王舎城の城下にナーランダという長者が居って、お釈迦様に大変帰依し、王舎城の西北の入口に竹林精舎を建立し、お釈迦様に献納した。釈尊はそこにお住まいになっていた。

私は、昭和二年一月十四、五日頃王舎城の旧址へ行った。ところが竹林精舎のお寺の跡も何もない、ただ牛や豚が飼うてあった。釈尊をなつかしんでその近辺に生えていた竹を剪って記念に持って帰った。釈尊はその竹林精舎から時々頻婆娑羅王の宮廷にお出になって王夫妻に法を語られた。

王舎城のずっと南の方に耆闍崛山という山がある。丁度鷲の頭のように巌先が飛び出た山なので霊鷲山ともいう。そこへお釈迦様は時々行って冥想せられた。そこへ王も時々尋ねて色々お話を聴かれた。

この王夫妻に長い間子供が無かった。インドでは人相見というものがあった。支那では八卦というものがある。日本でも占いということが神代からある。王は占師に子供の事を占わせられたら、あなたに子供は生まれる、が、まだ直ぐは出来ない、五年後に出来る。それはどういう訳かというと、今この山の中に修行をして居る僧が居る、その仙人が修行の効現われ、修行がすむとあなたの子となって生まれる、こういう事を言った。そこで山の中へ家来をやって見させると成程修行者が居る、家来はすぐに宮中に帰って王に申した。王は一日でも早く子が欲しいと思って使者を出して仙人に談判した。あなたが死んだらこの城の太子として生まれるのだからどうか死んで下さいと頼んだ。仙人は断った、私は王様の家に生まれようと思って修行しておるのではない、信ずる所があって自分の思うだけの修行をすると言うた。王は、そういうことを言わんで死んでくれと頼んだ、けれども言うことをきかん。王は、それなら殺せばよいというて臣下をやって修行者を殺させた。やがて間もなく韋提希夫人が懐胎された。夫人が孕まれてから又人相見に見せたら、腹の中に居る子供は男の子である、やがて両親に仇を為す子であると言うた。そうすると二人共恐しくなって、そんな子は生かして置けないと言って夫人がお産される時、刀を並べておいてその上に産み落し殺してしまおうとした。しかし子供は刀の間に産まれ落ち、足の指が一本切れただけであった。生まれるとやはり母親は恩愛の情が起こり可愛くなり抱き上げて育てた。その子は段々大きくなった。それが阿闍世太子である。利発な男の子であって両親に蝶よ花よと可愛がられて育った。

提婆という人があった、この人はお釈迦様の従弟で又お弟子である。秩序だった事が好きであった。釈尊の教団はどちらかというとあまり秩序が立っておらない、あまりにも自由であった。釈尊は誰でも構いなしに教団に入れる。婆羅門《バラモン》でも首陀羅《シュードラ》でも身分の上下なしに迎え入れる。インドは階級の甚だ厳しい国である。種々様々の人が三百、五百と集まると相当秩序が乱れる。提婆はこれを嫌い、もっと秩序を立てて下さいと申し入れた。お釈迦様は、まあまあこれでよかろうと言われる。そこで提婆は、私がやって上げますと言う。お釈迦様はまあまあこうして置けと仰る。しまいに提婆は私を信じて下さらんと不平を抱くし、又ふしだらな事をして居る者は世の中の為にならん、堕落の教団となってしまうとこういうように思い、名聞利養の心や魔の心が手伝って釈尊を殺してしまおうという悪心を起こした。そして山の上から岩を落したり、象に酒を飲ましたりしてお釈迦様のお歩きになる道の途中で殺そうとしたが、何れも失敗に終った。又、爪に毒を塗って殺そうとしたりしたがこれも駄目であった。そこで考えた、お釈迦様に勢力があるのは頻婆娑羅王に勢力があるからだ、お釈迦様の勢力を失墜せしめるには王とお釈迦様の間を離さねばならぬと考えて、阿闍世太子と交わりを結び懇意になった。そして太子にその両親を殺させようとした。阿闍世に向って言うには、あなたの足の指が一本無い訳を知っておるか、これはあなたのお父さんとお母さんがこうこういう訳であなたを殺そうとした。あなたのお父さんお母さんはあなたの敵だ、その証拠がその指の傷です、こう言って聞かせた。阿闍世はそれを聞いて当然怒った。『観経』に「調達悪友の教《おしえ》に随順し」とあるのはそこです。阿闍世は父親を捕えて牢に入れた。インドでは昔から王位を奪うため父親を殺す王子があった。阿闍世は今父王を敵だというて殺そうとした。さすがに刀で殺すと悪いと思い牢に入れた。牢死させようとしたのである。多くの臣下にも王の牢へ行く事を禁じた。すると韋提希夫人は身体を清め、麦粉と蜜を混ぜて身体に塗り、又頭の瓔珞《ようらく》の中へ葡萄の汁を入れて密かに大王の許へ行き食物をすすめた。そのため王は麦粉を食べ、葡萄の汁を飲み、死を免れた。大王は今迄の事を大変後悔し、水を求めて口を漱ぎ、遥かに耆闍崛山の方を拝して世尊を拝み、どうかこの苦しい胸を助けるために、親友大目犍連をつかわして法を説いて下さいと願った。そこでお釈迦様の弟子目犍連は隼《はやぶさ》のように飛んで王の所へ来た。牢屋で王の為に話をし、王に八戒を授けたのです。大分たって阿闍世は牢番に、お父さんは死んだかと尋ねた。牢番は、お元気ですと答えた。どうしてかと聞くと、毎日韋提希夫人がお尋ねになる、そして食物を差し上げられる、又お釈迦様のお弟子が来られてお話になる、法の養いと母后からの身体の養いと両方でもって命をつないでおられると答えた。阿闍世は憤慨した、父は敵である、その敵にそっと食物を持って行く母親はやはり敵だ、法の話をさせて父を慰めている釈迦も同じく敵だと怒った。これで提婆の思う壺にはまったわけです。

　阿闍世は「我母是賊」「沙門悪人」と言って剣を抜いだ《（ママ）》。その時、月光と耆婆という二人の大臣が居って、月光は王と耆婆に礼をしてから謹んで諫めた。『毘陀論経』に説くに昔から悪王があって王位を貪るために父王を殺した例は一万八千もあるが、無道に母を殺した例は無い。王よ、今、母后を殺さばそれは名誉ある種族の名を汚すこととなる、そういう者は最低の種族であるからこの国に住んでいてはいけない、と言って大臣月光・耆婆は手を以って剣を按じて退いた。母親を殺すような事をなさるなら私等に覚悟がある、と言うて諫《いさ》めたのである。それで太子は月光の言葉を聞いて懺悔し、悪かったからどうか勘忍してくれと救いを求めた。そして母后を殺すことを止めて宮廷の奥深くに幽閉した。

　韋提希は幽閉せられて外へ出られない。そうすれば王の許へ食物を持って行く人はない。ここに女の身だから愚痴が出る。どうしてあんな子を持ったのだろう。あの子は提婆という者に騙されたのだ。提婆はお釈迦様の弟子である。そのお釈迦さんの従弟のために騙されてえらい目に会うた、とこういうように仏さんまで恨んでおる。それでも大変苦しいからお釈迦様に来てほしいとお願いする。夫人が涙を流し、お礼をして頭を上げるともうそこにお釈迦様が阿難と目連をつれて御自らおいでになった。夫人はお釈迦様の顔を見るなりわーっと泣いた。そして仏に向うて申し上げた。私はどうしてあんな子を持ったのでしょう、又あなたはどうしてあんな提婆のような者を親類にお持ちになったかと……我が子が悪いというより提婆が悪いと思うのである。どうかこの苦しい胸を助けて下さいと願う。韋提希は心の世界がやがて問題になって来ます。そして苦しみを無くして下さいという心から、苦しみの無い場所を教えて下さいと五体を投地して、清浄の所を教えて下さいとお願いする。そこでお釈迦様は色々の国土の様《さま》をお見せになった。見終って韋提希は、色々の国を見せて頂いたが、私はこの内の阿弥陀仏の国に生まれたいと願った。そこでお釈迦様は順々と説法された。その説法が『観無量寿経』である。悪人成仏の手本が示されて韋提希夫人もその侍女達も助かった。『法華経』というお経は提婆の助かる事を説いたお経である。『涅槃経』というお経には阿闍世が助かることを書いてある。『観無量寿経』は韋提希夫人が助かる事が書いてある。

　この頃武雄（嗣子）はギリシャ文学に現われた女性の事を書いた物を読んでおる。ギリシャでは夫婦は皆敵同志が生まれ合わせて来たということが書いてあると言うておった。大体そんなものだ。夫婦は大抵啀《いが》み合いをしておる。別れると言うておっても離れられん。一緒に居って喧嘩ばかりしておる。血を分けた親子でもそうである。私は不幸な者だ、うちの子は親を大事にしないと言うて怒っておるが、大事にされないような種を前世で親が蒔いて来たかも知れん。そういう事も韋提希・阿闍世の事によって教えられるのである。

聖人はこの阿闍世太子の事、韋提希夫人の事を仰る時、人事と思っておられなかったと思う。聖人は長男の善鸞様を勘当せられた。辛い事なんです。善鸞様は前の奥様の子です。後の奥様との折れ合いが悪い。聖人の教えを受けておる者が色々とおだてた、そういう所から聖人は「親鸞は弟子一人ももたず候」と仰ったのではなかろうか。大事な子供さえどうする事も出来ないいたずら者であるという事を聖人は思われた。極楽へは行けない者だ、我が力で極楽へ行けるものなら、長男を一番さきに連れて行かねばならん。それを勘当しておられる。そこらは聖人が涙を流された所であると思う。阿闍世太子の事をお読みになって唯事と思われなかった。『教行信証』「信巻」に御信心の味わいをお書きになった所には、長々と『涅槃経』の中に書いてある阿闍世の悩み、又阿闍世がお釈迦さんの御教えによって助かって行く姿を書いてある所を御引用になっておられる。聖人は自分の子供を阿闍世と味わわれるように又自分自身も阿闍世のような者だと言われる。五逆罪を作った罪人の提婆も己だ、子殺しの頻婆娑羅も己だ、親殺しの阿闍世も己だ、五逆十悪のこの己だと言われる。

今日の自分の日暮しを眺めてみると、如何にも恐しい身です。親の前や妻の前に出されないような根性を持っておる。提婆も阿闍世も頻婆娑羅王も韋提希も決して外の人ではない、皆自身の姿である。子を殺す心も、師匠殺しの心もあれば、師匠を怨む心もある、色んなものを持っておる。ごみ溜めのような根性である。『大経』に説いてある本願も光明も、智慧才覚を持った人の為ではない、このごみ溜めのようないたずらな心の持主、親殺し、子殺し、師匠殺し、世間を惑わしておるような者が本願の目当てである。聖人は『観経』全体を機の真実の現われだと味わわれた、そこから法の真実が現われるのであります。頻婆娑羅王や韋提希の心、親殺しの阿闍世の心、師匠殺しの提婆の心、それが皆助かるのである。聖人は、頻婆娑羅王も、韋提希も提婆も阿闍世も唯人でない、「権化の仁」と仰る。如来の本願のまことが、頻婆娑羅王の姿になり、韋提希の姿になり、提婆の姿になり、阿闍世の姿になってこの私を助けて下さる救いの御方便なのである。だから王舎城のこの大騒動もただ出来たのではない、提婆・阿闍世が逆害を起こしたことも浄土の御縁が結ばれたことになるのです。

「斯れ乃《すなわ》ち、権化の仁」、権化とは、仮に世に現われる。仁とはお方。王舎城の悲劇に現われた方々は我々を救うための権化のお方である。「斉しく苦悩の群萌を救済し、世雄の悲、正しく逆・謗・闡提を恵まんと欲してなり」。仏法の悪口を言うような者は助かる縁手がかりが無い、そんな者でも全て恵まんと思し召して、方便の芝居が始まる。もう一つ言えば私を助けて下さる為に仏さんが色々の姿となって現われて下さったのだ。仏さんと言うたら優しい姿ばかりで現われ給うとは限らぬ、恐しいお姿の場合もある。観音さんは優しいお姿であるが、不動さんは火の中に剣を持って立っておられる。仏さんは善人になって現われ、悪人にもなって現われて下さる。私達はすぐちょっと悪い人が在るとああいう悪い奴がと言い、善い人を見ればああ善い人だと言う、形をもって判断する。本当のお助けにあずかった者は、善い人悪い人の区別はしないのです。全てにお慈悲の光を見る。悪口言う人も褒めて下さる人も全て有難いと頂く心が出る。悪いことをする人でも、善いことをする人でも、我を助けるために現われて済度して下さる。種々に善巧方便し給うのであります。

この苦しい胸をかかえて泣いておる自分一人を助ける為に、我々の心が向うに現われて、悪人成仏の芝居をうって、我々を連れて行って下さる。芝居をうって下さるということがわかると、自分はその芝居の上の一人になる。悪人凡夫は、仏様の言葉を頂く時、役者の一人として、お浄土の仏様の一員に加えて頂ける喜びを感ずるのであります。

（昭和七年一月十二日夜・松田利勝家）

第九講

先日は「逆・謗・闡提を恵まんと欲してなり」の所までお味わいしました。その中に「権化の仁」というお言葉がありました。この「権化の仁」ということを今日はくわしくお味わいしようと思います。

仏さまの教えには、権と実と二つあるということをインドや支那の伝統相承の祖師方が知らしておって下さる。権とは仮り、実とはまことである。権というのは方便ということにも使われる。この方便と真実ということをお経の中に味わうと、『法華経』の中に「方便品」というのがある、この「方便品」には、権と実ということが現わしてある。又「信解品」というのにも、権と実ということがよく現わしてある。「方便品」の権と実というのはどういうことかというと、長者の家に子供が沢山居った。にわかに火事になった。そら火事だというても、子供達は火事ということを知らないので中々外へ出て来ない。それで親は子供達を外へ誘い出す為に、早く門の外へ出てみなさい、門の外にはお前達の好きな羊が曳いている車がある、鹿の曳いている車もある、牛の曳いている車もある、お前達は好きな車に乗りなさい、早く出ないか、とせかす。そうすると子供達はあわてて飛んで出る。飛んで出てみるとそこには羊の車は無い、鹿や牛の車も無い、ただ大きな白牛の曳いている一つの車があるだけである。そこに皆が乗せられた。こういう一つの話、これは一つの譬えである。この長者の子供というのは私達一切衆生のことを仰ってある。

「三界は安きことなしなお火宅の如し」この娑婆は火事場のようなものだ、火が燃えておる、とこう言われるけれども、三界は火の燃えておるような所だということが我々にわからんのです。火事場に居りながら火事場だと思わん、落ち着き払うておる。危いぞと言っても中々そこ迄気が付かぬ。それで仏様は、門の外へ出て見よ、門の外には面白いものがある、お前達の好きなものが沢山ある、と言って教えられた。

これが声聞・縁覚・菩薩の三乗の御教えである。外へ飛んで出てみたら、声聞乗もなければ、縁覚乗も菩薩乗もない、ただ一仏乗、仏様になる道一つしかない。仏様は御方便で、声聞や縁覚や菩薩の道を教えられたのである。本当は三界の外へ引き出したいばかりに、白牛の車に乗せたいばかりにそうされた。仏様の教えに声聞・縁覚・菩薩の教えと三通りあるが、この三つの乗物は一切衆生を除けものにするような意地悪な教えでない。仏になるというのが真実であって、三つの乗物は権方便であると書かれてある。同じようなことを「信解品」という中に説いてある。これは有名な長者窮子の譬えである。長者に子供が一人在ったが、小さい時に一人で婆羅門の後を追って行って姿が見えないようになった。長者は段々年が寄るが跡取りが居ない。或る日門前に乞食が来た。よく見ると我が子によく似ている。これは我が子に違いないと思い、召使に、あの乞食を連れ帰って来いと言いつけた。召使はそれを連れて来た。乞食はびっくりして私は悪いことはしていない、と言って逃げて行った。長者は後を追うたが、しかし、ただ来いと言うても駄目だと考えつき、召使に、僕の相棒として便所掃除をする者を庸いたいと主人が言うから庸われんか、と言わせた。そうか、そんなら自分で丁度よいから行こうと言う。それから庭掃除、座敷掃除と段々長者の身の廻りに近付けた。段々おじけなくなったところで、長者はおもむろに口を開いた。お前は本当は私の子供だ、子供の時婆羅門に連れられて行って行方不明になった、私は年寄で財産を分ける者は誰も居らない、こう言うたら窮子は初めてそうかと安心して喜んだ。これも譬えである。仏様は一切衆生を皆我が子だと思われる。そのまま助けるぞ、そのまま我を信ぜよと仰る、が、皆はそれがわからんで逃げてゆく。そこでいろいろ譬えを説いて低い所から段々お説きになった。声聞の道やら、縁覚の道やら、菩薩の道やら、段々近付けてきて最後に、実は私はお前の父親、お前は私の子だ、私の身代を皆お前にやる、こう仰る。この譬えが「信解品」である。仏様が声聞や縁覚や菩薩の道を説かれたのは方便である。権方便である。この事を『法華経』には長々と書いてある。

ここで『観経』の話へ戻りますが、お釈迦様は諸仏の国の有様を韋提希に見せられた。韋提希はその中の何処へも行きたくない、阿弥陀如来の国へ行きたいと答えた。そこでお釈迦様は、その阿弥陀如来の国へまいるべき道を教え、十六の観法を段々説かれた。仏様のお浄土の相、又、弥陀・観音・大勢至の相等いろいろしっかり心を澄ませて観察して行く道を説かれた。最後に南無阿弥陀仏と称え、称名念仏の道を説かれた。

『観経』は観仏三昧を主とするか、念仏三昧を主とするか、『観経』の根本はどれか。いろいろの人が居て、『観経』のこころは観仏だ、或は念仏だという。親鸞聖人は『観経』は念仏だとお味わいになった。ここに隠顕というものが出来た。隠はかくれ、顕は現われである。『観経』の顕の義は十六観法、隠の義は念仏である。その顕の義でいう時には方便、権方便である。隠の義は真実である。和讃の中に、

念仏成仏これ真宗

万行諸善これ仮門

権実真仮をわかずして
自然の浄土をえぞしらぬ

と仰ってある。同じお釈迦様のお話でも、中には権と実がある。要の所と仮の所がある。例えば子供がナイフを持って玩具にしておる、こら危いぞと叱りつけてナイフを取り上げる。その時親の叱ることは権である。別に子供が憎いのでない、目を怒らして叱るが子供が可愛いから叱る。一切権方便である。又子供が悪い事をしておる。こっちへ来い、よい物をやるぞと連れてくる。これも権方便である。

釈迦・弥陀は慈悲の父母
種種に善巧方便し
われらが無上の信心を
発起せしめたまいけり

との御和讃がある。又、

弥陀・釈迦方便して
阿難・目連・富楼那・韋提
達多・闍王・頻婆娑羅
耆婆・月光・行雨等
大聖おのおのもろともに
凡愚底下のつみひとを
逆悪もらさぬ誓願に
方便引入せしめけり

とある。

方便引入とは権である。権化とは仮に衆生を化度するために現われ給うのが権である。仁とはお方、衆生済度のためにそんな姿を現わして下さる。それを権化の再来だともいう。聖徳太子は観音様の再来、或いは慧慈大師の再来、法然上人も勢至菩薩の再来、或いは阿弥陀如来の再来、親鸞聖人は曇鸞大師の再来、或いはお釈迦様の再来という。

聖徳太子の時に乞食が居った。太子はその乞食に御自分の着物を脱いで着せられた。後でそこを又尋ねられたらそこに着物だけあって乞食は居らなかった。その乞食は達磨大師の再来であったと言われている。再来というのは権化である。諸行というも、我ら一切衆生を助けんために、仮に神と現われ給ぅ姿である。日本の神々は皆仏様が私らを救わんがために、仮に神として姿を現わして下さるのである。権現さまというのは仮に現われた神である。権現の神は権化の神である。

権化は、普通はよい姿をもって現われる。ところが聖人のお言葉を見ると、仮に衆生済度のために現われて下さった方は、釈尊や阿難・目蓮等ではない。誰かと言えば、親を殺した阿闍世、師匠殺しの提婆、愚痴の韋提希、これらが権化の仁だと言われる。だから仏さんは人殺しともなって下さる、盗人にもなって下さる、大臣にもなって下さる、色々の姿になって現われて下さる。団十郎や菊五郎等の千両役者の芝居を見て、その中に殿様になる者が千両役者だと思い、あとの者は馬の脚で下っ端役者だと思っている者がある。ところが千両役者というものは何にでもなれる。殿様にも、芸者にも、時には馬の脚にもなれる。どこにでも現われることが出来る。衆生の全てを救うために仏様は芝居を打って色々の者になって現われる。善人にも悪人にもなって苦しみ悩んでおるものを救うて下さる。我一人を助けんがために我が心を向うに見せて、親殺し師匠殺しとなって見せて下さる。そして提婆も助かった、阿闍世も助かった、韋提希も助かった。提婆の助かる事を書いた『法華経』、阿闍世の助かる事を書いた『涅槃経』、韋提希の助かる事を説いた『観無量寿経』、ここに大乗無上の御法がある。

王舎城の悲劇は全て『観経』の御教えである。『大経』に説いてある阿弥陀如来の本願が、衆生のものになるからくりを説いたのが『観経』である。だから王舎城の悲劇は権化の仁である。そのお方々の中に提婆も、阿闍世も、頻婆娑羅王も、韋提希夫人も、耆婆大臣も月光大臣も居る。それをよく味わうと非常に有難い味わいがある。我々は自分の所へ優しい言葉でもって尋ねて来たり、うまい物を持って来た人を親切な人だと思う。悪口を言っておると聞くと隣同志でも敵のようになる。ところが権化の仁ということになると、讃めておる人も善知識であれば、謗っておる者も善知識である。物を持って来て下さる方もお慈悲なれば、盗って行く者もお慈悲である。布施物もお慈悲なれば、打つ者もお慈悲である。九州や尾張や三河などの暖い国へ行くと冬麦の芽を踏んで歩く、そうしないと麦がよく出来ない。麦を踏むということも麦にはお慈悲である。お慈悲は色々に現われる。心をひそめてじっと世の中を見ると、全ての事が権化の仁である。皆お慈悲のからくりである。疑いに閉ざされて世の中を見ると世の中は恐しい事ばかり、からくりということがわからん。権化の仁ということがわからんのです。皆仲良く生きたいというのは、人の真実の願いである。がしかし、その心の上に真実が仮に姿を現わすという時に悪い場合もある。その時無明というものが出てくる。自分の心の上に出てくる。が、それも悪い姿でない、その人を導くためのお慈悲のからくりである。

真実と方便、それによって光を与えられる。真実に目覚めさせて貰う。色々の事が起こってもそれに取り合わず、ああ又起こったぞ、又来たぞと言って取り上げない。自分に取って嫌な事が来るにつけても、それはお慈悲のからくりだと頂く。そうすれば腹立ちも無くなり、御催促だと喜びの心が出る。方便によって真実の喜びを得さして貰うのです。ここに「権化の仁、斉しく苦悩の群萌を救済し」という聖人の御言葉を味わわさして貰うのであります。

（昭和七年一月十五日・松田伊三郎家）

第十講

聖人が『観経』のおこころを讃嘆せられた次第の話を進めて来ましたが、今日も又重ねてこの次第を味わいたいと思います。

この『観経』の大体の中心になっておるのは権化という事であります。『観経』では、十悪・五逆・具諸不善のともがらが念仏一つで助かるという事を教えられた。形に現われた点からいえば頻婆娑羅王や韋提希夫人は子殺しの大罪人、阿闍世は親殺し、提婆は仏殺し、ろくな者でない。そういう悪者の姿を見せておいでになるが、真底はそういう悪い人ではないのです。権化の仁である。頻婆娑羅王の心の底にも、韋提希の心の底にも、阿闍世の心の底にも、提婆の心の底にも、仁がひそんでおる。恵み、情け、やさしい心が一杯になっておる。面をかぶると男でも女になる。権化は面をかぶるのである。親殺しの面、子殺しの面、師匠殺しの面をかぶったり、凡夫の面をかぶったり、色々あさましい姿を現わしておいでになるが、その面を引きむいてみるとやさしい情けの心が一杯である、それが仏の情けなのです。

「斉《ひと》しく苦悩の群萌を救済し」、斉しくとは全てということ。苦悩とは苦しみ悩む。群萌の群はもろもろ、萌は芽ばえ。衆生の事を群萌という。なぜ我々を群萌というか、草の芽は春になって萌え出ようとする、萌えるのである。それは欲求の姿です。一生懸命萌えたっておる姿を群萌という。この萌えたってゆくものが何で苦しみ、何で悩むかというと、その命、その欲求を妨げるようなものに会うからである。だから苦しみ悩みというものは生命の妨げである。伸びたい時伸びられるなら苦しみはない。それが他のものに妨げられるから苦しみが起こる。この苦悩の群萌を救済する――救い上げて下さる、それが権化のお慈悲である。河に落ちておる者を救う時は、自分が河に飛び込まねば助けられない。悪業煩悩の日暮しをしておる者を助けるには、その中に入らねば助けられない、酒飲みを助けるには一緒に酒を飲む。そこで、自分の子を殺そうとするような頻婆娑羅も、親殺しの阿闍世も、仏殺しの提婆も皆我々の心の様を向うに現わして下さった自分の鏡であり、仏の権化である。

私達の毎日の日暮しを見ると、自分の周囲の人に対して腹を立てたり、愚痴が起こったり、妬みが起こったり、疑いが起こったり、迷いが起こったりして苦しんでおる。その苦しみ悩んでおる状態をじっと考えてみると、それは皆自分の影である。あいつは欲な奴じゃと腹を立てておる者は、自分が欲なのだ。何時か御坊さん達が集まっている時、どこそこの親爺は欲な奴じゃ、あの家は、沢山田を持ち財産があるのに吝嗇坊で葬式に行っても法事に行ってもろくに御布施をよこさん、と言うて話をしておった。向うが欲であると同時に、言うている御坊さんも欲なのだ。出さない者も、欲しがる者も共に欲なのだ。やはり向うばかり見て自分の欲を考えておらない。

先頃朝鮮で或る人に会うた、その人はこちらから行った人で、皆はこの人の事を吝嗇坊で、金を沢山貯めておるが嫌われ者だと言うていた。人を吝嗇坊と言うておれば自分も吝嗇坊になる。そこで人を咎める心が起こった時、自分を恥じねばならん。人を咎めておる内にほっと自分を恥かしい奴じゃなと気付かして貰うのです。

支那に仁人という言葉がある。恵みの人、情けある人の事です。ところが聖人がここに権化の仁と仰った仁人はどういう人か。親や仏を殺したような五逆十悪の悪人の事である。それを権化の仁と仰ったのである。聖人は悪人を見ても唯人とは思われない。仁という味わいがあって初めて、光明摂取の内住まいということが味わわれるのであります。我々はただ上辺ばかり見ておるから、彼の為にこうなった、これの為にああなったと言う。或る人が、先生はあの人を善い人だと仰るけれども、こんな悪い事をしておる、善い人ではないぞね、と言った。そうだ、あなたは何でも人のうわべを見てすぐに判断する、あなたが悪い人だと判断する人でも人の出来ないような善い事もやる、何でもするその姿を見せて下さったのだ、と話した。酒好きの人を済度するには酒になり、女好きの人には女になり、男好きの人には男になって導いて下さる。『御伝鈔』の中に、親鸞聖人は御自分の奥様は観音様の現われであると信じておいでになるという事を書いてある。皆自分の奥様は唯人ではないのです。観音様の権化です。この権化ということは大変深い味わいのある事であります。我々は常にこの権化ということを思い出して行きたい。自分の家でも気に入る者も入らん者もある。又、親類でも近所隣でも、ひどい事をやるなあと思うような人がある。そういう時、自分の真底を知らせて下さる御方便だということを気付かねばならない。全て善巧摂化の方便であります。御和讃に、

大聖おのおのもろともに
凡愚底下のつみひとを
逆悪もらさぬ誓願に
方便引入せしめけり

とある。皆総がかりになって、この私一人を手引きして下さるのであります。

「世雄の悲」、世雄とは仏。悲は恵み、慈悲。

「逆・謗・闡提を恵まんと欲してなり」、初めは五逆罪を造った者。次には謗法、これは法の悪口を言う者。次に闡提とは、仏になる種の無いような者。これらを助けると仰る。『観経』に書かれてある王舎城の悲劇、この恐しい血なまぐさい悲劇は何の為に起こったか。私一人を助けたいとの真実の大悲のからくりである。仏殺しの罪人と思う提婆が仏の再臨である。親殺しの大罪人阿闍世、これも仏の現われである。子殺しの韋提希や頻婆娑羅も仏の現われである。仏は私一人が可愛さに、いろいろの姿を現わして下さる。如来は我を助けるために、火の中水の中をも厭わせられない。自分の周囲のいわゆる悪人だと思う人の上に見せつけら

れと、こういう自分にでも嫌な姿を現わし、嫌な仕業をしてまでも、私一人を導いて下さるのだということに気が付きます。ど
んな徒らない人でも手を合わせてお礼が申されます。あさましい姿をしてまでも私を導いて下さる。そこまで気が付くと世の中に憎
いこともなくなる。全てに向かって合掌礼拝する尊い心が湧いてくる。我々が単に人を怨んだり、憎んだりしておるのはまだ考えが
浅いのだ。深い深い仏の心に出会うてみると、どんな姿で現われても、私一人の可愛さの御苦労であるということが喜ば
れるのであります。

権化の仁である。恵みである。阿弥陀さんの本願は十方衆生と呼びかけられた。その十方衆生のうちで誰を呼んで下さったかと
いうと、聖人は、阿闍世や提婆のように、この親鸞一人を呼び出して下さったのだということをお味わいになった。聖人の御信心
の喜びの中には、勿論そこに提婆も成仏しておる、韋提希も阿闍世も成仏しておる。五逆十悪・謗法・闡提のともがらが聖人のこ
の御信心の上に皆成仏得道しております。

光明を輝やかして我々を仏が迎えに来て下さったのだ、とここ迄深く人生が味わわれる時、小言もないのです。神も悪魔も智者
も愚者も、善人も悪人も、全てが総がかりになってこの私一人を導いて下さる。一切世間の人が、総がかりになってこの私一人を
導いて下さるというこの味わいは、どちらへ向うても有難い有難いという御恩報謝の御礼の中の日暮しのもとになるのでありま
す。

自分が助かるだけでなく、全てが助かるというこの世界は非常に朗らかな広い世界であります。この味わいになると一切世界が
皆我が物になる。真実の光も、山川国土の恵みも全てが私一人の可愛さからで、仏の御方便のからくりである。雪も雨も、風も日
照りも全てが権化の恵みであるということを深く味わわせてもらえるのであります。この世は偽りだらけと頂く時に、この世界が
そのまま大慈大悲のからくりの働きどおしに動いている尊い世界であるということが味わわれます。ここに初めて、今現在説法
――今も現にましまして助けるぞという招喚の勅命をかけづめにしておられる仏の活き活きとした自
分の胸に聴聞させて頂くことが出来るのであります。

第十一講

今晩は「釈迦韋提をして安養を選ばしめたまえり」というところをくわしくお味わいしたいと思います。
韋提希は大変苦しんで、苦悩を除く法を授けて見られ、そして、この内のどの国でもあなたの行きたい国を選びなさいと……。
その時韋提希は、私は阿弥陀如来のお浄土へ行きたい、どうかこの浄土へ行く道を教えて下さいということを乞われた。それでは
は、光明の中に、諸々の仏の国の相を現わして見られ、そして、この内のどの国でもあなたの行きたい国を選びなさいと……。
その時韋提希は、私は阿弥陀如来のお浄土へ行きたい、どうかこの浄土へ行く道を教えて下さいということを乞われた。それでは

（昭和七年一月十八日・明達寺青年講）

その浄土へ行く道を教えてあげる、といって十三の定善と三つの散善、十六の観法を教えられた。韋提希は、この十六の観法、詰づまれば念仏一つ、このお念仏一つによってお浄土へ行かれる、たとえ一声でも南無阿弥陀仏と称えればお浄土へまいられるというこころを受けられた。こうして韋提希が浄土を選び取られた。しかしそれは、韋提希御自身のはからいでないのです。釈迦如来が選ばせられたのです。選択とは選びとること、その働きも教えて下さるのです。お釈迦様が、初めから安養の浄土へ連れてゆくつもりで選ばされたのである。そこに先手の呼び声がある。こっちが選んだものだと思っておったが向うから選ばせられたのだ、そこに他力というお味わいがある。頼んだと思っておったものが頼ませられたのです。頼むものは衆生、頼ませられるのは弥陀如来、頼む心まで仏の起こさせられたものである。信ずる心も、念ずる心も共に弥陀如来の方より発起せしめたまいしものである。

お釈迦様がお浄土の様を色々見せて、さああなたの行きたい所を選びなさいと言われたのは、丁度反物屋が商売する時に、この帯、あの帯と客に見せて、これはいくら、これはお買得というように考えさせ、とうとうしまいに反物屋は自分の売ろうと思う壺に客を引き入れて買わせる。買う方は、当てがわれても知らんのだ。こっちが悪い方を選べばこちらがお得ですと親切な呉服屋も居る。

今日ここに皆さんは講話を聞きに来るということを自分で選んだが、選ぶようにして下さったのだ。頼むは自分なりというが、その頼む心が我から起こったのでない。仏の念力が懸って下さるのだ。他力とはそれなんだ。自力は自分の量見、今迄来たのは自分の量見で来た、今からも自分の量見で行くと力むが、じっくりと考えると、今迄こうして来たのは、先達の手に導かれて来たのだ。我々にこう頂く教えというものが無ければ我々の行先きはわからんのだ。この辺の人は、人が死んだり、不幸に遇ったりするとすぐに仏法を聞こうということに気が付くけれども、仏とか法とかの無い所の人は、教えに気が付かん。そして気晴しに芝居でも行こうか、一杯飲もうかとこういうことになる。平生仏法を聞かして貰っておる人は、又、御縁のある人は、人生に躓《つまず》きがある時、聞かんならんぞと思って仏の道を聞く心を起こす。これはやはり先手が懸っておるのだ。向うの方から呼び出して下さるのだ。だから我々は仏の方に向う心が起こった時に、こっちが向うたのでなく、向うが迎えて下さったのだと思わんならん。向うの心が起こって向わしめられるのだ。先手の呼声が聞こえて下さった事を喜ばんならん。仏に助けて貰いたいという心が起こってから仏の返事を聞くのでない。助けて貰いたいという心が起こり、仏の浄土へまいりたいという心が起こるのは、まいらせたい、迎えたいという念力が届いて下さったのだ。

御和讃に、

釈迦・弥陀は慈悲の父母
種種に善巧方便し

われらが無上の信心を発起せしめたまいけり

とある。色々の方便をめぐらし、打ったり叩いたり撫でたりすかしたりして、色々お育てになった、そしてこの信心を起こさして下さったのだ。

仙人を殺した事も、刀の上に子供を産み落した事も、子供が死ななかった事も、提婆と近付きになった事も、夫が牢に入れられた事も、自分が牢に入れられた事も皆唯事ではないのだ、全てが私を安養浄土へ連れて行くためのお手廻しであると韋提希は喜ばれた。

韋提希が安養の浄土へまいる、念仏するようになったということは、全てが仏のからくり、めぐり合わせである。そこへ行くと、韋提希が今まで怨んだこと、泣いたことがすっかり晴れてしまう。韋提希にとって、自分の罪も、自分の子供の罪も、提婆の罪も皆助かってしまう。色々の悲劇も私一人を仏の国に連れて行くための権化のおはからいであったのかなあと有難く思われる。そうすると、そのもとは、釈迦如来の念力が懸って下さったのだと気が付く。初めてここにお釈迦様と真の御縁を結んだのだ。全ては私への御催促である。私へのお導きである。段々おはからいの手が加わり、知らん手が加わり、こっちが抜け出そうとしても逃げられん。のっぴきならん羽目に追いつめられ、仏の国から抜け出そうとしても逃げられん。のっぴきならん羽目に追い込まれ、仏の国へ行く。この御信心の味わいを他力廻向という。全てが仏のおはからいである。網の中に追い込まれ、引き揚げられてゆく、自分の愚かさに気付かして貰うのだ。その気付かして貰うた事までも、仏の先手のおとりかわしに依って気付かして貰うのだ。太陽は太陽の光によって我々にわかるように、仏は仏の光によって我々に拝まれ給う。仏は仏の光によって我が身を照らされる。そして我々をも照らされるのである。

「若は因、若は果、一事として阿弥陀如来の清浄願心之廻向成就したまえる所に非ざること有ること無し」と『教行信証』の中に仰ってある。今晩はこれで止めます。

第十二講

話を繰り返します。ここに「浄邦縁熟して」とある。お浄土のことを浄邦という。お浄土の縁が熟してきた。籾を田に蒔き、稲を収獲する時、籾は因で、土とか水とか肥料とかいうのは縁で、この因と縁とがよって果を得る。因縁果というような具合に、世の中が始終移り変わっておる。お浄土は願土といいます。報土といいます。浄邦縁熟というのは、阿弥陀如来のお浄土の縁、お浄土の因はいうまでもなく仏の本願でありますす。お浄土は願土といいます。そのお浄土の因はどういう縁をもって我々に拝まれるかというと、その縁は『観経』の上では、「調達闍世をして逆害を興ぜしめ」ということをもって知らして下さる。この王舎城に於ける一大悲劇、この悲し

（昭和七年一月十八日・村井二三家）

い罪悪は、お浄土を願う御縁、お浄土の光が輝く御縁であるのであります。

縁には順縁と逆縁との二つがある。順縁というのは有難いことに会うて、有難いと喜ぶこと。逆縁は有難くないことに会うて、有難く喜ぶようになること。例えば、今年は先ずお蔭で息災で、内輪中皆病気もせんで、これという大きな難もなくて一年を暮らさせて貰うた、有難いことじゃ。これは順縁の喜び。これに対して、今年は可愛い子を死なして、悲しい目に会うた。事業に失敗してどん底に落ちた、不景気の底にあえいでいる。しかしそれがために深い教訓を受け、尊い心にふれさせて貰った。これは逆縁の喜びである。

『仏説観無量寿経』に説き出された阿弥陀如来のお浄土を我等衆生の前に明らかに見せられる御縁はどこから来たかというと、この王舎城の悲劇からである。抑止門です。逆縁です。この世に不足があるためにお浄土を願う。又、あまりに不自由な世界に居るために自由の世界を願う。又、あまりに自分の日暮しが穢れておるために清浄の土を願う。こっちの不足が強く思われれば思われる程それが御縁になって浄土を願うようになる。逆縁なんです。穢土の穢れがよく知られる時にお浄土が切に願われる。提婆・阿闍世の逆害が起こったために浄邦の縁が熟して来た。お浄土へまいるということを願う御縁が出て来た。そして浄業の機が彰われる。浄業とは浄土へ往生する業です。浄土へ往生する業は何か、『正信偈』の中には、「本願の名号は正定の業なり」とある。業というのは業因、信心を得て仏の名を称える、その念仏が浄土へまいる業である。業というと、あれはあの人の業じゃとか、業人だとかいって常々業ということを言っておる。が、そういう場合には多くは悪業というような意味で業と言うておる。業人だ、業欲だ、業悪だというような事をいうのがそれです。ところが業ということは所業ということ、明日の業報も今日の自分の所業から生まれてくる。だから、業縁も二つの意味をもってくる。今の業、それが未来に臨んで言えば業縁である。今の自分達のやっておることは業を作っておるのです。私に皆さんが言われる話も業です。皆さんが聴聞しておることも全て業です。話をして喜ぶ、聞いて喜ぶ、自分の真の信心の道が開かれる時になれば初めて聞いておることが明日の喜びを招く業縁になる。だから作業と業縁と二つあるのでない。望み場所によって業ということは、業因ともなり、又、作業ともなるのです。今のすがたを作業というからこの作業が明日の因になる。

南無阿弥陀仏と称えるということは、今の我々の所作です。「大行とは則ち無礙光如来の名《みな》を称するなり」、行は業です。南無阿弥陀仏と称えるということは浄業です、それを作業という。今称えるその作業が因となって、お浄土の果報を得るという時、それも又業縁となる。

「浄業機彰れて」、機を機様という。近しい言葉で言えば、機というのは個性というようなもの、機は個性である。一人一人の持前である。その機には酒好きな者も居る、餅好きな者も居る、怒りっぽい者も居るし、おだやかな者も居る、急《せ》き人も居るし、のろい人も居る、皆機です。その人の個性です。浄業の機というのは、浄土まいりの業の機です。お浄土へまいる個性を持っておる。お浄土へまいる個性を持っておる。もっと適切にいうなら、南無阿弥陀仏を保つに相当した個性があります。だから誰でも仏さまのお慈悲は喜べるといえそうなものだが、やはりそこに縁がつかんのがあります。やはり宿縁、機縁です。

阿弥陀様の御本願は浄業だ、名号の謂れは三経の中にくわしく説かれておる。ところがこの『大経』に記されてある浄業の薬、それをお受けする者は、お受けする心を持っておる者、そういう傾向を持っておる者である。浄業の薬は病人が出ねばやる訳にいかん。煩悶して熱病が出て来にゃ熱病の薬はやる訳にいかん。一切衆生が助かる道が発見されておってもいよいよその薬を頂く者が現われて来ねばならん。いわゆるきざしが現われて来ねばならん。浄業の機が現われて来た。韋提希は我が子のために牢屋へ入れられた。それは自分達の作った宿業によって、そうした業果を招いたのだ。そして牢へ入れられて煩悶を起こして、愚痴を起こして悩んでおった。その愚痴・無智がお念仏の機です。お釈迦様の御本願が誰に一番先に起きたかというと、韋提希にです。普通なら子供のために泣いておる婦人が道に入ったのです。

日本では昔から神様にお仕えするのは男でなくて、女がお仕えするのが普通になっておる。現に伊勢の大神宮様がそうである。神様の詔は多く女に降る。天理教も大本教も女の神様から生まれたのです。日本の昔の神様の歴史をだんだん読んでみると、女は大変宗教の器なんです。神意は女に移る。阿弥陀仏のお念仏のお言葉は一番先に女に伝わるのだ。韋提希に伝わったのだ。浄業の機、それが韋提をして安養を選ばしめ給うた。浄土まいりの器、名号を称えるに相応した個性は韋提希のような女だった。だから、阿弥陀様のお浄土へまいる一番先の縁を結んだのは女だ。女は縁が深い。何処のお寺に行っても、女の人の参りが多い。今日も男より女が多いようだが男より女は念仏の道に近い。お釈迦様のお念仏の法を頂いた最初の人が韋提希という女人である。そういう時によけいに念仏の声が高まった。五濁悪世にこそ仏教は繁昌する。

世の中が治まっておる時に浄土の光が出るのでない、世の中が乱れ、劫濁・見濁等の五濁悪世になった時、浄土の光は放たれる。法然上人や親鸞聖人が御出生になった時代は平安末期のあの源平の争いの真最中、盛んに戦争が起こった時代です。そういう時によけいに念仏の声が高まった。五濁悪世にこそ仏教は繁昌する。

今日のような経済上に於いて、思想上に於いて不安の風が襲うておる時に浄邦の縁が熟しておるということが知られるのである。考えれば考える程今の世の中は当てに出来るものはない。全てが当てにならん、どれもためにならん。国の内を見ても外を見てもここそと思われるような所はない。内も濁り、外も濁り、内も騒がしく、外も騒がしい。暗闇に出会い、世の中の冷たい空気に触れる時に、我々は初めてお浄土を願う心になるのである。だから世の中が悪いということは浄土の縁が熟することになるのである。世の中が堕落した時に人は、世の中は難しい、苦しいという。しかしそう考えれば考える程一層仏のお慈悲が喜べるといえそうなものだが、十方衆生と阿弥陀さんは呼びかけて下さっても、この世界には阿弥陀様の名を知らぬ者が居る。

思想が悪くなったり、世の中が堕落した時に人は、世の中は難しい、苦しいという。しかしそう考えれば考える程一層仏のお浄土を願う心が切実に起こってくる。だから世の中が乱れるということは宗教が盛んになる時機である。逆縁によって却って大法が起こってくる。宗教は智者や学者には縁が遠い。愚痴な者、弱き者、真面目に人生を送ろうとする人に要るものだ。智慧のある者には要らん。田舎の愚夫愚婦に要る。仏の大悲は浮世の苦ある者に注がれる。仏の心はひとえに常没の衆生に要るのである。

なお慈悲は苦のある者に於いてです。悪の中に沈み、無明の中に沈んでおる者を憐れんで下さる。我々は自分の無明に気が付く時、仏の光明を頂く機であるという事に気を付かして貰う。悪い者だ、つまらん者だ、愚痴な者だと投げるのでない、そのつまらぬ者、悪い者が仏の目当てである。世の中が乱れれば乱れるほどお浄土が明らかになる。人が悪くなればなるほど浄土の機が熟する。自分が居たたまれぬ時にお念仏が出る。この味わいを「浄邦縁熟して、調達闍世をして逆害を興ぜしめ、浄業機彰て、釈迦韋提をして安養を選ばしめたまえり」というお言葉の中に教えて下さるのであります。

ここに悪人正機という味わいが味わわれる。この世が不満であればこそ、そこにお浄土の機が起こる。「しかるに仏かねてしろしめして、煩悩具足の凡夫とおおせられたることなれば、他力の悲願はかくのごときのわれらがためなりけりと知られて、いよいよたのもしくおぼゆるなり」と仰ったお味わいがここに記されておる。

「世雄の悲」、とは、仏様のお慈悲。「まさしく逆・謗・闡提を恵まんと欲してなり」、謗法というのは仏の御法を悪口言う。闡提とは、無仏処、仏に何の縁手がかりも無い。そういう者をここに可愛がって下さる。「しかるに仏かねてしろしめして」

ここ迄で『観経』のお教えを味わわれた所をざっと切りをつけておきます。

故に知らぬ、円融至徳の嘉号は、悪を転じて徳を成す正智、難信金剛の信楽は、疑を除き証を獲しむる真理なり。

これもお経のおころによってお書きになったお言葉であります。

初めに味わわれたのが『無量寿経』、次に『観経』、そしてここに『阿弥陀経』、三部経のおころをかいつまんでお説きになるのであります。

「円融至徳の嘉号」、嘉号とは南無阿弥陀仏ということ、南無仏を円融至徳という。徳を讃えたのです。円とは、円満とか、丸いとかいうことで、気が融け合うこと。仏のお六字は角がありません。完全である。至徳の至は極まり、至極の徳。完全で全てと融け込んで絶対である、その徳を自分の胸に融かし込んでおる、だから円というのです。お六字は悪を転じて徳を成す正智、転悪成善の正智である。悪いことを転じて善いものにする。お経の中に譬えてある、徳の香のする栴檀香木に物が触れるとその栴檀の香で五百由旬の伊蘭（悪臭の木）の林が栴檀の香になると書いてある。南無阿弥陀仏のお六字が我々の心の悪に宿って下さる時、我々の心の悪が転じて徳となる。お六字のお働きは悪を転じて徳と成らして下さる正智だ。お六字が智慧だと聖人は仰ぐ。円融至徳の嘉号は智慧である。南無阿弥陀仏は智慧である。徳が智一切衆生を自分の胸に融かし込んでおる、その徳を定めてある。お六字は悪を転じて徳を成す正智、

徳と成らして下さる正智だ。お六字が智慧だと聖人は仰ぐ。

南無阿弥陀仏は智慧である。徳が智

慧を下さる。南無阿弥陀仏のお六字の光に照らされて我々の胸の闇がはっきり明らかになる。それが転悪成善です。暗い胸が明らかになる。だから正智だという。

「難信金剛の信楽《しんぎょう》は」、難信とは信じがたい。御和讃に「極難信ののりをとき」とある。金剛は固い、砕かれない心、何ものにも乱されない相。先人は「疑えば華開けず。信心清浄なればすなわち華開きて仏を見たてまつる」と仰っておられる。「疑を除き証を獲しむる真理なり」、信心が真理だ。名号は正智。信心が真理、面白いでしょう。仏さんの名前が仏さんの智慧。仏さんの信心が宇宙の真理である。名号が智慧、信心が真理だという、面白いですな。まことの信心が、まことの道理である。だから信心を獲るということは、我々がまことを獲るということです。信心ということは自然の大道ということと同じことです。自然法爾ということがいわれますがこれも真理、まこということ。そこに何ら自分の自力のはからいを交えない、三垢の無いことが自然の大道である。ちっともそこに無理がないこと。だから信楽《しんぎょう》も真理だし、信心も真理なのだ。なぜ真理かというと、宇宙の大道理の中から人間の心の上に現われる信心だからだ。我々のこの信心というのは、宇宙の大道理が自分の胸に開けてくるのが信心であるからだ。信心誇りの人には真理はないのだ。南無阿弥陀仏は、悪を転じて徳をなす正しい智慧である。信楽《しんぎょう》というのは心の働き。信じがたい金剛の信楽《しんぎょう》も、疑いを除き証《さとり》を得しむるところの真理だ。主観と客観が一体になって成就してゆくすがたを巧みに明らかに知らして下さったことを味わわれるのであります。今日はこれだけにしておきます。

（昭和七年一月二十一日・明達寺）

第十三講

今日は「故《かるがゆえ》に知んぬ、円融至徳の嘉号は、悪を転じて徳を成す正智」、これだけをくわしくお味わいさせて頂きます。

『仏説無量寿経』と『仏説観無量寿経』のおこころによって、初めは本願と光明とのお徳を讃え、その本願と光明のお徳を、頻婆娑羅王や韋提希、阿闍世、提婆の悲劇によって罪業深重の凡夫の助かる手本が現わされ、そこにお経のおこころが人間の実際のお助けに役立つ事を明らかにせられたのであります。その御讃嘆を詰づめられて、ここにこのお言葉が出てくるのであります。

「故に知んぬ、円融至徳の嘉号は」、円融の円はまるい、円満という。まるいということは欠け目がないという意味であるし、又行き詰りがないという意味である。我々人間はまるいという言葉によって自分の理想を言い表わすことが多いです。この家は皆がまるく行っておるという、こういう時には、そこに何等の波風が立っていない時です。願いが衝突しないでおる時にはまるくなっておる。円ということには人間の理想がしばしば言い表わされておる。又円ということは、欠け目がないということでもある。聖徳太子の『十七条憲法』の第十条には、「賢《さかし》く愚かなること鐶《みみがね》の端無きが如し」というお言葉がある。人生は円のようなもので、右から廻っても左から廻ってもとどのつまりは一つに会うてゆく。人生に行き詰りがない。だからまるいということも無限ということになる。お釈迦さんの教えの中でも一番尊い教えを円教という。世間的に言っても人間の最も尊い理想を言い表わす。円融の融はとける、融合する、或いは融通する。二つの隔てが無くなる。左のものと右のものとが流れ込んでそこに何ら間が無くなる。それを融という。それで円融とは二つ合わしてまどかに融け合うということである。共に絶対なれば一乗という。大きな心を言い現わしておる。如来様のこころは円である。それが一切衆生に融け込んで下さるということからいうと、如来のおこころは融である。その二つを合わして円融という。

至徳の至はいたるという字、至極とか終極とか、至極上等という時はこの至という字を書く。徳は道徳の徳、所得の得と同じ意味の文字である。その中に広大な功徳の力を納めてある。普通に徳というと英語のバァーチュー、道徳をいう。或は人に施しをする、或は人を敬う、或は人の難を救う、これは皆人間の徳である。そういうことをすれば皆自分の徳になるのだ。金を出して人を救うてやれば、金が損になるのでないかというが、それが徳になるのだ。その人の人格にそれだけの徳がつくのだ。人に上げた時に貰った者も徳になる。自分の物を全て他人に施すような人には自然の徳がその人に輝く。仏さまは一切衆生のために自分の身も、命もお与え下さる。それほど広大なお慈悲である、お徳である。尽十方無礙光如来である。あの人は徳の高い人である、あの人の傍に行くと頭が下がるという。徳が高いということは、その人が常に人のために尽しておるということである。あの人は偉い力があるが徳が無いという。徳が無いということは、人のために尽しておらないということである。その徳が極まりなく備わっておるというのを至徳という。

「円融至徳の嘉号」、これは南無阿弥陀仏のことをいうてある。嘉はよい、号は名号の号の字である。南無阿弥陀仏は欠け目がない、ということは円である。全てに融け合うて下さるということは融である。至とはこの上ない、それが仰がれたということは徳である。南無阿弥陀仏の六字は悪を転じて善い心となす正智である。正智とは正しい智慧である。御名号は智慧である。智慧の頂上は南無阿弥陀仏なりという言葉が古人によって味わわれておる。智慧の現われの極まりが南無阿弥陀仏である。我々は善いとか悪いとか自分をはからうことを智慧と思っておる。それは凡夫のはからいである。本当の智慧は足元が明らかに照らし出されることである。凡夫のはからいとは違う。そのはからいの無くなるところに明らかな智慧がある。今を照らし、未来を照らし、我を照らし、人を照らすところの大きな明らかな智慧は南無阿弥陀仏だ。南無阿弥陀仏は今と未来と、我と人を照らす。そこの所を「円融至徳の嘉号は、悪を転じて徳を成す正智」とこう仰ったのである。これも聖人のただのお言葉ではないのである。南無阿弥陀仏のお六字が本当に悪を転じて徳として下さるということをお味わいになった上のお言葉である。これが本当に我々にわかるには、やはり自分にそれが実験出来ねばわかったとは言えない。南無阿弥陀仏のお六字が自分の口に現われ出て下さる時は、色々のたくらみや仕業が出来んようになる。即ち懺悔の心になる。というのは、我々は自分で自分の事を気付かないで色々のあさましい事をやっておるが、それが智慧の光によって明らかに照らし出される時、腹立ちも、力みも要らんことじゃな、愚かな事じゃな、こんな事に愚痴言うでない、こんな妬みを起こすでない、こんなそねみを起こすでないという具合に自分を明らかに照らし出される。すると力みが無くなる。そこから自ら柔和忍辱の心が起こる。悪を転じて徳と成す人はそれである。悪い者が念仏のお六字に目覚めさせられるとそれが徳になるのだ。これを『涅槃経』のお言葉を引いて教えて下さってある。崑崙山という山へ石を投げ込むと、山の力でその石が金になる。支那の楊子江の南の方にある橘という木は、黄河という河の北の方へ植えると枳殻《からたち》の木に変わると、共に支那の本に書いてある。京都の下鴨神社へ黐《もち》の木を持って行って植えると柊《ひいらぎ》になるという言い伝えがある。我々に南無阿弥陀仏のお六字が現われて下さる時、我々の悪が転じて徳となるのである。南無阿弥陀仏のお六字に触れて人の心が流れ込む時、みな南無阿弥陀仏に融け合う。円融至徳で、南無阿弥陀仏の心が、自分の罪を融かして下さる。そしてその徳によって仏の心に流れ込まして下さる。心に南無阿弥陀仏が現われて下さる時、とにかく人生に於ける角が取れ、角が取れてまるくなる。南無阿弥陀仏の名に心が融け合うてくる。そこから自覚の徳が現われる。十悪五逆、五障三従のいたずら者、この悪人凡夫が南無阿弥陀仏によって助かる。そして悪も恐しからず、罪も障りにならず、ただ南無阿弥陀仏一つに融かされてしまう。もっと進んで言うなら、

罪障功徳の体となる
こおりとみずのごとくにて
こおりおおきにみずおおし
さわりおおきに徳おおし

罪と功徳というものは、氷と水のようであって、氷が沢山あれば、水が沢山出来るように、凡夫の罪の深いものが、南無阿弥陀仏に打ち融かされる時、一層功徳が多くなる。悪業煩悩の深いものが、そのままだったら悪いのだが、それが御名号のお手柄に会うというと、その悪が却って功徳の種となる。南無阿弥陀仏によって心が一転してゆくのだ。だから悪人も善人になる。悪を徳に変える。だから南無阿弥陀仏というのは人間を作り変える力がある。地獄行きの者が極楽行きになる。鬼が転じて仏になる、これが転悪成善である。「悪を転じて徳を成す正智」、その広大な智慧が南無阿弥陀仏の六字に現われて下さる。これがこの一句のお味わいであります。

（昭和七年一月二十八日・米永嘉之作家）

第十四講

今日は「難信金剛の信楽《しんぎょう》は、疑を除き証を獲しむる真理なり」。このお教えをくわしくお受けしようと思います。

昨日味わった「円融至徳の嘉号は、悪を転じて徳を成す正智」というお言葉も、只今の「難信金剛の信楽《しんぎょう》は、疑を除き証を獲

しむる真理なり」のお言葉も、これはお経のおこころに寄せられたお言葉であります。お経には「極難信」という語がある。その「難信」という語がここに用いられておる。「難思の弘誓は難度の海を度する大船、無礙の光明は無明の闇を破する慧日なり」というお言葉も、『大経』のおこころに寄せられたものですし、次の「然れば則ち、浄邦縁熟して、調達闍世をして逆害を興ぜしめ、浄業機彰れて、釈迦韋提をして安養を選ばしめたまえり」という語も、『観経』のおこころに寄せられたものであります。次には『阿弥陀経』に寄せられたところが「円融至徳の嘉号は、悪を転じて徳を成す正智」であります。これは第一句の「難思の弘誓は難度の海を度する大船」と対しております。

「難思の弘誓は難度の海を度する大船」、これは本願の讃嘆である、因位の本願の讃嘆である。「円融至徳の嘉号は、悪を転じて徳を成す正智」というのは名号の讃嘆である、果上の名号の讃嘆である。本願成就して南無阿弥陀仏とならせられ給うたその名号の讃嘆である。本願と名号と相対しておる。本願には、「難思の弘誓は難度の海を度する大船」と難思という形容がある。ところが、名号には、円融至徳という形容がある。

難思ということは、凡夫のはからう所のない、小さな智慧や了見でははかれない、物差ではかれない事をいうのだ。それが積極的に現われたのが円融至徳である。尊い境地があまり広大で、物差がいらんその広大さが円融である。円は円満、融は融通である。円満は欠け目がない、融は全てをおさめる。小さな智慧で当てごうてはかろうことが出来ん程広大なものである、それで円融至徳という。至高の徳だというのです。本願を譬えて船、今は正しく名号の状態を顕わして正しい智慧とある。本願は度し難い海を渡す、名号は悪を転じて徳を成す。渡り難い海とは、煩悩悪業に閉ざされておる生死の苦海のことである。有るとか無いとか、足るとか足らんとか言うておるこの生死の苦海、それを難度海という。苦海には悪もある、その悪を転じて徳を成す。徳を成すというのは渡すのである。

本願のお手強さと、名号のお手強さと照応してこのお教えになっておる。その本願名号のお手柄が、まさしく衆生の機様《きざま》に授かるのである。愚者にです、善人に授かるのではないのです。十悪五逆、五障三従の者を助けるというのが『観経』のおこころである。

こういう具合に皆照応してみると、「無礙の光明は無明の闇を破する慧日なり」と、それに対して「難信金剛の信楽《しんぎょう》は、疑を除き証を得しむる真理なり」と、初めの文句には本願名号、後には金剛の信楽《しんぎょう》、光明を形容して無礙、次に信心の形容を難信金剛とある。

礙《さわ》りが無いということは、誰でも助かる、救われてゆくということなのです。ところが礙《さわ》りの無い光明があっても、世の中にはやはり暗闇がある。仏さんのお慈悲は尽十方無礙光であるが、その無礙光の中に居って暗い思いで暮しておる者がある。或る家の主人が苦しんでおるのは、誰か内輪に暗い思いで暮しておる者があるからである。それは主人に光明を遮るものがあるからだとも言える。明らかな光明の中に居っても、光明の縁に遇うことの出来ない頑な人間が居る。頑な疑い深い心が光明を遮っておるのだ。無礙の光明とは何ものをも余さず、洩さず助かるということである。ところが現在助からん者が居る、こうなると、無礙の光明は無礙でなくなる、有礙になる。無礙ということは広大なお徳だが、礙りのために中々それが無礙に見えない。強情な機様が出てくる。だからその点から、難信金剛とこう言われる。難信は信じがたい、容易に胸が開かれないのだ。如来の方から十方衆生とお誘い申されるのです、呼びかけて下さるのだが、こっちは小さな心をもって色々とはからう、久遠劫の昔から小さな胸に閉じこもって、人じゃ我じゃという隔てをこしらえている。向うが上がればこっちが下がる、こっちが下がれば向うが上がるというような狭い根性で、いつも物を品定めしてずっとそれが習わしになっておる。自分が憎まれると人を憎むような小さな根性がいつも出てくる。人を信ずることも自分を信ずることも出来んのだ。その有様を御開山は難信と仰った。極難信です。広い心は中々我々には授からんのです。わからぬ我をわからせるのが無礙。無礙というこの味わいが中々我が物にならんのだ。信心とは無礙の事である。信心とは心が一つに融けるのだから信心はいつも無礙である。我々は或る人を信じておるという時には、その人と自分とが心がガランドウになっておる、内に何もないのです。ちっともはからいが無い。危ぶみがなく心の障りがないのです。信じておる人の傍に行くと朗らかになる。信が無い人の所へ行くと頑になる。睨まれるような、憶するような気になる。私の所へ尋ねてくる人でも、貴方の前へ行くと胸が固くなる、言いたいことも言えないようになる、こういう人がある。これには二通りがある。何か尊い気持になって、身が恐縮するというような意味で固くなるという意味もあろうし、又そうでなくて、何か底が見透されるような気になって固くなるという場合の人がある。こういう人は信が無いのだ。信があれば謙虚の思いでつつましやかになる。信が無ければ打ち融けることが出来ん。言葉も素直に聞けんのです。だけれど注意せにゃならんことは、打ち融けるということと何ぞ気に思うこととごっちゃになってはいけない。打ち融ける心の中には互いに敬愛する心がある。相手を踏みにじる心と打ち融ける心とは違う。信というのは互いに心の隔てが取れて、朗らかな障りの無い境地です。その人の前に行くと恐しくて縮み上がるのでなくて、うぶな子供のような気持になるのが信です。好きな人の側に出ると尚明るい気持になるのは信心のある証拠です。そういう心は無礙である。捨てられるような機でない、離れるような機でない、だから礙りが無い。信心の相は無礙である。金剛の信楽《しんぎょう》は火にも焼かれず、水にも溶かされない。貪瞋の煩悩はしばしば起こるとも、金剛の信心はその煩悩に障《さ》えられない。腹立ちが起こって来ても、欲が起こって来ても、その腹立ちや欲に燃やされない、煩悩に染まらぬ信心である。人を信ずるという時に、あの人を信じておると損がいくと言われて、そうかなあと思うのは信が無いのだ。何かひょっと腹立ちが起こると、その腹立ちによって中心の心が乱されるのが凡夫の常である。仲の好い友達の間でも、親子の間でもその通りである。損とか得とか言うておるが皆仮の物である。親の物と決まった物もないし、子の物と決まった物もないのです。

金剛とは貪欲に乱されず、瞋恚にも乱されない、時には腹立ちも起ころうがすぐ流れてゆく。心の豊かな人は腹立っても腹立ちが流れる、欲が起こっても欲が無くなる、信心だけが残る。そういう姿が金剛である、固い心である。難信、金剛、二つとも無礙の相である。何物にも障《さ》えられないのであります。

信楽《しんぎょう》は「至心、信楽《しんぎょう》、欲生我国」の信楽《しんぎょう》です。三信は因位の信楽《しんぎょう》である。信は信ずる、楽は楽しいという意味です。この信楽《しんぎょう》というのは仏さんのお心なんです。仏さんの信心である。阿弥陀さんの信心である。仏さんの本心は三信じゃが、阿弥陀さんの光明は、その三信が外へ現われた姿なのである。光明のもとにあるのが阿弥陀さんの信心だ。我々は仏さんを信じると思っておるが、仏さんが衆生を信じて下さるのだ。信楽《しんぎょう》はそれである。仏から衆生を信じて下さるのだ。衆生が仏を信ずるのは後である。仏さんの信心が我々の胸に至り届いて下さった時、我々の信心がある。衆生の方から言うたら「頼む」、阿弥陀さんの方からは「十方衆生」と呼びかけて下さる。そのこころを御開山は、「仰せに従い、召しに叶うなり」と味おうておいでになる。

難信金剛の信楽《しんぎょう》は仏さんの信心である。その仏さんの信心は、「疑を除き証を獲しむる真理なり」と、仏さんの信心は疑いを除く。我々は小さな根性を持っておる、やはり隔たりを持っておるから当て込んで物差をいれる。「疑えば華開けず」、又「生死輪転の家に還来することは、決するに疑情を以て所止と為す」と仰ってある。凡夫の無明とは疑いである。疑いがあると暗い。疑えば苦しい。無明は凡夫の持前である。疑いの雲は中々晴れないものである。ではこの疑いはどこから出るか、曲った小さな根性から出てくるのだ。その疑いを除く、疑いを除くとは明らかになること、それは証《さと》りである。

この頃新聞に認識不足という言葉がよく出る。国際連盟の人は満州問題について認識不足だと言う。疑いということは認識不足ということである。なんか向うが暗い、はっきりわからぬのだ。はっきりわかればもう疑いはない。向うがわからんから、ああかこうかとはからう。ものがわかると疑いは晴れる。信心とはそれである。向うがはっきり見えておる。この頃私は盲目になっておるが、成る程物が見えんと疑い深くなるなあと思う。道を歩いても様子がわからんから杖で探る。そこに在る下駄でも探る。これも辛いことである。疑うだけ疑うてみればよい。疑いは人間の生存に無くてはならぬものです。暗いものも無くてはならんものです。どうすれば疑いは無くなるだろうかと考えるだけ野暮だ。夕方暗くなって向うに何か見える。それ幽霊が出たと言って逃げる、が翌朝見ればそれは黍《きび》ガラが立ててあった、なーんだという事がある。明らかにさえなれば恐しいことはない、疑いは晴れる。信心とは黍ガラが黍ガラとわかることである。だから明らかになることが大切である。それを証《さと》りという。

疑いを除き証《さと》りを獲しむ、ということは、暗い胸が明らかになるということ、向うが見えるようになるということなんです。それは真理なんです、真実の道理なんです。

阿弥陀さんの信心は宇宙の真理だというのだ。客観的の道理、宇宙の大道理、真実の道理なのだ。阿弥陀さんの信心は宇宙の大道理であるという。阿弥陀さんの信楽《しんぎょう》は人間の主観の思いでない。主観とは一人一人の思いである。ああかこうかと思う、それは主観です。そういう思いでない、阿弥陀さんの信心は天地の大道理である。だから自然のその通りである。明らかなその道のままである。阿弥陀さんは衆生を案じて下さる。衆生を可愛がって下さる。衆生を信じて下さるということは、宇宙のなるがままの道理だというのです。阿弥陀さんの発明でない、宇宙の道理そのままなんだ。我々は助からにゃならんはずです。我々の居る世の中は、我々の苦しむように出来ておるのでなくて、我々がいつも苦しまないで行けるように出来ておるのだ。それを我々が、小さい間違いの根性で、認識不足でおるのです。疑ったり、はからったり、自分で自分を苦しめておるのだ。仏さんの心は、宇宙のまことの道理そのままをさとして下さったのだ。そのおさとしの心が我々に至り届いて下さった時に、我々の心には、明らかなものが窺われるのだ。それが、疑いを除き証《さと》りを獲しむる真理なり、と仰るおこころである。

これは先度から度々申すように、御開山がこの言葉を仰る時、阿弥陀さんの信楽《しんぎょう》を、自分の方にお頂きになっておられます。自分には中々晴れなかったものが、今ここに胸の疑いが晴れて、明らかに自分の今の足許、自分の行く先がわかり、信心を獲て明らかに物が見える。阿弥陀さんの大きな信心が自分の胸に現われ出て下さったために、自分が明らかな身にさせて貰うことが出来たという喜びから、この御讃嘆が出たのであります。今日はこれだけにしておきます。

（昭和七年一月三十日・宮田庄松家）

第十五講

爾《しか》れば、凡小《ぼんしょう》修《しゅ》し易《やす》き真教《しんきょう》、愚鈍《ぐどん》往《ゆ》き易《やす》き捷径《せっけい》なり。

凡小、凡は凡夫、小は小さい。心の小さい内気の者のことである。小とあると、小乗というように考えられる。大乗に対して小乗という時に、この小という字が書かれる。そうすると、凡夫とも小乗の者とも書くように考えられるけれども、今ここでは、この小というのは小乗というように考えないで、凡小と熟して、凡も小も一つの機を現わした言葉と味わうた方がよいように思います。凡は、雑な言葉で言えば、ボンクラである。小は並《なみ》ということ、ありふれた言わば普通人である。ありふれた人間というのは凡夫である。そのありふれた人間の心は実に小さい。小さな心で日暮しをしておる自分は、この五尺の身体の現われを、我が物だと思うたり、あれは俺の物、これはお前の物と言って小さな垣をこしらえておる。そして腹を立てたり、恨んだり、妬んだり、謗《そし》ったりして、勝手に自分の思いをめぐらし、くよくよ思って苦しんでおる。しかもその苦しみは外から来ると思い、人を恨み世をはかなんでおるのが世の常の凡小である。

凡夫は即ち小人である。支那の先人は、女人と小人は養い難しと言った。女人というのは悪い方の言葉に使われておる場合が多い。小人は養い難しと言われた小人と、この凡小と言われた小人とは意味は同じで、共に気の小さい、心の小さい者のことである。ケツの穴の小さい奴じゃという言葉がある。小人のことである。度胸のない、腹の据りのない、どっしりとした落ち着きのない、ふわふわと小さな事に追い廻されている、要するに一寸した事に腹を立てたり、愚痴を言うたり、妬んだり、嫉んだりしておる者は器《うつわ》が小さいのだ。器の小さい者はとかく色々の苦しみが起こり悩む。要するに凡小というのは至ってつまらん人間ということである。凡に対しては聖、小に対しては大、凡夫に対しては聖者、小人に対しては大人。菩薩を大士という、大きなさむらいと書く。これは、自利利他円満の人である。自利だけの人でない。自利とは自分の小さな肉体の欲ばかりにかかわっておる人のことであって、それは小人である。凡夫はそのまま小人である。

先に難信というお言葉があった。その信じ難いとあるのに対して、ここには「凡小修し易き真教」、修め易いとある。竜樹菩薩は一代の仏教を二つに分け、難行道・易行道とし、念仏の道、信心の道は易行道と言われた。修し易いというお言葉の源がここにあるのです。円融至徳の嘉号と言うたり、難信金剛の信楽《しんぎょう》と言われているが、こういう時は非常に気高い、一寸凡夫の手の届かないような広大な道と思われる。凡夫の心はいつも角張って融けないけれど、仏の名号は円融至徳、まどかに融け合うて下さる。凡夫はいつも反対である。

「凡小修し易き真教」、仏の御名を仰ぐことの出来る者は、一番心の狭い者が一番広い仏の御名を崇めることが出来る。

人間の心には反対を思う心がある。健康な肉体を一番あこがれる者は病人である。一番お金を大切に思うのは銭の無い時である。我々は反対を思う念が切実にある。「極悪最下の人の為に極善最勝の法を説く」と先徳が言われたがよく味わわれることであります。聖人が「親鸞におきては、ただ念仏して弥陀にたすけられまいらすべしと、よき人のおおせをこうむりて、信ずるほかに別の仔細なきなり」と仰ったのは、それを言うてあるのであります。聖人は「いずれの行も及びがたき身なれば、とても地獄は一定すみかぞかし」と言って、念仏の腹底を打ち出しておられます。念仏はどこから出てくるか、地獄一定という地獄のどん底から出てくる。誰が一番仏をお慕いするかといえば、菩薩よりも、声聞よりも、縁覚よりも、極悪深重の衆生が一番仏を思うことが出来る。暑い最中に一番氷を欲しいと思う。火鉢の火は何時一番欲しく思うか、夏でも春でも秋でもない、冬の寒い最中に思う。仏さんの広大な名号は誰が一番お慕いすることが出来るか、とりわけ悪人凡夫が一番お慕いすることが出来る。物を持っておる者は助かりにくい。物を持っておれば持っておるのが邪魔になって大きな心に触れられません。お助けに預るということは、何も持つ物が無くなった時、仏の御法を聞く分際が出来たということであります。実際はこの凡小の修められるのが念仏である。智者やら聖者やらは中々行けない位置なんです。「普共諸衆生」、又「十方衆生」と呼びかけてあるからまいれんことはないが、成仏は中々出来ない、弥陀の本願を信ずる者が成仏出来るように用意をされる。貰った物は放さねばならない。竜樹菩薩や、天親菩薩のような方でも、御自分で物をお捨てにならなかったら、阿弥陀さんの本願はわからなかったであろう。

仏から見れば初歓喜地の菩薩、正定聚の菩薩といっても、菩薩自身が、愚痴無智の凡夫だという地獄一定の機が自分に見えておらにゃ丸々御廻向の喜びに至らんのだ。凡夫は修め易い、智慧のある者は修めにくいのだ。

加藤弘之さんが書かれたのを見たら、宗教は大切なものだという説が伺われる。明治の初め、宗教は要らないものだということを言う人があったが、『教育勅語』が出た時、宗教は無ければならぬものだという説が出てきた。ところがその後、或る人は、宗教は我々のように学問をしておる者には有っても無くてもよいが、田舎の愚夫愚婦には無ければならんものだ、こういう説が随分あっちこっちに出た。若い時私らそういうのを聞くといつも憤慨した。宗教は田舎の爺婆のもので、学者には要らんものだ、殊に真宗などは、あれは田舎の爺婆のものだ、ちょっと学問した者には耳に入らんと、それも間違いではない、が、田舎の爺婆が一番わかる道なんです。ちっと智慧才覚があって、自分の名声だけを気にしているような人間は、本当に人を敬うということは却ってむずかしいのです。なんかしらん田舎の人の方が真剣に人を崇めるということが出来る。いくら智慧があっても本当に人を崇めるということが出来ねば駄目です。あの女はだらだ、あの男は馬鹿だ、という。だらな者にならねば本当に信ぜられんのです。まだ賢い心のある間は駄目です。御開山はただほれぼれと弥陀の御恩の深重なることを喜ぶべしと仰せられた。

「凡小修し易き真教」。阿弥陀さんの本願の御教えは、この浄土真宗の御教えは、凡夫の修し易い宗旨だ。もう一つ言えば、凡夫の修め易い道だ、というより凡夫のみが修める道です。阿弥陀仏の浄土へは、頭の高い者はまいれんのです。皆俯《うつむ》かにゃまいれんのだ。一寸でも持っておる者は入れんのだ。私達子供の時に白山へ登った。白山の頂上で重い枕石を拾うて担いだ。頂上で泊って明る朝色々な物を担いで戻って来たが、すこし戻った所で、急な所で足下の土や砂が崩れ、轟々ジャーッという音がして思わず谷底に落ちそうになった。あっちを見ても谷、こっちを見ても谷、皆恐しくて震えた。したたか者でも青くなった。この時重い物を沢山持っていた者は大へんだった。拾った石を捨てねば下りられない。弁当箱だけ位持っておる者は自由に身が動く、余計持っておる者程駄目だった。持ち物が多い者は駄目なんです。それならこの世に何にも無い者が居るだろうか。田舎の純朴な百姓の爺婆は持ち物が少ない、そして称える称名がある。南無阿弥陀仏と称えることの出来る者は幸せです。

先日、私は親のようには成れない、と言った人があった。親と頭を並べんならんと思うから駄目だという心が起こる。初めから親と並べられん奴と思えばよい。そして親を仰いで行けばよいのだ。そこに助かる所がある。凡夫は初めから仏さんと肩くらべは出来ない。初めから似ておらん、似ても似つかぬものだ。

「凡小修し易き真教」というのは、凡夫が修め易い教えだということである。むずと願力に縋るから何も要らん。私は悪い人間だ、詰らぬ者だと言うが、詰らんからこそ仏に縋り寄るのだ。自分はとても助からん、自分で愛想をつかしておる、と言う。だからただ仏の御教えををほれぼれと聞いて行くのだ、それを念仏という。それが凡小修し易きと言われたお味わいです。

（昭和七年二月一日・江村助次郎家）

第十六講

「愚鈍往き易き捷径」。愚はおろか、鈍はにぶい。頭のめぐりの悪い人を、あれはだらじゃという。愚というのは賢に対し、又聖に対する言葉です。是非善悪の明らかにわかる人は賢者という。愚というのは頭がぽーっとしている人、又是非善悪の定めがはっきりしせん人の事を言う。それから鈍というのは利に対す言葉です。よく切れる刀は利刀という、切れないのは鈍刀。錆ついて刃がこぼれ、紙でも切れるようなのが利刀。あの人は何事をやっても切れ味のよい人だという、それは利根な人である。物が切れないという時にこの鈍という字を書く。是非善悪の決まりがはっきりして居ないものはぐずであ、これを鈍根の人といる。頭の悪い人は何遍でもやってしかも間違う。頭の良い人はちゃんとする。私は目が見えにくいから、おずおずと道を歩く、さっさと行けと言うてもさっさと行けん。目が悪くない人でも愚な者の日暮しははっきりしない。人間の一番もとになるのは智慧である。智慧のはっきりした人の日暮しはしゃっきりしておる。頭の不明朗な人は、事をやってもはっきり出来ないのです。ところがここに愚鈍とある。親鸞聖人は御自分の事を愚鈍と仰ったのです。

聖人のお書きになったものを見ますと、随分頭の鋭いお方であると思う。が、聖人は御自分を愚鈍だと仰る。実はこの愚鈍だと仰った事が非常に頭の鋭い所以だと思う。

聖人の御師匠法然上人は、「愚痴の法然坊」と仰った。だらは自分の方からだらだとわかる。人の言う事がわからんのだ。人のやっておる事が了解出来んのだ。そして世の中をはかなんだり、人を怨んだりしている。或いは人の揚げ足を取って人を攻撃している。本当に自分はだらな者だということがわかればその人は気違いではない。親鸞聖人は自分でだら、阿呆ということのわかったお方だ。それだけ頭が鋭い。比叡山をお開きになった伝教大師は、御自身の事を「愚の中の愚だ」と仰った。聖徳太子は「愚心及び難し」と仰った。又「我必ずしも聖に非ず、彼必ずしも愚に非ず、共に是れ凡夫のみ」と『十七条憲法』の第十条にお記しになってある。やはり自分で愚か者じゃと仰ってある。ところが我々はこの愚か者ということが中々わからんのです。自分はやはり賢いつもりでおる、そして他人を見れば鈍な人だと評しておる。が、実はその人がそれだけ鈍なことを証明しておることになる。爺さん婆さんは、若い者に、そういうだらな事をするなとよく言うておる。それはやはり爺さん婆さん自身が、自分で賢い者になっておるのだ。

時の人は「智慧第一の法然坊」と言うた。上人御自身は「愚痴の法然坊」と仰った。やはり自分はこれでよいのだと思っている。又、自分の事は棚に上げて人を疑うたりしている。人の言う事がわからんのだ。人のやっておる事が了解出来んのだ。そして世の中をはかなんだり、人を怨んだり

教行信証総序講話

聖人は御自身を愚禿と仰った。

是非しらず邪正もわかぬこのみなり
小慈小悲もなけれども
名利に人師をこのむなり

と、『自然法爾章』の末尾に述べておいでになる。何が正やら何が邪やらわからぬ自分だと仰る。私の師匠清沢〔満之〕先生のことを、大学の同期であった今の宮内大臣・枢密顧問官の岡田良平氏や、今の満鉄総裁内田康哉さん達は、あれ程頭脳明析の人はまれであると言っておられる。然るに先生は『我が信念』の中に、「何が善だやら何が悪だやら、少しも知り分くる能力の無い私」と言っておられる。それは、何も知り分くる能力が無い、ただこういうわからぬ者が、どうかこうかその日その日を過ごさして頂くということがただ不思議だ、それが私に動いているお慈悲だ、他力だ、ということを味わわして貰うということを先生は書いておられる。これがやはり先生の頭の鋭敏な所以であると思う。

この念仏の一門は愚鈍な者の行き易い近道だ。先には「凡夫修し易き真教」とあった。今度は、その教えを歩むものは愚鈍な者の往き易い近道だと仰せられる。

念仏して浄土へまいるということは実に往き易い近道だ。

本願円頓一乗は
逆悪摂すと信知して
煩悩菩提体無二と
すみやかにとくさとらしむ

という御和讃がある。本願円頓の頓は、頓極頓速というて速いこと。『愚禿抄』の中には、仏教を頓教と漸教とに分けてある。早く悟りを開くのは頓教、中々開けないのは漸教。浄土門は頓の中の頓なのだ。聖道門は五十二段の段階を漸々修行して行く道である。浄土門は信の一念だ。信の一念で五十二段を一足飛びに飛び越えるのだ。

五十六億七千万
弥勒菩薩はとしおえん
まことの信心うるひとは
このたびさとりをひらくべし

等覚の弥勒よりまだ先に仏になれる。頓極頓速である。近道がある。それを弥陀の横超の直道という。横ざまに超えて行く道、そこに一つの譬えをもうけてお示しになる。

　ここに竹がある、竹の根に虫が居る、その虫が竹の外へ出ようと思う。段々昇って一節一節ずつ穴をあけて登って外へ出ようとした、これが聖道門。その虫が竹の横壁を破って外へ出ればすぐ外へ出られる、これが浄土門。縦の道を上迄行こうというのは困難で、暇がかかる。横を破ればすぐに外へ出られる。虫が横から破って出るのが横超である。「横截五悪趣、悪趣自然閉」と『大経』に説いてある。横ざまに五悪趣を超える。横ざまということは竹の中の虫が横から出ること、一と壁抜けばよいのだ。ということは、心の扉が開けばそれで何も要らん。心の扉を開けんであっちが善いか、こっちが善いか、あの手かこの手か、といくら細工しても、いくら重ねてみてもそれは駄目なものである。本当の心が開けばそれでよいのだ。あとはどちらでもよいのだ。そこから自然に生まれでるのだ。だが、その心の開けるということは相当にむずかしいことである。極難信である。

　では、信がむずかしいか、行がむずかしいか。自分の方から言えば行がむずかしい。他力の信心を頂くと行は易い、自然に湧いて出る。人の心が打ち融ければ自然に出てくるのだ。信があると自然と外に現われる。行儀作法が自然と出る。信が無ければ出来んのだ。又争えんもので、心の無い者はいくらうまい事言っても、うまい事してみても何か味気ない。だから誠が無ければ相手にも通じない、うまくも出来ない。信があればそこに自分から言うに言われない味が出るのです。

　我々がこの世に生きておって、過去から未来にかけて暗い思いで苦しい日暮しをしなければならんという人があればそれは信心が無いからだ。誰が悪いということは無い、行く道は決まっている。悪ければ悪いで、善ければ善いで助かる。善によるのでもない、悪に妨げられるのでもない。助かるということは本願他力の一人働きである。それは信心を得るということである。自分の行の力で助かるのでない、本願のお手柄により助けられるのだ。助かるのと信心の扉が開くのと一つである。その信心の扉が開けるのは念仏、ただ念仏のお六字で助かる。仏前の行儀作法を習うのもよい。お華や仏飯やお香を捧げる作法を知るもよい。しかし、行儀作法が整うても心の中が融けこんでおらなければやはり窮屈である。心の底から一つに融けておれば叱られても褒められても難儀ということはない。この融けるということは容易でない、その道は極難信である。信心の方では極難信とあるが、修行の方では易行である。凡小修し易き真教、愚鈍往き易き捷径である。愚鈍の行き易き近道、それは念仏である。だから念仏の人は賢い人でなくても、ただほれぼれと弥陀の御恩の深重なることを喜び思うべしとお教えになってある。

　聖人のみ教えの道は智者や聖者の行く道でないのだ。又、学問したり習うたりする道ではないのだ。いくら道理理屈がつき、辻褄が合うてもそれは何もならんのだ。我々は若い頃から信心一つで助かるということをしきりに言うておった。ところが私らより七、八年後輩の人で、あなた方、学問は要らんものだと言われるけれども、それは学問の道に達した人の言うことですよと言うておった。そういう人は作った学問、名聞利養のための学問の事を思っている人達なのです。私達の行く道は学問する道ではなくて、仏になる道です。学問してならぬという事もない。智慧を磨いてはならぬというのでもない。智慧を磨くのもよい、学問するのもよいが、それはお助けの道ではない。助かる道はそういう場の廃った所にあります。

南無阿弥陀仏の願力に縋るとは、持ち物は要らぬということなのです。持ち物は要らぬどころか、持物が邪魔になるのだ。物事を覚えて、はからいをして仏になろうとするが、そこには本当の念仏は出て来ない。そこにお助けはないのです。「善悪の字しりがおは　おおそらごとのかたちなり」、何もわからん、まっ暗闇、その暗闇の中に沈んでおる自分に気が付いて、ただ暗い中から、明らかな仏の光明を拝み、信ずることが南無阿弥陀仏だ。明日とも命の知れぬ無常の風に追い廻わされて泣いておる中から、永久の命を慕う、帰命無量寿如来です。暗闇の中から常住を願う、それが一切なんです。そしてその命を願う心で、光を拝む、信は光の働きです。命の働きです。

南無阿弥陀仏になりたいという願いは、南無阿弥陀仏のお力である。助かりたいという自分の心は智慧の働きである。一つの胸が開けばよいのだ。「その時、娑婆の終り、臨終と知るべし」である。そうなれば、南無阿弥陀仏南無阿弥陀仏と出る。沢山称えねばならぬというのではない、称名はこれ仏の御催促のまま、自然なのです。暖かくなれば自然に足が出る、心の融けない者はいくら足を運べと言うても出来んものです。心が融ければ、自然に足が運ばれて行く。その足が運ばれて行く道は、自分で運んで行くのではない、謙虚な心になって運ばれて行くものです。自分が病気でないと思う者を誰も病院へ運んで連れて行ってくれない。足が立たないようになれば自ら誰か運んでくれる。自分で助かるという者は仏さんの所へ行かんでもよい。自分の力では助からぬと気が付くものだから初めて仏さんの力に縋り助けられるのです。自分の思う通りには何一つ事は運ばぬ。その事に気付けばよい。そこにはっと聴く気が起こる。その起こった時に早お助けの芽生えがあるのです。その芽生えのままに、はっきりとした自覚が出来れば、それがそのまま信心なんです。だからその上は極く行き易い。そこを愚鈍往き易き捷径なりと仰せられた。愚な者が歩み易い近道だと仰った。仏になるのは近い、信の一念にて成れる。信の一念の所に世界は転換する。真暗な世界が電灯のついたようにぱっと明るくなる。同時に摂取の光明に摂め取られる。先じゃない、未来じゃない、今です。今、果報を得るのです。今日迄苦しい地下にもたついていた者が、その皮が一つ剥げて明らかになるのだ。今迄人を見ても仇と思っておった、世の中を危いと思っておった、ところが、信の一念により心が開けると仇が仇でなくなり、危い世の中が危くなくなる。大きな力に支えられているということに気付くと、どんな方へでも勇しく歩み出すことが出来る。

娑婆は嫌な事もある。戦場へ人を送らねばならぬ事もある。しかしその中に広大な発遣の力の動きを見る。人類衆生の動きを見る時、我が身は如何に処するかを考えるとむずかしくなる。が、そこに本当の意味に於ける判断と言うか、前途の望みを見失わずに生きて行く。人生に仏の御心の動きを見出させて貰う時、この苦しい人生、この暗い世の中に在りながら、明らかな光明を仰ぎ、南無阿弥陀仏と力強い日暮しをさせて貰えるのであります。その味わいを愚鈍往き易き捷径なりと簡単なお言葉でお知らせ下さったのであります。

（昭和七年二月八日夜・高見正雄家）

第十七講

大聖一代《だいしょういちだい》の教《きょう》、是之《この》徳海《とくかい》に如《し》くは無《な》し。

今晩はこの一句のおこころをお味わいします。

大聖とは大きな聖《ひじり》、釈迦如来のことを言ったのである。仏は世尊とか、如来とか、応供とか、等正覚とか、色々の名がある。大聖とはその一つである。

お釈迦様が三十の時に正覚成就せられ、八十の年迄五十年の間、縁に触れ、事に出遇うて種々のお話を遊ばされた。それをお弟子の人達が受け保っておって、釈尊のおかくれになった後に集まって、私はこういう時にこういう教えを聴いた、私はこういう場合にこういうお話を受けたと皆がどんどん持ち出して、それをまとめたのが今日のお経であります。それで釈尊一代の御教えは一つに定まったものではない、縁に触れ、事に出遇うて右から仰ることもあれば左から仰ることもある。譬えば、貪欲・瞋恚・愚痴の三毒は我々の菩提の道を妨げる大きな礙りだ、地獄の道だ、とこう仰るかと思うと貪欲・瞋恚・愚痴の三つは菩提の道だと仰ることもある。或はまた、五戒・十善を保つのが仏の道だと仰るかと思えば、五戒・十善を保つ者は地獄の道だと仰ることもある。身近な話で言えば、或る人に対しては酒は百薬の長だと仰る。或る人に対しては酒は毒だから飲むなと仰る。だからお釈迦様の教えは、これと一つの形に決まってはおらんのだ。色々の教えがある。ちょっと聞くと変だと思われるような事を仰る場合もある。これは、生きた人間に対して生きた道をお説きになるのであって、誰にでも同じ教えを説かれたのではない。お医者さんでもその人の容態によっては、あなたは油濃い物は食べるなと言い、あなたは油の物を沢山食べよと言う。又、酒飲むな、少しずつ酒を飲め、という具合である。阿片とか、或はコカインだとかいうような物は人間に害があるというが、しかし場合によってはこれも少し飲まんならん事もある。鰒《ふぐ》の毒は人間を殺すが、癩病患者はこの注射によって良くなることもあるそうだ。人間の機様は千差万別である。お釈迦様は何れもその人に応じ、時に応じて適切な法をお説きになった。それが生きた善知識である。生きた人間には形式的に決まったものはない。お釈迦様は生きた人間に生きた教えを成された。だから、教えは変幻自在である。お釈迦様のお説きになった法門は八万四千という。何で八万四千というか。衆生の煩悩が八万四千ある、その煩悩退治のための教えだから教えは八万四千ある。煩悩が無量なら教えも無量ある。煩悩を断つところの教えを記してあるのがお聖教である。お聖教によってどなたでもその教えを受けられるのであります。

聖徳太子はその八万四千の法門の中で『法華経』、『勝鬘経』、『維摩経』の教えを殊更に有難くお味わいになった。弘法大師は『大日経』を殊更に有難くお喜びになった。伝教大師は『法華経』を殊更有難くお喜びになった。親鸞聖人や法然上人は『無量寿経』を殊更有難くお喜びになった。一人一人その機に応じて喜ぶ所が違う。どういう書物を読んでもやはりいよいよとなって、自分の心が引き締って聴かれるところの書物は数少いです。全てが入る訳ではない。唯一つである。

親鸞聖人は、ここに「大聖一代の教、是之徳海に如くは無し」と仰って、八万四千の法門の中に一つの道を聞き出されたのである。この一つの道を聞き出されるということが大切なことである。沢山の法門を聴いていてもいよいよとなれば、自分にあてはまって助かる道は一つである。

善知識というものもそうである。色々の人、多くの人に遇うて最後に唯一人の人を見付け出す。そこに初めてお助けがある。『華厳経』の善財童子は、五十三人の善知識をもとめて、最後に普賢菩薩の許へ行って初めて自分の行くべき道を明らかにされた。師匠に遇うということは、唯一人の師匠に遇うということです。その一人の師匠というても、八万四千という教えの場面がある。その中で自分の心の救いになる道は唯一つである。

お医者様の所へ行ったら色々薬が並んでいるが、どの薬でも自分に役立つ訳ではない。沢山並んでいる薬の中に自分に当てはまるものが選ばれる訳である。その自分に合うものを飲めば病気は治るのである。

聖人は無量の教えの中に、ただ南無阿弥陀仏の六字の道を発見せられた。この徳海というのは、南無阿弥陀仏のお六字のことであります。阿弥陀如来の本願、五劫の思惟によって出来上がった本願、その本願を成就するために五劫の修行をせられた。この願と行とによって積み重なって出来上がったのが果上の御名号である。だから名号の事を徳号という。この徳というのは、道徳の徳だが、徳は得なりという訓がある。道徳の徳の字は、聖徳の徳という字である。人には得手、不得手がある。その得手というのが得である、それが徳である。阿弥陀さんの得手は因位の修行が積み重なって出来上がったものだ。南無阿弥陀仏がお釈迦さんの徳なんだ。徳から名が出るのだ。讃嘆の名というものは、その徳の現われなんだ。人間でも、仏のものでも、徳がそのまま名を現わすこともあるし、一向現われんこともある。「名は実の賓なり」という言葉がある。例えば、火をつまむ徳があって火箸という。火を入れる徳があって火鉢という。身体を暖める着物、着るから着物という。夫々の働きによって、その名が出てくる。だから名は実の賓である。

阿弥陀さんの因位の本願、永劫の修行の徳が積み重なって出来上がったのが南無阿弥陀仏である。実が出るのだ。光明無量の故に阿弥陀と名付け、寿命無量の故に阿弥陀と名付くという広大な名は唯出るのでない、阿弥陀仏の本願と永劫の修行と二つがよって出来た名である。それを海に譬えて、

名号不思議の海水は
逆謗の屍骸もとどまらず
衆悪の万川帰しぬれば
功徳のうしおに一味なり

と御和讃にお知らせになっておる。名号の形を海の水に譬えられる。

南無阿弥陀仏のお六字を、どういうところから海の水に譬えられたかというと、海は方々の河から水が流れて入る。例えば、ここで言えば、犀川、浅野川、大野川、手取川の水は皆一様に海に入っている。その河には夫々水の精がある。丁度そのように阿弥陀さんのお六字の中に、衆生の心が流れ込み、善心も悪心も、智慧ある者も愚な者も、男も女も、全てが一つに融け込む。一つにとろけ合う。「名号不思議の海水は　逆謗の死骸もとどまらず」、逆謗とは五逆と謗法。本願の中には五逆と正法を誹謗するを除くと言われている。その除かれた浅間しい者が、南無阿弥陀仏のお六字の中に入ると、ちょっとも隔てがなくなる。阿弥陀さんの心の中に融け込んでゆく。親鸞聖人は色々の教えを受けられた。その教えの頂上で、南無阿弥陀仏より外助かる道はないのだと言われる。我々には南無阿弥陀仏のお六字の教えというものが、ぴしっと合うのです。お釈迦様は阿弥陀如来の六字の名号を説かんがためにこの世に出て下さったのだ。このお六字が説かれておるからこそ、自分はお釈迦様に助かっておる。お六字のことを説かぬようなお釈迦様なら自分に用がないのだ、こう仰ってある。

私が若い頃、『歎異鈔』というお聖教に心のお助けを頂いた頃の話ですが、その頃、親鸞という人は架空の人物だという説を立てた歴史家が出た。又、『歎異鈔』には聖人の言葉は無いという説を立てた者もあった。その時私は、たとえ親鸞聖人が架空な人物であったところで、自分には問題でない。又、『歎異鈔』に聖人のお言葉が有ろうが無かろうが問題でない。現に聖人は私の心の中に居られる。又、『歎異鈔』をお説きにならないような聖人なら私に用のない聖人である。私にとって聖人は、『歎異鈔』を教えて下さる聖人である。歴史家が何と言おうが、『歎異鈔』は現に姿となって我々の前に現われて下さってある。聖人は『歎異鈔』を御化導するためにこの世にお生まれになった、とこう私は思った。聖人がお釈迦様に対して「大聖一代の教、是之徳海に如くは無し」と仰るお心がわかるのである。

聖人は『阿含経』を説かれた釈尊に、又、『法華経』をお説きになった釈尊に用があるのではなかった。南無阿弥陀仏のお六字を教えて下さったお釈迦様に用があったのだ。出世の本懐がそこに在った。阿弥陀如来の本願名号をお説きになる浄土の『無量寿経』は釈尊の出世の本懐である。この世にお生まれになった本意がそこにあるのです。阿弥陀さんは何しに来られた方かというと、本願名号を説きに来られたのだ。

久遠実成阿弥陀仏
五濁の凡愚をあわれみて
釈迦牟尼仏としめしてぞ
迦耶城には応現する

阿弥陀さんは我々に縁を結ぶためにこの世に生まれて下さった。阿弥陀如来は生まれ変わって、国を超え世を超え、この人間世界に形を現わして下さった。そのお方がお釈迦さんです。聖人が拝んでおいでになるお釈迦様は阿弥陀さんである。だから八万四千の法門はあるけれども、聖人が一番中心にお味わいになったのは南無阿弥陀仏である。この念仏によって私は救われたと仰る。南無阿弥陀仏に救われたということは、お釈迦様に助けられたことです。聖人に取っては、お釈迦様が唯一人のお師匠様です。そのお師匠様の名を示したのが南無阿弥陀仏の六字であります。自分が助かる時には沢山の教えの中心点が明らかになると同時に、一人の師匠というものが明らかになる。

説教を聴くという、これはお釈迦様の教えを説くのを聴くのであって、説教者の教えを聴くのではない。お釈迦様の教えを説いて聞かされるのである。説くということになると、その中心点はどこにあるかということが大切なことになる。自分が本当に胸の芯に応える教え、自分の助かる道はそこ一つなんです。助かった時に初めて教えというものに会えるのです。習わぬ者に教えはない。教えとは習うということです。自分が習うてこそ自分に対する教えがある。習わぬ者に教えは無関係です。自分が教えて貰うということは、習うておるということである。教えがあって初めて知識というものがある。信心のある者に、善知識があるので、信心の無い者には善知識もないのだ。本当の善知識というものは、どなたでも、という訳合いのものではない。唯一人である。唯一人なれば、唯一つの中心がある。聖人は、お釈迦様の八万四千の法門の中に、要はただ南無阿弥陀仏一つだと仰る。

今日迄我々はその聖人の教えを受けて、南無阿弥陀仏一つの尊さを聴かして貰っておる。又、南無阿弥陀仏一つの尊さが教えになって現われ、お六字が我々の救いになる。それによって助かるのだ。南無阿弥陀仏一つである。聖人は「大聖一代の教、是之徳海に如くは無し」と言われる。こう仰る時、初めてお釈迦様が知識である、阿弥陀さんが救い主である、お助けの親様であるということをはっきりとされたのである。

「大聖一代の教、是之徳海に如くは無し」、非常に簡単な言葉だが、非常に力のある言葉である。一切の罪を自分一人に負うて下さる。お釈迦様は私一人のために本願をお説き下さる。「弥陀の五劫思惟の願をよくよく案ずれば、ひとえに親鸞一人がためなりけり」、南無阿弥陀仏の前に、南無阿弥陀仏のつれに入れて説き現わして下さったお言葉が、この「大聖一代の教……」というお言葉であります。

我々が人生に於いて、南無阿弥陀仏と称え、念仏することが釈尊出世の本懐である。この中に釈尊も居られる。ここに阿弥陀如来の本願成就がある。非常に力に満ちたお言葉を深く仰がれるのであります。

南無阿弥陀仏というこのお六字の中に八万四千の法門が含まれている。蓮如上人は、

それ、八万の法蔵を知るというとも、後世を知らざる人を愚者とす。たとい一文不知の尼入道なりというとも、後世を知るを智者とす、と言えり。

と言われた。後世を知るというのは、この阿弥陀さんの徳海に本当に帰入せられたお味わいの籠った境地なんです。

「大聖一代の教、是之徳海に如くは無し」、この偉大な聖人の力の籠ったお言葉を頂いて私共も共に、大聖一代の教、是之徳海に如くは無し、と叫び暮らさせて頂きたいと思います。

（昭和七年二月九日夜・矢木又次郎家）

第十八講

「大聖一代の教、是之徳海に如くは無し」。

今日もこの所のお教えを頂こうと思います。大聖とはお釈迦様の事、お釈迦様一代の御命は八十年、お覚りをお開きになってから五十年、その五十年の内に、縁にふれ、時に臨んで、色々な人間の機様に応じて御法をお説きになった。凡夫の煩悩は八万四千ある、それに応じて法門も八万四千ある。沢山の法門はあるが、釈尊一代の説法の中に、最も勝れた御法は、阿弥陀如来の南無阿弥陀仏である。この御法に勝るものはない、というのが、この「大聖一代の教、是之徳海に如くは無し」であります。

徳海というと、阿弥陀さんが法蔵菩薩の昔、一切衆生を一人も残さず仏にせねば私は仏にならないという願、こまかに言えば四十八願を建てられた。そして、この願成就のためには、この身体がどんな苦しい目に遇うても、どういう中に沈んでも後悔はせん、という誓いを建てられた。そして永劫の修行を終らせられた。それが徳であります。その徳が凝り固まって成就したのが南無阿弥陀仏のお六字であります。我々は何の気なしに南無阿弥陀仏を称えておるが、この六字は、蓮如上人は、

さのみ功能のあるべきとも覚えざるに、この六字の名号の中《うち》には、無上甚深の功徳利益の広大なること、更にその極まりなきものなり。

と『御文』に仰った。この六字の中に阿弥陀さんの四十八願の永劫の修行のお骨折りが皆納まっている。落ちた一粒のお米を何ぞげに思う者もあるが、この一粒のお米を作った百姓は、春から夏秋にかけて非常に骨折って収穫したものなのである。唯の米一粒と思って何でもないように思っている米の一粒であるが、それには非常な骨折りが収まっておる。南無阿弥陀仏というのは、呼ぶのは唯の六字であるが、その六字を成就するのに非常なお骨折りがある。

徳海とは、その名号の讃嘆である。海には色々の徳がある。どの川の水でも海に流れ込んでしまえば一つの海水となる。これと同じく人間の心の様も千差万別である。気の長い人もある、気の短い人も居る、甘好きも居れば辛好きも居る、怒りっぽい人も居れば笑い上戸も泣き上戸も居る。我々の顔が違うておるように心も違う、その違うた心で様々の日暮しをしている。そして皆我はよしと思っている人間だ。それは人間の業じゃとこう言えば誰も彼も同じようだけれども、顔が違うように一人ずつ業も違うておるし、生活の按配も違うている。てんでんに自分の自力の根性でもって自分の世の中を作っておる。人を疑うたりしておるものは一人で狭い日暮しをせんならん。又、人を信じておる人は、沢山の人と広々とした日暮しをしておる。人に物を食わす事の嫌いな人は、人の家へ行っても物は食わして貰えない。人の言う事にハイと言えない者は、人にもハイと言って貰えない。よく考えてみると運命と言おうか、境遇と言おうか、そういうものは皆自分の根性がそれをこしらえておるのです。「仰向いて唾を吐いてかぶるだらの虫」ということがある。上を向いて唾を吐けば自分の顔にかかるのは当りまえだ、それを思わずにやるのはだらの虫だ。我々は境に立つと直きにそれは外から来たように思うが、その境遇は皆我々自身が作るのである。余り物を粗末にする者は不自由をする。自業自得である。物を大切にする者は物に恵まれる。人を粗末にする者は人から軽蔑される。人を大切にする人は好かれる。だから人を大事にする者は人と共に賑やかな日暮しが出来る。人を粗末にする者は一人ぽっちで淋しい日暮しをしなければならない。それはやはり人々の心の向きであって或る点まで仕方がないものである。蟹は己に似せた穴を掘るという。人間もその通りである。てんでんの心を基礎にして日暮しをしておる。

子は親から離れられるかも知れないけれども、親は自分の腹から子が生まれた事を知っておるから離れられん。しかし子は自分の親から生まれた時は知らんからそれ程思わん。これはやはり親の執着である。子供が可愛いという心は尊い心である。その心から親は大切なという子の心も出てくる。男が女を好き、女が男を好く、これも大切である。それで色気も非常に大切なものである。これが無ければ他人と打ち融けて行けん。これがあるから後取りも出来るのである。人間は一人立ちは出来んのである。そこに社会というものもあるのだ。毎日日暮しをしておって、私は他人に厄介にならんと言うておっても、厄介にならんで居れんのだ。毎日の日暮しは太陽の厄介にならんで住んでおれん。雨や風の厄介になっておる。又親類の、近隣の厄介になっておる。私は人の厄介にならんと言うて力んでおる人があるが、それは一種の見栄であって、事実皆のお蔭が無ければ暮されんのだ。私は人の厄介にならんから人の世話をせん、というのは人の世話だけ貰って自分は返さん事になる。そこに人間の崩れがくる。苦しみや罰が出る。人間は離れ離れになっておれんで、実はいつも皆と打ち融けて行きたい。打ち融けるという事は自然なんである。打ち融けんでおれん何ものかがある。ところが人間には打ち融けられないものもある、それは煩悩である、迷いである。

仏は、どうかして皆に本当の道を知らしてやりたい、皆の行くべき所に誘い出して、闇の無い所に出してやりたいというので、五劫が間思惟し、永劫の修行をして南無阿弥陀仏となられた。この南無阿弥陀仏は智慧のある者もない者も、男も女も、一切衆生よ、さあ私の所に来てくれと言うて手を拡げて下さっておる。広い心である。海のように広い徳である。この仏の広い心を徳海という。

釈尊一代の教えは南無阿弥陀仏、その教えは、この広い徳の海の外に無いのだと聖人は仰る。限り無き寿命、限り無き光明をそなえさせられた仏である。限り無き寿命とは死なない命なのである。

この家（中川清次家）でこの頃可愛い子供が死んだ。私は自分で子供を持たないが孫が居る。子供を持ったことがないからか、特に可愛がりもせんし、怒りもせんが、朝から晩まで孫の声を聞いておると、やはり病気などしてその声が聞こえん時は淋しい。先度子供が疱瘡になったと聞いて、どうしても心配になって、その親の所へ「子供殺すな、介抱を怠るな」と電報を打った。この頃は小さい子供が死んだと聞くと可愛想だと思う。が、その子の親を尚更いとしく思う。どんな強情な人でも、子の死や生に悲しみ喜びの涙を出さない人はない。その涙に如来様のお声ががっちりかかるのだ。この家に法座を開くのは、恐らく爺さんが死んでから初めてであろう。この家の主人はあまり仏さまに御縁がありません。昔はこの家の爺さんがお講の座をもうけられたので御縁があったが、今日は久し振りにこの家の如来様にお目にかかる。先度この家に、お講をしたらと言うたら嫌じゃと言うた。ところが、今度子供が死んで、みんな悲しんで、仏法の話を聴きたいと言われる。これはただ事ではない。

自坊で明日から聖徳太子の法事をさせて貰う。聖徳太子は観音様の現われである。化身である。御母君が或る日夢を見られた。その夢に金色の人が出られて、私はお前の腹を借りて世に出たいと言われる。お后は「私の身体は大変穢いからお宿は出来ません」と言われた。金色の人は「それでもかまわない」と申された。金色の人とは観音様である。その観音様がお后のお腹を借りて生まれ給うたのが聖徳太子である。学者はそういう事はないと言うけれども私は本当の事だと思います。それは太子一代の相を観ればわかります。観音様とはどういうお方か、お釈迦様のお慈悲を司っておられる方である。智慧を司っておられる方が勢至様であります。同じ仏様の脇を司っておられる方でも、観音様がいらっしゃらなかったらいくら智慧のある勢至様がおいでになっても、やはりその智慧の目は暗くなる。

この家の子供は有難い子だと思う。親達は子供が死んでかあいやと言って泣いておられる。その子供は親達を本当の道に引っ張ってくれたのである。子供は死んだ、そして沢山の人を集めてこうしたお座をもうけられた、ここに親達の胸が開けてゆくのだ。人と自分の間に境がある、その境を誰が破るのだ、死んだ子である。死んだ子が広い世界へ連れて行くのだ。広い世界から迎いに来て連れて行くのだ。そういうようにお導き下さったことはただ事でないのだ。平常余り曇りのとれん者が、主人もお講を申す、母ちゃんも参る、仏さんの御催促である。仏さんは一切衆生と自分の隔てを取った方である。我々はともすると人はどうでもだ。我々は小さな利益を争う。例えば金を持つにしても、一円の金を一円十銭取れば儲かる、九十銭取れば損がいくと思っている。仏さんはそういう小さな根性でない。損得の算盤のはじき方が仏さんは違うのだ。我々は小さな利益を争う。例えば金を持つにしても、一円の金を一円十銭取れば儲かる、九十銭取れば損がいくと思っている。ところが仏さんはどちらでもよいと思っておられる。仏さんは自分の身体だけが自分だと思っておられない。人も自分だと思っておられる。親子にしても、生んだ子は我が身と別なものでない。だから子供の難儀は親の難儀である。我が子が難儀をした時には、そばに居れんような、生木を裂かれるような悩みを感ずる。『法華経』に「今この三界は皆是我が有にして、その中の衆生は悉《ことごと》く是我が子なり」と。

我が子は皆可愛い。お釈迦様にとって血の通った者は羅睺羅《らごら》一人だが、仏様を慕う者は羅睺羅一人ではない。一切衆生が親の如く慕う。国を距て年を距ててもお釈迦様を我々は慕う。実はこっちが慕うのでない。衆生はみな我が子なりというお釈迦様のお心に慕いよるのである。

この中川家の死んだ小さな子供を親は可愛いと思っておるが、子供も親が可愛いからお浄土から迎えに来たのです。それが親達にはっきりわかると、今度は親たちの今日の日暮しが明らかになる。一人の子供を失うても、沢山の子供を心に抱いて、曇り勝ちな心が広くなる。そうなると悲しみが元手になって、広い広い心に出させて貰うことが出来ます。広い心です。徳海です。

我々は南無阿弥陀仏のお六字を自分に頂いて、南無阿弥陀仏南無阿弥陀仏と称えておるが、南無阿弥陀仏には敵も味方もない、広々として手を引き合うて生きて行く世界です。一切衆生の悲願を自分の悲願とし、衆生の苦しみを自分の苦しみとして、一切衆生と共に泣き、一切衆生と共に憂いて下さるのが南無阿弥陀仏である。世の光としての南無阿弥陀仏を信じさせて貰えるようになると、今迄他人であった人の心が親しい同胞となる。にっこり笑い合えるようになる。御開山が、暗い世界から明るい世界に行く者は、摂取の光明の中に摂め取られると言われたように、世界が広くなる。つき詰めれば、この南無阿弥陀仏のお慈悲、広い海のようなお心より外にないのだぞという教えが、この今日のお知らせであります。

どうかとくと味わって死んだ子の可愛さを忘れずに、我れを迎いに来た子だったと頂き、死んだ子は唯人でなかったと拝んで、その子の後を追うて、お念仏の道に入るのです。いずれは、人間の命は亡くなるものである。三才の童子も死ぬ、五十、六十になった者も死ぬ。人間の命ははかない、何時死ぬかもわからぬのが人間だ。いつかは別れにゃならぬ。だが死ぬのはわかっていても、死なぬ命を頂く、無量寿の世界に生まれさせて頂く、それが南無阿弥陀仏である。観音菩薩がその世界へお迎いに出て下さっておる。

聖徳太子は「世間虚仮、唯仏是真」と仰った。お互いは真実の仏様の御前に跪かずには居れないのです。

何かに突き当らないと我々は仏に向わない。俺が、我がと力んでいる。今日は死んだ子の御縁で久し振りにこの家の仏さんの御縁に遇うたのは嬉しい。この家の主人と母ちゃんと仏さんの御縁で、今日は仏法の話をさせて貰うことが出来て非常に嬉しい。子供は阿弥陀さんの橋渡しであります。

（昭和七年二月十九日・中川清次家）

第十九講

穢を捨て浄を忻い、行に迷い信に惑い、心昏く識寡く、悪重く障多きもの、特に如来の発遣を仰ぎ、必ず最勝の直道に帰して、専ら斯の行に奉え、唯斯の信を崇めよ。

「穢を捨て浄を忻い」、これは一番先に私らが仏道に足を踏み出す所である。穢は穢土、浄は浄土。この穢れた所を捨て、浄らかな所を願う。

お釈迦様は、五濁の我が家を捨て、仏の国へ生まれようと願う、これが一番最初の踏み出しでありました。韋提希夫人はお釈迦様の皇子としてお生まれになった。今のこの世の穢れを感じて浄らかな所を求められた。そして修行にかかられた。カピラバスツの王様の皇子としてお生まれになって、今のこの世の中は非常に濁った汚ない所である。奇麗な所へやって下さいと願われた。人は苦しみが起きた時はどうしても自分が穢れておるとは思わず、世の中が汚れておると思う。だからどこか善い所に行きたいと思う。穢を捨て浄を願う心が起こる。これが仏法の門を叩く者の踏み出しである。

今日では貧乏すると、北海道、樺太、ブラジル、又は満州へ行こうかと思う。どこかへ行けば善い所があるかと思う。今日自分の住んでおる所は穢れておるから、仏の国へ行きたいというような願いが起こる。「忻浄厭穢」である。そこで、どうしたら浄土へ行けるか、ちゃんと浄土へ行く道が説いてあるのである。行く道はある。が、その行に惑う、迷うのである。諸行とか、念仏とか、正行とか、雑行とか、どの行を勤めればよいか、この道を行こうか、あの道を行こうかということに戸惑いする。そこは信心一つ、こうなると、今度はどうすれば信心が得られるか、どれが信心だ、と信ということに迷う。

「心昏く識寡く」、この識というのは知識の識、認識の識である。寡くは見聞が少ない、自分の中心が暗くて、知識というものが少ない、精神力が弱い。

「悪重く障多きもの」、悪いことを常々色々やっておる。だから色々の障りがある。生活に障害が出てくる。

「穢を捨て浄を忻い、行に迷い信に惑い、心昏く識寡く、悪重く障多きもの」と申されたのは実に肝心な所であって、聖人自身が御自分の心の迷いを述べられたものであります。

私達は先ずこの世の穢れというものを感じ、そこから奇麗な世界へ行きたいと思って踏み出したが、永い間行く道に迷って来た、心昏く識少ないそういう者の日暮しはどうかというと、色々な障りが出てそこは信心一つだというが、その信心に迷うて来た、あっちに突き当ったり、こっちに飛び付いたり、あっちから蹴られたり、こっちから殴られたりというように世の苦しみを受け来、あっちに突き当ったり、こっちに飛び付いたり、あっちから蹴られたり、こっちから殴られたりというように世の苦しみを受ける。この時、この世を遁れて仏に成りたいと願う人が無いでもない。その願いを抱きながら、どうしても踏み出すことが出来ない。そういうような人はどうすればよいか。そういうような人は、「特に如来の発遣を仰ぎ、必ず最勝の直道に帰して、専ら斯の行に奉え、唯斯の信を崇めよ」とある。如来は釈迦如来で、発遣は、遣わし給うこと。二河白道のお譬えというのは、善導大師の『散善義』の中に、「如来の発遣を仰ぎ」とあるこの一段を味わう時に、この背後に二河白道のお譬えがあることを思う。

『観経』の至誠心、深心、廻向発願心があるが、その三心を御講釈なさる所に、一つの譬えを設けて真宗の道を明らかにされた。それが有名な二河白道のお譬えであります。それを聖人は「信の巻」の中に御引用になって、御自分の信心をくわしく御述べになった。「特に如来の発遣を仰ぎ、必ず最勝の直道に帰して、専ら斯の行に奉え、唯斯の信を崇めよ」という所の背後にはこの二河白道の教えがあります。二河白道のお譬えは第七講でくわしく述べました。

二河譬の中の、我今回るも亦死せん、住るも亦死せん、去くも亦死せん。一種として死を勉れざれば、我寧ろこの道を尋ねて前に向うて去かん。

これが有名な善導大師の三定死であります。三つとも定めて死ぬ。清沢先生が御自分の信心を述べられて、こういう自分のような愚かなものは、何が真理だやら何が非真理だやら、何が幸福だやら何が不幸だやら、何も知り分る能力のない私、善悪邪正のはっきりしておるこの娑婆には、生きておる事も出来ん、だからというて死んでいいかというと、死んで行くことも出来ん、と申しておられます。やはり究極の心を仰ったものであります。死んで行くというのは一つの解決で、未解決の人は死んで行くということは出来ん。それでは落ち着いて生きておることが出来るかというに、生きておることも出来ん。その境地を善導大師は三定死を以ってせられた。

この行者は、願いの世界はあるが、罪を重ねて浮ぶ瀬が無い、助かる縁手がかりのないもの、進むに進まれず、退くに退かれず、じっとしていることも出来ない、と。その時東の方に有って人の勧める声が聞こえた。「仁者但決定してこの道を尋ねて行け、必ず死の難無けん」、西に向うて立ち上がった時に、お前の前に四、五寸の白道が開けたではないか、その道を尋ねて行きなさい、きっと死ぬことは無い、というお勧めの声である。

「又西の岸の上に人有りて喚うて言く、汝一心正念にして直に来たれ、我能く汝を護らん、衆で水火の難に堕することを畏れざれ」と。この人が教えを聞いて決定して直ちに進んで西へ行く、行くこと一分二分すると後の方から呼び返す者がある、群賊悪獣である。お前そういう所へ行く要はない、その道を行けば必ず死ぬ、私等決して悪い事はせん、返って来い、こういう声が聞こえる。この人は群賊の喚ぶ所に振り向かず、一心に道を念じて白道を行ったら、しばらくして西の岸に上がって永く諸難を離れ、善友相集まって慶楽すること極まりがない。これは二河白道のお譬えである。

西に向うて行くということは、後生の一大事に心が芽生えたことである。後生の一大事に心がかかる人は、一人旅である。そうするとあたりのものは自分を苛める仇である。じっとして居れない、それで西へ向う。それは穢を捨て浄を忻《ねが》う心である。この土から向うへ行く事である。西というのは彼岸です。浄土です。助かりたいという心は、立ち返ってみればとても助からん、自分の願いはすぐ何処かへ行ってしまう、むかむかっと腹が立つとめらめらと火が燃える。そうかと思うと怒りが静まると欲が起こる。貪欲、愛欲いろんな欲が起こる。種を捨て浄を忻《ねが》う心がどこかへ行ってしまう。そこでじっとしておれない。その時、東の方に人の勧める声がする、それはお釈迦様の発遣の声であります。お釈迦様が案ぜられて御教化があるのです。布教のお勧めである、汝その道を行けと。その道とは助かりたいと思ったその道、その道を行くのだ。自分の願いがはっきりしておれば、火に焼かれることもない、水に溺れる事もない、思い立ったその道を大切にして行け。欲が起こっても瞋恚が起こっても、そういう場合にびっくりせんで、怖けんで思い立ったその道を行きなさい、と。仏の発遣のお言葉であります。それでその道を行こうと後生の大事を踏み出す。すると、後生の一大事ばかり聞いておってどうする、娑婆を捨ててどうする、そういうことをしておれば娑婆は立たんぞ、と言うものがある。すると又躊躇する、初めに苛め倒した者は、私ら苛めんからこっちへ帰って来いと呼ぶ。いわゆる行に迷い、識に惑う。その時に「又西の岸の上に人有りて喚うて言く」、それは阿弥陀如来の呼声であります。阿弥陀如来が西の岸に現われて「汝一心正念にして直に来たれ、我能く汝を護らん」と。貪欲・瞋恚が起こっても、そういうことの起こる所に居らんで、私が見て居るから西に来い、とお呼びになるその呼声を聞いて一生懸命にその道を問うて行く。行くと彼岸に至る。今度は「善友相見て慶楽する」、穢土は一人旅の所だが、彼岸は善友が沢山居る。信心の無い人には善友はない。信心を頂くと善い友達が出来る。だから信心の門を大会衆門という。大会衆門とは、沢山の友達の中へ入るということである。普通の人は何々団体というておるけれども、仏さんの心の貰われてないものは、団体であっても友達はないものだ。てんでん一人旅である。それが穢土のしるしである。お浄土へ行って仏さんのお傍へ行くと、初めて真のお友達というものが出来る。信心の友達が出来ると賑やかになる、この二河白道のお譬えを胸の中に入れて発遣のお言葉を聞くとこの御文がよくわかります。

「必ず最勝の直道に帰して」、最勝とは最も勝れた、直道とは真直ぐな道。高光君の雑誌『直道』はこれから名を取ったものです。浄土へ行きたいという真直ぐな道、四、五寸の白道と同じです。自分が迷いを遁れて浄土へまいりたいと願うと、自分の方からその道が浄土へ続いておるように思っておるが、その実はお浄土から道が続いて自分の胸まで通うておるのである。自分の胸から作り出したお浄土への道と思っておるが、実は仏の胸から我が胸に続いておる道である。自分が浄土へ行きたい、仏に成りたいという道かと思うけれど、実は仏から迎えとらんといわれる大願業力の道である。凡夫がそういう事を思い立ったのであるけれども、その実は如来が思い立たせられたのであります。凡夫の願いは如来より賜った如来の大願である。道はお浄土から開ける、こっちからでない、向うからこっちへである。こっちから行こうという心の出るのは、向うがまいらせにゃおかん、まいらせたいという願いがあるからである。それが直道である。最も勝れた本願の大道です。その大道を頼む、その道を行く。お釈迦様はその道を行けと言われる。まいりたいと思うが、こんな貪欲・瞋恚の起こる者はまいれぬかも知れぬ、こういう気が起こることがある。こういう暗闇の者が清らかさを願う心がどうして出来たか、仏さんの教えに依って心が明らかに照らされて、阿弥陀如来の助けにゃおかんという大願業力、それが救うて下さったのである。

「専ら斯の行に奉《つか》え、唯斯の信を崇めよ」。「専ら斯の行に」とある行は、称名の行です。称名の行に奉《つか》える。「唯斯の信を崇めよ」。行に奉《つか》え、信を崇めよ、これは面白いことです。行とか信とかいうのは、衆生の信や行ではありません。行とは自分が行くのじゃない、又、自分の道を行くのじゃない、行に奉《つか》えるのです。阿弥陀如来の行に奉《つか》え、仏の信を崇めるのです。我々が南無阿弥陀仏南無阿弥陀仏とお念仏を称えるあの行は、仏さんの行なんです。仏さんの行が我々の胸に現われて下さっておるのです。自分が行ずるというが、その実は仏の行を崇めるのです。称名憶念すると、その称名の機が称えるということにとどまらん、俺が称えたというのでない、称えつつ称えさせて下さる仏の行を崇める。称えるのは能行です。能行だから称える行の根本は、仏の因願と果上の願。永劫の修行をせられた仏の因願、仏の修行、その行を崇めるのが念仏であります。念仏するというのも、その実は阿弥陀如来の永劫の修行を念ずることなのです。それに奉《つか》えるのです。

我々称名憶念するその中心の名とは何なのか、如来の行です。それに奉《つか》えるのです。如来の信とは何か、信とは一切衆生一人残らず救わにゃおかん、救い切ると言われる。世の一切衆生を抱き取らんと言われる。全てを自分の胸の中に抱き込めて、全ての者の心の願を摂めてござるのが仏の信である。その信を崇める、尊むのです。親鸞聖人が教・行・信・証と言われる。聖人の行信というものは、どこから来るかというと、如来の行、如来の信から出てくる。それが我々に能行となり能信となる。姿はどういう姿になるか、我々の能行も如来の行に奉《つか》える行である。我々の能信も如来の信を崇める信である。称えて称えず、信じて信ぜず、我我が称えるのは行であるが、実はそれは私の行でない、我が信ずる信心であるが、実はそれは自分の信心でない、行ずるのも如来の行に奉《つか》えるのです。信ずるのも如来の信を崇めるのです。行もそれに止どまらず、信もそれに止どまらず。行も如来の廻向なら、信も如来の廻向です。聖人のお味わいなさる教・行・信・証の行も信も、全て如来の願力御廻向である。それで行のことを説いてある「行の巻」、信のことを説いてある「信の巻」、共に如来の行を明かし、如来の信を明かされたものである。その如来の行を行ずるのが衆生の行である。如来の信を崇めるのが衆生の信である。行は法蔵菩薩の修行。一念一刹那もこちらの煩悩の心は交わっておらん。

「専ら斯の行に奉《つか》え、唯斯の信を崇めよ」、自分が行ずるのでない、如来の行に奉《つか》え、如来の信を崇める。自分で行くのじゃなしに、与えられた事に畏んで従って行く。自分で「まこと」をこしらえるのでない。如来の誠を仰ぐ。だが、我々にはどうも貪欲・瞋恚・愚痴が起こる。だが、起こるかとの心配は要らぬ、如来の真実を仰ぐのです。自分に貪欲・瞋恚・愚痴が起こっても、自分が忘れておっても、その中から常に如来の事が思い出される。こっちが罪を造っており、こっちが礙りをしておっても、如来は一念一刹那も私を忘れては下さらん。だから斯の行に奉《つか》え、この信を崇めよ、他力を仰ぐのです。浄土真宗の信心は仏の信を崇めることです。行は仏の仰せに奉《つか》えることです。

聖徳太子の『十七条憲法』の第一条に「和《やわらぎ》を以て貴《とうと》しと為し、忤《さか》うこと無きを宗《むね》と為す」とある。これは崇めることです。又「篤く三宝を敬え」と仰ったことも崇めることです。第三条には「詔を承けては必ず謹め」と仰った。この謹めと仰るのは奉《つか》えよと仰ることです。信の味わいは崇める味わい、行の味わいは奉《つか》える味わいであります。

この頃よく奉仕の精神、奉仕生活、社会奉仕ということを言う。ああいうのは社会奉仕か知らんが、奉仕ということは結構なことである。我々の生活は奉仕でなければならない。自分の賢い了見を持ち出して日暮しをするのでない、如来の行に奉《つか》えるのです。仏さんの一念一刹那は、利害の交わることのない、偽りの交わることが無い、その行に奉《つか》えるのです。如何なる悪業煩悩の者も捨てられないところのその信を崇めるのです。だから我々の信心を、自分のやって行く行を持ち出すのでない、信ずる信を持ち出すのでない、唯ひたすらに如来の誠を仰ぎ、如来の誠に奉《つか》えるのです。これが親鸞聖人の仰がれる浄土真宗の信心であります。そのことを先ず明らかにされるのであります。

行は諸仏称名の願より出で給う、信は至心信楽《しんぎょう》の願より出で給うと仰る。衆生の行は如来の本願から出る、衆生の信は如来の本願から出る。行も信も大願業力によって、この我々の胸に、身体に流れ込んで下さる。

これが御開山の信楽《しんぎょう》のお味わいであります。今日はこれだけにしておきます。

(昭和七年三月十八日・明達寺彼岸会)

第二十講

嗚《ああ》、弘誓《ぐぜい》の強縁《ごうえん》は多生《たしょう》にも値《もうあ》い叵《がた》く、真実《しんじつ》の浄信《じょうしん》は億劫《おくこう》にも獲叵《えがた》し。遇《たまたま》行信《ぎょうしん》を獲《え》ば遠《とお》く宿縁《しゅくえん》を慶《よろこ》べ。

先には聖人が行信ということの尊さを一通り述べられ、その行信に奉《つか》えられ、崇められたその行信が自分のものとして頂かれるその心を現わされるのであります。安心しておる心の満ちた姿であります。

弘誓というのは広大な力、本願のことを一名、弘誓という。十方衆生一人残さず仏にせねば我は仏にならぬという非常に広い誓いである、だから弘誓という。

曇鸞大師が『浄土論註』に、自力と他力ということを仰った。竜樹菩薩が一代の仏教を難行道と易行道との二つに分けられた味わいを味わって、「唯これ自力にして他力の持《たもつ》無し」と言われた。自力は自分だけの力や行くのだから、外からの助けがありません、だから難かしい。易行道は、信仏の因縁をもって、た易く行ける道である。竜樹菩薩は信方便の因縁をもってと仰ってあるが、曇鸞大師は、信仏の因縁をもって疾く速やかに往生を得と仰っておられる。そしてその信を明らかにするために『論註』の終の方に、阿弥陀如来の本願を受けて増上縁ということを仰ってある。増は増す、上は上げる。増上、あいつは増上しておる、というのはずっと高く上がっておる頭の高い人の事を言うのであるが、増上縁というのは勝れた縁ということである。阿弥陀仏の本願が勝れた縁になる。

この頃聖徳太子の『維摩経義疏』を拝読しておりますが、太子の御著述に『維摩経義疏』『法華経義疏』『勝鬘経義疏』と三経の御講釈がある。その中の『維摩経』の「仏国品」の講釈のもとにただ一ヶ所だけ『無量寿経』の中の言葉を引いてある。で、太子様は『無量寿経』をお読みになったということがわかる。どこを引いてあるかというと、第十八願の終の方の「唯五逆と正法を誹謗せんとをば除かん」という所である。この「唯除五逆誹謗正法」は下巻の第十八願成就の文の所にもある。第十八願は上巻の一番肝心の所であるし、成就の文は下巻の肝心の所であります。その肝心の所の言葉を目に留めさせ給うたということは、太子様は『無量寿経』の中心をお味わいになったということが察せられるのであります。

これに就いては、本願の上で言えば、

設《たと》い我仏を得たらんに、十方の衆生至心に信楽《しんぎょう》して我が国に生れんと欲し、乃至十念せん、若し生れずば正覚を取らじ。唯五逆と正法を誹謗せんとをば除かん。

と。五逆と正法を誹謗する者はこの限りでないとある。

成就の文では、

諸有の衆生、その名号を聞きて信心歓喜し乃至一念せん。至心に廻向したまえり。彼の国に生れんと願ずれば、即ち往生を得、不退転に住せん。唯五逆と正法を誹謗せんとをば除く。

と。

全てが助かると書いておきながら、最後に、唯五逆と正法を誹謗する者は除く、とある。それで昔からこの御文に就いては皆が骨折って味わっておるのです。阿弥陀様は、漏らさず助けるという本願を建てられたが、五逆罪と謗法罪の者は除くと仰る。言うなら悪人は助からんのだ。それで道綽《どうしゃく》禅師や、善導大師は已造業即ち今迄悪い事をした者は助かるが、未造業即ちこれから先、罪を造った者は助からぬ。そこで今から後は誰も罪を造るな、こう言われる。それが抑止門です。それでも助けるというのは摂取門である。抑止は釈迦の親切である。摂取は弥陀の慈悲である。こんなに味おうておられる。

聖徳太子はこれをどうお味わいになったか。太子は、「五逆誹謗正法」とあるこれは、初一念に就いて言われたお言葉である。信の一念に就いて言われたお言葉である。一生涯五逆を造らぬということはないのだ、正法を誹謗しないということはないのだ。初一念である。ただ一思いである。それは信の一念である。信の一念の場所には五逆の心も無ければ、謗法闡提もない。仏様の前にひれ伏しておる時には、仏を殺したり、親を殺す我はない、又仏法の悪口を言うておる者もない。信の一念の反面から、五逆謗法を除くということになる。信を得た者は第二念になって又親殺しをするかも知れん、又仏法の悪口を言うかも知れん。それでも助かるのだ。聖徳太子は悪人が助かるということをはっきり味わっておいでになる。又その中にこういうことを仰ってある。わが業によって果を感ずる時には、強い業が初めに果を感ずるのだと。強い業ばかり初めに出てくる。普通業報因果の道理は、悪いことをすれば、悪い報いが現われてくる。「天網恢恢疎にして漏らさず」と老子が言っている、これは面白い。我々が一寸考えると、少々悪いことをしても、善い事をすればその悪い事は消える、業は帳消しになるものと思っておる。ところが業は皆出てくる。帳消しになるのではない。善い事をしたならば善い果報が出てくるように、悪い事をした者は悪い業報が出てくる。善い事をしたら悪い罪が消えるというのでない、皆出て来る。が、出て来るには出て来るが、一番先に出て来るのは何か、強い業が出て来るのだ。だから善業が強ければ善い結果が出る、悪業が強ければ悪い結果が出て来る。強い業が果を感ずる。それで浄土へ行く所の業のある者は浄土へ行く。地獄へ行く業の強い者は地獄へ行く。浄土へ行っても地獄の業は消えるのでない。地獄へ行っても極楽の業が消えるのでない。善い事をしたものは永遠に残る。悪い事も永遠に残る。だから浄土へ行った者でも地獄へ行ける。同様に地獄へ行っても又その因縁によって衆生済度が出来極楽へ行く業を結ぶ。その業を結ぶということに就いて、我々の因果は因縁果と、この心処を照らす。因が縁によって果を結ぶ。お米が因で、田甫や肥料が縁となる、因と縁とが和合して結果を得る。因ばかりで結果は得られません。縁ばかりでもいかん。因をして因たらしむるものは縁の力である。

『維摩経』の中に、「直心はこれ浄土なり」とある。聖徳太子は、正直な心はお浄土だと言っておられる。直心について衆生の直心と仏の直心とある。衆生の直心は浄土の正因だ。如来の真心は浄土の遠縁《えんえん》となると仰ってある。これが他力の義を現わす。衆生の直心とあるのは信心の事ですが、この衆生の直心が起るということも、ただ起るのでなく、如来の直心が遠い縁となって衆生の直心が起こってくる。これを曇鸞大師からいうと増上縁ということになる。本願が増上縁となって信心がはっきりする、とこう言われるのであります。曇鸞大師が、本願が増上縁となると仰ったのを、聖徳太子は遠縁なりと仰ったのであります。そういう縁により、今度は自分の直心が起こる、今度自分が仏を頼む心になる。そして仏に助かる。これはただ事ではないのだ。久遠劫の昔からの仏の念願力が自分に働きかけて下さるのだ。我々に力は無いのだけれども、仏智不思議の力によってこの信心を得るのだ。

阿弥陀如来の本願は、増上縁である。その心を今、親鸞聖人は「弘誓の強縁」と仰るのであります。これを曇鸞大師は増上縁と、聖徳太子は遠縁と仰る。この「弘誓の強縁は多生にも値《もうあ》い叵《がた》く」、何んぼ生れ変っても中々聞く事は容易でない。覚如上人が親鸞聖人を御讃嘆なさった『報恩講式』の中には、「曠海の浪の上に希に西土仏教の査《うきき》に遇えり」と仰って、盲亀浮木の譬えを引いてある。仏教に遇い難い事は、丁度盲の亀が大海の中の浮木に遇うのと同じ程容易でない、希であると仰る。盲の亀とは、腹に目が一つある亀が居って、それが海に遊んでおる。たまたま流れて来た板にひょっと乗ったら、その板がひっくり返って、丁度亀の腹の一つ目が板の節穴に合うた。それでその亀は、生まれて初めて日の光に会うことが出来た。それは容易の事でない。これは偶然の因縁であるが、あり得ることである。

今日夕方、新聞を読んでおると、京都の大学生が若槻さんを殺すつもりで、若槻さんが京都駅に来られるのを待っておった。いくら待っても来られん。出て見ると若槻さんは大学生の知らん間に汽車に乗ってしまっていた。それも殺そうと待ち構えていたという事も知らずに汽車に乗ったということである。ひょっとした事で逃れることもある代りに、ひょっとしたことで会うこともある。そこに何らかの因縁約束があるのだ。凡夫はそれが偶然だと思うけれども、そこにはお互いが知らぬ因縁約束があるのです。逃れることもある。そこに当ることもある。阿弥陀如来の強縁は多生にも遇いがたし、中々遇われない。「真実の浄信は憶劫にも獲叵《がた》し」、強縁に会うことも難しいが、真実の清らかな信心というものも、億劫にも獲がたい。本願には会いがたいものだ、信心も得がたいものだ。お経の中に、だから「極難信の法を説く」とある。「遇《たまたま》行信を獲ば遠く宿縁を慶べ」、それだから、「遇《たまたま》行信を得ば」、阿弥陀さんの御本願の信を受けて、阿弥陀さんの御名を称える身分になったら、「遠く宿縁を慶べ」、久遠劫の昔から、ふりかけふりかけ、追いかけ追いかけて来た縁を喜びなさい。唯事でないのだぞ、つい一寸の事じゃないのだ。

久遠劫よりこの世まで
あわれみましますしるしには
仏智不思議につけしめて
善悪浄穢もなかりけり

と聖徳太子讃嘆の御和讃にある。長い間憐みを蒙っておるのだ。我々は、ひょっと今本願に遇うたように思うけれども中々遇えるものではない。今、それに遇うことが出来た、不思議なことであります。

私には御信心の友達が沢山ある、という時には賑やかな思いになるが、又、不思議だなあとの感を懐くですな、例えば東京などへ行って話をしておる時、東京の暁烏会に、百人許《ばか》りの人が居る。東京には何百万の人が住んでおっても、その中で百人許《ばか》りの人が私の話を聴いてくれている、ということに不思議な因縁を思います。阿弥陀様の御本願は十方衆生と呼んで下さる。その本願の御縁に遇うて、それを喜ぶことが出来るということを不思議だと思います。数ある人間のその中で、自分がその境地に入ることが出来るのは不思議です。自分が仏様に特別に選ばれておる、不思議だなあ、有難いことだなあと嘆ずる。そこが聖人の「噫《ああ》」と仰るところであります。噫《ああ》、思ってみれば不思議だなあ、「弘誓の強縁は多生にも値《もうあ》い叵《がた》く、真実の浄信は億劫にも獲叵《がた》し」であります。

その遇い難い強縁に遇うて、得難い信心を今得ておる。そこには不思議なお手廻しを思うのです。松任の千代尼という婆さんが、御信心の味わいを述べて、「いかばかりお手間をかけし菊の花」と詠んだ。菊の花は非常に世話の要る花です。この菊の花を見れば、如何ばかりのお手間をかけたかを思わずには居られない。今の自分の心は信心を頂いて晴れておるが、この心が晴れる迄は、どんなにあなたこなたが御苦労になったか知れんという心です。『正信偈』に「帰命無量寿如来　南無不可思議光」と、遠くは阿弥陀様のお骨折りから、お釈迦様のお骨折り、七高僧のお骨折り、三国の祖師方の御苦労が流れて、今の自分の胸に南無阿弥陀仏と生まれ出て下さっておるということを述べられております。又御和讃を味わいますと『浄土和讃』『高僧和讃』『正像末和讃』とどんなにお手間をかけたか、お世話になったか、あなたこなたにお世話になった事を思い出して書いてあるように窺われるのであります。中々明らかに胸が晴れる人間じゃないのです。それを晴れるように育てて貰ったという時に、ああ不思議なことだな、有難いことだな、という喜びが出てくるのです。それを、「遠く宿縁を慶べ」と御自分に仰っておられる。強く仰っておられるのです。

行信を獲る、獲るとは獲得です。行も信も皆頂きものだから獲得という、我々が起こす信ではありません、我々が行ずる行ではありません。信じておるというが、それは自ら信ずるのではなくて、信ぜしめられるのだ、自ら行ずるのでなくて、行ぜしめられるのだ。だから、信も念も行も仏の本願業力の現われて下さったものなのです。我々はその業力に引かれて行くのだ。今迄作った自分の悪業煩悩はちゃんとある。地獄へ行く業がある。そんな業よりもっともっと強い業の力が自分を引いて行って下さる。業が現われ出て、苦しみのない極楽へ連れて行って下さる。阿弥陀如来の大願業力によって行信を獲るということは、我々が電気に触れたようなものだ。大願業力にピリッと触れたその時に我々に電気が伝わる。と、その身を飜えして廻向せられる。反照せられる。廻転趣向である。向は光、光をめぐらして反照せられる。反えし照らされるのである。我々は今からして仏さんの心に打ち融けて御名を心から呼ばして貰えるようになる。不思議な強縁である。遠い昔からの念力があればこそ、この身にさせて貰うのだなあと有難く思う。開けない自分の胸が開けたに就いて、何とした不思議な強縁であろうと、ひたすら今迄受けた御縁、頂いたお慈悲の広大さを喜ばれる。

聖人のどこ迄も他力廻向の信心をお喜びになったお言葉が、「噫《ああ》、弘誓の強縁は多生にも値《もうあ》い叵《がた》く、真実の浄信は億劫にも獲回《がた》し。遇《たまたま》行信を獲ば遠く宿縁を慶べ」であります。

第二十一講

（昭和七年三月十八日・明達寺彼岸会初夜）

若《も》し也此《またこ》の廻疑網《たびぎもう》に覆蔽《ふへい》せられなば更《かえ》りて復曠劫《またこうごう》を逕歴《きょうりゃく》せん。

海の魚が波に追われて来るように、じりじり追い廻わされて、追い詰められて、もう、ハイと返事をするばかりに献立が出来ておる。箸も皿もちゃんと揃え、料理が用意されておる。ちっとやそっとの因縁約束でない、ずっと前々から追い廻されて来ておる。だのに、若しこの度疑の闇に閉ざされて、これ程迄追い詰められてもハイとお受け出来なんだら、この御縁を外したらば、また何時迄かからねばならぬやらわからんぞ、と。

御和讃の一番先に、

弥陀成仏のこのかたは
いまに十劫をへたまえり
法身の光輪きわもなく
世の盲冥をてらすなり

とある。永い間仏様が待ち詰めにしておられる。十劫の昔からもう助かる道具だてが出来ておる。衆生がハイと胸を開く一つで助かるからくりが出来ておる。どこまでも追いつめて衆生の根機に従って光明のお照しがあるということを仰った御和讃である。そこ迄追い廻されておるのだ。が追い廻されておっても中々ハイと言わない、それは何でか。疑いがあるからだ。

「若し也《また》この廻《たび》疑網に覆蔽せられなば」、疑いの網に覆蔽、覆蔽とは覆いかぶされること、疑いの網に覆いかぶされて、じっくり仏の心に融け合うことが出来ない。今度取り外したら曠劫、曠は果てのない広さ、劫は無初時という意味で、果てしの無い時。十年二十年の事でない、何百何十万年ひどい目に遇うて来ねばならんかもわからんぞ、油断しておるではないぞとお戒めになっておる。機縁というものは滅多に来んものです。西洋の諺に「機会の神は後頭が禿げておる」と言うてある。機会が来たら前髪を取ってすぐ摑めという事である。逃げてゆく人は後頭が禿げておるから、摑めんのです。相撲する時には手を空にして、来た機会を直ぐに摑まえることが出来るようにしておることが大事だということである。我々は平常手に何か持っておる、だから機会が来てもそれを摑まえられんのだ。春が訪れて来ても、戸を閉めて寝ておる者にはその光を頂くことが出来ない。温いお慈悲の光が至り届いておっても、疑いの心の晴れぬ者は、相変らず寒い。冷い孤独の日暮しをせねばならん。そのお慈悲は十劫の昔から照らし詰めだと言うても、それを受けるため形の上に現われた具体的なこの機縁が熟せんと、中々遇えぬものである。「遇《たまたま》行信を獲ば遠く宿縁を慶べ」と仰る。それほど親切な招きがあるなら、お手廻しがあるならばです、ハイと素直にお受けすれば善いのに、それをせんのだ。やはり御本願を頂くのは機縁がある。人の命も今の幸せも永いことはない、仏の教えを今日聞かんでも年取ってから聞けばよいという人があるが、明日の日はあるやら無いやらわからん。仏教の御縁に遇うことは容易なことでない。袖触れ合うも多生の縁という、通り過ぎに袖が一寸触れ合うただけでも、一世や二世の因縁ではないというのにその因縁が廻って来ておる。その時にそれを頂くことを怠ってはならんのです。

宴会の座に並んで坐っておると料理が廻ってくる。自分の順番が来る迄おとなしく待たねばならん。何時でも手を出して取れるようにあらかじめ用意しておかねばならない。或る人は順番が来ない先に出て行って取る者がある、或る人は順番が廻っておっても取らん者がある。いやしんぼうも居ろう、きまりが悪くて取らん者もあろう、が両方共悪い、自分の順番になって取るのが礼儀である。それを愚図々々して取らんでおると次の人は迷惑する。仏さんの広大なお心を頂くよう順番が廻って来ても、それをけろっとして受け取らないで、余り大事でないものを取るのにあせくっておって、仏さんのお慈悲が来ても受け取らんでおると、手を出さぬうちに世の中は変わってゆくのです。流れて行く水は止どまらない。時は過ぎたら帰って来ない。次の順番へ行ってしまったらもう再び帰って来ないです。人が親切に、或いは人が打ち融けてくれた時にハイとすぐ仲良く手を出すということを怠ったら無量劫会えんかも知れん。

如来様の広大なお心をハイとお受けせねばならんのです。追い廻して遇うて下さるなら、この度ハイとお受けして信心を我がものにさして頂かねばならない。

「更《かえ》りて復《また》曠劫を逕歴せん」、これは、疑いを晴らせ、何時迄疑うておるぞ、と疑いを誡めつつ又一方には、晴れなかった疑いが晴れた身を喜ぶお心持をお述べになってあります。

（昭和七年三月十九日・明達寺彼岸会逮夜）

第二十二講

誠《まこと》なる哉《かな》や、摂取不捨《せっしゅふしゃ》の真言《しんごん》、超世希有《ちょうせけう》の正法《しょうぼう》、聞思《もんし》して遅慮《ちりょ》すること莫《なか》れ。

今日は「摂取不捨の真言」という所です。この「摂取不捨」という御言葉の出所は、『観経』の中の「光明偏く十方世界を照らし、念仏の衆生を摂取して捨てたまわず」というお言葉がありますがそれから出たのです。

この「摂取して捨てず」ということは、四十八願の「不取正覚」ということと対応して味わわれることがあります。四十八願は一番初めに、「設我得仏」と書き出し、終りにはきっと「不取正覚」とあります。「設我得仏」とは、たとい私が仏になるに、で、これこれを成就したい。「不取正覚」は、正覚を取らねばおかない、で、願の如く修行して成就して正覚を取らねばおかない、ということであります。如来は衆生の往生を掛目にして、自ら正覚を成就して下さる。一切衆生一人でも悩んでおる者があれば、一人でも迷うておる者があれば我は共に悩む、共に苦しむ。これが仏のお心です。そのお心が現われ出たのが「摂取不捨」でありますす。摂はおさめる、取はとる、摂め取って捨てず、入れたら出さん、というのです。

仏教の教えには折伏門と摂受門がある。『維摩経』を見れば、維摩居士が釈尊の弟子一人一人に、それもいかん、これもいかん、それはいかん、悪い事をする者は助けんぞ、とお叱りになること。これは折伏である。折伏門というのは、そういう事をしてはいけないぞ、悪い事をする者は助けんぞ、とお叱りになること。『維摩経』を見れば、維摩居士が釈尊の弟子一人一人に、それもいかん、これもいかん、あれでもない、これでもない、と叱られるところがある。そうして最後になって黙っておる所に不二の法門を語っておる。維摩の黙は一切肯定の姿である。今迄全て弟子の言分を片っ端から敲き落とし、叱り飛ばした維摩が最後に黙っておった。その黙っておる事は摂受門の姿である。黙して受ける、摂め取るということである。

仏の大きな御心は「偏く十方世界を照らし、念仏の衆生を摂取して捨てず」です。「念仏衆生摂取不捨」という事を思う時、私はいつも山形県の念通寺の昔の住職の事を思い出す。何代か前の住職に大変徳の高い人があって、その人は、阿弥陀さんに振り向く者は、それが例え猫でも杓子でもどんどん極楽へ連れて行かれる、という説教をされた。簡単な言葉だが、非常に力のあるお言葉である。阿弥陀さんに振り向く者の方に阿弥陀さんも向かわれる。「ただ二心なく一向に阿弥陀仏ばかりをたのみまいらせて後生助けたまえと思う心一つにて、易く仏に成るべきなり」とある。この阿弥陀如来に向い奉って助け給えと思う心一つと仰ったのは、念通寺の住職が、阿弥陀さんに振り向く者は、と言われたのと同じです。南無阿弥陀仏と阿弥陀さんに向う気になった者は皆極楽へまいれるのです。ところが我々の心は、中々阿弥陀さんに向わんのです。口では南無阿弥陀仏と言うておっても、心が阿弥陀さんに向かない。ところが、向わねば放っておけ、そういう阿弥陀さんではない。向わぬ者を向うようにしようと手を替え品を替えてお導き下さる。そこに偏照の光明がある。

聖徳太子は御幼少の頃に、他の皇子達といたずらをしておられた。そこへ用明天皇がお出ましになっていたずらをお叱りになった。他の皇子達は皆隠れられた、ところが太子は一人立ち止まって、私が悪う御座いましたと言われた。天皇は、何故あなたは隠れないのか、他の皇子は皆隠れたのにと言われた。太子は、私はどこへ隠れてもどこへ逃がれても御親の目から逃がれることは出来ません、と仰った。そう仰る聖徳太子に、子供心にも用明天皇の偏照の光明が至り届いていて下さったのです。そう仰るところに、太子の胸に広大な心が貫われておられたのです。人は仏さんに見放されようかという心配をするが、そういう案じは要らない。だから摂取不捨という。この身がすっかり偏照の光明に照らされておる自分だということが見捨てられようかと怖れる要らない。信心の無い者に対しても光明は偏照である。光明は信心を頂いた者に不捨だ、信わかれば、そこに摂取不捨という味わいが出る。信心の無い者に対しても光明は偏照である。

じようが信じまいが疑おうが疑いが晴れようが何でもかでもお慈悲の光が照らす。わかろうがわかるまいが如来さんの光明は照らしておられる。照らし詰めに照らしておられる如来さんがおいでになる、と自分の胸に受けられるのが、それが摂取の光明のうちに入ったのだ。信心を貰った者の光明は摂取の光明だ。そこには偏照の光明と摂取の光明と二つあるかというとそうではない、一つである、如来の光明は一つである。偏照の光明は即ち摂取の光明です。だから摂取の光明を頂いたということは仏さんの懐へ入ったことである。いくら逃げても出られん、いくら引っ張っても放されん、摂取して捨てずです。

「摂取不捨の真言」の真言は密教でもやかましく言う、密教の陀羅尼は南無阿弥陀仏と同じです。真言というのはまことの言葉です。宇宙の真理そのままをちゃんと言い現わしたのを真言という。「摂取不捨の真言」と聖人が仰ったそのお心持に、宇宙の大きな啓示を味わってお述べになったということが窺われます。偉大な宇宙の恵みをそこに感得しておいでになる。真言というのは宇宙の真実そのままを貰ったことを言うのです。色々自分を取り巻く世界、宇宙の働きを知ってそれをお互いが至り届いたお慈悲として感得される。この「摂取不捨」という真言を頂いておる者は、貧乏とか或いは落胆とか、やけくそとか、無茶苦茶ということはありません。我々はともすると何か事に当って、余り自分が物が出来なかったり、やり損いをすると、止めて置くとか、見込みがないと思う。人の事でも、あれは皆目見込みがないという。それが、根本が明らかになる時助かるのです。聖人が、「とても地獄は一定すみかぞかし」と仰った時は、どうしても助かる見込みの立たぬ、と。そうすると、自暴自棄、落胆のようだが、その助かる手がかりの無い所に、暗い心の底から、助かるに間違いがないという力を得るのです。力を感得する。だから「摂取不捨」とは助からにゃならんからくりがあるということです。自分の自力のはからいでは進み出る力はありません。助かる力はとてもない。ところが他力のお慈悲には助けねばおかんというからくりが成就しておるのです。「摂取不捨」とは助からねばならんのだということです。そこに不退の位ということが味わわれます。竜樹菩薩の「易行品」に「菩薩は設使《たとい》睡眠し懶惰なれども二十九有に至らず」とあります。初歓喜地の菩薩になると、眠ったり懶《なま》けておっても声聞・縁覚に堕落することはない、不退であると。『無量寿経』の下巻の成就の文には、

諸有の衆生、その名号を聞きて信心歓喜し乃至一念せん。至心に廻向したまえり。彼の国に生れんと願ずれば、即ち往生を得、不退転に住せん。

とある。不退転は、退転せざる、退転しない位に住する。これが摂取不捨です。不退転が摂取不捨です。『末灯鈔』の中に聖人が「来迎は諸行往生にあり、真実信心の行人は、摂取不捨の故に正定聚の位に住す。この故に臨終をまつことなし」、こう仰ってある。来迎は諸行往生にあり、死にしなに仏さんのお迎えを受けて初めて浄土へ行く人は、自分の機のはからいで修行して極楽へ行く人の事である。だから仏さんの承諾を得て迎えを得なければ行けない。ところが、真実の信心の行者は、摂取不捨の故に、仏さんが

摂取して捨てたまわず、臨終待つことなし、来迎頼むことなし、お迎いは要らぬ、摂取して捨てずです。常に行者のそばに至るとも言われておる。

昔、唐の善導大師が『観経』の講釈を書かれた時に、大師のお部屋に金色の阿弥陀さんが現われて、道をお授けになったという事が伝えられております。それで善導大師のお書きになった『観経』の講義は、善導様がお述べになっておるが、生身の阿弥陀如来のお心そのままを記されたものである。

善導様より約百年余り古い日本の聖徳太子は『法華経』の講釈をお書きになった時、折々夢殿にお籠りになって、『法華経』の旨を記されたといわれている。その夢殿にお籠りになった時、観音様が現われて太子に何くれと御指南を申し上げられた。だから聖徳太子の『法華経』の講義は付いてござった観音様の御指導に依ったもの、善導様の『観経』の講釈はお傍にお付きになった阿弥陀様の直々のお言葉である。

では今日我々には仏様は遠い所に居られるかというとそうでない。仏様はやはり付き添っておいでになる。

『安心決定鈔』の中に、この身は一分刻みに刻んでみても仏様の満ち給わせられぬ所はないとある。仏さんは我々の心の中迄宿り込んで下さる、傍に来ておって下さる。仏心凡心一体である。摂取して捨てずということは、我々の心の底まで、身の底まで入り満ちて下さる事である。この罪業深重の者のために、お互いの胸の中にずっと入り込んでおって下さる。

身も心も仏に捧げる、差し上げる、というのが摂取不捨です。捧げた者は全ての挙動を仏の命じさせ給うままに行う。帰命無量寿如来と念ずる時、自分の行を行ずるに非ず、如来の行を行ずるのだと善導様は仰った。

阿弥陀様の前に念仏を称え、帰命無量寿如来と念ずる時、自分の行を行ずるに非ず、如来の行を行ずるのだ。仏さんのお心が我々に現われて下さっておるのだ。ここに摂取不捨の真言というお味わいがあるのであります。

次に摂取不捨にもう一つ付けて「超世希有の正法」とある。「摂取不捨の真言」と「超世希有の正法」と二つを掲げて、「聞思して遅慮すること莫《なか》れ」と仰ってある。摂取不捨の真言を聞思して遅慮すること莫《なか》れ、超世希有の正法を聞思して遅慮すること莫《なか》れ、と仰る。愚図々々しておられん。仏さんがぱっと手を出して下さる。よけてはならん。さあ来いと言われたら、飛び付く思いにならにゃならん。遅慮すること莫《なか》れとは、臆病風に止どまらんでぱっと縋って行けということである。阿弥陀如来にひしと縋る思いを成して、後生助け給えと申せば、阿弥陀如来は八万四千の光明を放って、その行者を摂取し給うのであります。聖人は最も具体的にこの事を仰っておられるのであります。

今日は今から金沢へ行くからこれで止めます。

（昭和七年三月二十日・明達寺彼岸会逮夜）

第二十三講

午後のお話は「摂取不捨の真言」、これに就いて話しました。次に「超世希有の正法」であります。如来の摂取不捨の真言は、そのまま超世希有の正法であります。摂取不捨のお心は、世に超えて希にあるところの正法である。

超世の悲願ききしより
われらは生死の凡夫かは
有漏の穢身はかわらねど
こころは浄土にあそぶなり

という御和讃がある。こういう場合に超世ということを使います。

世というのは世間であります。世間というのは、いわば常識の世界であります、ありふれたことです。超世というのは、そのありふれた月並を超えておるということです。阿弥陀如来の本願の第二十二願に、信心を得て浄土へまいった人の生活は常倫を超出すると書いてある。常倫というのは、常の仲間ということ。普通に人間は生死の海に溺れておるが、仏さんは生死の海から一歩顔を出しておられる、それが超世です。或いは超出です。世に超えておるのです。常識で申しますと、今日は大変仲の良い友達で一つ釜の飯を分けて食べ、一つ部屋に寝るという程の間柄でも、明日になって仇敵のようになる場合がある。常識世界の間柄には不安というものがある。先方の人が一寸難しい顔をしておると、あの人は私を嫌いなのではなかろうか、私に落度があったのでなかろうか、と。そうでない、腹が痛かったのだ、とこういうこともある。又、あの人は横目で私ばかり見ている。私に気があるのだろうと、ところが後から聞くとその人はひがら目であった等、自分が落ち着かないと向うに対して不安なんです。向うがどんな事をしても、どんな事があっても、私は離れない、放さない、それだけの確固とした証拠、信念があれば、向うが腹の立った顔をしておろうが、笑うておろうが問題にならない。ということは同情の無いこととは違う。腹が立つから離れるというのか、喜んでおるから蹤くというのか、そういうことではありません。

我々人間は付いたり離れたり、所謂衿元に付くのです。一寸気に入ると近付く、一寸気に入らんと離れる、頼り場が無いのだ。人は当てにならんものだという事を心配しておる者は、皆自分の罰当りなんだ。仏様は一切衆生を捨てず、逃げるなら逃げてみよ、いくら世を怨んでみても、世を疑うてみても、私はお前を外から取り巻いておるから逃げ場はないぞ、と摂取不捨の仏が網を打ち、三界の外から網を打って追い廻しておられる。だから仏の慈悲の外へは出られません。出られるなら出てみよ、いくら逃げようとしてもこっちは放さんぞと仏は仰る。丁度子供がやんちゃをしておると親がつかまえて放さんようなものである。それが摂取不捨である。普通とは変っておるのです。それを超世希有と仰ってある。超世とは絶対を現わす。仏は、こっちを見た上で放さんというのでない、衆生を勘定に入れんのです。向うの出様一つでついて行こう、又放しもしようというのでない、どんな出方であろうが、どんなものであろうが一人も放さん、どこ迄も離れん、それが摂取不捨です。だからこれは超世です。希有というのは希であるということです。滅多とない、摂取して捨てぬというような広い心には中々出られない。だからこの先のお言葉に「遇《たまたま》行信を獲ば遠く宿縁を慶べ」と仰ってある。容易でない、だから希有という。中々獲難い正法です。

「摂取不捨の真言」に対して「超世希有の正法」、正は真に対し、法は言に対する。真の言葉に対して、正しい御法。そういう言葉というのは仏さんの唇に現われた言葉です。法というのは天地の大法です。天地間の法則という。宇宙の生々転化して行く一つの法則です。音楽でいえばリズムです。また旋律です。法というのは仏以前にあるもの、仏は能観の機であるならば、法は所観の法です。仏は悟った人、悟られた宇宙の真実が法です。宇宙の真実を悟った人の言葉には何が現われるか、法そのままが現われる。法にはずれた事は出来ん。全てのリズムは天地の法則によって出来ている。極意に達した人の音楽は誰が聞いても感動する。ベートーヴェンは古今の楽聖である。音楽の聖人は聾であったのです。

今から約十五、六年前金沢で慶應義塾の学生達が音楽会をやった。その時何とかいう西洋人が『月光の曲』をピアノで演奏した。私はそれに感動して西洋音楽が好きになった。その後広島で久野久子がベートーヴェンの曲を演奏したのを聞いて感激した。その後ベートーヴェンが特に好きになった。私は西洋へ行く前からベートーヴェンのレコードを集めておった。ベートーヴェンの生まれはドイツのボンであるが、ウイーンに居った。私はウイーンに行ってベートーヴェンの旧蹟廻りをした。旧蹟は六ヶ所全て行った。皆小さい所である。ベートーヴェンは一生の間流浪しておって貧乏であった。住んでいた家も小さな家であった。が、墓はウイーンの中央の寺に在って相当立派なものであった。ヨーロッパの音楽家達の墓もあった。案内者が、この墓はいつも新しい花が供えてあるし、いつとはなしに奇麗にしてあると説明してくれた。成程楽聖というだけある。人は生きているうち相当な位の人でも、死んでからは中々誰も尋ねて来ないものだ。ところがベートーヴェンは死んでから既に百年、私が行くと百年祭が済んでいた。ボンへ行くと百年祭の最中であった。音楽会にと思って行ったが今日は無いという。明日も無ければ明後日迄待っておるという訳にいかんからボンに止どまらなかった。ベートーヴェンは耳が遠かった。耳が遠くても音楽の聖《ひじり》である。これはやはり超世です。ベートーヴェンは何を聴いたか、耳を超えた底に流れる音律を聞いたのです。そこにはハート対ハート、心と心、耳で聞くのでない、耳の底に響くものがあるのです。それが指先に現われてきたのです。不思議なことです。ベートーヴェンの音楽というものは、ただの耳に響くひびきでない。もう一つ人間の底にある、或いは宇宙の底に動いておる所から発するもの、それが響き聞こえて来たのです。それが人の手を経て音楽になって現われてくる。そこにその人の音楽の普遍と尊さがある。今日のように時代が変って末梢神経の刺戟を喜ぶ時代になって、何でも電気の光や、活動写真のタイトルものの文学が流行る時代、或いはサーチライトのような表現が喜ばれるような時代では、ベートーヴェンのようなクラシックなものは余り好まれないそうです。私ら現代の若者は好まんといいます、軽薄なんです。

クラシックな音楽から、深い人間の根源にあるものを受け取る。その音楽の音律は宇宙の法則そのものを現わした音律でありま す。だからベートーヴェンの音楽は天地間に生きた法則であると思ってよい。だから私共は別に音楽を了解するというようなものではない。私は西洋の音楽はわからんという人があるが、それは大体音楽についての認識を欠いておるのです。音楽は、わかるわからぬという性質のものではありません。音楽は了解するものではない。音楽は心に響いてくるものです。音楽をわかろうとしてもわかるものではありません。いつかここの寺で西洋音楽のコンサートをやった。或る物識りの仰るのに、私は音楽はわからんと、又或る人は、聞いておると睡くなると、そのうちレコードが鳴り出すと、四、五才の子供がとっとと踊り出した。あなたはわからぬと言うが、あの子供は音楽を聞いて踊っているよと話した。音楽の了解は後天的のものでない、先天的のものである。が、非常に普遍的の力を持っておる。音楽の中に現われる悲しみ、喜び……。昨夕木遣音頭を聞いておった。あの歌の文句はどうでもよいが肝心なのはあの中の響きです。ヨーイ・ヨーイ・ヨイトナ、あれがよいです。槍錆という歌もそうです。文句はどうでもよい。一番後のエイ・ヨイヤサ、あそこがよいのだ。

私は西洋で音楽を聴いて歩いた。ドイツへ行ってドイツ語がはっきりわからん。イギリスでイングランド語がわからん。が、言葉はわからんでも、ドイツ人の音楽ならドイツ人の気性が現われておる。イギリスの音楽はイギリス人の気性が現われておる。そこには意味以外の尊いものがある。法というものがある。一句一句を忘れてもそれは問題ではありません。日本人が聞いても、西洋人が聞いても、中国人が聞いてもやはり響くものがあるのです。或る人がアメリカへ行って喧嘩をした、相手に、フーリッシュと言っても何とも言わん、そこで馬鹿と奴鳴ったらひょっと止めた。フーリッシュとは馬鹿ということだが。インドで品物を買うのに、高いから負けよという場合の言葉を習ったが、結果は、物を取り上げて、これは高い、負けよと日本語で言った方がわかった。

言葉は言葉そのものよりもっと深い所に意味を持っておるのであります。文章を書いても話をしても、唯うまい事を口先であやつるということは恐しい事なんです。本当のものがぱっぱっと出てくる。そうなると真言がそのまま正法となるのです。真の言葉というものがそのまま正しい御法である。仏法というが、仏と法とは違うのです。仏は悟りを開いた人、法は仏の悟らぬ前からあるのです。始めに法があって、その法を悟った人が仏です。法によって仏が生まれたというより、その法によって仏が悟った。仏より前に法がある。仏を根源的に作ったものを法身という。宇宙の法則を悟った仏の一言一句が法則になるのでない。法則そのままが言葉となって出てくる。仏さんのお言葉は皆尊い、それが仏法である。法則には仏の法則だの二つも三つもあるのではない。宇宙の法則はただ一つである。仏はそれを悟られた方である。だから仏が説かれたものを仏法という。ここには摂取不捨の真言と言うてある。摂取不捨ということは並のことでない、普通の人間を超えておる。善悪邪正の区別をして、善いものを取り、悪いものを捨てるというのは普通であるが、それを超えている。それは世に珍しい正しい法である。

「聞思して遅慮すること莫《なか》れ」、聞は聞く、思は思う。我々は真理を悟る、或いは法を悟るという。何によって悟るか。聖人は、聞くということが肝要だと言われた。聞其名号、聞かねばならん。仏教では三慧ということがある。聞慧・思慧・修慧。聞慧は聞く智慧、思慧は考える智慧、修慧は修業する智慧である。先ず初めに広く聞く、広い心を養う。先ず聞く、が、「ただおように聞くにあらず」である。一言二言を聞き捨てにするのでない。次によく考えよ、思慮分別せよ。そして次はただ聞いて考えたばかりではいけない、やってみよ。数学では公式を習う、それを自分で考え、今度は例題を出してやってみる。聞・思・修の三慧、これが大事なことです。

聞いて考えて、遅慮すること莫《なか》れ、遅はおくれること。昔の武士は左の方に刀を差しておった。それは右手で抜く為に。だから道を通っても昔の武士は右を通らぬ、左を通る。刀を抜いて斬りつけるのに便利であるからである。狐にだまされる時、左の手に油揚を持っておると取らない、働く右手が空いておるから恐がって取らない。大事な利き手に油揚を持っておる人を見ると馬鹿にしてだまし取るのです。それは本当かどうか知らんがよく考えたものです。右の手はいつも空けておかねばならない。停車場で物を持つにしても左手で持つがよい、向うからチボでも来るとひょっと切られる。但し左利きの人はこの限りにあらずです。

遅慮すること莫《なか》れとは遅れるなということです。法の真実に触れたら直ぐに手を出せということです。慮はおもんぱかり、本当か嘘か、取ってよいか悪いかというのは慮である。愚図々々しておるなということです。

聞思は信にかかる言葉、遅慮は行にかかる言葉であります。聞いて考えて行う。愚図々々しておるな、と。力あるお言葉です。「摂取不捨の真言、超世希有の正法、聞思して遅慮すること莫《なか》れ」、御開山様がこの「総序」の文を書いておられる時は、非常に油の乗り切っておられる時です。非常に強い言葉です。何を愚図々々しておるか、この明らかな事実があるではないか、この確かな事実があるではないか、何で疑うておるのか、この道を行くより外はない、と息をはずませ、声を励まして書いておられる姿がここに見えるのであります。仏の方から声が掛かっておるではないか、何を愚図々々しておるか、飛び付いて縋らんか、抱き付かんかと言っておられるのであります。

（昭和七年三月二十日夜・明達寺彼岸会）

第二十四講

爰《ここ》に愚禿釈《ぐとくしゃく》の親鸞《しんらん》、慶《よろこ》ばしき哉《かな》や、西蕃《さいばん》・月氏《がっし》の聖典《しょうてん》、東夏《とうか》・日域《じきいき》の師釈《ししゃく》に、遇《あ》い難《がた》くして今遇《いまあ》うことを得《え》たり。聞《き》き難《がた》くして已《すで》に聞《き》くことを得《え》たり。

昨夕迄頂いた「誠なる哉や、摂取不捨の真言、超世希有の正法、聞思して遅慮すること莫《なか》れ」迄は、御法の尊いことを一般的に讃嘆あそばされたのであります。これから後は、まさしくその尊い御法を御自分にお受けになって、喜びを述べさせられるところであります。この摂取して捨てずという偉大なお心、偉大な御法を聞思して遅慮すること莫《なか》れとお戒めになった。それから聞思して信後に出来た味わいをここに述べられたのであります。その最初が「爰《ここ》に愚禿釈の親鸞」である。一番最初に愚禿と言われる。この愚禿というお名前は『御伝鈔』によると、聖人が御年三十五の時、法然上人と一緒に流罪の刑を受けられ、法然上人は土佐の国に、聖人は越後の国分へ御流罪になられた。五年たったらその御流罪の刑が赦免になった。岡崎の中納言範光卿が赦免の勅詔をお伝えになった。その時に聖人は自分の思いを奏上あそばされた。それには、自分は藤井善信という俗名を賜って、坊主の名儀を捨てて越後に流罪になった、そうすれば表向き坊主ではない。だからというて百姓するのでもない、商売するのでもない、やはり仏の道を究めておる、だから在家というのでもない。坊さんかというたら坊さんでもない、俗人かというたら俗人でもない。僧に非ず、俗に非ず、だから禿の字をもって姓とする。禿という字ははげ、この禿という字を名乗る。頭を剃っておるが坊主でない禿である。こういうことを仰った。範光卿はそれでよいか、と言って言上された。陛下は感心あそばされたということである。

その禿という字の上にもう一つ愚という字を付けられた、愚はおろか、自ら名乗って愚な禿頭、それが聖人の一番のお領解である。摂取不捨のことわりが聴聞出来て、本当にお受け出来た時に讃仰の心がどこに現われたかというと、愚禿という名乗りとなって現われたのです。しかれば愚の一字は非常に味わいのある言葉であります。

広い大きな心に出合った時、我々は、尊い大きなお心だなということが感ぜられる。その時に、自分は小さな者だなあということを感得する。明るい所へ出た時に、自分は暗いなということを感ずる。これは半面の真理がそこに現われる訳なんです。広大な仏のお心が自分に頂かれた時に、自分は馬鹿者だな、愚者だなあということが直観される。仏の智慧が明らかであるだけに、その智慧に触れた自分の暗さが感ぜられる。これも非常に味わいが深い。

聖徳太子が『法華経』の御講釈をあそばされた、その中の「方便品」に十如是ということが記されてあります。十如是というのは、如是という心を十の方面から説明された。『法華経』を実相論という。『法華経』は大自然そのままの道の教えである。真理そのまま、そこに何らの細工がないということが十の方面から教えられてある。これが十如是の教えなんであります。題そのままの意味は、各方面が如是、そのまま、まちがいないという心を述べてある。お経はどのお経でも如是我聞、或いは我聞如是と初めにある。あの如是というのは表裏相応、相かのうて寸分変わらぬというのが如是である。お経は仏の教えと寸分変わらんことを記すということを如是とある。十如是は『法華経』の中で一番広大な理屈の説かれておる所である。この難かしい道理を太子はお味わいになった。そしてその最後に至って「愚心及び難し」と、非常に尊い太子の御言葉があります。聖徳太子と申せば御幼少の頃から、十人の人の申し上げることをお覚りになったというて豊聡耳《とよさとみみ》の皇子《みこ》と申しました。それ程智慧の明らかなお方であります。その聖徳太子が『法華経』の肝心の所をお説きになって、「愚心及び難し」と仰った。非常に有難いことであります。愚かな自分の心では到底この御法の全てを尽すことが出来ない。これを仰げばいよいよ高し、と自らの心持を伏して仏の広大なことを深く味わわれた結果、自分は愚かなものだと仰せられたのです。太子様のように聡明なお方がどうして愚心と仰るか……自ら愚心と仰るそのままが聡明であります。酒に酔いすぎた人は酔うたことを知らない、少し飲んで酔うても酔わん酔わんと言う。その時は大分酔うているのです。ああ酔うた酔うたと言うのはまだ本当に酔うておらない。妙なものです。反対に出てくるのです。尊さが本当に自分の身に廻ってくると自分の愚に気付く。馬鹿な者は、自分を馬鹿と思わんどころか、俺は偉い者だと思う。己の愚に気付いている者は最も聡明なのである。聡明ぶる者は常に自分は偉いと思って口先だけではだらな者だとは言っているが、いつの間にか俺のように賢い者は居らんということになっておる。

聖徳太子が『法華経』の御講釈で「愚心及び難し」と仰ったことは誠に有難いところである。丁度今の所もそうだ。先ず広い仏のお心を説いて「摂取不捨の真言、超世希有の正法、聞思して遅慮すること莫《なか》れ」と、その広大なことを説いて来た所から聖人はすぐに愚禿と仰る。この愚というのが仏の智慧を自ら認識した人の自覚の言葉であるように思われます。

ではお釈迦様の愚の自覚は……。釈尊が成道正覚あそばされた時、何をお覚りになったか。今まで自分が悩んできた苦しみは、自分の親の傍に居られず、妻子と一緒にも住めぬ、そこで家を出ていろいろの人を尋ねて修行した。それは世の中の苦しみを逃れようと思った。段々考えてくると、その苦しみの根源は無明だということがわかった。それが釈尊のお覚りであった。この無明ということは愚ということである。愚かな所から全ての苦しみが起こったのだということがわかった。それが自覚です。だから仏さんという方はどういう方かというと、俺は今迄馬鹿なために苦しんでおったのだなあということがわかった人である。苦しむのは外に原因があるのでない、自分が馬鹿だから苦しんでおったのだということがわかったのである。簡単に言えば仏さんはそういうお方である。

この頃うちの孫達がいろんなことをするのをじっと見ておると、良い事を教えてくれる。昨日だったか、朝勤行をしておったら、小さな孫が、卓の上の御和讃をおもちゃにしておった。父に叱られるかと思って勤行が終らん先に障子につかまって出ようとして頭を打ってわっと泣いた。自分で勝手に悪いことをして、自分で痛い目に会うて泣いておる。その泣きようが又面白い。人がしたように言って泣いておる。そうすると大人はそれみたかとばかり言っておられない。子供は痛い目に会うておるのは自業自得だが、可愛想だから薬を付けたり、さすったりしてやっておる。これが面白い。

先度或る所へ行ったら、息子が放蕩で母親は困っておった。そのうち息子は梅毒にかかり病院へ行った。母親は寝んと看病しておる。放蕩して梅毒がうつったのを、罰だといって黙って放って置けばよいが、だらな奴じゃと言っておりながらやはり介抱しておる。ただ本人が自分はこんなことをして馬鹿なことじゃと気が付かんのが本当の無智である。子はそういうことに気が付かん。我々も子とよく似た事をやっておる。それが大人になると念入りだから尚えらいめに会う。どんな場合でも愚かさの故に失敗をしておる。先度も或る人が、私は人に憎まれるような者じゃないと言うて怒っておる。憎まれるような悪いことをしないと言っても、憎まれる場合があるのです。憎まれるというのは何か憎まれるような顔をしておるからであって、その原因がわからんだけ自分が愚かなのだ。自分が無明だからそれがわからん。自分が無明だということは容易にわからんものです。お釈迦様は、馬鹿だということのわかった人である。それ程、馬鹿だということは普通の人にはわからんものです。

伝教大師は支那まで勉強に行かれた。帰って来てから桓武天皇の御信任を得て、日本の鎮護国家の為に比叡山を開かれた。その伝教大師が「愚が中の極愚」と自分の事を振り返って言っておられます。

後白河法皇は、奈良東大寺の大仏殿を再興された。その開眼供養の際、招待されるべき位の高い坊さんは叡山、高野山、奈良等に沢山居られた。それだのに、叡山は出ておられるが、京都の東山で静かに念仏しておられた無位無官の法然上人を招待された。この法然上人は当時、智慧第一の法然坊と言われておられる方です。この上人は御自分の事を、十悪の法然坊、愚痴の法然坊と申された。聖徳太子は「愚心及び難し」と、伝教大師は「愚が中の極愚」と、法然上人は「愚痴の法然坊」と……一寸聞くと妙な事と思うけれども、そこに尊いお謂れがある。夜汽車に乗っておって、夜が明けて明るくなると汽車の中に居る者は煤煙で鼻の穴が真っ黒で顔も黒ずんでおる。暗い間はわからんが、明るくなるとお互いの黒い顔がわかる。だから顔の黒いことがわかるということは明るくなった一つの証拠である。自分が愚者だということに気付いたのは尊い光が射した証拠である。

「摂取不捨の真言、超世希有の正法」、その次「愚禿釈の親鸞」と仰る。ここに味わいがある。仏様の姿が我々にうつるのです。それが我々の自覚になると愚者だということになる。

善導大師はその仏さんが乗り移った姿を二種深信ということで告白しておられる。二種深信というのは、一つは自分は愚かな馬鹿な者だ、罪の深い者だという自覚です。もう一つは、この罪の深い者を仏さんは助けて下さるという自覚であります。信じた後からこっちを見ると自分は悪い者だ、愚者だという事をわかってそれから仏さんを信ずる。こうなると仏さんを信ぜん前から悪い者だと知らねばならんという所から、或る人は、機の深信というのは自力である。自分が悪いと自分を知らねば如来は信じられん。けれどもそういうのは異安心だというて大騒ぎをやっている。自分は悪い者だ、愚者だと気が付くのは、自分で気が付くのでない。如来の光明のお照らしによって気が付くのだ。だから信後からいえば悪い者をお助け下さるというのだが、本当に頂かれた方から見ると、お助けが自分に応えて自分を悪い者だと気が付くのだ。「摂取不捨の真言」とある。愚禿という自覚が出てくるのです。我々はどういう具合に人に頭を下げるようになるかといえば、さんざんその人を疑うたり、或いは憎んだりしておるその人が、そういう事を問題にしないで、こっちが疑えば疑うほど、こっちが憎めば憎むほど広大なお慈悲を育くんで下さる。そのお心に触れた時、本当に済まなんだ、なんとまあ馬鹿な奴か、愚かな奴かと気が付くのです。仰ぐも仰がんもない、その人の前に、その人の足許に身が投げ出されるのです。妙なものです。偉人の前には恐しくて頭を下げる場合もあるが、本当に自分の命を投げ出される如来の広大なお慈悲の前には、己を忘れて命を差し出すことが出来る。不思議なことです。その差し出された一切の私を、どうかこの馬鹿者が、愚者がと思うように、こんな愚者をよく可愛がって下さってと心からお礼を申し上げるのであります。

「邪見憍慢の悪衆生、信楽《しんぎょう》受持すること甚だ以て難し」と仰った味わいを、味わえば味わう程、深い思召しであるということが頂けるのであります。憍慢はたかぶりである。お慈悲の水は高所には溜らない。頭の高い者にはお慈悲は貰えない。頭の高い者は高い罪で皆地獄へ行くのだ。そういう点からいえば、憍慢の衆生は皆地獄へ行く。自分は愚者だということに気が付いた者だけが安養の浄土へ行くのだ。この世の日暮しもその通りである。我れ心得顔をして、我れにどこか取柄があると思っておるからいろんな不平不満が出るのだ。自分に何かよい所、取柄があると思っておるが、実際は何もないのだ。ただ自分の理屈を付けておるのだ。人と比べて、私は悪くないことはないが、あなたもろくな者でないと言う。人の揚足を取って自分がよい者になったと思う、大抵娑婆はこういうものだという。どこかよい所を見付けてそこに腰掛けて居ろうとする、要するに頭が高い。地獄へ堕ちるという言い方をする。面白い事と思う。地獄へ行く者は驕ぶっておる。高い所に居るから落ちるのだ。極楽へ行く者は一番下に居るから昇るより外ない。丁度階段の一番下に居るようなもので、それより下へは落ちられない。今日自分の心の据わりはどこにあるか、昇っておるから落ちるのだ。

明治の初め仏教排折運動、廃仏棄釈ということがあったが、二十五、六年頃からやはり仏教は要るものだという説が出て来、加藤弘之さんや福沢諭吉さんらは、仏教は必要なものだ、しかし私ら学問や智慧のある者には要らん、田舎の爺婆には要るというような事を言われた。中にはお寺に行くとだらの仲間になると思ってお寺に来なかった者もあった。私ら若い頃はそういう事を聞くと癪に障ったものだ。しかし、宗教も教えも自分には要らぬと思っておる者はだらの中の一番のだらである。自分は賢いと思っておるのがだらなのだ。田舎の爺婆は、私はだらだから教えを聞かにゃならんと思っておる。実際教えというものは、賢い者には要らぬのでしょう。けれども人にはつまずきがある、悩みがある、苦しいものがある、悟れないものがある、だから聴かねばおれんのです。こういう我々がやはりだらだから時々よい気になって、躓《つまず》いて、頭を打って、怪我をして泣いておるのです。だから常に教えを受けねばなりません。教えを受けて何を気付かして貰うか、えいだらめ、又やったぞ、と気付かして貰う。一寸油断すると直ぐに上がるのです。常にお光を受け、常にお照らしに遇わねばならんのです。或る人が蓮如上人の所へ行って、私はお話を聞いてもすぐに忘れて逃げて行く、丁度笊《ざる》のようなものです、と言った。上人は、笊でも水の中に漬けておれば水はいつも一杯である。そんなに忘れるなら御法儀の中に漬かっておれ、と仰った。世の中に私と同じような人間があるから、私に話を聞きたいと思うのは無理はないなあと思う。医者があるように世の中の心の病人のために法儀の人が在って大切がられるのだなあと思う。あの人の行くお寺へはだらでなければ行かんのだと言うた人がある。来る時は賢い顔をして来ても帰る時は、ああ俺はだらになったなと思って帰るのです。仏教者は、自分がだらということを自覚する者です。

聖徳太子の仏教は、「愚心及び難し」と仰るところに極まる。親鸞聖人の仏教は、「愚禿」と仰った所に極まる。愚は信心、禿はそれが生活の上に現われた姿です。僧に非ず、俗に非ず、在家かといえば在家でない、出家かといえば出家でない、そして自分の信は愚であると仰せになる。私共は何を聞くのだというと、己の愚を気付かして貰う、それが聞です。今から二十数年前、私を異安心だと言って攻撃した。私は御法儀を引立てるために一生懸命になっているというと、皆は、お前は頭が高い、私らはお前の頭の高いのを引き下げるのだと言うた。今から思うとその通りだと思う。やはり私が頭が上がっておったのです。頭を下げればお慈悲の中です。そこを釈迦の抑止、弥陀の摂取と善導様が仰った。有難いことです。

『教行信証』の「総序」を読まして頂いておると、御自督をお述べになって、ここに、愚禿と名乗らせられた聖人のお受けの御信心が、一々のお言葉の上にあるということを味わうのであります。その点から言えば、親鸞聖人が一切諸教を弥陀の本願として受けられたということを、この愚の一字によってはっきりと味わわせて下さっておると思うのであります。

（昭和七年三月二十一日午後・明達寺彼岸会）

第二十五講

昼は「愚禿」ということをお話いたしました。「摂取不捨の真言、超世希有の正法、聞思して遅慮すること莫《なか》れ」と仰ったその次直ぐに「爰《ここ》に愚禿釈の親鸞」と書き出された。これは昼も申したように、摂取不捨の尊いおこころを自分のものにお受けになったためであります。この愚禿というのは、聖人の御信心を現わされる御自らの名乗りであります。

昨年満州へ行った時に、満鉄の講演の係りの人が、さて会を開こうとしてどんな肩書の人かと思うと全然肩書が無い。肩書が無いとわからないから人が集まらない、困った。そこで大谷派僧侶と出しておいた、ということであった。先年アメリカへ行った時も広告するに困ったという。そういう場合に、思うに、自分の肩書は何もない。親鸞聖人は尊い肩書があったか。今日では本願寺の第一代法主、浄土真宗の開祖、何でも沢山付けられるが、聖人御在世の時には本願寺もありません。聖人は一ヶ寺も寺を建てられず住職でもなかったのです。僧都《そうず》でもなければ大僧正《そうじょう》でもない。当時の坊さんの位は何も無い。どういう肩書を持った方というと、自ら肩書を付けて「愚禿」と名乗らせられた。愚かな禿げ頭だと仰る、えらい肩書である。

今思い出しましたが約二十年程前、別府で講演会が開かれて加藤咄堂という人が講演に行った。世話をやいていた人が、講演会の広告に肩書が無ければ困るというので、電報で加藤さんの所へ肩書は何かと聞いた。加藤さんは面白い人で、肩書は何にも無い、一学生だと返事した。仕方がないから世話する人が、肩書は何もない、一学生なり、と書いた。それが評判になって沢山人が集まったという。本当か嘘か知らんが面白い話である。加藤咄堂氏は学士でも博士でもないし、大学教授でもない、が数十年仏教の話をし研究をしている人である。私がただあの人は非常に親孝行の人であるというだけで尊敬している人である。何でも我々は自分と同じような仲間が居ると嬉しいものである。お前酒を飲んではいかんと言うと、神様はお神酒をあがるというて神様を友達にしなければ安心できん。お前酒飲んではいかん、それでもお父さんが飲んでいると言って自分と同じような手本が無ければ淋しい。けれども世間的肩書の無い手本として御開山が居られる。

摂取不捨の真言が頂けておると、私は罪人だ、悪人だ、愚者だと言っても危みも差し支えもない。御開山が愚禿という肩書を堂々と名乗られるということが、摂取不捨の真言が頂かれておる証拠である。

十年二十年前の話ばかりになるが、三十才にならない頃の話です。浩々洞の人達は何でも「知らぬ」と答えた。「知らぬ」と言うのがよいかのように思っていた一時代があった。こういう病気に取付かれた時代があった。人がものを問うと知らんと言う。あなた学者だがそういうことを知らんか、学んでおる事なら知っておるが習わん事は知らぬ、と答えて問う人はあっけにとられておった。私が清沢先生にお会いして初めての時の名乗りが「知らん」であった。京都尋常中学へ編入で入った三年生の時、英語の時間に、暁烏ここを読めと先生は言われた。私は少しもわからんからして、知らんと言うた。調べて来なかったかと言われたので、調べてもわかりません、と言って坐った。先生はびっくりされた。その日友達の北方君と一緒に今川先生の所へ遊びに行った。すると今川先生は、暁烏、君は徳永〔清沢満之の旧姓〕君の時間に知らんと言ったそうだが、加賀から面白い奴が来たと徳永君が言っていた。知らんから知らんと言うたのだろうが、謝まって言い訳しそうなものだが、偉い顔して知らんと言うたと言ってびっくりしておったぞ、今川先生は仰った。私は偉そうに言うたからには勉強せねばならんと思って、それから二時間か三時間しか寝ないで勉強して皆に追いついた。あとは知らんと言わんでもよかった。それが機縁になって清沢先生は私を非常に可愛がって下さった。昔から「知らざるを知らずとせよ、これ知れるなり」という諺がある。知らんということを名乗れるという者は、一面からいうと自分に何か思い込む所が無ければ言えんのだ。学問をしておっても、自分の専門の得意のものでない限り知らぬ事は沢山あるのです。だから先生でも知らん事は知らんと言えばよいのです。これが言えるということがそのまま摂取不捨のおこころが貰えておるのです。貰えておる一つの証拠なのです。こういう事を言うたら、何でもわからんとさえ言えばよいかという具合に決めるのは困る。わかることはわかる、わからん事はわからんと言えばよい。正直に言えばよい。聖人が愚禿と言われますのは、わからん奴じゃと言われることなんです。そういうように非常に尊い肩書であります。

般若の智、それは仏教で一番大事なことであります。般若波羅蜜、六度万行の中で中心の般若の智というのは、一番大事な仏教の教えである。その真髄を得たのが即ち愚である。愚禿と言われた愚です。愚ということは六度になっておる。般若波羅蜜、こう言っておるその最も勝れた所が愚という自覚です。これは中々容易なことでない。俺は馬鹿だぞとよく味わわにゃならん。そ

れが本当にわかっておると、人の情もわかるし、自分の生活にもあやまりはない。

私に、あんた目が悪いから危い事ですね、と人が言う。私は目が悪いということをはっきりと自分の心に認識させておる時は決して失敗せん、ひどい間違いもしない。が時々目が悪いということを忘れるのです、悪くないつもりでおる。そうすると物に顚いたり、段から落ちたりする。本当は盲は物に顚いて転ばないものです。目の明いた者が見えるつもりでよく転ぶのです。盲は杖をついて用心しておるから転ばんのです。時々目が悪いという事を忘れるから転ぶ。我々は愚かな者だということに始終気が付いておれば間違いはない。しかし知ったかぶりの者はやはり間違いが出来る。又そういうような心で人に向うものだから人の情もわからん。智慧の極は愚である。これは非常に大事な事であります。仏教の教えを受けて、愚を看板にして、それを売物にしておる者もあります。これは賢さと違う。頭が上がらんという者は、愚だから習うという気がある。聖人は、教行証を敬信しと仰る。愚の自覚から来るのであります。愚だということがわかると始終習うて行く、そこに善知識という教えを受けるということは、愚の自覚から来るのであります。愚だということがわかると始終習うて行く、そこに善知識というものが大事になってくる。

中学の一年生であった頃、小林という先生が居られた。念仏の先生だと思った。高等学校の方と兼ねておられた。非常に私を可愛がって下さったが、時には私を強く戒められた。私は人よりものが早くわかる。すぐにわかったから大きな顔をする。それをこの先生は戒めて下さった。君は習わん先に知ったようなことを言うなと言われた。十三の時でまだ小さかった頃のことですが、今でも覚えております。一生の欠点をその時に言って下さったのです。その頃山田という数学の先生が例題を出される。出来た順に先生に出す。先生が点を付けられる。毎日あって皆悩んだ。多田君は負けず嫌いで一番に出そうとした。佐々木君が二番に出して私に三番に出す。けれども数学は私が一寸上手であってそれより早く出す。多田君はあわてる、仕舞には多田君を慌てさせようと思って尚早いた。

く出す、そういうことが本当の生活に出てくる事はよくないのです。だから、あいつきざな奴だと言われた。そういう所がある。今でもそういう癖がある。今ではそういう癖がわかると又出たなあ、いやな所が出たなと思う。何か自分が頭が鋭いということが自慢になるのだ。自慢になるからよい加減に推定しておく、深く考えないという弊害がある。小林という先生が、君はものを早わかりしていかんと言われたが、有難いことであります。

子供のお伽噺に兎と亀の話がある。兎は飛んで行く、亀はのろのろしておる。亀は自己の足の遅さを自覚していた。そして兎より先に目的地に着いた。私達中学校卒業の時、卒業証書を貰うのがいやだと言って学校を抜け、療養中の藤岡了空先生を見舞に姫路迄歩いて行った。多田と佐々木とわしと三人、三十五里を二日で歩いた。私は多田より早く歩く。早く歩きよく休む。多田は自分は足がのろいということを知っているので休まず歩いて早く着いたのです。自分の本当を知り、愚者ということがわかれば勉強出来る。智慧を頂くというが、そうなって初めて頂ける。それがよい加減に自分がわかったと思い早合点しておると、そこに止まってものの底まで見極めることが出来ないようになる。聖人が愚禿と仰せられたそのお心持があったから仏教の底迄見破らねばおかぬという御執心があったのです。聖徳太子は「愚心及び難し」と仰った。そこに精進の姿が味わわれる。愚だというて聞いても駄目だからと寝ておる者がある。これは愚の中に坐るものである。愚の自覚がある時に、どうもこうしては居れないという励みがあるのだ。だから自分は人より頭が悪いと思ったら人が一時間の所を二時間三時間かけて勉強する。そして頭が悪いと思って頭を下げて人の教えを聞く。これは愚者だという自覚のもとに立った生活者である。だから本当に自分は愚者だということがわかったら、いつも自分を導いて下さる知識に離れることは出来ない。こういうところから聖人は聖徳太子をお父様お母様のようにお慕いになる。聖人は一生法然上人の方を向いて泣いておられた。道元禅師のお弟子懐弉《えじょう》禅師は自分の愚ということがよくおわかりになったお方であります。道元禅師が亡くなられたあと、二十七年間、死ぬ迄禅師のお墓のお守りをされた。御在世の時と同じように、御飯を上げ、御灯明を上げてお給仕をせられた。そして越前の山で果てられた。曹洞宗は懐弉禅師の愚の自覚から出来ている。だから本当に『正法眼蔵』を頂いた懐弉禅師は、どこへも行かんで二十七年間師匠のお墓守をして果てられたのです。

法然上人のお弟子は沢山おられたが、上人のお徳の光はどの方の上に光ったかというと、愚禿と名乗られた親鸞聖人の上に最も明らかに光ったのであります。我々は聖人が愚禿と名乗られた宗をおろそかに思わないで、自らの生活を思い、そこに常に愚ということを思ってゆかねばならぬと思うのであります。

(昭和七年三月二十一日夜・明達寺彼岸会)

第二十六講

爰《ここ》に愚禿釈の親鸞、慶ばしき哉や、西蕃・月氏の聖典、東夏・日域の師釈に、遇い難くして今遇うことを得たり。

ここの所を今日は更にお味わいしたいと思います。この一段は、尊い仏の心が聖人の上に至り届いて、その至り届かせられたお心を、聖人の自覚の上にはっきりと現わして下さったのを仰ったものであります。

昨日は愚禿についてお話しました。「摂取不捨の真言、超世希有の正法」、この大きな仏のお心が自分の胸に響き渡った時にどんな自覚が起きるか、俺は愚者だという事である。聖人は愚禿と仰った。その次に釈と仰る。この釈という字は、この辺でも法名を書く時釈の某と書く、それは、お釈迦様の子になるということです。お釈迦様の家に養子に行くのです。養子に行くと姓が変わる、嫁に行っても変わる。釈とはお釈迦様の家柄である。坊さんは得度すると釈という。在家でもお髪剃をする、あれも釈である。死に際の者も釈である。釈という字が付くのは、お釈迦様の家の子になったということである。男なら釈の何某、女なら釈尼なにがし、お釈迦様の眷属になる。だから釈は仏弟子ということである。仏弟子というよりも、もっともっと仏さんに親しいものである。その血筋に入るのです。愚禿と名乗られる聖人は、仏の家柄に入られたのです。仏さんは般若波羅蜜多、智慧の勝れたお方であります。その家に入るなら、仏と同じように智慧の勝れた人でなければならないか……反対である。愚禿釈である。これは面白い、愚者が仏の子になる。

仏さんの広大なお心を頂けば有難いけれども、私は愚者で、浅間しい者で……と言って尻込みをしておる者がある。こういう人の心の底は、仏さんの子になるには、それ相当の値打ちがなければならんと思う心があるのです。家の武雄は、僕はとてもだらだからお父さんの養子になる値打ちが無いといって時々逃げて行った。これもやはり自力根性である。お父さんの子になれんというのは、お父さんは余程偉い者と思っておる。だから僕は養子になれないと言う。それがおかしい。仏さんの子にはだらがなるのだ。ここが面白い所である。愚禿と名乗られる聖人は麗々しく釈と仰る。私は信心を喜んでおる最中によく仏子敏と書いた。或る時になって、どうも私のような者は仏の子というのは勿体ない、不肖な子だ、仏子敏とは書けないなと思ったことがある。これは謙遜な態度のようであるけれども実は傲慢《ごうまん》の骨頂である。武雄がお父さんの養子になる値打ちがないと言う、不相応だと言う、それが傲慢なのだ。私は仏さんの子だと言うと仏さんの真似をせねばならぬ、仏さんのようにならねばいかんと思う。そういう事はこっちで決めるべきでない。仏の方から我が子と仰るのだ。さあこっちへ来いと抱き寄せて下さるのだ。向うで進んで、だらならだらのまま、だらでなければそのまま来いと知り抜いて迎え取ろうというのだ。そうなれば別にはからいは要らないでしょう。

しかるに仏かねてしろしめして、煩悩具足の凡夫とおおせられたることなれば、他力の悲願はかくのごときのわれらがためなりけりと知られて、いよいよたのもしくおぼゆるなり。

こう御開山様は喜んでおられる。酸いも甘いもそこ迄見抜いた上で助けようと誓いましします阿弥陀如来の本願である。だから何も遠慮は要らない、馬鹿なら馬鹿のままでよい。

私は我ままな男で、負けず嫌いである。嫌なれば怒る。頭を下げる事は嫌いだ。自分ながら驚く、が、清沢先生にちっとも背競べをする気はない。先生と比較することもない。先生の弟子としてはふさわん者だと思うのはまだ比較する心があるのです。競べるから、ふさうとかふさわぬとか思う心が出るのです。又は、自分は罪の深い障りの多い愚鈍な者、勤めも出来ない者といって仏のそばに寄らん人もある。これも仏と背競べをしておるのです。やはり傲慢です。私は自分の親にも、親より偉いとか偉くないとか思った事はないです。親はどこ迄も親です。師弟になった、親子に本当になったということはそういう比較がなくなることだ。夫婦の仲でも、兄弟の仲でも、友達もそうだ。俺が偉いと思うのもいけない。俺がつまらぬと思ってもやはりいけない。つまらぬと思うのは卑下、偉いと思うのは憍慢、卑下と憍慢は同じです。下がったり上がったり、てんでまっとうでない。そういう自分の心を思う時、ここに聖人が愚禿と言い、釈と仰ったことが面白い、又尊いことと思う。

是非しらず邪正もわかぬこのみなり
小慈小悲もなけれども
名利に人師をこのむなり

と仰ったその聖人の親の姓は藤原であるから、藤原何某と仰せらるべきであるのに、釈親鸞と仰る。仏さんの子だ。坊さんでないのだ。

爾《しか》れば已《すで》に僧に非ず俗に非ず、是の故に禿《とく》の字を以て姓《しょう》と為す。

と『御伝鈔』にあります。坊さんであるかと思えば坊さんでない。坊さんでないかと思えば俗人もでない。だからただの禿頭である。そんなら仏弟子でないかといえば釈という。真の仏弟子というは在家出家という隔てはない。皆釈だ。聖徳太子は日本仏教の一番根本の方だが、このお方は在家である。在家の仏教を弘められた。又仏教の信者として有名な光明皇后、このお方も在家である。尼さんでない。聖徳太子は在家で仏子である、釈である。光明皇后も在家である、釈である。聖人も僧に非ず俗に非ず、といって禿の字を名乗られ、麗々しく釈と仰る。お釈迦様の子になったと、仏様の子だというのです。私は何かのついでに仏子と書いた、そしたら、自分で仏の子だと名乗るのは余りにも出過ぎでないかと言うた人があった。仏の子だというのに何が出過ぎか、俺は智慧があるということではない。俺は慈悲があるということではない。そういうように智慧があるから、慈悲があるから、仏の心があるからというて比較をして仏子というのでない。仏の方からお前は私の子だと言われる。私らはどこというて寄り場がない、縋り場がない。寄り場も縋り場も一つもないそういう者が、唯一の寄り場、縋り場として仏の本願に寄ると、仏は親でまします。縋らせようと手を出して下さる。本願に縋ったその人には本願は親である。私は子なんである。無論罪が深いが子なんである。障りが多いから親なんです。その味わいを聖人は、善人なおもて往生をとぐ、いわんや悪人をや。善人さえ往生出来る、悪人は尚往生出来る。非常に尊い心です。仏の子だということは、偉い子だということでない。

と仰った。善人なおもて往生をとぐ、いわんや悪人をや。

なかでも悪人である。それならば親子の縁はどこで結ばれたか、頼め助けるという仏のお心があって自然にそこに結ばれる。さあ抱っこしようと言われて飛びついてゆけば抱っこして下さるのだ。それより外何にもない。抱いた親に全てをまかせて喜んでおればよいのだ。さあ来いと手を出された時に、我々はともすると離れていこうとするのです。私の看物は穢いからと抱いて貰うことを遠慮する。それはやはりその人には寄り場がある。利口なんだ。寄り場が無くなり、縋り場が無くなると我が身の姿に目をかけておる暇はなくなるのだ。罪業深重に心をもかけず。偏に弥陀如来の願力に縋る。それが親子の因縁である。仏は一切衆生の真底に見込みはちゃんとつけておられるのです。今罪を造っておろうが、障りを持っておろうが、そういう事は容赦されない。仏さんの方は見込みを見込んで立っておられるのです。とにかく私の傍へ来い、私に向うて来い、と呼びかけられたのです。その仏の声が聞かれる一念、そこが往生の名乗りである。だから釈の名にこだわるということになれば、たとえ本山の御門跡さんにお髪剃を当てて貰っても釈になれるかわからぬ。本願寺の御坊さんに頭叩いてもらっても、おてつぎの御坊さんに棺桶を叩いて貰っても、釈になれるかどうかわからぬ。それよりも平常の信の一念です。平生業成です。その時に釈になるのです。全身罪の者も釈の某に縋るのです。そこに何等の比較はない。怨みごとを言うても、比較心を離れておれば、仏に縋る思いから仏の方に投げ出して全てをまかせるようになると自然のことわりによって、柔和忍辱の心も出て来ます。私の所へ一生懸命慕うて来る人は、いつの間にか私のするようになる。真似ではない、自然に私の思いが乗り移るのだ。

私は清沢先生のお書きになった文字の事を思う時、いつも不思議だなあと思うのです。先生の文字、字体は親鸞聖人の御筆跡とよく似ている。先生は聖人の根本の御精神をはっきりと現わされた方ですが、しかしその御筆跡を真似されたわけではない。しかし中心の心の通うた者は字体はよく似るものだと思う。自然に乗り移るのです。

ドイツのゲーテという文学者の書いた書物に、『親和力』というのがあります。その中に、子供は親に似ると書いてある。その似るというのは、はからずも親しい身内の者に似るとは限らぬ、他人に似ることもある。それでは誰に一番よく似るか、孕んでおる女親がじっと顔を見ておる人に似るという。だからそこのうちの子供は、父親に似ておらぬという顔になる。夫の子でも外の人の顔ばかり見ておると他の人の顔に似る。種が違うても妻が夫の傍に居て夫の顔を見ておると夫のような顔になる。夫の子でも外の人の顔ばかり見ておるというのも自然の采配で、悪いことでも何でもありません。牛に子を産ます時に、牝牛の斑と牡牛の赤とつながすと赤と斑の交った子が出来るかと、それの例としてこういう話があります。

おらん。他人の子かも知れん、種が違っても妻が夫の傍に居て夫の顔を見ておると夫のような顔になる。だから言わば孕んだ女の一番好きな人の顔に似るという、それは自然の采配です。奇麗な人が好きだというのも自然の采配で、悪いことでも何でもありません。

思うと、かけた牛を外へやって毎日黒い牛と一緒に置く、そうすると、黒い牛が出来るという。私はまだ見た事はないが、それを見たという人がある。面白い事であります。我々が仏さんの方へ向うようになって、仏さんの方ばかり見ておると、子供も仏さんの子が出来る。だから女の人は子を孕んだら仏さんの顔ばかり見ておると子供は仏さんになる。だんだん見ておるとその人の顔まで仏さんに似てくるのです。それは真似ようと思っても駄目だが、真似しないで、比較のはからいを捨てて一心であれば自然に移る。だから師匠と弟子と移るなら、夫婦でもだんだん移る。顔が移る。文字も移る。互いに尊敬しておれば移る。が、その反対に交りっ気があって、その人の容貌とか文字ばかり見て、そして自分が自覚的にその人を尊敬しておるかどうかわからんでは決して似ない。奥底から尊敬しておるものであって初めて仏さんに助けられる。仏顔になるというのは別に仏の真似をするのではない。

至心信楽《しんぎょう》己を忘れて仏の身に縋る。それを自覚の上から言うたら愚禿である。そして愚禿のまま釈なんです。有難い身です。はっきりした身になる。特別に釈になるのでない。愚禿のまま釈なんです。釈と名乗ることの根底が愚禿です。賢い者は仏さんにはなれない。聖人は、

賢き思いを具せずして、ただほれぼれと弥陀の御恩の深重なること、つねに思いだしまいらすべし。

と仰っておられるのであります。尊いお言葉です。ただほれぼれと己を忘れて仏を見つめる、そうした心になって弥陀の御恩の深重なることを思うべし、その人に仏さんの心は乗り移る。自分の自覚の上では己は馬鹿者、己はつまらん者であるということに気が付けば、そのまま仏のお弟子である。そこに釈という心がある。聖人が愚禿と名乗られたその次に、直ぐ釈と仰ったお心持の尊さを、ひとしお深く味わわして貰うのであります。

（昭和七年三月二十二日午後・明達寺彼岸会）

第二十七講

昼に続いて話します。

この愚禿ということ、釈ということに就いて段々お話し致しました。次に親鸞というおこころであります。

聖人はものをお書きになりましても、又お話になりましても、肝心の所になると、私がとか、我とかいうお言葉がなくてすぐにそこに自分の名を仰る。

親鸞におきては、ただ念仏して弥陀にたすけられまいらすべしと、よき人のおおせをこうむりて、信ずるほかに別の仔細なきなり。

こういう時も親鸞と仰る。『教行信証』の中にも、

悲しき哉《かな》、愚禿鸞、

と仰ってあるし、『歎異鈔』の中にも、

唯円坊おなじ心にてありけり。

親鸞もこの不審ありつるに、唯円坊おなじ心にてありけり。

とある。悲しみを仰るにも名を名乗り、喜びを述べるにも名を名乗られる。この事を思う時、私は『平家物語』や『源平盛衰記』を読んだ時を思い出す。戦を交える時に、そのうちの主な才量のある人が先に進み出て、我こそは何の何某何代目の子孫、何の何某にて候、遠き者は音にも聞け、近き者は寄っても見よ、と大音声に第一に名乗りを上げる。そうするとまた向うからそれに相手になって出て名乗りを上げる。今のように闇討ではない。名乗りを上げて戦う。非常に責任を持っている。これが鎌倉時代の一つの人心の傾向であったように思います。戦に於いて一人名乗りを上げるということが個人的な一つの思想傾向の現われでありま す。鎌倉時代ほど個人性というものを明らかに表わしておる時代はないと言うても差し支えない。それに対するものは、明治時代だと言うてもよかろう。

親鸞聖人もやはり鎌倉時代のお方であった。武士が戦場に於いて、我こそは何の何某と名乗ったように、聖人は仏の道に於いて「親鸞」と名乗りを上げられた。今この『教行信証』の「総序」を拝見しても、「摂取不捨の真言、超世希有の正法」、この尊い仏の心が自分に貰われ、自分に響いた、そこに愚禿釈という自覚が出た。それをもう一辺おしつめて、愚禿というても連れがある、釈というても連れがある。他に沢山居るが、親鸞といえば宇宙間に只一人だ、仲間が聞くのではないという心持が、この「親鸞」と名乗りを上げさせられるところに現われておるのであります。最も広い如来様のお心を最も狭いこの自分のうちに味わうこころです。最も遠い仏を最も近くに味わうこころです。『歎異鈔』の中に、

弥陀の五劫思惟の願をよくよく案ずれば、ひとえに親鸞一人がためなりけり。

と仰る。五劫兆載永劫の御苦労をよくよく案じてみると、一切衆生のためとあるが、その実はこの親鸞一人のためである。一切衆生が助かるというのは、親鸞の道連れなんである。そういうことであります。

私は毎年、或いは隔年に秋田の湯沢へ行きます。そこの京野利助氏は親の御法事に私を招いてからあと、私が行くたびに親類、友達、女学校の校長、病院長、町の主な人など二十人ばかりを呼んで御馳走します。そういう時に私は思います。私一人を饗応するために、あと何十人という人の分も御馳走するのだなあと。それは私の相伴である。お相伴というのは正客の付合いである。一人で淋しい、連れをこしらえて下さる。そうすると自分の前にある御馳走は私のであるばかりでなく、二十人の御馳走は皆私のである。私は家に居っても毎日飯台で二十人ばかりで食べておるが、あれは皆私の御馳走だと思っておる。我が身一人だ、とはそれである。一人の人、押しつめたら一人、というのが「親鸞」という名乗りである。

「仏教は無我にて候」、こういう時には、全てが我を離れることですが、それだからというて自覚の全然ないのは、それは法体づ

のりである。ただ仏の尊さばかりを口にしておるなら、それは自分に受けた味わいがない。それは法体づのりです。又、愚禿というても、釈というても、連れがあるのでない。三千世界に唯この私一人なのである。だが貰うのは私一人が貰うのでない、私も助かるなら、ほかの者も助かる。道連れがある。愚禿釈はただ一人だが、助かるのは連れがあるのです。聖人はいつも肝心の所で「親鸞」と名乗られる。これが蓮如上人の教えでは「往生は一人一人のしのぎなり」と仰るところである。

親の信心は子供にはない。信心に連れはない。一人一人である。確かに自分一人にお受け出来にゃならん。私もそうだ、あんたもそうだ、それじゃ道徳なのです。それは危い、相談しておるのなら偽者だ、おれの信心はどなたに聞いて貰っても間違いない。この人は間違いないと言われた、これでは本当に助かっていない。そこには確かな所がない。確かなのは私一人である。私一人確かな所に、如来の大きな心が働いて下さる。私一人だけの私でない、如来の心の入り満ち給う私なんである。

ここに「親鸞」と仰るのは、摂取不捨の真言、超世希有の正法の入り満ちた聖人の御自督のお名乗りである。神妙に名乗らせられるというところに、のっぴきならぬところが現われている。だから、誰が間違うても俺は違わない、誰が助からんでも、俺は助かる、非常に確かなものである。自信満々である。だから、罪を被て流刑にされた罪人で、しかも馬鹿である、それが親鸞である、と仰せられることが出来る。

聖人は法然上人のお弟子になられた時に、善信という御名で、もとは綽空《しゃっくう》ともいわれた。親鸞という御名は、天親菩薩の親と、曇鸞大師の鸞である。又、綽空は、道綽禅師の綽で、空は源空上人の空の字である。聖人は、綽空、善信、親鸞と三つの名を御名乗りになったが、七高僧の中で竜樹菩薩だけ抜けておることになる。そこに聖人の歩ませられた道の跡がわかる。天親菩薩は『浄土論』を書かれ、曇鸞大師は『浄土論註』を書かれたお方である。お二人を崇められたことから親鸞と名乗られたことがよく窺われる。聖人は、浄土の教えの伝統として七人をあげられた。竜樹菩薩、天親菩薩、曇鸞大師、道綽禅師、善導大師、源信僧都、源空上人、と。曇鸞大師を慕うことは法然上人から受けられたのです。が、法然上人よりも、曇鸞大師に近いのです。無論、七高僧師資相承なされ、伝統された道をお受けになったのであります。しかしどのお方にもその人その人に御時勢というものがある。時代相が違います。行と信とでいうと、信を表にし、行を裏にして味わわれた方もあれば、行を表にし、信を裏にして味わいなされたお方もあっただろう。七高僧の中でも、天親、曇鸞のお二人は信を表にして、行を裏にしてお味わいなされた。道綽、善導、源空の三人のお方は、信を裏にし、行を表にせられた。聖人はどちらかというと信を主にされた。行の一念、信の一念とある時も、信の一念とされ、信の座と行の座と別れた時も信の座をとられた。この傾向の現われるところが、親鸞と言われたところである。曇鸞大師は自力他力の御判釈をなさいました。本願他力によって助かるということを教えられました。竜樹菩薩の「易行品」にも、信方便の易行と仰る。それで曇鸞大師は、信仏の因縁をもってと『論註』で言われます。『教行信証』の「信の巻」を読んでも、本願の三信と『浄土論』の一心とを一つに結んで、「三信一心」と言われた。第十八願の欲生我国と一つのものだと言われた。この他力の信心というものは、最も大切に仰る。親鸞とは、天親、曇鸞の信心をもととして名乗られた。『高僧和讃』の中でも一番沢山あるのは「曇鸞和讃」である。それだけでも聖人がいかに曇鸞大師を慕うていらせられたかということがわかる。曇鸞大師は天親菩薩の『浄土論』のおこころを和らげられた方です。曇鸞大師を通して天親菩薩をも崇めておいでになる。曇鸞大師が『浄土論註』のまっ最初に竜樹菩薩の「易行品」のおこころをお引きになってあるというところから見ると、曇鸞大師は、竜樹菩薩、天親菩薩を自分のうちに味わっておいでになったということがわかります。ここに「親鸞」と仰る時に、竜樹菩薩の思想が背景にあるのであります。聖人が「親鸞」とお名乗りになられたそのうちに、自分の思想の背景を現わしていらせられるのであります。それを思うても仏のお心は一つであります。一切諸仏、平等施一切である。けれども、もし難行をもって修むれば、それぞれ違い目がある。一人一人に違い目がある。そこに縁不縁ということがある。だから、誰に聴聞しても一つの御法だと言うて、色んな人に聞いておる間はまだ本当の信心が貰えんのだ。本当の信心が貰えるようになると、誰に聴聞しても一つということはない、師匠は唯一人である。

妙なもんで、私は西洋人の顔を見ると皆同じ顔のように見える。皆さんも蛙の顔はどれも皆同じように見えるだろう。蚕は皆同じように見えるがあれも一つ一つ違うのでしょう。自分と縁の遠いものは差別がわからん。近くなるとわかるのです。仏のおいわれをざっぱに聞いておる時はどれもこれも同じように聞こえる。しかし、ぎりぎりの所まで接触して聴聞してゆくとそこに本当に自分の胸に響く響きはそう多くはない。聖人は最後にどの方の教えが響いたか、曇鸞大師の御教えである。では、親鸞と名乗られた時には、法然上人は要らんようになったかというに、そうでない、

親鸞におきては、ただ念仏して弥陀にたすけられまいらすべしと、よき人のおおせをこうむりて、信ずるほかに別の仔細なきなり。

やはり法然上人のわたらせられた道を、自分も参ろうと言われる。聖人は二十九才の時に法然上人の教えによって本願他力の御法をお聞きになったという御恩を忘れられません。そして段々自分の信心の道が進んでゆく時に、自分の個性の上にしっくりと合う所を、曇鸞大師の『論註』の上にはっきりせられた。その時に親鸞というお名前が出たのであります。しかしそのお名前が出たからというて、法然上人から離れられたのではない、又善導大師が要らぬようになったのではない。益々それを通じて又深いお味わいが出てくる。だから真実に触れて行く人は、いつも真実の接触があります。昔は近しかったが今はどうでもよい、そういうことにはならんのです。今の動きは曇鸞大師にあるが、その動きはいつも法然上人に動いておられる。一辺あなたにお世話になったが今はどうでもよい、そういうのではありません。どこまでも忘れぬということが『教行信証』を頂いて、親鸞と名乗らせられた所

以を知ります。

『教行信証』のあとの「後序」を見ても、法然上人のことを思って、ほろほろと泣きながらこのことを書く、と仰っておられるぐらいである。だから決して師匠をお忘れになったということはないのであります。師匠の御恩のもとに自分に段々と慶びが進んで行くうちに、ここに曇鸞大師の思召しをしっくりとお味わいになることが出来、親鸞というお名前でもって名乗りをせられたのであります。

（昭和七年三月二十二日夜・明達寺彼岸会）

第二十八講

「爰《ここ》に愚禿釈の親鸞」、ここまで話をしました。次に「慶ばしき哉」、この前の段に、「誠なる哉」というお言葉がありました。これに対して、「慶ばしき哉」というお言葉が出て来たのです。「摂取不捨の真言、超世希有の正法」に対して「愚禿釈の親鸞」というお言葉が現われ、「誠なる哉」というのに対して、「慶ばしき哉」というお言葉が出て来ておる。誠なる哉という時には、如来の大きなお心に関して感じておられるところである。慶ばしきかなという時には、その誠に触れて自分に起こってきた感情を現わされるのであります。

『教行信証』の中に、

　悲しき哉、愚禿鸞、愛欲の広海に沈没し、名利の大山に迷惑して、定聚之数《じょうじゅのかず》に入ることを喜ばず、真証之証《しんしょうのしょう》に近《ちか》づくことを快《たのし》まず。恥づ可《べ》し、傷《いた》む可《べ》し矣《い》。

とある。この時も、悲しき哉とある。ここには慶ばしき哉とある。仏の真実が自分に至り届いて下さった、そうして自分に信心が頂かれた。そこに湧いてくる心持が慶ばしき哉という言葉になって現われるのであります。成就の文にも、信心歓喜とあります。『正信偈』には獲信見敬大慶喜とある。慶びが出てくる。では何を喜ばれるか、何を見て喜んでおられるか、何か顔の相がにこにこしておられる。私は嬉しい、何が嬉しいのですか。ここをお尋ねすると次の言葉が出てくる。

　西蕃・月氏の聖典、東夏・日域の師釈に、遇い難くして今遇うことを得たり。聞き難くして已《すで》に聞くことを得たり。

「西蕃」とは西の方の国の野蕃人ということ。聖人は支那の人の使うておる言葉をそのままに何気なしにお使いになっておられる所も時々あるようです。例えば『高僧和讃』の中に、法然上人を御讃嘆なさる下に「粟散片州《そくさんへんしゅ》に誕生して」と仰る。日本の国の事を粟散片州と、粟のように散らばっておる片端の国に生まれたと、あれは支那の人が日本の事を言っておる言葉です。それを何気なしに聖人が依用しておられるのであります。ここで西蕃とあるのは、支那人はインドの事を西蕃と言ったのです。支那の西の方にあるからです。本当はインドは支那の西の方にあるというより、南にあるというてもよいのです。インドはヒマラヤを超えて南にある。けれども支那人にはインドは西になっている。インドの人が支那に渡って来たのは、多くはヒマラヤを越えて来たのではなく、ずっとヒマラヤの西の方から西域地方に出てアフガニスタン、ペルシャあたりへ出て、チベットを通って支那に入った。例えば玄奘三蔵がお経をインドへ貰いに行かれた時は、そういう進路をお通りになった。それからインドから支那へ仏教を伝えた人に達磨という人があります。この人は多分南方から来た人であろう。インドから東の方へ出て、ビルマ、安南あたりを横切って海南へ出て、香港あたりから船で今のアモイ辺に漂着した人らしい、しかし多くの人は西の方から来た。遼陽或は南京あたりの方の支那人は、インドその他西方諸国の事を西域とか西蕃と言った。支那人は自分の国を文明の国と言い、他の国を夷とか蕃族と言った。同様に日本の事を東の夷と言うた。聖人はそういうように支那人が日本人等を軽蔑して言っている言葉を何の気使いもなく使うておいでになる。で、西蕃はインド、月氏は西方にある一つの国である。西蕃・月氏の聖典とは、インドのお釈迦様の教え、お経の事であります。

「東夏・日域の師釈」、東夏は支那、日域は日本、インドの事を西蕃というに対して支那の事を東夏というてある。支那人は自国の事を中華という。自分の国は世界の真ン中というつもりである。

師釈とは、師匠の釈ということ、仏教では経・論・釈ということを言います。お釈迦様のお説きになったものを書いたものは経、スットラという。それが、竜樹菩薩、天親菩薩というような菩薩の書かれたものは論という。それが支那へ来て、支那の高僧方の書かれたものは師釈という。釈は説くということです。ここに「西蕃・月氏の聖典」と書いてあるのは、インドの仏様のお経や、菩薩の論を指したのです。「東夏・日域の師釈」というと支那・日本の祖師方のお書きになった書物であります。

「遇い難くして今遇うことを得たり。聞き難くして已《すで》に聞くことを得たり」。中々この経・論・釈のおこころに遇うことがむつかしい、遇いがたいということは先の所でしばしば仰ってある。

噫、弘誓の強縁は多生にも値い叵《かた》く、真実の浄信は億劫にも獲叵《かた》し。

先に遇い難いと仰る所には、本願が得難いということと、信心が得難いということと二つある。ところがここでは、本願の信を説かれてある。教えに遇うことはむずかしい、それに今私は遇うことを得た。ここではすっきりしましたと言われる。ここに遇うことと、聞くことと二つに分けてあります。けれどもほとんど同じ意味です。「本願力にあいぬれば　むなしくすぐるひとぞなき」と仰る時には、本願に遇うたということは、仏さんの注文が聞かれたことなんです。遇うた時と聞いた時と一緒なんです。普通にあの人に遇うた、あの人に話を聞いたという場合、遇うたということは目で見たということ、聞いたというのも耳で単に聞いただけの事なんです。二つに分かれていますが、この遇うということはただ遇うのでない、聞くというのもただ聞くのでない、本当に遇うたのです。心の底で遇うたのです。皆さんでも私に遇うたというても実際に遇わん人も居るでしょう。人に遇うということは、しっくりと心が融け合うことです。本願力に遇いぬれば、と仰る時には、しっくりとそれが自分に触れた時であります。お経に遇い難いという、しかし今日のように出版物が容易に手に入るようになると、経・論・釈に遇うことは難しいことではない。ここの寺の土蔵へ行くと、経・論・釈を集めた一切経が幾種類もある。大蔵経の出版物もある。パーリー語のものもあれば英語のものもある。だからそういうものに遇おうと思えば遇えるわけである。いつでも見られる。しかし、この経・論・釈の中に書いてあるその内容、その真実の心に遇うということは中々容易でない。そういう点からいうと、我が親でも子でも、自分の連れ合いでも本当に遇うということは難かしい事なんです。毎日一緒に居っても遇わん事がある、顔を見て居っても遇わんのです。

聖人がここに、「遇い難くして今遇うことを得たり」、と仰るのは、中心の心に触れさせて貰うたということであります。「聞き難くして已《すで》に聞くことを得たり」、と仰るのは、これも唯おおように聞くのでないのです。胸の中に聞くのです。本当に聞かれたのです。聞くというのは本当にそれを自分の心に体認してその通りになる。行くなと言われたら行かぬ、酒を飲むなと言われれば本当に飲まぬようになるのでなければ聞いたのでない。朝寝するなと言われれば、本当に朝寝をしないようになるのである。聖人は、聞き難くして已《すで》に聞くことを得たり、と――。何を聞いたか、摂取不捨の真言を聞いた。聞くとあるのは、真言とある言葉にかかるのであります。遇うということは正法とある言葉に当てて頂くとよくわかる。

私は、御開山がいつも、聞き難いとか、遇い難いとか、信じ難いとか言われるお言葉をみると御尤と思う。これは、骨折らない人の言えることではない。その道に骨折らんでおる人にはこういう言葉は出て来ないです。聖人は若い時から道を求められた。河内の磯長御廟に参籠し、或は夢殿に参籠し、根本中堂に願懸し、最後に六角堂に百日の祈願を込め、そして吉水で本願他力の教えを聞かれた。二十年間の御心労の結果であって、夜の目も休まずに心労せられた事もある。中々容易でなかったのです。

清沢先生は常に仰った。信心はそうた易く得られるものでない。あまり容易に信じてはならんと言われた。お経に極難信と書いてある。そう早く得られるものではありません。根本をくくって言えば、助からぬ者が助かるのは、助けにゃおかぬとの定かな誓願力のお働きによるのである。だから頼むの一念で助かる。そこを我々がわかると、それを本当に自分のものとして頂くことは難かしいのではないのだ。わからぬとか、難かしいとかという。ところがその難かしいということは今に成就するのだ。誓願力によってなし遂げられるのだ。それだから慶ばしき哉という言葉が出てくる。骨折らんで得られたなら、この慶ばしき哉という言葉は出て来ない。骨折って出て来たればこそ嬉しい。骨折らないで出来たものはあまり嬉しいことではない。中々遇うことは出来ぬ。中々聞くことは出来ぬ。が、今自分のものにすることが出来た。もう一つ適切に言うたら、今迄は西蕃・月氏の聖典は西蕃・月氏の国に在った。東夏・日域の師釈は東夏・日域に在った。が、西蕃・月氏の聖典も、東夏・日域の師釈も、今自分の心の中に在る。自分の心にはっきりすることが出来た。それを今聞き難くして聞くことを得たり、と仰る。こんな嬉しいことはないと。

だがお経蔵はどこに在るか、自分に頂いた信心がお経蔵である。こんな嬉しいことはないと喜んでおられます。愚かな禿げ頭の仏弟子になった親鸞が喜んでおると仰る。子になって喜ぶ、そして声高らかに、「慶ばしき哉や、西蕃・月氏の聖典、東夏・日域の師釈に、遇い難くして今遇うことを得たり。聞き難くして已に聞くことを得たり」と仰っておられる。うらやましいお言葉である。我々はどうかこの聖人のお言葉を聞いて、先ずその喜びを得る前に、その骨折りの道をよく歩まして貰って、そして聖人と共にこの喜びを高らかに唱え上げられるようになりたいものであります。

（昭和七年三月二十三日・明達寺彼岸会）

第二十九講

真宗の教・行・証を敬信して、特に如来の恩徳の深きことを知んぬ。

この「真宗」という言葉は、既に善導大師がしばしばお使いになった言葉であります。初めは真実の宗という意味であったので、今日ではこの真宗ということは、一つの形を成した団体のようになっております。

宗はむね。むねはいつも言うように、人間の一番大事なもののある所であります。肺臓もあるし、心臓もある。血の通うておる、息の通うておる者にとっては命のもとであります。それがこのむねであります。全ての命の流れ出るもと、それがむねであります。

人間の中心を宗という。宗ということは、人生の根本の価値ということになる。一番大切なものです。しかし、真が即ち宗であり、この真という字を付ける。真実の宗……真宗、こういうと真と宗の兼用になるように聞こえます。その一番大切なもの

に、この真という字を付ける。真実の宗……真宗、こういうと真と宗の兼用になるように聞こえます。その一番大切なものが、真が宗の依所在というのでなくて、真が即ち宗である。まことを宗とすると申されたまことが宗である。真というものが全ての生物の命の本源であるというところから、真を宗とする。

一寸難かしくなるけれども、真が宗の依所在というのでなくて、真が即ち宗である。まことを宗とすると申されたまことが宗である。真というものが全ての生物の命の本源であるというところから、真を宗とする。

一番根本になるのがこの真で、真というものが全ての生物の命の本源であるというところから、真を宗とする。真実というのは、『涅槃経』に、

実諦は一道清浄にして二あること無きなり。

真実と言うは即ちこれ如来なり、如来とは即ちこれ真実なり。真実とは即ちこれ仏性なり、仏性は即ちこれ真実なり。

とあります。この「総序」の中にも真という字がよく使われてあります。「凡小修し易き真教」「真実の浄信」「摂取不捨の真言」というようにしばしば使われてあります。これ程までに真という事を尊んでおいでになります。我々は何によって生きるかというと、この真によって生かされておるのであります。「教行信証」というのをつづめて言えば、真宗の教、と言うてよい。凡夫

真実と言うは即ちこれ如来なり、如来とは即ちこれ真実なり。真実とは即ちこれ虚空なり、虚空は即ちこれ真実なり。真実

とは即ちこれ仏性なり、仏性は即ちこれ真実なり。

聖人はこの真という字を大変尊まれたお方である。真実というのは、『涅槃経』に、

弥陀も釈迦も全てがこの根本の真の相であります。「教行信証」というのをつづめて言えば、真宗の教、と言うてよい。凡

なる。弥陀も釈迦も全てがこの根本の真の相であります。

阿弥陀如来ともなる。釈迦仏とも

なる。弥陀も釈迦も全てがこの根本の真の相であります。真は色々の形を現わし、阿弥陀如来ともなる。釈迦仏とも

小修し易き真教というお言葉の真教というのは何か、真実の行、真実の証ということになる。

「謹んで浄土真宗を按ずるに、二種の廻向有り。一には往相、二には還相なり」ということを書き出しておいでになるが、その教を仰る時にも、真実の教、行を仰る時も、真実の信、証を仰るにも真実の証、全て真実である。真の教、真の行、真の信、真の証。真から教行信証の四法が流れ出てくる。その「真宗の教・行・証を敬信し」とある。教と行と証に従って敬い信ずる。一寸話がむずかしくなるが、ここに信とあるのは能信である。能信に対して所信というものは、信ぜられるものでなくて、信ずるのです。教・行・証を敬信するという敬は信の形容である。信の一つの姿であります。信を敬うのである。聖徳太子の『十七条憲法』の第二条に、

篤く三宝を敬え。三宝とは仏・法・僧なり。則ち四生之終帰《よつのうまれのついのよりどころ》・万国之極宗《よろずのくにのきわめのむね》なり。

と仰ってある。この終帰《ついのよりどころ》という時に帰命の帰の字が書いてあるし、第二条の終りに、

それ三宝に帰《たよ》りまつらずば、何を以てか枉《まが》れるを直《なお》さん。

とある。そのたよりという字もやはり帰の字である。帰するというのは依るのです。この帰の字が信心を現わす言葉である。たよる、或いはたのむである。このたのむ、帰の字を現わす時に、仏法僧の三宝を敬えと仰る。信は敬という姿をもっておる。敬ということと、たのみ信ずるということと、一つの心持だということを太子が味おうておいでになったということがわかります。

同様に、敬信と聖人が仰ったのは、教は即ち信である。又これが帰命の帰の字、たのむの信である。それでは何を敬い信ずるか、第一は教えであります。教えというものを敬う。道を行く者の先ず第一に大切にせねばならぬのは教えであります。教えをおろそかに思ってはならぬのであります。次に何を信ずるか、教えを信ずるのです、教えというものは単なる空虚な言葉だけだろうか、教えの内容になっておるのが行である。この行は阿弥陀如来の因位の修行です。本願を建て、本願成就のために永劫の修行をなされた、それが行です。聖人の『教行信証』をよく見ますと、

大行とは則ち無礙光如来の名《みな》を称するなり。

と仰ってある。阿弥陀さんの御名を称える、これが行であります。

そこで行に就いては、能行或は所行という名目があります。名を称えることが能行である。称えられる御名号が所行である。我々が阿弥陀如来の御名を南無阿弥陀仏と称えるのは大行だ。無礙光如来の御名を称えるのも大行である。仏の名を称えるのは何で大行であるか、無礙光如来の御名はどうして出たかというと、因位の本願と修行とが凝り固まって、それが成就して南無阿弥陀仏となられた。だから、尽十方無礙光如来を南無阿弥陀仏という。かくいう名は唯出たのでない。お釈迦様の願行の凝り固まりである。願行成就して南無阿弥陀仏とならせられた。その願行が我々の身に頂かれて、南無阿弥陀仏が、我々の口から真実の真心が溢

れ出てくる時に、南無阿弥陀仏と称えるうちに、阿弥陀如来の五劫の思惟も、永劫の修行も成就させられるのであります。だから阿弥陀如来に於きましては、行は永劫の修行であります。衆生と共に南無阿弥陀仏と称えることが行であり、我々の行も南無阿弥陀仏と称えることである。これが真実の行である。言わば行というのは、行うということで、我々の実践です。教の内容は何か、称名であり、念仏であります。ところがその果報について言えば、仏さんの果報です。証というのは仏の証りである。行は称えるかというと、我々の実践の根本は、如来様の御名を称えることだというその行を教えるのです。証は仏の証りであり、念仏であります。ところがその果報について言えば、仏さんの果報です。証というのは仏の証りである。称える衆生の側から言えば行である、称えられる南無阿弥陀仏は証りであ仏の証りの凝り固まりは南無阿弥陀仏であります。そこで行と証というのは教えの内容です。その教を何によって教えられるかというと念仏る。如来の証りが又衆生の証りになる。そこで行と証というのは教えの内容です。その教を何によって教えられるかというと念仏に於いて教えられる。又教は何によって教えられるかというと、仏果涅槃に於いて教えられる。その教を敬信する。念仏を尊み、又仏のお証りを尊む、これが「教・行・証を敬信して」と仰った意味なのであります。

一番最初に、『顕浄土真実教行証文類』とある。顕は信を現わすということを前に言っておきました。その信が今ここでわかるのであります。浄土真実の信を顕わす。その顕わすものをここに教行証を信ずる、とある。顕というとの敬信です。

聖人は序の終りに、「教・行・証を敬信して」と仰っている。これは、『顕浄土真実教行証文類』の題号の講釈になるのです。大体書物の序文というものは、書物の全体の意味を概括して述べるものです。題目の意をやや和らげたのが序文のこころを最もつまびらかに書いたのが本文であります。題号は『顕浄土真実教行証文類』、その真実というのを今ここには真宗と書いてある。そして教行証を顕わす、という代りに、ここに敬信すとあります。この言葉と、この題号を照応してみると、聖人の思召しがよくわかるのであります。

「窃に以みれば、難思の弘誓は難度の海を度する大船、無礙の光明は無明の闇を破する慧日なり。」と書き出されてからここまで味わって来ましたが、それはこの「真宗の教・行・証を敬信して」という気持を皆にわかって貰いたいばかりなんであります。

顕はそこを顕わすということです。敬信し、うやうやしく頂くとは表裏しております。ここに聖人の思召しが窺われるのであります。

文類は、教行証ということを書いてゆかれる御文を集めたもの。真実の教も行も証も自分の身の上に顕わして行くことが信である。日本の神代の記録を見ると、この顕とか或は現とかいうことに対して、幽という言葉を以って表わしてあります。幽というのは、隠れるということであります。顕は明らかな形を成している。教行証を顕わすというのは、教行証が我が上に形を成して顕わして来るのをいうのです。それが信心であります。我々が信ずるということは、仏のお心が自分の上に顕われ、その教の内容となる行が我が上に顕われ、証が我が上に顕われてくる。所信が我が上に顕われてゆかれる御文を集めたもの。

に顕われてくるのが能信であります。そこに廻向ということがある。「如来已《すで》に発願して衆生の行を廻施したまう之心なり」、と信心を講釈してあります。我々の信心というものは、仏の教えが乗り移るのです。仏の行が、或いは仏の証《さと》りが我が方に乗り移ってくるのです。「衆生行ずると雖《いえど》も自分の行を行ずるにあらず、如来の行を行ずるなり」、この頂きものの信から現われて来るのが教行証であります。教行証は如来の信が我々の機に顕われたのです。仏の教行証が我々の機に顕われた時に、我が上に教が顕われ、行が顕われ、又証《さと》りが顕われる。仏の教行証が我が機に、我々の方に顕われ給う一面を、敬い信ずると言われておるのであります。ここに顕と教と行と証を顕わして下さるのであります。

（昭和七年三月二十三日・明達寺彼岸会）

第三十講

今年は正月二日から『教行信証』の「総序」をお味わいさせて貰ってきました。段々お話をして、もう今日の晩で一通り御教えを受けることが出来ることになります。昨晩は「真宗の教・行・証を敬信して」という所でありました。今日は「特《こと》に如来の恩徳の深きことを知んぬ」という所であります。

蓮如上人の『御文』を頂きますと、仏恩報謝のためには称名念仏すべきものなり、ということをしばしば繰り返えして教えて下さってあります。真実の行者の生活は、報謝の生活であるというように味わっておる人は、それだけ信心の上に御恩報謝の思いが篤いのであります。お釈迦様は常に報謝の日暮しを教えられます。人間が人間として最も尊い心は、恩を知るということであると仰ったことがしばしばあります。これは人の本性として、人に世話になれば、その世話を返すという心があります。ただ貰いは出来んという心は常であります。こういうように、いつの間にやら物々交換というようになった。それに金というものが出来て、その仲介をするというようなことになったのであります。物を売買するということが元々は報恩謝徳という心が、人生生活に現われたことなんです。お米を貰った御恩報謝にお金を上げる。又、お金を貰った御恩報謝にお米を上げる。だから物を買うということは物を貰うたお礼にお金を上げるということになる。物を売るということもお金を貰うたお礼に物を上げるということである。常に報謝の思いであります。ここには「如来の恩徳の深きことを知んぬ」とあります。仏様から我々は何を貰うたか、これが一番の大切なことです。

明治四十四年に本願寺で御開山の六百五十回忌の御法事が勤まった。その前の年から諸国に御門跡が出張せられて、御法事のお待受け準備をせられた。一番最初に金沢に駐在事務所が出来た。その頃私は東京に居ったが、御法主始め、事務所の人達から帰れといって来た。殊に事務所長の大谷瑩城師、この方が手紙をよこされて、御用がある、手伝いして貰いたい、しばらく国に帰れと言われた。当時私は或る仕事にはまり込んでやっておったのですが、御開山の御法事を賑かに勤める御仕事のお手伝いなのだから帰って来たのです。御門跡が巡錫して来られるということが伝えられると、陰口をいっている坊主もあって、うたてや、銭を貰いに来た、と言ったりした。すると私は腹が立った。本山が六百五十回の法事をやるから坊主に金を出せという、坊主のどこに金があるだろうか、門徒に貰って暮しているのに本山へ出す金など無い、というから私は、そういう事を言うなら、吊鐘でも売って上げることじゃ。妻や子供が着物を買ってくれと言うたら、買ってやる金があるだろう、そういう金を上げることじゃ。御開山の御恩を知っておるなら物を売って上げるべきだ、と言うたら皆が怒った。その怒りが私の異安心呼ばわりの方へ廻ってきた。

又こういう事を言うていた者も居た、自分は御開山の御恩になど預かっておらぬ、学校の先生をして月給貰って口すぎしておるし、門徒に銭は貰わぬ、と。我々の食物から着物、皆如来様のお与えでないか、それを愚図々々言うとは一体どうした事かと申しましたら、私らは仏さんから何も貰わぬ、何か貰ってはじめて御恩を思ってお礼をするが、貰わにゃ御礼は出来ぬ、と。又、如来さんの御恩が喜ばれんで困ると言うた。御恩を喜ぶということは貰った上の事である。如来様から信心を頂いた、そこに初めて真に御恩報謝が出来るのである。

或る人が言った、御坊さんはうまいもんだ、何時も只貰いだ、私らお寺に物持って行くけれどお寺から物を貰った事がない、と。あなた方お寺から貰うた事はないですか。ここのお寺から時々本を貰う。それだけか。形が無ければ貰うた事に思わんか。本なら二十銭か三十銭で出来たものだ、あれだけ話を聞いて法は頂かないのか。

或る村へ講話に行ってお布施を貰うた。有難うと言うて袂に入れたら、あんたお布施落すな、落すと空戻りになるぞと言うた。それを聞いて私は情けのうなった。私がお布施を貰いに来たのなら、落せば空戻りになりましょう。その人は私の話を聞いても実は法を頂いては居らんのだ。信心の話を聞くどころか、お布施をやると思っておるのだ。実際法を貰うというような人は少ないものです。ご馳走を貰えばお礼を言うが、法を頂いてお礼を言う人は少ない。そういう人は稀にあるけれどもやはり普通の人が有難うというのは品物の事である。無論品物というものは心の現われだから結構なものです。品物がつまらんというのではないが、法の尊さ、これが本当に貰えておるならば、何をさておいてもお礼を言わねばならない。よく考えたら私達は色々の品物を貰っておっても、その値打を知らんのだ。又それを本当に用いる事を知らんのだ。仏の教えはそのものの尊さを教えて下さる。それを用いる事を教えて下さる。用いる事を教えられたら、品物以上のものを貰う事になるのです。法を聴聞しても、直ちに腹がふくれたり、肉が肥えたりするということはありません。が、もっと根本に行くと、どんな慈養のあるものを食うよりも肉がふえる。どんな物を貰うよりも身上がよくなる。御坊さんにお布施を上げる時にこれでよいと思って上げるか、これで足らぬと思って上げるか、どうです。御坊さんはよいものだ、三十分か一時間お経を上げれば、我々の三日分か四日分のお布施を貰う、中々うまいものだと思っているような事でしょう。私は本当に法を聞かして貰う時にはどれだけお上げしても足らぬように思います。先頃法隆寺にお参りした時、佐伯管長に聖徳太子の事を聞かして頂いた。一緒にお参りした人達が皆でお礼をすると言うたので、ではこれだけ上げようと言ったら、それは余計だといった人があった。私は余計とは思わなかった。「法の値打は無限です。もっとお上げ致したいたが集まっただけです。「有難うございました」と言って上げて来た。本当に自分に御利益を受けた法の値打は金では買えない。だからどれだけお上げしても少ないのだ。法にはこれだけという値はないのだ。或る人が、あなたにお礼をどれだけすればよいのかと言うたから、御利益を得なかったらただただ、御利益を得たのなら千万円でも億万円でも沢山とは思わぬはずだと言うたことです。その人の受けた御利益から言えば、御開山が「身を粉にしても報ずべし」「ほねをくだきても謝すべし」と仰った通りなんです。そうすれば、沢山頂いたものは永遠の命を頂いたのだからいくらお礼を出してもいいはずです。本当に御利益を受けたらお礼が出来る。仏さんが下さるものは何か。あのお寺は野菜を持って行ったら手拭を呉れるとかいうが、もっと大切なものを貰っているのではないでしょうか。それを貰わんで行ってしまうのではないでしょうか。我々は如来の真実を教えて貰うのです。その貰い物は形は無いが、どれだけとも値打の知れ程広大なものです。形のあるものは人に分けてやればなくなる。時々我らは珍しい物を貰うと人に分けてやりたいが、分ければ無くなる。先頃アメリカからうまい蜜柑を沢山送って来たが、皆に分けたらすぐなくなった。私の口にはろくに入らなかった。そういうように形のあるものは分けると減る。ところが、お聖教を読んで尊い御教えを受ける。そうすると自分は本当に人のためになることが出来ていない。そういう点からは沢山の人に分ければ分ける程こっちの味わいが深くなる。その喜びは分ければ分ける程余計になる。私のもっと又よく聞いて下さったとお礼が言われる。その点からいえば、お布施を貰わんでもお礼を話を聞いてお礼を言われる時、こっちもどれだけ法を受けておるかがわかるのです。そして自分は本当に人のためになることが出来ていないなは沢山の人に分ければ分ける程こっちの味わいが深くなる。しかしこう言うても心配しなさんな、無いものは出せない。しかしお布施を頂人が聞いておると、法をどれだけ貰えんなあと思う。向うが受けてくれない事を残念だと思うと同時に、自分らの至らない事を恥じ入る。如来の恩徳の深きことを知り、聖人は「身を粉にしても言われんでも、こっちが聞いてそれだけで結構なんです。けれどもこっちがいくら沢山の人に分けてやりたい。それといて開いてみて、その人がどれだけ法を受けておるかがわかるのです。けれどもこっちがいくら沢山の人に分けてやりたい。それということを思うのです。向うが受けてくれない事を残念だと思うと同時に、自分らの至らない事を恥じ入る。如来の恩徳の深きことを知り、聖人は「身を粉にしてもこの法の尊さはどれだけ言ってもすっかり申し尽せぬものであります。そのおこころが「特に如来の恩徳の深きことを知んぬ」であります。何で如来の恩徳の深いことが知られ報ずべし」と仰った。そのおこころが「特に如来の恩徳の深きことを知んぬ」であります。何で如来の恩徳の深いことが知られるか。真宗の教・行・証を敬信する教えを頂いて信じさせて貰ったからこの御恩がわかる。ただわからんのだ、信ぜにゃわからんの頂いたお布施を開いてみることは一つの勤めだと思います。そこに仏の真実の動いてゆく相がわかるのであります。如来の恩徳の深きことを知り、聖人は「身を粉にしてもだ。信ずるということは、自分が仏の跡取りになるのだ。釈と名乗るのである。

仏智不思議の誓願を

聖徳皇のめぐみにて

正定聚に帰入して

補処の弥勒のごとくなり

と御開山が、聖徳太子の御恩をお喜びになった。太子のお蔭で正定聚に帰入して補処の弥勒の如くなった。正定聚の菩薩になっ

た。仏様の跡取りにさせてもらうと。真宗の教・行・証を敬信してということは、如来の御本願に触れ合うことなんです。が、こ

の場合皆と一緒にではない、自分一人なんだ。

と御開山が、聖徳太子の御恩をお喜びになった。真宗の教・行・証を敬信して。

弥陀の五劫思惟の願をよくよく案ずれば、ひとえに親鸞一人がためなりけり。

ということが味わわれるものだから、ここに如来の恩徳の深きことを知んぬと申された如く、深い御恩があるのです。

恩徳の徳はやはり所得の得です、貰ったことだ。貰った恩の深いことを知る。貰ったのだ、如来さんから、聖徳太子様から貰わ

れたのだ。聖人が、「真宗の教・行・証を敬信して」と仰るのは、この信心を貰ったと仰るのであります。我々に御恩報謝が出来

る出来ぬということは、信心を貰われたか貰われんかということが大事な門である。真に如来の恩徳の深いことがわかるのは、自分

に如来さんのお心が貰われた上の事である。真宗の教行証を敬信した人にして初めてこの如来の恩徳の深いことがわかるのであ

ります。だから信心を頂くということは、難信であると申されているのであります。この如来様のお心を受け容れぬ奴が受けれる

ようになる。助からぬ者が、助かるようになる。真っ暗な者が明らかになる。昨日迄真暗な方面を向いて暮しておった者が、教え

によって心の目が開かれる。いそいそと勇んで日暮しが出来るようになれば、どんな品物を貰うよりも、もっと広大な物を貰って

おるのです。だから物を貰わねばお礼を言えんのではない。御恩が喜ばれる喜ばれんという事はない。先ず真実に自分の心の助か

る道をよく聞かして貰って、明らかな世界に出さして貰うということが大事であります。そこへ出さして貰ったのは広大な御恩を

受けた、この御恩の万分の一なりとも報ぜにゃおれんということになって、己を忘れて南無阿弥陀仏と自然にお念仏が出て下さる

のであります。それを報恩謝徳の念仏と申すのであります。それも、念仏を沢山称えたら極楽へ行けるというのではありません。

念仏と極楽と交換するような気になって余計称えればよい、少なく称えればよくない、このように考え、余計称えて極楽へ行った

ような気になっておる者があります。御開山は念仏を称えてその駄賃に極楽に行くと仰るのではありません。仏様の、そのまま来

い、と仰る大きなお心が頂かれた喜びのあまり、身を粉にしても骨を砕きても報じ尽くすことは出来ぬと仰る。己を忘れて南無阿

弥陀仏と恋い慕われるのであります。そのお念仏を称える、それを大行だと仰ってあるのであります。

（昭和七年三月二十四日午後・明達寺彼岸会）

教行信証総序講話

第三十一講

斯《ここ》を以《もっ》て聞《き》く所《ところ》を慶《よろこ》び、獲《う》る所《ところ》を嘆《たん》ずるなり矣《い》。

聖人は『教行証文類』を、書き終らせられて最後にこの序文をお書きになったもののように窺われるのであります。そしてこの事を書いておいでになる時に、胸の中に躍り上がるような喜びを感じておいでになったということが窺われるのであります。

『教行信証』の一番終りの方には、「後序」と申しまして、「化身土の巻」にそれが附属せられておるのでありますが、その「後序」には、深く師匠の法然上人をお偲びなされております。まだ三十二、三才の頃に、法然上人のお傍においでになって、『選択集』の書写を許された事やら、御影を写さして頂かれたことなどを思い出して、泣きながらこれを書いておると、その「後序」の中にお書きになっておるのであります。この「前序」(序文)には、喜び勇んでおられることが記されてあります。私は、この両面が中心に於いて一致しておることと思うのであります。この喜びが躍っておるからこそ、この喜びを与えて下さった師匠を思って、ほれぼれと泣いておられる。師匠に対して、どうしてそんなに追慕の思いが深いかというと、この尊い喜びは、ただやおろそかに得られたのでない。この御親切な師匠のお蔭があればこそである。その喜びが篤いからこそ、師匠を思われる念が深いのであります。ここに「聞く所を慶び、獲る所を嘆ずるなり矣」とあります。躍り上がるような慶びをもってこの序文を終らせられる聖人のお幸せを思うのであります。聞く所を慶ぶ、何をそんなにお聞きになったのか、初めに「窃《ひそか》に以《おもん》みれば、難思の弘誓は難度の海を度する大船、無礙の光明は無明の闇を破する慧日なり」とあり、又、「噫《ああ》、弘誓の強縁は多生にも値《もうあ》い叵《がた》く、真実の浄信は億劫にも獲叵《がた》し」と。「難思の弘誓」、「弘誓の強縁」に遇うて、その本願のおこころを聞くのであります。

其の名号を聞くというは、ただおように聞くにあらず。善知識にあいて、南無阿弥陀仏の六《むっ》の字の謂《いわれ》をよく聞き開きぬれば、報土に往生すべき他力信心の道理なりと心得られたり。

と蓮如上人は仰ってあります。本願のこころを聞くのです。聞いて何か得られたか、信心を得られた。第十八願の成就の文に、

諸有の衆生、其の名号を聞きて信心歓喜し、

と仰ったその名号を聞いて、信心歓喜する信心を得られる。その信心を得られるというところが、先のお言葉の「遇《たまたま》行信を獲ば遠く宿縁を慶べ」と仰るところです。聞かして貰ったことを慶ぶ、本願のお手強さを慶ぶ、そして頂いた信心を讃め称《たた》える、非常に明らかな心持です。大福長者です。我々はともすると貧乏人になる。あれも足らん、これも足らん、あれも気に入らん、ここも面白くないと、こういう根性が起こります。ところが親鸞聖人は無論、世の中の常識で言えば、生活上に於いては足らぬ勝ちです。その中からそういうものを相手にせずして、本願のお手強さをお慶びになった。世の中の雑音に耳を傾けずして、本願のお手強さ

を聞かれる。仏に触れた時に、物の不足勝ちなことに小言を仰らずに、頂いた信心を讃められる。信心は、仏のお心が自分の胸に満腹した姿である。私もどうかこういうような生活をさして頂きたいものだと思う。世の中のことは、人と人と寄っておれば、色々の事が出て来ます。自然界の生活にしても、雪の降る日もあれば、風の日もある。叱られることもある、讃められることもあろうが、そういう事に自分の中心を奪われないよう、それをそれと受けて、そしてその信に捉われず進み、それを縁として、私を助けにゃおかぬという大願業力、その大願業力を聞かして頂くのです。あの人が怒っているだの、あの人が私の顔を見て笑うただの、あの人は親切だの、薄情だの威張っているのというようなはからいを捨てて、どんな事があっても、私らは親子だ、見捨てられておらない、親を離れては私の行き場がないのだという所に確かな心の据りを得るのです。その頂いた心を讃める。聞いた所を慶ぶというのは本願のお手強さを慶ぶのです。そのお手強さを慶ぶようになったその心をまた讃める。だから、毎日の日暮しは讃嘆である。ごちゃごちゃした事にかかり果てていないで、ただ涙の中にも仏徳讃嘆をする。涙の中にも本願を聴く。涙の中にも信心を喜ぶ。心をひそめて道を求めておる時、いくら人殺しが来ようが、いくら泥棒が来ようが、輪になって私一人を助けねばおかぬという大願業力の尊いお声に触れることが出来るのです。世の中の色々の出来事が襲うてきても、その中に不思議にも親様に見込まれておるという確かさに安住するのです。「正定聚に帰入して　補処の弥勒のごとくなり」というお言葉が、その心を味わってその心を讃める、本願を喜ぶ。御開山の『教行信証』御製作のお心は別でない、聞く所を慶び、獲る所を嘆ずるだけだ。どうか我々は、聖人と一緒に、聞く所を慶び、獲る所を嘆ずる日暮しをしたいものです。その点で、筆に書く『教行信証』の製作は出来んでも、日暮しの上に聖人と一緒に『教行信証』を書かして頂きたいというようにお跡をお慕い致したいものです。

「聞く所を慶び、獲る所を嘆ずるなり矣」。偉大なお言葉です。尊い言葉が聞こえぬというのでない、信ぜられぬというのでない、喜ばれぬというのでない。私は聞いた、と仰る。聞こえるようになれば嬉しい、頂いた信心が有難い、そういう時、聖人は愚図々々しておられないのです。

この『教行信証』の中には、「悲しき哉、愚禿鸞、愛欲の広海に沈没し、名利の大山に迷惑して、定聚之数に入ることを喜ばず、真証之証に近《ちかづ》くことを快《たのし》まず。恥づ可《べ》し、傷《いた》む可《べ》し。」というようなお歎きのお言葉はあるけれども、これこそ真に本願を聞いておいでになるお姿であります。そうしたお言葉がもう既に信心を讃嘆しておいでになるのです。どこまでも、譬え天地が崩れようとも、自分の助かることは間違いないという信心の輝きをここに味わわれます。私は本願が聞こえたと仰ってある。信心が頂かれたと仰ってあるのです。そこに成仏するのです。私は善人だと仰らない、私は聖者とは仰らない、私は悪いことはしない者だとも仰らない、私は罪を造らぬとも仰らないのだ。私は罪の造りづめだと仰るのだ。聖徳太子が『大経』の「五逆と正法を誹謗せんとをば除く」、あのお言葉をお味わいになって、あれはただ一念の味わいである、一生涯罪を造らぬということではないぞと仰った。

心の一念だ、五逆の心もなければ、正法を誹謗する心もないと仰ったのでもない。一生涯信心の人は五逆罪造らぬ、仏教の悪口は言わぬと言うておっても無理だぞと言っておられる。ここに聖徳太子は悪人そのままのお助けということを教えておいでになる。信心を得たからというて、罪を造らぬ、悪いことをしないというのではない。或いはそういう者を除くと仰るのでもありません。

蓮如上人は、

当流の安心の趣《おもむき》は、あながちにわが心の悪《わろ》きをも、また妄念妄執のこころの起るをも、止めよと云うにも非ず。ただ商《あきない》をもし、奉公をもせよ、猟漁《りょうすなどり》をもせよ、かかるあさましき罪業にのみ、朝夕《ちょうせき》まどいぬる我等如きのいたずらもの、

と仰せられる。何を聞くか、本願のお手強さを聞くのです。『歎異鈔』の「本願ぼこり」と仰る所では、何をほこると仰っておられるのか。我々に誇るものは一つもない、智慧を誇れない、才能も誇れない、どちらを向いても頭の上がることのない奴が、ただその人を助けんと誓いを建てられた。本願ぼこりにあがるよりほか、のびあがる道はないと思っとる我に、その本願が聞こえたというのです。我はよきものだと仰るのではない、どんなものであっても、洩さぬというお手強さは、本願が聞こえたということであり、どんなことがあっても、我は助かるに間違いないというこの信心を頂けた。それが嬉しい。その信心を今から讃めてゆくのだと仰られるのです。称南無阿弥陀仏が信です。お照らしによって、自分の今日の日暮しの浅間しい事にも気が付くし、自分の愚かさにも気が付くのであります。で、聞く所を慶び、獲る所を嘆ずる、その思いには自分の愚かさに対する懺悔もあれば、自分の浅間しさに対する懺悔もある。毎日の日暮しを、明らかな光の中に、自分の暗い影を恥じて懺悔の思いをなしておるのだが、さりとてどうなるやらとの心配はない。懺悔の思いが起これば起こるほど、本願のお手強さを仰ぎ、信心の尊さを讃嘆する。雨が降っても天気を思い、雪が降っても天気を思う。どこ迄も心の底が明らかなお日様に向うておる。これが聖人の、光明のうちずまいの者と仰るお心持と頂くのであります。その思いをここに、「聞く所を慶び、獲る所を嘆ずるなり矣」と仰っておられるのであります。

こうした心持で『教行信証』をお書きになった。又それが浄土真宗であります。浄土真宗の教えはどういう教えかというと、聖人に本願が聞こえて、その聞こえた事を慶び、その信心を讃嘆する教え、それだけであります。私共はその聖人の慶ばせられた本願のおこころを聞く、聖人の讃嘆せられた信心の尊さを聴聞して、又私自らが聞く所を慶び、獲る所を嘆ずるようにお導きを頂いてゆくことであります。

昨年は正月からお彼岸の終りまで四十二回、北安田で『正信偈』のお話をしたのですが、今年は正月から今日まで三十一回『教行信証』の講話をしました。昨年よりお話をした回数は十一回少なかったです。それというのは、御法事やら、大和巡拝のため十日ばかりお話をしなかったからであります。御法事の間は『教行信証』のお話はしなかった。それにしても今年は、昨年より村の

お講が四、五軒少なかったように思います。ともかく今日まで三十一回、『教行信証』の「総序」のおこころを皆さんと一緒にお味わいさせて貰うたことを喜んでおります。

昨年『正信偈』のお話を平松さんが骨折って速記をしてくれました。それを私が見、真田さんが手を入れ、手伝いして貰ってもそれがまだ本に出来ないのです。今年もまた御苦労を頼んでこれを一冊の書物にしたいと思います。色々仕事が沢山あって、余りはかばかしく進まないけれども、ぼちぼち願いだけを成就して行こうと思います。皆さんも楽しんで待っておって下さい。これでお彼岸のお話もおしまいであります。

（昭和七年三月二十四日夜・明達寺彼岸会）

教行信証教巻講話

顕浄土真実教文類一

愚禿釈親鸞集

大無量寿経　真実之教　浄土真宗

謹んで浄土真宗を按ずるに、二種の廻向有り。一には往相、二には還相なり。往相の廻向に就いて、真実の教・行・信・証有り。

夫れ真実の教を顕さば、則ち『大無量寿経』是れなり。斯の経の大意は、弥陀、誓を超発して広く法蔵を開きて、凡小を哀んで選んで功徳之宝を施すことを致す。釈迦、世に出興して道教を光闡し、群萌を拯い、恵むに真実之利を以てせんと欲す。是を以て、如来の本願を説くを経の宗致と為す。即ち仏の名号を以て経の体と為るなり。

何を以てか出世の大事なりと知ることを得るとならば、

『大無量寿経』に言わく。今日世尊、諸根悦予し、姿色清浄にして、光顔巍巍たること、明かなる鏡の浄き影表裏に暢るが如し。威容顕曜にして、超絶すること無量なり。未だ曽て殊妙なること今の如きを瞻覩せず。唯然なり大聖、我が心に念言すらく、今日、世尊奇特の法に住したまえり。今日、世尊仏の所住に住したまえり。今日、世眼導師の行に住したまえり。今日、世英最勝の道に往したまえり。今日、天尊如来の徳を行じたまえり。去・来・現の仏、仏と仏と相念じたまえり。今の仏も諸仏を念じたまうこと無きことを得ん耶。何が故ぞ威神の光光たる乃し爾るや、と。是に於て世尊、阿難に告げて曰わく、諸天の汝を教えて来して仏に問わしむる耶、自ら慧見を以て威顔を問える乎、と。阿難、仏に白さく、諸天の来りて我を教うる者有ること無し、自ら所見を以て斯の義を問いたてまつる耳、と。仏言わく、善い哉阿難、問える所甚だ快し。深き智慧を発し、真妙の弁才をもて、衆生を愍念せんとして、斯の慧義を問えり。如来無蓋の大悲を以て三界を矜哀す。世に出興する所以は、道教を光闡し、群萌を拯い恵むに真実之利を以てせんと欲してなり。無量億劫にも値い難く見難きこと、霊瑞華の時あって時に乃し出づるが猶し。今問える所は、饒益する所多し、一切諸天人民を開化す。阿難当に知るべし、如来の正覚は、その智量り難く、導御する所多し、慧見無礙にして能く遏絶すること無し、と。已上

『無量寿如来会』に言わく。阿難、仏に白して言さく、世尊、我如来の光瑞希有なるを見たてまつるが故に斯の念を発せり、天等に因るに非ず、と。仏、阿難に告げたまわく、善い哉善い哉、汝、今快く問えり。善能観察し、微妙の弁才をもて、能く如来に如是之義を問えり。汝、一切如来・応正等覚、及び大悲に安住して群生を利益せんが為に、優曇華の希有なるが如く、大士世間に出現するが故に、斯の義を問えり。又諸の有情を哀愍し利楽せんが為の故に、能く如来に如是之義を問えり、と。已上

『平等覚経』に言わく。仏、阿難に告げたまわく、世間に優曇鉢樹有り、但実有りて華有ること無し。天下に仏有すは、乃し華の出づるが如きのみ。世間に仏有せども、甚だ値うことを得ること難し。今我仏と作りて、天下に出でたり。若大徳有り、聡明善心にして予め仏意を知れり、若妄に仏辺に在りて仏に侍せしにあらず。若今問える所、善く聴き諦に聴け、と。已上

憬興師の云く。今日世尊住奇特法というは、神通輪に依りて現じたまう所之相なり。唯常に異るのみに非ず、亦等しき者無きが故なり。今日世雄住仏所住というは、普等三昧に住し能く衆魔雄健天を制するが故なり。今日世眼住導師行というは、五眼を導師の行と名く、衆生を引導して過上無きが故なり。今日世英住最勝道というは、仏四智に住したまうに、独り秀でて匹しきこと無きが故なり。今日天尊行如来徳というは、即ち第一義天なり、仏性不空の義を解るを以ての故なり。阿難当知如来正覚というは、即ち奇特之法なり。慧見無礙というは、最勝之道を述ぶるなり。無能遏絶というは、即ち如来之徳なりと。已上

爾れば則ち、此れ真実教を顕す明証なり。誠に是れ、如来興世之正説、奇特最勝之妙典、一乗究竟之極説、速疾円融之金言、十方称讃之誠言、時機純熟之真教なり。応に知るべし。

顕浄土真実教文類一

今日は、御開山の御誕生日であります。もうおかくれになってから六百七十年になるのであります。九十才の御往生ですから、それに九十を加えると七百六十年前の今日お生まれになったことになります。

お生まれになった所は、こちらから京都へ行くと山科という駅を通る。あの山科の駅から南方左の方に竹藪がある、その向うに大きな寺がある、醍醐寺といいまして真言宗一派の本山であります。道を十丁ばかり行くと、そこに御開山のお生まれになった所がある。その寺は今は真言宗の寺になっておりますが、そこに西本願寺が教会堂を建てられたのであります。そこには御開山が御幼少の頃お遊びになった石を埋めた石塚やら、初湯の井戸というのが残っております。皆さんが京都へ参詣せられたら、是非一度はここへ歩みを運んでみられたらよいと思います。御母は日野家の出、この辺は日野の里というて日野家の別邸のあった所です。昔は母の実家で子を生むような習慣になっていて御母様のお里でお生まれになった。お母様は吉光女と申された。お父様は藤原有範。藤原家は天児屋根《あまつこやね》の尊《みこと》の末孫で、元、中臣の姓を名乗っていました。

中臣家は代々神様を祀る家柄であります。仏教が初めて日本へ渡った時、欽明天皇が祀るべきかを御下問になった。この時、お祀りにならぬ方がよかろうと奏上申し上げたのが中臣鎌子であります。その理由は、日本には昔から日本の神様がおいでになる。この神様の外に神様を祀ったら日本の神々様がお怒りになるという訳であります。実はこの頃蘇我家と物部家の勢力争いが常にあって、仏教を日本に取り入れようとした蘇我稲目に反対した物部守屋の意見が、「祀らぬ」であったのであります。それで欽明天皇は、仏教を公に祀ることを差し控え、大臣蘇我稲目に渡来の仏像をお与えになった。稲目は自分の小墾田《おわりだ》の邸宅にその仏像を安置しました。後、向原寺へ祀り、仏教に帰依したのであります。

ともかく中臣鎌子という人は仏教が渡って来た時に、これを弘めまいという説を立てた一人である。悪い意味で言ったのではなく、日本の神々を大切に思う所からそうした説を立てたのであります。

聖徳太子の御一門の方を皆殺しにし、自分の栄達をはかろうとした蘇我入鹿を殺したのが、鎌子の子、鎌足であります。鎌足は天智天皇、その頃は中大兄皇子というておったのですが、これを助けて大化の改新をやり、日本の政治の大改革をやったのであります。その功労をもって天皇から、藤原の姓と、大織冠という臣下最高の位階を賜ったのであります。御開山のお父さんはその藤原の流れのお方であります。藤原の流れは、日本の神を祀る家柄であり、御開山はその神官の家柄の血筋をお受けになった方であります。だから血の底には神を敬うという心が泌み込んでおったのであります。それで御開山がここに喜ばれる仏教も、この日本の神代の精神をより一層はっきりしたものであるということもだんだん味わわれるのであります。

御開山は四つの年に御父が亡くなられ、八つの年御母が亡くなられました。九才の年、前の大僧正慈円、慈鎮和尚の所へ、叔父範綱卿が連れて行かれ、ここで出家をせられたのです。それから比叡山に上って学問をし、二十九才の年、法然上人に遇うて他力信心を継承せられ、三十五才まで上人の御許で御教えを受けられた。その年吉水の禅室に物議が起こった。念仏停止です。法然上人は土佐に流罪、親鸞聖人は越後に流罪になった。五年後御流罪が赦免になった。しかし京都に帰っても、丁度その年上人がおかくれになった事を道中で聞き、師匠のおいでにならない京都へ行っても詮が無いと思し召され、常陸の笠間の城主稲田頼重が御招待申し上げたので、ここに足を止められ、六十の年迄お住居になった。ここで六人のお子達をもうけられたのであります。

ここ稲田にお住居になっている時、『教行信証』を御製作になったと古来言われております。私共も、お若い時分から五十二才の年までに出来たものであると教えられて来たのでありますが、近来の研究者達の中には、この『教行信証』が出来たのは、もっと後だと言う人もあります。おそらく、七十才過ぎに御製作になったものであろうというように考える人も出ております。或いはそうかもわかりませんが、永い間五十二才の年に御製作になったと聞いておるので、何かそれが頭にこびりついておって、今日どちらの説も解しかねるのであります。ともかく年代はどうでも、尊い御聖教が残っておりますから、それをじっくりとお味わいさして頂き、聖人の御化導を受けようと思い立ったのであります。

正月から『教行信証』の「総序」をお話しました。今日から『教行信証』の「教の巻」のおこころをお話しようと思います。

今日は御誕生日でありまして、何かお祝いをしたいと思っておりましたが、越中へ行き、越前へ行き、昨夜終列車で帰って今朝門徒の御法事に行って来ました。そこで準備なしに御誕生会になったのであります。この御誕生会に『教行信証』の「教の巻」のお話をするということが、御誕生会の一つのお祝いになるのであります。今日から八日まで家に居ることになりまして、比較的じっくりと話をさせて貰えます。但し六日は、藤原君の寺で聖徳太子忌が賑やかに勤まりますので、そこへ家中揃ってお参りします。それで祠堂経のお話は六日のお初夜を勤めることとして昼は休むことにします、その他は昼ずっと話をします。その間に「教の巻」をだんだんお話しようと思います。

標挙について、『顕浄土真実教行証文類』と先度から呼び習うてきたのですが、別冊には『顕浄土真実教行信証文類』とあります。「教の巻」は教を顕わす文類であります。教えです。聖人は先ず第一に教というものを立てられた。この教は自分の信心の本源を現わすのです。真宗という教えは聖人が皆に教えられるように聞こえますが、実は聖人が習われた教えであります。だから「教の巻」を聖人がお書きになる時には、教え手としてお書きになるのではなく、習い手としてお書きになるのであります。自分が人に教える教えを仰るのではなく、自分が習うておいでになる教えをお書きになるのであります。「更に親鸞珍らしき法をも弘めず、如来の教法を、われも信じ人にも教え聞かしむるばかりなり」と蓮如上人が『御文』の中に、聖人のお心を和らげてお教えになっているのであります。教えです。教えとは、例えば、先人が自分の生活の経験を或は話し、或は書いて残す。それを、前車の覆えるを後車の戒めとなすというような場合、先に行く者が石に躓《つまず》くと、ああ石があるぞと後から来る者に注意してやる。角があれば、ああ角があるぞと注意する。言わば教えというものは、ここに石があるぞ、ここに角があるぞという言葉であります。又、ここにこんな花が咲いておるぞ、ここには川があるぞ、と、これもやはり教えであります。又、自分はこういう了見で日暮しをして来たがこういう躓《つまず》きに立ち至った。又、こういう具合に考えて日暮しをしてこういう喜びを得た、というようなのはやはり先人の経験です。そうした先人の経験を聞いて、そして自分の道を行くのです。教えは先人の経験です。

『御伝鈔』上巻の終りに、覚如上人は「無漏の慧灯を掲げて遠く濁世の迷闇をはらし、遍く甘露の法雨を注ぎて遥に枯渇の凡惑を潤さんがためなり」と仰った。無漏の慧灯とは、穢れの無い智慧の灯火である。教えというものは、渇いておるものを救う水のようなものであります。夏になると、日照りで草が萎れるが、それに夕方水をかけてやる。教えとはその水の働きをするものであります。或いは、真暗で向うが見えぬ、そこに松明を灯して先達をする。教えはその松明である。迷いを照らすということになれば松明になる。渇きを潤すということになれば、水になります。

そこで我々はどうして教えを大切にせねばならぬかというと、教えを重んずるということは人間のみにあって、畜生に欠けたもの、人間と畜生の違いがそこにあります。永い間苦労して築きあげてこられた先人の経験を、自分のものにしてゆくところに生活の奥行きが出、広さが出てくる。これには人のした仕事のその上を行なってゆく、だから無駄花はないのです。前の人の事を聞いてゆくのです。段々経験が深くなり、高くなり、広くなって行くのです。先人の経験を聞いて、そうして自分の土台として行く。そうしてそこから又一歩ずつ進んでゆく。我々は大体愚かなものでありますから、他から教えて貰わねばわからないのです。

福井県麻生津、西本法竜君の寺で、五月二十九日、三十日、三十一日と、私は、「教えというものは非常に有難いものだ」ということを三晩言い続けてお話したのです。三十日昼頃、雑談をしている時の話に、福井から十里ばかり離れた所から安藤という白髪の爺さんが尋ねて来た、という事であった。その人は、新聞を見たら、聖徳太子の事を暁烏さんが話すそうだ、自分は聖徳太子の事を五十年程研究しておる、今迄の坊さんで聖徳太子の事を真にわかっておる人があるだろうか、今度はどういう話があるだろうかと思って聞きに来たという。西本君が面接して段々話を聞いていると中々面白い。その話に、推古天皇の時に、国内に和が無く、国が乱れていた。推古六年太子二十七才の時、十月、越の国より天皇に白い鹿を献上した。この話は『大成経』の「聖徳紀」、『釈大輯』の「聖徳太子五節略弁」にも載っています。この鹿は頭の高さ八尺、雪の如く白い鹿で、身の丈五尺八寸、その角の枝が十七に分かれている。太子はその十七本の角の枝になぞらえて『十七条憲法』を作られたそうである。その十七本の角の枝の根ごとに文字がある。琴、斗、月、台、鏡、竹、冠、契、竜、花、日、車、地、天、水、籠、鼎。この神文の第一の琴という字は、琴瑟相和すというような意味がある。その意味をとって憲法の第一条に和ということを申されたのだそうです。これは『日本紀』の推古天皇六年冬十月の条にも「越国白鹿一頭を献る」として載っています。

こう言うて西本君に話をしたそうです。西本君は、それは面白い、先生に会うたらよい、昼から先生は福井へ行かれる、是非先生に逢うて行きなさい、先生はそういう話を聞かれると喜ばれる、と言ったら老人は、私が行って話しても先生は問題にされんだろう、と言った。西本君は先生は習うことが好きだから行って教えて上げなさいと話した。それから私は西本君の寺を発って福井市の中橋君の所へ行った。案の定この老人が来たそうです。

実は私は二十八日福井県へ入る車中聖徳太子の伝記を読んで貰いながら来た。伝記には越前の国より白鹿献上の事、『十七条憲法』の事も勿論書いてあった。それで西本君の寺で二十九日夜の講話でこの事を話したのでした。その翌日この老人は尋ねて来たのです。

この白鹿というのは神鹿なのです。インドでは鹿の骨をいぶしてそこに出来る模様によって神意を伺うという占いがある。皇太子はこの白鹿を見て、十六胯の角は仙鹿の王であるのに、この白鹿は十七胯ある万歳にも得がたい神仙だとお喜びになり、その十七本の角にある文字によって憲法をお作りになった。そして『十七条憲法』は人間が考えたものでなく、天から神示されたものとして考えられたのです。鹿の角で占うということは、越前、越中、越後で昔から行われている習慣である。越前のどの国から捧げられたのかわからないのです。ところが安藤というお爺さんは、越前の国、今立郡片上村別所という所から献上したという。私はこのお爺さんとお話をして色々習いたいと思いました。私は若い頃人に物を習うことは嫌いであった。気性が若かった。近来は何でも習いたいという気持になった。聖徳太子の研究をしかけてからは、太子のことをいろんな人に会うては聴く。若い人の話も、年寄りの話も聴く、色々と教えられる。自分の心を空しゅうして教えを受けようとの心になると色々の方面から教えて下さる。或は本を送って下さったり、或は手紙を下さったり色々のことを教えて下さる。今度はそのお爺さんが十何里もある山奥からわざわざ出て来られたということを思うと私は唯事でないと思った。昨日迄知らずに居ったものが、今日はちゃんと教えに来て下さる。成程お爺さんの言う通りである。習う気があると段々教えて下さる。教えというものは賜りものである。人間にとって大変大切なものである。教法を賜ったのである。老人が尊い話をしておったというて西本君は感心しておったが、私も会いたいものだと思い呼びに行って貰ったら、会場で弁当を食べ、今出た、停車場の方へ行ったのではないか。いや待てまだ帰らん、きっと来る。自分で研究したものなら先生に話したいだろうのに、会わずに帰ったようなら喰わせものだ等、傍に居た人達が話し合っていたところへ、のこのこやって来た。六十八才という白髪の人である。色々珍らしい話を聞かして貰うた。その時私は教えというものは有難いものだなあと思いました。

教えを人に受けたならば、喜ぶのは自然でありますけれども、自分が習うという心持がまた非常に尊いのです。習うという心持になった時に教えというものが自分の前にはっきりと出て来ます。ではどうして習うという気が出るかというと、自分は不足者、自分は愚者、自分は足りない者、自分は無智な者、ということに気が付き、謙虚な心持で頭を下げる時、習うという気が出るのです。教えを受けなければ我々は駄目なんです。聞くが肝要です。「諸有の衆生、その名号を聞きて信心歓喜す」、聞くとは教えを受けるのです。これは大事なことです。

私はヨーロッパへ一人旅をしました。何処へ行っても私はものを聞く、習うのです。頭を下げて教えて貰うのです。そうすると誰か目的地へ連れて行って下さる。ところがたまたまそこに日本から行って二、三年も滞在している人がある。案内して貰うとよく道を迷う。そういう人はわかったつもりで人に尋ねない、地図を拡げて見ておる。そういうものを拡げて見ずに聞けばよい、生兵法は過ちのもとです。道ばかりではない、私は誰にでも聞く、百姓に会ったら百姓に、商人に会えば商人に聞くのです。学問でも、自分は何にもわかっていないのだから、知らぬ事は何でも聞けばよい、習うてゆくのです。この習う心になる時に教えというものがある。

この『教行信証』の一番最初に、聖人が「教の巻」を掲げられたというお心持の中に、聖人が習うて行こうとなさる謙虚なお心持を味わうのであります。聖人は皆に教えてやるぞというようなお方ではない。皆から習うてゆこうというお心持のお方である。

今から、聖人が一番先にお書きになった「教の巻」から習ってゆきたいと思います。その教というのは何でしょうか、どういう教えを受けておられるのか。

私はこの頃人に会うと、あなたの先生は誰かと聞く。先生は無い、と答える人がある。ではどこの学校で習われたか、何という本を主としてお読みになったかと聞く。読む本か、学校か、尊敬している先生か、この三通りの上にその人の中心が見られるのです。昔の人はその人を見んと欲すれば友を見よと言うた。けれども、友達を見るというより、その人の聞いておる教えを、そしてどういう態度で聞くかということを見れば、その人がどういう人かがわかる。あなたはキリスト教か、仏教か、精神主義か、唯物論者か、どういう教えを聞いておるか、そういう事を私は聞くのです。中には、私には宗教は要らない、学問をたよりにして行くと言う人がある。この人に先生は無いのです、この人は習う気が無いんだなあと思う。習う気になった者は真実自分の愚かさに気が付いてここから進んで行こうとする。聞かずに居れないようになる。習う気の無い人は進んで行こうという気が無いから習うということに気が付かぬ。自分がだらという事にも気が付かぬ。私の知っている人で陽気によくしゃべる人があるが自分をちっとも見せん、人の話を聞きもしない、読みもしない、そういう人に教えは無い。進んで行く者に教えはある。進んで行く心の無い者に教えは無い。習うという気があるからそれに対して教えがある。その教えがあるからまた教えによって進んでゆく。真宗は聞くが肝要だというのはそこである。

明治天皇が政事《まつりごと》を改めて、明治二十三年に『教育勅語』を御発布になった。『勅語』に「教育ノ淵源亦《マタ》実ニ此ニ存ス」と仰った。教育とは、子供を教え育てるということである。これは人の進んで行く道です。法然上人は人を育てて行く本源を教えにおかれた。貧乏質に置いても子供を学校へやらねばならない、結構なことです。ところがこの頃、教えを軽んじている向きがある。百姓でも商売でも、例え遊戯でも、歌を歌うことでも進んで一生懸命習うている人は尊いと思う。

佐賀連隊の中隊長をしていた江崎君が病気の予後で私の家へ来ていた。歌の上手な男です。東北旅行に私の随行をした。秋田の湯沢で私が病気になった時介抱をしてくれた。大分よくなった頃、蓄音器を買って来て、追分のレコードを聞いておった。朝から晩まで「お女郎高島田」をかけておる。何十遍もかけておる。それを聞いておって私は、これだけ聞けば出来るわいと思った。人は、自分は天性が無いともいう。又私に合わぬという。合わぬのでない、合わそうとしないのだ。この頃自坊で勤行の伽陀が合わないと言う。皆が稽古をしないで合わないと言っている。江崎君は追分一つ習うのに朝から晩までレコードをかけて「お女郎高島田」を勉強した。あれだけやれば私でもやれる、歌になるのです。が、このように熱心に稽古しないのだ。やはり習わねばいかんのです。知らなければ尚習わねばいかんのです。

お釈迦様の時代に、縁覚というのがあった。独覚ともいう、習わないでちゃんとわかっている人です。我々はそうはいかない、仏法は一遍聞けばわかる、参らないでもわかっておるという人があるが、本当にわかったのでない、わかったと思っておるのだ。わかったと思っている人は実は何にもわかっていないのだ。得たと思う者もまだ得てないのだ。本当の道を行く者は、聞かないでは居れないのだ。聞く気があるということは、教えを大事にするということである。けれどもやはり世には縁覚が居る、そして聞かない、従って進まない。本当の道に向うてゆく者は、教えが大事です。習わなければならないのです。御飯を炊くにも自分にあいまいなら習うことです。知ったかぶりをしては失敗します。ただ単に聞いたり、口真似したらよいかというにそうではない。声聞というのは聞いてばかり居るが、聞くというはただおうように聞くに非ず、で心の底にそれを聞く、習わねばならない。習うというは心の底にそれを執持してゆくのです。

聖人はじっと心の奥底に教えを受けられて、『御本書』をお書きになった。そして一番先に「教の巻」をお引きになった所に、聖人が愚禿と自らを名乗らせられたあのお心持がひそんでいるのであります。だから「愚禿釈親鸞集」とお聖教の初めに掲げてあります。

だんだんと行信証を讃えられますが、その行信証はただ出て来たのではない。教えがあって初めて出て来るのであります。その教えは宇宙の大法であります。法の流れが我々に流れ現われて来るのが真実の教えであります。信心であります。行であります。

その点からいえば教えということを一番先に申されたということは、阿弥陀如来と申すは天地の大道理そのままであるということを現わしているのであります。だからこれ以上確かなことはありません。私がこう考えたというのはまだ弱い、私がこう習って来たという所に非常に尊いところがあるのであります。自分の思想信念というものと、宇宙の本源とが一つに明らかになるという所に習うという尊さがあるのであります。又、教えということの尊さがあるのであります。私共は聖人のこの大事の聖教の第一番目に「教の巻」をお引きになったということの上に、聖人が愚禿と名乗り、そしていつも精進して向上して行かれました尊い菩提の教えを崇めまつるのであります。

（昭和七年四月一日・明達寺祠堂経）

第二講

先度こちらの三男が若くして死んでいった。十年程前東京へ行きたいと言うので、他の子と一緒に私が連れて行ったのであります。だから余計可愛い気がしております。今日はその忌明の御法事であります。故人に、法事には御法の友達が集まって貰いたいという望みがありました。ところが連日私の日があいておらなかった。今日は、うちの祠堂経のお経をあげてからこちらへ参れるようになりました。今日のこの御法事には死んだ子がこちらへ来て一緒に聴聞していることと思います。

昨日から寺で『教行信証』の「教の巻」のお話をしかけました。

昨日は、聖人が殊更第一番目に「教の巻」をお引きになったのは、聖人自らが、習う人のお心持を現わして下さったものであるということ、又、自己の愚かさに深く気付いておいでになった方であるということをお話致しました。

「教の巻」を第一に出された聖人のお心は、私は自らを覚ることが出来ない者だから、常におさとしを受けてゆくのであると、自分の受けておる教えを仰ぎ、且つ讃嘆されるお心であります。

行はまさしく「教の巻」の御教えの中に入っていることが窺われるのであります。

大無量寿経《だいむりょうじゅきょう》　真実之教《しんじつのきょう》　浄土真宗《じょうどしんしゅう》

先ず最初に右のような標挙がされてあります。『大無量寿経』は三部経の中で一番紙数が多いから大というとこんな具合に思っている者もあります。三部経とは『大無量寿経』『観無量寿経』『阿弥陀経』の三つであります。『大経』『中経』『小経』、こういう具合に紙数で決めておる者がある。しかし今ここに『大無量寿経』と言われたのは、『観経』や『阿弥陀経』から見て紙数が多いという意味ではない。

この大という字は、同じお経の飜訳でも、康僧鎧三蔵の飜訳されたお経の標題には、『仏説無量寿経』とあるが、外の方の訳に『大阿弥陀経』というのがあります。それから『華厳経』を『大方広仏華厳経』と、『涅槃経』を『大般涅槃経』とやはり大という字を使ってあります。それから竜樹菩薩の御製作に『大智度論』というのがあります。大という字はインドで摩迦という。仏弟子大迦葉を摩迦迦葉ともいい、大迦栴延を摩迦迦栴延ともいう。支那の文字で摩迦と書き、インドの音でマハという。大乗というのはマハーヤナ、小乗はヒナーヤナ。大には大きなという意味と、勝れたという意味があります。大、多、勝、この三つが同じような意味を現わす文字です。小さな子供でも大きい家といえば喜び、菓子なら大きいのが欲しいという。子供心にも大きいということは、勝れているということがわかっておる。人間には大という字に勝れたという意味をつける心があります。大人物という時には、やはり大きな勝れたという意味があり、大心海という時にもやはり大きな勝れたという意味があります。

『大無量寿経』と書かれたのには、勝れたという意味を聖人が現わされたのであります。実際数多のお経の中に『大無量寿経』という名はない、『仏説無量寿経』とある。時には別名で『大無量寿経』というのもあるが少ない。仏説というのが大という字を受けるのであります。聖人が、『無量寿経』を『大無量寿経』と申されたお心をかく味わうのであります。

私は子供の時お経に様という字を付けて習った。大経様、観経様、阿弥陀経様と。お経に様を付けて呼ぶのは非常に有難い。御開山様がここに『大無量寿経』と標挙されたのは丁度お経様というこころである、無量寿経様というような意味である。明治天皇の勲を讃嘆して明治大帝という。ドイツの勃興に力のあったフレデリック王をフレデリック大帝という。又世界を征服したギリシャの王様をアレキサンダー大帝という。それからナポレオンの事もナポレオン大帝といった。日本の国名も大日本という。日本の昔の国名も大八島《おおやしま》といった。この大という字は、昔から尊みの心を現わす場合に付けている。

『大無量寿経』と聖人が書かれたのは殊更仰ぎ尊んでおいでになるお心である。「山高きが故に尊からず、木あるを以って尊しとす。人肥えたるを以って尊しとせず、智あるを以って尊しとす」。お経は紙数が多いからお経様というのではない、紙数が多いのがよいのなら『法華経』は『無量寿経』より多い、『華厳経』『涅槃経』はもっと沢山ある。二、三日前越前で誰かが、先生の所で出る本は紙数の割に高いと言っていた。書物は紙数ではない。中に尊い事が書いてなければ紙数が沢山あっても反古です。一頁の本でも中味が尊ければ尊い。長い説教が真によいとは決まっておらない。

聖人は『仏説無量寿経』の表題を出し、それに大という字を付けられた。

教というのは、その人の前に跪くということを現わしておる。経が大というのは、自分が承るということを現わしておる。聴聞しているその前に教えがある。経が大であればその教を仰がして貰って承るのです。ここに『大無量寿経』と仰った聖人のお心の中に、小親鸞というお心を私は発見しました。そう見るとこの大という字は非常に有難い。昔の人がお経様とこう言っておる心には、背を低くして、謙虚な心で教えを受け尊む心があるのです。ところが私らのような傲慢な者なら尊むということを思わんのです。

『大無量寿経』の大は他と比較的の大であろうか。勿論、一代仏教のその中に『大無量寿経』を標して、それを殊更仰がせられた聖人の仏教は、そこに選択されておるのでありましょう。『法華経』を表題にされず、『涅槃経』をも『華厳経』をも標題にしないで、『大無量寿経』とされた所に一切経に対する選択がある。選択とは勝劣では決してない、縁不縁であります。だから聖人が一切経の中から『無量寿経』を選択されるということとは『華厳経』が、『法華経』がつまらぬということを意味してはいない。聖人にはこの経が有縁の経であるということであります。だから『大無量寿経』の大の字は、『法華経』が小で、『華厳経』が『般若経』が劣るというわけではない。『無量寿経』を大と仰って、この経の教えを受けておられる聖人にはこの経は主人である。他のお経は必要でないことになる。だからこの大は絶対の大です。並べ比べはならんのです。聖人は「真実の教を顕さば、則ち『大無量寿経』是れなり」と仰った。そうなると康僧鎧三蔵の翻訳した『仏説無量寿経』でありますけれども、その『大無量寿経』という中に無論一代一切経が封じられておる。この『大無量寿経』の穴から覗きますと一切経は見えてくるのであります。だから、『大無量寿経』と仰った中に無論一代仏教が皆納まっておるわけであります。その中心点というのは、聖人が御発見になった中心点です。

聖人が触れられた最初の手の触れ場はどこか、それが『仏説無量寿経』です。ここに大という字を加えられたのです。聖人が『無量寿経』の前に跪かせられたお心が現われておる。そして一切の経典をこの中に摂取しておるところをこの大という字で現わしておられる。

『華厳経』の事を『大方広仏華厳経』という。八十巻の『華厳経』は一番大きいかというにそうでない、『中品華厳経』である。『華厳経』は一切世界に満ちておるという。紙数で現わせない程沢山あるものである。松吹く風の声も、岸打つ波の音も皆『華厳経』の説法だというのだ。そこに大という字がある。『大無量寿経』というこの大にもその意味がある。紙に書いた『無量寿経』は上下二巻でありますが、その『無量寿経』のおこころが一切世界に満ち満ちておる。そこに大という意味がある。

『無量寿経』の中に「正覚の大音は響き十方に流る」とあります。『無量寿経』は何を説いた教えか、仏の正覚の大音が記されてある。仏のお覚りの大きなお声である。この正覚の大音は『無量寿経』上下二巻の中にのみ流れているのではない、正覚大音響流

『華厳経』『四十華厳』であります。八十巻の『華厳経』は一番大きいかというにそうでない、『中品華厳経』である。今あるのは『八十華厳』『六十華厳』であります。八十巻の『華厳経』は一番大きいかというにそうでない、『中品華厳経』である。『華厳経』は一切世界に満ちておるという。紙数で現わせない程沢山あるものである。松吹く風の声も、岸打つ波の音も皆『華厳経』の説法だというのだ。そこに大という字がある。『大無量寿経』というこの大にもその意味がある。紙に書いた『無量寿経』は上下二巻でありますが、その『無量寿経』のおこころが一切世界に満ち満ちておる。そこに大という意味がある。

『観無量寿経』『阿弥陀経』『涅槃経』『法華経』こういうようなお経と比較の上に立った大でありましょう。『大品華厳経』『中品華厳経』『小品華厳経』がある。今あるのは『八十華厳』『六

十方であります。そうなると『大方広仏華厳経』と同じく一切世界に仏の声が満ちておる。聖徳太子は『維摩経』の講釈の中に一切の国は皆仏の現われ給う国であると申しておられる。一切世界に身を現わして衆生を済度し給うのが仏である。そういう意味から言えば、一切世界は皆仏国土と申してよい。一切世界が仏国で一切世界の音は皆仏の声ということが出来る。そこに大の意味がある、聖人は『無量寿経』上下二巻のおこころを習うて、一切世界に満ち満ちている広大な教えを受けられたのです。そこに大というおこころがある。教えは大である。教えを受ける者は小である。この大は比較の大ではない、絶対の大である。

『無量寿経』と申すのは、お経の標題である。どうして『無量寿経』という名が出来たか、『無量寿経』とは日本の言葉です。インドではアミダ。アミダの三字を日本で無量寿とか無量光と申します。アミダのアは無、ミダはミダブーハ、ミダユース。ミダというのは量ということ。アミダというのは無量という意味です。無量という量り知れぬという中からユースとブーハの二つの意味が出てくる。ユース、ブーハ、この二つの意を無量寿とか無量光というておる。時の上で、量り知れないという意味からすると無量寿となる、空間の上で量り知れないということになると無量光である。そのこころを光明無量の故に阿弥陀と名付け、寿命無量の故に阿弥陀と名付くとあります。阿弥陀にはその二つの意味があります。

『無量寿経』はつぶさにいえば阿弥陀仏の無量寿を説いたものです。無量寿とは量り知れぬ命ということです。私共は阿弥陀さんにその無量の命を貰うのです。我々は阿弥陀さんや如来さんの無量の命と無量の光とを共に頂くのである。だから無量寿と無量光の二つの無量を申されるのであります。では無量寿と申されたのはどこから出たか、これは人間の自然の約束、或いは生物の約束として、生を望む中に反対の死を厭う、死を恐れる。虫けらに至る迄殺されるのが恐しいから逃げる。どんな年寄でも死ぬのは嫌である。生を欲する、これは生物の本能である。そして大切な本能である。その生を欲するものはいつ迄生きておればよいか、無量寿である。だから無量寿ということは、あらゆる生物の理想です、それを望んでおるのです。その望みが達せられない時に悲しみが出てくる。その無量寿という望み、或いは理想というものは空虚な理想であろうか。無いものを有るように望むのは馬鹿者ですが、それを自分の向うに、現前に、眺めれば空虚なものとは考えられません。では、無量寿を願う生物の本能はどこから出るか、無量寿の働きである。願いは根本の原理から起こってくる。願いは個人の上の相だが、個人の客観に現われてくる願いは、生物の根本の願いから現われてくる。阿弥陀如来の大願業力が自分の心に響き現われて、個人のものになる。こういう心持がこの味わいであります。無量寿ということは、生物の根本の理想である。終極の理想である。だから阿弥陀如来を崇めるということの根本はこの無量寿である。小さな仏さんを崇めるのではない、無量寿の命を崇める。その心が無量寿仏に帰依するということになる。だから阿弥陀如来をお説きになるお経は、阿弥陀仏を讃嘆する。又衆生が阿弥陀如来を讃嘆礼拝するということそのままが無量寿仏を礼拝することである。無量寿仏に礼する者は、無量寿仏に跪く者である。だから同じ仏でも、法身・報身・応身の三つの仏の相がある。無量寿とは法身である。仏の本体です。それが形の上に現われて無量寿仏になる。無量寿というのは無量寿仏の本体である。いわゆる法身仏である。衆生が形の上に拝まれる仏は報身仏です。衆生の根機に対して仮の姿を現わした仏は応身仏、これは人間の形をしておらるる。因位の形を現わすと報身、因位以上の根本の理想を現わすと法身、それが無量寿である。

『大無量寿経』、これを「大無量光経」と言わないで、「大無量寿経」と言うたのにも深い味わいがある。阿弥陀如来は無量寿と無量光の二つの徳を具えておいでになる。それを無量光と言わないで無量寿と言うたのが面白い。現に親鸞聖人が御本尊をお懸けになる時、帰命尽十方無礙光如来、南無不可思議光如来の二つをお懸けになった。ところが、『正信偈』には「帰命無量寿如来　南無不可思議光」とある。初めに帰命無量寿如来、命の讃嘆である。命の理想である。我々の一番心配になるのは命である。闇がよいか光がよいかと言えば人は皆光の方へ行く。が、もう一つ根本は命である。沢山の生物の中心の原理、或いは理想をここに現わして無量寿という。お経の名も『無量寿経』と古人が読んだことも非常に親しい意味合いがあるのであります。

『大無量寿経』というお経を崇める、そこに、「真実之教、浄土真宗」と言ってある。『大無量寿経』というお経はまことの教えである。真実そのままの教えを『大無量寿経』という。真実は『大無量寿経』の所以である。真実ということは一を現わす、不二を現わす。そこに二つのものの隔たりがなくなる。それが真実です。飾りが無い、嘘が無い、生物の根本の願いが実際の上に満足して行く。それ故に真実という。それが外の物に掩われたり、隠されておる時は真実はない。無量寿の命が湧き出て来たこの生物の無量寿を自分の上に感得した時に、恐るべき死も無くなっておる。危ぶむべき死も無い。死も生も、永遠の命の現われとして見ることが出来るようになる。そこに真実を見る。その教えが真実の教えである。

（昭和七年四月三日・北安田中本弥三郎家）

第三講

『教行信証』の「教の巻」のお話であります。『大無量寿経』という題の下に「真実之教」とある。この真実之教ということを昨日も一寸話しかけました、もう少し話したいと思います。

親鸞聖人は、何かと言えば二言目には真実と仰る。真に対して偽、善に対して悪、美に対して醜があるが、この真善美の三つを以て世の中のうるわしい方面を現わす言葉としてある。そのうち聖人はどの言葉を重んぜられたかというと、美でもなく、善でもなく、真ということを最も重んぜられた。善といい或いは美というのには主観的な個人的な匂いが多く籠っている。ところがこの真というのには、主客超越の心が強く現われておる。善というのも、美というのも自力の臭みが入るが、真というのには自力の臭みが無く、今の有るがままということが現われておる。選択廻向の直心と言われましたことはやはり真実心であります。

『無量寿経』は「真実之教」である。真実を教えるところの教えである。知識にも善知識と悪知識とあるように、教えにも真実の教えもあれば虚偽の教えもあります。『無量寿経』は真実の教えです。真実というのに対して虚偽ということがありますが、もう一つ真実に対して方便ということがあります。真実に対して方便ということになると根抵は一つなんです。『法華経』というお経は初めから方便をお説きになってある。初めに「序品」があって、それから「方便品」「譬喩品」がある。その「譬喩品」の中には「火宅の譬え」という一つの譬えがある。この「火宅の譬え」は前にも述べたが、長者の家に一人の子供があって、色んな玩具で遊んでいる、その家の奥から火が出て火事になった。子供は火事になっても一向平気で遊んでいる。さあ火事だぞ危いと言うても中々出ない。子供は火事の危いことを知らない。そこで親は心配して一つの方便を考えた。子供は玩具が好きである、殊にこの家の子供は乗物が好きである。親は、さあ門へ出て見よ、珍しい車が来ておる、一つは羊が曳いておる、一つは鹿が、一つは牛が曳いておるぞ、と。羊の車、鹿の車、牛の車の珍しいことをかねて聞いておる、それで子供は飛んで出た。子供は火事の難を免がれた。いよいよ子供が出て見たら、羊、鹿、牛の車は居ない、立派な大きな白牛の曳く車が待っておった、こういう譬えが書いてある。この世の中の、我々は長者の家の子供だ。「三界は安きことなし、なお火宅の如し」この世の中は火事場のようだと言われても一向に驚かない。逃げようという気がしない。そこで仏は方便を設けて、門へ出ると声聞やら縁覚やら菩薩やら、色々のすばらしい道があるぞと教えられる。と、そうかといって声聞の道へ行ったり、縁覚の道へ行ったりする者が出来る。話では、声聞・縁覚・菩薩の三つの道があるが、いよいよその道へ行ってみると皆仏になる道である。初めは声聞・縁覚・菩薩、三つの乗物、三つの乗物と分けてあるが、出てみるとただ一仏乗のみ、二無く三無しということが説かれてある。これを方便という。『法華経』は総べて仏の方便のお手柄を述べてある。第二十五「普門品」のお意《こころ》を見てもやはり方便である。『譬喩経』も仏の方便、善巧摂化の御方便を説いたお経であるということが出来るのです。大慈大悲の仏が色々の方便を設け、手を替え品を替えて衆生を済度して下さる、その済度の御方便を説かれたお経です。

聖徳太子はこの『法華経』の教えを深く信じておいでになり『法華経』の精神から影響を受けられて「入中施化」という事を常に仰せになる。「入中施化」とは煩悩の中に入って化を施すことです。これは方便です。又仏は常に衆生済度の為にじっとしておいでにならんのでありまして、地獄道・餓鬼道・畜生道へも現われづめにしておられる。だから一切世界は、仏様が衆生を通じて現われ給う所の仏土だというようにお味わいになっておる。かくて『法華経』は初めから仏様の御方便が説いてある。

聖人は久しく比叡山に居られて、この『法華経』の御教えを味わっておいでになられた。聖徳太子様を父の如く母の如くお慕い遊ばす聖人であれば、聖徳太子の信心の源であるこの『法華経』を熟読玩味せられたに違いない。然るにこの『教行信証』の中には『華厳経』『涅槃経』を、又、外典や『論語』まで御引用になっているのに『法華経』の空というお言葉は一語も御引用になっておられません、これはどういう訳でしょうか。

聖人は修行した比叡山を出られた。けれども一生天台宗の坊さんとして終られた。だから聖人は決して『法華経』を捨てられたのではない。やはり『法華経』の精神を味わっておいでになる。空のお言葉はないが『法華経』のこの「方便品」ということもよく味わっておいでになって、御和讃の中にも、

釈迦・弥陀は慈悲の父母
種種に善巧方便し
われらが無上の信心を
発起せしめたまいけり

とあるように、方便ということを言っておられる。それから、

大聖おのおのもろともに
凡愚底下のつみひとを
逆悪もらさぬ誓願に
方便引入せしめけり

という御和讃もある。この方便ということの味わいが権化という思想です。仮に現われる。権現というのもそうです。聖人は『観経』を方便の経とせられた。私共に頻婆娑羅王や韋提希や阿闍世や提婆という姿を出して、色々芝居を見せられ、そして凡夫往生のさきがけをして下さる。『観経』は方便の教えである。そしてこの『観経』に対して『大無量寿経』は真実の教えと仰る。『観経』と『法華経』は同時代。『法華経』と念仏は同時代だと古人も言われました。成程仏の方便を説いてあるという点から言えば『観経』、『法華経』は一つの流れをもっておる、相通じたところがあり、仏の善巧摂化のお相が説いてある。『法華経』にも悪人、女人成仏が説いてあるし、『観経』も悪人、女人成仏が説いてある。これに対して『大無量寿経』は真実の教えであると仰る。

如来のお相の中に自受用身と他受用身とある。自受用身とは修行が完成して福徳智慧共に円満し、真智明らかにして、常に真理を観照し、自らその法楽を享受しうる仏身をいう。真実の教えたる『大無量寿経』は自受用身の教えであります。『法華経』の教えというのは他受用身の仏の教えを説いてある。その点から言うと『法華経』でも『観経』でも方便で、他受用身の仏の相を説いてある。それをわかり易いように教えられたのを譬えて言うなら『大経』の阿弥陀様は坐像、『観経』の阿弥陀様は立像。『大経』の阿弥陀様は真実の相である。『観経』の阿弥陀様は方便の相である。

もう一つ知っておかねばならぬことは、方便というと、嘘だと思い、値打ちの無いものだと思うものがあるが、それは大きな間違いである。真実が形を顕わす時に方便となる。だから本当を言えば、真実の方便もない、又方便の真実もないのです。方便が

あって真実がある、真実があって方便があるのです。二つは離れられないのです。だから『観経』と『大経』とは離れぬものです。しかし形は分かれておる、真実教と言われるのは、衆生済度の根本になるお相だ。還相廻向の仏さんは無論往相廻向の仏さんである。「往相廻向の利益には還相廻向に廻入せり」で、仏の往相廻向には自然に還相廻向がつきものである。往相・還相に分ければ、真実は往相廻向、方便は還相廻向の相である。どちらがどうということは分けられないのです。真実の無い方便は嘘である。真実のやるせない心があればこそ、そこに手だてとして方便が出てくるのです。「譬喩品」の火宅の譬えも非常に有難い。如来が衆生を導くために、色々方便をして下さる。例えば浄土へ往生する時、極楽の蓮台がある。そこには微妙の音楽がある。百味の飲食もあり、応法の妙服も着ることが出来ると四十八願のうちに説いてある。形の上の願文は或は衆生の機に応じた方便の相です、或は衆生を導くためのお相です。いよいよ衆生がお浄土へ行ってみると、あのような蓮台はない、百味の飲食もない、虚無の身、無極の体である。虚無の身、無極の体と言うてもわからぬものだから蓮台の上に乗せて、こういう楽しみがあるぞと凡夫の心になぞらえて仰ってある。仏の本願の中にも方便の本願がある。『大経』は真実の教え、『観経』は善巧摂化で方便の教えである。又その『大経』の中に説いてある本願の中にも、真実の本願と方便の本願がある。真実の本願は第十八願。十九、二十願や他のほとんどの願は方便の願であると味わわれる。『大経』に西方十万億仏土の事を書いてある。又、如来の善巧摂化の教えを書いてある。しかし『大経』の根本は往相廻向の如来の相である。衆生済度の相でない、如来が如来と知らせられるところの根本の相である。済度のもとにある仏さんは、大慈悲のお方である。智慧のお方である。その大智慧、大慈悲のもとは何か、方便を記した根本は何処にあるか。真実にある。親が子供可愛さに田圃へも行く、町へも行く、山へも行く、その親の心は何処から出て来たか。真実から出た。『大経』の阿弥陀さんは立像の阿弥陀さんでない、坐像の阿弥陀さんである。往相廻向の阿弥陀さんである。衆生のための阿弥陀さんでない、如来自身のための阿弥陀である。その事を説いてあるのが『大経』である。だから真実の教と言われるのである。

私は一時『歎異鈔』の御教えが届かぬように感じた時に『大経』を読んで、はっきりした味わいを得さして貰うた。『大経』は往相廻向の相で『歎異鈔』の底には還相廻向の教えが流れておる。『大経』は還相廻向の起こってくるもとの如来さんの本願の相が現われておる。これが往相廻向の本願であるが、如来が自ら成就し給う相である。『大経』を一寸聞くと自力のように聞こえるが、如来の善巧摂化の御方便をちゃんと仰いだ時、他力の味わいがある。ところがその他力、いや善巧摂化の教えは、往相廻向の真実によって我々の胸に生まれ出て下さる所の信心である。如来の還相廻向が私共に現われて、私共の往相廻向になる、蓮台が設けられる。そうすると、真実の道が大切なことになる。そういう点からいうと『歎異鈔』などは方便の教えである。『大経』の阿弥陀さんには、『観経』に顕われるような方便がないが、『歎異鈔』の中に、「善人なおもて往生をとぐ、いわんや悪人をや」とあります。あの偉大な方便の教えの中に真実が無いかというに真実はこもっている。『大経』はその真実を真実のまま丸出しにされるお経である。『大経』の根本に何があるかというに、法蔵菩薩の因位の本願が説かれておる。法蔵因位の本願と因位の修行を説く。往相廻向の出来上がりです。その往相廻向というものを多く説いたのが上巻です。下巻はそれを説くすがたよりも、衆生済度のすがたであります。だから上巻、下巻を分けると、上巻は真実、下巻は方便である。それで昔から真宗は、上巻の十八願を因位の願、下巻の成就の文の方を証果の願といっております。成就の文でいえば方便の相は衆生に対する相である。そこに衆生済度の相が現われて下さる。しかしその成就の文の根本はどこにあるかというと、第十八願であります。その第十八願の根本は法蔵因位の誓願にあるのです。

法蔵菩薩が、

光顔巍巍として威神極まりなくまします。
かくの如きの焰明ともに等しきものなし。
日月摩尼珠光の焰耀も、
皆ことごとく隠蔽せられて猶し聚墨の若し。
如来の容顔は世に超えたまいて倫なし。
正覚の大音は響き十方に流る。
戒聞・精進・三昧・知慧・
威徳侶なく、殊勝希有なり。
深くあきらかに善く諸仏の法海を念じ、
深きを窮め奥を尽くしてその涯底を究む。
無明と、欲と、怒と、世尊は永くましまさず。
人雄師子、神徳無量なり。
功勲広大にして、智慧深妙なり。
光明威相、大千に震動す。
願わくは我れ作仏せば聖法王に斉しく、
生死を過度して、解説せざるなからん。

と言われた、あれが根本である。そこに真実がある。一切衆生と共に平安な道を行きたいというその大願のもとの形を現わして下さった。自分が助かりたいというところの一点から道が開ける。その自分が助かってゆく時に一切衆生と共に助かってゆく還相廻向の相があるのです。往相廻向は自分が助かる道、還相廻向は一切衆生の助かる道。還相は往相から現われるのです。真実は往相廻向である。『大経』は如来さんの往相である。阿弥陀如来が阿弥陀如来と成らせられたところの根本を説いてある。この根源から『法華経』の慈悲の相も『観経』の慈悲の相も現われるのです。どちらかというと『法華経』も『観経』も慈悲を現わし、『大経』は智慧を現わすのです。そこに真実ということが『大経』に余計つくのです。だからやっぱり慈悲の面から言えば『観経』が大切になる。

真宗の御本尊は方便の法身である。慈悲であります。方便は大切である、如来の方便によって衆生は真実を得るのです。方便は根本の真実から流れてくる。我々は如来の報身によって何を得さしめらるかというと、如来の真実である。真実は往相である。ともすると、うかうか如来の衆生済度を聞いておると、衆生済度のために自分が説教者になることがある。これは無論、偽者である。こういうことになって弊害をみるのだ。私共は如来さんの還相廻向の御利益から、自分の往相廻向の信心を得さして貰う。聖徳太子はこれを、如来の直心はこれ浄土の遠縁である。衆生の直心はこれ浄土の正因であると仰る。この如来の直心、遠縁は同様に増上縁に動かされて衆生の直心が起こる。その衆生の直心がまさしく種になって浄土往生が出来る段取りである。その衆生の正因は何か、往相の信心である。だから『大無量寿経』は、根本の坐りである。

聖人は『法華経』を味わわれ、『観経』を味わわれ、所謂、念仏で助かるということを味わっておられたのです。その念仏ということになれば『観経』も『法華経』も念仏です。『大経』は何か、念仏の体を説いてある。念仏の本当の真髄を説いてある。念仏ということになると衆生の方へかかわりが出来る。所謂、方便に現われておるその方便のもとの体を説くのが『大無量寿経』である。方便権化の教え、それが真実の教えである。聖人はものの本源を極めねば止まぬお方である。だが聞くというのは、仏願の生起本来を聞くのだから、余程出来たお方です。本願を聞いても底を極める。だから自分のどん底に気が付いて「とても地獄は一定すみかぞかし」と仰るのだから、余程頭の鋭いお方であります。よいかげんに聞いておられん、聞いたならその底まで味わい尽くされたお方である。だから『法華経』や『観経』のお慈悲で助かるというだけで満足できない。そのお慈悲の根源を極め、そのお慈悲の起こってくるもとは法蔵因位の、それは世自在王仏の本願から法蔵菩薩の本願が起こるのですが、そこに自ずから南無阿弥陀仏が出られるのです。その南無阿弥陀仏が縁になって、衆生に発起せられる根本に坐せられ、又如来の方便を聞かせられて真実を味わわれる。だからそこに如来と等しと仰る。単に弥勒菩薩を仰いでおられる方ではないのです。弥勒と等しという味わいをせられ、「補処の弥勒のごとくなり」と仰る。だから諸仏と等しというところの位を味わわれる。ここが真実の教えを頂かれた真実の信心獲得の相であります。こう味わって来ますと、ここに『大無量寿経』、真実の教と仰ったことが大分わかったと思います。

『観経』を選び『法華経』を選んで、立像の仏を選んで、坐像の仏を顕わす。還相廻向の仏を選んで往相廻向の仏を顕わす。無論、如来の還相廻向から我々の往相の信心が作られるのだが、その還相廻向の根本は如来の往相廻向にあるのです。そこまで極められたのです。だからそこには単なるなまぬるい他力という味わいよりも、他力の根本の、如来の他力になる。如来の他力も又世自在王仏からの他力である。我々が如来の他力によって我々自身を発起せしめられるのだ。そこから自分が歩み出て行くという力を強くお味わいなされたのだ。現実に如来の慈悲を感得して行くということは、現実に如来の智慧を頂いて行くということだ、そしてその道を根本的に極めさせられた聖人のお心は、この『大無量寿経』は真実の教なりというお言葉から現われて下さったことを味わいます。

（昭和七年四月三日・明達寺）

第四講

今日も続いて「教の巻」のおこころを味わいます。今日は、「大無量寿経、真実之教、浄土真宗」この標挙の、浄土真宗ということのおこころをお味わいしようと思います。

浄土真宗というと今日では一つの宗団の名前になっておる。同じ仏教でも色々説く所が違い、それによって各々団体が出来、その団体の宗とするところをもって宗名の名乗りをしたのであります。奈良朝の頃出来た集まりを華厳宗と言った。これは支那から直ぐに華厳宗という名が伝わったのでありまして、『華厳経』を宗とする教えであります。だからこの宗旨になる人は、『華厳経』によって道を求める人の集まりなのであります。それから法相宗、これも支那から来た名であります。この名はその法の面から名付けたのであります。依る所の聖教は世親菩薩のお作りになった『唯識三十頌』、それを註釈された護法菩薩等十大論師、それをまとめた玄奘の『成唯識論』、これによって道を求める集まりであります。この『成唯識論』や『般若唯識』というようなものには、一切法の相が明らかに説かれておる点からこの宗を法相宗と言う。

又同じような時代に日本に伝わった宗旨に三論宗というのがある。インド大乗仏教の中観、瑜伽の両系中、中観系より出でて、支那に大成し日本に伝えられた一宗であります。この三論というのは、『中論』『十二門論』これは竜樹菩薩のお作りになったもの、それから『百論』これは提婆尊者がお作りになったもの、この方は提婆達多と違う竜樹菩薩のお弟子である。この三つの論によって八不中道の御法を説くのであります。三つの論に依る所から三論宗と申します。

次に天台宗というのがある。これは支那の天台山に在って智者大師が開創せる一宗で、基づくところは『法華経』と竜樹の思想である。平安朝時代に日本の伝教大師が支那に渡り、天台の智者大師のお書きになった『法華経』の御法をくわしく受けて帰られた。もとより『法華経』は聖徳太子が最初に日本に於いてお味わい下さったお経であります。伝教大師は入唐して道邃《どうずい》、行満よりこれを受け伝え、比叡山に依ってその流通に務められたが、支那天台そのままではない。

次に真言宗であります。弘法大師が入唐し、大同元年帰朝と共に日本に於いて独立した宗旨であります。宗要典籍は『大日経』『金剛頂経』。弘法大師は伝教大師と同じ時代であって、入唐して恵果に学ばれた。『大日経』の教えの現わす所は真言であります。真言とは真実の言葉。世の差別の境界をそのまま現わす言葉として『大日経』の教えを弘められた。インドでもその宇宙の言葉をそのまま味わわれる宇宙の声、その宇宙の声を聞くということが基礎になっておる。その真言仏智の悟りを教えるのが真言宗です。平安朝の間はこんな教え称えておるものを真言という、或いは真言陀羅尼という。が弘まった。

鎌倉時代、栄西禅師が入宗し、天台山万年寺の虚菴懐敞に就いて臨済禅の伝えを受け、滞支六年の後、建久二年帰朝、禅宗を唱えて民衆の帰向を得た。日本臨済宗の開祖であります。やや遅れて道元禅師がある。栄西禅師の弟子筋で、やはり支那に渡り、明州天童山景徳寺の如浄に参じて、曹洞の堂奥を聴許された。曹洞宗の開祖、永平寺の開山であります。

その頃法然上人がお出ましになった。法然上人は浄土宗の開祖であって、天台宗の教えから出た人である。栄西禅師も道元禅師も天台から出られた。親鸞聖人もこの天台宗の中で育って来た人です。

法然上人は報恩蔵に入りて大蔵経を五回も閲読されたが、善導大師の『観経疏』を読み、初めて弥陀本願の深重なるを覚り、たちまち余行を捨てて専ら念仏門に帰された。支那の唐の世に善導大師が『観経』の講釈をくわしく成された。善導大師がその講釈を書かれる時には、毎日金色の阿弥陀如来が御指導下さった。その御指導を受けて書かれたという。それくらい善導様には自信のある御著述であります。法然上人はその『観経疏』を拝読されて初めて念仏の一道ということが自分のものになった。念仏を称えて助かるということは『観経』にちゃんと説いてあるのだ。そういうことは支那でもとっくに教えられてある。で、法然上人は浄土宗の開祖である

それから日本で源信僧都が称名念仏の一道を開かれた。別に法然上人が新しいのではない。禅師は一切仏教を聖道門と浄土門とに分けられた。聖道門とは清らかな道、浄土門は奇麗な土である。道というのは人が歩んで行く所、土というのは人の住まう所です。広げて言うたら、土のうちにも道があるということになる。進んで行くのと、じっと坐っておるのと、そのけじめが聖道と浄土とである。聖と浄とは同じですが、この浄土ということは、道綽禅師の『安楽集』に出ている。道というのは人が歩んで行く、土というのは人の住まう所。道には主観的な色彩がある、土には客観的な色彩がある。道を行くのは主観的である、土は客観的である。けれどもその下に道という字と土という字を書いたので違う。道には主観的な色彩がある、土には客観的な色彩がある。道を行くのは主観的であるる、土は客観的であるということも一面言われます。というのは自分が歩いて行く道というのだ、土というのは自分が運ばれるということになる。

そこで道綽禅師は、仏教の門に聖道と浄土と二つある、念仏の道は浄土門、余行は険しい陸路を行くように、修行し精進する道で聖道門である、こう仰った。念仏の門が何で浄土門だというと、念仏の道は仏を信じて浄土へまいる。浄土という目当ての道がある。到達点がある。ところが聖道門は果の点から付けた名である。だから因に対しては聖道門というのが当り前かも知れん。浄土門は因の点から付けた名である。だから因に対しては聖道門、果に対しては念仏門というのが当り前かも知れん。聖人は、聖道、浄土というのを並べて味われたのではない、進んで立てて味われた。仏教に二つの門あり、聖道、浄土これなりと道綽禅師の言われた道をそのまま伝え受けて、聖道門は要門、浄土門は弘願門と言われた。聖道というのは、浄土へ行く要の道。六度万行の修行をする聖道門は念仏の中に納まる、念仏迂行く道だ、それから念仏に入る、それから浄土が開かれる。こんなに味おうておられる。だから聖人の思召しから言えば、三世諸仏弥陀仏三昧により、成道正覚するという『般舟三昧経』で、はっきりとおこころを味わっておられると召しから言えば、三世諸仏弥陀仏三昧により、成道正覚するという『般舟三昧経』で、はっきりとおこころを味わっておられるということになる。一切諸仏は皆弥陀仏の三昧によって成道正覚する。念仏しなければ仏になれん。ここまで手だてしておいでになるのです。

法然上人は、善導大師や、道綽禅師の流れを汲まれて、念仏の一道を歩んで、浄土往生を期せられた。『選択集』の最初に、道綽禅師の聖道、浄土の二門を分けられたことを書き、自分が属しておるのは、この浄土門であるとせられ、自分に相承した大きな系統をちゃんと『選択集』の上に名乗られた。浄土宗は法然上人が開祖であるけれども、これは支那から相承した名である。それから同じ時代に『法華経』を宗とする道を行く人に日蓮上人がおられる。法華宗というべきであるけれども、法華はあまりにも人口に膾炙されていて、それだけでは余り広過ぎて困るために、日蓮上人の名を取って日蓮宗と言う。ところが親鸞聖人の真宗という名はいつから付いたか。聖人は浄土真宗という言葉を使っておられるが、浄土真宗ということは既に支那の善導大師が仰ったことで、御和讃に、

　真宗念仏ききえつつ
　一念無疑なるをこそ
　希有最勝人とほめ
　正念をうとはさだめたれ

と述べられている。又法然上人を御讃嘆されるところには、

　智慧光のちからより
　本師源空あらわれて
　浄土真宗をひらきつつ

選択本願のべたまう

とお述べになっている。又「悲歎述懐和讃」の中には、

浄土真宗に帰すれども
真実の心はありがたし
虚仮不実のわが身にて
清浄の心もさらになし

という御懺悔がある。だから、浄土真宗という語は初めて聖人が仰ったのではなく、とうの昔からあった。のみならず聖人はこの浄土真宗を自分の宗旨としておいでになった。そういう所から聖人の流れを浄土真宗と名付けられた。聖人のお流れが世の中に盛んになったのは蓮如上人の時代ですが、その時代には浄土真宗は、他からは一向宗と言われていた。一向宗の名の起こりは、もろもろの雑行を捨てて一心一向に弥陀を頼む点から一向宗というたものである。しかし自ら一向宗と名乗ったのではない。浄土真宗という名の届出が成される時に浄土宗の人達から抗議が出た、浄土真宗といえば、浄土宗の真の宗ということになって浄土宗は偽のようになると。そこで浄土だけ取って真宗と呼ぶようになった。それで反対する人々との間に妥協は出来た。そういう具合に簡単にして呼び名が出来たのであります。

ところが、真宗とこういうと、若い我々の頭には、どういうものが動くかというと、今の本山、今の坊さん、今の同行、こういうものが心に動く、それは一つの団体になっておる。団体といえば、団体の出来た元を考えると、聖人のお亡くなりになった後、聖人をお慕いする人が毎年聖人の御墓所に集まって、受けた御化導を語り合うて聖人をお慕いする、そういう一つの集まりが出来た。その集まりに真宗という名が冠されるようになった。だから親鸞の名を取って親鸞宗というてもよいはずである。日蓮の名を取って日蓮宗という名が出来たように。この頃親鸞教という言葉が出て来たが、本当は聖人が浄土真宗と申されたのは何処にあるかということを考えると、勿論本山でもなければ末寺でもない、同行でもない、坊さんでもない、無宗教である。無宗教の信心である。これが浄土真宗である。

浄土真宗とは何の事か、『仏説無量寿経』のお経の事である。宗はお経である。太子様の『十七条憲法』を頂くと、

一に曰く。和《やわらぎ》を以て貴《とうと》しと為し、忤《さか》うこと無きを宗《むね》と為す。

とある。ここに宗という字がある。第二条に、

二に曰く。篤《あつ》く三宝を敬《うやま》え。三宝とは仏・法・僧なり。則ち四生之終帰《よつのうまれのついのよりどころ》・万国之極宗《よろずのくにのきわめのむね》なり。

とあり、ここにも宗ということがある。仏法僧の三宝は万国の宗である、終極の宗である、ということが書いてある。忤《さか》うこと無

きを宗と為す、或いは、仏法僧の三宝が万国の極めの宗だと。やはり真宗の宗の字もむねという字である。この宗《むね》は、我々の胸と同じです。胸から息が入ったり出たりする。人の本源、呼吸の本源である。だから胸は宗《むね》である。胸は最も大切な所です。宗という字は宀《うかんむり》に示《しめす》。示は祭り、神を祭るの意、神のみやしろということになります。それで宗ということは、極めて大切なのです。人間がその前に跪く所、仰ぎまつる所、それが宗です。一番大切な所です。その上に真という字が付いて真宗であります。大切な所にも真と偽があるように、真宗の真は偽に対しておるのです。聖人は真ということを言われる時に、いつも仮ということを言われる。真実方便ということも、方便化土ということも言っておいでになる。真偽ということより真仮という言葉をお使いになる。これは仏教では、真仮、実相ということがある。まことの道理、それが世の中に姿を現わした時に仮という名をつけるのだ。仮相という仮の相である。仮である、そういう具合に真仮を分かちます。

　真宗というのは真即ち宗、まことの宗というより真を宗《むね》とする。真の我々の宗旨というのが依主釈であります。真即ち宗というのは持業釈になる。依主釈、持業釈かねて真宗、真が宗である。聖人は何を宗とせられたか、真を宗とせられた。そこに浄土を加えたのは何か、浄土は一面穢土に対し、又一面は聖道に対します。『勝鬘経』や『維摩経』や『法華経』の中に浄土とあるのは、大抵穢土に対するのです。ところが道綽《どうしゃく》禅師はこの浄土ということを聖道に対せられた。ここに浄土真宗とある浄土は、穢土に対する浄土であるか、聖道門に対する浄土であるか、それは一つの問題になる。法然上人の『選択集』の第一章に、道綽禅師の聖道門、浄土門の教相判釈を表わして自分の立場を明らかにせられた。この法然上人の『選択集』御製作の態度を、聖人が相承せられたのを見るならば、この浄土真宗という浄土は、聖道門に対した浄土である。そうすればこの浄土門が即ち真宗ということになる。

　ところで、浄土と真ということが又一つになるのです。浄土のうちに真偽があるかというに、浄土即ち真である。浄土とは真実の世界、浄土に対する穢土は不真実の世界である。『維摩経』に「直心はこれ菩薩の浄土なり」とあります。直心は正直な心。正直な心が所縁となってまいるところの浄土、そこへは嘘、偽りの者はまいれない。嘘の無い真《まこと》の人がまいると書いてある。浄土というのは即ち真土であります。だから聖人は浄土の事を真仏土と言われる。「教行信証」を更にひらいて「真仏土の巻」というのをお書きになってある。仏に化仏がある。その化はばける化である。衆生済度の仏である。真仏というのは真実の仏、真が即ち仏です。浄土真宗というと浄土即ち真宗である、穢土は化である。

　そこで昨日から段々言って来ました、一切経の中に『大無量寿経』は真実を現わすお経で、『法華経』や『観経』は方便の教えである。けれどもここに言わねばならんことは、方便ということは、真実とは意味が別というのではない。ただ形が違うのです。本当を言えば、方便を離れて真実はない。真実を離れて方便もない。真実が方便に現われぬというような真実はない。真実を含まぬ方便もない。だから、『大経』は真実の教えを現わすとすると、『観経』は方便の教えだというように隠顕の説を立てる。私らの若い時はやはり方便は真実よりも浅いと思っておった。どちらが奥深いかといってもどちらやらわからぬ。例えば、お浄土と娑婆とどちらが奥深いか、この世から言えば浄土は奥であるが、浄土へ行ってから娑婆に還相するという時には娑婆は奥になる。往相廻向の人からは、浄土は門内で、娑婆は門外である。還相廻向の人からいえば、娑婆は門内で浄土は門外である。真実は浄土で方便は穢土です。浄土は真です。昨日の所に、「真実之教」というのは、真実を教える教えだとありました。ここへゆくと教えということと宗ということと一つになる。第一の割註に、「真実之教」とある真は、浄土の真です。この真実を形の上に現わして浄土という。

それでは聖道というのは、真実でないかというに、聖道も真実です。が、聖道というのには方便の意味が備わっておる。なぜか、そこに個人の道というようなことが味わわれる。浄土の全てが仏の光に満ち満ちている、だから仏の浄土という。教えを悟らぬ者は一人も無い、草木国土まで皆阿弥陀さんの荘厳である。鳥や草木に至るまで念仏・念法・念僧の声を発している。だからお浄土は仏の声でないものはない。百味の飲食も、米麦果物全てが腹に満ち足っておる。着物も満ち足っておる。お浄土の仏さんの現われでないものは一つも無い。皆阿弥陀如来の正覚の華より化生したものである。仏さんの正覚から現われるのです。だから浄土は皆真です。『大経』は何を現わすか、浄土の真を現わす。それを宗《むね》とする浄土真宗とはその浄土をいうのです。真宗の宗《むね》は『大経』である。『大経』は真だ。『大経』にはそういうことを説いてある。浄土真宗は浄土を、即ち真実を説く。穢土の事を説く教えでない。化を説く教えでもない、真を説く教えである。それで真という。真実に腰を据えるのです。

「心を弘誓の仏地に樹《た》て、情《じょう》を難思の法界に流す」、心を弘誓の仏地にたてるというのが『大経』の根本である。無論、還相廻向の上に立つのではない、往相廻向の上に立っておる。そこで真宗の教えは他力廻向の信心ということになれば、如来の還相廻向が基礎になり、衆生の往相の信心が出てくる。こうなると『観経』の方が『大経』より主《おも》になる。慈悲の面からいえば『観経』が主になる。真宗の寺には『観経』の阿弥陀さんを荘《かざ》る。それは立った阿弥陀さんで、方便の阿弥陀さんである。では聖人はどうして『大経』を重んぜられたか、法然上人や善導大師は『観経』を主にせられた。善導大師は、弘願というは『大経』に説くが如しと言っておいでになって、然も『観経』を主にせられた。仏の慈悲ということを根本にせられた。親鸞聖人はその教えによって念仏せられたのであるが『観経』のこころを受けて『大経』に転入された。

近頃、救済教、自覚教、救いの教え、自覚の教えということがよく言われています。聖道門は自覚を教える、浄土門は救いを教えるという。救いは仏の還相廻向の上に立つ。『観経』は救いが現わされている。それに対して、『大経』は自覚が現わされている。だから『観経』の教えに慣れておる者は『大経』の教えを聞くと何だか聖道門のように思われる。寝たら寝たなり、起きたら起きたなり、仏さんのお慈悲一つで助かると。それは間違いない、それはその阿弥陀さんの本願が貫われたのだ。本願のおこころが自分の胸に現われて本願成就の生活をするというと、何だか自力のように思う。本当の慈悲が自分の胸に貫われた人なら、それは自分の上にはっきりしている。けれど、ただのたりのたり遊び事のように聞いて糠喜びをしておるような人は、信心の上に本願が生きて下さるような姿が見えない。そういう姿からいうと聖道門のように思う。本当に慈悲が頂かれておる人なら、今日の生活の上に明らかに働いていて下さる阿弥陀様……法蔵菩薩のお相は我が胸に現われて下さる。その阿弥陀さんは因位の阿弥陀さんである。救うて下さる阿弥陀さんは、救われ手の無い我が上に現われて下さる。どんな環境に在っても救いを求めますと、終極には救うて下さるお慈悲の味わいがわかる。救うて下さる阿弥陀さんが救われる自分の上に現われて下さる。

『観経』の阿弥陀さんは行者、『小経』の阿弥陀さんは救い手である。救うて下さる相である。ところが『大経』の阿弥陀さんは、救いの無いところの我が上に現われて下さる。私は救われ手である。遠く昔でいえば『大経』の法蔵菩薩は誓願を建て、世自在王仏に救われて自身が仏に帰命せられる。『観経』の阿弥陀さんは、救われて浄土へ行って我々に姿を現わして下さっておる。『大経』の真実は慈悲の終極であります。我々に慈悲が貫われたところである。仏の還相廻向によってたつのが『観経』である。仏さんの往相の信心が自分の上に現われてくるのは『大経』である。そこに聖人の信心為本というお叫びを上げられねばならぬ基礎があるのです。その点でいうたら別に『観経』がつまらんというのでないが『大経』が中心になる謂れがそこにあるのです。

聖人の宗教は『大経』です。この法蔵菩薩が中心である。で、「総序」の初めに「窃《ひそか》に以《おもん》みれば、難思の弘誓は難度の海を度する大船」と言われる。それから『教行信証』の、どの巻も皆本願をお引きになる。それが「教の巻」に入りますと『大経』が宗だと仰る。『大経』の何を仰るか、「如来の本願を説くを経の宗致と為す。即ち仏の名号を以て経の体と為るなり」と。本願の船は仮の相であります。仏の名号をもって経の体を現わされる。これは後から出てくるが、御和讃を読んでおって気が付いた。

　南無不可思議光仏
　饒王仏のみもとにて
　十方浄土のなかよりぞ
　本願選択摂取する

これを頂いて有難いなあと思った。南無不可思議光仏、これは名号です。果上の阿弥陀さんです。饒王仏とは世自在王仏です。因位の法蔵菩薩が世自在王仏のみもとで、十方浄土の中から本願を建てられた。これがお経の尊さです。世自在王仏のみもとで修行にかかられた法蔵菩薩は、もともと南無不可思議光仏であります。果上の阿弥陀さんが因位の法蔵菩薩になられたのであります。

「大経和讃」に、

　弥陀成仏のこのかたは

いまに十劫とときたれど
塵点久遠劫よりも
ひさしき仏とみえたまう

とあります。又「讃阿弥陀仏偈和讃」に、

弥陀成仏のこのかたは
いまに十劫をへたまえり
法身の光輪きわもなく
世の盲冥をてらすなり

とあるように、本体を現わすと、もっともっと昔の仏である。それが「南無不可思議光仏　饒王仏のみもとにて」こうなっておるのであります。この聖人のお心と共になるというと、「如来の本願を説くを経の宗致と為す。即ち仏の名号を以て経の体と為るなり」と。

『仏説無量寿経』全体が仏さんのお心の現われである。そのお経の中心はどこにおいて説き出されたか、それは仏の名号を以って経の体とすとある。如来の本願を宗とする『仏説無量寿経』は、真実之教、浄土真宗、であるから、その真宗の宗も真も本願である。この点から覚如上人の、本願寺の御坊これなりと言うお言葉が出たのです。本願が真であり本願が宗ということも共に因位です。因位の本願は世自在王仏の教えから流れて来たのです。そして世自在王仏の教えを受ける前に教えを受けねばならぬ仏の心があるのです。

その事を深く味わいますと、我々が今日救い手の仏さんのお心をだんだん聞かして貰って、そして自分のこの心持が救われ、自分の上に帰命の一念を発得する。その帰命の一念発得はどこから起こるか、我々のそこに久遠実成の阿弥陀さんが腕を貸して下さっておる。ただでは助からぬ者が、助かるという喜びの中から作願を重ねる。助かる縁手がかりの無いのに、助けて下さるとの喜びをもって我々に説き明かして下さる。そこに我々自身に、久遠実成阿弥陀仏という喜びが出てくるのです。ここに浄土真宗というお味わいが深く味わわれます。

これから「教の巻」に入って更にこの事をくわしく味わわして貰います。何でもお聖教を皆と一緒に頂こうと思って毎日考えておると、自分に尊い教えがすっと教えられ、思わぬ時に私にその光が差して来て、毎日新しい御教えに触れさせて貰うことが出来るのを喜んでおります。

（昭和七年四月四日・明達寺）

第五講

謹《つつし》んで浄土真宗《じょうどしんしゅう》を按《あん》ずるに、二種《しゅ》の廻向《えこう》有り。一《ひとつ》には往相《おうそう》、二《ふたつ》には還相《げんそう》なり。

浄土真宗ということを細かにお味わいして来たのです。その浄土真宗に、「二種の廻向あり」、このお言葉が大変味が深いのです。廻向ということをくわしく言えば、廻転趣向であります。こちらのものを転じて向うに趣かしむるということが廻向であります。向きを変えるのです。ぐるぐると椅子が廻転するのを廻転椅子という。この廻《かい》の字が廻向の廻《え》という字である。向う見ている人の向きを変えるのです。

そこで廻向という意味合いには、仏の廻向と凡夫の廻向とある。仏の廻向は衆生廻向です。衆生凡夫の廻向は菩提廻向です。これはどういうことだというと、仏の方から衆生に向けて手向けて下さる、それを衆生廻向という。又菩提廻向というのは、衆生の方から仏に手向けるという意味です。しかし細かに言えば、衆生の方に仏が手向ける廻向と、衆生同志手向ける廻向と二つある。仏の方にも、衆生に手向ける廻向と、仏同志手向ける廻向と二つあるわけである。だから仏にも菩提廻向と衆生廻向がある。凡夫にも菩提廻向と衆生廻向とがある。普通にはこの廻向ということは、衆生が仏に連れられてまいらせられる、或は衆生が衆生にまいらせられるという意味になる。

この廻向という言葉の出所は、『大経』では、四十八願の中の第二十願に「至心廻向欲生我国」という言葉が出ておる。それから下巻の第十八願成就の文には、「至心廻向」とある。この二十願の廻向ということは、衆生が如来さんにまいる廻向と、如来さんが衆生に下さる廻向と両方の味わいがあります。

二十願は至心廻向欲生我国、十九願は至心発願欲生我国、十八願は至心信楽《しんぎょう》欲生我国。三願を並べてみると至心発願欲生という時は本願は一応衆生の方の欲生である。二十願は如来の方から下さるものである。十八願の信楽《しんぎょう》はこちらからまいらせるのではない。向うから下さるのでもない。本願と廻向と二つ一緒に鳴った、どちらの手に鳴ったやらわからん、いわゆる機法一体、仏心凡心一体、そうした信楽《しんぎょう》である。だから十九願は自力になる。二十願は半他力。十八願は自力他力を超えた他力。他力と思うことも、天地に満ち満ちた他力である。こういう具合に三願のおこころを味わわれるのです。

しかし多くの人は、この二十願の廻向というのは、衆生から如来さんに向う心だと解釈しておる人が多い。聖人は顕の義から言えば、衆生が如来さんに向う心だが、隠彰の実義から言えば如来さんのお心がこっちに向いておって下さる、こう仰る。隠彰というのは普通顕われてくるもののもう一つ深い原因であります。聖徳太子様が『維摩経』を味わわれた時に、「直心はこれ菩薩の浄土なり」と言っておられる。又、直心は浄土へまいる遠縁だと仰った。浄土へ往生する正しい種は、衆生のまごころである。衆生の直心はどうして起こるか。如来さんの直心が衆生の方に至り届いて下さるのであります。こうなると衆生の方から如来に廻向する、その廻向するものはどこから来たかというに、それは如来さんからの貰い物である。貰い物を廻向する。下巻の成就の文に、至心廻向願生彼国とある。これも多くの人は「至心に廻向す」と読んだ。聖人は「至心に廻向したまえり」と読まれた。至心に廻向してというのは、文に現われた表の心である。至心に廻向するその心はどこから来たか、至心に廻向したまえりであります。こちらが向う心は、向うから向かわして下さる心である。私共が御開山のお墓に参る、或いは先生のお墓に参る、こういう場合に参るのは私である。しかしただ参られるのではない、自分を引きつけて下さる。参らせて下さる御開山のお心が加えて下さるのである。参るように引きつけて下さるのは如来さんである。自分が人に物をやる、自分がやるのだが、自分をしてやらしめるのはやはり向うの力がこちらへ現われ出て下さるのである。これが隠彰の義である。隠れた意味である。廻向というのは下されるものである。捧げ物というが、こっちから如来さんの方に捧げる。ところがその捧げるということの根源は、捧げしめて下さるところの働きがあるのであります。これが廻向したまえりであります。廻向するというのはこちらから行く、廻向したまえりというのは向うからさせて下さる。譬えば南無阿弥陀仏を称える、これは如来様に向うて廻向するのだ。「願以此功徳　平等施一切　同発菩提心　往生安楽国」、こっちの施したものは、一応施したのだ。ところがそのこっちが如来様に御廻向申すその心、その御名号、それは如来さんが自分に与えて下さったのであります。

そこで南無の二字の講釈を善導大師がなされたのには、「南無というはすなわち帰命なり、またこれ発願廻向の義なり」と仰った。南無という二字は仰せを承ることだ。仰せを承ることは、発願して廻向する、こっちから如来様に向うてゆくのだ。こういう場合に、発願廻向ということがわかる。こっちが承って申すことは、如来さんに向うて行く心があるのだ、これは一応味わわれるのだが、この善導様のお心について、御開山はどう味わわれたかというと、「如来已《すで》に発願して衆生の行を廻施したまう之心なり」と仰る。発願は自分の発願でない。如来の仰せに従うということの信心は、如来から発願して私に与えて下さる意である。如来の発願というは、お与えである。どこ迄も他力のお味わいを味わわれるのであります。そこで廻向ということが真宗の根本義になっております。

「浄土真宗を按ずるに、二種の廻向有り」。真宗の、真実の宗とする所に二つの廻向がある、この廻向は下されも《（ママ）》のである。御開山様の廻向は常に他力を現わす。如来すでに発願して廻向したまう。廻向ということは如来さんが衆生のために下されたものだということが御開山の特別のお味わいなんであります。真宗というものが私共に何を与えて下さるかというと、そのお与えは二つある。二種の廻向がある。一つには往相、二つには還相。往相というのは往く相、還相というのは還る相である。この廻向を往相、還相と二つに分けられたのは天親菩薩であります。天親菩薩が『浄土論』の中に、廻向ということを講釈せられて、廻向に往相・

還相二つありと仰った。往相というのはどこへ行くか。お浄土へ往く。お浄土へ行く相にどういう相があるか。礼拝・讃嘆・作願・観察・廻向、その五念門がある。この五つは皆お浄土へまいる相である。さてこの廻向という五番目の相が二つに分かれて、往相・還相となる、この廻向門は、普共諸衆生、往生安楽国ということが廻向門の意である。「願以此功徳　平等施一切　同発菩提心　往生安楽国」、これも廻向門のこころである。

我々は自分で喜んでおる。この自分の喜びを一切衆生に分けてやりたい、これが廻向の心である。又如来さんが私共に下さることである。では何を下さるか、私達に浄土へ往く種と、還る種と、往相と還相と二つ下さる。往相とは仏になる道なんです、還相とは仏になってから衆生を済度する道なんです。穢土から浄土へ行くのは往相、浄土から穢土へ済度に出てくるのは還相である。

弥陀の廻向成就して
往相還相ふたつなり
これらの廻向によりてこそ
心行ともにえしむなれ

御和讃に、弥陀の廻向と仰った。「教巻」の初めには「浄土真宗を按ずるに、二種の廻向有り」とあります。この和讃には「弥陀の廻向成就して」とある。この浄土真宗の中から廻向ということがひょっと出てくる所に、非常に深い味わいがある。いわゆる他力真宗といわれる故がそこにある。浄土真宗は『大経』、『大経』の根本は本願、だから浄土真宗に二種の廻向ありということは、阿弥陀さんの御本願に二つの廻向があるということである。御本願が我々に下されるものに二つある。それは我々が浄土へまいる種と浄土から済度にくる種です。「自利々他円満して　帰命方便荘厳」という御和讃もある。自利が利他です。私だけが助かるのでない、一切衆生も助ける。それが二種の廻向です。私が助かってゆくのは往相廻向、一切衆生も一緒に助けるというのは還相廻向である。

うちの武雄は世話になった人の所へよく物を贈る。けれども贈るのはいつも自分が物を貰った人にだけである。だがこういうように呉れる人にばかり物を上げてはいかん、仏さんは自分の物と人にやる物と一緒に下さる。親が子に物をやる。子は親に貰った物を人にやる。するとお前にやった物を人にやらんでもよいという。仏さんはお前もお食べと皆に分けてやられる。人に分けてやらないで、自分だけ食べるのはいかん。あなたも食べ、皆にも分けてやれ、それでなければ本当に貰ったのではない。仏さんは私共に仏の心を下さる。仏の心は自利々他です。自分だけよい身になっておるというのは仏さんの心でない。自利々他円満ということは仏さんの心なんであります。だから仏さんは、私共の極楽へ行く道と、極楽から帰って衆生済度する道と、自分の物と人にやるのと一緒に下さるというのです。これは大事なことです。我が物であれば人にやらんでもよいという心を起こすことがあるが、仏さんはお前にもやるが人にもやれと。そこに我々は人に分けてやる心も仏さんから承ったものであるということを知らして貰います。分けてやる元は自分に在るのだと思う人は、それは人に貰ったり出来ん心の人です。心の世界に借金が無いと、どれだけでも無限にやり、無限に貰うことが出来るのである。その心を頂くのです。自分の事を思う心と他人の事を思う心とを頂く。

往相《おうそう》の廻向《えこう》に就《つ》いて、真実《しんじつ》の教《きょう》・行《ぎょう》・信《しん》・証《しょう》有《あ》り。

「謹んで浄土真宗を按ずるに、二種の廻向あり。一には往相、二には還相なり」。浄土真宗の宗旨の中からこの廻向が出てくる。浄土真宗とは教である、教を按ずるに教に二つある。往相廻向と還相廻向である。その往相廻向の中に真実の教行信証がある。その点からいえば、還相廻向に就いても真実の教行信証があるのです。この教というのは『無量寿経』です。この『無量寿経』には、往相廻向の教と、還相廻向の教と二つある。だから行も信も証も往相廻向の教行信証であり、還相廻向の教行信証である。

今、往相廻向の教行信証を現わす。浄土へまいる時に、一番最初に我々に大切なことは教えである。教えを貰わにゃ我が胸は開かれん。ここにこの教ということが初めに引いてある所以があるのです。

次に行とある。二、三日前本願寺派の寺へ行って聞いたのです。或る説教者が、いくら説教しても一とつまみのお米しか当らん、一とつまみや二たつまみの米では気楽に暮らせん、説教者はつまらんものだと言うたそうな。そういう説教者は米を貰うためにやっておる。だからその人の教えは一とつまみの米よりも安い。値打ちの無いものなのです。米を食うための説教ならばそうかも知れん。こうなると教えというものはあまり大切でないのである。世の中に何よりも大事なことは教えだ。教えによって腹が減ってもひもじゅうないということも出来る。人間は死ぬ事はいやだという、その心は皆にあるけれども教えによってその大切な命を差し出すことも出来る。人間は生まれたままに放っておけばどういうものになるやらわからん。毎日教えを聞いて育ってゆく。言葉一つでも習わにゃ言えない。日本に生まれると日本の人によって習うから日本語が出来る。イギリスに生まれるとイギリスの人に言葉を習うから英語が出来る。だから教えは大事である。我々は一人で歩けるように思うが皆習うのである。私がこういうことを言うのも皆習うのだ。教えというものが無ければ我々の生活に波瀾がある。教えというものは大事なものである。教えを受けてゆくのです。極楽まいりの一番最初はどこにあるか、教えである。教えがあって我々の心が明らかになってゆく。又教えが無ければ暗いことさえわからぬのだ。どこへ行ってよいやらわからん。訳がわからずもたもたと悩んでおらねばならない。それが教えによって自分の迷いも開かれるし、又行くべき所も明らかになってくる。一番最初は教えです。それから教えの内容として行信証というのが出る。

この行信証という順序については深い味わいがあるのです。普通には信じて、行じて、証《さと》るというが、聖人は行じて、信じて、証《さと》る、こういう順序にせられた。この教行信証ということは、教理行果ということから大体感じてここに到達された言葉です。教理とは道理であって、それが人間の実行となって、そして証《さと》りを開く、教理行果という。ところが聖人は理ということを教の中に納めて、そして信というのを開かれた。この行は「教の巻」にも出て来ますが、信の前にある。行・信です。我々がお浄土へまいる道だ。行は導きだ、その導きとは我々の日常生活の導きだ。それから如来さんを信じて浄土へ進んで行くのだ。こういう具合になる時は、行・信・証ではない、信・行・証となる。ところが行を先にしてある。我々が浄土へ歩んで行く道はいつから始まるかというと、我々が今歩みを運んで行くのが始めではない。仏さんがお浄土へ歩んで行かれたことが、我々がお浄土へまいる始め、往相であります。面白いですね、我々が浄土へまいるのは、釈迦如来の修行である。如来さんの修行が、我々の浄土へまいる道である、ここが面白い。我々の生活の上で言ってみれば、親のお蔭で自分は御法を得る。自分が段々御法の篤いものにさせて貰うということは、親が難儀をしてくれたのが始めである。今の自分で始めたのではない。例えば寺でもだんだん本堂が奇麗になった。庫裡が建ったり、境内が拡がったりしました。こういうのは私の行ではない。それはいつから始まっておるかというと、我々の親から、先祖から始まっておる。我々の往相は親の代から、またその親の代から始まっておる。聖人はその行の本源をだんだん探られた。聖徳太子は、凡夫の直心は凡夫から起こったのではない、如来の直心が尊い縁となって今我に直心が起こって来た。如来の直心は遠縁である、凡夫の直心は賜ったものだと仰った。本源は如来です。本願が増上縁となって帰命の一念が出るのだと言われた。阿弥陀さんが法蔵因位の昔に、世自在王仏の御許に行って本願を建て永劫の修行をして下さった。如来の因位の修行が我々の浄土の本なんだ、浄土へまいる往相なのだ。往相の廻向がそれである。我々が極楽へ行く相の一番先は、如来さんが本願を建てて修行して下さった位である。だから我々が浄土へまいる道は、如来さんが久遠の昔から歩き出して下さる道だ。心がそこにあるものは、如来さんが歩き出して下さることにひょっと手を上げて出す。信の一念に今まで久遠劫来のお骨折り、それに手を引かれて安養の浄土へ行く。既に如来の手届きの機である。それが教えを聞いてひょっとわかる。驚いて如来の本願に乗托する人は即ち行を我に満足しておる。信の一念に正定聚の位に住し、補処の弥勒の如くになる。「皇太子聖徳奉讃」に、

仏智不思議の誓願を
聖徳王のめぐみにて
正定聚に帰入して
補処の弥勒のごとくなり

もう弥勒菩薩と同格になる。如来さんの手届きの所に居る。ちゃんと行く道に居る。そしてきっと成れる。信の一念でぽっと行けるのだ。親は口の中で食物を嚙んで唾でこなして子供の口の中に入れてやる。子供はそれをぽっと食べると雑作ない。親の方で既に修行をして下さっておるのです。我々衆生とは、唯口をあけて、子供のようにぱっと頂けばそれで我が物になる。信の一念はそ

れである。信の一念で仏さんの身上《しんしょう》は皆貫える。だから浄土へまいる行は我が方には何も要らん。如来さんの方でちゃんとお膳立が出来ておる。如来さんの身上は皆我が物になる。だから行・信・証である。信・行・証というのではない。ここに他力至極のお味わいがある。又教・行・信・証と仰るところに非常に尊い味わいがある。他力信心という味わいがこの教・行・信・証の組立ての上にちゃんと現われておるのであります。

（昭和七年四月五日・明達寺）

第六講

夫《そ》れ真実《しんじつ》の教《きょう》を顕《あらわ》さば、則《すなわ》ち『大無量寿経《だいむりょうじゅきょう》』是《こ》れなり。

『教行信証』の「教の巻」のおこころを続いて頂きます。

聖人が先ず習い手となって、教えを受ける者となって仰がれるところの教えは『大無量寿経』である。ともすると我々は自らが教える者となってみたいのです。ところが聖人はいつも習う者の心を持っておいでになるのです。で、浄土真宗は、聖人が教えられる宗旨ではなくて、聖人が習われるところの宗旨であります。ここが大切な所で、どうも我々の心には、教えようというものがある。習うという気がない。教えるという心は、ちょっとみるとお慈悲のようであります。しかしその裏には自分の足許が浮いておる。内部が空虚になっておることが多いです。深い内省をもってみると、先ず自分が人に教えるということは思わないのであります。何事も自分が成っておらん、出来ておらんと思う時、教える資格が無い。唯一筋に自分の完成に向うて習うより外ない。そういうと我々が小さな子供に対してものを教えておる時でも、その教えておる者自身が不完全であることを思うのです。

今日藤原君の寺で聖徳太子奉讃の御法事があった。御満座のお勤めの時のことです。掛和讃をすべきでない人がひょいとやってしまった。済んで一同控の間に来て間違いのことを話合ったら、「あの掛和讃はあんたがやるのだと高光さんが教えたからやったのだ」とその人は言う。高光君が間違うたのだ。「高光君は何処へ行ってもよく間違ったことを人に教える」ということであった。人に教えても間違ったことを教えることがあるものです。子供達に教える大人でも、そういう間違うたことを教えておる者があるのです。自分が教える立場にある人なら、常に自分が教えておることそのことが、完全であるかどうかということを反省して行かねばならない。自分を省る時、人に教えるということは出来んものです。本当は教える資格もないものです。

是非しらず邪正もわかぬこのみなり
小慈小悲もなけれども
名利に人師をこのむなり

偉大なお言葉です。名利に人師を好むなり、人の師匠になりたがるのです。

学校の先生は、小学校の先生でも、中学校の先生でも、正しくおれはものを教えるという人が果してどれだけあるだろうか。そこいうと盲目が盲目の手を引くようなものだ。世の中は種々段々であるが、私は目が悪いから人のお世話にならなければ歩けません。私が歩く時は、私の手を引いてくれる人が無けりやならぬ。けれども危いことに、引いた者も引かれる者も、両方同じく転ばねばならぬかも知れん。凡夫同志が手を引くとどういうことになるか、よく考えると我々は人の手を引くことは出来んのです。手引きは出来んのだ。自分が習うて行かにゃならんのです。我々は常に習わにゃならぬ。怠りなく習うて行かねばならぬ、教えを受けてゆかねばならない。それがともすると教える気になるのです。そこが危いのです。

聖人は教というものを一番先に出された、ここに聖人の尊いところがあるのです。自分が習うてゆく心持なんです。我々はともすると自分が人に教えて連れて行くもの、真宗の坊さんならば、聖人の教えを自分が持っているように思う。だから、教導者、布教師というものが出る。そこに無信がある、危い所なんです。我々はお経を読む、お聖教を読む、そこに道を、教えを習うということを間違わんようにせねばならない。自分で習うて行かねばならない。聖人は習うものの態度をお取りになっておられます。「夫れ真実の教を顕さば、則ち『大無量寿経』是れなり」と。今から『無量寿経』のことをお述べになるのは、その『無量寿経』によって、聖人が習っておいでになる、そこを仰るのであります。

斯《こ》の経《きょう》の大意《たいい》は、弥陀《みだ》、誓《ちかい》を超発《ちょうはつ》して広《ひろ》く法蔵《ほうぞう》を開《ひら》きて、凡小《ぼんしょう》を哀《あわれ》んで選《えら》んで功徳《くどく》之《の》宝《たから》を施《ほどこ》すことを致《いた》す。

この『無量寿経』の大意、聖人が、私はこう教えて貰っておると仰るその聖人が受けておられる、又習うておられる所はどこかというと、阿弥陀如来が誓いを超発し、誓いとは、「設我得仏」という言葉で始まって、「不取正覚」で終っておる四十八願の誓いです。誓いはつぶさにいえば本願です。願いでいえば誓いをおさめることである。誓いでいえば願いをおさめることである。ここに誓いとあるのは弘誓、本願と同じことです。超発して、超発はおこす、おこすというのが超という字で、超える。この超すというのは、生死を超える、生死の身が救われておるという所に超という字をお付けになったものである。

「広く法蔵を開きて」、法蔵は法の蔵、法の納まっておる蔵。それは宇宙全ての事物皆法の蔵です。万物の法が皆おさめられておる。その法の蔵を開いて「凡小を哀んで」、凡小とは凡夫・小人、つまらぬ人間達です。その人間達を哀れんで「選んで功徳之宝を施すことを致す」。功徳の宝、これはつぶさに言えば名号であります。功徳の宝は南無阿弥陀仏です。その南無阿弥陀仏を施すことを致す。これを見ると、阿弥陀如来が誓い、本願を建て、法の蔵を開いて凡小を哀れんで功徳の宝を施すことを致す、と。

初めに誓いを超発してというのと、選んで功徳の宝を施すことを致すというのと、その間に法蔵を開く、凡小を哀むということがある。

何のために御本願が建てられ、何のためにお六字を成就されたか。これは凡小を哀れむからだ、凡夫小人を哀れみ給うお慈悲だ。お慈悲から本願が発《お》こる。お慈悲から功徳の宝を施すことを致す。そのお慈悲はただのお慈悲でない、又作りもののお慈悲でない、法蔵を開く、ここに仰る仏さんの本願は、お六字でないものを出すのではない、宇宙にあるものを開くのです。胸を開く、底に隠されておる宝を開く、真実を開く、それを法蔵を開くというのです。法の蔵はどこにあるか、宇宙全ての現象界に隠されている。それを開いて真実の義を我々に知らして下さるのです。凡夫小人というようなものは、宇宙の本当の事を知らない。ただ皮相の事を見ているだけである。ただ物の上部を見る人は深くまことを知らぬ。だから火宅にかかわっておる。そういう者を哀んで、全ての者に本当のことを知らしてやりたい、真実を知らしてやりたい。悪人凡夫に真実を知らしたいために、選んで功徳の宝を施して下さる、仏の御名号を与えて下さる、お念仏を与えて下さる。何かやりたい、何をやろうとよく思い按んぜられた結果、阿弥陀さんはお六字を与えて下さるのだ。そのお六字の中には、無上甚深の功徳広大なることさらにその極まりが無い。その功徳の宝を施すことである。

釈迦《しゃか》、世《よ》に出興《しゅっこう》して道教《どうきょう》を光闡《こうせん》し、群萌《ぐんもう》を拯《すく》い、恵《めぐ》むに真実之利《しんじつのり》を以《もっ》てせんと欲《おぼ》す。

弥陀と釈迦と分けられて、弥陀と言われる所には『無量寿経』の上巻のこころが主として現われておるし、釈迦という所は下巻のこころが現われておる。

お釈迦様がこの世に出られたのは、何をせんがためか。道教を光闡して群萌を拯《すく》うためである。『無量寿経』は道の教えであります。『無量寿経』の異訳に『仏説諸仏阿弥陀三耶三仏薩楼仏檀過度人道経』というのがあるが、人道は人の道です、それが道教です。『仏説無量寿経』には、道ということがよく出ておる。「道を求めて、堅正《けんしょう》にして、しりぞかざらんには如《し》かじ」という言葉も出ておる。道を求めて思う所に出る。求道ということが繰返し繰返し出ています。『無量寿経』の上巻を読めば、この経は道の教えだということがわかります。その道の教えを光闡す、とはひろく現わすことです。次に「群萌を拯《すく》い」の群萌とは一切衆生です。一切衆生を拯《すく》い、真実の利を以てせんと欲す。

弥陀と釈迦と比べてみますと、阿弥陀さんは誓いを起こされる。お釈迦さんは世に出興せられる。弥陀の誓いを現わすということが、釈迦となって世の中に出興せられるのです。阿弥陀さんが本願を建てられるということは、お釈迦さんが世に出られるということと同じことです。法蔵を開くということは、一方は道教を光闡すとなる。阿弥陀さんの時は法蔵を開く、お釈迦さんの時は道教を光闡する。次に「真実之利を以てせんと欲す」、真実の利は、お釈迦さんの利であれば、功徳の宝である。きちっと合わしてある。ここら聖人は余程勉強され、支那の文章によって形容されたことと思う。一字一句も違わんときちっと弥陀と釈迦と合わしてある。ここからみると弥陀の心がこの世の中に反映してきたのが釈迦である。阿弥陀さんのこの娑婆に現われてきたのがお釈迦さんである。だから浄土の『大無量寿経』でいえば、上巻は阿弥陀さんで、下巻はお釈迦さんが出ておる。又上巻の序文を見ると、お釈迦さんの勝れた相が出ておる。ここに聖人のお言葉を頂くと、弥陀と釈迦と一体である。一体が両面に現われておる。それで「諸経和讃」に、

無明の大夜をあわれみて
法身の光輪きわもなく
無礙光仏としめしてぞ
安養界に影現する

とあるおこころもよくわかります。又、

久遠実成阿弥陀仏
五濁の凡愚をあわれみて
釈迦牟尼仏としめしてぞ
迦耶城には応現する

とあるが、ここに仏さんは弥陀と現われ、又釈迦と現われる。

南無不可思議光仏
饒王仏のみもとにて
十方浄土のなかよりぞ
本願選択摂取する

この御和讃は、饒王仏のみもととある。その南無不可思議光仏が法蔵菩薩となって、そして世自在王仏のもとで本願を建てられて、本願を成就し給うたと仰ってある。南無不可思議光仏が法蔵菩薩となって願を建て、修行せられた。

弥陀成仏のこのかたは
いまに十劫とときたれど
塵点久遠劫よりも
ひさしき仏とみえたまう

阿弥陀さんは成仏して今に十劫を経たまう、聖人はこれをひっくり返して、弥陀成仏のこのかたはいまに十劫と説いてあるが、十劫ぐらいの仏でない、塵点久遠劫よりもひさしい仏である。

無明の大夜をあわれみて

法身の光輪きわもなく
無礙光仏としめしてぞ
安養界に影現する

法蔵菩薩のもっと前からの南無不可思議光仏であると仰る。

このおこころを頂いてみると、阿弥陀さんもお釈迦さんも、もう一つ根本の南無不可思議光仏のお徳が現われて下さる。種々に現われて下さる。或いは弥陀となり、或いは釈迦となって現われて下さる。だからこの心持が無尽に現われてくるわけであります。

二河白道の白道自身は本願一実の大道である。凡夫往生の道は、如来さんの本願である。如来の本願は凡夫往生の道である。お釈迦様はその道を教えられた。如来は我々に功徳の宝を与えて下さる。功徳の宝というのは、凡夫のための真実の利である。世の中の物質的の利益というのは真実の利でない、虚仮の利である。或は虚偽の利である。本当に衆生を利益するものは功徳の宝である。その功徳の宝は何か、南無阿弥陀仏のお六字である。功徳の宝、或いは真実の利がなぜ南無阿弥陀仏だということになると、次の言葉でいうともっとわかる。

是《ここ》を以《もっ》て、如来《にょらい》の本願《ほんがん》を説《と》くを経《きょう》の宗致《しゅうち》と為《な》す。即《すなわ》ち仏《ぶつ》の名号《みょうごう》を以《もっ》て経《きょう》の体《たい》と為《す》るなり。

ここに、誓いを超発しということと、道教を光闡しということを受けて、如来の本願を説くを以て経の宗致とすと仰った。功徳の宝を施すことを致すと、真実の利を以てせんと欲すということを受けて、仏の名号を以て経の体とすると仰った。きちっと言葉が合うている。寸分たがわず言葉の内容、文章の結構を整えになっておる。余程御開山は文章家だということがわかります。一字一句もおろそかになされない。きちっと讃嘆が相照応して一寸も抜け目がない。抜き差しのないように組立ててあるのは巧みと言おうか、抜け目がないと言おうか、非常に奇麗であります。

初めに経の大意を述べられ、「是を以て、如来の本願を説くを経の宗致と為《な》す。即ち仏の名号を以て経の体と為《す》るなり」と。この名号はいわゆる功徳の宝である。真実の利です。

『無量寿経』は何を宗として説かれたお経か。阿弥陀さんの本願を教えて下さるお経である。その阿弥陀さんの本願が何をもって説かれるか、名号である。それは経の体である。本願の根本は名号である。そこが面白い。我々はともすると、本願が成就して貰うものだと思う。これは因願のすがたである。ところがその本願は名号から流れ出ておる。本願の相は無礙光である。単なる出来るやら出来んやらわからんようなそういう本願でない。出来るに間違いないという確信から流れ出るところの本願である。だから本願の体というのが名号である。体とは本体です。本願は名号から出ておる。だから『大経』の体は南無阿弥陀仏である。南無阿弥陀仏が形の上に現われる時本願である。そういう点からして、「本願や名号、名号や本願」という覚如さんのお言葉も出てくる。

第十八願の成就文に「諸有の衆生、その名号を聞きて信心歓喜し」と仰ってある。その名号を聞くということとは、十方恒沙の諸仏如来におかれても、皆共に無量寿仏の威神功徳不可思議なるを讃嘆し給うその名号です。その名号を聞くということは、明らかにするということを、仏願の生起本末を聞いて疑心あることなしと仰ってある。名号を聞くということは、仏の願のお言葉を聞いて疑いがなくなること。本願を聞くと名号と一緒に味わっておいでになる。だから名号を聞くということは体である。この名号の体を形のるべき所へ在らしめようということです。道教を光闢するのです。埋もれてある宝を堀り出す。そうすると向うから自然に徳を我々に知らばならぬのです。助けるというのは、仏さんをお慕いする者を連れて行くということです。在います、暗い、と言うておる。仏はそれが可愛い、助からん者を助けられる。そこを喜ばねばならぬのです。この心でもって聖人は確信をもってこの文を書き出される。その仏さんの心を見抜いておられる。その心が本願を宗とし、名号を体とすと述べられたのです。

本願はどこから出てくるか、名号のお手柄から出てくる。それはどういうことか。名号は一切衆生の助かっておる名である。光明無量・寿命無量ということは、一切衆生の命は阿弥陀さんの命で、一切衆生の命は阿弥陀さんの広い心の中に住んでおる。それは南無阿弥陀仏である。その南無阿弥陀仏があるのに、一切衆生は迷っておる。その迷っておる凡夫を救わねばならぬ、助けねばおかぬ、ここへ引っ張り込まねばおかぬと言われる。助けるというのは、仏さんをお慕いする者を連れて行くということです。在りのです。持ち出すのです。今から宝を作り出すのでない、埋もれてある宝を堀り出す。そうすると向うから自然に徳を我々に知らして下さる。助からん者が助かるというのでない、阿弥陀さんから言えば、助かるに違いない者を助けられるに過ぎないのです。我々喜ばねばならん者が喜ばんでおる、だからそれを明らかにして行くのです。或る者は迷っておるのだ、だが我々はそこに宝を持っておるのだ。が

宝の持ち腐れでそれをよう使わずに、他の方ばかり探しておるのです。いつか九州へ行った、今川の家を発つ時数珠が無い。家中大騒ぎをして探しておった。ひょいと見たら自分の手にかかっておった。お慈悲がわからんというお婆さんが居った。その人にこの話をして「お婆さんここじゃぞ」と言ったら、お婆さんはひょっとわかった。お慈悲は既に貰っておるのだ。それをわからずに居るだけだ。宝の中に居っても、居るという事も知らん。そして苦しい、暗い、と言うておる。仏はそれが可愛い、助からん者を助けられる。そこを喜ばねばならぬのです。この心でもって聖人は確信をもってこの文を書き出される。その仏さんの心を見抜いておられる。その心が本願を宗とし、名号を体とすと述べられたのです。

明に現われる所が本願である。それの形に現われる時は本願である。光明無量・寿命無量の仏さんが、南無阿弥陀仏の仏さんが、衆生の心に乗り移って下さる。

日本の神道の道でいうなら、天之御中主ノ神は名号で、高御産巣日ノ神は神の本願である。天之御中主ノ神は、神道で現わすところの産巣日ノ神から出てくる。日本の神道のむすびというのは、如来さんの本願である。念仏の衆生を浄土に生まれさせねばおかぬのです。

（昭和七年四月六日・明達寺）
教行信証教巻講話

斯の経の大意は、弥陀、誓いを超発して広く法蔵を開きて、凡小を哀んで選んで功徳之宝を施す。

「教の巻」のおこころを続いて味わいます。先日この所を味わいかけたのですが、もう一度細かにお味わいしたいと思います。夕べも申しましたように、これだけのことが三段に分かれておる。初めは阿弥陀如来の中心思想を現わし、次には釈迦仏の中心思想を現わし、第三には、その弥陀と釈迦の二尊の思召しの結帰を現わして、『無量寿経』の中心を定められるというのであります。

第一の阿弥陀如来のおこころを現わすに初めには因位の本願を現わし、次には果上の名号を現わされる。初めの、誓いを超発してというのは、本願をお建て遊ばされたことを仰る。次に、「選んで功徳之宝を施すことを致す」とあります。功徳の宝というのは、本願の上に現われる結果であります。本願成就の相です。単なるお言葉の上から言えば、如来さんの本願によって、私達が功徳の宝を頂くということになる。凡小を哀れんで、凡夫小人に下さるのである。どこから持って来て下さるか。久遠の昔から溢れているところの法の蔵を開いて下さる。これが第一ヶ条です。阿弥陀さんが本願をお建て下さる。その本願が成就したのだ。どうか十方衆生一人も残さず仏にせずば我は仏にならぬという誓い、その誓いが成就する時に、私に功徳を頂く。功徳とは、功は功労です。手柄です。因位の修行がこの功労の中に入る。永劫の御修行が現われてくる徳分、この徳です。普通に、あの人には功徳がある。又、功徳広大だとか、何の気なしに功徳という言葉を使っているが、つぶさに言えば、自分の実際生活の上に現われておるところの功の事を功徳という、若い頃にえらい働いて、夜の目も寝んで食うものもろくに食わんで働いた功徳によって、今日楽な身になっておるという。そうなると、楽な身になっておるということが、苦に対する徳です。阿弥陀如来の永劫の御修行の上に現われる功、その阿弥陀如来の功の宝物を施して貰う。仏さんのお骨折で徳を凡小に施して下さる。廻施し給うのです。恵んで施して下さる。それが廻向です。初めに、「謹んで浄土真宗を按ずるに、二種の廻向有り」と言われておる。その廻向のこころが施の字に現われておる。それならその功徳の宝はどういう具合にして与えて下さるかというと、本願のおこころが成就して衆生の功徳の宝を施されるのです。その功徳の宝はどんな相になっておるか。それが段々現われてくるのです。

次にお釈迦様のお心を頂きますと、まず初めに、「道教を光闡し」お釈迦様は何を遊ばしたか、道教を光闡せられた。道教は道の教えです。光闡は光を現わす、照し現わすという意味であります。昔の方はこの道教というのを聖道門自力の事だと仰った。一寸みれば聖道という道と同じようにみえるが、これは私は昔の方と味わいが違います。

『無量寿経』を初めからずっと頂きますと法蔵菩薩が世自在王仏のみもとに出家せられた時に、既に道を求める心が起こっておった。それから世自在王仏の御前に行って、仏さんのお徳を讃嘆せられる。法蔵菩薩のお言葉の中には、「道を求めて、堅正にして、しりぞかざらんには如かじ」というお言葉がある。そこに求道ということがある。『無量寿経』は道の教えです。道を教えられるのです。道教を光闡すというのは、『無量寿経』をお説きになったということです。だからこの道は本願です。道とは本願海です。二河白道の講釈をなさった時に「白道はこれ本願の大道なり」と仰っておられる。本願が道です。だから「道教を光闡し」と仰るのは、本願のおこころをお説きになるのです。阿弥陀さんは本願を起こされた。阿弥陀さんは阿弥陀さん御自身の本願を説かれたのです。弥陀は、助けにゃおかんと誓われた。釈迦は、その弥陀の誓いがあるぞと教えられるのです。だからその道教を光闡するのです。道教を光闡してどうなさるのだというと、「群萌を拯《すく》い」です。群萌はさきにあった凡小と同じです。阿弥陀さんの方では「功徳の宝」、お釈迦さんの方では「真実の利」とある。これは掛けてあるのです。阿弥陀さんの方からいえば、因位の修行が現われ出来た功をいうのです。功徳です。この功徳は真実です。同じ利益を得るというのにも、真実の利と、虚偽の利と、虚仮の利がある。単なる金の利とか、或いは物の利という利は虚仮の利です。真実の利というのは本当に助かる。「我この利を見るが故にこの言をなさん」とお経の中に説いてある。『仏説無量寿経』は衆生の本当の利益のことを仰る。これを説いたのです。真実の利を与えるという確信をもって説かれるのです。その真実の利とは何か。阿弥陀さんの功徳の宝です。施される宝は真実の利です。真実の利益は阿弥陀さんの施し給うものを素直に貰い受ける者に仲立ちして下さるのです。真実の利を得るとは、如来さんの施しもの、お与えものを我がものにすることです。お釈迦様は、その与えものを衆生が頂いて、その御利益に預かるようにして下さる。それでは阿弥陀さんから与えられる功徳の宝を、お釈迦様が衆生の本当の利益として下さるものは何か。それが次に出てくる。

次の言葉に、

是を以て、如来の本願を説くを経の宗致と為す。即ち仏の名号を以て経の体と為るなり。

阿弥陀さんの誓い、お釈迦さんの道教、それが現われて、仏の本願を説く道教を光闡す。

如来の本願をお説きしたものは、更に「恵むに真実之利を以てせんと欲す」。その真実の利、阿弥陀さんの功徳の宝は何か。名号である。ここまで来て阿弥陀さんが、功徳の宝と仰ることは、又真実の利益と仰ることは南無阿弥陀仏の御名号であるということがわかります。御開山はそう見抜かれたのであります。そういうと、衆生を助けねばならぬという御本願が成就して、それが私の利益となって下さる時のすがたは何か、私の口から南無阿弥陀仏と出て下さるのが終極の利益である。南無阿弥陀仏と私等の口から出させられる時に、弥陀の本願が成就するのだ。功徳の宝が私のものになるのだ。ここがわかるなら、南無阿弥陀仏南無阿弥陀仏と私等が称えるのは、阿弥陀さんの本願が成就して、阿弥陀さんが与えて下さる助けるというお与えものを貰うておる姿であるということがわかる。南無阿弥陀仏を貰ったということが有難いことである。

蓮如上人は

それ、南無阿弥陀仏と申す文字は、その数わずかに六字なれば、さのみ功能のあるべきとも覚えざるに、この六字の名号の中には、無上甚深の功徳利益の広大なること、更にその極まりなきものなり。

と仰った、これはどういうことか、成就の文に、「至心に廻向したまえり」とあるのは、南無阿弥陀仏を下さるのである。阿弥陀さんは私らに南無阿弥陀仏を下さるのである。南無阿弥陀仏をどう下さるか、私らの口の中へ甘露の法雨を流し込んで下さるのである。口を開けておるとぽとりぽとりと砂糖水が落ちてくるように南無阿弥陀仏を与えて下さる。南無阿弥陀仏と口に出てくるのは、如来の御利益である。この上も無い尊い御利益は、阿弥陀さんの五劫思惟、兆載永劫の御修行のお骨折りの結果、南無阿弥陀仏となって私の口に現われて下さる。これがわかりますか。

これはただ昔のお話を聞いて、それを覚えて、成るほどと得心をし、そのことはそのこととして聞き流しておるものにはわからぬことです。そんな人には初めから仏とか法とかは無い。仏教の話を聞くと身体が寒くなる、こういう人がある。そういうような人でも、何か手ひどい御催促を受けて、今まで考えておった金とか名誉とか、或いは自身の身体とか、又家族、友達というようなものの力ではどうしても助かることは出来ぬと、そこ迄追いつめられた人が仏の御教えを聞く、ここに阿弥陀さんの御本願を聞いて、その本願の中から法の蔵を開いて見せて貰って、そこで心が明らかになる。心に和ぎが出来て、阿弥陀さんの本願によって自分が助かる、助けられるのだ。明らかに喜ぶと己《おのれ》を忘れて、阿弥陀さんが慕われて、南無阿弥陀仏と称えるようになる。仏さんが大嫌い、仏教を聞くと寒くなるというような者も、口に南無阿弥陀仏と出させられる時に、そこに頼り場が出ておる。光が輝いている。ただ南無阿弥陀仏と出るのでない。本当は念仏嫌いな者に南無阿弥陀仏が出させられるのだ。そこに如来さんの助けにゃおかんとの本願が現われて下さったのである。称えさせて助けにゃおかんという本願である、称えさせるというのは、我が方に向く代りに阿弥陀さんの方に向くから助かるので、南無阿弥陀仏が助けて下さるのでない。何も称えん者が、称えん先から助かっておる。何も知らん者が称えるようになって助かるのでない、お助けが自分のものとなって南無阿弥陀仏が出るのだ。南無阿弥陀仏と口に現われる時助かるのである。

その点からいえば念仏は、浄土往生の業だ。しかし、浄土往生の業だが、その念仏を称えるから極楽まいりの種が宿るというのは間違いである。念仏は往生の業と思うべし、お姿をたのむたすけると頂いた時現われる。それは念仏往生の正因、後生所じゃ、と仰ってある非常に尊いところである。南無阿弥陀仏が口から出る。今までは何かと言えば世の中は金だ、宝だ、世の中は経験がものをいう、世の中は智慧が大切だ。親が大事じゃ、子が大事じゃと言うておる。そんなものは何も頼りにならぬということがわかると、ただ仏のみが頼りになる。聖徳太子は、世間虚仮、唯仏是真と仰った。その仏さんが頼りになって、仏さんの名が称えられる、仏さんの前に手を合わす者になる。その時に助かる。だからお助けは、仏さんの前に手を合わせて仏さんの名を呼ぶようになった時もう助かっておる。ここに本願は成就しておる。そういうと阿弥陀さんの御本願はわが口に南無阿弥陀仏と称えるようになってくる御本願である。それを与えるという御本願である。

いつか聞いた話であるが、横浜の或る家に啞が居った。その子は東京の盲啞学校へ行った。三年か五年後に家へ帰って来て、お母さんと言うた。それを聞いてお母さんは手を取って泣いた。その呼び声が聞きたかったのである。親は子が何十になってもお父さんお母さんと言ってくれればいいのです。大人になると子はお母さんより他を呼ぶようになる。そうなると親は心配する。立派な人間になっても、お母さんと呼んでくれるだけでいいのである。それで満足せぬ親はない。

阿弥陀さんは衆生に対して、南無阿弥陀仏と呼んでくれればよいのだ。そのこころの自覚を御開山はお味わいになった。それが「行の巻」の教えの中に「大行とは、則ち無礙光如来の名を称するなり」と仰ってある。お念仏を称えれば助かると、信ずれば助かると、そういうことではない。信ずれば助かる、称えれば助かる、信も行も助かるそういう信じゃ行じゃというそういう所まで行かぬ先である。阿弥陀さんの心がこっちに乗り移って、己を忘れて仏さんに手を合わして、南無阿弥陀仏と仏さんの名を呼ぶ、名を称える。そこで本願が成就するのだ。それが名号です。だから阿弥陀さんは本願を設けて、私ら衆生が南無阿弥陀仏と称えるならばそれで事足り給うのである。又本当に南無阿弥陀仏と称える者ならお助けはまちがいない、その時に功徳の宝を頂くのです。真実の利益を我が物にするのです。そのことを説いたのが『大無量寿経』である。

「如来の本願を説くを経の宗致と為す。即ち仏の名号を以て経の体と為るなり」、とある。これを私は今まで、如来の本願を説くを経の宗致と為すということと、仏の名号を以って経の体と為るなりと、この区別をはっきり味おうておらなかった。ところが、「本願を説くを経の宗致と為す」とあり、名号には説くと無い、名号を体とすとある。この宗と体とどれだけ違うか。宗とはむねです、肝要です。本願を説くというのには価値ということがある。名号を体とするというのには価値は無い、全体である。私達の身体の宗とする大切な所は何処か、昔の人は胸だと言うた。心と言うた。だから家の中心に先祖や神様を祀るのです。それが宗という字です。宗はウ冠の中に示すという字を書いて現わす。日本の言葉で宗《むね》というところです。胸です。尊い所です。『無量寿経』の説く所は何処か。命の根元は、中心は何処か。本願である。その本願を説くのが肝要である。それを説くのが宗である。仏の本願を説くのが宗である。お釈迦さんが『大経』をお説きになるということは、仏の本願を説こうとなさることである。お釈迦さんが道教を光闡されれば、阿弥陀さんの本願がきっと出てくるのです。

二河白道の四、五寸の白道というのは、衆生が穢土から浄土へ行く道だという、東方から西方へ行く道だと思っているが、その道は西方から東方へ行けんわけである。衆生が浄土へ行く道は、如来さんが衆生を認めて下さった道である。だから東から西でない、西から東につけられた道である。それが先の阿弥陀さんである。聖徳太子が、如来の直心を遠縁とすると仰ったのはそこである。阿弥陀さんのまことの心が尊い縁になって、私の今日の真実が発起させられる。仏さんの無礙光の心が貰えたのだ。向うの方に仏さんを求める心でない。向わぬ者が向うようになって、それより外何にもない。その上何もない。

仏さんが衆生に向わせられるお心を説くのが『大経』の宗である。『大経』の肝要はそれである。体とは何か。体とは本体である。色も形も無い体である。無ということだが、体は全体である。だから『無量寿経』は「如是我聞」から始まり、流通分には「歓喜せざるはなし」と書いてある。だから終まで阿弥陀さん御名号だというのです。頭の先から足の先まで我々の身体である。『大経』の体は何か、『大経』の体は南無阿弥陀仏よりほかない。『大経』の「如」も南無阿弥陀仏、「是」も南無阿弥陀仏です。

面白いことがあった。字を知らぬ婆さんが三部経をあげておった。そして南無阿弥陀仏、南無阿弥陀仏と字を書いておった。そこで人が「婆が三部経をあげてどうするというのだ、そして字を書いておるが、字を知って書いておるのか」と問うた。婆は「わかってる、ナンダブという字はこの字で南無阿弥陀仏だ」とこう言った。この婆さん我聞如是である。この婆さんにはみんな南無阿弥陀仏で、お念仏である。一声即南無阿弥陀仏であるのであった。

『安心決定鈔』を頂くと、この衆生の身体は一分刻みに刻んでも仏の功徳の入り込んでおらぬ所はないと書いてある。功徳は満ちておる。『大経』は初めから終までみな南無阿弥陀仏だ。阿弥陀さんの本願が成就して南無阿弥陀仏となり給うた。南無阿弥陀仏は本願である。

　南無不可思議光仏
　饒王仏のみもとにて
　十方浄土のなかよりぞ
　本願選択摂取する

阿弥陀さんが法蔵菩薩となって、世自在王仏の前で本願を建てられた。名号から本願が出た。その南無阿弥陀仏の名号が胸に聞こえてくると、浄土へまいらして貰いたいという頼む一念が出てくる。それが名号である。阿弥陀如来が法蔵菩薩となって本願を建てて下さる味わいがここにある。この味わいを御開山は、「教の巻」の御讃嘆の上にはっきりと味わって下さる。聖人のお心は南無阿弥陀仏より外ない。その南無阿弥陀仏の体が本願となって現われてくる。

我々が南無阿弥陀仏と称えるこの南無阿弥陀仏はどこから出てくるか。内から授かる。この一瞬に湧いてくる。無礙光如来に応えて本願が湧いてくる。その本願が明らかになる時、毎日の生活が南無阿弥陀仏となる。名号によって信心が起こり、信心によって帰命無量寿如来、南無不可思議光と称える。それが阿弥陀如来の相の上に、お釈迦様の相の上に、そして自分の相の上にはっきりと拝まれることを、この三段のうちにちゃんと御開山は教えて下さる。これが浄土真宗であります。

（昭和七年四月七日・明達寺）

第八講

今日は四月八日、お釈迦様の御誕生日である。例によって今日は御誕生のお祝いに灌仏をし、日曜学校の生徒達と賑やかに花祭りをしようと思っておったが、今日旅に発たねばならぬことになった。九日発って桐生に行き、十日から桐生で講話をするつもりであった。ところが桐生では、中学校、女学校あたりで話をすることになれば十日の日曜は都合が悪い、日曜学校の先生は夜分の講演だけしか聞けんと言って来た。少しでも沢山の人に御縁を結んだ方がよいと思って今日発つことにした。そこで今日は二時を一時に始めて発とうと思ったが、花御堂をこしらえたり色々の事で遅れてとても四時の汽車で発てん。もうあと一時間しかない。考えてみると金沢七時発の急行に乗るのと、松任四時発の鈍行に乗るのと一緒の時間に向うに着ける。思い切ってここから金沢迄自動車で行くことにした。それで心を落ち着けて御誕生をお祝いし、お話をすることが出来るようになった。皆さんはそのつもりでゆっくり聞いて下さい。

先日から『教行信証』の「教の巻」のお話をいたしております、今日はその続きであります。殊に今日の所は『大無量寿経』の宗体を述べられた次の所で、

何《なに》を以《もっ》てか出世《しゅっせ》の大事《だいじ》なりと知《し》ることを得《う》るとならば、

という所です。

出世の正意を尋ねる、その尋ねに答えたのが『無量寿経』のお言葉と、『無量寿如来会』のお言葉と『平等覚経』と、この三つのお経のお言葉を御引用になり、それから支那の憬興師の『述文賛』の中に、『無量寿経』の「今日世尊住奇特法」とあるお言葉の講釈をされた、それを御引用になった。そして最後に聖人が結論を下しておいでになる。それで「教の巻」は終りであります。

昨日迄頂いた所では、教というのは『大経』だ。『大経』には何を説いてあるかというと、「如来の本願を説くを経の宗致と為す。即ち仏の名号を以て経の体と為るなり」である。『大無量寿経』の初めから終りまでお念仏のことが書いてある。その南無阿弥陀仏が一つの形を現わして行く方向をいえば、如来の本願である。如来の尽十方無礙光の御名号が、一切衆生一人も残らず助けなければ我は正覚を取らぬ、というけなげな本願となって申し出して下さる、それが教の宗《むね》であります。その事を大体昨日迄お話をしたのであります。

この心を聖人は一層明らかにするために、お釈迦さんが何のためにこの世にお出になったか、ということをお考えになったのであります。丁度今日は四月八日であります。お釈迦様がお生まれになった所は、今のネパール、そこのルンビニー園であります。

沙羅樹の花のもとで御誕生になった。それでお釈迦様の御誕生祝いには花御堂を造ってお祝いをする。又お釈迦様がお生まれになった時、竜神が雨を降らしてお祝い申したというところから誕生仏に甘茶をそそぐ、それは又お釈迦様の産湯のつもりでもあります。インドは暑い、殊に四月は暑いから雨を喜ぶ、そうした習慣から誕生仏に甘露の雨をそそぐという一つの儀式になっておった。近来も昔もそれを灌仏会といいます。又、花御堂を造るということから花祭りというようになった。今では日本はおろか世界の各地で花祭りを行うのである。

丁度この四月八日の御誕生日に「教の巻」の「出世の大事」ということの聖人のおさとしを頂くようになったことは、何だか不思議な巡り合わせであります。

お釈迦さんがこの世にお生まれになったが、何しにお生まれになっただろうか。「出世の大事」とはそのことです。お釈迦さんは一生の間には色々のことをなさった。その全てが何のためだったろうか。何しにお生まれになっただろうか。我々は、遠い所から親しい人が尋ねて来ると、はて何しに来られただろうと思う。日本人の癖はおもしろい、用があっても直ぐに用を言わん。お天気は、その前の日は雨で、その前の日はなどと何もならんことを言う。又他人の事をしゃべったりして帰りしなに用を言う人がある。それを聞く迄何しに来たやらと思う。私はそっかしいから、あんた何しに来た、と問う。そうすれば一番埒《らち》が明く。用は無いがただなつかしさに顔を見に来た、それも用事である。又自分が人の所へ行く時もその中心がなければならない。それがひいては我が身一代の生活を解して行く人だ。

今日は若い人より年寄の方が多いようだが、皆さんは五十年六十年娑婆の風に当って、その間面白い事もあったろう、苦しい事もあろう、種々様々の事があろうが、何をしておるか。この人生もいずれ死んで行かにゃならんというに何をしておるか。何か生活の中心がありますか。ただ夢まぼろしの如く過ぎて行くのですか。自分の生活の大事がありますか、いわゆる出世の大事がありますか。私はこの事をするために世に出て来たのだという一つの大事がありますか。唯何気なしに親に生んで貰って、いつの間にやら大きくなって、いつの間にやら結婚して子を生んで、いつの間にやら孫を持って、いつの間にやら死んでゆく。酔生夢死、ただいたずらに明かし、何をすることも無く一生を暮して、それで一体よいのか知らん。願いは何か、自分がこの世に生まれて来た出世の大事は何か。あなた方何かありますか。

聖人は、三千年前にインドの国に御出世になったお釈迦様は、何しに生まれて来られただろうかと考えられた。しかして聖人は何の為にそういう事を考えられたか。釈迦出世の大事は何かということを聖人がお考えになる時に、聖人自ら何しに生まれて来たかということを考えていらっしゃったのです。だから私共今「教の巻」の御化導を受けまして、お釈迦様が、何しにこの世においでになっただろうか、出世の大事は何だったろうかということを、段々教えて頂くということによって、自分自身が何しに生まれて来ただろうか、ということが明らかになる。それが明らかになる時に毎日の生活の中心が明らかになるのです。

お釈迦様は一代の仏教をお説きになるために来られたのだが、その教えのどのことを特にお説きにならうとされたか、そのお説きになった中心は何か。又、聖人は何を頂かれたか、私は時々考えます。こうやって一年のうちほとんど人様に向うて話をしておる。一日に二遍も三遍も話をします。そうでない時は何か書いておる。家に居っても旅に行っても一年三百六十五日ほとんどゆっくりする暇もないように忙しく暮しておるが、何をしておるか、私は時に考えます。お前は何をして歩いておるか、何をして居るか、と。

人は形の上からいえば寒いと言うておることも、暑いと言うておることもある。嘘を言っておることもある。又人を叱っておることもある。喜んでおることもある。あれはつまらないと言うておることもある。種々様々のことがあるが、ひっくるめて我々は何をしておるか。それを考えてみると、自分の中心を明らかにすることが、やはりお釈迦様の出世の大事を明らかにすることであります。お釈迦様は一切経をお説きなされたが、一切経の根本となる教えはどこに説かれてあるかというと、『大無量寿経』だと聖人は仰る。『大無量寿経』の中には何が説いてあるか。本願を説いてある。で、お釈迦様がこの世へお生まれになったのは、阿弥陀仏の本願をお説きになるためだ。名号のお手柄が現われ出て、本願を説くがためにこの世に御出世なさったのだ。一切衆生に阿弥陀の本願を伝えるために出て来られた。『無量寿経』にはその本願が説いてある。で、聖人がこの世に御出世になったのは、阿弥陀さんの本願をお説きにおいでになったのだ。覚如上人はそういうところから聖人を本願寺の聖人、本願の御坊と仰る。本願から示現されたのだと言われる。これを親しく自分の上に味わわして貰いますと、我々一人一人毎日何をしておるか。阿弥陀さんの御本願を説く為に働いておる。御本願を聞いて説くことは、聞くことです。御本願を聞いて御本願を説くということを自利利他という。それが世の中へ生まれて来た甲斐です。自分一人が楽な暮しを得る生活でなく、一切衆生と共に心ものどかに打ち融けた日暮しをしたい、そして全ての者が朗らかに手を取り合うて生きて行きたい、そういう願いを持っておる。小さい根性を持っておる人は、自分の家を建てて行こう、自分の子供を育てて行こう、或いは一生の間にこれだけの田を買おう、とそういうことを思っておる人がある。それだけでは情ないです。たとい自分に合っただけをしておっても、その底には一切衆生と共にというこの心を味わい持たねばならぬ。常に一人勝手な根性でやっておれば、つまらない汚ないはねのけ合いの生活をせねばならない。我々は今日の日暮しの上に、如来の本願を説く出世の大事を聴聞しなければならない。我々がこの世に生まれたのは阿弥陀さんの御本願を聞いて、御本願を説くがために生まれて来たのです。この御信心を頂くために来たのです。学校へ行ったたって、働いたって、結婚したって、子を生んだって、仏になる道一つが大事だったのだ。この世に生まれてそれが一番の元取りである。凡夫が仏になる、それほど儲け物はない、それでこそ五十年の儲け暮しである。家を建て、金を貯めた、それで暮しは出来るが、そういう儲けはあまり人の為にならん。自分の為にもならん、のみならず子孫の為にもならないものです。本当の儲け暮しは、小さな胸が晴れ、大きな仏の心を頂いて、全ての人と共に仏になる道を得させて頂く、いわゆる出世の大事がわかる。我が生活の中心、それがわかれば毎日何をしておるかということがわかるでしょう。それがわかれば、何をするにしても同じことです。洗濯する、お針をする、田甫をする、算盤を持って勘定する、本を読む、お経を読む、その人その人に応じた仕事をしておって、その中から自分の一生の生甲斐をみて行く。その生甲斐はどこにあるかというと、仏になる道である。そこがはっきりしてくればよいのです。そうする時生活に張り合いが出来るのです。何をしておっても中心がそこにある。出世の大事がわかる。

　お釈迦さんの出世の大事を、聖人は、『大無量寿経』の初めのお言葉で直観せられた。それはどういうことかというと、お釈迦様が王舎城のほとりの耆闍崛山においでになった時、御前に万二千人の大比丘衆が居った。その時お釈迦様のお相が非常に輝いていた。その時の有様を『大経』に、

　今日世尊、諸根悦予し、姿色清浄にして、光顔巍巍たること、明かなる鏡の浄き影表裏に暢《とお》るが如し。

と書いてある。

　諸根とは、眼・耳・鼻・舌・身・意。「諸根悦予」とは、全身に喜びがあふれていること。「姿色清浄にして」、姿恰好が純潔で何らの穢れも交っていない。「光顔巍巍たること」、光《こう》はひかり、顔《かお》はかお、顔が輝いてそして山の如く崇い威厳がある。犯すべからざるところの威大さがある。跪かずにはおれない。そこで阿難尊者があやしんで、どうして世尊はこうした尊いお姿になられたかをお尋ねした。御和讃に、

　尊者阿難座よりたち
　世尊の威光を瞻仰《せんごう》し
　生希有心とおどろかし
　未曽見とぞあやしみし

とあるように阿難が、こんな世尊を未だかつて見たことがない、と驚かれる。

　『阿弥陀経』を読めば、お釈迦様は十万億仏土の彼方に仰がれる。が、阿弥陀如来が、御本願をお説きになる時はにこにこしておいでになる。この、にこにこしておいでになるというところに、聖人は出世の本懐を観られた。『法華経』をお説きになる時も、お釈迦様は光顔巍巍としておられるということが出ている。私らでも自分が本当に頂いたことを語る時には嬉しいものです。非常ににこにこしています。面白くなければ話は出来んです。けれども私共が時間を忘れて話が出来るのは、話が好きだからでもあります。面白くとも自分に喜びがなければ本当の事は出て来ません。自分の腹に湧いてくるものはそのまま述べられる。又これ程嬉

しいものはない。お釈迦さんは非常に嬉しかったでしょう。これは我々の一生に就いても同じです。にっこりとして暮しておれば、患いというものは少ないのです。心の底からにっこり出来る、晴れ晴れ出来る、そうなると顔形が違うてくる。お釈迦さんはそういう光顔巍巍たる恰好をされたことは一度もない。阿難尊者が、未だかつてこういうことはないと仰った所を見ると、平常と変ったお姿であった。晴れ晴れとしたお姿でましました。もう心に障るものもなく、蟠《わだかま》りもないお姿です。だからこのお姿は光明であります。又信心であります。全てと打ち融けておられるのであります。

我々は自分の傍に居る者が、何か自分の悪い所を睨んでおるというように見えると、こっちも何んか奥に持った気持を探られはせんかという警戒が起こる。そういう思いがある時には晴れ晴れ出来ないものです。ところが酢いも甘いも知り合うて許し合うて真に信じ合うておれば、丸裸で付合ってそこに何も揚足を取らない。又欠点を人に知られるという気恥かしさもない。ただうぶな心で信じ合っておる人は、どこを見られても安心できる、だから嬉しい。親しい友達に遇うた時、親子が巡り会った時、晴れ晴れとしている。

お釈迦様の「光顔巍巍」を尋ねた阿難は偉いものです。仏さんは、阿難よ、お前は自分の量見でその事を尋ねたか。誰かお前にその事を教えたのかと申された。阿難は、誰かが尋ねよと言ったのではない、我が量見でお尋ねするのです、と。そうか、お前はよい事に気が付いた、お前がそれを聞くばかりで、わしが今この世に生まれた本懐がわかるのだ。そうするとお前ばかりでない、一切衆生が利益を受けることになる。尊い事を問うた、と仰った。私がこの世に何しに出たかというと、「道教を光闡し、群萌を拯《すく》い恵むに真実之利を以て」する為である、本願名号のお手柄を知らすために来たのだ、と仰った。仏が生まれ変わって世の中に姿を現わされたことに生甲斐があるというものです。

阿弥陀さんの御本願がお釈迦さんの胸に現われて下さった、だからにこにこしておられる。仏の本願を説くために来たと言われる前に、阿弥陀さんの御本願がお釈迦さんの胸に現われておる、だからにこにこしておられる。十方衆生一人も残らず助けずばおかずという仏さんのお心、一切衆生の胸を開いた真心がお釈迦さんの胸に響いてくるものですから、自ずからにこやかになられる。

我々は教えが自分のものになると顔も晴れ晴れとなる。信心を得た者の顔は晴れやかです。額に八の字の皺をよせて、しかめ面をしてお念仏を称えておる者は、まだまだ御信心はない。鏡を見て変な顔をしておる者は、まだ信心がないのです。あっちを睨んだりこっちを睨んだりしておる者は更に信心がない。信心があると目付きが変る。信心のある者の目ははっきりする。無い者はじろじろしている。私は目が薄いからわからんが、はっきりしておる時はその人の目を見れば、その人に信心があるかどうかすぐわかる。妙なもんです。疑いのある人ははからいもある、その目もぎょろぎょろしておる。本当のことを言うなら腹を立てるから腹立つようなことは言わぬというような人は本当のものでない。自分の言うことが人の気に障るかと心配する者はその人自身の心がまだ晴れ晴れせんのだ。自分と人とが融け合わねば晴れ晴れとした顔になれんのだ。自分のした事を人が喜ぶようでなければ融け合っておらんのです。一つやっつけてやろうというような根性をもっておれば、心は晴れんのだ。疑いなく慮りなくというのは信心の相です。命が燃えておるから諸根悦予し、姿色清浄にして光顔魏々とましますのであります。仏さんのお心が頂かれたらこの相になれるのです。蓮如上人は「仏法は心のつまる物かと思えば、信心に御なぐさみ候」と仰った。いそいそとした顔になれるのが仏教の相になられるのです。これが、出世の本懐が我が物になる相です。今日はこれだけでおきます。

（昭和七年四月八日・明達寺）

第九講

今年の正月から『教行信証』のお話をしております。「教の巻」を話し始めてから四月八日に第八回目の講話を了えて旅に出た。それからしばらく「教の巻」のお話が途絶えておりました。今日はその続きをお話しようと思います。

聖人は、常に自分の心の道の鏡とも証しともして仰いでおいでになったのがこの教である。聖人が自分の御信心をお書きになるについて、その信心は自分が考えたのではない、習うたのだ、教えて貰ったのだというところから、信心の根本、又自分の生活の根本の教えを最初に讃嘆されるのであります。ではその教えというが、何が聖人の教えか、「教を顕さば、則ち『大無量寿経』是れなり」。阿弥陀如来のことを記してあるお経は『仏説無量寿経』と『仏説阿弥陀経』。まだ沢山あるけれども主にこの三部の経を数え上げる。その三部の経のうち聖人は殊更『大無量寿経』を選ばれる。『仏説観無量寿経』を選ばれる。

それはどういうわけか。仏さんの御法をお説きになるについて、二通りの相がある。自受、自分のために法を説かれるのと、他受用、他人のために法を説かれるのと二つある。で、仏さんの身体を二つに分けて、自受用身と他受用身になる。自受用身は自分自ら受け持つ身体、他受用身は他人が受け持つ身体。一つには実相身、二つには為物身とされた。実相身というのは、真実あるがままの相、為物身というのは物の為の身体。物とは衆生、衆生の為に現われる身体。自受用身の仏を頼むか、他受用身の仏を頼むかということが相当に問題になっておる。自受用身を頼むか、為物身を頼むかというようなことが一つの問題になっておる。これを仏縁でいうと、この須弥壇の真ン中に立っていらっしゃる仏像は、『観経』けれども実相身を頼むか、為物身を頼むかということが一つの問題になっておる。これを仏縁でいうと、この須弥壇の真ン中に立っていらっしゃる仏像は、『観経』の真身観に説かれてある仏像です。七重の牢屋に入れられた韋提希夫人に、向うは自らの安心の坐像の阿弥陀さんは、『仏説無量寿経』のお姿。浄土においでになる仏のお姿。それから向うにおいでになる坐像の阿弥陀さんは、『仏説無量寿経』のお姿だ。だからこのお姿は他受用身、為物身のお姿であります。それから『観経』は機の真実を現わすお経である。こっちは衆生済度のお姿、向うは自らの安心の坐像のお姿、『小経』や『観経』は衆生の為、為物身のお姿である。この姿は自受用の為、衆生化益が主である。だから『観経』は衆生の為、衆生の為、衆生化益が主である。だから『観経』は機の真実を現わすお経である。薬の効き目が病人に現われる姿が書いてある。『大経』は薬です。このお姿は自受用のお姿。だから『観経』は機の真実を現わすお経である。薬の効き目が病人に現われる姿が書いてある。『大経』は薬そのものが出来上ることを説いてある。『観経』の阿弥陀さんは韋提希夫人を初め、その他の衆生のために姿を現わしておられる。『大経』の阿弥陀さんは自分のために姿を現わしておられる。無論『大経』でも一切衆生を助けなければ我は正覚を取らずという願いがある。しかしこれは衆生のためではない、仏自身の救いのためである。阿弥陀さんが四十八願を建てられた、それを善導大師は、一々の誓願に不取正覚を誓われたことは、一つ残らず全て衆生の為だとお味わいになった。無論阿弥陀さんの願いは現に衆生の為でないものは一つもない。然るに阿弥陀さんが衆生を助け給うということは、阿弥陀さん自身の道なんです。衆生が可愛いという心は、衆生の為に起こったのではない、阿弥陀さん自身の発起せられるところである。そうせずには居れないのである。衆生を助けねば阿弥陀さんが助からない。だから『大経』の阿弥陀さんは、衆生を見ておられる時も、自分の救いということが根本になっておる。

国の王であった方が、世自在王仏のみもとに、仏さんの教えを受けて、自ら仏になろうという願いを起こして法蔵となられた。正覚を取らせられ、阿弥陀仏となられた。その相をこまごま説かれたのが『大経』である。『観経』の阿弥陀さんは衆生の方に向うて下さる。『大経』の阿弥陀さんは衆生を後ろにしておられる。御開山はどちらの阿弥陀さんを主に仰がれたか。自分の方に向うて手を広げておられる阿弥陀さんか、衆生を後ろにして自分の道を行かれる阿弥陀さんか。

これについて例えば学校の先生にしても、自分の研究を一生懸命やって行く先生もある。ところが自分の研究もさほど進めない、ただ生徒の為を思い、生徒にわかるように、どうしたら生徒がわかるだろうかと生徒の世話をやく、こういう先生がある。私が学校に居った頃に習った先生の中に、自分の研究をさっさと進めてゆくような先生と、自分の研究を捨てて生徒が育つように手引きをする先生と二通りあった。私はどちらが好きかというと、生徒を構わんで先生自身勉強して、生徒は先生の後を追っかけて行かねばおれんような先生が好きであった。世話をやく先生は嫌いであった、生ぬるかった。生徒の中ではそういう先生を好きなものもあった。どうもあの先生は私らの事をかまってくれん不親切な先生だ、という生徒も居った。

ここに『大経』の阿弥陀さんと、『観経』の阿弥陀さんを仰ぐ者の分かれ目がある。どちらが善い悪いということは決められません。けれども御開山は、自分の方に向いて世話をやいて下さる仏を仰がれるのではなくて、仏自身の道を求めて行かれた仏さんを仰がれたのです。ということは何によってわかるかと言いますと、『大経』を「教の巻」にお引きになっておる、教の中心に『大経』をお立てになったというところに窺われるのであります。阿弥陀さんが衆生を助け給うのは、阿弥陀さん自身が助かってゆかれるところにある。自行即化他である。自利利他である。これは大事なことであります。

私がまだ京都の学校に居った頃、仏教青年会の講演会があった。今の竜谷大学、その頃の西本願寺大学院、そこが会場であった。その時私は十七才、中学三年であった。青年会の一人として聞きに行った。初めに木津の一二三尽演という西本願寺の僧侶の方が講演をしておられた。中々熱心な方であった。その方の話に、菩薩に智蔵の菩薩と悲蔵の菩薩とある。智蔵の菩薩は自分の智慧を磨く菩薩、悲蔵の菩薩は衆生を憐む菩薩で、浄土真宗はこの悲蔵の菩薩が大事である。で、諸君は智慧を磨くという学問より、むしろ衆生済度ということを学ばねばならん。ただ、智慧学問を磨くことではない、如何にして衆生を助けるかということを学ばねばならん、悲蔵の菩薩にならねばならぬ、こういう話であった。これも御尤な話である。一面理を穿った話である。言わばその頃は学問が重んぜられておった時代で、実際生活ということを余り考えられておらなかった時代であった。学者が攻撃ばかりやって、面々が学問は宗教に大切だと言っておった。そういう際であるから時局を穿ったことであると思う。

　ところが次に清沢先生が話をされた。先生は、はっきりした口調で、今、一二三さんはあなた方悲蔵の菩薩にならねばならぬという話をせられた。私は無論、諸君は智蔵の菩薩になれということに話を進める。先ず自分が智慧を磨く、衆生の為にするということを後に廻わして、あなた方は智蔵の菩薩にならねばならない……。こういう趣旨で話をすすめられたのです。

　坊さんというものは、人の済度ばかりして自分は堕ちると昔から言われておる。で、坊主の学問というと、如何に伝導するか、如何に布教するかという学問であった。自信教人信、自分が信心を頂くことそれがそのまま教人信になります。説教方法、布教方法、それは一応手段として考えられる。しかしそれが目的になってしまって肝心の自分の助かるということがお留守になる。それを知っておられたから清沢先生は、智慧を磨け、慈悲門ではないぞと言われたのです。私共は十七才であったが、何か身体の血が湧きたつような思いになった。こういう話を聞かして下さった事が、私共が清沢先生をお慕い申さずにはおれないようになった一つの動機でもあります。今でもこの話をする時、ありありとその日の講堂の様子、先生のお姿、言葉の調子迄がはっきりと自分の頭に浮かんでくる。約四十年前の事がいまだに私の頭の中にはっきりと残っている。今この『御本書』の事をお話いたします時、この事を思い出すのであります。

　聖人は『教行信証』のどの巻であろうとも、阿弥陀如来のお相を拝みになられたのは、智蔵の菩薩であったのだと思います。阿弥陀如来は悲蔵のお相より智蔵のお相が根本であります。智慧と慈悲の二つのお相があるが、慈悲の仏というより智慧の仏である。これが聖人の尊まれるところである。だから阿弥陀さんは自分の行った道を教えて下さる。その教えて下さるのは、ただ自分が坐っておって口先や手先で指さされるのではない。自分が先ず立って案内して下さる。自分が先に立って案内する時は、どうしても後ろを向けて行かねばならん。わかり易い話をするなら、天子様が行幸せられる。その時天子様の先達をする兵隊は天子様に後ろを向けて行かねばならない。今から十七、八年前総が嫁に来た頃であった。私は総を東京に連れて行って東京を案内した。後で東京で何が一番面白かったか、何を見て来たか、と言うと、何も見なかった、三、四日案内される間私はあなたの頭の帽子ばかり見ておった。後ろに蹤いていてはぐれるかと思って、帽子ばかり見ておったと言った。東京へ行って私の帽子ばかり見て居ったそうだ。本当に導かれる者はそうである。それをともするると、導かれる者は帽子を見んと脇目をしておる。総の態度はそれでよい、私共は仏さんのあとを慕うて、仏さんの後を見て行けばよいのだ。

『大経』の阿弥陀さんは衆生に後ろを向けてどんどん行かれる。聖人はその後を追うて行かれた。だから同じ道を仰いで行くのだ。歩かねば助からぬのだ。仏教というものは、坐っておっただけではいけない、口先だけの話を聞いておってはいけない。それから他所見して話を聞いておる者は、話を聞いておっても助からない。一緒に歩かねばならない。だから信には必ず行が付くのです。教というものは口先の教でない、身を以ての教なのであります。導かれる方に歩かねばならない。だから信には必ず行が付くのです。衆生のために口先で言って聞かせるのでない、仏が身を以て先に立って下さる。だから慕うて行くものは身を以て行かねばならん。ここが大事なところである。だから教えを受けるということは、一緒に歩むということである。いくら仏さんが立派に修行して成就して仏になられたとて、こっちが仏の教えの如く修行して行かなければ修行にならない。

他力のお助けを貰うということは、自分で進んでゆく力のない者、立ち上がって行く力の無い者が、さあ行くぞ、と言って下さるその声に励まされて、仏の後を慕うて行くようになれる。それを他力という。自分の足が立ったのだ、そして歩いて行ける力の本源を得るのだ。それを教えによって助かったという。それを他力という。

智蔵の菩薩、悲蔵の菩薩は遠く離れたものではない。智慧の終極は慈悲である。慈悲の根本は智慧である、智慧を離れた慈悲はないのだ。はっきりと別々のものではない。

如来無蓋の大悲を以て三界を矜哀《こうあい》す。世に出興する所以は、道教を光闡し、群萌を拯《すく》い恵むに真実之利を以てせんと欲してなり。

お釈迦さんの本意はどこにあるか、中心はどれか、その中心を現わす時に、「今日世尊、諸根悦予し、姿色清浄にして、光顔巍巍たること、明かなる鏡の浄き影表裏に暢《とお》るが如し」、お釈迦さんはにっこり笑うていつにない尊いお姿になられた。だからそのお姿を見て阿難は、どうしてそういうお姿になられたかと問うた。お釈迦さんは、私は初めて世に出た甲斐があったと仰った。それはお釈迦様自身の進む世界が開かれたのだ。だから『大経』の御法はお釈迦さん自身が助かる道である。人が進んで行く道でない。お釈迦様自身が進んで行かれる道である。だから一人にこにこしておられる。自分一人で喜んでおられる。その自分一人で喜んでおられる所が、『大経』の阿弥陀さんたる所以であります。聖人はその仏さんを仰がれた。いわゆる自受用身であります。人に尋ねられて、その人の悲願に応じて仰るようなそういう教えでない。だから何と言わんでも、一人喜んでおられる。これは常に一人道を進んで行く者はわかる。自分一人がしっくりと、にっこりせられる味わいがここにある。これは自分の心が開けた光であります。救いであります。人に言って聞かせる時、その病人に対して色々の言葉も出ます。それはやはり自受用身の底に不純な影がさしておるのです。お釈迦さんが一人でにっこりせられた。顔から姿まですっかり何時もと変わる程全人格が、教えの充実した姿をしておいでになる。そのお姿に身を以て従ってゆく者は、身を以てゆかれる仏を仰ぐのであります。

ともすると他力、あるいはお慈悲ということは、坐っておってただお慈悲に涙をこぼす、そういうように思っている人がある。そういうような救いは剥げるのです。一つの感情であります。仏さんのお慈悲を聞いて有難いなあと涙をこぼす、そういうお助けはすぐさめる。仏の話を聞いてはっきり感得して、そこに立ち上がってゆくその喜びの上にこぼす涙なら、それは永遠の救いの道であります。

『観経』は九品の念仏と古来申されます。本当に自分が歩んでゆく時に初めて全人類のお助けがある。阿弥陀さんが自分自ら進んで行かれるそのお覚悟を聞き、そのお喜びを聞いて、自分にそれを頂いて自分の覚悟として喜びとして一緒に後を追うて行く。ここに聖人の真宗の御信心の味わいがあるのであります。だから聖人が教えを頼み、お慈悲を讃嘆せられる時は、お釈迦さんと一緒になる、お釈迦様と同じ道を歩んでおいでになる。いわゆる信と行と、喜びと励みというものが備わっておるのであります。今晩はこれだけにしておきます。

（昭和七年六月十日・明達寺）

第十講

聖人が『教行信証』を御製作になった一番最初に「教の巻」をお書きになったのは、自分の信心、自分の生活は自分で起こしたのではない、その源は教えて貰ったのであるという思召しであります。教えて貰わねばわかりません。この辺の川の水は白山から流れて来るように、聖人は御自分の信心の源は教えによって出て来たというところから、自分の信心、自分の行を解くためにその根源のおこころを教えに現わされたのであります。

お釈迦様の五十年の御教えは、色々の人によって聞き伝えられて『阿含経』『華厳経』『法華経』『涅槃経』など沢山のお経の中に伝えられている。無論、如来の「仏以一音演説法、衆生随類各得解」という言葉があるように、如来は一つのお声をもって御法をお説きになったと聞いておる。衆生が自分の機根によって夫々お味わいを頂いて書いたのが一切経である。だから大乗のお経でも、小乗のお経でも沢山お経があるが、どのお経でもお釈迦さんのおこころを現わしてないお経はないはずです。沢山のお経の中から聖人は『無量寿経』をもってお釈迦様の全身を仰ごうとされるのであります。それで「夫れ真実の教を顕さば、則ち『大無量寿経』是れなり」と仰る。この経の根本は阿弥陀さんのおこころ、その阿弥陀さんのおこころをそのままお釈迦さんは伝えられるということをもって、釈迦出世の本懐であるということにお味わいになったのであります。だから「何を以てか出世の大事なりと知ることを得るとならば」と仰ってある。

初めに「弥陀、誓を超発して広く法蔵を開きて、凡小を哀んで選んで功徳之宝を施すことを致す」と、これは阿弥陀さんの御本願、御名号、それをお釈迦様がお説きになった。「釈迦、世に出興して道教を光闡し、群萠を拯《すく》い、恵むに真実之利を以てせんと欲す」、阿弥陀さんがこの世に出られたのは、阿弥陀さんの本願名号のお手柄を説き出されたのだ。ここを以て『大経』の大意は如来の本願を説くことである。即ち仏の名号を以て経の体とするなり、この本願が経の宗である。名号が経の体であるということを説くのだと前にくわしく申しましたから今はくわしく言わないが、そのことを聖人は仰って、これを経文の上に証拠立てて行こうとせられる。昔から「言《こと》、典にあずからざるは君子の恥づるところなり」ということがある。これはどういう事かというと、古人の教えておかれない事を言うのは君子の恥づる所であるということである。近来何事も日進月歩、新しく開けて行く、明治以後の時代に於いては、何でも新しい事を言うのが偉く、昔の人の言わなかった事を言う、こういうような傾向があった。昔の人の言うたことを言うと愚痴である、こういうことになっておる。若い時俳句や歌の稽古をした、そういう時、この句は昔の人達の言い古したことだ、今更句にせんでもよい。それが言いたければ、昔の人の通り言っておればよいと言ったものだ。ところが宗教の世界では、昔の人の言わなかったことを言うと罰当りであるという。こういうことは私は長い間わからなかった。そして、昔の人の言ったことを言わなくてもよい、お釈迦様の知られないことを聖人は仰ったもの、聖人の知られないことを私らは言わねばならん、こういうことを思っておった。こういうことを思っておる間は、世の中の移り変わって行くことに目がついておる。むろんお釈迦様は、日本の親鸞聖人の知っておられることを知られない。又聖人はいくら尊い方であっても、今日の飛行機のこと、潜水艦のことは知っておられない。仏は全智全能というても、インドの三千年前の人で、今日の爆弾投げて人を殺す飛行機のことは知られない。私は清沢先生をお慕いしておるが、先生は三十年前お亡くなりになった。私は先生の知られん書物を知っておる。先生の知られん理屈も知っておる。自分が信じておる人よりもえらいようなことになるが、これも世の中の移り変わりに目が着いておるからである。宗教の世界は、変わって行くことを主にせんのです。世の中は皆変わって行くが、中に一つの変わらぬものを発見する。人は段々若い者も年寄りになって行く。生まれた者は死んで行く。春が夏になり、秋になり、変わって行く。花は咲いて散って行く、会うたものはことごとく別れる。始めあるものは必ず終りがある。我々はその変わって行くものに心を乱されておる。

この頃或る人が、どうも困ったことになった。田の値打ちは一番固いものだと思って田を買うておいたが田も当てにならん、と言った。又、昔は公債は固いものだと思って公債を持っておったが、この頃公債を棒引きにしようという話がある。棒引きの額を五分の一にすると百円は二十円になる。ドイツへ行った時面白い事があった。戦争のあとだ、公債を銀行で払えんようになった。金の値が下がって風呂賃が一万円になった。散髪に行っても二万円札を持っておっても出来んと言うていた。銀行に預けておいても郵便局に預けておいても何時どうなるかわからぬ。

人間は何か当てにする所に居りたい。親を当てにしたり、子を当てにしたり、田や家や金を当てにしたりするが、そんなものは何も当てにならん。けれども何か当てにせねば居れぬのだ。宗教は当てにするものを見出すことなんです。

聖人は、その当てになる所は、阿弥陀如来の本願一つだと仰る。これは、久遠劫の昔から今日まで変わらぬ本願である。それに乗托するのです。他のものは皆変わるのです。今も昔も、世の中が変化しても変化の源泉として流れておる一つのもの、それが見出されねばならぬ。それが見出されるようになれば、昔の人のお味わいが今の我々の味わいになる。そういう点から言えば「言、典にあずからざるは君子の恥づるところなり」である。ただ自分の量見を通そうとするために、昔の人を引張ってくる、こういうのは卑劣である。そうではなく、自分の今日の心は自分で開いたのではない、自分が拵えたのではない、久遠劫来永遠の末にかけて変わらぬ道理が今の我が胸に現われて下さったのだ。親鸞聖人は、法然上人の信心と自分の信心は一つだと言われる、これは一つに貫通したものを見出しておいでになる。真実信の人は、如来の信と自分の信と一つに貰えておるということを申されたものである。

仏心凡心一体、清沢先生は、信ずることは如来と一つになることであると仰った。久遠劫の阿弥陀が十劫の昔に現われ、それが三千年前お釈迦様に現われ給うた。そのおこころが今の我々の胸に現われた。それで一つである。そのおこころから、教えの本源は『無量寿経』であると言える。『無量寿経』はお釈迦様の出世の本懐である。

昔から『法華経』を仰ぐ人と、『無量寿経』を仰ぐ人と随分議論があるが、『法華経』を仰ぐ人は、『法華経』はお釈迦様の出世の本懐という。『無量寿経』を仰ぐ人は、『無量寿経』を出世の本懐という。では、お釈迦様の中心はどこにあるかということになる。聖人は、お釈迦さんの中心は『無量寿経』の御教えにあると仰せられる。こう仰いでおいでになる聖人の中心を頂かねばならぬ。お互いに凡夫同志の暮しの中では、咎めたり咎められたりして腹を立てておる。果てしがない。そういう人は中心が乱れておる。その人の中心はどこにあるかということを見出さねばならぬ。しかし人の上に見出す前に自分の中心はどこにあるか、自分の出世の本懐は何処にあるかということを知らねばならない。普通の人は何をしておるやらわからぬのだ。産んで貰ってものを食うことに追われて、そして皆が働くから私も働く。又、皆が嫁を貰うから私も貰う、皆が金が大事というから私も大事にする、というふうで何をしておるやらわからん。夢の如く幻の如く一生は過ぎて行く。それなら、皆が死んで行くから私も死んで行くのだというて安心しておられるか。人が死んで行く事はさほどに思わぬがいよいよ自分になると驚く。自分が何をしておるのやらわからんのだ。それは永遠に通じた世界がないということである。生まれぬ先の世界、死んだ後の世界を持たぬのだ。只今の現在の身体の世界しかないのだ。だからその中にこき廻されておるのだ。現在のこの身体は何が中心だ、何をしておるのだ。五十年、六十年生きて来たが、娑婆に何しに来た。一大事は何か。お釈迦様は、インドのカピラバスツ国の浄飯大王の王子として生まれて来、修行して仏になり、八十才迄お働き下された。このお釈迦様は何の為に娑婆に出て来られたか、お釈迦様の出世の本懐、一代因縁は何か。それは、阿弥陀如来の御本願を説きに来られたのである。聖人が、お釈迦様の出世の大事はここに在るのだと仰る時に、同時に御自分の出世の大事もここに在るのだと仰せられる。お釈迦様は、如来の本願が現われ出て下さった姿だと讃嘆しておられる聖人は、この自分の上にも、阿弥陀さんの御本願が現われて下さることを喜んでおられるのであります。

今から我々の生活をどう始めて行くというのでない。阿弥陀さんの本願が、我々に現われ出て下さる、その仰せに従い、お召しに叶うて行くより外にない。だから新しい生活を始めるのではない、古い教えを今に聴聞して、それに素直に蹤いて行く。それが信心である。

『無量寿経』に沢山書いてある中に、何処に聖人は目を着けられたか。それは経の初めです。初めの所に、阿難尊者がお釈迦さんの姿を見て、非常に尊いお姿であると、その尊いお姿のお謂れを尋ねられた。お釈迦様はそのお尋ねに従って、自分のこの姿になれた訳は、自分の心が特別今日は明らかになったのであるということをお話になります。聖人は出世の一大事ということをお味わいになるに就いて、一番始めに『無量寿経』の言葉をお引きになっておる。

『大無量寿経《だいむりょうじゅきょう》』に言《のたま》わく。今日世尊《こんにちせそん》、諸根悦予《しょこんえつよ》し、姿色《ししき》清浄にして、光顔巍巍《こうげんぎぎ》たること、明《あきら》かなる鏡の浄《きよ》き影表裏《かげひょうり》に暢《とお》るが如し。威容顕曜《いようけんよう》にして、超絶《ちょうぜつ》すること無量なり。未だ曽《かつ》て殊妙《しんみょう》なること今の如きを瞻覩《せんと》せず。

これは阿難の言葉です。

或る時、お釈迦様が王舎城の耆闍崛山に、大比丘衆万二千人と共においでになった。その中に阿難も居た。阿難はお釈迦さんの従弟で、子供の時からお釈迦様に付き添うていた人であった。非常に器量の好い、愛敬の良い気の利いた人であった。お釈迦様はこの優しい人をいつも可愛がってお側におかれた。学問の勝れた智慧のあるお弟子は沢山あるが、常随の人は阿難であった。この人は又お釈迦様にづけづけと何でも申し上げる。この時も他の人は皆黙っておった、阿難はすぐに尋ねた。「今日世尊」、世尊というのはお弟子の方がお釈迦さんをお呼びする言葉である。世の中の尊い方という意味である。「諸根悦予」、諸根とは眼・耳・鼻・舌・身・意、六根というて六識の寄り場のことを皆根という。人間の根本、もととなる所、ここから今日の相が段々と現われる。悦予とは、悦は喜、予というのは喜ぶ一つの姿、豊かな姿である。喜んで豊かになる。くだいて言えば、今日のあなたのお相を見ておると、眼を見ても嬉しそうな眼をしておられる、鼻つきを見ても、口もとを見ても、耳を見ても、身体を見ても、心を見ても、今日は如何にも楽しそうにしておいでになる、喜びに満ちておいでになる、これが悦予である。「姿色清浄にして」、姿色とは、姿色あい、身体全体の様子です。様子具合が清浄である。清はきよらか、浄もきよらか、交り気の無い純一の姿。だから清浄ということは落ち着いた姿である。心が乱れ、他のことに捉えられておる時は騒いでおる。清浄な心はいかにも静かな心である。同じ心の喜びでも、何やら落ち着きのない喜びをしておる人がある。立ったり坐ったりしておる。ああいうのはまだ喜びが薄いのだ。例えば旅に行った子供が帰ってくる。嬉々として立ったり坐ったりしておる。ああいうのはまだ凡夫の喜びである。まだ上っ面なんです。別れて泣き、会うて喜ぶというのはまだ浅い。この姿色清浄という喜びは、奥底からの喜びである。我々凡夫には中々姿色清浄というような気持は少ない、極薄い。小さい心の凡夫はお互いの生活にそれを発見出来ぬ訳ではない。よくよく自分のことを思って、ああ俺もこれで娑婆に生まれた甲斐があったのだと今の自分の幸せがわかる。行く先が明らかになる。こういう時に一人でにっこりする。そういう時の姿は姿色清浄です。求める所もない、恐れる所もない、何ら犯される所もない、姿色清浄とは極めて静かな心である。物を持って喜んでも、それが無くなろうかと思うと又悲しまねばならぬ、そこに立ったり坐ったり、その騒がしさは姿色清浄ではありません。

「光顔巍巍たること」、光顔の光はひかり、顔はかお、顔が明らかになる。顔には明るい顔と暗い顔がある。曇った顔と晴れた顔がある。顔には直ぐに心の現われが出る。心の中が曇っておる時顔は曇る。心が晴れ晴れとしておる時の顔は明らかである。心が疑いの雲に閉ざされておると顔がいつの間にやら曇る。人を見て仇と思って暮しておる者は、額に縦の皺が寄っておる。ところがこういう人が信心を得て、仏の心が胸に頂かれるといつの間にやら額の八の字の皺が無くなる、ほんのりする、だから光顔だ。光るかんばせは巍々として山の聳える如く尊い。人が仰ぐ、又人が慕う。人はよく私を大事にしないと言うて腹を立てる、人が粗末にするというて暗い顔をすればするほど人が寄って行かない。そういうことでなしに、人を信じて喜んでおるといつの間にやら人が寄って来る。尊むなと言うても尊んで来る。人の輝いておる姿というものは犯すことが出来ない尊さがある。

「明かなる鏡の浄き影表裏に暢《とお》るが如し」、研ぎ澄まされた鏡のようである。露の玉のような輝きのある鏡、その清いこと表裏に透る如くすき透っている。「威容」というのは、言わば威勢がある。人が怒ったり泣いたりする姿は品の悪い姿である。喜んで安心しておる姿は気高い。泣き面をしておるから蜂にさされる。愚痴っておるから隅に叩き込まれる。ところが、晴れ晴れとして光顔になると威容というて威勢が備わる。

「顕曜にして」、顕は明らか、ほがらか。「超絶すること無量なり」、超はこえる、絶はたえる。世の中の並を超えておる。特別な相が現われる。勝れた相が現われる。並べ比べのない相である。

「未だ曽て殊妙なること今の如きを瞻覩せず」、永い間世尊のおそばに居るけれども、こんな尊いお姿を拝んだとはない、と。このお言葉を見ますと、お釈迦様は十九の年に出家せられ、三十の時に仏に成られたということがお経にあるが、二十九才出家、三十五才成仏というお経もある。が、どちらにしても三十か三十五の時にお釈迦様は仏に成られた。仏に成られた時からいつもにここにこしておいでになったかというと、そうではなかったらしい。むろんこの『大経』の御説法をいくつの時になされたかということは今日はっきりしていない。けれども御老後であったろうと思われる。若い時のお話ではなかった。阿難がおそばに付いておったが、こういうお顔を見たことがないという。そういうと、仏におなりになったからというてもやはりにこにこした顔をしておいでになったことは少ないことがわかる。

仏の顔も日に三度というが、いつもよい顔をしておらん。腹が痛けりゃ痛い顔もする。いくらよいお母さんでも子供が大事な物を壊わしにかかっておると、だらと言って叱って取り上げねばならぬ。お釈迦様が大きな声を出して怒られたようなお経もある。お釈迦様の教団では、いろんな迷惑をかける者がある。その時、人が非難して動揺する。お釈迦様は、そういうことをするから悪い、以後そういうことはしないがよいと仰る。そういうお戒め、戒律が出来る時は渋い顔をしておいでになる。だから阿難尊者がお側に居っても、お釈迦様を恐い人と思っておった。ところがその日は恐いところが無くなり、ただ尊く、ただ朗らかにいかにも晴れ晴れとしておいでになった。阿難は、こういうお姿は初めて見た、未だ曽つて見たことがない、どういう訳ですか、と尋ねた。

唯然《ややしか》なり大聖《だいしょう》、我《わ》が心《こころ》に念言《ねんごん》すらく、今日《こんにち》、世尊奇特《せそんきどく》の法《ほう》に住《じゅ》したまえり。今日《こんにち》、世雄仏《せおうぶつ》の所住《しょじゅ》に住《じゅ》したまえり。今日《こんにち》、世眼《せげん》導師《どうし》の行《ぎょう》に住《じゅ》したまえり。今日《こんにち》、世英最勝《せえうさいしょう》の道《どう》に住《じゅ》したまえり。今日《こんにち》、天尊如来《てんそんにょらい》の徳《とく》を行《ぎょう》じたまえり。

「大聖」、お釈迦様のことを大聖とある。お弟子達がお釈迦様を讃えて言われる御名が色々ある。大聖もその一つである。「我が心に念言すらく」、自分の心にこういうことを思って、「今日、世尊奇特の法に住したまえり」、今日仏様は、奇特とは珍しい、特別な御法の心においでになる。「今日、世雄仏の所住に住したまえり」、世雄とは、雄は英雄の雄、男の中の男、仏様を世雄という。「仏の所住に住したまえり」、仏陀の居らせられる所にちゃんとお住まいになっておる。「今日、世眼導師の行に住したまえり」、仏様は世の中の眼である。導師とは世の中を導く人、仏は教導者の徳に居られます。「今日、世英最勝の道に住したまえり」、世英の英は、英雄の英、最も勝れた道を歩んで一切衆生を指導して下さいます。「今日、天尊如来の徳を行じたまえり」、最も尊い如来の徳を行じておいでになる。真実から現われ出た人を如来という。これはお釈迦様の目のあたりのお姿をいろんな方面から見て、仏様のこのお姿はただ事ではない、このお姿の根本はここにあるだろうということを讃嘆されたのが、この五徳瑞現の讃嘆である。五徳瑞現は、一に奇特の法に住す、二に仏の所住に住す、三に導師の行に住す、四に最勝道に住す、五は如来の徳を行ず、である。

阿難はこの五徳を讃嘆されるのです。

去《こ》・来《らい》・現《げん》の仏《ぶつ》、仏《ぶつ》と仏《ぶつ》と相念《あいねん》じたまえり。今《いま》の仏《ぶつ》も諸仏《しょぶつ》を念《ねん》じたまうこと無《な》きことを得《え》ん耶《や》。

過去・未来・現在の仏、仏と仏と相念ぜられた。仏が仏のことを思う。阿弥陀仏の四十八願のうち第十七願は、諸仏菩薩に我が名を讃嘆されたいという願いである。仏が仏を念ずる、仏を念じて仏になる。「今の仏も諸仏を念じたまうこと無きことを得ん耶」、ということを阿難が感得されたのであります。今のあなたも仏様のことを念じておいでになるのでしょう、お念仏のお心でおいでになるのでしょう、と感得した。

我々は向うに恐いものを見ると心が曇る、怨んだり嫉んだり悲しんだりしておれば心が狭くなる。我々の心が曇るのは、いらぬことを向うに見ておるからだ。だから親を見ても連合いを見ても、子供や友達を見ても、先輩を見ても、皆自分を蔑み、自分を苛めるように見える。だから警戒してぐっと睨みつける。心に鬼を見ているから恐しい。その鬼はどこに居るか。自分の胸に居る。先方に鬼が見えるのは、その種は皆自分にある。にこにこした顔が見えるのはこっちもにこにこしているからだ。人が念仏している顔は朗らかである。如何に罪業深重の者でも、迎えとってくれる仏が見えるからにこにこしておる。

何《なん》が故《ゆえ》ぞ威神《いじん》の光光《こうこう》たる乃《いま》し爾《しか》るや、と。

そうでなければこのように威神があり、不可思議の徳があり、光り輝いておいでになるということはないでしょう。この見たことのないお相になられたのは外ではない、あなたは心の中に仏を念じておいでになるのでしょう。こう阿難がお尋ねになった。

（昭和七年六月十一日・関又八家）

第十一講

『教行信証』の「教の巻」のおこころを四月一日からお味わいして今日は十一回目であります。

先日話しました「如来の本願を説くを経の宗致と為す。即ち仏の名号を以て経の体と為るなり」、先日この所を話しました時ちょっとも気付いていなかったことですが、ここに、即ちという文字がある。今拝読しておって気が付いた。如来の本願を説きて経の宗致とす。『無量寿経』の宗とする根本は何が書いてあるか、阿弥陀如来の本願が書いてある。これが『無量寿経』の生命の本源、命の源である、ところがその次に「即ち仏の名号を以て経の体と為るなり」とある、体という字は身体である。本体です。宗というのと体というのとやや現わす所が違う。宗というのはむねである、一番大切な所である。体といえば全体に亘って満ち満ちておる本体である。中心をいうたならば本願である。それが一切に何処へも至り届いておるというのは体である。仏の名号を以て経の体とする。『無量寿経』のどの部分を見ても阿弥陀如来の御名号のお謂れでない所は一つもない、これが経の体である。ところが即ちと書いてある。即ちというのは同体、そのものとそのものとが全く同じという時に使う字である。即ちとはそのまま。本願を説きて経の宗教とすということが、そのまま仏の名号を以て経の体とするということである。そこで本願ということと、名号ということと、本願は因位、名号は果上。本願は法蔵因位の時の願。「願わくば我れ作仏せば聖法王に斉しく生死を過度して、解脱せざるなからん」という願から四十八願を建てられた、それが願である。その願の如く修行して仏に成られた。即ち南無阿弥陀仏という名前を得られた。これは名号である。本願は因、名号は果である。だから本願の上には時間の経過があるが、名号は空間的の拡がりを現わす。この名号は名前である。本願を成就してそれから名の徳が現われる。そして、その生活の全体の上に本願が満ち満ちて現われて下さる。そしてそこに本願成就の相が現われる。「仏の名号を以て経の体と為るなり」、そこに即の味わいがある。そのこころから覚如上人は、本願や名号、名号や本願、本願名号、因位果上と変わっておっても一つじゃ、とこういうお味わいをされる。自分が本願を頼む、六字を頼む、名号を頼むということが皆同じ味わいになる。

何が故に仏さんは御出世になられたか。出世のもとは本願である。お釈迦様の出世の本懐はどこにあるかということは、阿弥陀さんの本願はどこにあるかということである。本懐の現われておる所は『無量寿経』のどこか。御開山は『無量寿経』を説こうとせられるお釈迦様のお姿の上からそれをお味わいになった。それは大体昨日お話した所である。

今日世尊、諸根悦予し、姿色清浄にして、光顔魏々たること云々と、そのお姿を阿難が拝んで問いをかけ、去・来・現の仏、仏と仏と相念じたまえりと言う。このことに就いて昨日も一寸話をしましたが、今日はややこの点をくわしく話そうと思う。

念仏するということは仏が仏を念ずることである。『無量寿経』の中にこの念仏のこころの出たのはこの御文が初めである。

設《も》し我仏を得たらんに、十方世界の無量の諸仏、悉《ことごと》く咨嗟《ししゃ》して我が名を称せずば、正覚を取らじ。

これが阿弥陀さんの十七願である。ここに名号成就せられたというてある。この十七願を頂いても、自分の名を、一切衆生に賞められたいというのでない、仏に賞められたいというのである。ここにも味わいがある。仏から我が名を呼ばれたい、だから念仏するということは、仏が仏を念ぜられることである。博徒の心は博徒でなければわからない。聖者の心は聖者でなければわからない。やはり自分によく似た者が自分の胸のうちをよくわかってくれる。真に仏を念ずる者は仏である。そういう意味から言えば、「念仏成仏是れ真宗」と言われた意味がはっきりする。念仏すると成仏する。仏を念ずるということによって自分が成仏するのだ。この念仏の姿はどういう姿か、光顔巍々である。光顔巍々という姿がお釈迦様の念仏の姿である。いつも言うことであるが、念仏する人の顔付き身体のあんばいは喜びに満ちておる。仏を念ずる時に我々は明らかな心を得るのです。喜びを得るのです。仏以外のものを思う時心が暗くなる、人生の目星がつかぬようになる。だからはっきりしたならば我が人生に苦しみがなくなる。はっきりしないと行き先が暗くなる。何をやっておるやらわからぬようになる。そういう者は仏を見失った者である。仏を念じておらぬのだ、外のことを念じておるのだ。例えば人の悪いことや貪欲なことを思ったり、人の愚痴を思ったり、人の瞋恚を思う、それは外のことを思っておるのだ。外のことでなしに、自分のことを顧ねばならぬというが、自分の貪欲・瞋恚・愚痴、三毒の煩悩を思う。自分の三毒の煩悩を眺めておっても心は暗い。人の三毒の煩悩を眺めておっても心は暗い、念仏するということは、善も悪も罪も障りも全て消し去って、摂取して下さる大きな仏さんの心を眺める、その時初めてにっこり出来るのです。人を咎めて自分が高ぶっておるという時はにっこりした顔にはなれない。自分を咎めて自分を卑下している時にもにっこりした顔にならない。他の地獄・餓鬼・畜生を眺めず、自分のうちにも地獄・餓鬼・畜生を眺めない。そういうものを捨てて仏を念ずる、念仏するのです。この味わいを古人は「煩悩もおこらばおこれとうち捨てて念仏するが手にて候」と言われた。そういうことに頓着せんのだ。罪をいくら調べておっても罪はなくならない、その罪も障りも投げ打って大きな仏さんを見る。仏さんを拝む。そこに初めて明らかな心が出てくる。ほのぼのとしてくる。仏を拝むことが出来て、仏の仰せが聞かれる。そしてそこに仏に従うという素直な心が出てくる。仏が見えぬから、やたらと我慢の角を立てて威張ったり憍慢になったりする。我慢の根性が卑下になれば、今度は私はつまらぬ者だと思って世の中を歎く。上がったり下がったりする者は皆仏の心がわからぬのだ。仏を見るとそういう窮屈な咎め心でなく、もっと暢びやかになれる。そこに信が出てくる。喜びの心から素直な生活が出来る。そして又活潑な活動が出来る。仏々相念という念仏の味わいはそこにある。仏を念ずる、だからお釈迦様が世の中のことを想っておられる時は、くすぶった顔をしておられただろうが、『大経』をお説きになる時はにこにこしておられるのだ。だから『大経』はお釈迦様の念仏、御信心の記録だといってもよい。

小善根福徳の因縁を以って彼の国に生ずることを得べからず。又、雑行雑修自力の心は助からぬと教えにある。万行諸善の小路、それは助かる道でない、暗がりに提灯である。仏の世界は提灯も蠟燭も要らぬのです。暗がりを見る目が明かるみを見る。それ一つだ。仏を拝まれる目が外にあるのではない、念仏一つにある。

『大経』に何を説いてあるか、お釈迦様の念仏が説いてある。お釈迦様の念仏のこころを説いたのだ。だから阿弥陀様という仏様は、お釈迦様の念仏の対象になっておるのだ。阿難がちゃんとその図星を指した。「今あなたは仏を念じておられる、念仏しておられる」と。阿難は、人身を受けておられる釈尊の上に、法身の如来の徳を拝んだのであります。

ここには阿難の問いのうちに、釈尊は阿弥陀仏を念じておられるということを感得した心持を書いてあります。

お釈迦様がやはり念仏して助かる。念仏成仏これ真宗とは、お釈迦様の信心である。三世の諸仏、過去・未来・現在、諸々の仏はともに弥陀仏の三昧によって阿弥陀如来になられる。その念仏によって仏の果報を得るが故に、念仏によって助かる。念仏より外に助かる道はないのだ。念仏一行とはそれである。

自力根性で人を見ても自分を見てもそこに助かる道はないのだ。底は暗闇である。けれどもその暗がりを相手にしないで、それを暗いと見果てて仏を念ずる、阿弥陀仏を念ずる。俺はこんな者だから助からぬ、こんな者は駄目だと思っている暇に、釈迦如来が助かっておいでになるぞ、とそれを見るのです。自分は行かれぬということより、向うへ行った人があるぞと、そこに望みを立てるのだ。そうすると自然のことわりで自分の腰が立ってゆく、それが念仏成仏である。

聖人は、阿難のお尋ね、阿難のお気付きを自分のものとしてここにお引きになるのです。聖人はお経のお言葉をお引きになる時に、どう思っておられたか。阿難が、私の問わねばならぬことを問うて下さったのだ、とこういうお喜びがあるのだ。我々でも仏を念ずる時は朗らかになる。心配のないようになろうとあせっても駄目である。ただ仏を崇め念ずる時に道が開ける。変わらぬ仏のお心を見るのだ、仏を念ずるということが我が助かる道なのである。その時初めて顔の皺が伸びるのです。

この世に何しに来たか。仏になる道を求めに来た。

成仏するというのは、木像のようになろうと思ったり、絵像のようになろうと思ったり、又飯を飾ったまま食わぬのが仏かと思う人がある。そういうのは木や紙を頼むのである。人間が仏になるというのは自覚者になることである。木像になるのでない。女房持ってもよい、飯も食えばよい、そこに仏を念ずるという道が無ければならない。その念仏の道が明らかになって来、成仏の道がわかり、初めてにっこり出来る。人生の道に安堵が出来る、喜び顔が出来る。念仏の道は、お釈迦様の出世の一大事であるように、我々の人生の一大事である。聖人は、お釈迦様の出世の一大事がわかられた時、自分の出世の本懐もわかられたのです。そこをわからして頂いて有難いと考えると同時に、自分の出世の本懐がわかったのだ。自分はこの事を聞きに生まれて来たのだ、この事を得るが為に生きておるのだということがわかる、それが出世の大事である。

「何を以てか出世の大事なりと知ることを得るとならば」、この出世の大事を明らかにするために、この五徳瑞現の御文が引かれておるのです。

ところが、阿難がこういう具合にお釈迦様に問いをかけた時に、直ぐにお釈迦様はその御返事をなされなかった。そして、

是《ここ》に於《おい》て世尊《せそん》、阿難《あなん》に告《つ》げて曰《のたま》わく、諸天《しょてん》の汝《なんじ》を教《おし》えて来《きた》して仏《ぶつ》に問《と》わしむる耶《や》、自《みずか》ら慧見《えけん》を以《もっ》て威顔《いげん》を問《と》える乎《や》、と。

と仰った。

諸天とは諸々の神様。神様はインドでは天神である。神々が出て、お前にそういうことを仏に問えと仰ったか、或は自分の頂いた慧眼、智慧の眼でそういうことを問うたのか、と仰った。尋ねたことに返事せず、何故こういうことを仰せになったか。

お釈迦様は、お前が尋ねたのは誰かお前をそそのかす者があってか、又はお前の腹から尋ねたのか、お前はもうそういうことを聞かれるようになったのか、とやはりここに自覚を促されるのです。お前の真心に問えと仰るのです。他力というのは仏のことを聞き覚えたもののように思ってはならんのです。お前の量見で問うのかと自覚を促されるのです。その時阿難は、

阿難《あなん》、仏《ぶつ》に白《もう》さく、諸天《しょてん》の来《きた》りて我《われ》を教《おし》うる者《もの》有《あ》ること無《な》し、自《みずか》ら所見《しょけん》を以《もっ》て斯《こ》の義《ぎ》を問《と》いたてまつる耳《のみ》、と。

誰もそういう話を、そういうことを教えた者はない。我が見たままに、感じたままにこのことをお問いしたのです。私は長い間釈尊のお傍に居るけれども、こういうお姿を拝したことはないので私は見て驚いた。それで仏と相念じ給えりということを聞

いておるが、それでは今日は仏さんが仏さんを念じて居られるのだなと思いました、と。

仏さんが助かってゆかれる具合を、その道理をお尋ねしたのです。仏は念を押された。私共はいつもこの念の入っておることを思わねばならない、内心の発起です。

仏言《ぶつのたま》わく、善《よ》い哉阿難《かなあなん》、問《と》える所《ところ》甚《はなは》だ快《こころよ》し。深《ふか》き智慧《ちえ》を発《はっ》し、真妙《しんみょう》の弁才《べんざい》をもて、衆生《しゅじょう》を愍念《みんねん》せんとして、この慧義《えぎ》を問《と》えり。

阿難よ善いことをした、この問いを聞いて私は甚だ心が愉快である、と仏さんは喜ばれるのであります。私がこのにこにこしておる所を見て念仏しておるのだろうと思うのはえらいものだ、深い智慧があるのだ。阿難よ、深いことがわかるようになった、と仰る。阿難がかの問いを立てる時、ほのかにその境地が見えておらねば問いを発することは出来ません。阿難はお釈迦様の傍に居れば晴れやかであったでありましょう。娑婆に居るならば、学者達の道理、理屈を聞いて色んなことを明らかにしておられるはずです。それを阿難はそういう道理理屈を聞くより、お釈迦様のお顔を見ておればよかったのです。だからお釈迦様がおかくれになった時、友達五百人が王舎城のピッパラ窟に集まってお経の結集をしておられた。ところが阿難はその内に入れられないのだ。阿難は私はいつもお釈迦様のお傍に居ったが何もわかっておりません、ただお釈迦様がなつかしいと言って泣きくずれていた。余り泣くから、皆が感じて結集の中へ入れた。入っていよいよ結集の場になると、阿難ほど覚えのよい者は居ない。いつもお釈迦様の傍に居るから一番よく知り覚えておる。だからお経の概要は阿難が作ったと言われておる。お経は阿難が聞いたことが主になっておる。大弟子迦葉などの長老も居るけれども、そういう人達が仏の本意を得たか。阿難のように、理屈に達していなくても仏のお顔を見て助かっておる。念仏の道は阿難から始まった。

私はこの頃病気で永いこと寝ておった。私は花が好きだから寝ておっても花が私を慰めてくれた。人を憶えば自分の心に掛けてその人のことがわかるのです。阿難の一生のことは、大体お経を見るとわかる。阿難はいつもお釈迦様のお姿を見れば晴れやかになる。雨につけ風につけお釈迦様の事を思っておる。別にその他に何も悟りはない。聖人の念仏の味わいを『歎異鈔』に、「ただほれぼれと弥陀の御恩の深重なることを、つねに思いいだしまいらすべし」と。信心とは、阿弥陀如来のお姿を心にほれぼれとみとれておる、こういう味わいです。覚如さんは、

至心信楽《しんぎょう》己を忘れて、速かに無行不成の願海に帰し、憶念称名精《いさみ》有って鎮《とこしな》えに不断・無辺の光益に関《あずか》る。

と、己を忘れて阿弥陀さんに見とれておるという所に念仏の味わいがある。阿難はその心をもってお釈迦様に問うたのです。お釈迦様は非常にお喜びになった。我が意を得られた。阿難がそれだけのことに気が付くのは深い智慧があるからだ。又、それだけ尋ねるというのは真妙の弁才があるからだ、とお賞めになる。真はまこと、妙はたえ、弁才は能弁家、弁舌さわやかなのだ。やたら

にしゃべるのは能弁家でない。真実を見たものは能弁家である。「真妙の弁才をもて、衆生を愍念せんとして、斯の慧義を問えり」。仏さんは、阿難がそれを問うたのは、衆生が可愛いから、憐む心から問うたのだと仰る。ここは、仏を念ずるということと、一切衆生を念ずるということが一つになって味わわれてくる所である。阿難は自分の問題として念仏のことわりを聞いた。が、その問うことが一切衆生を憐むことである。だから、一切衆生が代表せられた阿難によって、一切衆生が助かる導きをされたのである。

弥陀の浄土に帰しぬれば
すなわち諸仏に帰するなり
一心をもちて一仏を
ほむるは無礙人をほむるなり

という御和讃がある。如来を信じ、仏を念ずるということは、一切衆生と共に手を引いて助かって行くというお味わいである。阿難に対してお釈迦様がお賞めになる色々のお言葉の中にはっきり仰ってあるのです。

（昭和七年六月十二日・永瀬又作家）

第十二講

去年は一月二日から『教行信証文類』を拝読しながら御教えを仰いで来たのであります。六月十二日妙林の永瀬家のお講の時までぼちぼち続いて話をしましたが、それ以後ずっと話をする御縁が無かった。八月は講習会、十一月は報恩講で他の御縁で御信心を味わわして貰って来たので、『教行信証』の御縁に触れることが久し振りである。本年は今日から昨年の続きの所をぼちぼち拝読し、聖人のおこころに触れさせて頂こうと思います。

一昨日お歳暮のお勤め、お内仏の報恩講と兼ねて致しました。昨年中を回顧致しますれば、何より有難いことは、何が来ても、それを有難くお受け出来る心を教えて頂いたことが一番有難いことだということを話しました。昭和八年も昨日から始まりました。本年は日本の国と致しまして、支那満州の方面に於いても、又国際連盟の方面に於いても、共産主義の方面に於いても、全て問題が解決なしに残っておる。或る人は日本の国が全ての面に於いて行き詰っておると言っておる。或る人は、国家危急存亡の折だと言っておる。又そうしたことが考えられる時、一種の不安の念に襲われて落ち着いて生活が出来ずにおる人も見受けられます。そういう際に於いて私共は、そんな事情は我等の知ったことでないと無関心に過ぐるというのでなく、充分にそれを考えた上で、どんな事が起こって来ても驚くことのない、怖れることのない確かな道を歩まして頂いておる仕合せを喜ぶのであります。世事に動いて行くのならばどこ迄動いて行っても果てしがありません。我々はその果てしの無い動きの浪の中に揺られつつ、そこに怖れも無く、危ぶみの無い道を教えて貰っておるのであります。そして私共の旅は前途が行き詰っておるのではなく、前途が明らかに開かれておるのであります。今年はどんな苦しい事が来るやらと思って年を迎えてはおりません。今年はどんな有難い事に出合すかと楽しんで年を迎えておるのであります。世の中の事は何が襲ってくるやらわからない、本年は存外暖かい冬だと喜んでおるが、直ぐさま雪が来るかも知れません。この月末には又ハワイの方に旅をすると言っておるが、それ迄にどんな事が起って、行かれなくなるかも知れません。大体命そのものが危い頼りにならないものです。人間の生活は一時も安堵の出来ないものです。突然に出ることもあるが、火宅の如し、火事場のようなものです。落ち着きの無い所です。ところで我々は、その上で、落ち着きの無い所を落ち着きの無い所だとはっきりしなければなりません。だから何が来ても、そら来たぞ、と思って行かねばなりません。突然に出ることもある、よく考えればはっきりわかってくることもある。何が来ても驚くことはいらんのです。

聖人のお手紙集『末灯鈔』の中に、

何よりも、去年（こぞ）・今年、老少男女多くの人々の死にあいて候らんことこそ、あわれに候え。ただし生死無常の理（ことわり）、くわしく如来の説きおかせ在しまして候えば、驚き思召すべからず候なり。

とある。この御消息を頂きますと、去年から今年にかけて沢山の人が死んだ、憐れなことだ、と一応仰ってある。だが、生まれた者は死ぬということは兼ねてお聞かせに預かっておることだから、さのみ驚くことはない。この頃私は、人々が大事件が起ったように考えることでも、しばらく心を鎮めて考えていると、それなら何でもないことではないかと思うのであります。「教の巻」に「何を以てか出世の大事なりと知ることを得るとならば」とある。又、『法華経』には「一大事因縁」という語もある。『改悔文』に「阿弥陀如来われらが今度の一大事の後生御たすけ候え」とある。後生の一大事がはっきり頂かれてあれば、この世の一切のことは何でもないことばかりである。我々が大事件に関して身を震わし顔を青くしているのは、要するに死の問題に脅かされておるからである。その死の問題ということが、一大事の後生がはっきり頂かれたならば、何もそうした問題はないのです。しかのみならず我が心が弱く、気が小さく他力信心の道に満たされていない時には、何か刺戟に遇うと脅かされるように感ぜられるのです。何が来てもよいとの心の据りが大切です。世の中の一切のことです。世の中のどういうことでも心を鎮めて考える時、それは皆生死です。一大事のことは何でもないことに顔を赤らめたり、一大事の後生がはっきり開かれておる人には、世の中の一切の事は何でもないことであります。そしてそのお互いは自分の愚かさにも気が付かんでそれでよいのだと思っておる。一大事のことに顔を赤らめたり、身を震わしたりしておるのがお互いである。そしてそれは生死の中のことです。満州問題がどうなっても、国際連盟がどうなっても、経済問題がどうあっても、全てそれは生死の中のことです。世の中のどういうことでも心を鎮めて考える時、それは皆生死であります。何でもないことに顔を赤らめたり、身を震わしておるのがお互いである。そしてそのお互いは自分の愚かさにも気が付かんでそれでよいのだと思っておる。この信心の光の中に住まわして貰いますと、毎日毎日の変化も自分を招いて下さる方便である。自分をお育て下さる恵みである。それが順境であっても、逆境であっ

何でもないことに顔を赤らめたり、身を震わしたりしておるのがお互いである。そしてそれは生死の中のことです。満州問題がどうなっても、国際連盟がどうなっても、経済問題がどうあっても、全てそれは生死の中のことです。世の中のどういうことでも心を鎮めて考える時、それは皆生死であります。何でもないことに顔を赤らめたり、一大事のことに顔を赤らめたり、身を震わしたりしておるのがお互いである。そしてそのお互いは自分の愚かさにも気が付かんでそれでよいのだなあ、と顧みさせて頂くのが信心の智慧である。この信心の光の中に住まわして貰いますと、毎日毎日の変化も自分を招いて下さる方便である。自分をお育て下さる恵みである。それが順境であっても、逆境であっ

ても、共に大きなお育てだと気付かして貰う。そうすると世の中が変って行くことが面白いのである。順境もよし、逆境もよし、雪も雨も、日照りも皆よし。我々はともすると変って行く世界に居りながら、お天気に雨を願うようなことをし勝ちである。雨には雨を頼む、お天気には天気を頼む心を養わねばならぬのです。お金も儲かることもあるし損することもある。だから儲かる時はそれを喜ぶ、損した時にも損を喜ぶ。身体にも息災と病気とある、だから息災の時には息災を喜ぶ、病気の時にも病気を喜ぶ。友達や内輪でも、打ち融けて仲の良い時も、仲悪い時もある。仲の良い時には仲の良いことを喜ぶ、悪い時には悪いことを喜ぶ、そこ迄達観せねばならない。打ち融けて行かねばならない。解脱の境地とはここである。その心を教えて頂く。仏教とはそれである。仏教とは病んでおる者の病気を癒す教えでもなければ、貧乏の者がお金を儲ける教えでもない。どちらに転んでも心丈夫に、にっこりと笑うて日暮しが出来る心を教えて下さるのであります。信心の智慧を与えて貰っておるということが大切なんであります。我々は愚かであります。中々この広大な御教えを頂きながら、つい油断をして大事でないことにでも驚き、恐しがったりしておるのであります。常にお育てのもとを離れてはならぬのであります。

本年もどうかお釈迦様から伝統相承されたこの仏教のお恵みを受けて、広大なお育てに預かって、自らを顧みることによって道を教えて頂こう、こんなに思っておるのであります。

蓮如上人の御許に、山科の勧修寺村の道徳が、明応二年〔一四九三〕正月一日御前に参った時、「道徳はいくつになるぞ。道徳、念仏申さるべし。」と仰せられたということが、蓮如上人の『御一代聞書』の一番先に書いてある。年はいくつになっても念仏せよ、念仏は浄土へ生まれるところの大行であると、念仏申される豊かな心持を呼びさまして下さった仰せであります。私は毎年正月になるとこの蓮如上人の御教えを思い出さして貰うのであります。

以上新年の所感を申しました。

或る時お釈迦様が大比丘衆万二千人と共に耆闍崛山においでになった。その時非常にお姿が尊くなられた。長くお傍に付いておる阿難が、今迄にそんなよいお姿を拝んだことはない、奇異の感に打たれた。そして親しく仏様の前に進んで尋ねた。今日あなたはお姿が変っておられます、尊くお見受けする、それは何故ですか。察する所今日あなたは、あなた御自身の中に尊い仏が現われていらっしゃる、あなたは自分に仏を念じておいでになる、それでなければこうした輝かしいお姿におなりになる筈がない、こう申しますとお釈迦様は非常に喜ばれた。阿難よく聞いた、お前それは自分の量見で問うたか、誰か天神でも来てお前に聞けと言うたか、と。いやそうではありません。これは自分の思いから阿難がお問いしたのであります、と。お釈迦さんは、「問える所甚だ快し。深き智慧を発し、真妙の弁才をもて、衆生を愍念せんとして、斯の慧義を問えり」とお褒めになった。真妙の真はまこと、妙は勝れた珍らしい。弁才とは言葉です、弁舌さわやかなということです。頭がはっきりしていると言葉もはっきり出てくる。深き智慧がそこから現われ出てくる。問うということは、自分の為ばかりでない、衆生を愍念する為である。聞くは一時の恥、聞かぬは末代の恥ということがある。やはり私共でもわからぬことがあれば人に聞く、ということは自分の門を開くことである。同時に沢山の人を開くことになる。自分が暗いことを暗いままにしておくことは、一切衆生を暗いままにおくことである。自分の腑に落ちぬことを問うことは一切衆生を利益することになる。阿難は、仏の念仏のおこころを覚ってお尋ねしたのです。

如来《にょらい》無蓋《むがい》の大悲《だいひ》を以《もっ》て三界《さんがい》を衿哀《こうあい》す。

釈尊は自らを我れと仰せられず、瞿曇《くどん》とも仰せられず、如来と仰せられた。自らを如来と仰せられるところに、自分は思索し修行して出来上がった仏ではなく、如より来生したものであるとの自信をもって自らを如来と仰せられたのであります。しかも、如来は単数であって然も複数であります。

「無蓋の大悲」、無蓋というのは蓋の無いと書く。蓋の無いお慈悲、これは開放の自由です。我々はともすると人が可愛いという心が起るけれども、その可愛い心は、我ままな利己主義が束縛しようとします。人を愛するということは、束縛を解いて、自由の境地に導き出すということをしないのです。他を束縛から救い出すと同時に、それを自分の束縛の中に置こうとする。自分のいうことを聞けば可愛がる。自分のいうことを聞かねば可愛がらぬ。こういうのは有蓋《うがい》の慈悲である。凡夫の慈悲は常に有蓋の慈悲である。有蓋の慈悲であるから末とおらぬのです。破れるのです。仏さんの慈悲は開放せられる。繋縛を解いて下さる。暗闇の網を解いて更に自由の野に一本立ちさせることが仏さんである。凡夫の慈悲は愛するということより人と勝負するということが多くなる。愛することによって開放するということでなしに、勝負しようとする。そこに愛せられることに苦しみを感ずる。可愛がられる人の所へ行って打たれたり叩かれたりすることがある。これも愛の変形です。又余りしつこく可愛がると子供でも嫌がる。いくら可愛というても嫌がる者を抱いておっては駄目です。本当に可愛がることは開放することである。束縛から開放することである。解脱の境地である。何等の束縛の無いように説く、教えてやるのです。

或る人は仏教の教えは消極的のことが多い、ああしてはならぬと言い、こうせよということが少ないと言います。無論そうであります。仏さんの慈悲はあらゆる束縛から解こうとせられるのです。否定的の言葉が多いのです。束縛を解いた以上は干渉せんのです。あなたの好きなことをやれというのです。『歎異鈔』を拝読いたしますと、真の大慈大悲の現われがわかる。「善人なおもて往生をとぐ、いわんや悪人をや」と。善人さえ行ける、悪人は尚行ける、「善悪の二つ、総じてもて存知せざるなり」。又、

弥陀の本願には、老少善悪の人をえらばれず、ただ信心を要とすと知るべし。その故は、罪悪深重煩悩熾盛の衆生をたすけんがための願にてまします。しかれば本願を信ぜんには、他の善も要にあらず、念仏にまさるべき善なき故に。悪をもおそるべからず、弥陀の本願をさまたぐるほどの悪なきが故に、と。云々。

とあります、どんな罪悪の縛っておる者でも、何も心配は要らない。この『歎異鈔』の御教えで、最も適切に教えて下さっておるのが、清沢先生の絶筆『我が信念』である。昨日も元日の例としまして、先生の御肖像の前で、『我が信念』を聴聞いたしました。

如何なる罪悪も、如来の前には、毫も障りにはならぬことである。私は善悪邪正の何たるを弁ずる必要はない。何事でも、私は只自分の気の向う所、心の欲する所に順従うてこれを行うて差支はない。これは『歎異鈔』をもう一つ奥底まで見抜かれた境地であります。自分は善いか悪いかを決める力が無い。その力の無い者が、善悪邪正がわからねばならぬ世界に住んでおることも出来ぬ。だからというて死んでゆくことも出来ぬ、生きておることも出来ぬ、どうもならぬ。こういう内省をせられた上に、私は心の欲する所、気の向う所に従って何をやってもよい、と先生は言っておられる。非常に開放的な言葉である。蓮如上人の『御文』の中に、

先ず、当流の安心の趣は、あながちにわが心の悪きをも、また妄念・妄執のこころの起るをも、止めよと云うにも非ず。ただ商をもし、奉公をもせよ、猟、漁をもせよ。

と、何でもせよ、何でも思え、どんなにあばれても、どんなに悪いことをしても、如来の本願の隙間を出られないぞ、いくら赤ン坊が暴れても親の愛の懐の外に出られないように、私がどんな悪いことをやっても仏様は見捨てられないのです。これが無蓋の大悲です。何処迄行っても仏さんの慈悲に果てはないのです。仏さんはお前の自由にせよ何でもせよと仰る。盗人したって障りは何もないのです、色々なことを仰るけれど、それは仮の世の中にそうすることが運びがおだやかに行くから気を付けて下さるのだ。お前がどうなっても私はお前を放さぬ、常に私は後始末をしてやる、と、これが大慈大悲です。お前の好きなことをやれ、広い広い世界に出さして貰う。

「三界を矜哀す」、仏さんは、欲界・色界・無色界、あらゆる衆生世界のこの一切衆生を可愛想だと仰る。矜哀はあわれみはぐくみ給うお心である。小さな心に閉じ込められて泣いておるものも、その教えによって抱き取って、広い広い世界に出さして貰う。

世に出興する所以は、道教を光闡し、群萌を拯い恵むに真実之利を以てせんと欲してなり。

お釈迦様が我々の前に立ち現われて下さるのは、どういう訳か、「道教を光闡し」、道教とは道の教え、衆生の行く道、この道を行けというその道を光闡する、光はひかり、闡はやはり明らかに照らす。それは松明を灯して行くように道教を照らす。「群萌を拯い」、群はむらがる、萌は草の芽生へ。萌というのは春草がもえたつようなもの、一切衆生を群萌という。この頃になると萌を拯う、群はひかり、萌は草の芽生へ。萌というのは春草がもえたつようなもの、その芽を妨げるものがあれば、それを取ってやればよくなる。日本の古代から禊をするとか祓いをするとかいうことがある。それと同じである。

無蓋の大悲は束縛を取る。発動するものの妨げになるものを取る、救う。あれは生命力の発動である。その芽を妨げるものがあれば、それを取ってやればよくなる。日本の古代から禊をするとか祓いをするとかいうことがある。それと同じである。

無蓋の大悲をもって群萌を拯うとは、衆生の惑いを取る、妨げを取る。

「恵むに真実之利を以てせんと欲してなり」、人間がいろんな利益を得るというが、それは真実でない、虚偽である。それを持って悩まされるような利益である。ここに真実の利とある真実の利とは何か、道教である。一時的なその場限りの利でない。徹底的に衆生を利益し給う。道教を光闡するということが真実の利を以ってするのだ。真実の利は仏の名号である。我々の行く道を無蓋の大悲を以って照らし、道の教えを明らかにして群萌を拯《すく》い、恵むに真実の利を以ってせんと欲す。草木が伸びてゆく姿、それが真実の道である。伸びるものは伸びさせる。良寛さんは自分の家の床の下に筍が生えた。段々伸びて床につかえるので床板を破って筍を伸ばしてやられた。ところが段々大きくなって屋根迄届いた。屋根も破って上げられた。ここにも群萌を拯《すく》いというこころがあります。近来、子供を教育するのに、子供が充分発育するように育てて行く。伸ばして行くということが大切とせられるのである。

道教の道という字は、首に辶をかけたもの、自分の願いを載せて走って行く。本願の大道の道、大願の道です。

無量億劫《むりょうおくこう》にも値《あ》い難《がた》く見難《みがた》きこと、霊瑞華《れいずいけ》の時《とき》あって時《とき》に乃《いま》し出《い》づるが猶《ごと》し。

優曇華の花は三千年に一度咲く。そう言われるように、これは稀なことである。滅多と仏さんは世の中に出られることはない。有縁の知識に遇うことも容易でない。

今《いま》問《と》える所《ところ》は、饒益《にょうやく》する所《ところ》多《おお》し、一切諸天人民《いっさいしょてんにんみん》を開化《かいけ》す。阿難当《あなんまさ》に知《し》るべし、如来《にょらい》の正覚《しょうがく》は、其《そ》の智量《ちはか》り難《がた》く、導御《どうご》する所《ところ》多《おお》し、

今阿難が問うことは非常に沢山の人を賑やかにし、うるおすのである。大した事であります。利益するというのが一切諸天人民を開化する、明らかな目を開くのであります。

仏様の正しい覚りは量り難い、思い難い。中々凡夫の智慧で量ることは出来ない。これだけということは出来ない。「導御する所多し」とは、我々を導いて下さる所が色々沢山ある。

慧見無礙《えけんむげ》にして能《よ》く遏絶《あつぜつ》すること無《な》し、と。已上

智慧の目が開けば障りが無い。どこ迄も透徹しておいでになる。「遏絶すること無し」、知るべし、仏様の智慧の光は障りなく、誰もそれを妨げるような者はない。如来の智慧の光に会う所に曇りはない、それ程広大なことだということをお知らせになる。

ともかく、真実の心が現われ出て、一切衆生を思ってするというような心からこの問を出した阿難、よう聞いた。たまたま一切衆生と私が融け合うてこうしておる。衆生と仏とが一つに融けて交わっておるということは、これは中々容易なことではない、とお釈迦様御自身もこういうことになることは稀なことだと思召しになったのでしょう。そのことを「無量億劫にも値い難く見難きこと、霊瑞華の時あって時に乃《いま》し出づるが猶《ごと》し」と仰っておる。かく会うということは容易でない、不思議なことだ、尊いことだと仰る。この心から尋ね求めて行く時人間の助かる道があるぞ、と仰る。その心こそまことに偉大なのであります。世の人の毎日の生活を省みる時、人々はこの娑婆に於いて、損だ得だと分けて考え、善と悪と一つに融け合うた所こそまことに偉大なのであります。進んで自分の墓穴を掘って、自分でその中に入るような生活をしておる。そこに利害得失ということをもって考えておる人が多い。大きな世界に引き出して、善と悪と一つに融ける、正と邪が一つに融ける、仏と衆生が一つに融ける、この小さな心の皮を解いて、大きな世界に引き出して、善と悪と一つに融ける、正と邪が一つに融ける、仏と衆生が一つに融ける、この境界を味わわせて頂く。これは、『大無量寿経』の教えの根本を現わしておるところであります。（昭和八年一月二日・明達寺）

第十三講

『無量寿経』のもとはサンスクリットで書かれてある。それを支那の文字に飜訳されたものが十二巻あると伝えられている。十二巻あるということは、色々の書物に依って知ることが出来るのであります。が、その中の七通り迄は、訳されたということだけが伝わっておって、それがどのようなものであったかはわからない。その内の五通りは今残っておるので、五存七欠と昔から言われている。その五存は、一『大無量寿経』、二『無量寿如来会』、三『無量清浄平等覚経』、四『大阿弥陀経』、五『荘厳経』、これで五つになる。私共が拝読している『大無量寿経』というのは、康僧鎧三蔵という方の飜訳せられたものである。法然上人も親鸞聖人も、多くはこの飜訳によってお味わいになったのです。聖人はこの康僧鎧三蔵の飜訳を主としてお味わいになったのである。それだけに止まらず、当時の異訳のお経を調べてお味わいになったのです。この『教行信証』を拝見すると、何れの巻を見ても、初めに康僧鎧三蔵の飜訳のお経をお引きになり、その後に引き続き、四通りの異訳の経をお引きになってある。

この聖人の御引用の体裁を見て聖人のお心を察すると、如何に謙虚な態度で、又、厳粛なお方であったかということが仰がれるのであります。異訳のお経をあれもこれもお調べになっておる所を見ると、聖人はその原典の一切をお調べになっておられたかということが思われるのであります。『無量寿経』のサンスクリット本というのが手に入らないものだから、飜訳によるほかなかったのです。聖人はその飜訳書を集めて、その沢山の飜訳書の上に原本の味わいを汲み取ろうと努力せられたという跡が見えます。

今から五、六十年前、今では或いは七十年も前にもなるかと思いますが、ヨーロッパから、インド、ネパール方面に色々の書物を漁りに探険隊が行って、沢山の仏典を持ち帰ったということがあります。その頃『無量寿経』のサンスクリット本を持ち帰った事がわかった。

明治七年南条文雄先生と笠原研寿先生がヨーロッパへ留学し、オクスフォード大学の、マクス・ミュラーという学者についてサンスクリットの研究をされた。マクス・ミュラー先生が主になって、南条・笠原両先生が助けてそのサンスクリット本の英訳をされた。それがオクスフォード大学から出版されておる。日本では東方聖書の第四十九冊目に載っておる。南条先生が日本語に飜訳さされたものです。近来東京で、『無量寿経』の研究者が、五つの異訳本と、サンスクリットの飜訳本と、チベットの飜訳本と、日本語訳と八つ合わせて一冊の本にして出した。それによって比較研究することが出来ます。私はサンスクリットもチベット語も読めません。皆さんのうちにサンスクリットの研究をして下さる人も出てくれたらと思います。私は、サンスクリット研究が出来ないから君が代ってやってくれと頼んだ。善波君が高等学校から大学に入る時、何を学んでよいやらと問うた。私は、サンスクリットの研究をして私共に教えてくれる手筈になっている。御開山の頃には、まだその梵本を手にする都大学の大学院で『大経』の梵本の研究をして私共に教えてくれる手筈になっている。御開山は梵本は無いけれど、何ことが出来なかった。今我々はそれを手にすることは出来るけれども、それを私自身が読めない。御開山は梵本は無いけれど、何とかしたいと努力された。その御精神に触れると、自分の勉強が足りないことを恥じ入る次第であります。明盲で読めないということは如何にも残念という気がいたします。

今日五つの異訳本を調べてみても、大分様子が違っている。長さも違っている。本願も十二だったり、二十四になったり、三十六になったり、四十八になったりしておる。この頃出来た梵本と比べてみると、何れの飜訳書もこの梵本と違っている。そこでいくら飜訳の違いがあると言っても、こんなに違うものか知らんと思うが、元は一つのお経である。この五つの中のどれが最も原本と近いか、こういうことははっきりわからない。釈迦生誕のネパールという国に入って、今の人に知られないことを漁った上でなければ、そのことははっきり出来ないようであります。そういう仕事は大切な仕事であります。

とにかく、『教行信証』の上に聖人が初めに『無量寿経』をお引きになった。次に異訳『無量寿如来会』、それから『平等覚経』をお引きになった。こういうようなお姿を見れば、如何にも聖人が念を入れて仏の本意を得られようとしておいでになったかということが仰がれるのであります。私は自分の不勉強を照らし出されて、聖人の、如何にも真実を求めて止まれないその御精神を仰がして頂くのであります。

『無量寿如来会』は『無量寿経』の言葉とほとんどよう似ています。

『無量寿如来会』に言わく。

阿難、仏に白して言さく、

世尊、我如来の光瑞希有なるを見たてまつるが故に斯の念を発せり、天等に因るに非ず、と。

先にくわしくお引きになったから、ここでは極く簡単に中心の所をお引きになっておるのであります。それで、仏の問いに対して阿難が答える所を『無量寿如来会』から御引用になっておるのであります。それで、仏の問いに対して光瑞の光はひかり、瑞は瑞相とかいうて、目出度い、朗らかなかたち、希有とは稀であること。あなたのお顔からお姿までいつもに変わって朗らかにあらせられる。それで私はお問いしたのです。別に諸天が来て私に尋ねさせられたのでない、こう言われ

た。聖人は、阿難がお釈迦様の御面相を非常に尊く拝されたことを余程お喜びになったものと見えて、「大経和讃」の一番先に、

尊者阿難座よりたち
世尊の威光を瞻仰《せんごう》し
生希有心とおどろかし
未曽見とぞあやしみし

とお記しになっている。阿難が、世尊の未曽有のお姿に驚いた。ここに聖人の、お経を御覧になったお心持がよく窺われるのであります。と言いますのは、先ずお経をお説きになる時に、内から仰がれるのと、外から仰がれるのと二通りある。人に話をするにも二通りの訳合いがあります。その一つは誰か問題を持ってくる。実は私もこういうことに悩んでおるが、これをどうしたらよいのでしょうか、と尋ねる。それを、こうしたらよかろう、これは外から尋ねられた時に答えるのです。それからそうでなくて、何か自分の胸に嬉しい事が出て来て言わないではおれないことが出て来る、それをそのまま言い出す。そんな時に聞くと趣が違うてくる。それを仏教では、随自意、随他意という言葉で現わす。随自意とは自分の内心に従う。随他意とは、自分から発起したのではない、人から尋ねられて言う。仏さんのお経の中に、随自意経と随他意経とある。聖人は『無量寿経』を随自意経とせられた。随自意とはお釈迦様の内心の発起する所の方である。人の救いの道をお説きになるのではなく、お釈迦さん自身が助かってゆく道をお説きになっておるのであります。いわゆる釈尊の自内証の仏教である。お釈迦様が御自分の仏教をお説きになっておる。ここにお釈迦様がこの世に出世せられた本懐がある。どんな目的でこの世に出られたか。聖人は、お釈迦様の出世の本意はどこにあるかということを摑まんとせられた。と言いますのは、お釈迦様は八十年の間この世においでになったが、法をお説きになった間は五十年、その間お説きになった色々の事はお経に記されてある。そのお経を一々調べてみると、機に応じて、右に説いたり、左に説いたり、前に説いたり、後に説いたり、時によると別人がお説きになったもののように思われる節がある。余りに右に傾いたり、左、後に傾いたりするため却って誤解する人もあるかも知れんが、お釈迦様はそのようにして人間の本当の道を教えようとせられた。聖人はそこに仏教を御覧になった。どこに釈尊の中心があるか。釈尊の言われる事や成される事を宗とするけれども、中心は何処にあるか。釈尊の宗教は何処にあるかということを見ようとせられた。『無量寿経』に説かれておる教えは、お釈迦様の宗である、中心であるということを聖人は味わっておいでになるのです。

『無量寿経』というお経は、人から尋ねられて説かれたお経ではない、人を救うためのお経でないのだ。自らを救う為のお経である。同じ阿弥陀さんのことをお説きになったお経でも、『観経』は韋提希夫人の求めに応じて救いの道を説かれた。『大経』はそうでないのだ。お釈迦様一人でにこにこしておられたのだ。そのにこにこしておられるお相を見て、阿難が不審を起こした。

仏《ぶつ》、阿難《あなん》に告《つ》げたまわく、善《よ》い哉《かな》善《よ》い哉《かな》、汝《なんじ》、今《いま》快《こころよ》く問《と》えり。善能観察《よくかんざつ》し、微妙《みみょう》の弁才《べんざい》をもて、能《よ》く如来《にょらい》に如是之義《にょぜのぎ》を問《と》えり。

よいかな、よいかなと賞められるのです、阿難よ、よく観察し、よく私の姿を見てそこ迄気が付いたねと。「心そこに在らざれば見るとも見えず」と孔子様が言っておられるが、同じものを見ておっても心がそこに無ければ、尊い心がそこにあっても発見出来ないのです。宇宙には色んな相がある。それが或る時にははっきり見えるし、或る時には見えない。そこでお釈迦様は阿難に対して、阿難よ、よく私の相を見てくれたなと言われる。心が本当に深く融け合っておる間柄にはそれが出来るのです。阿難はお釈迦様の光顔を見てすぐにお釈迦様のお心を知って、お釈迦さんに申し上げた。図星ついたのです、それは当った。お釈迦様はそれを喜ばれたのです。よく観たな、よく発見したな、私のそばに永い間居った甲斐があったなと言われるのです。阿難は覚った人ではない。お釈迦様のお側に居ってお給仕をして、一生懸命にお仕えしておっただけ、ですから他のお弟子方から見ると、阿難はお釈迦様のお側に居るけれど何にもわかっておらん、ということだったのでしょう。ところが常随していた阿難だけがよくお釈迦様のおこころを頂いておったのです。そういう点から見ると本当のお念仏の道というのは、阿難がお釈迦様に対したこの心持から生まれて来た教えである。念仏の道が説かれた『無量寿経』は、阿難の口から説き出されたということは偶然ではないと思います。

「微妙の弁才をもて、能く如来に如是之義を問えり」、阿難よお前は弁説さわやかに私に真実の義、道理をよく問うた、と。

汝《なんじ》、一切如来《いっさいにょらい》・応正等覚《おうしょうとうがく》、及《およ》び大悲《だいひ》に安住《あんじゅ》して群生《ぐんじょう》を利益《りやく》せんが為《ため》に、優曇華《うどんげ》の希有《けう》なるが如く、大士世間《だいじせけん》に出現《しゅつげん》するが故《ゆえ》に、斯《こ》の義《ぎ》を問《と》えり。

お前は「一切如来」、如来は如より来生するもの、それを又正等覚とも言うのです。如来の別号です。正等覚の正はまさしい、等は平等、覚はさとり、まさしい平等のさとり。如来と相応する等しいさとり、が現われるようになるということ。そこに大智が感ぜられ、大慈悲が感ぜられる。大智が感ぜられる人は大きな慈悲を感ずることが出来る。これが仏を信ずる信心のことで安心という。安心を得るとは、内証の心を得るということ。大悲が感ぜられるとは、ゆったりと仏の心の中に抱かれておるということである。従って疑いがない。危ぶみが無い。人に物を尋ねる時危ぶみがあっては尋ねられません。こう問うたら叱りはしないか、つまらぬ者と思われはしないか、あいつはまだそれがわからんのかと思われはせぬかとか、又、こう問うたらお気の毒だと向うのことを察してみたり、こっちを卑下したりしておる人は問うということが出来ないものです。何でも問えるということは、自分を丸出しにし、先方との間に何らの蟠《わだかま》りが無くなっているのです。これは非常に結構なことです。私は子供の時学校でよく先生にものを尋ねた。そしてよく先生に可愛がられた。どこの学校へ行っても先生は可愛がって下さった。私が先生に何でも尋ねたという所に先生に対して何等の疑いが無かったと言うことが出来る。こういう事を尋ねたら先生は困るなあと思わん。こっちが困った時先生に言えばよい。ものが尋ねられるということは、先生の心に安住しておるのです。この安住しているこっちの心持が先生に可愛がられる心に通じているのだと思う。ということを、今ここで思い出したのです。阿難はお釈迦様にちょっとも疑いがない。ほかの弟子達は覚りを開いておるか知らんが、直接何でもお釈迦様に言えない。仲人して貰わねば言えない。阿難は随意です。お経を読むと、阿難はよくお釈迦様に申し上げたということがわかります。例えば、お釈迦様のお父様が亡くなられたあと、お母さんは出家さしてくれと言われたが、お釈迦様は女は仏教の妨げになるから女の弟子は作らぬと言われた。その時阿難は、あなたはそう仰るけれど、ただのお母さんではない、摩耶夫人がお亡くなりになってから今のお母さんがあなたを可愛がって育てられたのです。これ程までお母様が仏教に帰依しておられるのだから、とやかく言わずに許しておあげになったらどうかと言うた。そうしたら、そうだな、それでは許そうと言うてお母様の出家を許された。そういう時に外の者は黙っておる。阿難は構わんでずけずけと言う。言うだけお釈迦様の心に融けておった。又お釈迦様はそれを喜ばれたのです。善い哉、善い哉とお賞めになった。

尋ねることが出来るということは、大悲に安住しておるのだ。我々はこの大悲に安住するということが大事なんです。自分を飾っておる人は人にものを尋ねられない。如何にも善い者になりたいのです。仏の大慈は、わからぬ者をそのまま可愛がって下さるのであります。阿難は何と言われても、お釈迦様から離れて行かぬという心が据っておるから問えるのだと、お釈迦様は賞めておられる。

「群生を利益せんが為に」、群生は群萌とも言う。一切衆生のこと。それを利益するためにです。これをお前が問うたことは、皆を利益することになる。自分の利益は一切の利益である。自分の暗い胸が明らかになって行くということは、一切の者が明らかになることである。自分が暗い胸を抱いてわからぬ事をわかったつもりでおることは、一切が暗いのである。孔子様は「知らざるを知らずとせよ、これ知れるなり」と言われた。わからぬことがわからぬと言えるならば、それはわかったのだ。だからわからぬならわからぬと打ち明けることが一切衆生を利益することである。どっちにしても繕うたり、飾ったりしておるものは為にならん。自損損他である。「優曇華の希有なるが如く、大士世間に出現するが故に、斯の義を問えり」、優曇華はインド人が信じておる想像上の珍しい花である。優曇華は三千年に一遍花が咲くと伝えられている。丁度優曇華の稀に花咲くように、大士世間に出現する。大士とは菩薩の事です。ここでは仏さんの事を大士といってある。尊い人が世間に出現する、滅多と出られる方ではない。だから会うた時に聞かねばならぬ、何時でも聞かれるものではない。聞くは一時の恥、聞かぬは末代の恥とはそれなんである。人に会うということは稀である。「宝の山にいりて、手を空しくして帰りたらんに等しかるべく候」と蓮如上人は仰った。蓮如上人は晩年お戒めになって、皆問え問え、我が命のある内に問え、死んだら問えぬぞと仰った。

又《また》諸《もろもろ》の有情《うじょう》を哀愍《あいみん》し利楽《りらく》せんが為《ため》の故《ゆえ》に、能《よ》く如来《にょらい》に如是之義《にょぜのぎ》を問《と》えり、と。已上

同じような事を繰り返して仰ってある。「諸の有情を哀愍し」、哀れんで、可愛想だと思って、諸の有情を「利楽せんが為の故に」。有情は群生と同じこと、皆を気の毒だと思う愛の心であります。お慈悲の心が阿難に動いて、一切衆生を利楽するために、能く如来に如是の義を問うた。これでここは済んだのです。

この『無量寿如来会』から、聖人は、お釈迦様が阿難の問うた所をお賞めになる所だけ引いてある。聖人は、『無量寿如来会』を読んで、何処を一番喜ばれたかというと、阿難がお問いしたのに対する釈尊のお賞めの言葉、そこに中心を摑み出しておいでになるのではないか、そうすると聖人が我々に何を教えて下さるか、阿難のような心持になって如来様の前に立てということを教えて下さるのではないか。何等の蟠《わだかま》りなく、飾りなく、生地のままに如来の前に立つ、その姿を教えて下さるのではないか。お釈迦様のお賞めの言葉がそのまま『大経』の中心のように聖人は見ておいでになる。阿難がお釈迦様のお相を見て尋ねた。これは、群生を利益する、これが大慈悲だと迄説いてある。人に尋ねたことが他の者を利益する。いわゆる、往相・還相の二つが阿難の尋ねのうちに現われておる。聖人はその阿難の心を賞められた。お釈迦様のおこころのうち、『大経』の阿弥陀如来の広大なおこころを現わしたものである。聖人は、阿難が、あなたのおこころの中には尊いものが宿っておいでなさるに違いないとお尋ねしたのに対して、お賞めになるお釈迦様の親心。そのお師匠様のお喜びの上に『大経』を味わっておいでになる。のみならず我々が仏を信ずるということは仏にとって何よりの喜びである。仏に一番喜ばれる所は、我々が仏の心に安住するという所である。別に、仏にああせよ、こうせよ、と言われることに従うことは第一義的のことではありません。ただ仏の心に安心しておるということが一番仏に喜ばれる所である。聖人が、信心為本と仰るのはそれである。時に私ら、仏様に香華・灯明を上げることばかり骨折っておるが、ただ初心《うぶ》な心になって仏の前に出る時に、仏は、善い哉善い哉と仰る。ここに聖人の味わっておいでになる他力信心の道、聖人が仰いでおいでになる如来のお心持を窺わして頂けるのであります。

(昭和八年一月三日・明達寺)

第十四講

聖人は『教行信証』の「教の巻」の初めに、康僧鎧三蔵の訳された『大無量寿経』を御引用になった。次に『無量寿如来会』を御引用になった。そこ迄済みました。

今日の所は『平等覚経』を御引用になった所であります。恐らく一つのサンスクリットの原本でありましたでしょう。釈尊のお経はインドに於いて年を経て変わって伝えられ、それが支那の言葉に飜訳せられるようになった。それで色々の姿に変わっておる。聖人はその色々の飜訳を並べ挙げて、そして仏の真実のおこころのある所を探ろうとせられたのであります。今日拝読致しましたのは、『平等覚経』という異訳のお経の上に記されている所であります。

『平等覚経』に言わく。仏、阿難に告げたまわく、世間に優曇鉢樹有り、但実有りて華有ること無し。世間に仏有せども、甚だ値うことを得ること難し。今我仏と作りて、天下に仏有すは、乃し華の出づるが如きのみ。

『平等覚経』は帛延三蔵の訳でありますが。ここは阿難に対する釈尊の讃辞が記してあります。釈尊は阿難に申されました。

「世間に優曇鉢樹有り、但実有りて華有ること無し」、この世に仏様がお出ましになるというのは、優曇鉢樹に花の咲いたように珍しい。「天下に仏有すは、乃し華の出づるが如きのみ」、この世に仏様がお出ましになるというのは、優曇鉢樹の如く花の無い木に花が咲いたというように珍しい。日本でも無花果といって、花が無くて実だけがあるとせられていたが、実はその実の中に小さな花があるという。仏様がこの世にお出になったということは甚だもってむずかしい。

値うことを得ること難し」、世に仏様がおいで遊ばしても、その仏様に遇うということは容易でない。仏様は自覚者である。自覚々他覚行窮満、自分の心がよくわかれば他人の心もよくわかる。そのわかった心で日暮しなさる方が仏さまである。こういう方は中々稀なものである。あの人はもののよくわかった方だと言いますけれども、そのわかった方というものは中々稀なものである。その稀なことは、優曇鉢樹の如く花の無い木に花が咲いたというように珍しい。たまたまその仏様がお出になって、お会い申すということは甚だもってむずかしい。もう一つ進んだならば、その心で会うということは、より一層むずかしいことである。「今我仏と作りて、天下に仏出でたり」、お釈迦様

のである。その稀なことは、優曇鉢樹の如く花の無い木に花が咲いたというように珍しい事だ。珍しい事だ。たまたまその仏様がお出になって、お顔を見るということは容易でありましょう。

このお会いするというのにも二通りある。心で会うということは、より一層むずかしいことである。

若 大徳有り、聡明善心にして予め仏意を知れり、若 妄に仏辺に在りて仏に侍せしにあらず。若 今問える所、善く聴き諦に

が仰るには、私は無量寿仏となってこの世に出ておる。

若 大徳有り、聡明善心にして予め仏意を知れり、若 妄に仏辺に在りて仏に侍せしにあらず。若 今問える所、善く聴き諦に聴け、と。已上

「若 大徳有り」、私は無量寿仏になってこの世に出ている。若し大きな徳がある。「聡明善心にして」、聡明とは、よく耳が開いて何でもものがわかるということ、そして善心である。気立ても中々善い、そしてかねてより仏の心を知っておる。「若 妄りに仏辺に在りて仏に侍せしにあらず」、妄りに、あだやおろそかに仏のお傍に居るのではない。仏に侍っていろいろのお給仕をしておる。「若し宿善なければ、この経を聞くことを得ず」と経に説いてある。やはり今迄に徳というものが無ければ仏に会うということは出来ない。

聴け、と。已上

「若 大徳有り」、私は無量寿仏になってこの世に出ている。若し大きな徳がある。「聡明善心にして」、聡明とは、よく耳が開いて何でもものがわかるということ、そして善心である。気立ても中々善い、そしてかねてより仏の心を知っておる。「若 妄りに仏辺に在りて仏に侍せしにあらず」、妄りに、あだやおろそかに仏のお傍に居るのではない。仏に侍っていろいろのお給仕をしておる。お釈迦様が阿難に対して仰ったお言葉であります。「若し宿善なければ、この経を聞くことを得ず」と経に説いてある。やはり今迄に徳というものが無ければ仏に会うということは出来ない。

ことを得ず」と経に説いてある。やはり今迄に徳というものが無ければ仏に会うということは出来ない。

お前には大徳がある、と。徳は道徳の徳、聖徳の徳と同じです。聡明である。賢い人である。そしてただ賢いだけではない、善い心を持っておる、と阿難を賞められた。そして重ねて仰るのには、お前が私の傍に居ってお給仕をしておるのは、ただ妄りにしているのではない、と。ここが有難い所であります。永いこと傍に居った甲斐があったぞ、無駄事でなかったぞと、賞めておられ

お前には大徳がある、と。徳は道徳の徳、聖徳の徳と同じです。聡明である。賢い人である。そしてただ賢いだけではない、善い心を持っておる、と阿難を賞められた。そして重ねて仰るのには、お前が私の傍に居ってお給仕をしておるのは、ただ妄りにしているのではない、と。ここが有難い所であります。永いこと傍に居った甲斐があったぞ、無駄事でなかったぞと、賞めておられ

るのであります。その喜びから「若《なんじ》、今問える所、善く聴き諦《あきらか》に聴け」、よく聴いてくれ。私の胸の中に、又、腹の底から湧き出ておる喜びがある。この喜びを聴いてくれ、こう仰った。

聖人が『平等覚経』をお読みになったその中からこれだけを引き抜いておいでになります。ここにもやはり、『大無量寿経』の御引用、『無量寿如来会』の御引用と同じく、お釈迦様が阿難の問うたことをお喜びになったと同じその喜びから、『大無量寿経』をお説きなさったということを聖人はお味わいになっております。

お釈迦様は出世の本懐を言いたくて言いたくてどうにもならん。その事を阿難が問うたのです。私達が話をしておっても、問うて貰いたくてどうもならん、それを問われるとそこに言葉の糸口が見付け出されて腹一杯のことが言われる。そういう場合に問うて貰えるのは嬉しく大事な事であります。問うということはその人を信ずる相である。尋ねないのは、そこに触れんのだ。触ったら何かとんでもないものが出てくるような気になる。触らぬ神に祟りなしと言うて愚図々暮しておる。しかしわからなかったらそれでよいかというとそうも行かぬ。「知らざるを知らずとせよ、これ知れるなり」と孔子様は仰った。普通なら、お釈迦様がにこにこしておられても、何やら今日は御機嫌がよいなあ位である。ところが阿難は普通と違う、読みが深いのである。阿難、それでこそ永く私の傍に居った甲斐があったと、お師匠様にいわれて阿難はどんなに喜んだことか。問われた仏も喜ばれた。その喜びの中から阿難は賞めて下さる仏様の声を聞いて恐らく嬉し涙にくれたことと思う。喜びの師匠と、喜びの弟子とのその喜びの流れ出るのが『大経』の阿弥陀さんのお話である。

キリスト教の人は『バイブル』を『福音書』と言う。『福音書』とは、福の訪れの書という意味です。仏教でも、徳音という、徳の訪れです。この『大無量寿経』は、福音、徳音というのではない、喜びの声である。歓喜の声である。驚喜の声である。だから『無量寿経』に説かれてある阿弥陀さんの因位の本願は、永劫の修行を成就せられたお心を、全て喜びの中に説き出されるお相であります。喜びの訪れです。現に我々が悲しみに沈み、悩みに沈んでおる時に、この喜びの満ちたお話をお聞きして、我々の苦しい胸に喜びの光が射してくるのであります。これがお助けであります。

何でも自分の傍に居る人が、自分の心の底迄よくわかってくれると思うと、非常に嬉しい、賢い奴だなと思う。それと反対に、自分の心持を一向に汲みとってくれない、見当違いのことを考えておるような時に、お前は私の傍で何をして居るか、何しに来ておるか、こういうように不足が言いたくなる。「琴瑟《きんしつ》相和す」と申しますか、考えが相叶うと申しますか、問う者と聞く者と等しく揃うということは中々容易でない。因縁和合と申しますか、内外相応と申しますか、そういうように『大経』に説いてある。これは阿弥陀如来の非常に尊い因縁和合、内外相応の道が説かれておる。ぴったりと心が合うておる。円融の大道というか、円頓の一道と申しますか、それを説いておいでになる。お釈迦様と問うておる阿難としっくり合うておる。「若《なんじ》今問える所、善く聴き諦《あきらか》に聴け」と、問うた阿難に対して聞けと仰る。私の念仏のこころを聴け、私のこころの中に宿った仏さんの事を聴けと仰る。

『平等覚経』は長い長いお経だけれども、その中から、これだけを「教の巻」に聖人が御引用になっておるということは、最後に「善く聴き諦《あきらか》に聴け」と仰ることが、聖人がやはり真実の教えを味わい遊ばすお言葉であることを受けられたのだと思う。「善く聴き諦《あきらか》に聴け」、殊更何を聴けと仰るか。我が心の中に宿らせられておるこの仏の心を聴け、私がにこにこしておるこの心の源を聴け、と。お前が聞くことはお前自らが救われることだ。我が心を聞けばお前の心にも喜びが生まれて来るから聞けと仰ってある。

先頃四国の新居浜で四日間話をした。或る人が、助かる道はないだろうか。むずかしい事は出来ないが、たやすく助かる道はないだろうか。永い間親鸞聖人を慕うて話を聞いて来たがとてもそれによって助からん。この前の話で、助かる見込の無い私に仏さんは念仏を下さって助けて下さるのだと話されたが、簡単に助かる道はありませんか、と尋ねた。そこで私は、それは簡単な道があるのではない、聴きなさい、聴聞しなさい。一度や二度聞いた位ではわからないね。ただ単に聞いたってわからないね。私が話をしても聞けぬのなら仕方がない、と話しました。大体そういう事を聞くのが頭が高いのです。簡単なことで出来ると思うからだ。簡単なことでも出来るというのは、まだ自分に幾分かの力を認めておるからだ。そういう気持で聞こうとする。だから自分のお助けを聞かんで自分の夢を聞く。それは出来んことだ。

金沢や小松に、人の道教会、大本教の教会というのがある。どういうことか行って聞いてみようとするのも結構だ。その点から言えば金光教の教え、天理教の教えも結構なことである。全て教えというものは悪いものではない、どの教えを聞いても善い事を教えるという。悪い事を言っては世の中にはやらない。恐らくきつい事を言って人に好かれるのは親鸞聖人だけである。悪人が助かる、愚人が助かる、地獄行きが助かるという。だから真宗は汚い宗旨というのだと蓮如上人は仰った。他の宗では、良い子になれ、こんな良い事をやれと言うが、真宗ではそうではない。他の教えは気違馬に人参をやるようなもの、真宗は炬燵に水をかけるようなものと言われておる。

今の日本は自力更生で、あれやれ、これやれと言う。手拭鉢巻、大鼓叩いて更生を叫んでおる。他の教えでは、正直にせよ、心の奥から仲良くやれと教える。そういう事は言わんでもわかっておる。学校に入れば一年生から皆仲良くせよと教えられておる。誰もわざと仲悪くしようと思わないが、それが出来ないで歎いておる。そして何か出来る方法はないかと思うのだ。そういう良い事を教えることはお釈迦様の教えの中にもある。酒飲むな、嘘言うな、盗人するな、邪淫するな、いわゆる五戒がある。ところが、腹立てるな、欲起こすな、愚痴言うな、といくら言うたって、腹も立つ、愚痴も言う、欲も起こす。酒飲むなと言っても飲む。嘘言うなというその尻から嘘が出る。そうなると手に合わぬ。自分ながら自分を持て余しておる。持て余しておるからそのまま助かりたいと思うのだ。容易なことなら出来ると思っておれば落第だ。どんな容易なことでも出来んのだ。で、聖人は聞けよと仰る。何を聞くか。仏の事を聞くのだ。自分の生活の標準を聞くのではない、仏の事を聞くのだ。ほかの事でない、仏の事を真実に自分の心に聞くのだ。「よく聞け」真宗の教えはそれだけである。仏願の生起本末を聞く、名号の謂れを聞く。腹立てぬ事を聞け、愚痴を言わね事を聞け、そういう事を一言も聖人は仰らない。愚禿親鸞は人に教えるようなものは一つも持たぬ、ただ本願のかたじけなさに涙すると仰る。

『平等覚経』をお引きになった要は何処にあるか。「善く聴け諦《あきらか》に聴け」と、そこを一つ教えられた。（昭和八年一月六日・高見清次家）

第十五講

憬興師《きょうごうし》の云《いわ》く。

憬興師というのは、『述文賛』という『無量寿経』の註釈を書いた人です。聖人が何処迄も『無量寿経』のおこころをしかと味わう為に、色々違った飜訳の書物を読み比べられ、又それで足らないで、支那の憬興師という方の『無量寿経』の研究書をお読みになった。その中から御自分のこころを読み出されたのが、次の一段であります。

この『教行信証文類』の底に燃えるものは、聖人のあらゆる聴聞から教えを仰がれる姿であります。昔、華厳の了諦師は『教行信証』を読んで、この書物は気違いの書物だ、偽物だと評した。聖人自らのことを書かないで、他の本ばかり引いてあるからである。聖人は『教行信証』六巻を御製作になったが、そこに御自分の言葉は少いのである。全てインド・支那・日本に亘っての、各方面の高僧・知識のお言葉を広くお集めになっておられる。これは、聖人があらゆる方面の教えを求めておいでになるお態度である。これらを頂いて、自分の量見を定め、どんな問題でも教えを受けようとせられた。今、ここでは、支那の憬興師の教えを受けられる。どこ迄も謙虚な低い心で教えを求めておいでになるということがここにもよく現われておるのであります。我々はその御教えを受けるのでありますが、そのお経の教えを受けるに就いては、私ら自分の小さな量見で早合点をして、自分の気の進む所だけを勝手に解釈して、これを得たりとするような傾きがあるのであります。聖人はそういう傾きのある自分をよくお知りになったものだから、それではならぬと思し召して、『無量寿経』をお味わいになるにも、その講義をなされた方のお味わいを受けて行こうとせられたのであります。

憬興師が、五徳瑞現と申しまして、お釈迦様の五つのお徳の現われを阿難が讃嘆した、その一々の徳に就いて味わっておられるのです。ここにもそのままお引きになっておる。

今日世尊住奇特法《こんにちせそんじゅきどくほう》というは、神通輪《じんつうりん》に依《よ》りて現《げん》じたまう所《ところ》之《の》相《そう》なり。唯《ただ》常《じょう》に異《ことな》るのみに非《あら》ず、亦《また》等《ひと》しき者《もの》無《な》きが故《ゆえ》なり。

「神通輪」、神通とは、神《じん》は不可思議、通《つう》は通力、その不可思議の通力が四方に働いて現じ給うところの相である。丁度車の輪が転がるように法を転じて衆生に及ぼす、その相である。「住奇特法」とは、仏様がこの不可思議の通力を持っておられる、それによって現じ給う相である。神通に現われる相である。住奇特法は並べ比べのない御法に住しておられる。それが「今日世尊」と言われる所以である。

「唯常に異るのみに非ず、亦《また》等しき者無きが故なり」、常に異っておるというばかりでない、等しき者無し、類似したものが無い。ということは、唯一絶対ということであります。お釈迦様のことをお弟子は、世尊世尊と言う。世に尊い方という意味である。お弟子達はお釈迦様によって助けられておる。自分を助けて貰える人はお釈迦様だけである。お釈迦様にくらべられる人はない、唯一人であります。

聖人は法然上人に御教えを仰がれた。その時代、法然上人と肩を並べられた大徳もあった。例えば笠置の解脱上人、栂尾の明恵上人、或いは建仁寺の栄西禅師という方もあった。そういう高徳の方が居られたけれども、聖人は師法然上人とそういう方との比較はなされなかった。ただ法然上人一人であった。師匠は一人であります。比較は出来んのです。あの人とこの人と比較をしておる間は、それはただ向うに並べた人の話である。自分の師匠とする人には比較はないのです。善し悪しを超えておる。正邪ということも超えておる。唯一人です。等しき者無しとはそれである。自分の苦しい胸を助けて下さる、光を与えて下さる、胸の闇を払って下さるという唯一人の師匠なんです。その師匠に比べる者は無いです、等しき者無しです。だから世尊です。

松任の或る家に大本教の信者がある。その人の言うには、出口教主には光明がある。後光が射しておる。一寸見ると田舎の爺さんのような恰好だが、よく見ると後光が射しておる、私は拝んだ、とその信者は言う。皆はそれを聞いて、そんなおかしな事はないと言って笑ったそうだ。私はその話を聞いて、それは笑い事でないと思う。その信者のおかかから見れば王仁師の姿から後光が射しておるのだ。笑っておるがあなた方誰か後光の射しておる人を拝んだことがあるか、と言うたら、無いと言うた。あなた方が王仁師を見ても後光は見えんだろう、だがその拝んだおかかの目には後光が見えるのだ。師匠の後に後光が見えない人はこのおかかに劣っているぞと話をした。王仁師の背中に後光が放っておるという人は王仁師に助けられた人である。

聖人には、法然上人は只人でなかった。勢至菩薩の来現である。阿弥陀如来の再現であった。覚如上人にとっては、聖人は只人でなかった。本願の御房であった。弥陀如来の化現でましますす。後先が射しておった。ただ一人の尊い人を見る、そこには等しきものはない。比べものはない。

私も学校で習うた先生は沢山あったが、その中に自分の今日に指図をして下さった師匠はただ一人である。それは清沢満之先生である。清沢先生と他の人とは等しいものは無い。それは私というものの根源を離れた先生ではないのだ。自分を助けて下さる方、又助けて下さった方はただ一人である。まだお助けを頂かない間はあそこにもここにも等しい人が見える。お助けを貰った人と貰わぬ人とははっきりわかる。手近い例で言うなら、嫁定めや婿定めをする時、あの人にしようか、この人にしようかと貰わぬ先は比較をする。がいよいよ決まってしまうと、最早ここに等しき者はない、ただ一人である。そうなると鼻が低いとか高いとか色が白いとか黒いとかは問題でない、後光が射した姿が見えてくる。

その事を阿難尊者は、「今日世尊住奇特法」と言われたのです。いわゆる神通輪によって現じられた姿である。「唯常に異るのみに非ず」ということが奇特法に住することではない。只一つであるということが奇特の法に住したまえりだ。

今日《こんにち》世雄《せおう》住《じゅう》仏所住《ぶっしょじゅう》というは、普等三昧《ふとうさんまい》に住《じゅう》し能《よ》く衆魔雄健天《しゅまおうけんてん》を制《せい》するが故《ゆえ》なり。

この頃は男の子の名に雄という字を付けることが流行る。武雄が生まれた時、私に名を付けてくれと文学《もんがく》さんが言われた。その時私は南条文雄先生に頼んだ。強い男になると思って、武雄とつけられたが存外優しい男である。仏様の事を世雄という。世の中のますら雄である。世雄とは人間の中の最も勇ましい人である。「住仏所住」、仏の所住とはどういう所か。仏は、普等三昧に住する。三昧ということは、寂静ということ、静かな心です。三昧は梵語で、今日の言葉に直せば寂静である。更に普等は、普はあまねく、等はひとしい。静かな心の時は勝れたものを見るが、静かでない時は劣ったものを見るのです。静かな時は尊いものを見るが、賑かな時はつまらぬものを見るのです。普等三昧、あまねく等しい一切の上に於いて自分を見る。その時は静かなのである。我々の心の障りはどうか。例えば、お膳に皆と同じ物が置いてある時は心静かだが、自分の魚より向うのが大きいと癪に障る。大抵の家の嫁と婆さんの仲悪くなるのは、魚がでかいか小さいかで問題が起こる。孫に大きなのをやって私に小さいのを寄越すという。私はよく隣の塩鮭が大きいとそっと換えておく。そうすると又向うのが大きく見える、そういうことをよくやった。着物でも同じ物を着ておれば心は騒がないが、あれは私のより良いとか、悪いとか比べると心が騒ぐ。良ければ良いで、悪ければ悪いで心が騒ぐ。普等三昧は皆一様だというのです。

この頃社会運動をやる人は、社会は不平等である、財産が不平均だ、といって騒ぐ。ところが財産が沢山あっても、少しであっても、人間の幸福は普等だということがわかれば静かである。仏の本願は普等三昧である。

ここに「衆魔雄健天を制するが故なり」、とある。衆魔とは、悪魔の恰好をした、雄健は強い雄々しい。どんな悪魔が来ても、それに負けられない、それは釈尊が正覚を成就あらせられた時の相である。菩提樹の下の金剛の法座に坐っておられた。悪魔が釈尊の心を乱しに来た。初めには色々怖しい姿で釈尊の心を乱しに来たが、釈尊は動ぜられなかった。今度は優しい娘の姿で誘惑に来たけれども、それにも動かされなかった。順境に囚われず、逆境に囚われず、誘ったものに引き入れられず、襲ったものに脅かされず、静かに自分自身の天地に立ち、心落ち着いておられた。それが仏の所住に住すということであります。どんな強い悪魔でも恐がられぬ、だから世雄だ。どんな悪魔にも負けることがない、その心が普等三昧である。我々は差別の境界を見て直きによいものがあると思うから、そこに頭を押えられるように思う。直きに、悪いものがあると思うから憍慢になってしたりして心が騒ぐからです。心が弱い。普等三昧は何にも脅かされない一つの世界が見える。卑下したり、憍慢に住した人は非常に強い。差別の世界を見るからです。仏の所住に住した人は非常に強い。

今日世眼住導師行というは、五眼を導師の行と名く、衆生を引導して過上無きが故なり。

仏様は世の中の眼だ。五眼というのは、肉眼・天眼・慧眼・法眼・仏眼のこと。この五眼が開けて明らかになる。その眼をば「導師の行と名く」、導師とは導く所の師匠。「衆生を引導して過上無きが故なり」とは、衆生を導いて間違いがない。導きの仏様は世の眼だ暗ければ人を導かれない。眼が明らかでなければ人の手を引くことは出来ない。仏様はよく人を導き給う。導きの仏様は世の眼だという。

今日世英住最勝道というは、仏四智に住したまうに、独り秀でて匹しきこと無きが故なり。

世英の英は、英雄の英である。四智は、仏の智慧で、大円鏡智・平等性智・妙観察智・成所作智で、仏様が智慧に住する。独り秀でて最勝の道に、最も勝れた所の道においでになる。

今日天尊 行 如来徳というは、即ち第一義天なり、仏性不空の義を解るを以ての故なり。

仏様の事を天尊と言う。天尊が如来の徳を信じ給う。「即ち第一義天なり」、第一義とは、絶対。天は神。絶対に尊い人だ。何故かというと、「仏性不空の義を解るを以ての故」である。仏の本性は、不空の義を解った方である。空ではない、仏性は不空であるとの義を解ったから天尊とこう言うのだ。如来の徳とは、如来は如より来生す。従って宇宙の真実がそのまま現われたのが如来。

阿難当知如来正覚というは、即ち奇特之法なり。

宇宙の法のそのままの生活者を如来という。その如来の徳を行ずる。宇宙の法のままの生活をする。だから天尊である。

大体仏様のお覚りになった御法は絶対の奇特の法である。

慧見無礙というは、最勝之道を述ぶるなり。無能過絶というは、即ち如来之徳なりと。已上

慧見無礙とは、「慧見無礙」とは、智慧の見解が無礙、礙りが無い、「慧見無礙」とは、「最勝の道に住したまえり」ということを言うたのである。智慧の眼を持て智慧の見解が無礙、礙りが無い、ということは、「最勝の道に住したまえり」ということを言うのである。智慧の眼を持てば、何等妨げるものが無い。ということは、最勝の道、仏は最も勝れた道においでになるということです。「無能過絶」とは、押え付け、妨げるものがない。ということは、如来の徳が必然的に動いているということ。法が自然に現われて行く人は、何者をも妨げるものはない。今、我々は妨げられることが起ると、押えられるということを感ずる。私はこういう事をしたいが、こういう妨げがある、と。自分の生活にこういう礙りがあるというようなことを思うのは、それはその人の生活に何か満たされないものう妨げがある、と。自分の生活にこういう礙りがあるというようなことを思うのは、それはその人の生活に何か満たされないものがあるからだ。第一義諦の人生がそのまま出て来ておるのでなしに、その人の生活に二義的、三義的というものが見える。こうでなくてはならぬというものが動いておるならば、そこに危ぶみはないのだ。だからあやしみもないのだ。ところが自分の踏み出す足に二の足がある時は暗い、危い。善であろうが、悪であろうが、正であろうが、邪であろうが、そういうことを省みるゆとりがない。絶対にそこに踏み出すものであるならば、そこには何等の曇りがない、妨げがない。けれども、何か世の中に妨げがある時は、自分の生活の第一義はない。如来の徳に叶うておらぬ。自分の生活が批評の余地のない、反省の余地のない、唯一絶対の法そのままの流れに乗托する、法そのままの生活である時は、何物にも妨げられない。だから最勝の道に住すのだ。仏はその相、心を念ぜられたために、光顔巍々として常に輝くお顔となられたと言うのであります。

（昭和八年一月六日・北川勝忍家）

第十六講

『教行信証』の「教の巻」の一番終りにお記しになったお言葉を今日はお味わいします。

「教の巻」の一番最初には「謹んで浄土真宗を按ずるに、二種の廻向有り。一には往相、二には還相なり。往相の廻向に就いて、真実の教・行・信・証有り。夫れ真実の教を顕さば、則ち『大無量寿経』是れなり。」云々と記されてあり、それから、康僧鎧三蔵の飜訳された『無量寿経』の五徳瑞現のお相を御引用になる。次には異訳の『無量寿如来会』、『平等覚経』を御引用になり、次には『無量寿経』の註釈家である支那の憬興師の、五徳瑞現の御釈を御引用になった。今は「教の巻」の結論であります。

爾《しか》れば則《すなわ》ち、此《こ》れ真実教《しんじつきょう》を顕《あらわ》す明証《みょうしょう》なり。

真実の教を顕わす明らかな証拠である。先日から度々申しますが、御開山は、『無量寿経』のどこに一番着目遊ばされたかというと、五徳瑞現の所であります。この五徳瑞現のあるということが、『無量寿経』が真実の教であるという明らかな証拠であると仰る。我々の起居動作は心から喜んでする仕業と、余り喜ばないで他から動かされてする仕事とがあります。近い我々の話ですれば、元日書初めをする。良い紙を拡げて、立派に磨り上がった墨で文字を書く。初め三枚から五枚書いておる間は実に面白い。ところが書いておるうちに、私にも私にもと余り沢山の人に言われると面白くなくなる。けれども親しい人が頼んでくるからなるべく書こうとしてもの憂くても辛抱して書く。そうなると初めに書いておる時より全て違ってくる。真実随意の書道というものは、にこにこしている。その人の生活が本然の生活をやっておるならば、その人の相好は善くなってくる。その人の生活がどこかに欠陥があって嫌なことをやろうとするその時と、純粋に自分の好むところだけに一心になって行く時の身の入れ所が違う。内と外と心が一つになって全身込めて生活しておると、にこにこしておる。だから自分の内輪の者でも、或いは友達でも、その人の身の入れ所を見ておれば、その人が喜んだ日暮しをしておるか、虚偽の生活をしておるかという事がわかる。いやな顔をして日暮しをしておるということは、何かそこに嘘があり、その人の生活に前進はない。いわゆる、一心に欠けた所がある。聖人が『無量寿経』を御覧になって、この『無量寿経』が仏教の本当の教えだということを何処で発見されたかというと、「今日世尊、諸根悦予し、姿色清浄にして、光顔巍巍たること、明かなる鏡の浄き影表裏に暢《とお》るが如し」という所であります。

世尊のこのお姿を阿難が御覧になって、「今日、世尊奇特の法に住したまえり。今日、世雄仏の所住に住したまえり。今日、世眼導師の行に住したまえり。今日、世英最勝に道に住したまえり。今日、天尊如来の徳を行じたまえり」、と色々の言葉で讃嘆せられておるが、要するにお釈迦様が、その日は、『大経』の阿弥陀仏のことをお説きになる時に、光顔巍々としておいでになった。聖人はここに出世の本懐が引いてあると仰せられたのであります。このことは『法華経』をお説きになった時も五徳瑞現がある。『法華経』の研究者達は、『法華経』はお釈迦様の一大事因縁、出世の本懐をお説きになったものだと言っておるが、聖人は『無量寿経』にこの五徳瑞現のお姿を御覧になった。これこそお釈迦様の出世の本懐だと御覧になったのであります。大体五徳瑞現の姿を並べてきて、ここに真実の教を現わす明らかな証拠がある、こう結ばれるのです。これから全体として『無量寿経』の教えを讃嘆せられるのであります。先ず第一に、

誠《まこと》に是《こ》れ、如来興世《にょらいこうせ》之《の》正説《しょうせつ》、

この『無量寿経』は、「如来興世」、興世とは世に興る。お釈迦様がこの世に御出世の正しい説である。出世の本懐である。「釈迦、世に出興して道教を光闡し、群萠を拯《すく》い、恵むに直実之利を以てせんと欲す」とあるように、この『大経』はまさしく如来興世の正説である。

奇特最勝《きどくさいしょう》之《の》妙典《みょうてん》、

奇特は、「今日、世尊奇特の法に住したまえり」とありますが、その奇特の奇は不可思議、特は特別である。等しきもののない相であります。最勝の最も勝れた所の妙なるお聖教である。

一乗究竟《いちじょうくきょう》之《の》極説《ごくせつ》、

一乗とは一つの乗物、究竟とはきわまり、極説とは至極の説である。仏教では一乗とか三乗とかいう。一乗とは一仏乗、三乗とは声聞乗・縁覚乗・菩薩乗である。二乗とは声聞乗と縁覚乗である。一乗とは一仏乗のこと、一つの乗物である。『法華経』の中には一乗の法のみある。又、「二無く三無し」という言葉がある。我々のこの信心の目がはっきりしない時には、色々の道があるということになる。あの道もこの道もあるという時には目が見えないのです。はっきりと自分の目が開かれると、世の中の道は一つしかない。ただ仏になる道しかない。正直な日暮しをしておるのと、嘘の日暮しをしておるのと大分行き先が違うようである。人の物を取るのと、人に物を施すのと大分違うようである。ところが底の底まで見抜いてみると、人の物を取ってもやっても、ま

た、人と仲良くなるのも喧嘩するのも、共に仏になる道がある。阿難が仏様の説法を聴聞するのも仏の道なら、仏を殺そうとした提婆も仏の道を行っている。

　聖人の御教えを慕うて常にお傍に居った高田の顕智坊も浄土の道を行っておるし、聖人を殺そうとした山伏弁円も仏の道を行っておる。法然上人のお徳を慕うて常随昵近の勢観房も仏の道を行っておるし、耳四郎も仏の道を行っておる。源頼朝も平清盛も共に仏の道を行っておる。石川五右ェ門も仏の道を行く、世の中の生きとし生ける者、仏の道を行かぬ者は無し。草を噛んでも石を噛んでも皆成仏の道を歩いておる。ただ一仏乗である。逆謗の死骸、五逆十悪のこの自分が助り、この自分が仏になるのも、一切衆生が仏になることも疑いない。誰も彼も仏の道を行くのである。これが一乗である。一乗法とはそれなんである。それがわかると世の中の苦しみに悩むことも余計無い。景気の良いことも仏になる道。景気の悪いことも仏になる道、息災なのも病気なのも皆仏になる道、仲良く暮らして行けるのも喧嘩して暮すも仏になる道。支那人も日本人も、欧州人もインド人も共に仏になる道を行っておる。皆あっちこっちに行っておるけれど、仕舞には仏になる道を行かねば始末がつかん。だから余り世の中に悲観したり、やきもきあせることは要らない。だから一寸癪に障るような事を言う人があっても、気に入らん事をしておる人があっても、全てが成仏の道を行っておる人だなあという事がわかると、広い広い心になって全てを摂取することが出来る。一乗法とはその道を説かれたのだ。阿弥陀如来は十方衆生と説かれる。愚者も聖者も、悪人も凡夫も、一人残さず助けねばおかぬと、全て仏にしてやるということが一乗である。一切の生活が一つの道を行っておるのだ。成仏へ、成仏へ、浄土へ、浄土へと進んで行っておるのだ。そこを知るとこの世の制度も明らかになる。

　この頃何かというと世の中は行き詰っておる、危機再発と言っておるけれども、これは仏の心がわからぬからだ。この世に危機は無い。行き詰りも無い。常に大慈大悲の仏の心が付き添うて来て下さる。浄土の門が開けておるのだ。心配する事はない。その教えが説かれておるお経なるが故に、「一乗究竟之極説」と仰ってある。

速疾《そくしつ》円融《えんゆう》之《の》金言《きんげん》、

速はやい、疾もはやい。円融とは、円は円満、融は融和。円満とはまどかなこと、融は融け合うて行くこと。御和讃の中に、

本願円頓一乗は
逆悪摂すと信知して
煩悩菩提体無二と
すみやかにとくさとらしむ

とある。この本願円頓一乗という円は円満、頓は頓極頓速。速疾円融の金言ということは、本願円頓一乗の讃嘆であります。「速

疾円融」とは、速疾は頓の姿です。一念に三僧祇百大劫の修行を超えるのが頓極頓速である。阿弥陀仏の本願が自分の胸に貰えて、阿弥陀様と仏の方に向う心になる時、正定聚不退転の位に定まる。時を待たず所を嫌わずというこれが速疾です。円融とは誰とでも融け合う。あの人は円満な人だと言う時には、その人は角がない。誰とでも融け合うて行かれる人を指して言うのです。阿弥陀さまの心がそれです。鬼でも蛇でも阿弥陀仏の前に角が立たない。皆自分の心に融かし込んで、自分を見て、そうじゃそうじゃと呑み込んで下さる。これが円融である。その速疾円融の道を説いた尊い言葉であります。

十方《じっぽう》称讃《しょうさん》之《の》誠言《じょうごん》

十方の仏が讃めたたえられるところの誠の言葉であります。第十七願には、

設《も》し我仏を得たらんに、十方世界の無量の諸仏、悉《ことごと》く咨嗟して我が名を称せずば、正覚を取らじ。

とあります。その十七願成就の相をお釈迦様は、下巻の中にお説きになった。

十方恒沙の諸仏如来、皆共に無量寿仏の威神功徳不可思議なるを讃嘆したまう。

と。三世の諸仏方が皆口を揃えて阿弥陀如来のお徳を讃嘆せられる。この『無量寿経』のお徳を讃嘆せられる。

時機《じき》純熟《じゅんじゅく》之《の》真教《しんきょう》なり。

時機相応の機が今である。機は今のこの私である。時代に相応し、進んでは自己に相応したところの真教である。「純熟す」とは、機の熟したこと。丁度時代時勢に相応しておる。自分に相応したところの真実の教えである。弥陀の本願この時に於いて盛んなり。『無量寿経』の教えは機に相応し、自分に相応し、又時勢に合うた教えだというのであります。時勢どころでない、この身体、自分に合うたところの教えである。信心は丁度木の実が稔ったようなもの。今すぐに手を下ろして捥《も》げばどれでも食える。丁度今その時機である。弥陀の本願、この時に当って盛んなり。この『大経』の教えは如何にも時代的である、時勢に合うておる。丁度今出来ることだ。

応《まさ》に知るべし。

これは聖人自ら『無量寿経』の教えに依って助けられておいでになるものだから、体験的に自信をもって、はっきりこうしたお言葉を述べさせられるのであります。「応《まさ》に知るべし」と、このことをよく知らねばならぬ、と結ばせられるのであります。

あらゆる讃辞をもって『無量寿経』のお徳を讃嘆あらせられた一々の讃辞は、聖人自らがこの『無量寿経』の御法によって助かっておいでになる。その確かな信心、確かな喜びから流れ出るお言葉であることを忘れてはならんのであります。

ここ迄で「教の巻」は終りであります。今晩はこれで終ります。

（昭和八年一月七日・伊藤伊吉家）

教行信証行巻講話

顕浄土真実行文類二

愚禿親鸞集

諸仏称名之願　浄土真実之行
　　　　　　　選択本願之行

謹んで往相の廻向を按ずるに、大行有り、大信有り。大行とは則ち無礙光如来の名を称するなり。斯の行は、即ち是れ、諸の善法を摂し、諸の徳本を具せり、極速円満す、真如一実の功徳宝海なり。故に大行と名く。然るに斯の行は、大悲の願より出でたり。即ち是を諸仏称揚之願と名く。復、諸仏称名之願と名く。復、諸仏咨嗟之願と名く。亦、往相廻向之願と名く可し。亦、選択称名之願と名く可きなり。

諸仏称名之願

『大経』に言わく。設し我仏を得たらんに、十方世界の無量の諸仏、悉く咨嗟して我が名を称せずば、正覚を取らじ、と。已上

又言わく。我、仏道を成ずるに至りて、名声十方に超えん、究竟して聞ゆる所靡くば、誓うて正覚を成らじ。衆の為に宝蔵を開きて、広く功徳の宝を施さん。常に大衆の中に於て、説法獅子吼せん、と。要を抄すと。已上

願成就の文、経に言わく。十方恒沙の諸仏如来、皆共に無量寿仏の威神功徳不可思議なるを讃嘆したまう、と。已上

又言わく。無量寿仏の威神極無し。十方世界の無量無辺不可思議の諸仏如来、彼を称嘆せざるは莫し、と。已上

又言わく。其の仏の本願力、名を聞きて往生せんと欲せば、皆悉く彼の国に到りて、自ら不退転に致る、と。

已上

『無量寿如来会』に言わく。今、如来に対して弘誓を発せり、当に無上菩提の因を証すべし、若し諸の上願を満足せずば、十力無等尊を取らじ。心或は常行に堪えざらんものに施せん、広く貧窮を済うて諸の苦を免れしめん、世間を利益して安楽なら使めん。乃至　最勝丈夫修行し已りて、彼の貧窮に於て伏蔵と為らん、善法を円満して等倫無けん、大衆の中に於て獅子吼せん、と。已上抄出す

又言わく。阿難、此の義利を以ての故に、無量無数不可思議無有等等無辺世界の諸仏如来、皆共に無量寿仏の所有の功徳を称讃したまう、と。已上

『仏説諸仏阿弥陀三耶三仏薩楼仏檀過度人道経』に言わく。第四に願ずらく。使某作仏せん時、我が名字をして皆八方・上下・無央数の仏国に聞こえ令め、皆諸仏をして各比丘僧大衆の中に於て、我が功徳と国土之善を説か令めん。諸天人民蜎飛蠕動之類、我が名字を聞きて、慈心し歓喜踊躍せざる者莫く、皆我が国に来生せ令めん。是の願を得ば乃ち作仏せん、是の願を得ずば終に作仏せじ、と。已上

『無量清浄平等覚経』巻上に言わく。我れ作仏せん時、我が名をして八方・上下・無数の仏国に聞か令めん。諸仏各弟子衆の中に於て、我が功徳と国土之善を嘆ぜん。諸天人民蠕動之類、我が名字を聞きて皆悉く踊躍せんもの、我が国に来生せしめん。爾らずば、我作仏せじ、と。我作仏せん時、他方仏国の人民、前世に悪の為に我が名字を聞き、及び正しく道の為に我が国に来生せんと欲わん。寿終りて皆復三悪道に更らざら令めん。則ち我が国に生れんこと心の所願に在らん。爾らずば、我作仏せじ、と。阿闍世王太子及び五百の長者子、無量清浄仏の二十四願を聞き、皆大に歓喜踊躍し、心中に倶に願じて言く。我等、後に作仏せん時、皆無量清浄仏の如くなら令めん、と。仏則ち之を知して、諸の比丘僧に告げたまわく、是の阿闍世王太子及び五百の長者子、後無央数劫を卻りて、皆当に作仏して無量清浄仏の如くなるべし、と。仏言わく、是の阿闍世王太子、五百の長者子、菩薩の道を作して以来無央数劫に皆各四百億仏を供養し已りて、今復来りて我を供養せり。是の阿闍世王太子及び五百人等、皆前世に迦葉仏の時、我が為に弟子と作れり。今皆復会して是に共に相値えるなり、

と。則ち諸の比丘僧、仏の言を聞きて皆心に踊躍し、歓喜せざる者莫し、乃至
是の如きの人仏の名を聞き、快く安穏にして大利を得ん、
吾等が類是の徳を得ん、諸の此の刹に好む所を獲ん。
無量覚其の決を授けたまわく、我前世に本願有り、
一切の人法を説くを聞かば、皆悉く我が国に来生せん。
吾が願ずる所、皆具足せば、衆の国より来生せん者、
皆悉く此の間に来到して、一生不退転を得ん、と。
速に疾く超えて便ち、安楽国之世界に到る可し、
無量光明土に至りて、無数の仏を供養せん。
是の功徳有る人に非ずば、是の経の名を聞くことを得ず、
唯清浄に戒を有てる者、乃斯の正法を聞くに逮べり。
悪と憍慢と蔽と懈怠のものは、以て此の法を信ずること難し、
宿世の時仏を見たてまつる者、楽んで世尊の教を聴聞せん。
人之命希に得可し、仏世に在せども甚だ値い難し、
信慧有ること致る可からず、若し聞見せば精進して求めよ。
此の法を聞きて忘れず、便ち見て敬い得て大に慶ばば、
則ち我之善き親厚なり、是を以ての故に道意を発せよ。
設令世界に満てらん火をも、此の中を過ぎて法を聞くことを得ば、
会ず当に世尊と作りて、将て一切生・老・死を度すべし、と。已上
『悲華経』の「大施品」之二巻に言わく。願わくは我阿耨多羅三藐三菩提を成じ已らんに、無量無辺阿僧祇の
余仏の世界の所有の衆生、我が名を聞かん者、諸の善本を修して我が界に生れんと欲せん。願わくはその捨命

之後、必定して生を得しめん。唯五逆と、聖人を誹謗すると、正法を廃壊するをば除かん、と。已上

爾れば名を称するに能く衆生の一切の無明を破し、能く衆生の一切の志願を満てたまう。称名は則ち是れ最勝真妙の正業なり。正業は則ち是れ念仏なり。念仏は則ち是れ南無阿弥陀仏なり。南無阿弥陀仏は即ち是れ正念なり。知る可し。

『十住毘婆沙論』に曰く。有る人の言く、般舟三昧及び大悲を諸仏の家と名く、この二法従り諸の如来を生ず、と。この中に般舟三昧を父と為し、大悲を母と為す。復次に般舟三昧は是れ父なり、無生法忍は是れ母なり。『助菩提』の中に説くが如し、般舟三昧の父、大悲無生の母、一切の諸の如来は是の二法従り生ず、と。家に過咎無しとは家清浄なるが故なり。清浄とは六波羅蜜と四功徳処と方便と般若波羅蜜と善と慧と般舟三昧と大悲と諸忍と、是の諸法清浄にして過有ること無きが故に、家清浄と名く。是の菩薩此の諸法を以て家と為すが故に、過咎有ること無し。世間道を転じて出世上道に入るとは、世間道とは即ち是れ凡夫所行の道に名く。転とは休息に名く。凡夫道とは、究竟して涅槃に至ること能わず、常に生死に往来す、是を凡夫道と名く。出世間とは、是の道に因りて三界を出づることを得るが故に、出世間道と名く。上とは妙なるが故に名けて上と為す。入とは正しく道を行ずるが故に、名けて入と為す。是の心を以て初地に入るを歓喜地と名く、と。問うて曰く、初地何が故ぞ名けて歓喜と為るや。答えて曰く、初果を得れば究竟して涅槃に至るが如し、菩薩是の地を得れば心常に歓喜多し、自然に諸仏如来の種を増長することを得、是の故に是の如きの人を賢善者と名くることを得。初果を得るが如しとは、人の須陀洹道を得るが如し。善く三悪道の門を閉じ、法を見、法に入り、法を得、堅牢の法に住して傾動す可からず、究竟して涅槃に至る。見諦所断の法を断ずるが故に心大に歓喜す。設使睡眠し懶惰なれども二十九有に至らず。一毛を以て百分と為し、一分の毛を以て大海の水を分ち取るが如し。二三渧は、苦の已に滅するが若し、大海の水は余の未だ滅せざる者の如し。二三渧の如き心、大に歓喜す。菩薩も是の如し、初地を得已るを、如来の家に生ずと名く。一切の天・竜・夜叉・乾闥婆、乃至 声聞・辟支等の、共に供養し恭敬する所なり。何を以ての故に、是の家過咎有ること無きが故なり。世間道を転じて出世間道に

入り、但仏を楽敬すれば、四功徳処を得、六波羅蜜の果報の滋味を得、諸の仏種を断ぜざるが故に、心大に歓喜す。是の菩薩の所有の余苦は、二三の水渧の如し、百千億劫に阿耨多羅三藐三菩提を得と雖も、無始生死の苦に於ては、二三の水渧の如し。滅す可き所の苦は大海の水の如し。是の故に此の地を名けて歓喜と為す。問うて曰く、初歓喜地の菩薩、この地の中に在りて、多歓喜と名く。諸の功徳を得るが為の故に歓喜を地と為す、法を歓喜す応し、何を以て歓喜するや。答えて曰く、常に諸仏及び諸仏の大法を念ずれば必定して希有の行なり、是の故に歓喜多し。是の如き等の歓喜の因縁の故に、菩薩初地の中に在りて心に歓喜多し。諸仏を念ずというは、然灯等の過去の諸仏、阿弥陀等の現在の諸仏、弥勒等の将来の諸仏を念ずるなり。常に是の如きの諸仏世尊を念ずれば、現に前に在すが如し。三界第一にして能く勝れたる者無し。是の故に歓喜多し。諸仏の大法を念ずというは、略して諸仏の四十不共法を説かん。一には自在にして飛行意に随う、二には自在にして変化辺無し、三には自在にして所聞無閡なり、四には自在にして無量種の門を以て一切衆生の心を知す。乃至念必定の諸の菩薩というは、若し菩薩阿耨多羅三藐三菩提の記を得れば、法位に入り無生忍を得、千万億数の魔之軍衆、壊乱すること能わず、大悲心を得て大人の法を成ず。乃至　是を念必定の菩薩と名く。希有の行を念ずというは、必定の菩薩第一希有の行を念ずるなり、心に歓喜せ令む。一切の凡夫の及ぶ能わざる所、一切の声聞・辟支仏の行ずる能わざる所なり。仏法の無閡解脱、及び薩婆若智を開示す。又十地の諸の所行の法を念ずれば、名けて心多歓喜と為す。是の故に菩薩初地に入ることを得れば、名けて歓喜と為す。問うて曰く、凡夫人の未だ無上道心を発さざる有り、或は発心する者有り、未だ歓喜地を得ず。是の人諸仏及び諸仏の大法を念じ、必定の菩薩及び希有の行を念じて、亦歓喜を得ん。初地を得る菩薩の歓喜と、此の人と、何の差別か有る。答えて曰く、菩薩初地を得れば、その心歓喜多し、諸仏無量の徳、我亦定んで当に得べし、と。初地を得る必定の菩薩は、諸仏を念ずるに無量の功徳有り。我当に必ず是の如き之事を得べし、何を以ての故に、我已にこの初地を得て、必定の中に入れり、と。余は是の心有ること無し。是の故に初地の菩薩多く歓喜を生ず。余は爾らず、何を以ての故に、余は諸仏を念ずと雖も是の念を作すこと能わず、我必ず当に作仏すべし、と。譬えば転輪聖子の、転輪王の家に生れて、転輪王の相を成就せんに、過去の転輪王の功徳の尊貴なるを念じて、是の念を作さん。我今亦是の相有り、亦当に是の豪富尊貴を得べし、と。心大に歓喜せん。若し転輪王の相無ければ、是の如きの喜無からんが如し。必定の菩薩、若し諸仏及び諸仏の大功徳威儀尊貴を念ずれば、我是の相有り必ず当に作仏すべしとて、即ち大に歓喜せん。余は是の事有ること無けん。定心とは、深く仏法に入りて、心動かす可からず、と。

又云く。信力増上とは、信は聞見する所有りて必受して疑無きに名く。増上は殊勝に名く。問うて曰く、二種の増上有り、一には多、二には勝、今の説何者ぞ。答えて曰く、此の中の二事倶に説く。菩薩初地に入れば、諸の功徳の味を得るが故に、信力転増す。是の信力を以て、諸仏の功徳無量深妙なるを籌量して、能く信受す。是の故に此の心亦多なり、亦勝なり。深く大悲を行ずとは、衆生を愍念して骨髄に徹入するが故に、名けて深と為す、一切衆生の為に仏道を求むるが故に名けて大と為す。慈心とは、常に利事を求めて衆生を安穏にす。慈に三種有り、と。乃至

又曰く。仏法に無量の門有り。世間の道に難有り易有り、陸道の歩行は則ち苦しく、水道の乗船は則ち楽しきが如し。菩薩の道も亦是の如し。或は勤行精進のもの有り、或は信方便の易行を以て疾く阿惟越致に至る者有り。乃至　若し人疾く不退転地に至らんと欲わば応に恭敬の心を以て執持して名号を称すべし。若し菩薩此の身に於て阿惟越致地に至ることを得、阿耨多羅三藐三菩提を成らんと欲わば、応当に是の十方諸仏を念じて、名号を称すべし。『宝月童子所問経』の「阿惟越致品」の中に説くが如し。乃至　西方善世界の仏を無量明と号す、身光智慧明かにして、照す所辺際無し、其れ名を聞くこと有る者は、即ち不退転を得。乃至　過去無数劫に、仏有す、海徳と号す、是の諸の現在の仏、皆彼に従うて願を発せり。寿命量有ること無し、光明照して極無し、国土甚だ清浄なり、名を聞けば定んで仏に作らん。乃至　問うて曰く、但是の十仏の名号を聞きて、執持して心に在けば、便ち阿耨多羅三藐三菩提を退せざることを得。更余仏余菩薩の名有まして、阿惟越致に至ることを得と為ん耶。答えて曰く、阿弥陀等の仏及び諸大菩薩、名を称して一心に念ずれば、亦不退転を得る

こと是の如し。阿弥陀等の諸仏も亦応に恭敬礼拝し其の名号を称すべし。今当に具に無量寿仏を説くべし。世自在王仏、乃至其の余の仏有り、是の諸仏世尊、現に十方の清浄世界に在して、皆名を称し阿弥陀仏の本願を憶念すること是の如し。若し人我を念じ名を称して自ら帰すれば、即ち必定に入りて、阿耨多羅三藐三菩提を得、是の故に常に憶念す応し、と。偈を以て称讃せん。

無量光明慧、身は真金の山の如し、
我今身口意をもて、合掌し稽首し礼したてまつる。乃至
人能く是の仏の無量力功徳を念ずれば、
即時に必定に入る、是の故に我常に念じたてまつる。乃至
若し人仏に作らんと願じて、心に阿弥陀を念じたてまつれば、
時に応じて為に身を現ぜん、
是の故に我彼の仏の本願力を帰命す。
十方の諸の菩薩も、来りて供養し法を聴く、
是の故に我稽首したてまつる。乃至
若し人善根を種えて、疑えば則ち華開かず、
信心清浄なる者は、華開きて則ち仏を見たてまつる。
十方現在の仏、種種の因縁を以て、
彼の仏の功徳を嘆じたまう、我今帰命し礼したてまつる。乃至
彼の八道の船に乗じ、能く難度の海を度す、
自ら度し亦彼を度せん、我自在人を礼したてまつる。
諸仏無量劫に、其の功徳を讃揚せんに、
猶尚尽すこと能わず、清浄人を帰命したてまつる。

我今亦是の如し、無量の徳を称讃す、是の福の因縁を以て、願わくは仏常に我を念じたまえ、と。　抄出す

『浄土論』に曰く。

我修多羅、真実功徳相に依りて、願偈総持を説きて、仏教と相応せり。

仏の本願力を観ずるに、遇うて空しく過ぐる者無し、能く速に功徳の大宝海を満足せ令む、と。

又曰く。　菩薩は四種の門に入りて、自利の行成就したまえり、知る応し。菩薩は是の如く五門の行を修して、自利利他して、速に阿耨多羅三藐三菩提の行成就したまえり、知る応し。菩薩は是の如く五門の行を修して、自利利他して、速に阿耨多羅三藐三菩提を成就することを得たまえるが故に、と。　抄出す

『論の註』に曰く。　謹んで竜樹菩薩の『十住毘婆沙』を案ずるに、云く、菩薩阿毘跋致を求むるに、二種の道有り。一には難行道、二には易行道なり。難行道とは、謂く五濁の世、無仏の時に於て、阿毘跋致を求むるを難と為す。此の難に乃し多くの途有り、粗五三を言いて以て義の意を示さん。一には外道の相善は菩薩の法を乱る、二には声聞の自利は大慈悲を障う、三には無顧の悪人は他の勝徳を破す、四には顛倒の善果は能く梵行を壊す、五には唯是れ自力にして他力の持無し。斯の如き等の事、目に触るるに皆これなり。譬えば陸路の歩行は則ち苦しきが如し。易行道とは、謂く但信仏の因縁を以て、浄土に生ぜんと願ずれば、仏の願力に乗じて便ち彼の清浄の土に往生することを得しむ。仏力住持して、即ち大乗正定之聚に入らしむ。正定は即ち是れ阿毘跋致なり。譬えば水路の乗船は則ち楽しきが如し。此の無量寿経優婆提舎は、蓋し上衍之極致、不退之風航なる者なり。　無量寿は是れ安楽浄土の如来の別号なり。釈迦牟尼仏、王舎城及び舎衛国に在して、大衆之中に於て、無量寿仏の荘厳功徳を説きたまう。即ち仏の名号を以て経の体と為す。　後の聖者婆藪槃頭菩薩、如来大悲之教を服膺して、『経』に傍うて願生の偈を作れり。已上

又云く。又所願軽からず、若し如来、威神を加えたまわずば将何を以てか達せん。神力を加えたまわんことを乞う、所以に仰いで告げたまえり。我一心とは、天親菩薩の自督の詞なり。言うこころは、無礙光如来を念じて、安楽に生ぜんと願ず、心心相続して他想間雑すること無し。乃至　帰命尽十方無礙光如来とは、帰命は即ち是れ礼拝門なり。尽十方無礙光如来は即ち是れ讃嘆門なり。何を以てか知らん、帰命は是れ礼拝なりとは。竜樹菩薩、阿弥陀如来の讃を造れる中に、或は稽首礼と云い、或は我帰命と言い、或は帰命礼と言えり。この論の長行の中に亦、五念門を修すと言えり。五念門の中に、礼拝はこれ一なり。天親菩薩、既に往生を願ず、豈礼せざる容けんや。故に知んぬ、帰命は即ち是れ礼拝なり、と。然るに礼拝は但是れ恭敬にして必ずしも帰命ならず。帰命は必ず是れ礼拝なり。若し此を以て推するに、帰命を重しと為す。偈は已心を申ぶ、宜しく帰命と言うべし。論は偈の義を解す、汎く礼拝を談ず。彼此相成ず、義に於て弥顕れたり。何を以てか知らん、尽十方無礙光如来はこれ讃嘆門なりとは。下の長行の中に言く、云何が讃嘆する、謂く彼の如来の名を称すること、彼の如来の光明智相の如く、彼の名義の如く、実の如く修行し相応せんと欲うが故に、と。乃至　天親今、尽十方無礙光如来と言えり。即ち是れ彼の如来の名に依りて彼の如来の光明智相の如く讃嘆するなり。故に知んぬ、この句はこれ讃嘆門なり、と。願生安楽国とは、此の一句是れ作願門なり、天親菩薩帰命之意なり。乃至　問うて曰く、大乗経論の中に、処処に、衆生畢竟無生にして虚空の如しと説けり。云何ぞ天親菩薩、願生と言う耶。答えて曰く、衆生無生にして虚空の如しと説くに二種有り。一には凡夫の謂う所の実の衆生の如き、凡夫の見る所の実の生死の如き、此の所見の事、畢竟して所有無きこと、亀毛の如く、虚空の如し。二には謂く諸法は因縁より生ずるが故に、即ち是れ不生にして所有無きこと虚空の如し。天親菩薩の願生する所は、是れ因縁の義なり。因縁の義なるが故に、仮に生と名く。凡夫の実の衆生・実の生死有りと謂うが如きには非ざるなり。問うて曰く、何の義に依りて往生と説くや。答えて曰く、この間の仮名の人の中に於て、五念門を修するに、前念は後念の与に因と作る。穢土の仮名の人と浄土の仮名の人と決定して一なるを得ず、決定して異なるを得ず。前心後心亦復是の如し。何を以ての故に、若し一ならば則ち因果無けん、若し異ならば則ち相続に非ず。是の義一異を観ずる門なり、『論』の中に委曲なり。第一行の三念門を釈し竟んぬ。乃至　我依修多羅・真実功徳相・説願偈総持・与仏教相応とのたまえり。乃至　何れの所にか依る、何の故にか依る、云何が依る。何れの所にか依るとならば、修多羅に依るなり。何の故にか依るとならば、如来即ち真実功徳の相なるを以ての故なり。云何が依るとならば、五念門を修して相応せるが故なり。乃至　修多羅とは、十二部経の中の直説の者を修多羅と名く。謂く『四阿含』『三蔵』等なり。三蔵の外の大乗の諸経を亦修多羅と名く。此の中に、依修多羅と言うは、是れ三蔵の外の大乗修多羅なり、『阿含』等の経には非ざるなり。真実功徳相とは、二種の功徳有り。一には、有漏心従り生じて法性に順ぜず、所謂凡夫人天の諸善、人天の果報、若くは因、若くは果、皆これ顛倒す、皆是れ虚偽なり。是の故に、不実の功徳と名く。二には、菩薩の智慧清浄の業より起りて、仏事を荘厳し、法性に依りて清浄の相に入る。是の法顛倒せず、虚偽ならず、真実功徳と名く。云何が顛倒せざる、法性に依りて二諦に順ずるが故に。云何が虚偽ならざる、衆生を摂して畢竟浄に入らしむるが故なり。説願偈総持・与仏教相応とは、持は不散不失に名く、総は少を以て多を摂するに名く。乃至　願は欲楽往生に名く。乃至　与仏教相応とは、譬えば函蓋相称うが如し。乃至　云何が廻向する、一切苦悩の衆生を捨てずして、心に常に作願すらく、廻向を首と為して、大悲心を成就することを得たまえるが故にとのたまえり。廻向に二種の相有り。一には往相、二には還相なり。往相とは己が功徳を以て一切衆生に廻施して、作願して共に彼の阿弥陀如来の安楽浄土に往生せしめたまうなり、と。抄出す

『安楽集』に云く。『観仏三昧経』に云わく、父王を勧めて念仏三昧を行ぜしむ。父王、仏に白さく、仏地の果徳・真如実相・第一義空、何に因りてか弟子をしてこれを行ぜ遣めざる、と。仏、父王に告げたまわく、諸仏の果徳、無量深妙の境界神通解脱有す。是れ凡夫所行の境界に非ざるが故に、父王を勧めて念仏三昧を行ぜしめたてまつるなり、と。父王、仏に白さく、念仏之功、その状云何ぞ。仏、父王に告げたまわく、伊蘭林の方四十由旬ならんに、一科の牛頭栴檀有り、根芽有りと雖も猶未だ土を出でず。その伊蘭林唯臭くして香しきこと無し、若しその華菓を噉ずること有らば狂を発して死せん。後の時に栴檀の根芽漸漸に生長して、纔に樹

と成らんと欲するに香気昌盛にして遂に能くこの林を改変して、普く皆香美ならしむ。衆生見る者皆希有の心を生ぜんが如し。仏、父王に告げたまわく、一切衆生、生死の中に在りて、念仏之心も亦復是の如し。但能く念を繋けて止まざれば、定んで仏前に生ぜん。一たび往生を得ば、即ち能く一切の諸悪を改変して、大慈悲を成ぜんこと、彼の香樹の伊蘭林を改むるが如し。言う所の伊蘭林とは、衆生の身の内の三毒三障無辺の重罪に喩う。栴檀と言うは衆生の念仏之心に喩う。纔に樹に成らんと欲すというは、謂く、一切衆生但能く念を積みて断えざれば、業道成弁するなり。問うて曰く、一切衆生念仏之功を計るに、亦一切に応ず、知る可し。何に因りてか一念之功力、能く一切の諸障を断ずること、一の香樹の四十由旬の伊蘭林を改めて悉く香美なら使むるが如くならん。答えて曰く、諸部の大乗に依りて、念仏三昧の功能不可思議なるを顕さん。何となれば『華厳経』に云うが如し、譬えば人有りて師子の筋を用いて以て琴の絃と為んに、音声一たび奏するに一切の余の絃悉く皆断壊するが如し。若し人菩提心の中に念仏三昧を行ずれば、一切の煩悩・一切の諸障、悉く皆断滅す。亦人有りて牛羊驢馬一切の諸乳を搆り取りて一器の中に置かんに、若し師子の乳一渧を将て之に投ぐるに、直に過ぎて難無し、一切の諸乳悉く皆破壊して変じて清水と為るが如し。若し人但能く菩提心の中に念仏三昧を行ずれば、一切の悪魔・諸障、直に過ぎて難無し。又彼の『経』に云わく、譬えば人有りて翳身薬を持て処処に遊行するに、一切の余人是の人を見ざるが如し。若し能く菩提心の中に念仏三昧を行ずれば、一切の悪神・一切の諸障、是の人を見ず、所詣の処に随うて、能く遮障すること無し。何が故ぞ能く爾るや。此の念仏三昧は即ち是れ一切三昧中の王なるが故なり、と。

又云く。『摩訶衍』の中に説きて云うが如し、諸余の三昧は三昧ならざるに非ず。何を以ての故に。或は三昧有り、但能く貪を除きて瞋痴を除くこと能わず。或は三昧有り、但能く瞋を除きて痴貪を除くこと能わず。或は三昧有り、但能く痴を除きて貪瞋を除くこと能わず。或は三昧有り、但能く現在の障を除きて過去・未来一切の諸障を除くこと能わず。若し能く常に念仏三昧を修すれば、現在・過去・未来を問うこと無く一切の諸障皆除こるなり、と。已上又云く。『大経讃』に云く、若し阿弥陀の徳号を聞きて歓喜讃仰し、心に帰依すれば、下一念に至るまで大利を得、則ち功徳の宝を具足すと為す。設《たと》い大千世界に満てらん火をも、亦直に過ぎて仏の名を聞く応し。阿弥陀を聞かば復退せず。是の故に心を至して稽首し礼したてまつる、と。

又云く。又『目連所問経』の如し、仏、目連に告げたまわく、譬えば万川の長流に浮ける草木有りて、前は後を顧みず、後は前を顧みず、都て大海に会するが如し。世間も亦爾なり、豪貴富楽自在なること有りと雖も、悉く生老病死を勉るることを得ず。只仏経を信ぜざるに由りて、後世に人と為るとも更に甚だ困劇して仏の国土に生ずることを得ること能わず。是の故に我説く、無量寿仏の国は、往き易く取り易くして、而も人修行して往生すること能わず、反りて九十五種の邪道に事う。我是の人を説きて、眼無き人と名け、耳無き人と名く、と。経教既に爾なり、何ぞ難を捨てて易行道に依らざらん矣と。已上

光明寺の和尚の云く。又『文殊般若』に云うが如し、一行三昧を明さんと欲す、唯勧む、独り空閑に処して、諸の乱意を捨てて、心を一仏に係け、相貌を観ぜず、専ら名字を称すれば、即ち念の中に於て彼の阿弥陀仏及び一切仏等を見ることを得、と。問うて曰く、何が故ぞ観を作さ令めずして直専ら名字を称せ遣むるは、何の意か有るや。答えて曰く、乃し衆生障重くして、境細に心麁に、識颺り神飛び、観成就し難きに由りてなり。是を以て大聖悲憐して、直勧めて専ら名字を称せしむ。正しく称名易きに由るが故に、相続して即ち生ず、と。問うて曰く、既に専ら一仏を称せ遣むるに、何が故ぞ境現ずること即ち多き、此れ豈邪正相交り一多雑現するに非ず也、と。答えて曰く、仏と仏と斉しく証して、形二の別無し。縦使一を念じて多を見るとも何の大道理に乖かん也。又『観経』に云うが如し、行観・座観・礼念等、皆面を西方に向うるを須うる者は最勝なり。樹の先より傾けるもの倒るるに必ず曲れるに随うが如し。故に必ず事の礙有りて西方に向うに及ばざる者は、但西に向う想を作すも亦得たり。問うて曰く、一切諸仏、三身同じく証し、悲智果円にして亦応に無二なるべし。方に随いて一仏を礼念し課称せんに亦応に生を得べし。何が故ぞ偏に西方を嘆じて勧めて礼念等を専らにせしむるは、何の義か有る也。答えて曰く、諸仏の所証は平等にして是れ一なれども、若し願行を以て来し収むるに

因縁無きに非ず。然るに弥陀世尊、本深重の誓願を発して、光明名号を以て十方を摂化したまう。但信心をもて求念せ使むれば、上一形を尽し下十声・一声等に至るまで、仏の願力を以て往生を得易し。是の故に釈迦及以び諸仏、勧めて西方に向うるを別異と為す耳。亦是れ余仏を称念して障を除き罪を滅すること能わざるに非ざるなり、知る応し。若し能く上の如く念念相続して畢命を期と為る者は、十は即ち十ながら生じ、百は即ち百ながら生ず。何を以ての故に。外の雑縁無くして正念を得るが故に、仏の本願と相応することを得るが故に、教に違せざるが故に、仏語に随順するが故なり、と。已上

又云く。唯念仏の衆生を観して、摂取して捨てざるが故に、阿弥陀と名く、と。已上

又云く。弥陀の智願海は深広にして涯底無し、名を聞きて往生せんと欲えば、皆悉く彼の国に到る。設い大千に満てらん火をも直に過ぎて仏の名を聞け、名を聞きて歓喜し讃ずれば皆当に彼に生ずることを得べしと。万年に三宝滅せん、この経、住すること百年ならん、爾の時聞きて一念せば、皆当に彼に生ずることを得べし、と。要を抄す

又云く。現に是れ生死の凡失、罪障深重にして六道に輪廻し、苦言う可からず。今善知識に遇いて弥陀本願の名号を聞くことを得たり。一心に称念して往生を求願す。願わくば仏の慈悲、本弘誓願を捨てたまわず、弟子を摂受したまうべし、と。已上

又云く。問うて曰く、阿弥陀仏を称念し礼観して、現世に何なる功徳利益か有る。答えて曰く、若し阿弥陀仏を称すること一声するに、即ち能く八十億劫の生死の重罪の除滅す。礼念已下も亦是の如し。『十往生経』に云わく、若し衆生有りて阿弥陀仏を念じて往生を願ずる者は、彼の仏即ち二十五菩薩を遣して、行者を擁護し、若は行・若は坐、若は住・若は臥、若は昼・若は夜、一切時・一切処に悪鬼・悪神をしてその便を得令めず、と。又『観経』に云うが如し、若し阿弥陀仏を称礼念して、彼の国に往生せんと願ぜば、彼の仏即ち無数の化仏・無数の化観音・勢至菩薩を遣して、行者を護念したまう。復前の二十五菩薩等と、百重・千重行者を囲遶して、行住坐臥、一切時処、若は昼・若は夜を問わず、常に行者を離れたまわず。今既に斯の勝益有す、憑む

可し。願わくは諸の行者、各至心を須いて、往くことを求めよ。又『無量寿経』に云うが如し、若し我成仏せんに、十方の衆生、我が名号を称せんに下十声に至るまで、若し生れずば、正覚を取らじ、と。彼の仏今現に在して成仏したまえり。当に知るべし、本誓重願虚しからず、衆生称念すれば必ず往生を得。又『弥陀経』に云うが如し、若し衆生有りて阿弥陀仏を説くを聞かば、即ち名号を執持す応し。若は一日若は二日乃至七日、一心に仏を称して乱れずば、命終らんと欲する時、阿弥陀仏諸の聖衆と現にその前に在さん。この人終らん時、心顚倒せず、即ち彼の国に往生することを得ん。仏、舎利弗に告げたまわく、我是の利を見るが故に是の言を説く。若し衆生有りて是の説を聞かん者は、応当に願を発して彼の国に生ぜんと願ずべし、と。次下に説きて云く、東方恒河沙等の如き諸仏、南西・北方及び上下、一一の方の恒河沙等の如き諸仏、各本国に於て、其の舌相を出して、徧く三千大千世界を覆いて、誠実の言を説きたまわく。汝等衆生、皆是の一切諸仏の護念したまう所の経を信ず応し、と。云何が護念と名くる。若し衆生有りて、阿弥陀仏を称念せんこと、若は七日、一日下至一声・乃至十声一念等に及ぶまで、必ず往生を得。此の事を証成せるが故に、護念経と名く、と。次下の文に云く、若し仏を称して往生する者は、常に六方恒河沙等の諸仏の為に護念せらるるが故に、護念経と名く、と。今既にこの増上の誓願有り、憑む可し。諸の仏弟子等何ぞ意を励して去らざらん也。

又云く。弘願と言うは『大経』に説くが如し、一切善悪の凡夫、生を得る者は、皆阿弥陀仏の大願業力に乗じて増上縁と為ざるは莫し、と。

又云く。南無と言うは、即ち是れ帰命なり。亦是れ発願廻向の義なり。阿弥陀仏と言うは即ち是れ其の行なり。斯の義を以ての故に、必ず往生することを得、と。

又云く。摂生増上縁と言うは、『無量寿経』の四十八願の中に説くが如し、仏言わく、若し我成仏せんに、十方の衆生、我が国に生ぜんと願じて、我が名字を称すること、下十声に至るまで、我が願力に乗じて、若し生れずば、正覚を取らじ、と。此れ即ち是れ往生を願ずる行人、命終らんと欲する時、願力摂して往生を得しむ。故に摂生増上縁と名く、と。

又云く。善悪凡夫をして回心起行して、尽く往生を得使めんと欲す。此れ亦是れ、証生増上縁なり、と。已上

又云く。門門不同にして八万四なり。無明と果と業因とを滅せん為なり。利剣は即ち是れ弥陀の号なり、一声称念するに罪皆除こる。微塵の故業、智に随いて滅す、覚えざるに真如の門に転入す。娑婆長劫の難を免ることを得ることは、特に知識釈迦の恩を蒙れり。種種の思量巧方便をもて選んで弥陀弘誓の門を得しめたまえり、と。已上要を抄す

爾れば南無之言は帰命なり。帰の言は至なり。又帰説《よりたのむなり》なり。又帰説《よりかかるなり》なり。命の言は業なり、招引なり、使なり、教なり、道なり、信なり、計なり、召なり。是を以て、帰命は本願招喚之勅命なり。発願廻向と言うは、如来已に発願して衆生の行を廻施したまう之心なり。即是其行と言うは、即ち選択本願これなり。必得往生と言うは、不退の位に至ることを獲ることを彰すなり。『経』には、即得と言えり、『釈』には、必定と云えり。即の言は、願力を聞くに由りて、報土の真因決定する時剋之極促を光闡するなり。必の言は審《つまびらかなり》なり、然《しからしむるなり》なり、分極《わかちきわむる》なり。金剛心成就之貌なり。

『浄土五会念仏略法事儀讃』に云く。夫れ如来、教を設けたまうに、広略根に随い、終に実相に帰せしめんとなり。真の無生を得ん者には、孰か能く此を与えん哉。然るに念仏三昧は、是れ真の無上深妙の門なり矣。以みるに弥陀法王の四十八願、名号仏事を為し、願力衆生を度したまう。乃至　如来常に三昧海の中に於て、網綿の手を挙げて父王に謂うて曰わく、王今坐禅す、但当に念仏すべし。豈念を離れて無念を求め、生を離れて無生を求め、相好を離れて法身を求め、文字を離れて解脱を求むるに同じからんや。乃至　粤大なる哉、至理の真法、一如にして、物を化し人を利すること弘誓各別なり。故に我が釈迦、濁世に応生し、阿弥陀、浄土に出現したまう。方は穢浄両殊なりと雖も、利益斉一なり。若し修し易く証し易きは、真に唯浄土の教門なり。然るに彼の西方は殊妙にして、其の国土に比し難し。也厳るに百宝の蓮を以てす。九品に敷きて以て人を収むること、其れ仏の名号なり、と。乃至

『称讃浄土経』に依る。釈法照

如来の尊号は甚だ分明なり、十方の世界に普く流行す、
但名を称するのみ有りて皆往くことを得、観音・勢至自ら来り迎えたまう。
弥陀の本願特に超殊せり、慈悲方便して凡夫を引く、
一切衆生皆度脱す、名を称すれば即ち罪消除することを得。
凡夫若し西方に到ることを得れば、曠劫塵沙の罪消亡す、
六神通を具し自在を得、永く老病を除き無常を離る。
『仏本行経』に依る。法照
何者をか之を名けて正法と為る、若箇道理是れ真宗なる、
好悪今の時須く決択すべし、一一子細朦朧たること莫れ。
正法能く世間を超出す。
持戒・坐禅を正法と名く、念仏成仏は是れ真宗なり、
仏言を取らざるを外道と名く、因果を撥無する見を空と為す。
正法能く世間を超出す。
禅・律如何ぞこれ正法ならん、念仏三昧これ真宗なり、
性を見心を了るは便ちこれ仏なり、如何が道理相応せ不らん。略抄す
『阿弥陀経』に依る。
西方は道に進むこと娑婆に勝れたり、五欲及び邪魔無きに縁りてなり、
成仏するに諸の善業を労しくせず、華台に端坐して弥陀を念ず。
五濁の修行は多く退転す、念仏して西方に往くには如かず、
彼に到れば自然に正覚を成ず、苦海に還来して津梁と作らん。
万行之中に急要と為す、迅速なること浄土門に過ぎたるは無し、

但本師金口の説のみにあらず、十方の諸仏共に伝え証したまう。
この界に一人仏の名を念ずれば、西方に便ち一蓮有りて生ず、
但一生常にして不退なら使むれば、此の華還りて此の間に到りて迎う。略抄す

第一講

昨年（昭和七年）の一月二日から親鸞聖人がお骨折りになった『教行信証文類』を拝読してまいりました。本年は一月七日迄で「教の巻」を一通り拝読し終ったので、今日から「行の巻」のお意《こころ》を頂こうと思います。

教は能詮の教であります。能く詮《あら》わすところの教です。その教の内容を所詮といいます。所詮は、行・信・証とこの三つに分かれます。浄土真宗の教は何かということをひっくるめて詮わされたのが「教の巻」であります。「行の巻」と「信の巻」と「証の巻」とはその教の内容を細かにお知らせになったものであります。

先日迄「教の巻」を大体お味わい申して来ました。聖人の浄土真宗は、お説教者の宗旨でなく、求道者の宗旨であるということをはっきり味わわれるのであります。更に申しますならば、聖人が「教の巻」に於いて、「夫れ真実の教を顕さば、則ち『大無量寿経』是れなり」と標榜せられた。浄土真宗の教は、『大無量寿経』だとお定めになった。その『無量寿経』はどういう教えかというと、釈尊の自内証の法をお説きになったものである。出世の本懐をお説きになったものであると言われておる。則ち仏教では、随他意の教えと、随自意の教えとがあります。随他意というのは、衆生の機に相応してなぞらえてお説きになるものであります。随自意と申しますと人の教えに触れて自分自身の内心を卒直に吐露された教えであります。

昨晩おそく迄『論語』の研究会があって、孔子様の教えにふれて研究をしておりました。『論語』は孔子様のお亡くなりになった後に門下の人が、折々孔子様から受けられた話を思い出して綴った書物であります。丁度お釈迦様のお経のような具合でありますす。ところがこの『論語』の上でみますと、孔子様は、その弟子達の根機に相応して、右とか或は左とか仰った。一つの事に就いて反対の言葉が出る、どういう訳かとお尋ねすると、それを聞く弟子の心を直す為に、甲の者には左と言い、乙の者には右と説くのだと仰ったということであります。

お釈迦様がお説きになった仏教の教えの中にもそういうように衆生の根機に相応して説かれたお経があります。ほとんど全てのお経は随他意と申します。或いは方便の教えと申します。それは人を導く手だてとして仏様がお説きになるのであります。ところがそれに対して随自意の教えというのは、お釈迦様自身の自らの心に随い、相手の素質の如何を問わず、自分の思いを有りのままに説き聞かせられる教えであります。薬でも自家用のと売品の薬とあるのと同じく、随自意は自家用であります。随自意の教えに説かれてあるお助けは、釈尊自身が助かってゆく道を卒直にお話しになる御自分の求道生活そのままの記録であります。随自意の教えを説かれます時の釈尊は自ら下の位置に在って上を望んで進まれるのであります。随他意のお経をお説きになる釈尊は自ら高い所に在って下を望んでお話になるのであります。一は説教者の態度であります。一は求道者の態度であります。向上的であります。我が浄土真宗の教えは向下的のお説教でなく向上的の求道の相であります。

『無量寿経』の教えは自分の上に体得されておる親鸞聖人の進ませられた道であります。布教や伝道ということが基礎になっておる道ではなくて、求道の精神が基礎になっておる教えであるということを知らねばなりません。能詮の態度であります。そこにお求めになったのが「教の巻」の教えであります。「教の巻」には、この浄土真宗の教えは釈尊自身の内的の経験そのままの御記録であるということを、五徳瑞現の相からこんこんとお示しになったのであります。

ところで今度「行の巻」になると、まさしく教えの内容になるのです。普通には、教理行果と申します。能詮の教の中から現われる所詮の法は、理と行と果であります。一番先が道理、それから道理を聞いて行うところの行であります。次には行が得る所の果報、これが普通です。ところが聖人は、普通の教理行果という一つの見地を参考として、それから示唆をうけて「教行信証」という範疇を考えられた。教を元として、道理というのを所詮の法とし、教・理・行・果とするのですが、聖人は教行信証としてお説きになったのであります。理を取って理の地位に行を高め、理の代りに信というのを加えられた。そして果報を説かれた。ここに普通の仏教と真宗の仏教との差違点があるのです。普通、仏教の一番大事な所は理であります。道理というものが大事であります。聖人の仏教の大事なのは行である。実行というものが大事である。言うは易く行うは難しということを孔子様が仰った。空理空論でなく、実行するのである。聖人の申された所もそれなんです。と言いますのは、日本に仏教が伝来してすぐ後に、聖徳太子が推古天皇の十二年に「篤く三宝を敬え。三宝とは仏・法・僧なり」と、仏法僧の三宝に帰依する道を日本国民全体にお知らせになった。その事は、我が仏教は、国民精神の実行の上の教えである。又、弘法大師や伝教大師がお出ましになる迄は、仏教が鎮護国家の役割をつとめて来た。ところが、平安朝時代に世の中が太平に馴れ、仏教は単なる学問となって存在を保つようになった。沢山の学者が出て、沢山の学問屋が現われ出ました。要するに、理論が理論を生んで実際的の力がなくなっていったのです。そこでこの太平に馴れた平安朝の没落と同時に、平安の仏教が低調になった。ここに源平の武士が求めておったような実際的の教えとなる仏教が勃興した。その一つが法然上人の念仏であり、親鸞聖人の念仏であった。栄西禅師、道元禅師、又は日蓮上人のお題目の宗旨などであった。それで鎌倉時代の仏教は実行派であります。就中、聖人が重んぜられた道は実行です。いくら理屈があっても実行の出来ない理屈は人間世界に無用であります。学問の為の学問、道理の為の道理というようなことは聖人の好ませられた道でなかった。聖人は道理よりも実行ということを重んぜられた。勿論聖人は真実ということを始終望んでいられた。聖人は単なる論理、空想というものに余り値打ちを置かれなかった。例えば、仏教の教えの中でも五戒という事がある。物の命を取らぬ、酒を飲まぬ、嘘を言わぬ、邪淫を犯さぬ、盗みをせぬ、これで五つです。そういう戒は皆立派な教えです。ところが教えは立派であっても、それを実行するということになると容易でない。実行出来ぬ教えはつまらぬというのであるけれど、実行出来ぬものからどういうものが開かれるか、ここが聖人の目を付けられたところである。

この頃は金沢に「人の道」という新興宗教が流行《はや》るということである。聞くと中々善い事を言っておる。内輪中仲良く暮す話、私利私欲を投げ打って神に捧げる話、一々聞けば御尤なことばかり。それも結構だ、結構過ぎるほど結構である。が、そういう結構な話を私は今始めて聞いたのではない、昔から聞いておった。教えは結構だが私はその教えに入って行くような器でない。自分はそこから遥か遠い所に居るものである。例えば家を建てる時、我々人間は先ず設計を立ててそれから用材を探すのか、又は用材を集めてから設計するのだろうか。この頃明達寺の鐘楼が出来ることになった。用材は欅《けやき》ということになって昨日から大工さんに来て貰っている。さて鐘楼堂の設計が出来てから用材を集めるか、用材を見てから設計をするか私は考えておった。鐘楼はこれでなけりゃならぬというそんな決まったものはない。設計通りに造るか、曲った用材があったらそのまま使って造るか、実際の仕事は大工がやってくれるのですが、私は、人が献木して下さったものは考えてうまく使えばよいと思っている。曲っている木でも真直な木でも、着物の話なら筒袖でも、もじりでも、片袖大きくても片袖が小さくてもよい。私が若い時、片袖の無い服を着ておったら皆笑うた。が、自分がそれでよければそれでよい。聖人の浄土真宗は、型の中に嵌らないということが基礎になっている。型に嵌らぬということが人間の道であるということに基礎を置いておられたのです。酒飲むな、盗みをするな、嘘言うなと決めておっても、そういうことは果して実行出来るだろうか。酒飲むことならぬというと、なぜ飲んではならぬのかというて喧嘩をすることになる。

この頃の若い者は弁証法という論理を考えておるが、そういう論理は或る所では理屈は通るが、或る所では理屈は間に合わない。道理は結構なものだが、生きた人間は死んだ道理のままになれないものだ。そうかというて人間の世界は目安を立てておかねばならぬ。だから目安を立てておるが、生きた人間に目安を作ってそれに合わせようとすると、色んな不都合な事が起きるのであります。決めた通りにはゆかぬものだ、人は生きものだから。私の寺ではこの頃、晨鐘六時、勤行七時である。私は二十六日旅から帰って疲れておったから翌朝は朝寝をした。朝寝をすると家の者が勤行をしないで待っておった。勤行すんで朝食がすんだら十時頃になった。これではいけないと思って、明日からは朝起きしようと決め、時間には私を起こしてくれるようにした。そして、若しその時私が起きなかったら、勤行の方が大事だから、決めた時間に皆でちゃんとやるように、ということにした。約束をしたらそれを守るということが大事だ。ところが、今朝私はちゃんと起きたが、朝茶のお湯がまだ沸いていない。湯を沸す者が朝寝したのだ。約束は約束として守らねばならないが、約束通り守れない事もある。だから、守れない場合が人も我もあるということを思わねばならない。それを無理にでも理屈通りに他人を動かして行こうとするとそこにはこだわりが出来る。財産作ってよいこともあるし、却って苦労することもあるということをあらかじめ承知しておかねばならない。聖人の大事とせられるところも、生きたもの、生きた生活をするものを、型に嵌め込むことは出来ないと言われるところにある。聖人が、「いずれの行も及びがたき身なれば、とても地獄は一定すみかぞかし」と仰ったのはそれである。型に嵌めてはいけないということである。自分の決めた通りにはいかないものだ。いくら理屈をつけたってその通りには行かんものだ。生きた人間に大事なのは実行である。だから聖人の仏教は理想主義ではなく実行主義である。教・理・行・果の代りに、教・行・信・証という範疇を考え出されたところに聖人の実行面がある。聖人の教えは大きい理屈ではない。私のように愚痴無智の者の助かる道はこれ一つだと仰ってある。だから極悪最下の機のために極善最上の法を説く。理屈が勝れておるのではない、私を助けるという実行的なところが尊いということをお喜びになったのであります。通仏教では、理の次に行が位している。『教行信証』では行が第一義です。その実行を説かれるのが「行の巻」です。私共は理を習うのでなくて活躍している行を習うのです。聞信するのは道理ではなくて、道理を実行する生活であります。

「行の巻」の一番最初に、

諸仏《しょぶつ》称名《しょうみょう》之《の》願《がん》　**浄土真実之行**　**選択本願之行**

と標挙されてあります。浄土真実の行を顕わすところの「行の巻」の一番最初に、「諸仏称名之願」と標挙された。これは四十八願のうちの第十七願であります。第十七願は、

設《も》し我仏を得たらんに、十方世界の無量の諸仏、悉《ことごと》く咨嗟して我が名を称せずば、正覚を取らじ。

であります。私が仏になるならば、十方諸仏が我が名を讃嘆し、我が名を称えるようになってほしい、若しそうでなければ私は仏にならない、と平たく言えばこういう願である。この願は南無阿弥陀仏の名号を成就せられるところの願だと教え伝えられておる。この願に、十方諸仏に讃められようとあるから、諸仏称名之願という。諸々の仏から阿弥陀如来の名を称えられるという願である。これが行です。この十七願が「浄土真実之行」だという割註をしてある。真実の行であるそれが「選択本願之行」である。選択本願とは第十八願である。十八願の行には「乃至十念」とある。十七願は諸仏から弥陀の名を称えられる。十八願は衆生が仏の名を称えるということになっている。同じ称名でも、十七願の称名は仏が仏の名を称える称名。十八願の称名は、凡夫が仏の名を称える称名であります。

そこで先ず始めに十七願の標題を出された。これが「浄土真実之行」である、又「選択本願之行」だと仰せられる。聖人はこの行信証の根底に、ちゃんと阿弥陀如来の本願をお味わいになるのであります。というのは、聖人のお心には、信ずる心も念ずる心もみな弥陀如来の方より廻向成就し給うところにあらざるなしと仰るように、全てが仏教のお与えものだ。信ずるということも、

念ずるということも、行ずるということも、果報も皆仏様のお与えである。廻向しましますところである。その仏様のお与えの廻向は何から出たか、阿弥陀様の本願がもとである。仏の本願がもとになって廻向が出るのだ。ですから、我が信も行も果もみな如来の本願のお念力の現われである。本願から信も、行も、果報も与えられる。ではこの行はどの本願が乗り移って下さったか。それは十七願である。浄土真宗は実行の教えであるということだが、その実行の教えのもとはどこから来るか。その本願はどこにあるか。諸仏が阿弥陀如来の御名を称えられるという願がもとである。あの人は一本歯の下駄をはいて行をしておるとか、精進潔斎をして行をしておるとか、飯を食わんで行をしておるとかいうことがある。行というと、何か変った事をやるかのように思われておるが、浄土真宗の行は、諸仏称名の願から出てくる。

次に、聖人の言葉に、「大行とは則ち無礙光如来の名を称するなり」と、南無阿弥陀仏の名を称えることであるとのお言葉があります。その行はどこから出てくるか、阿弥陀仏の本願は、十方諸仏から我が名を称えられるよう願われた、それがもとである。

「浄土真実之行」は、南無阿弥陀仏を称えることがもとだ。南無阿弥陀仏を称えるという実行、その大本は、十方衆生から我が名を称えられねばおかぬという阿弥陀如来の本願がもとだという。その本願に動かされて南無阿弥陀仏を称える。それが「浄土真実之行」である。浄土へ行く大行というは南無阿弥陀仏を称えることである。お精進することでもなければ、妻を娶ることでもなければ、南無阿弥陀仏を称えることである。お精進することでもない、魚を食うことでもなく、妻帯せぬということでもない、南無阿弥陀仏を称えることである。仏の名を称えるということが教えの中心だ。それが念仏門と言われるもとである。だから「行の巻」は、南無阿弥陀仏を称えよということである。「信の巻」は、どんな心持で称えるか、又「証の巻」は称えたものはどんな果報があるかという巻であります。ですから聖人の御教えは念仏を称えよ、仏の名を称えよ、ということである。

南無阿弥陀仏を称えることが浄土へまいる行である。

無阿弥陀仏を称えるのが浄土へ往生するところの道程だ。盗みをするな、嘘言うなと言わず、南無阿弥陀仏を称えよと。南無阿弥陀仏を称えよと。

では、南無阿弥陀仏と一声称えたらよいか、十声称えたらよいかと聞く人がある。が、一声でも十声でもよい。数は問題でない、命あらば自然に湧き立つ道理である。南無阿弥陀仏を称える、それが浄土真実の行である。道理を並べる宗旨があるが、浄土真宗は手っ取り早く念仏称えよという宗旨である。

この「行の巻」は、念仏を称えよとある教えのお心を聖人がこまごまと、先ず『大経』により、次に『如来平等覚経』、その他の諸経や論などより教えを受けられました。要するに、この「行の巻」は浄土真宗の根本はどこにあるかということをお知らせになったものであります。浄土まいりの根本は、南無阿弥陀仏を称える。「往生之業念仏為本」と仰ってある法然上人の『選択本願念仏集』の冒頭の言葉から真宗の「行の巻」をお開きになった教えであります。

浄土へ往生する種は、南無阿弥陀仏を称える。その南無阿弥陀仏を称える行は、自分の力で称えるのではない。自分の口から出る南無阿弥陀仏であるが、その念仏を称えるようになったということが、法蔵菩薩の十七願に於いて、諸仏がことごとく咨嗟して我が名を称えねばおかぬと願われたその願いが、我が口に現われて下さったのである。仏から我が名を称えるようにと願われたその願いが我が口に南無阿弥陀仏と出させられる。我に仏の呼び声が聞こゆる時、そこに仏が出て居って下さるのです。大体、我が名を衆生に称えられようという願でない、諸仏から称えられねばおかんという願である。その願が成就して南無阿弥陀仏とならせられた。その南無阿弥陀仏が今日我が口から南無阿弥陀仏と現わされる。凡夫が称えるわけだが、念仏させて貰った以上は、もはや仏の一族に加えさせて貰ったことになると、念仏により往生決定の思いを頂く。それが真実信心のお味わいであります。

（昭和八年一月十日・明達寺）

第二講

謹《つつし》んで往相《おうそう》の廻向《えこう》を按《あん》ずるに、大行《だいぎょう》有り、大信《だいしん》有り。大行とは則《すなわ》ち無礙光如来《むげこうにょらい》の名《みな》を称《しょう》するなり。

往相廻向ということは度々出ることである。往相廻向ということは、浄土へ行く相、廻転趣向である。それを分けて言えば大行と大信とある。この行と信との関係を考えると、普通に考えれば、信心があって行が現われることになる。信は自分の心の相、信がはっきりしてそれから行が出てくる。古人の言葉に、信火内にあって行煙外に現われる、とある。信心の火が内にあれば、行の煙が自然と外に出るものだ。これは、信が先で行は後である。聖人はここに、「大行有り、大信有り」とこう述べられてある。それと同じ順序が、教・行・信・証という標題の上にもある。信・行・証とあってもよさそうなのに、行が先である。そこでこの行ということの位置はどういうものか、このことは昔から学者が相当に頭を費しておられるのであります。

この「行の巻」の一巻は何を現わしたものかというと、『大経』の下巻の第十八願成就の文に、

諸有衆生、その名号を聞きて信心歓喜し乃至一念せん。至心に廻向したまえり。彼の国に生れんと願ずれば、即ち往生を得、不退転に住せん。

と第十八願の信心が書いてあります。「その名号を聞きて信心歓喜す」とある、これがまさしく「信の巻」の信であります。その「信の巻」の「名号を聞き」とある名号はどういう名号であるかということが、先の成就の文の前に、

十方恒沙の諸仏如来、皆共に無量寿仏の威神功徳不可思議なるを讃嘆したまう。

とある。これは十七願の廻向成就の相である。その場合には、信ずるという信と信ぜられるというものと二つが分けて味わわされます。信ずるということは能信で、信ぜられるということは所信であります。信ずるとは何を信ずるか。「信の巻」で信ずる相を

述べられ、「行の巻」で信ぜられるものがらを述べられたのであります。そこから言うと「行の巻」は法であります、「信の巻」は機であります。法と機とこう分かれます。

『歎異鈔』の第一節を頂くと「弥陀の誓願不思議にたすけられまいらせて、往生をばとぐるなりと信じて」とある。どう信ずるとかというと、弥陀の誓願不思議にたすけられまいらせられて往生をばとぐるなりと信ずる。次には「念仏もうさんとおもいたつ心の発るとき、すなわち摂取不捨の利益にあずけしめたまうなり」とこうある。念仏申すことは信心の後になる。信心が先です。どうしてかというと、弥陀の誓願不思議に助けられまいらせて往生をばとぐるなりと信ずる。こうなるとこの「行の巻」には、何を書いてあるか。弥陀の誓願不思議に助けられまいらせて往生をばとぐるなりということを書いてある。この誓願不思議は果上へ行くと名号の不思議になるのです。弥陀の名号の不思議に助けられまいらすということを書いたのが「行の巻」であります。そうすると「行の巻」は南無阿弥陀仏の謂れを書いてあるのである。名号を称える者は必ず迎えんと誓わせられたのを深く信ずる。

『歎異鈔』第二節を頂くと「念仏して弥陀にたすけられまいらすべしと、よき人のおおせをこうむりて、信ずるほかに別の仔細なきなり」と、この『歎異鈔』第二節のこころが「行の巻」と「信の巻」の順序を明らかに知らして下さってある。念仏して弥陀に助けられまいらすべし……、南無阿弥陀仏を称えて阿弥陀様に助けられるのだということを教えられるのです。だから南無阿弥陀仏を称えることは所信の位にある。その信ぜられるところのものが、自分の信心になるとそれを信心という。自分に信ぜられる時に、南無阿弥陀仏と出てくる。南無阿弥陀と称えて助かるが、称えて助かるその南無阿弥陀仏に功徳がある。その功徳によって助かってゆくということの果が細かに出てくる。行ということも、能行・所行というように古人が分けて味わっておられる。行者が南無阿弥陀仏と称える所行というのは、その行者が称えない先の南無阿弥陀仏である。これは我が南無阿弥陀仏と称えない先の、教えの上にある南無阿弥陀仏がそれだ、とこう仰せられます。

しかしよく味わってみると、この南無阿弥陀仏というのは能行の相である。我々の名前にしても人の口に乗らない名前はない。口に名乗るから名となる。名は人の呼び名である。自ら人に対して名乗る名である。そうすると名号という以上は能行を離れて名号はないのです。だから単に南無阿弥陀仏と書いてあってもそれは能行であります、能行でない南無阿弥陀仏はないのです。行というは能行であります。その能行が二つになる。十七願成就の能行は諸仏の能行である、十八願の能行は衆生の能行です。それで諸仏の仏行は所行と言います。行者の能行は能行と昔の学者は言っておるが、正確にいうと行が三つある。仏の行と諸仏の行と衆生の行とある。十七願は諸仏が阿弥陀如来の名を呼ばれた。十八願に乃至十念とあります念仏は、これは衆生が仏の名を呼んだものであります。衆生が仏の名を呼ぶということについては信というものが先です。衆生が名を呼ぶ時には信が先です。ところが諸仏が仏の名を呼ばれるということになると、我々凡夫の信の前です。だから信心の前の行は、諸仏が弥陀を称えられる称名であります。それから後に信心が来る。行は衆生が称える念仏であります。

そこで第十八願の行が「行の巻」の中にはどこに書いてあるか、それは初めに諸仏称名の願が書いてある。ところが割註に「浄土真実之行　選択本願之行」と書いてあるので昔の学者は中々骨折られた。「浄土真実之行」というのは、正しく十七願の諸仏が仏の名を称えられること、「選択本願之行」という時には十八願の乃至十念の念仏である、とこのように分けて味わわれた人もある。又、いやそうじゃない、共に十七願の御名号だと言った学者もあった。私は昔若い頃には分けてこれを味わうのがよいように思ったが、この頃は一つに味わった方の見方に自分の心が傾むいております。で、この「行の巻」全体が、諸仏が弥陀の名を称えられるということが基調になっておる。それがすべて能行であります。この「行の巻」は勿論衆生が称える念仏の心を大体書いてあるのでありますが、衆生が称えておるにしても、既に衆生が称えておる念仏が「行の巻」にくると、十七願の地位に上った所信の位にある念仏ということになる。「念仏して弥陀にたすけられまいらすべし」という念仏は、信心の前の教えであるが、勿論それは信後に現われるところの念仏であります。東京へ行く時には松任から汽車に乗って行くのだ。汽車に乗って行こうと決意する時は信心だが、その信心の起こる前に汽車に乗って行くということがあるのだ。信心を得たら汽車に乗って行くということになる。信の前に方向を示したなら、信じた後はまさしくそれを実行して行く、こういう点から昔の人は能行と所行とに分けて味わわれたのであります。これは決して無理ではありません。

「大行有り、大信有り。大行とは則ち無碍光如来の名を称するなり」こうお書きになった。それには誰が称えるとも書いてありません。十七願の上で見れば仏様が称えられるのです。十八願でいえば信心の行者が称えるのです。どちらも大行です。先の所で、行という事は実行というような意味を語っておるという事を申しました。実行する、行うという事を軽く言えば行くことです。金沢迄行程三里という時は、行く程と書いて行程という。行く時は歩行を進めて行く、目的に向って私が進んで行く。だから行は道を現わします。善導大師の二河白道のお譬えに「仁者《なんじ》但決定してこの道を尋ねて行け、必ず死の難無けん」とある。それも行です、道を行くのです。道はずっと先人の行ったあとです。そこを歩いて行く、その道というのは人が歩く道です。道は首に辶をかけた字です。明らかな願いに従って歩いて行くのを道という、その道を進む姿が行であります。それでは道はどういう道か、聖道門というと清らかな道であり、浄土門は浄らかな土であります。どっちの道にしましても土は国土だということが出ておる。我々の浄土へ行く道はどういう道か、聖道門という時には陸路を行く、忍んで難行を行ずるのです。では浄土へ行く道はどういう道か、念仏です。仏の名を称えるのです。仏の名を私が今更称えるのではない、先に仏が称えて下さる。十方諸仏が南無阿弥陀仏を称えて手ほどきをしておって下さる。初めに十方諸仏が南無阿弥陀仏と称えて助かっていった。この十七願のこころを善導大師が、三世の諸仏が弥陀仏三昧によって成道正覚されたと味わわれた。それはどういうことかというと、阿弥陀様が、私が仏になって三世十方諸仏から我が名を称えられよう、もしそうでなかったら私は正覚を取らぬと言われた。願が成就して南無阿弥陀仏と正覚を取られた時に十方諸仏が南無阿弥陀仏を貰うておる。十方諸仏の口に南無阿弥陀仏と出た時に、阿弥陀さんは正覚を成就された。それを反面から言うたら、三世諸仏が南無阿弥陀仏を称えて初めて、仏が正覚を成就されたという味わいになる。そうすると我々が南無阿弥陀仏を頂く道は三世諸仏達が行って開かれた道である。我々が初めて南無阿弥陀仏と称えるのではない、一切諸仏が南無阿弥陀仏と称えられた道であります。

そこで、沢山の行というものがある。例えば、布施・持戒・忍辱・精進・禅定・智慧。布施するとか、戒律を保つとか、忍辱するとか、心を鎮めるとか、精進するとか、智慧とか、そういう六度万行を一つずつやってゆくのも結構ですが、聖人は南無阿弥陀仏を称えることを行だと言われる。我々が教えられるところの、腹を立てるな、愚痴を言うな、忍耐をせよ、或は精進をせよとかいうようなことを仰せにならない。ただ南無阿弥陀仏を称えよ、南無阿弥陀仏を称えるだけで助かる。これが真の道徳です。坐禅せよとは仰らない、南無阿弥陀仏を称えよと。「大行とは則ち無礙光如来の名を称するなり」、別の事はいらない、無礙光如来の名を称えるのだ、南無阿弥陀仏を称えるのだ、それが浄土へ行く道だと。

「大行とは則ち無礙光如来の名を称するなり」。仏になる道は仏の名を称えることだ。名を称えることが仏になる道だ。何も外の事は要らない、南無阿弥陀仏を称える、ここに行の最も中心となる所を現わして下さったようであります。

親に孝ということはどういう事か、と孔子の弟子の曽参《そしん》が孔子様に尋ねた。孔子様は「身体髪膚これを父母に受く、敢て毀傷せざるは孝の始めなり」と仰った。昔の芝居に「本朝二十四孝」というのがあった。二人の息子が居って、一人の息子は、酒に酔って帰って来て、足が痛いからさすってくれと母親に言う。さすって貰ってまだその上に酒をくれというて飲んでおる。あとの一人の息子は、お母さん身体は痛くないか、さすりましょうかと言い、又お土産買って来たからと言って上げる。どちらが親に孝かというと、土産を買うて来たり、身体をさすったりしておった息子よりも、酒に酔うて帰って来てさすらしたり、また酒をねだったりしている息子の方が親孝行だと、こういうことが「二十四孝」のうちにある。

讃岐の庄松が友達と一緒に御本山に参った。長い旅を昔は歩いてしたものだが、庄松はああくたびれたと言って御真影様《ごしんねいさま》の前で寝た。そうしたら参っておる者が、お前やんちゃするでない、御真影様の前で寝るということがあるかとなじった。そしたら庄松が、親の家へ来たんだもの、寝るのが当り前だと言った。勿体ないから足を出さんと言った者と、親の前にごろっと寝た者とどちらが信心が篤いだろうか。

キリストがラザロという人の家を尋ねた。そこにマリヤとマルタという姉妹がおった。マルタが姉、マリヤが妹。マルタはキリストが来られるからお持て成しをしようと思って勝手元で働いておる、そしてキリストの傍に来ない。姉は妹に少し手伝いせよと言うていくら呼んでも、キリストの傍についておって離れない。マリヤはしまいには自分の持っておる一番大事な香水をキリストの身体にかけて上げた。どちらが果してキリストを大事にしておるか。

私が法莚に行っても、傍へ近寄らずお勝手でごそごそやっている人もあるし、又私の傍へ来て話をしておって、始まる時間になってもお灯明を上げることを忘れておる人もある。どちらが大事にしておるか。

マルタの方が持て成しを大事にしておるか、マリヤの方が心の持て成しをしておるか、信心はその形に於いて拘泥するものではない。この場合には妹マリヤの方が姉よりも一層キリストを信じておるのです。讃岐の庄松が御真影様の前に大きな足を出して寝たのと同じです。これは形について形から言うたのです。こういうことを変に誤解して真似たら駄目です。御本山に参ったら足を出して寝てやろうとするのは横着者である。信じてやるのと横着とは違う。なんぞげに思って馴れるのと、信じておるのとは違う。ここはきわどいところであります。

南無阿弥陀仏の道は何で大事かというと、聖道門の教えはマルタのように御馳走をこしらえておるのだ。南無阿弥陀仏の道はマリヤのように師主の傍に居るのだ。キリストの顔を見ておるのだ。お話を聴聞せずに勝手元に居ってごそごそやっておる者は聖道門の人である。傍に来てじっと聞法していて食物のことなど忘れておる者は浄土門の人である。かといって晴れぬ顔して拝んでおる人もやはり六度万行の人である。庄松のような人は念仏一道を行く人である。これは大事なことです。念仏中心の道です。念仏というのは、人格と人格との接触です。名号を称えるということは、無礙光如来の御名を称えるということである。無礙光如来と一つになることである。

先日高本へ行ったら、川崎という四十過ぎの非常によくはやるお医者さんが来ていて、涙と共に懺悔をした。「私は学生時代から人生に疑問があった。そのために初めは卒業試験も受けられまいとしておったが、野原師の『慈悲』という書物を読み、話も聞き、心落ちついて試験を受けた。それで野原師を信じて招待もして話を聞いた。ところがだんだん年月がたつと野原師の話でおさまらぬようになった。それから色々と探しておったが、或る家で暁烏さんの本を見た。そして初めて明らかな道がわかった。この頃では私は南無暁烏と称えておる」、こういう話であった。勿体ないような話である。このお医者さんはそれで助かったのだ。あらゆる悩みが助かったのだ。学問をしたお医者さんでも助かる道について何も外のことをやるのでないです。ただ私の名を呼ぶということによって全てが成就してゆくということを言っておった。これを自分の事として一寸申しておるが、これは私の値打ちでない、私を通してお助けを拝んでおられるのです。私はそれを聞いて一層仏の力の偉大なことを仰ぐのであります。

私はこの頃喜んでおることは、今迄は人の家へ行って大事にして貰うと、私のような値打ちのないものをこんなに大事にして貰ってよいのだろうか、と底気味悪かった。しかし、私を大事にしておるのではない、暁烏を大事にすることはない、ただ暁烏というものに仏さんのお心が加わっておいでになる。その仏さんを大事にしてくれるのである。仏でない暁烏に用はない、ただ仏様のお心を尊む心が私に御馳走をしてくれる。だから私に御馳走を下さるのは、仏様に上げられるのだ。だから私はそれを頂きながら、皆の仏様を拝む心と一緒になって仏様を拝む。だから済むとか済まぬとかいうことはない。私に御馳走下さるのではない、仏に上げるという事が尊いのである。上げるこの心を尊むのです。中心はそこなんです。自分のことだと思うから、済まぬとか勿体ないと思うのだ。そういうことを言っておったことが間違いだなあと思う。まだ少し自分に値打ちがあると思うから過分なと言うておるのだ。お布施を沢山頂くと、過分にと思う。過分なと思うことも、あの家は少ないなあと思うのと同じである。これは両方共迷いである。どれだけ上げたって仏様に上げるものは過分にはならない。ところが私が貰えば一文でも過分である。仏様に上げるものなら過分は一つもない。ただ上げる人の心の尊さに合掌するのです。共に拝まして貰うのです。その人の心を尊むよりその人が仏を尊むその心を尊んで一緒に仏を尊むのです。「大行とは則ち無礙光如来の名を称するなり」とはこれでわかるのでしょう。心の中心が見えるということです。

　善導大師は仏様に対して、勤める修行を五通りに分け、五種の正行ということを仰った。第一は読誦正行、仏様を讃めたたえる、三部経を読むこと。第二は観察正行、仏教のお浄土の事を色々に思い浮かべる。第三に礼拝正行、仏様のお姿にお礼をする。第四は称名正行、仏の名を称える。第五は讃嘆供養、仏様のお徳を讃嘆して御仏飯や香華を捧げる。これが五種の正行である。善導大師は五つのうち第四の正行は正定の業なりと、一番大事なのは、南無阿弥陀仏を称えることだと仰る。あとのものはその正行を助ける助業だといわれる。阿弥陀様は嘘言うなとも、酒飲むなとも、私にお給仕せよとも、そういう注文はなさらない。我が名を称える者を迎え取らんと誓わせられた。称えよと仰ることは何も要らぬということである。来さえすればよいということである。罪もあろうし、障りもあろうし、穢であろうが、浄であろうがそういうことは少しも構わぬ、そのまま来るのだと。称えよと仰るほかに注文はない、名を称える……助かる道はそこにある。親のお助けで泣く子が助かるように別に他のことはいらない。南無阿弥陀仏一つである。親の名を称える、それが一番孝行である。称える心を身体に現わす。何が出来ても称名の心の欠けたものなら何もならんのである。いくら人に御馳走して食べさしておっても、行儀作法を尽しておっても、中心にその人の名を称える心がなくては、何をしておっても駄目である。心から南無阿弥陀仏と仏の名を称えるということは、仏の中心に向うて行く心です。仏の名を称えるということは仏になる道である。念仏成仏これ真宗、仏教のあらゆる教えの蘊蓄《うんちく》を傾けた中心を言った言葉である。「大行とは則ち無礙光如来の名を称するなり」とは偉大な教えであります。行の中の行、最も大切な行です。仏になる行は仏の名を称える、それが中心であります。六度万行は要らない。

「大行とは則ち無礙光如来の名を称するなり」と喝破せられたところに法の中心、宇宙の真実を適切に言い現わして下さったのであります。実に偉大なお言葉であります。どんな始末におえぬ者でもここに心を据えさせて貰うその心が根本です。根本がはっきりしなければ何をしたって駄目です。人に物をやるとかやらぬとか、或いは優しくするとかしないとかいうことでない、もっと元にある大きな行がある。それは無礙光如来の御名を称えることである。だから「行の巻」に知らせて下さってある道は非常に大きな道であります。まことの道を現わして下さるのであります。仏になる道は仏の名を称えること一つだと言われることが非常に大きな教えであります。

ところがこの偉大な教えでもよい加減に聞くと、どこからどう称えるかという人がある。一遍称えるか千遍称えるか万遍称えるか。そういうことでない。「大行とは則ち無礙光如来の名を称するなり」、称え詰めにしておってもよい、一声称えてもよい。称える心の中に、称える一念多念が見せられる。称えようと思いたつ心の中に一切の称名の功徳が納まるというのです。この大行とは、無礙光如来の名を称するという大行を歩んで行く道であります。

「行の巻」は、その掲げて行く大道、助かる道をはっきり教えられたのであります。私共はこの、行の道ということが中々わからない。聖道門でない、本当の念仏門という道、まことの実行の道があることを拝まして頂くのであります。

（昭和八年一月七日夜・明達寺）

第三講

「大行とは則ち無礙光如来の名を称するなり」、と浄土へまいる行は、南無阿弥陀仏の名号を称える一つである、と我々が浄土へ生まれる正因をはっきりとお示し下さった。

斯《こ》の行《ぎょう》は、即《すなわ》ち是れ、諸《もろもろ》の善法《ぜんほう》を摂《せっ》し、諸《もろもろ》の徳本《とくほん》を具《ぐ》せり、極速円満《ごくそくえんまん》す、真如一実《しんにょいちじつ》の功徳宝海《くどくほうかい》なり。故《かるがゆえ》に大行《だいぎょう》と名《なづ》く。

無礙光如来の御名を称える、この行の中には諸々の善法を摂するのである。「善法を摂す」とは、善い法を摂《おさ》めておる。法というのは法則であります。だから、善い法則を摂《おさ》めておるということである。法則というと、単に人間を離れたことのようであるが、その法則を極められた仏さんが、法のままに説き出されたものを法と申すのであります。仏法というのはそれである。この南無阿弥陀仏を称えるということが諸々の善法を摂《おさ》めている。『歎異鈔』の第一節に、

本願を信ぜんには、他の善も要にあらず、念仏にまさるべき善なきが故に。悪をもおそるべからず、弥陀の本願をさまたぐるほどの悪なきが故に、

と仰せられた。この念仏するということは、善の中の善、最も善い道である。念仏するということは、この上を超えた善もない、これを超えた上の御法はない。法は自然の大道である。我々が念仏するということ程自然の法則にかのうたものはない。丁度強い

力を持って引くと、ほかのものが皆そこに引き寄せられるように、仏さんの大きなお力が仏の方に引き寄せられる、それが念仏です。ですから念仏することは我々が仏の方に近付いて行く道、お浄土へ行く道のようであり方に引き寄せられる、その実は仏の方から引き寄せて下さるのである。念仏するということは、大きな力に我々が引きつけられて行くことである。仏の方にますが、その実は仏の方から引き寄せて下さるのである、招き寄せて下さるのであります。大きな力が全ての行方を自分の方に引っ張り寄せられることである。この念仏の中には、あらゆる善い御法が収まっておる。我々は雑悪不善の凡夫だ、何らの善もなき寄せる、それが天地の大法であります。

い。ところがこの雑悪不善の凡夫が無礙光如来の御名を称える。

「念仏にまさるべき善なきが故に」、これはどういうことであろうか。我々が仏の国に行く道、仏になる道は、万善諸行と沢山あるけれども、一番大事なのは、仏を慕うて仏の名を称えることの中に全ての善法はみな納まっている。仏の名を称えることの中に全ての善、全ての徳が皆納まる。南る。夕べも申しましたように、全ての孝の中心は親の名を呼ぶことに納まる。親の名を呼ぶということは、自分の心の中心に親が宿っているからである。私が仏になる道は仏の名を称えることである。自分の中心に仏が宿られて、自分の全体が仏に吸い付けられてゆくということ、この中にあらゆる善い事が納まっている。

「諸の徳本を具せり」、この諸々の善法を摂し、諸々の徳本を具せりということは、称名の大行は、有らゆる道徳の基礎を成す教えである。よく、宗教と道徳は同じか違うかという問題が論ぜられますが、ここでは弥陀の名を称えるというその宗教が、有らゆる善法を摂し、有らゆる徳本を具せりと知らして下さってある。南無阿弥陀仏を称える中に、全ての善、全ての徳が皆納まる。南無阿弥陀仏一行で全て事足る。何も言うことは要らぬ。息子は我が親に対して沢山の事を言うことは要らぬ。ただお父さんお母さんと呼び出すだけで結構である。名を呼ぶということに尽くされておる。あの小さな子でもお父さんお母さんと、私にはおじいさんと言う。何も外の事をしてくれんでもよい。ただ名を呼ぶだけが最も尊いのである。我々が人に親しむということも、名を呼ぶということ、呼びかけられるということであります。どんな善根より、どんな徳より、南無阿弥陀仏を称えるということは、仏の国へ行く大行だと仰るのはそこであります。何も外の事をしてくれんでもよい。我々が無礙光如来の名を称えるということは、仏の国へ行く大行だと仰るのという、諸善の納まるところであり、諸々の徳の本を備えるものである。その中から有らゆる徳を呼ぶことも出て来るのです。念仏するという徳から有らゆる善行が皆出て来るというのです。

「極速円満す」、極は頓極で、速は頓速です、極まりなき速さ。円は円融、満は満足です。御和讃に、

本願円頓一乗は
逆悪摂すと信知して
煩悩菩提体無二と

すみやかにとくさとらしむ

とある、この御和讃と同じ意である。極速は速い、その速いことは、三僧祇百大劫かかって行う六度万行の修行によって悟りを得ようとする者にはとても至られない速さである。南無阿弥陀仏を称える一念に、三僧祇百大劫を超えて仏と一つになることが出来る、だから極速です。南無阿弥陀仏を称えるところに全てが満足するというのです。呼ばれた者の心も参る、呼んだ者の心も参る、それが極速円満です。

「真如一実の功徳宝海なり」、真如とは、まことの道理、世の中の法の流れを真如と申します。その真如は唯一絶対の真実なるが故に、一実という……持業釈の真如と同じです。功は、積功累徳というような時に使われる、功勲、いさおしです。働きが働きのうちに現われるところの功というのが徳です、宝海、宝の海。お称名の徳を讃えられた言葉です。

無礙光如来の御名を称えるという大行は、有らゆる善法のもとになる。仏の名を称えることによって、称える一念の所に仏の心と一つに融け合うてゆく、それは真如一実の功徳宝海、南無阿弥陀仏の働きである。働きが真如であり一実である。それが功徳の宝の海である。

真如とか一実とかいうような言葉を聞くと、何かこう不変的な固定されたもののように考えておる者がある。そういうように考えておる者は、大行とは南無阿弥陀仏という六字である、と一つに決まった言葉のように考えておるのです。即ちこの「行の巻」に説かれるのは、修行の念仏、称えるというその実行の方でない称えられる六字の名号をお説きになっておるのだとかいう具合に味わっておるのであります。そこで名号ということが真如一実の功徳宝海だとかいう具合に解釈しておる。それが、真如一実という言葉があるところからそういう具合になったというのである。これは固定的に考えておる人です。よく味わってみると六字というその六字は、衆生の口に現われ出るところの六字である。南無阿弥陀仏と称える六字である。単なる、衆生の行を離れておる六字でない。衆生の苦悩を現わすところの六字である。南無阿弥陀仏、これは衆生の口に現われ出て下さるのである。それが行です。南無阿弥陀仏南無阿弥陀仏と出るこの姿が真如の姿である。それが一実の姿である。それが功徳の宝の海だと仰る。ここには大きな宝が皆納まっておる宝の海だ。

南無阿弥陀仏を称えるということは一つの働きです。その働きが万法を納める。そして全てが真如であり、真実の相である。私が南無阿弥陀仏を称えることが真如である。それが一実である。それが宝の海というのです。真如だの一実だのということはどんな所にあるか、南無阿弥陀仏を称えることにある。宇宙の真実の道理はどこにあるか、我が口から南無阿弥陀仏と出ることにある。これが唯一絶対の真如である。

「世間は虚仮なり、唯仏のみこれ真なり」と聖徳太子は仰せられたが、聖人は「よろずのこと、みなもてそらごとたわごと、まことあることなきに、ただ念仏のみぞまことにておわします」と仰せられた。まことです。まことは真如です、一実です。念仏の道は真如である。自然である。道理である。我々凡夫が念仏するということは特別の道でない、仏さまの大きな力に引かれて南無阿弥陀仏を称えるということが宇宙の真理である。「よろずのこと、みなもてそらごとたわごと、まことあることなきに、ただ念仏のみぞまことにておわします」のである。我々の生活の中心は何か、南無阿弥陀仏を称えることだ。まことは坊さんの説教の中にはない。我々の口に南無阿弥陀仏と称えさせて貰う念仏がまことだ。真如だ。一実だ。ここから有らゆる功徳の宝が出てくるのです。我々は念仏するのみ、そこから道徳も出てくれれば善根も出てくる。それが宇宙の大道理である。唯一絶対である。そこから色々の宝物が出てくる。それを宝の海というのです。南無阿弥陀仏は広い宝の海である。功徳の大宝海である。

私は初めてこの「極速円満す、真如一実の功徳宝海なり」ということを読んだ時、それは、光明無量・寿命無量のお徳を備えられた阿弥陀如来の讃嘆だとこう思っておった。ところがそれは思い違いでありました。阿弥陀さんの讃嘆の言葉じゃない、その阿弥陀さんが衆生を胸に抱いて、衆生の口から南無阿弥陀仏と出るその相である。単なる他の仏の胸に現われて下さる相でなくして、その仏が凡夫の心に生まれて、凡夫の口から南無阿弥陀仏と出て下さるところに、「極速円満す、真如一実の功徳宝海なり」とはっきり讃嘆される味わいがあります。この称名の大行は広大な道であります。

蓮如上人は『御文』に、法然上人の門弟が、南無阿弥陀仏を沢山称えるのがよい、称えられぬのは困るというておるが、かかる称名は自力の称名だと仰ってある。聖人は称えるということは、仏さんの心が凡夫の口を借りて名乗り現われて下さる称名である。だから我々の口にお称名が出るということは、仏の本願の働きなのであると申された。我々から見れば不思議なことでありますけれども、仏のお心では自然の現われなんであります。だから我々の称名は、そのまま極速円満す、真如一実の功徳大宝海であります。これが真如である、これが一実である。非常に広大な宝の海である。だからこの念仏の中には全ての事が融かし込まれるのです。

南無阿弥陀仏南無阿弥陀仏と念仏を称える中にひろびろとした心を味わって、如何なる悪人も凡夫も念仏の中に融け込んでゆくように広い心を味わうのであります。念仏を称えて他の事を排斥するというのでない。仏の大きな心が現われ出て下さるお念仏でありますから、我々のこの凡夫自力の小さい胸の中に仏の心が宿り出させられる時に、何でも全て納め入れて我が物として味わわして貰うのです。それが宝海という意味であります。仏の名を称えることが真如一実と仰るのは非常に味わいの深いところである。我々が南無阿弥陀仏を称えるそこに宇宙の大法があるのであります。

(昭和八年一月十一日・矢木政次郎家)

行とは行くという字を書く。我々が浄土へ歩んで行く姿を行という。その行は南無阿弥陀仏を称えることであると教えて下さった。この南無阿弥陀仏を称える行には、諸々の善法を摂し、諸々の徳本を具しておる。しかも極速円満、真如一実の功徳の宝海である。かるが故に大行と名づくのである。

南無阿弥陀仏と称えるのは、蓮如上人が仰るように、「さのみ功能のあるべきとも覚えざるに、この六字の名号の中には、無上甚深の功徳利益の広大なること、更にその極まりなきものなり」、極まりない程広大な徳が備わっておる。かるが故に大行と名づくのである。なまやさしい行ではない、偉大な行である。行は我が浄土へまいる行です。それは我が口に称える称名であります。今現に私の口からお念仏が現われるのだが、その私の口から現われるお念仏は遠くは阿弥陀如来の本願から流れ出させ給うのであります。

然《しか》るに斯《こ》の行《ぎょう》は、大悲《だいひ》の願《がん》より出《い》でたり。

我々が勤める行は如来の本願から出て来たものである。この『教行信証』を頂いておると、行も信も証も全てが阿弥陀如来の本願から流れ出たものだということを教えて下さってあるということを知る。本願から流れ出たということは他力廻向ということである。聖人は、「他力とは本願力是なり」とはっきりと他力ということを教えて下さった。他力で助かるということは、自分以外の力で助かるというように聞こえるが、その自分以外のどんな力でも助かるのではない、阿弥陀如来の本願で助かるのである。我々が南無阿弥陀仏と称える念仏は、大悲の願より出でたものであると四十八願のうちの第十七願が現わして下さってある。大悲の願とは第十七願のことであります。

先年大分の盲唖学校へ行った。唖の子供が、お父さんお母さんと妙な調子の違うた声で言うのを聞きました。その時に瞼が熱くなった。なぜ涙がこぼれるだろうと私は考えた。耳の聞こえない唖の子が、これだけの言葉を出すことが出来るようになるには、どんなに先生が骨折られたことだろうなと思う時涙がこぼれたのです。お父さんお母さんと言えと言ったところで唖の子は耳が聞こえんのである。その子にそれだけの言葉を口から出せるまでには容易な骨折りではなかった。それを思った時、私達が南無阿弥陀仏を称えるということは、ひたすら仏の念力のたまものであるということを感じたのであります。智慧の眼の開けた、智慧の耳の開けた人ならすぐに仏の名を呼ぶことも出来ようけれども、毎日の心の向きを眺める時、貪欲・瞋恚・愚痴の三毒の煩悩にかき廻されて、ただこの肉体の世界にのみかかわり果てております。御和讃にも無眼人とぞなづけたる無耳人とぞのべたまうとあります。目の無い、耳の無い者だとの仰せです。又、逆謗の屍骸のような者だとも仰ってある。こういう者の口から尽十方無礙光如来の御名が称えられ、南無阿弥陀仏と現れて下さる。不思議なことであります。

法然上人の門弟の人達は、法然上人が、南無阿弥陀仏を称えるのは、極楽へまいるもとだと仰せになるから私も称えてまいろうと言って、沢山念仏を称えることにかかっておった。御開山はその中にあって、称えてまいろうとかかるけれど、自分のようなこの十悪五逆の不善の輩、逆謗の屍骸のようなものが、口から南無阿弥陀仏と出させられるということは、何とした不思議な広大なことだろう。自分から助けられようと思わんでも、既に助けるからくりがあって、私の口に成就して下さってある。自分が称えてまいろうとするのでない、その先からちゃんとお膳立がしてあるのである、何と強いお手引があるやら、と本願のお手強さを味わわれたのであります。そのおこころが今ここに『教行信証』となって現わされているのであります。

浄土へ行く行は無礙光如来の御名を称えることだ。この称える南無阿弥陀仏は我が口から出たものだが、それは実は阿弥陀仏の本願が我が口に出て下さるのである。我々は自分に頂いておる宝を忘れて、そして不足ばかり言っておる。

御開山は、今自分に与えられておる広大なお慈悲を味わって、その喜びの中から前途に明らかな喜びを持ってお進みになったのであります。

「斯の行は、大悲の願より出でたり」、大悲とはつぶさに言えば大慈悲であります。だから大慈悲の願であります。善導大師は、四十八願一つ一つの願は皆衆生の為の願である、とこう仰っている。そうすればどの願だってお慈悲の願でない願はないはずである。初めの無三悪趣の願から四十八番目の得三法忍の願に至るまで全てお慈悲の願でない願はない。であるのにどうして十七願を大悲の願と言われたのだろうか、御和讃に、

超世無上に摂取し
選択五劫思惟して
光明・寿命の誓願を
大悲の本としたまえり

とある。光明・寿命の願とは、第十二願の光明無量の願、第十三願の寿命無量の願のことですが、それが大悲の本であります。第十七願は先日から度々申しますように、

設《も》し我仏を得たらんに、十方世界の無量の諸仏、悉《ことごと》く咨嗟して我が名を称せずば、正覚を取らじ。

で、簡単に言えば、我《われ》が仏になったならば、十方世界の、量りきれないほどの沢山の仏達が皆咨嗟して、口にかけて我が名を称えなかったら、わしは仏にならん、こういう願であります。それが大悲の願であります。ちょっと聞くと名誉の願のように思う。仏は名声十方に聞こえんと仰る。世には名聞利養のために働く人がよくある。そんな人はいや私は名誉のためでない、利益のためで

ない、他の人のために働いていると言っているが、それも結局は自分の名誉のためです。普通、名誉は善いことだと思っている。戦に行くと名誉なことで、どうか名を上げてくれと言います。名誉を得るということは皆が望むことである。が、名誉の奴隷になったという時は悪いことになる。阿弥陀様には名誉の願がある。第十七願がその名誉の願である。名を成就するのです。勿論人間の名前には実に当てはまらん名がある。

私は京都の学校に居った頃、夜遅く迄本を読んで居って朝寝をしてはよく学校を遅刻した。名は暁烏敏だが、いつも朝遅い、暁烏遅《おそい》に替えたらよいといってよく笑われた。又毅《つよし》という名の者が居ったが、名は大変立派で本人は身体が大変弱い、そこで皆でよわしという名を付けた。名が実に伴なわない場合がある。ところが仏様の南無阿弥陀仏という名はただの名でない。光明無量の故に阿弥陀と名づけ、寿命無量の故に阿弥陀と名づく、光明無量・寿命無量の徳を備えた仏なるが故に阿弥陀と名づける。実際の徳を備え給うのが阿弥陀さんである。名は実の賓なりといわれるが、阿弥陀さんこそ実を備えた名なのである。御開山はなぜ十七願を大悲の願と申されるか、これは大変味わい深いことである。

私らはどうして浄土へまいるようになるか。阿弥陀さんの名を聞いてそして信心を得る。その名号とは、十方無量の諸仏、皆共に無量寿仏の威神功徳の不可思議なることを讃嘆したまう、とあるその仏さんの口に現われたところの南無阿弥陀仏の声を聞くのです。それが聞こえなければ信心が頂かれんのだ。南無阿弥陀仏の六字が我が胸に頂かれねば浄土へ往生することは出来んのです。凡夫が保ち易く、称え易いようにというので南無阿弥陀仏を成就して下さったのだ。この名というのは何でもないようだが、この名ということによって非常に親しみを覚えるのです。我々は人の所へ行く時は名刺を持ってゆく。又人に初めて会った時には名乗りを上げる。名を覚えられぬ時は親しみがない。若い頃年輩の人に会った時、君は誰だったかなと言われるとよい気がしなかった。直ぐに暁烏君かと言われたらよく覚えておって下さったと嬉しい気持になった。名を覚えていてくれたら嬉しいが、忘られていると気持が悪い。立派な名でなくてもやはり自分の全体を現わすものである。私の名は暁烏敏というが、身上全体を現わしているのである。南無阿弥陀仏というお六字によって、阿弥陀さんの五劫兆載永劫の御苦労を皆私に下さるのである。

弥陀の廻向成就して
往相還相ふたつなり
これらの廻向によりてこそ
心行ともにえしむなれ

阿弥陀さんが私等にものを下さるというのは、廻向して下さるのである。色々の廻向を下さるのであるが、その廻向を何の中に入れて下さるかというと、

南無阿弥陀仏の廻向の
恩徳広大不思議にて
往相廻向の利益には
還相廻向に廻入せり

阿弥陀如来の名に入れて我々は御馳走を頂くのである。阿弥陀さんの万善万行のお骨折り、全ての果報を南無阿弥陀仏の六字の中に入れて、私の口に南無阿弥陀仏を授けて下さるのである。これによって私に御縁を結んで下さるのである。南無阿弥陀仏と保ち易く称え易いお六字を成就して、そして私に与えて下さるのである。

そんなら、何故諸仏の口からわが名を称えられたいと願われたか。その声が十方衆生の耳に入ると思し召し給うたからである。願が耳に入る、耳に入ってどうなるか、仏を慕うて仏の浄土へまいるようにあらしめたいと。だから一切の無量諸仏に我が名を称えられたいとの願を立てられたのは、十方衆生に縁を結びたいためである。

代議士が選挙目当てに皆に名刺を配る。本当に国のためを思う人であるならば、あの名刺を配っておることが非常な慈悲である。皆に代って私が働きますよ、皆の心を私の心としてゆくぞ、皆もどうか私を自分と思っておって下さい、そういう心持ちがあの名刺に現われておらねばならない。だから代議士になるに、あの名刺を配るのは大事な事である。ところが必ずしもそうでない。善い看板を笠に着て悪い事をする手合いもある。よくあることだ。あの人は運動費を沢山使う名誉欲の奴隷だと言われている人もある。金を貯めたから一つ代議士にでもなって名を売ろうかという人もある。金を貯めるか名誉を得るかどちらかだ。そういうのは本当の名でない。本当の名士ならば心から国家の為国民の為になる事を考えてくれる人である。そういう人であってこそ国民が本当にその人の名を呼ぶのであります。そこに初めて名というのが成就するのです。

阿弥陀さんが十方諸仏に名を称えられたいと願われた時には、それは大慈悲であります。口に現われ耳に聞こえさせようために、諸仏の口に名を称えられたいと願われたのです。その味わいから第十七願を大悲の願と申されたのであります。

即ち是を諸仏称揚之願《しょぶつしょうようのがん》と名《なづ》く。復《また》、諸仏称名之願《しょぶつしょうみょうのがん》と名《なづ》く。復《また》、諸仏咨嗟之願《しょぶつししゃのがん》と名《なづ》く。亦《また》、往相廻向之願《おうそうえこうのがん》と名《なづ》く可《べ》し。亦《また》、選択称名之願《せんじゃくしょうみょうのがん》と名《なづ》く可《べ》きなり。

これからずっと願の名が出てくる。それは第十七願を五通りの異名で出されるのであります。

「諸仏称揚之願と名く」。総称は「大悲の願」であるが、又その特別の味わいを開いて言うならば第一が「諸仏称揚之願」である。それは諸々の仏が称え揚げたところの願である。称はほめる、揚はあげる、阿弥陀仏を称め揚げられたところの願である。

「諸仏称名之願と名《なづ》く」、諸々の仏が阿弥陀仏の名を称えられるところの願である。

「諸仏咨嗟《ししゃ》之願と名《なづ》く」、咨嗟《ししゃ》とは口にかけるということである。諸仏の口の働きに我が名の讃嘆が現われて下されることを願われたので、第十七願を「諸仏咨嗟《ししゃ》之願」とも名づけるのである。

「亦《また》、住相廻向之願と名《なづ》く可《べ》し」。前三つは願と名づくとあったが、ここには名づく可《べ》しとある。又次には「選択称名之願と名《なづ》く可《べ》きなり」とある。可しとあるのは、機の上からの心持ちを現す時に可《べ》しという。往相の廻向について大信あり大行ありと仰ってある。広く言うたならば、信心を往相廻向のうちから言われた。ところで十七願だけを往相廻向の願と名づけるのはどういう訳か。往相とは浄土へまいる相である。南無阿弥陀仏は私らが浄土へ行く行だ。それを我々衆生に与えて下さるのが往相廻向の願である。南無阿弥陀仏の中に有らゆるお骨折りを込めて我々に与え下さる。だから一声一声のお念仏が仏さんの御廻向である。この十七願によりて凡夫が浄土へ往生することが出来るから、往相廻向の願とも言われる。阿弥陀さんは我々に全ての宝を与えて下さるが、何として与えて下さるか。名の中に封じ込めて与えて下さるのである。これは人間でもややそれに類似したことがある。親は身上を子に相続させるという。家督相続ということに全ての財産を封じ込めて、印鑑一つですっかり相続させるのであります。親の実印一つに親の財産がすっかり封じこめられているのである。南無阿弥陀仏は阿弥陀さんの署名である。阿弥陀さんが名を書いて下さるのである。どこへ名を書いて我々に下さるのか、それは我々の口に南無阿弥陀仏と称えるところに名が書かれて私に下さっておるのであります。そこに十七願が往相廻向の願と名づけられる所以があるのであります。阿弥陀さんからお六字の名号を貰う。この六字一つを貰うことによって全ての果報が備わって下さるのであります。

次に、「選択称名之願と名《なづ》く可《べ》きなり」。選はえらぶ、択もえらぶ。称名は行の中の生粋なるが故に選ばれたる行というので「選択称名之願」と申されたのであります。

これだけ頂きます時、第十七願の名を五つ挙げることによって、十七願をどんなに味わったかということを語っておいでになるのであります。五通り挙げてあるがこれは皆同じ意であります。阿弥陀様が我々に下さるそれは南無阿弥陀仏の六字の中に皆封じ込めて与えて下さる。そのお与えは、諸仏称揚之願、諸仏称名之願、諸仏咨嗟之願、往相廻向之願、選択称名之願である。諸仏が阿弥陀さんの名を称えられたその廻向が成就した願である。その称名成就の願がここに第十八願となって現われておる。聖人は衆生が弥陀の名を称える称名念仏、その念仏迄もすでに第十七願に於いて諸仏が成就して我々に与えて下さっておるとお味わいになった。ここに我々が浄土へまいる行、万善万行の功徳の宝が、皆この諸仏の口に乗って出る南無阿弥陀仏の御名のうちに成就し仕上げてある。この南無阿弥陀仏一つによってお助けにあずかるというお味わいを、ここに色々本願の名を連ねることによってはっきり教えて下さるのであります。

ちなみに、「諸仏称揚之願」は浄影大師の用いられたものであり、「諸仏称名之願」と「諸仏咨嗟之願」は憬興師が用いられた名であります。「往相廻向之願」と「選択称名之願」は、聖人自ら名づけられたのであります。他師の名づけられたところは名づくと書き、自ら名づけられたところは名づく可《べ》しとお書きになりました。このお言葉使いのうちに、如何にも聖人の謙虚な御態度が伺われます。

（昭和八年一月十一日・松田利勝家）

第五講

諸仏称《しょぶつしょう》名之願《みょうのがん》。

『大経《だいきょう》』に言《のたま》わく。設《も》し我仏《われぶつ》を得《え》たらんに、十方世界の無量《むりょう》の諸仏《しょぶつ》、悉《ことごと》く咨嗟《ししゃ》して我《わ》が名《な》を称《しょう》せずば、正覚《しょうがく》を取らじ、と。

已上

ここから御経の文を順序を経てずっと御引用になるのであります。

聖人の常の仰せに「更に親鸞珍らしき法をも弘めず、如来の教法を、われも信じ人にも教え聞かしむるばかりなり」と、こんなにお書き物をお書きになるのも、自分の言うことを本とせずして、ひたすら仏の教えを尊んでのことであります。

昔、華厳宗の学者了諦はなかなか偉い学者であった。この了諦が『教行信証』を読んで、この書物は気違いの書いたような本だ、自分のことは何も書かずただお経の抜書ばかりだ、と言って非難をしたということであります。成程『教行信証』六巻を拝読しますと、聖人御自身のお言葉は非常に少なく、大部分はお経や七高僧のお言葉をお記しになっておる。これはどういうことだろうか。まだ私が中学の五年の頃、蓮元慈光という年寄りの御講師が私共に宗学を教えて下さった。この方は北安田の興徳会に招待した際お出で下さったことがある。この御講師が「言、典にあずからざるは君子の恥づるところなり」という古人の言葉をいつも申された。これはどういうことかというと、私の言うことは、その元がお経に記されておることでなければ言うことを恥づる、ということである。私共学校に居った頃は、日進月歩ということがやかましく言われた時代であった。昔の人がやったことばかりを真似るのでなく、先ず自分で新しいものを作り出そうという考えが明治の学問の中心になっておった。その上その上と新しいものを発明する。西洋科学の進歩というものはそれによって出て来た。この頃専売特許とか或いは新案特許とかを農商務省で奨励している。それで自分で新しいことを考え、発明して自分の存在を皆に認めて貰おうとしておる。何か人と違うたことをやろうとしておる人が多い。若い頃、発句や歌を作っても、このような句は既に昔の人が言っている、今更いう必要はないと評した。だから昔の人が着眼しないことを見出して行くことがよいと思っていた。そういう頭を持っていた私共に蓮元先生は、「言、典にあずからざるは君子の恥づるところなり」と言われた。昔の書物に書いてないようなことを言うのはおかしなことだ、ということですが、私達新しいことを言うたりしておるがちゃんと昔でもそんなことは言われておったことなのである。これは真宗の学問の中でもそういうことが言える。古人がまだ気付かなかったことを見出してゆく、そこに学問の進歩があるという学者が居る。が蓮元先生はそうでなかった。その頃我々にはそれがわからなかったが、この頃になるとその先生の言われた本意がわかって来た。成程そうだな、この世の中の学問はだんだん新しく進んでゆく。ところが我々の宗教の世界では、過去・現在・未来三世に通じた永遠の命、無量寿を味わうということが基礎になっている。殊に親鸞聖人の教えられた御信心の道は、自分がどう考えてみても、どう踏み出してみても自分の助かる道はわからない。いずれの行もおよび難き身なれば、とても地獄は一定すみかぞかしである。地獄のどん底から阿弥陀如来の本願のお力を頂いて命拾いさして貰い、息を吹き返さして貰い、助けて貰うという他力救済の道を聖人は味わい教えられたのであります。そうしますと御開山の願われた道は今から自分が進んで行く道ではなくて、既に仏さんが進ませられた道である。善導大師の『散善義』の中に、「必ず真実心の中に作《な》したまえを須《もち》いよ」とある。如来さんがなされたことに頭を下げるのだ。自分が善いことをしようというのではない。よいことをされた方に頭を下げるのだ、とお味わいになったのであります。御開山は、自分には何の値打ちもない、ただ如来さんの広大なお力一つが重要なのであるという御信心であります。御書物をお書きになっても、自分がこう考え、こう味わったとかいうことに重きを置かれない。ただ偏に仏の教えを仰ぎ、仏のお心を頂くということに重きを置かれた。だから仏の御心を現わすということがお書き物の根源であった。こういうお心を、承りかねる私共に教えて下さるのであります。私はこのお心がどうも我が物としてしっくりとなりかねておったが、この頃だんだんとそういうような気持をしっくりと味わうことが出来るようになって来たのであります。

私は、一月二月は本を読む月であります。言わば書き入れ時であります。今年はハワイへ行くことになり、何か気ぜわしいので、本もあまり読めない。読めないので、ハワイへ行く約束をしなければよかったとさえ思ったが、また考えた。船賃に二千四百円という大金を送ってくれた。中々の大金である。私を招待してくれるのは中々のことである。勿体ないなあ、とても自分はそういう大金を路金に貰って招待せられるような値打ちのない者である。それだのに招待されるということはやはり仏さんのお力である。招待する人の心に仏が目覚め、そして私の上に宿らせられる仏様が案内されるのである。私はその仏様のお徳を貰っておるのだということがわかったのであります。こういうような気持でいますと、本を読むことが出来ずに損だなあと思うことも出すぎたことである。一体私は本をどう読んでいたのかと思い付き、ようやく、仏さんのお供をする御奉公だというような気持が味わわれるようになりました。

御開山が『御本書』を御製作になったのも、御自分のお言葉を沢山重ねて作られたのではなく、仏のお言葉を味わいつつお書きになったのだと懐しく頂かれるのであります。我々は何かいうと自分で物が出来るように思っている。我を張るのです。自分の成したことは善い、自分の行ったことは善いと主張し勝ちです。ともかく自分の了見を通さねばという根性を持っておる。ところが聖人はそういう根性は浅間しいと懺悔されて、偏《ひとえ》に本願の尊さを仰いでおいでになる。御聖教を御製作なさるについても、我が考えをお書きになるのではなく、お経のおこころを、受けてゆかれるという態度であらせられる。ですから、段々『御本書』を頂いてまいりますと、教・行・信・証どの巻でも全て本願をお味わいになってゆかれる。ですからこの点からいえば、教行信証の大行は御開山だというてよい。御開山の大行をお味わいになった。その中に阿弥陀如来の尊さを味わっておいでになる。この『御本書』は、如来の御手引により感ぜられた御本願をお書きになったというように窺われるのであります。

先日お講の晩に、金沢の如来庵に居られる尼さんが来られた。その方の話に三百年程前の金比羅の神様が、名古屋に居られた刀祢という婆さんに乗り移って語られた。そのお言葉が本に載っている、それは有難いものです、と。御開山のお言葉は、刀祢婆さんのように、自分にわかりもしないことを神のお告げと言われたのとは訳が違うのです。だから我々が今その御教えを味わっても、はっきりしたお味わいをそこに窺うことが出来るのであります。大本教や天理教などは、刀祢婆さんのように神のお告げを受けて、自分でもわからぬことを受けて、そして皆に聞かそうとするのです。聖人は法然上人によってお釈迦様のお告げを受けられた。ですからこれは誰でもた易いのです。我々はその教えを受けてゆくのです。御開山が法然上人の教えを受けられたように、我々もまた聖人よりその教えを受ける。その教えは、神がかりで聞いたお告げとは訳が違う。人から人へと伝統相承してこられた教えであります。釈尊の教えが三国の高僧の上に伝わって、それから我がお師匠に伝わり、自分がその師匠に出遇わして頂き自分に伝えられた御法であります。

『歎異鈔』第二節には、

弥陀の本願まことにおわしまさば、釈尊の説教虚言なるべからず。仏説まことにおわしまさば、善導の御釈虚言したまうべからず。善導の御釈まことならば、法然の仰《おおせ》そらごとならんや。法然の仰《おおせ》まことならば、親鸞がもうすむね、またもて虚しかるべからず候か。

と仰ってあることを味わいます時に、ただ自分のみが特別受けたお告げではない、又考え出したのでもない、我が信ずる信心は阿弥陀仏から釈尊へ、更に七高僧よりの伝統の信心であると申される自信のほどを窺うことが出来ます。さらに聖人は、

源空が信心も如来より賜りたる信心なり、善信房の信心も如来より賜らせたまいたる信心なり、さればただ一つなり、別の信心にておわしまさん人は、源空がまいらんずる浄土へは、よもまいらせたまい候わじ。

とはっきり仰せらるるのであります。

そこで南無阿弥陀仏の成就した十七願を一番始めにお知らせになる。

設《も》し我仏を得たらんに、十方世界の無量の諸仏、悉《ことごと》く咨嗟して我が名を称せずば、正覚を取らじ、と。

十方世界の量り知れない程沢山の仏が、ことごとく咨嗟して我が名を称えなかったら、我は正覚を取らない、と。仏は自分だけが正覚を得たらそれでよいと仰らない、ことごとく正覚を取らせねばおかない、と。

我々は何か一つよい事をすると、こんなことは私ばかりであろうと思う。ところが阿弥陀さんは、自分が仏になると同時に、十方無量の世界に私と同じ仏が沢山いらっしゃると言われる。これは有難いことである。已一人わかったのでない。自分許《ばか》りで知るべきことでない、私がわかっておるように宇宙には沢山わかった人がある、と。この心持は尊い、広い心持です。我独り心得顔の態度というものをよくお戒めになるが、どうもお互いは、わかった者は俺一人だというような顔をしたがるものである。どうもうちの者はわからん者ばかりで、お慈悲のわかっておる者は家ではわし一人だと言うておる人がある。わし一人だと言っておる者はまだ本当にお慈悲がわかっておらない自力の姿なのだ。

阿弥陀さんが、我、仏になれば十方無量世界の諸々の仏に我が名を称えられたいと願われたのは非常に尊い心持であります。俺一人ということは、妻子も眷属も傍に寄って来ない暗い淋しい心持であります。その一人の世界から広い世界に出ると、無量の仏が居られることがわかる。それがわかれば、仏のお心が我が物として頂ける。仏さんは、我は我、彼は彼とは仰らない、この辺の在の御坊さん達は、春先になると、わしも一遍お講に呼んでくさっしゃい、お礼金はいらん、米一升あればよいからという人がよくある。私は子供の時からそういう話を聞いていて、丸で乞食のようだと思っておったが、この頃は中々よい心掛けであると思うようになった。私を呼んでくさっしゃいということは、私の名を呼んで欲しいという心である。

単にその人と仲良くしたいと思う心があって呼んで下さいというならそれは大変よい心である。が、呼んで貰って金を貰い、名誉を得たいなどと個人的の欲を満たそうとする根性から呼んで貰わんとするならば、それは大きな間違いである。形はよく似ておるが違う。そういう人が居ればやはり私共はそれを厭に思う。しかし本当の心持から誰でも私を呼んで下さい、行くぞ、と言われることは尊い、阿弥陀さんはそれである。私が仏になれば、十方無量の諸仏に我が名を呼んで欲しいと素直に願われる。本当の願です。我々はともすると貴様は貴様わしはわしという根性が起こる。それは貧乏な心です。自分の名を呼んで貰うことは嬉しいことだ。新聞などに自分の名が出ておると、そこ丈活字が大きいように見えることがある。子供の時、雑誌に懸賞を出して名が載っておると、その雑誌は特別よい雑誌のように思ったものだ。この頃でもあっちこっちの新聞に名が書かれておる。何でもないかというにやはり嬉しい。嬉しくないというのは嘘である。殊に自分の尊敬しておる人に自分の名を呼んで貰うということは大変に嬉しいことである。

ワーレン・メーソンさんが四月来日されてから各地で、日本精神、神ながらの道に就いて講演鼓吹された。その慰労会が東京で開かれた。メーソンさんと特別親しみ深い人、知った人が二、三十発起人になった。私も発起人になれといって来た。氏と懇意なものですぐ承諾した。発起人の中には有名な人が沢山居る。徳川家達氏他、陸軍大臣、文部大臣、外務大臣等、社会的地位にある人達である。その人達の中に私の名が並べて書いてあるとさすがに嬉しかった。そんなことはどうでもよいと思わぬ。嬉しいなと思う。又、私はメーソンさんと一緒に四国へ行った。その時、肩書の有る人ばかり約百三十人程が集まり、その人達が皆自分の名を書いてその名簿をメーソンさんに渡してくれと言った。その名簿に私の書く所を空けてある。私は肩書がないから北安田村明達寺住職とだけ書いた。それでも嬉しかった。その時自分のことを子供のような奴じゃなと思った、がよく考えるとその子供のような心がそのまま結構なのだと思った。どうでもよいのだという人はつむじ曲りなのだ。人間は生まれるとちゃんと名を付けて貰う、そして自分の存在を人に示す。人が褒めても何でもないと言っておる人でも、やはり褒められると悪い気はしない。小さな子供でもその子の名の入った話をすればじっと聞いておる。人が自分の名を呼んでおればやはり耳を傾けて聞く。これが人間のまことである。

阿弥陀さんが十七願を成就して下さったのです。我が名を十方の仏に称えられたいという素直なお心です。阿弥陀さんはどえらいんだ、十方世界の諸仏から自分の名を称えて拝んで貰らおうと思われる方だと考える者もあろうが、そうではない。皆の仲間入りをしたい、皆と一緒になってゆきたいと素直な心持である。一人頭を上げるような心でない、皆の前に頭を下げさせられる。否、仏に我が名を称えられたいという謙虚な御精神から出た南無阿弥陀仏である。それだからそのお心が我々の胸に響いてくる時に、頭の高い私共が己を忘れて手を合わして、南無阿弥陀仏と称える心になるのだ。仏の名を称えさして貰う時に、我々は仏さんから又称えて頂いておる自分だということに気付かして頂くのであります。

（昭和八年一月十三日・中川清次郎家）

第六講

又言《のたま》わく。我、仏道《ぶつどう》を成《じょう》ずるに至りて、名声《みょうしょう》十方に超《こ》えん、究竟《くきょう》して聞《きこ》ゆる所靡《な》くば、誓《ちこ》うて正覚《しょうがく》を成《な》らじ。衆《しゅ》の為に宝蔵《ほうぞう》を開きて、広く功徳《くどく》の宝《たから》を施《ほどこ》さん。常に大衆《だいしゅ》の中に於《お》いて、説法獅子吼《せっほうししく》せん、と。要を抄す

只今拝読した所は『大経』の四十八願を説き終られ、重ねて、誓いを述べられるいわゆる「三誓偈」の中のお言葉を御引用になった所であります。

「我、仏道を成ずるに至りて、名声十方に超えん」。私が仏の道を成就した暁には、自分の名前というものが十方を超える、ということは、唯一の尊い名になるということであります。

「究竟して聞ゆる所靡《な》くば、誓うて正覚を成らじ」。究竟してとは畢竟じて、終極に至って、何処へ行っても聞こえる。どこ迄も聞こえる。若し何処かへ行って私の名前が聞こえない所があれば私は仏にならない。だから何処へ行っても聞こえるということを掲げられたものであります。

「衆の為に宝蔵を開きて、広く功徳の宝を施さん」。衆生の為に宝蔵を開いて広く功徳の宝を施す。

「常に大衆の中に於て、説法獅子吼せん」と。大衆は衆生である。法を説いて獅子の吼えるように叫び出す。

この文の始めに「我、仏道を成ずるに至りて、名声十方に超えん、究竟して聞ゆる所靡くば、誓うて正覚を成らじ」とある所は、まさしく御自分の名号成就を誓われたのであります。名声十方に超えん、これは名号を成就せられ、その封じ込められる仏の声、信心の心をお説きになったものであります。次に「衆の為に宝蔵を開きて、広く功徳の宝を施さん、常に大衆の中に於て説法獅子吼せん」、これは名号を成就せられ、その封じ込められる仏の声、信心の心をお説きになったものであります。横ざまに五趣・八難の道を超える、或いは超出常倫と、こういうことが『大経』に説いてある。超という言葉がよく使われてあるのであります。この超という字は絶対を現わす。全く仲間が無い、唯一つである。それに並べ比べするものはない。「名

『大経』を読むとよく超えるという字が書いてある。私の名が十方世界のうちの唯一つの名である。「究竟して聞ゆる所靡くば、誓うて正覚を成らじ」、どこ迄も響き渡ろう、聞えぬ所が無いようになろうと。十七願に於いても、相対に対する絶対の境地である。唯一人の境地である。そして我が名を称せずば、正覚を取らじ」という願を建てられた。この「三誓偈」の中にある願は十方の仏に称えられるというので、究竟して聞ゆる所靡くない、名声十方に超えんとある。十方世界の無量の諸仏、悉く容嗟して我が名を称せずばということと、究竟して聞ゆる所靡く声十方に超えん」とは、私の名が十方世界のうちの唯一つの名である。

ば、というお心とが相照応している。「名声十方に超えん」の「名声十方に超えん」は十方に超えて十方に響いておる。十方に響くという時には、皆と一緒になることである。名声の十方に超えるという時には、特別に響き渡っておられる御名は十方に響き渡っておられる。正覚の大音は響き十方に流れるのである。法蔵菩薩の、私が仏になれば、私の名声が十方に超えん、というのは等覚を宣現わし、特別に響き渡っておられる御名は十方に響き渡る。正覚の大音は響き十方に流れるのである。法蔵菩薩は師匠世自在王仏のように、十方に正覚の大音を宣布しようというお心がある。そういう点から次の御文を御開山がお引きになっておるのである。何のために名声が十方に聞こえるようになりたいと言われたか、「衆の為に宝蔵を開きて」、衆生のために宝の蔵を開く。ここには宝の蔵とある、別の所には法蔵とある。宝の蔵は法の蔵であります。「広く功徳の宝を施きて」というのは、常に大衆の中に於いて、説法獅子吼せん」。仏が宝蔵を開いて、広く功徳を施す、それはどうすることだというと、「広く功徳の宝を施さん、常に大衆の中に於いて、説法獅子吼するのです。

宝というと、金、銀、瑠璃、破璖、碼碯、赤珠、瑪瑙、こういうような宝がある。こういうような宝は、今日在って明日なくなるようなもので本当の宝ではない。宝の中の宝と言うべきものは信心であります。法の宝が最上の宝であります。獅子の吼えるように法を説いて最上の宝を与える。私が助けられた喜びを人の前で説くということは、宝を与えることであります。よく人が、坊さんはうまい事をしておる、只貰いをしておる、私らは御坊さんから貰ったことはない。こういう人がありますが、御坊さんは法

の宝を施すのであります。仏さんは衆生に何を下さるか。法の宝を下さる。法の宝が仏さんからのお与えである。それが仏さんからのお与えであるということが味わえるようになる元の心を仏さんから与えて下さるのです。お釈迦様は、全ての世の中のものは一切自分のためのお与えであると味わうその心を与えて下さる。仏様が自分の助かった道をお与えになるということは、宝を皆に上げられるのであります。そのお助けの御法を自分の胸に頂けない人を、蓮如上人は「宝の山にいりて、手を空しくして帰りたらんに等し」と仰った。仏さんは獅子吼して、皆に法の宝をやろうやろうとかかっておられるのだが、それを貰わんものが沢山おる。それで、私が仏になれば名声十方に超えんと願を建てられた。それは、名を与えて助けてやろうというお慈悲の極まりである。仏さんは何の為に名を成就せられたか。蓮如上人は、称え易い名号を成就して我らがために廻向しましますと仰った。南無阿弥陀仏のお名前を一切衆生に対し称えさせたいという願いで、まことに願いの足ったことであります。これを称えることによって一切衆生が助かる道理がある故に、称えさしたい願いが出たのである。名を成就して、究竟して聞ゆる所なくばという願いを建てられたことは、広く宝蔵を開いて常に大衆の中に於いて説法獅子吼せんと言われたのと表裏相応しておるのであります。

南無阿弥陀仏というお六字は、仏が自分を助けるため、自分を救うために下さるところの功徳の宝である。そこにもう一つ超えておるのは、名声十方に超えるということである。超えておるそれが十方に響き渡る。一にして多である。南無阿弥陀仏のお六字はただ一つの名を、そしてその名も十方に響き渡っておる名であります。世の中に一人でも南無阿弥陀仏を称えないものがおれば、私は仏に成らんと仰った。随分広大な願いである。世界中に我が名が称えられたい者は、世界中の人と自分が打ち融けたいということである。名を聞えるようにしたいということが、功徳の宝を与えることである。だんだん味わいますと、お互いの口から南無阿弥陀仏南無阿弥陀仏と現われて下さるのは、法蔵菩薩の大獅子吼なんであります。阿弥陀様の説法獅子吼の心なんでありま す。蓮如上人は「阿弥陀如来の仰せられけるようは、末代の凡夫、罪業の我等たらん者、罪はいかほど深くとも、我を一心にたのまん衆生をば、必ず救うべし、と仰せられたり」と、阿弥陀如来の仰せ、教えというものを南無阿弥陀仏の中に聞かれた。南無阿弥陀仏と称える中に阿弥陀さんが説法獅子吼しておられる。我々は我が口で南無阿弥陀仏と称えておるようだが、実は仏さんが説法獅子吼しておられるのであります。

「帰命はすなわち釈迦、弥陀の二尊の勅命にしたがい、めしにかなうともうすことばなり」という御文があるが、その如来の勅命はどこに聞えるか、南無阿弥陀仏という所に聞えるのだ。南無阿弥陀仏と称える時は頼め助けるという仏のお心があるのであります。南無阿弥陀仏と我が頼む心と、助けるという仏の心とが一体となって成就せられるのであります。頼め助くというお受けのお返事であります。呼声とお返事が一つになって我々の口から南無阿弥陀仏と現われて下さるのであります。この現われ出るのはただ出るのではない。法蔵菩薩が究竟して聞ゆるところなければ正覚を取らじと言われたその誓いが成就して、我が口から南無阿弥陀仏と出るのである。そして又法蔵菩薩が宝の蔵を開いて広く功徳の宝を施される、それは南無阿弥陀仏の六字である。その六字の中には頼め助くるという広大な仏のお心が封じ込められてあるのであります。

御開山が十七願を御引用の次にこの「三誓偈」をお引きになったのは、どこ迄も如来の広大なお心が我が口に乗り移って南無阿弥陀仏と現われ給うそのお心をお述べになったものであります。弥陀の誓願不思議によって、我が口に南無阿弥陀仏と現われ出て下さるのであります。この南無阿弥陀仏と口に現われるお声は、仏が説法獅子吼して下さるお声である。これが無上の宝である。我々は仏様から本当の宝を貰う、南無阿弥陀仏を貰うのです。それがなぜ宝か、その中に我々が助かる元がすっかり封じ込まれておる。だから宝である。

聖人がこの「三誓偈」を御引用になったに就いて、浄土真宗の大行は如来の本願、如来の誓願から、我らの生活の上に現われ出て下さるというお心をくわしく教えて頂いたのであります。

（昭和八年一月十四日・中川清朔家）

第七講

「行の巻」の御教えを続いて頂きます。今日の御引用の所は、十七願成就の相を『無量寿経』の下巻の初めに釈尊がお説きになった所であります。

願成就《がんじょうじゅ》の文《もん》、経《きょう》に言《い》わく。十方恒沙《ごうじゃ》の諸仏如来《しょぶつにょらい》、皆共に無量寿仏《むりょうじゅぶつ》の威神功徳《いじんくどく》不可思議なるを讃嘆《さんたん》したまう、と。已上

十七願には、法蔵菩薩が、

設《も》し我仏を得たらんに、十方世界の無量の諸仏、悉《ことごと》く咨嗟して我が名を称せずば、正覚を取らじ。

という願いを建てられた。ところがその願いが成就して南無阿弥陀仏とならせられた。そのお徳をお釈迦様がここにお述べになった。これは十七願成就の相を明らかにするために御引用になったのであります。

「十方恒沙の諸仏如来」、十方は東西南北四維上下。恒沙とはガンジス河の砂で、砂の数程沢山の諸仏如来、ということです。インド一番の大きな河はガンジス河でこれを恒河という。先年インドへ行った時ガンジス河に舟を浮かべ、中州に行き砂を取って来た。今、出城小学校の陳列棚の中に在る。その恒河の砂の数程沢山の仏が一人も残らず口を極めて無量寿仏を讃められる。無量寿とは量り知れない寿《いのち》のこと、阿弥陀如来のことであります。その阿弥陀如来の威神功徳、威神とは偉大な不思議な力である。そばへ行くと自然と頭が下がるようなお相、厳粛な犯すべからざるお姿を神と仰ったのである。我々人間の小さい心では指金《さしがね》が当てられないその広大なことを讃嘆された。聖人は、ただ不思議と信じつる上はとかくのはからいなきなりと仰っておられる。誓願不思議とか、仏智不思議とか、名号不思議とか常に仰せられるのであります。諸仏如来は、この無量寿仏の威神功徳の不可思議なることを讃嘆したまう、これが南無阿弥陀仏の成就した相だと御開山はお味わいになった。十方諸仏に我が名をほめられようと願われた願が成就したのであります。南無阿弥陀仏は、我ら凡夫が称えぬ前に弥陀同体の仏、恒河の砂の数程沢山の仏が皆共に阿弥陀如来のお徳を讃嘆し給うのであります。

下巻の十七願成就の文の次に、「諸有の衆生、その名号を聞きて信心歓喜し乃至一念せん。至心に廻向したまえり。彼の国に生れんと願ずれば、即ち往生を得、不退転に住せん」とありますが、これは十八願成就の姿をお知らせになったものであります。この中に「その名号を聞きて」とある。その名号とは、「無量寿仏の威神功徳不可思議なるを讃嘆したまう」その名号であります。『阿弥陀経』を頂くと、東方世界、南方世界等六方世界の仏達が、皆共に口を揃えて各々その国に於いて広長の舌相を出して、普く三千大世界を覆うて阿弥陀仏のお徳を讃嘆せられるということを説いてある。我々はその諸仏の讃嘆の南無阿弥陀仏を聞かせて貰う、そしてそれを信じ、その名を称えさせて貰う。お互いが心一杯南無阿弥陀仏南無阿弥陀仏と仏様のお徳を讃嘆する。これは諸仏讃嘆の心の現われである。そうするとその声が他の人に響き渡って、その声を聞いて南無阿弥陀仏とまた称えさせて貰う。讃嘆のお念仏が他の人に聞えると、その人の心の中にまた讃嘆の思いを起こさせるのであります。我々は、諸仏が各々無量寿仏の威神功徳の不可思議なることを称嘆し給うそれを聞いて信心を得るのであります。阿弥陀様の功徳を称嘆し給う称讃の声が南無阿弥陀仏であります。南無阿弥陀仏とは仏が仏を讃嘆し給うところのお声であります。

又言わく。無量寿仏の威神《いじん》極《きわまり》無《な》し。十方世界の無量無辺《むりょうむへん》不可思議の諸仏如来、彼を称嘆《しょうたん》せざるは莫《な》し、と。已上

これと同じようなお言葉が、やはり『無量寿経』に説かれてある。「無量寿仏の威神極《きわまり》無し」、尊いお姿は極まりが無い。「無量無辺不可思議」、はかることの出来ない、ほとりの無い不思議な諸仏、我々の考えには及びもしない尊いお徳があるところを無量と無辺と不可思議と書いてあるのであります。この不思議の諸仏如来が皆称嘆される。阿弥陀様を賞められない方は一人も無い。

又言わく。其《そ》の仏の本願力《ほんがんりき》、名《みな》を聞きて往生せんと欲《ほっ》せば、皆悉《ことごと》く彼の国に到《いた》りて、自《おのずか》ら不退転《ふたいてん》に致《いた》る、と。已上

この御文はやはり『無量寿経』の下巻にあるのですが、これは地獄の釜が割れた御文と言われておる。地獄へ行って居る者でも、この御文を覚えて居ったために地獄から逃れ出さして貰うのだと言われております。この土地では人が死ぬと入棺法名といって、この「其仏本願力、聞名欲往生、皆悉到彼国、自致不退転」という御文を書いて入れる。

その仏とは阿弥陀さんのことです。阿弥陀さんの御本願の力で、名を聞いて、名は南無阿弥陀仏です、極楽に往生せんと思わば、皆彼の国に至りて往生することが出来て、自ら不退転に至る。自然に退転しない位に至る。「その仏の本願力、名を聞きて往生せんと欲せば」ということは、阿弥陀如来の本願のお力にもよおされてということである。そのもよおしによって我々の心に名を聞いて往生せんと思う心が起こって来たのであります。南無阿弥陀仏の六字を聞いて阿弥陀さんの浄土へまいりたいという心が起こったのは、我が心がそれを起こしたのではない。阿弥陀如来の本願の力がかく成さしめて下さったのである。

「皆 悉く彼の国に到りて、自ら不退転に致る」。皆ことごとくとは一人も残さず、名を聞いて往生しようと思う者は皆彼の国に至って不退転に至るのです。仏果涅槃に至るのです。非常に有難い言葉である。本願のお手廻しによって、南無阿弥陀仏の六字を聞いて、極楽に往生せんと思うその思い一つで、皆ことごとく彼の国に至る、と。蓮如上人の『御文』には、助け給えと思う心一つにて易く浄土へ参るべし、というお言葉があります。南無阿弥陀仏を聞いてお浄土へ往生したいと思う一つで皆ことごとく彼の国に生まれることが出来る。簡単なことなんである。往生しようと思うことは、欲生の心であります。本願の三信、第十八願の彼の国に生ま楽・欲生我国の三信を、ここでは欲生我国の三信をつづめてお示しになったものである。

十八願の信心は、至心・信楽・欲生我国の三信として説かれる。それが場合によっては至心という中に収めて三信を味わうことがある。信楽の中に収めて味わう場合、また欲生の中に収めて味わう場合がある。只今の三信は、欲生我国の一つに収めておるのであります。阿弥陀如来の御本願の力のおんもよおしによって、我々は只今のお心が聞けるこ知らせになっておるのであります。阿弥陀如来の御本願の力のおんもよおしによって、我々は只今のお心が聞けることは有難いことであります。我々にお念仏の理をきくということはただ事でないのである。聞かせて助けにゃおかぬという久遠の業力、阿弥陀様の御本願の力によって、我々は今六字のお謂れを聞かして貰うのであります。ただ聞け、のみならず、聞かさにゃおかんという本願力を届けられるのであります。おいそれと聞かして貰うのではないのです。自分が頂かれた一切の喜びを一人でも沢山の人に聞かしてあげたい、こういう思いがあるのです。その願いが現われて仏のお声が何ん人でも聞くようになるのであります。

私も、どうかして自分の頂いた心の喜びを一人でも沢山の人に聞いて貰いたいと思って、沢山の本を書くのであります。月刊の『願慧』も出す、又パンフレットも出す、それは何をしておるかというと阿弥陀様に頂いた功徳の不思議なることを称嘆しておるのであります。どうか沢山の人がこの御本願のお手強さを聞いて貰いたいとの念願からである。この念願があるから、借金しながら本を出したりしておるのです。それによって喜ぶ人が有る。喜ぶ人になるということは、その本の中に充分の阿弥陀様のお骨折りがあるからであります。又、皆さんもそれを聞くことが出来るのであります。こうした一席の法話を聴聞する心は、近くは私の願いか様の御本願の力によって、我々は今六字のお謂れを聞かして貰うのであります。おいそれと聞かして貰うのではないのです。

す。こうしたお座を開くにつけても、この家の人が、お座を開いて皆と一緒に聞きたいという願いがある。又、自分がこうして話をするということについても、久しい前からの私の仏様に対する御信心の現われであります。それによって一席の法話をさせて頂けるのであります。こうした一席の法話を聴聞する心は、近くは私の願いから、広くは人の願いから、諸々の願力が成就してこの御法話聴聞の席が開かれるのであります。南無阿弥陀仏南無阿弥陀仏と素直に返事の出来ない人が、はいと頭を下げて聞くようにさせて貰ったについても、広大な本願の御催促、本願のお手柄のお守りがある。そしてそれは私の胸に明らかな喜びを得さして頂くのであります。

「彼の国に到りて、自ら不退転に致る」。阿弥陀仏の名を聞いて往生したいと願う人ならば、きっと信心の御利益として自然に、必然的に、真実の報土に往生を遂げて、不退転の菩薩の信心に至ると教えて下さるのであります。ここに往生せんと欲せばとある、欲生であります。南無阿弥陀仏と聞いて、南無阿弥陀仏のお浄土へまいらせて貰いたいなあと思うこの一念発起の思いを貰った人ならば、きっと彼の国に至って不退転に住することが出来る、というのが只今のお知らせであります。只今受けましたこの十七願の御文と、『大経』下巻の十七願成就の文とを、相重ねて何故仰ったのでしょう。我々は南無阿弥陀仏のお手柄を頂いて、南無阿弥陀仏を称えることによって、南無阿弥陀仏と同じ仏の位を得さして貰うもとを頂くのだということをお知らせになるのであります。

（昭和八年一月十五日・布橋又作家）

第八講

今日は興徳会の会員米永理平さんの追弔会が勤まりました。余り沢山の会員でもないが、大抵一年に一人ずつ位欠けて行くようであります。それが前の年には誰が逝くかわからんのでありますが、翌年になると誰かが欠けている。お互いに来年又誰かが死んで、法名になってお経をあげて頂くことになるやらわからない、どうか法名になって御経をあげて貰うその前に、喜んで生きておれるような御信心を深く味わわして頂かねばならぬと思います。

明日、ハワイの方へ旅立とうと思っています。今度で海外に出るのが四回目になる。一回目はインド・ヨーロッパの方へ旅をしました。大正十五年末から昭和二年にかけてである。二回目は昭和四年にアメリカ・カナダの方へ、第三回目は昭和六年北支那方への旅でした。今度ハワイへ行くのが四回目の海外への旅であります。ハワイへ行くというと皆がアメリカへも行くのかと尋ねられますが、ハワイはアメリカの一部であります。それでハワイへ行くにもアメリカの許可を得ねば入れないのであります。何時でも海外へ行く時には、京都の御開山のお墓に参って御真影様にお礼をとげて行くことになっております。今度も大変忙しく暇が無かったが、漸く一日暇をみつけて、二十五日の夜行で発って二十六日の朝京都に着き、迎えてくれた人達と一緒に大谷御廟に参って御開山のお心を味わったのであります。それからお土産の珠数や衣を買うて、それから本山に行って教学部長に会った。それから猪山君の店へ行き、御飯をよばれながらハワイへ持って行く本を次々に出して貰い、ここで会う人にも会った。二時間の間にこれだけのことをして十時の汽車に乗って帰った。ハワイへ同行する武雄は、二十五日名古屋のアメリカ領事館へ許可証を貰いに行った。本人でなければ渡さぬと電話をかけてきたので、私は京都から帰って再び汽車に乗った。うんざりしたが名古屋へ行かねばハワイへ行けぬ、めくらの随行もものうい事だろうが行かねばならない。用事は二時間ばかりで済み、又汽車に乗って昨夜遅く着いた。風呂へ入って、寝たのが三時。今日も今からもんぺい穿いて雪の中、松任へ行かねばならん。明日は母の御法事を済ませてから出発する。せめて今夜ゆっくり家で休んで出発したいと思ったが、この雪では駅迄歩かねばならない。

金沢の西村さんが梵鐘を献納したいと申し出られたので、寺では鐘楼堂を建てることになった。雪が降らない先に欅《けやき》材を集めた。遠い旅に出るに際して何かこう嬉しい門出を祝われるように思います。早く帰って来て、お鐘の出来ることやら、鐘楼堂のことに骨折りたいと思います。明日は母の法事と送別会と一緒にしてお別れして行きます。

『教行信証』の今日の所は「行の巻」の『無量寿如来会』に言《のたま》わく」からであります。『無量寿如来会』を御引用になっておれる。これは『大経』の異訳であります。異訳のことは前にくわしく話しました。サンスクリットの勉強は、善波君がやってくれることと喜んでおります。年がゆくと自分が出来ないから、若い人が引き受けてやってくれることを我が事のように喜んでおる。

今度突然小坂君が満州へ行こうということに落ち着いた。本山が採用してくれるようである。向うへ行って小坂君が大いに活躍してくれることが嬉しい。もう一人南君が、この人は朝鮮の人だが、内地人も朝鮮人も人種は同じです。心持が融けておればよいのです。その南君が本当の坊さんとなって、朝鮮で仏の道を弘める仕事を引き受けてくれるのは大変嬉しい。要するに坊さんになれば金とか名誉とかに縁が薄くなる、これだけの物をくれねばと思ったりしては駄目です。人のくれる物を喜んで受けて食べたり着たりするそれだけの覚悟が出来れば、世の中に身を投げ出して皆と融け合うてゆけるのである。その覚悟をもって朝鮮の人と内地の人と友好して行くことを心がけてほしい。それがわかって、全ての人がそれぞれ働いて、この世の中を送って、朗らかになって行くように願われるのであります。これが偏に仏様から頂いた私の願いであります。

今度ハワイの方へ行くについても、向うに居る人は仏縁に遇う機会が少いので、腹の減った者が食物を求めるように求め、又、悩んでおる人達が、私の話を聞きたいと言って待ち望んでおられるのであります。その願いから多大の金を使って私のようなものを迎えてくれるのであります。私を迎えるということは、やはり、真宗の教えを聞こう、遠くはお釈迦様の教えを聞こう、もっと遠くは阿弥陀様のお心を聞こうということを望んでおられるのであります。阿弥陀如来の御本願、お釈迦様の御説法は何を教えられるか。世界中の人類、遠くは一切衆生が心から打ち融けて、そして皆がひしと手を取り合うて行かれるような世を望んでおられるのであります。人は互いに小さな垣をこしらえて、そして自分を立てる積りでおるが、それは自滅の道を行っておるのであります。そうした垣を捨て皆と融けてゆくことは、自らを永遠に生かす道であるということを教えられるのであります。

明日の晩発つと明後日の朝東京に着く。昼は東京の人に会い、晩は七時から帝国ホテルでメーソンさんの送別会があるのでそれに出席します。私の方から家内も武雄も嫁も孫も行きます。孫達の席も一緒に取っておいて下さいとお手紙をやったら、ちゃんと用意してあるから心配なしに来てくれという返事が来た。二十人ばかりの人であるが、集まった人の顔は、文部省宗教局の下村さんや井上哲次郎さん、高楠順次郎さんなど朝野の名士ばかりである。一介の僧侶である私が一緒にお仲間に入れて貰い、しかも親しゅうして貰う。又、金の無い私が遠い旅に出ることが出来る。これ皆、仏様のおかげであるということのわかる一つの明らかな証拠であります。金が無ければ何も出来ぬ、位が無ければ人並に出来ぬという人がありますが、私などは世の中に動かされるものは金や位でない。そんなものには動かされぬのです。ただ仏様のお助け一つで活動させて貰えるということは非常に有難いことと思う。アメリカへ行くとアメリカの人から歓迎をして頂く。有難いことです。

今度の渡布は、この前より荷物も多い。皆さんのお土産に書物も沢山持って行きたい。殊に『歎異鈔』の英訳本を千部ばかり、それから普通の『歎異鈔』を二千部ばかり、その外、私の著書を三千部持って行くから全部で六千冊になる。それは、ハワイの同朋が、精神的に育って行く何らかのお役に立てばとの思いからであります。

世の中は色々変って行くものでありますが、世界の動きを見るとどこへ行っても皆困っておる。どこへ行っても不景気であります。どこへ行っても頽廃的の気分が見られる。今の人間は余程我まま勝手になって、いわゆる自由主義というものを穿き違えておるのが今日の世界の通弊であります。そして自分さえ自由でありさえすればよいとし、競争によって相手を打ち負かそうとしておる。これが現代の人心の一つの動きです。もう一つは機械の発明ということによって、人間の仕事が無くなるということである。織機その他色々の物が発明されて産業革命されて行く。世界の発明王エジソンは、初めて電気を発明されたのだが、それも仕事が嫌いで、自分の代りにやってくれる何か機械がないかということを考えて、そして遂に様々な機械を発明したのだ。エジソンの発明は道楽者のための発明だということが出来る。成程人間の智慧は機械を発明した。汽車も自動車もそうである。そうすればあらゆる機械は、働く事が厭わしい心から出来たことになる。そうすると人間は機械が出来れば出来るほど働かないでもよいということになる。だから機械が出来るということは失業する者が出来るということになる。賢い者はそれでも仕事は見出すが、余り頭の働かない者は困る。百姓も今迄より働かないでも物が余計取れて不景気になる。そして余った物を腐らすような結果になる。そこで小麦などは作らぬように、石炭など掘らないようにしよう、余計出来ては困るということになる。そういう現象が起こる。そして何か自分の利益になることはないかといつも探しておる。人に売り惜しみをしたり、余計作らんようにして物価を上げたりする。無我の心にならずに個人的の利益に皆かかっておるのだ。我慢の角を振り立てて苦しんでおる。世界中の人が自分の作った業で、罰を蒙って悩んでおるのだ。この世界を救う道は、永遠の仏の道一つである。それはやはり阿弥陀如来の本願であります。久遠劫来悩み、不安に沈んでおるこの人類を救う道を自ら行じ、そして救おうとの願いを建てられたのが阿弥陀様であります。その本願をよく聴聞することによって、私共自身の心の底にその本願のお心を味わうのであります。私共の生活を、我々自身の手により向上進歩させて行こうという心ではなく、阿弥陀様の本願に乗托して、阿弥陀さんの本願に動かされて暮すことによって、自らを助けられ、一切衆生も助けられるということになるのであります。ですから仏教で信心を頂くとか、行をするとかいうことは、阿弥陀如来の本願をそのまま自分の内に頂くことであります。

昨夜、名古屋新聞社の楼上で、成瀬君と私と曹洞宗の金子白鷺師と三人で、「自力更生か他力本願か」ということに就いて座談会が催された。曹洞宗の坊さんは自力更生ということが大切だ、人にまかし、人に頼るようなことでは進歩はない、自力が大切だと言われた。

今の世の中は結局強い者が勝ち、弱い者が亡びてゆくような社会だ。生存競争で、人に勝つことを皆願っておるのが現代だ。だからそこに悩みが出てくる。負ければくやしい。けれどもよく考えてみると、現代の人々を救う道は自力更生ではない、やはり他力本願である。本願他力がその人の心に聞かれる時に救いがある。我々の心に無いことを、教えによって心に頂くのであります。我々の心は人に勝とう、銭を貯めようという心しか無いのである。そういう凡夫の心の中には、一切衆生を仏にして、皆と一緒に平安の世を送ろうというような大きな心は起こっては来ない。けれども、阿弥陀さんの本願を聞き、阿弥陀さんの浄土を聞いて、成程世の中の為に自らが助かり、人も助かってゆく最も広い、最も尊い道は、この本願一実の大道だということがはっきりする時に、毎日毎日のこの生活の上に仏を念ずる、いや本願を頼み、仏を念じて、仏の本願を自分の願として生きて行くことが出来るのであります。そうする時には、何をしても、百姓しておっても商売しておっても、それはただ自分の為に百姓をせずして、自分一個の為に商売をせずして、それによって世の人類と打ち融けて、皆と共に、大衆と共にという心で日暮しをさせて貰うのであります。これが本願を聴聞した者の日暮しであります。ですから本願を我が物に味わう時に自らそこに念仏ということが出て来ます。又念仏によってこの本願を身証する生活が、力が貰えるのであります。

聖人は「行の巻」に、我が助かる行というものをお味わいになります。「大行とは則ち無礙光如来の名を称するなり」、南無阿弥陀仏の道が、我々が本当に助かる道である。我々は阿弥陀如来を念ずることによって、阿弥陀如来の名を称えることによって、御本願に気付かして貰い、又、本願に反いたこの我慢の強い浅間しい自分だなあということに気付かして貰い、いつも生活を懺悔して、そして本願の生活を仰がして貰うのであります。光明無量・寿命無量の大信海の仏の心をお慕い申し、いつも広い世に出さして貰うのであります。又自分だけでなく、人をも広い世界に引き出すようにさせて貰うのであります。ですから念仏成仏というのは、仏の広い心をお慕い申す中に、自分も仏になる道がある。そこから極楽が成就せられて行くのであります。我々が地獄へどうして行くかというと、我々の根性が余り自分勝手な根性であり、自分さえよかったら他人を押しのけてでも行こうという我慢の心があるからであります。そして自ら鬼を作り、閻魔を作り、見栄を作ろうて自らを苦しめ、人をも苦しめておるのであります。仏様はそういうのを憐れと思し召して、そういう者を助けねばおかぬという願いを建てられたのであります。その大きな仏のお心を仰いで、自分の小さな心を恥じ、仏の心を念じて行く中に、自ら自分も広々とした世界に出して頂くのであります。そうすると地獄の釜も割れ、鬼は逃げて、自分の前には広々した世界が開かれるのであります。

先度或る人が、あなたハワイへ行くと捕虜になるのでないかと言われた。私はそうは思わない。どこへ行っても太陽の光は輝いている。どこへ行っても仏の光の到らぬ所はないのであります。ですから私はちっとも心配せずに気丈夫な大船に乗った気持で行くのであります。先日も名古屋の領事館へ行った武雄が言うた。向うへ行って色々問われたらどうするのですかと。ぐずぐず言っておると疑われる、はっきり言えばよい。何しに行くか、見物か、布教かと。私は講演に行きますとはっきり言う。こっちが小股をかけて講演と見物を兼ねて行くのであれば、小股かけて行こうと思っておるとはっきり言ったらよい。私など何処へ行ってもあけすけに言う。あけすけに言えば、向うも無理だと思えばそれは無理だとはっきり言ってくれる。何でも人を疑うて、こっちからはかろうじて加減に相手に接してゆくのは返って失敗する。何もこっちにはからい心が無く、空手でゆくと、相手も打ち融けてくれる、話もうまく進むのです。これは私が文章を書いてもそうである。自分の思った通りをさっと書いてゆく、読む人がこういうように書けば喜んでくれるだろう、よく儲るだろうと、こっちが向うに合うように整えて書けば相手は決して聞いてはくれません。御馳走でもそうだ、こっちにあるだけの物を出して、さあ貴方の好きな物を食べて下さいという位でよいのです。食物などならどうでもよいが、余りに巧みに過ぎたものは返って嬉しくない。私など有難い性分で、余り人を疑わんで、自分の思った通りさっさとするので皆が却って好いてくれる。だからどこへ行っても面倒であるとは思わぬ。行けばどうにか都合がつくものと思っておる。全てはからいを捨てることが大事です。

この頃日本の人口は段々増える。今後増えて行けば日本はどうなると心配しておる者がある。いくら思ってもどうにもならぬことだし、どうなることやらわからぬことです。人に借金をしても、その始末をつけようと思うから事が面倒である。私は沢山の借金を持っておる。それを早く付けねばならぬと思うと心配になり困る。仕舞の付く時は死ぬ時である。が、子供でも金を済して始末を早く付けねばならぬと思うと心配になり困る。子供が又親の借金を心配せにゃならぬ。日本と支那との問題でもそうだ。国際連盟もそうだ。それを何か仕あると仕舞は付かぬ。けれども仕舞が付くか付かぬかわからん。世の中のことは仕舞は付かぬものであ舞を付けようと思う、けれども仕舞が付くか付かぬかわからん。諸行無常とはそれである。世の中のことは仕舞は付かぬものである。浮世のことは仲たがいをしたり、又仲良くなったり、又仲たがいをしたりして暮して行くのである。そこが又面白いのであ昨夜も雪の中をぱちゃぱちゃ歩いて来たがそれも面白かった。雪が降らねばそういうことは出来ない。又会計をするにしてもる。昨夜も雪の中をぱちゃぱちゃ歩いて来たがそれも面白かった。雪が降らねばそういうことは出来ない。又会計をするにしても間違いをすることもある。人は良い顔をしておることも悪い顔をしておることもある。あの人はちっとも怒らないと思っていても時には怖い時もある。それぞれ変化があって却って面白いのです。物事は善いとか悪いとかそれはわからん、決められないもので す。

私ら若い時、御馳走が沢山あると嬉しかった。お布施も沢山あると嬉しく、少なかったら嬉しくない。しかしよく考えてみると、お布施が沢山あるので少ないということがわかる。少ないということもわかるのであって沢山あるということもわかるのです。多ければ多いでよし、少なければ少ないでよし、このまんま、この機のままに助けられる。その機のままのお助けというおこころがここに味わわれるのであります。

第九講

『無量寿如来会』に言わく。今、如来に対して弘誓を発せり、当に無上菩提の因を証すべし、若し諸の上願を満足せずば、十方無等尊を取らじ。

今年の春頃、村のお講の度毎に、『教行信証』を少しずつお味わいして来たのです。その後ずっとしませんでしたが、これから又この村の集まり毎に少しずつ『教行信証』を味わって、どうか来たる昭和十一年の大法要迄にこの『教行信証』のお話を一通り終りたい、こんなに思っております。そうすれば外の話を交ぜておる暇が無いのであります。先ず差し当って今晩から、この「行の巻」の、只今拝読しました所から段々と味わってゆくことにします。

この『教行信証』は御開山のお作りになったものでありますが、御自身のお言葉は大変少なく、他のお経や祖師方のお言葉を沢山載せてあります。そこで人の言葉ばかり並べておいてなさるようでありますが、しかし、よく味わいますと、人の言葉を並べていらっしゃる中に御自身のお領解をはっきりと述べておいてにになるのであります。我々は例えそれがお経の文句であり、或いは祖師方の文句であり、或いは外典の文句であっても、全てそれらの底に聖人御自らのお心を仰がさして頂けるのであります。

『無量寿如来会』は同じ『無量寿経』であるけれども、時代の違った飜訳書であります。

「今、如来に対して弘誓を発せり」。法蔵菩薩が、今私は世自在王如来に対して弘い誓いを発した、私が仏になるならば、我が国に地獄・餓飢・畜生が無いようにしたい、若しそうならなかったら私は仏にはなりません、きっとやります、と。

「当に無上菩提の因を証すべし」。今既にその誓いを立てたから、当にとは当来、当に来たらんとすという時当という字を使う。無上はこの上もない。菩提とは道ということ、我々が踏んでゆく道のことを菩提という。種を証拠立てるというのはどういうことか、明らかに言うたら、盗人した証拠、お前こんな事をしたという事実を出すのです。証明する、あかしをたてる、こういう時に証という。「無上菩提の因を証すべし」、この上もない道の種を私は証しをたてよう、と。証しするということは願いが現実に現われてくることである。因を見せることはさとるということである。因から証しがせられる。見えるようになる。これを証という。

地獄・餓飢・畜生が無いようにしたい、若しそうならなかったら私は仏にはなりません、きっとやります、と。

種を証拠立てるというのはどういうことか、明らかに言うたら、盗人した証拠、お前こんな事をしたという事実を出すのです。証明する、あかしをたてる、こういう時に証という。「無上菩提の因を証すべし」、この上もない道の種を私は証しをたてよう、と。証しするということは願いが現実に現われてくることである。因を見せることはさとるということである。因から証しがせられる。見えるようになる。これを証という。

（昭和八年一月二十八日・北安田興徳会）

「若し諸の上願を満足せずば、十力無等尊を取らじ」、もし諸の上願、立派な願、弘誓を発して無上菩提の因を証せんとの願いを私が満足しなかったらば十力無等尊を取らじ。十力無等尊とは、仏のさとりを機の上から現わしたのです。十力は十の力、無等は等しいもの無し、並べくらべが無い、絶対を現わす、満ちた力を現わすのである。力の満ちた並べくらべの無い、その尊い仏というものになりたいと誓われたのである。この願いを満足せずば我は仏にならぬと仰ってある。

心《こころ》或《あるい》は常行《じょうぎょう》に堪《た》えざらんものに施《せ》せん、広く貧窮《びんぐ》を済《すく》うて諸《もろもろ》の苦を免《まぬが》れしめん、世間を利益《りやく》して安楽《あんらく》なら使《し》めん。乃至

常行というのは、常時の行で、根気よくつとめる。例えば朝五時に起きてお勤めをすると決まれば、ちゃんと五時に起きてお勤めをする。五時に起きるという約束があるのに、七時や八時になるというのは常行ではありません。又これから毎日十時間働くというなら、ずっと規則通りに働く。これが常行である。よくこの頃十年勤続者、或いは二十年勤続者に賞が当る。あれは常行に堪えた人である。我々はよい事をやるけれどもそれが中々長続きしない。本当に常行に堪える者は長続きをしておる。常行に堪えざらんものに施さんとは、堪え切らない心の弱い者に施すということである。

「広く貧窮を済うて諸の苦を免れしめん、世間を利益して安楽ならしめん」。貧窮とは飢えているもの、そういう人に施して救うてやる。諸々の苦しみのある者には、苦しみを取り除いて、そして世間の人達を利益して安楽にしてやろう。

最勝丈夫《さいしょうじょうぶ》修行し已《おわ》りて、彼の貧窮《びんぐ》に於て伏蔵《ふくぞう》と為《な》らん、善法《ぜんぽう》を円満して等倫《とうりん》無けん、大衆の中に於て獅子《しし》吼《く》せん、と。已上

抄出す

最勝丈夫、最も勝れたますらお、これは無上尊と同じことである。「修行已《おわ》りて」、無上菩提の因を証するために、その行を成し終って、「かの貧窮に於て伏蔵とならん」。心の貧しい困っておるものに伏蔵となろう。伏はかくれ、蔵は倉、かくれた蔵になろう。貧乏人のかくれた蔵になろう。貧乏人の所に行って共に仲間になる。貧乏人よ私の所へ来て何でも持って行け、蔵の代りになろう。私の所に来れば何でも欲しい物がある。これをやろう。深く心満ち足らぬ者のために、心豊かになるもとをやろうというのである。

「善法を円満して等倫無けん」。善法はよいみのり、円満は法が足り満ちるということ、その法が善と現われたものだから法蔵が即ち善である。等倫なけん、等倫とは等しきともがら。康僧鎧三蔵の『無量寿経』の中には、常倫を超出せりとある。常の仲間を超えて出て行くとある。常倫を超出するというも、等倫なけんというも何れも絶対を現わす。あらゆることと比較にならぬというのです。比較を超えた世界であります。絶対の境地、並べくらべのない境地が等倫なけんということです。宇宙の法則そのままを自分に体験して、そして等倫なけん、同じような仲間がなくなる。

「大衆の中に於て獅子吼せん」。絶対無二のお覚りを開いて、そこから沢山の人の中に於いて獅子の吼えるように自分の証《さと》った所を皆に語ろう。これもやはり法蔵菩薩の願いです。この上もない者になろう、貧窮のために伏蔵となろうと、広大なことです。伏蔵となるということは無上尊となることであり、それは等倫のない覚りを開くことであります。「仏の大悲は苦あるものにおいてす。心ひとえに常没の衆生を憐念す」。仏様は貧乏人が可愛い、心の貧しい者が仏の正客である。その貧しい者のために伏蔵となってゆく、そしてこの上もない覚りを開いて、そして沢山の人の中に於いて獅子の吼えるように吼えよう、と。お釈迦様の御説教を獅子吼という。獅子の吼えるような勢いでお話をなさる。獅子は百獣の王といって動物の中で勝れた力のある強いもの、獅子がうなると森中の動物が恐れて黙ってしまう。お経の中には仏さまが一生懸命に修行して行かれることを師子奮迅三昧という。お話をなさるにも勢いがある。人と話をしておっても、その人の心の中に蟠《わだかま》りのない人は声も大きく言葉もはっきりしている。その反対に心に蟠《わだかま》りがあり、いやな事があると声も小さくなる。言葉に勢いがない。愚図々々言っておる。小さな声で脇を向いてしゃべっておる者はどこか根性が悪い、意地が悪くて煮え切らぬ。そういう人は時に嘘も言う。仏様は善法を円満しておいでになる。蟠《わだかま》りが無いから、丁度獅子が吼え出すような勢いをもって、沢山の人の中で自分の願いを語られるのであります。

（昭和八年十一月二十四日・藤田栄作家）

第十講

昨夜『無量寿如来会』の御教えを頂いた時に一寸疑問があった。それで今日参考書などで色々調べた。「心或は常行に堪えざらんものに施《ほどこ》せん」とあるのを施さんと西本願寺本には載っておるということを昨夜聞いた。それで御草稿本の写真版にはどうなっているか夕方調べてみた。

『教行信証』の御草稿本が東京の坂東の報恩寺の宝物となっていたが、紛失の恐れがあるというので浅草別院の宝蔵に移管してあった。それを六百五十回忌の時にコロタイプ版にして本山が出版した。その出版されたものを私も持っておる。それを調べてみると、常行に堪えざらんものに施《せ》せんとある。

西本願寺本は蓮如上人が吉崎にお出の時にお読みになったもので、吉崎の御坊が火災にあった時、本向坊が、このお聖教が燃えるのを恐れて、自分の腹を断ち割ってその腹の中に入れ、うつむいて倒れたまま焼け死んでおった。こうして御清書本は火災を免がれた。これを「腹籠りの御書」という、これが西本願寺本である。これもコロタイプ版になっておる。その御本も私の家にある。それには違うた仮名が書いてある。それを真田君によく見て貰った。始めは坂東本と同じように書いてあったのが、それを消して後から付けたのが違った仮名になっておる。それには、常行の施に堪えざらんものとなっておる。そうすると誰かが御開山の御清書本を昔書替えたのだろうと思われる、存覚上人が『教行信証』の講義をお書きになった『六要鈔』という本を開いて見ると、やはり御草稿本の通り施せんと仮名が付けてある。そうすると西本願寺本の仮名付けと存覚上人のとはやはり違うのである。それから高田専修寺にも御開山のお筆のあとの本がある。その本にもやはり坂東本の通り施せんとある。そうすると御開山があとから清書遊ばされた時に、常行に堪えざらんものに施《ほどこ》さんと直されたかと、或いは直されたのは蓮如上人でないかというような気も致しますが、それも違うのではないか。寛永版、寛文版も比較するとよいと思うし、『無量寿如来会』を繙いて研究するとよいと思う。

「心或は常行に堪えざらんものに施せん、広く貧窮を済うて諸《もろもろ》の苦を免れしめん」は『無量寿如来会』では、本願を一通りお述べになった後に、法蔵菩薩が世自在王仏に対して仰ったお言葉になっておる。『無量寿経』では「三誓偈」の「我無量劫に於て、大施主と為り、普く諸の貧窮を済わずんば、誓いて正覚を成らじ」とあるそれに当るのであります。「普く諸の貧窮を済わずんば」というこの貧窮を「常行に堪えざらんもの」と仰ってあると思う。善行ということははっきりと自分を見守って行くことでありま す。貧窮というのは十不善業十悪の結果であります。そういう人が貧乏するから、そういう苦に会うて苦しむようになるのであります。無論貧乏ということは普通からいえば財産の無いことであります。けれどもいくら物が無くても不足を言わぬ、他の物を取ろうと思わぬ、他を羨やまず、足らざるも自ら心豊かなものならそれは長者です。いくら田地が沢山あっても、大きな家に住んでおっても、まだ足らぬまだ足らぬと言って人の物も取りたい、人の手に持った物を叩き落したいような心持の生活をしておる者は貧窮であります。世間狭い根性を持っておるのであります。そういう貧窮の生活をするということは、どこから来るかというと、不善業を成すからである。そういう人は他の人と話をしても直ぐ言葉尻がつかえて窮するようになる。自ら罰が当るのです。貧窮ということは結果であります。どうして貧窮になるかというと、善行に堪えんからである。善い事が出来ない奴です。常行に堪えざらんものということは、悪業煩悩の凡夫ということである。善行を保つことが出来ない者に施そう、と。貧窮とあるから施せんとあるのです。施主となるということから施せんという言葉が出たのだろう。インドの言葉は日本の言葉のように名詞が先で動詞が後に来る。例えば、金沢に行く、松任に行くという。支那の言葉では、行く松任、行く金沢となる。私は人に善を施す、これはインド・日本の言葉使い。私は施す人に、これは支那の言葉使いです。そこで支那の当り前の文章にすると、施す或は善行に堪えざらんものに、という風になる。インドの文を支那風に飜訳した時にそのようになったのだと思う。そうすると、やはり御開山が最初にお述べになったように施せんと、仏さんが施そうと、このようになったのが確かなお味わいである、確かなお読み方であるように窺われるのであります。

それではこの西本願寺本の「常行の施に堪えざらんもの」とあることはどういうことになるか。常行の施ということになると、常行することがそのまま施をすることになる、施しをするものになる。こういう具合になるし、又善行の施は如来様から下さる。こういう風に窺われます。そうしますとやはり常行の施に堪えざらんものということは悪人ということになる。しかしそうすると施の字が一寸消えて『無量寿経』の大施主となるという心と少し離れるようになる。そういう点からやはり坂東本にお書きになったように、施《せ》せんと仮名を付けたのが当り前のように思います。施すということをお与えものと読んだものだが、施せんとの言葉がないから、施《ほどこ》さんと書いたものでありましょう。御開山は施すとお読みにならなんだので、施せんとあるのをそのまま置いてお読みになったから、施せんとあるのであります。面倒くさいことである。でも私は目が悪いので、さっき武雄と真田さんが土蔵に入ってあっちこっちと本を探し調べて貰った。盲目の私の代りに骨折りな事です。一寸したこれだけの事でも何十冊という書物を出して探して貰わねば私にわからんのであります。しかしお蔭で沢山の本も読めた、昔から中々容易にわからなかったことが土蔵の中の本で調べてわかる、誠に嬉しい有難いことであります。

今晩ここで味わいたいのは、この「常行に堪えざらんもの」ということと、貧窮ということとが因果の関係になっていることであります。

この頃日本の農村が大変疲弊しておる、ということが問題になっておる。この事に就いて少し話をしたいと思います。アメリカなどにも随分経済不況が言われていますが、これが日本の農村にも響いてきておるのであります。三月六日アメリカのルーズベルト大統領が、執任早々モラトリアムの布令を出した。銀行が支払が出来んのだ。臨時に不換紙弊を一億ドルも発行した。経済の不況のため、銀行の取り付け騒ぎが起こるという大事件である。その当時は、銀行が沢山破産してアメリカ全国がめちゃくちゃになったということである。

日本でも近来対内的には農村が疲弊しておる。農村といえばここら農村で、農村をどうするかということを色々考えられておる。世界中の農村が困っておるというが、果して一個人にとっても困っておるかどうか。貧窮ということは物の欠乏だけでなく、心の欠乏の結果であります。物を粗末にする者は物に欠乏する。即ち貧窮になると言われるのであります。アメリカに先年行った時に、アメリカの人達が食物や紙などを余りにも粗末に使うのを見て、ああこれでは罰が当るなあと思ったのであります。だから最近になってその罰が当り、経済恐慌になり不景気になって困っておるのであります。貧乏する人はやはり物を粗末にしておる人なのである。昔から金持はきたないという。けちんぼうだと言って嘲り笑う、笑うておる人がやはり貧乏するのだ。梅干の種でも割れば中に汁があるのに捨てるのは勿体ないといって割って中も食べる、それ程物を大事にする者は金が貯る。ところが物を八分程食うて捨てるような者は罰が当る。そして仕舞には何も食えぬようになるのだ。貧乏するような者は物を粗末にし、貧乏になるようなことをしておるからだ。人間でもそうだ、人を粗末に扱うと人は来ないようになる。皆から嫌われ孤独になる。可愛がって大切にする者には人がよく寄ってくる。人が寄るということはその人が人を大切にするからである。大切にせられる所に人は行くものだ。人間に愛想つかされるものは、人間に不自由するということになる。人を軽蔑するものは、狭い世間に自分が入って行かねばならぬ。

仏様は光明無量・寿命無量の広い世界に住んでおいでになる。その仏様は満ち足りた心持でおいでになるから一切恭敬である。一切恭敬とは全てのものを敬い、全てのものを大切にされる。だから全ての人から大切にされ、仰がれ、人から敬われる。だから仏様は広々した世界にいらっしゃる。人を軽蔑し或いは人を疑うておると、人と交われぬようになり、孤独の世界に入る。それは貧窮である。

そこで我が御開山聖人は自分をどう御覧になったか。「自業自得の道理にて　七宝の獄にぞいりにける」と。ここに「心或は常行に堪えざらんものに施せん」とあるそのお経のお言葉を御開山様がお引きになった時に、本当の心から、そのお言葉を自分にお与え下さったとお受けされるのであります。常行に堪えざらんものと、善行に堪えざらんものとは同じことで、この常ということは、善というように味わってよいのであります。善は人の自然の道、常の道であります。その常の人、並の人、並の行に堪えられない者ということは、人並に何も出来ないということである。並に居れないところの者を貧窮とあることも味わいのあることである。特別に苦しんでおる自分は並はずれた悪人凡夫である。世の常並からはずれたものである。阿弥陀如来は、その並はずれた悪人を救うてやりたいという願いを建てられたのであります。自分は並外れた悪い者だということがわからんで、私は人並の事をやっておる、十人並の事をやっておるというように思っておる、けれどもよく考えてみると自分は並はずれた者だということが味わわれます。御開山は自ら常行に堪えざらんものだと真に自分をへり下り、懼《おそ》れて、そうして斯の如きを仏様が施しを私のために下さる、ということをお味わいになったのであります。

お釈迦様が托鉢をしておいでになった。そうすると外道がお釈迦様を非難した。あなたはお慈悲のある方だというのに、人に何等の物を与えずに却って人から貰ってばかり居る、けしからん事だと言った。お釈迦様は、私が物を貰いに行くのは、こちらの欲で貰いに行くのでない、その人が可愛いから貰いに行くのだ。法の無い人に法を施し、苦しんでおる者を救わずに居れないから托鉢に行くのだ。食物が無くて困っておる人の所に行って、施しをする心をその人に起こしてやりたいから行くのだと仰った。施す心が起これば、自分に不足はないということに目覚める。仏様は食物を貰って人に食物を施す心を起こすことをお知らせになる。それを施すためにお歩きになった。御馳走をよばれるためにお歩きになったのではない。御馳走せねばおれない心を与えるためにお出になったのである。心の豊かさを下さるのである。その心の豊かさということから、自然と物の豊かさも加わって来るのであります。

先日私が東京で会った人の中で、酒場の料理人が、他力の御信心を頂いてから、自分のあとを慕うてよく私のそばへ人が来るようになり、色々な物を沢山頂くようになった。又自分の後を追って来てお金を集めて下さると話をしておった。仏様のお与えで御信心の目が開かれて、それから自然と物の尊さということが段々わかってくるのであります。仏様は何を施して下さるか、豊かな心持を施して下さる。ここに深い味わいがあることを思います。

（昭和八年十一月二十五日・香川文太郎家）

第十一講

又言《のたま》わく。阿難、此《こ》の義利《ぎり》を以《もっ》ての故に、無量無数不可思議無有等等無辺世界《むりょうむしゅふかしぎむうとうどうむへんせかい》の諸仏如来《しょぶつにょらい》、皆共に無量寿仏《むりょうじゅぶつ》の所有《しょう》の功徳《くどく》を称讃《しょうさん》したまう、と。已上

今拝読した所は先日の続きで、『無量寿如来会』に仰せられた言葉です。お釈迦様が阿難に仰せられましたお言葉の続きであります。義利とあるのは、道理の理の字を書くのが普通である。が、ここには利益の利の字が書いてある。義・利と重複するのは妙なんである。『大経』の中に、「我この利を見るが故にこの言を説く」と仰ってある。その時の利は道理の理ではない、利益の利を書いてある。この利益を見るが故にこの事を成す、こういうお言葉があるから、義理ということは利益の利の字を書く時もあるように思われます。この道理と利益を見るが故に「無量無数不可思議」、無量ははかることの出来ない、無数は数えることの出来ない、不可思議は考えることが出来ない。「無有等等」は等しきもの有ることなしで並べ比べがない。「無辺世界の諸仏如来」は、辺《ほとり》の無い世界の諸仏如来、この沢山の仏如来が皆共に無量寿仏のあらゆる功徳をお褒めになる。

『無量寿経』の下巻の初めには「皆共に無量寿仏の威神功徳不可思議なるを讃嘆したまう」とある。これは十七願の成就の相《すがた》であります。数限りのない沢山の国々に、数限りもない仏がおいでになる。その仏様が一人も残らず皆共に阿弥陀如来のあらゆる功徳をお褒めになる。普通には、十人の内五人褒める者があれば、五人謗る者がある。ところが阿弥陀如来のお徳は十人は十人ながら皆褒める。お釈迦様がお弟子に対して御自分の信じていらっしゃる阿弥陀如来のことを、こう仰せられる時の心持のよいことがいかにも察せられるのであります。自分が信じておる人から褒められると大変嬉しいものである。自分の信じておる人を謗っておるということを聞くと、自分の胸に刃が刺さるように痛ましさを感ずるものであります。お釈迦様が、御信じになる阿弥陀如来を、沢山の国々の仏達が皆してお褒めになることを如何に喜んでいられたか、如何に満足していられたかということがわかるのであります。特に御自身でこの仏を信じ、この仏の道を行くに就いては、皆が褒めていられる道を自分も行くという心の据りがある。だからにこにこしておられる。

今日色々な話から田中君の話が出た。田中君は、僕は女に惚れられる顔だというと皆笑うておる。そうすると真田君が、田中君は中々よい顔をしている、仏さんのような顔だとひやかすと田中君は喜んでおる。これは妙なことで自分もその気になる。何でもない事を人が言っておっても、ああ私の事を褒めていてくれるのではないかとそういうように思う。皆自分の事にして聞いておる。自分を謗っておるとは思わぬ。尊い人が在って、私が何処へ行っても全ての人が自分を褒めておるのだなあと感ぜられるようになれば、その人は非常に仕合せなんであります。子供の時に聞かされた話だが、自分の家にお客様があった時、お客様が帰られた後笑うことならんものだとよく言われた。客が出て行った後すぐ笑うと、客は何かおかしなことがあったのではなかろうかと気持悪く思う。おかしい事があっても、客の姿が見えぬようになる迄笑うてはならんのです。我々は人から笑われても気のつかぬ事をしておるのです。今朝、米永長四郎さでお勤めがあった。隣玉さんが助音されたが、まだお勤めが終らぬ先にチーンとリンを叩いた。私は笑うた。後ろに婆さんが参っておった、私が笑うと、ああ情けなや情けなや、家は坊さんに笑われたといって婆さんは泣いた。間違ったので笑ったのだと言っても聞かない、尚情けなやと言った。何にもない人の笑い声でも自分に傷を持っておると自分のことを笑っておるのではないかと余計なことを思う。全て人の話に気をとめておるのだ。田中君のように、全ての女は私を褒めておるのだとこう思ってみることの出来る人は仕合せである。何処へ行ってもそういう心で暮せればよい訳である。

阿弥陀様は何処へお出になっても、世の中の全ての仏様が私を褒めておられるとの称讃の声を聞いておられる。お釈迦様が阿弥陀様のことをお話なさる時は、一切の仏様が皆私を褒めていらっしゃる、という感じがある。阿弥陀様と同体の仏になるということは、誰からも褒められる身になりたいということである。第十七願に阿弥陀様は、私が仏になるならば、十方恒沙の諸仏から我が名を称讃されたいとお述べになっておられる。これが南無阿弥陀仏成就の相である。全てから褒められたい、誰からも謗られたくないという心が私達にはあります。褒められれば嬉しいのです、褒めて貰って嬉しくない者はない。本当の心から喜びを感じてこっちを褒めてくれる、それを聞く時は嬉しいものです。謗られると耳が痛い、心が苦しい。私が仏になる時には、十方の仏様から褒められるようになりたいというその世界は、非常に心おだやかな世界であります。南無阿弥陀仏ということは、十方諸仏が阿弥陀仏を褒められる言葉である。我々皆がお浄土へまいって嬉しい仏になる。その仏になる者は誰からでも褒められるようになる。笑うておっても、話しておっても、全て私を褒めておる。今この赤ちゃんが、私が講本を取ろうと思って手を出したら、私の手を握りに来た。自分に手を出してくれたものだと思って私の手を握りに来て、手を握っておる。自分の手を握ってくれるのだと思うたそこに愛の姿がある、愛されておるという喜びがさやかな友情に満ちておる。人が手を出せばそれを握りに行く人の気持は非常に仕合せである。向うがむずかしい顔をしても、それを自分の上の親切と感じ、喜びを感ずることが出来るような豊かな境地を得ておられるのが仏様の境界である。そこに南無阿弥陀仏の成就する相があるのであります。

『仏説《ぶっせつ》諸仏《しょぶつ》阿弥陀《あみだ》三耶三仏《さんやさんぶつ》薩楼《さる》仏檀《ぶつだん》過度《かど》人道経《にんどうきょう》』に言《のたま》わく。

『仏説諸仏阿弥陀三耶三仏薩楼仏檀過度人道経』、長いお経の名であります。やはり『無量寿経』の異訳の一つであります。『大無量寿経』というお経は、諸仏が阿弥陀如来のお徳を讃嘆せられるお経である。『過度人道経』は人道を過度するところのお経である。このお経の中にこう書いてある。

第四に願ずらく。 使某 作仏せん時、我が名字をして皆八方・上下・無央数の仏国に聞こえ令め、皆諸仏をして各 比丘僧 大衆の中に於て、我が功徳と国土之善を説か令めん。諸天人民蜎飛蠕動之類、我が名字を聞きて、慈心し歓喜踊躍せざる者莫く、皆我が国に来生せ令めん。是の願を得ば乃ち作仏せん、是の願を得ずば終に作仏せじ、と。已上

これは本願のうち第四番目の願であります。私が仏になれば先ず第一に私の名字を皆八方上下無数の仏国に聞こえしめたい。私はハワイへ行った、或いは台湾に行った、或いは西洋に行った。初めて会うた人でも、あなたの名はかねて承っておりました、と言われると何だか嬉しい、妙なものである。名誉の奴隷になるということはつまらぬことであるが、あなたどなたですか、と尋ねられるとやはり気持のよいものではない。或る人が、私をよく知っておる人だと思っておるのに、その人が、あなたどなたですか、と尋ねられるということはやはり気持のよいものではない。我々はそういうように名を覚えてもらいたいという気持がある。それはやはり仏さんの心である。人に名を聞かれたいという仏様の願いである。

『皆諸仏をして各比丘僧大衆の中に於て』、比丘僧は仏様の弟子である。「我が功徳と国土之善を説か令めん」、沢山のお弟子の居られる中で、我が功徳と我がお浄土の善いことを説かしたい。「諸天人民蜎飛蠕動之類、我が名字を聞きて、慈心し歓喜踊躍せざる者莫く」、諸天はもろもろの神々、人間、うじ虫や空を飛んでおるもの。蠕動はうようよしているもの。そういうものまでが我が名字を聞いて、南無阿弥陀仏という名字を聞いて、慈しむ心を起こして、喜んで飛び上がらぬ者はないようにしたい。「皆我が国に来生せし令めん。是の願を得ば乃ち作仏せん、是の願を得ずば終に作仏せじ」と、そして喜んで皆我が国に生まれて来るようにしたい。もしこの願を得たなら私は仏にならない、ということで、これは『無量寿経』の上でいえば第十七願のこころである。第十七願がこのお経の第四願になっている。それは、諸仏に私の名を称えられる、そうすると生きとし生けるもの皆我が名を聞いて踊り上がる程喜んで、皆が我が国に生まれて来るようにした い、我が名を聞いて私の所に飛んで来るようにしたい、というのである。よく私らの所に、先生の教えを聞いてお浄土へまいりたいという人があるが、やはりこういう人があると嬉しい。阿弥陀様は十方世界のあらゆる方面の人に、私の名字を聞いて、皆教えを聞いてまいりたいとの心を起こさせ、私の国に生れさせたい、私の浄土に往生させたい、そういう願いを持っておいでになるのであります。名を聞いて踊り上がる程喜び、そして喜んで私の国に生れさせたいとの心を起こさせ、私の国に生れさせたい、私の浄土に往生させたい、そういう願いを持っておいでになるのです。人が名を呼ぶということは中心から尊んで呼ばれるのです。よく私らの所に、先生の教えを聞いてお浄土へまいりたいという人があるが、やはりこういう人があると嬉しい。阿弥陀様は十方世界のあらゆる方面の人に、私の名字を聞いて、皆教えを聞いてまいりたいとの心を起こさせ、私の国に生れさせたい、私の浄土に往生させたい、そういう願いを持っておいでになるのであります。名を聞いて踊り上がる程喜び、そして喜んで私の国に生れさ

せてやりたい、非常に大きなお心であります。それが又この『仏説諸仏阿弥陀三耶三仏薩楼仏檀過度人道経』の第四願にお書きになったものであります。

られなかったら私は仏にならない、と。これが、阿弥陀如来のお六字を成就あそばすおこころなんであります。第十七願のおここ

ろであります。それが又この『仏説諸仏阿弥陀三耶三仏薩楼仏檀過度人道経』の第四願にお書きになったものであります。

（昭和八年十一月二十九日・宮田常吉家）

第十二講

『無量清浄平等覚経』巻上に言わく。我れ作仏せん時、我が名をして八方・上下・無数の仏国に聞か令めん。諸仏各弟子衆の中に於て、我が功徳と国土之善を嘆ぜん。諸天人民蠕動之類、我が名字を聞きて皆悉く踊躍せんもの、我が国に来生せしめん。爾らずば、我作仏せじ、と。我作仏せん時、他方仏国の人民、前世に悪の為に我が名字を聞き、及び正しく道の為に我が国に来生せんと欲わん。寿終りて皆復三悪道に更らざら令めん。則ち我が国に生れんこと心の所願に在らん。爾ら

ずば、我作仏せじ、と。

『無量寿経』の異訳が五通り残っております。その一つ一つの訳本に就いて聖人は御研究になった。その全てからお経の根本のおこころを探ろうと努力せられたのであります。一番初めには康僧鎧三蔵の訳された『無量寿経』を御引用になった。その次には『如来会』を御引用になり、更にその次に『仏説諸仏阿弥陀三耶三仏薩楼仏檀過度人道経』を御引用になった。そしてここに『無量清浄平等覚経』を御引用になったのであります。この一段も阿弥陀如来の御名を成就せられたお心を御示しになったのであります。

浄土へ往生するに就いての真実の行は何かということを明らかにするために、御開山は第十七願のおこころをお味わいになっておられる。その第十七願というのは、南無阿弥陀仏のお六字の成就した相である。段々と異訳のお経を御引用になるのは、その南無阿弥陀仏のお六字のおこころをお味わい遊ばすためである。浄土真実の行ということを深くお味わい遊ばすのであります。その勿論、もとは一つのお経であっても、人により時代により少しずつ変っておる。が、一つのお経から出たものであるから、一つのこころを書かれているのであります。従って『過度人道経』や『無量寿経』や『如来会』のお意は皆よく似ております。これらの御文を読むと、重ね重ね一つのおこころを深く味わわして頂けるのであります。昔からインドの人の書いたものを見ると、随分繰返しが多い。これは何故かというと、インドでは昔から書物を暗記するということが流行していた。暗記する時には同じことを繰返して言う方がはっきりする。或る人は、インドの文学を読むと余り繰返し繰返し教えられることによって、丁度、じりじりと釜の中

屈するという人があるが、真実にその中心を頂こうと思う時には繰返し繰返し教えられることによって、丁度、じりじりと釜の中

に布を入れて布を染めると、布の染まりが深くなるように、一つの味わいを幾度も幾度も聞くといつの間にやら泌み込むのであります。そういう点で、インドの文学の繰返しということは大切なことであります。御開山が『教行信証』を御製作になるに就いても、五つの異訳のお経の同じような御文の繰返しして御引用遊ばした。これは、一つ一つを繰返し、しかとお味わいしてゆくうちに、いくらしぶとい私共のような者でも、いつの間にやら一つのおこころが身に泌み込んで下さるような気がするのであります。

今日拝読いたしました御文も、御名号を成就あそばす本願の思召しを御引用になった所であります。

『無量清浄平等覚経』巻上に言わく。我れ作仏せん時、我が名をして八方・上下・無数の仏国に聞か令めん、私の名、南無阿弥陀仏という名を、八方・上下数限りのない沢山の仏の国まで聞こえしめたい。「諸仏各弟子衆の中に於て、我が功徳と国土之善を嘆ぜん」、その仏の名をお呼びするなら仏様達の各々のそのお弟子の中に於いて、我が功徳と、功は功労、骨折り、徳も骨折り、功があるから徳もあるのです。功が無いものは徳も無い。徳は只あるのでない、骨折りの所にあるのです、それを徳という。

「諸天人民蠕動之類、我が名字を聞きて皆悉く踊躍せんもの、我が国に来生せしめん」、諸々の神々から人間虫けらに至るまで、私の名字を聞いて喜ぶものは、皆ことごとく私の国に生まれさせたい。南無阿弥陀仏のお六字を聞いて踊躍するもの、喜ぶものはことごとく私の国に来ることが出来る。その人の名を聞いて喜ぶ思いの起こるものは、いつの間にやらその人の所に行くというのです。あの人は名を聞いてもいいやだ、顔を見ると尚いやだという。又、一寸その人の名を聞いても好きな人だったということがある。

永劫の昔から骨折ったその私の功徳と私の国土の善を褒めたい。極楽浄土の善いことをお褒めになる。それは相縁機縁ということである。仏様のお弟子の中で、仏の名を讃嘆し、仏の国土の善をお話になると、それを聞いて皆が喜ぶ、その喜び褒める者を皆我が国に来たり生まれしめんと、大変大きなお心です。若しそれが出来ねば私は作仏しない、仏にならないと仰る。これも誓いです。

「我作仏せん時、他方仏国の人民、前世に悪の為に我が国に来生せんと欲わん」、私が仏になる時、私の国でない外の国の人民も、それも前世に悪いことをしており、前世に仏法を謗ろうというような心をもって我が名を聞いても、或いは又、まさしく道のために我が国に来たり生れようと思って来ても、信謗の差はあっても、南無阿弥陀仏の名を聞いて来る者は、「寿終りて皆復三悪道に更らざら令めん」、皆ことごとく地獄・餓鬼・畜生の三悪道に堕ちぬようにしたい。「則ち我が国に生れんこと心の所願に在らん。爾らずば、我作仏せじ」、則ち我が国に生まれる者は、その人の心のままにしてやろう。もしそうならなかったら我は仏にならない。

蓮如上人の『御文』を頂くと「後生助けたまえと思う心一つにて易く仏になるべきなり」と仰ってである。願う心一つにて易く仏になるべきなり。我らが極楽へまいる種というものは、学問でもなければ智慧でもない、修行でもなければ行ける。それが仏の弘願なんであります。

我らが極楽へまいる種というものは、学問でもなければ智慧でもない、修行でもなければば道徳でもない。ただ南無阿弥陀仏の御名を聞いて、お浄土へまいりたいという願いが起こる、それ一つだというのです。まいりたいと思う願いが起こった者なら、まいれるに違いない。南無阿弥陀仏を聞いて、喜んで仏の国へまいりたいという願いが起こった者なら皆願いの通りかなえてやりたい、仏にならしてやりたい、と。大きなお心です。そうすると私達が極楽へ行くというのには、何も要らんのだ。まいりたいと思えばそれでよいのだ。御信心とはどういうことかというと、私が極楽へまいりたいと願う心なんであります。

浄土の大菩提心は
願作仏心をすすめしむ
すなわち願作仏心を
度衆生心となづけたり

浄土の大菩提心を願作仏心と名付けるのだ。浄土の菩提心は、仏に成りたいという願いである。その願いが明らかになっておるならきっと仏に成れるというのです。我々は今迄は金持に成りたいとか、或いは権勢のあるものに成りたいとか色々様々のものに成りたいと思った。ところが今は仏に成りたい、極楽へまいりたい、阿弥陀如来のお浄土へまいりたい、こういう願いが起こってくる。そして、南無阿弥陀仏と聞くと踊り上がるように喜ぶ。これはどういう訳だろうか。何で喜ぶのか。阿弥陀様は光明無量の故に阿弥陀と名づけ、寿命無量の故に阿弥陀と名づく。限りなき光と寿《いのち》をもって全てを明らかに照らされる、そういうお徳を備えたお方である。そのお徳を十方衆生と共に得させられるというのが南無阿弥陀仏である。その南無阿弥陀仏の御名を聞いて喜ぶ。無量寿を喜び、無量光を喜ぶ。十方衆生が頼むその大きなお徳を喜ぶのです。そしてその南無阿弥陀仏の成就された極楽へまいりたいという願いが起こる。願いがあれば行も出てくるのです。我々が極楽へまいりたいという願いが出てくれば、極楽へ行く道中も出てくるわけです。中心に願うところがあればそこに進みゆく力が湧いてくる。皆さんは忙しい仕事を持っておるのに、寒い中、雨の降る中、それを厭わずにこうして聴聞に出てくるというのは、根本に、仏に成りたい、極楽へまいりたいという願いがあるからだ、その願いによって出掛けてくるのです。浄土へまいるのはそれより外ないのです。仏さんは、その願いを起こして我が国にまいりたいと思い発つ心一つにて易くまいると仰る。

第十八願には、

設《たと》い我仏を得たらんに、十方の衆生至心に信楽《しんぎょう》して我が国に生れんと欲し、乃至十念せん、若し生れずば正覚を取らじ。唯五逆と正法を誹謗せんとをば除かん。

とあります。欲生我国とは、我が国に生まれんと思う者。欲生とは欲生心である。御開山は御信心のことを時に欲生心と仰る。浄土へまいりたいと思う心だと仰る。極楽へまいりたいと思う心、これは大事なんである。我々はこの世に生きておって大体何を望んでおるか、何処へ向うて行っておるか、私の行く所は何処か。どうなればよいか、何処へ行けばよいか、段々内省してみると、我々は光明無量・寿命無量の仏の境界に至らねばならないのです。寿命をいえば無量寿に、光明をいえば無量光に、その徳の世界に入らんではおられないのです。仏はそれをしかと自分の願いとして与えて下さる。その願いが我が中心に働いておればその中心に力がある。毎日の生活はそれより他ないのです。何をして居ろうとも皆それは極楽まいりの道中である。だから信心ということは、心の中の願いがはっきりしていることである。極楽へまいりたいという願いが起こるほどの者は皆助かるのです。

極楽へまいりたいという願いはあるが、まいれるやらまいれんやらわからぬ、こういう人は決してまいれません。大体極楽は拝む人を迎えるために起こったものである。極楽へまいらせねばおかんという仏さんの願いがあるから、極楽へまいりたいという願いが起こるのだ。しかし我々は、そういうことを願う奴ではないのだ。それにもかかわらず本願のおこころが我が上に現われ、そして極楽へまいらせねばおかぬという心が私に至り届いて下さるのである。教えを受けなければこの人生は酔生夢死、ただ飯を食い、着物を着、子を産んで一生をただ過すだけです。この世に生まれた甲斐がどこにありますか。では極楽へまいりたいという願いはどこから起こってくるか、その願いは我々衆生の方から起こると思ってはならんのです。そういう願いが起こった刹那、私はこういう願いを起こす奴でないのに、本願のお手強さで我々にその願いを起こさして下さるのだと気が付くのであります。あだやおろそかな御本願ではない。極楽へまいりたいという願いが既に成就して下さっておる。その徳が自分に乗り移って下さるのである。これを廻向というのである。そうすれば我が願いで助かるものではない。仏のお助けが真実我が胸に願いとなって現われて下さったのである。仏さんが先手である。仏の方より極楽を願う心を与えて下さる。そこで、御本願の尊さよと喜ばれるのであります。自分の願作仏心の上に仏の大悲のおこころが現われて下さると思う時、殊更に願いの外にお助けを味わうのでなく、願いそのものの中にお助けのおこころを味わい、願いの心そのままに願いが成就するお手廻しのよさを喜ぶのであります。

（昭和八年十一月三十日・東吉松家）

第十三講

阿闍世王太子《あじゃせおうたいし》及び五百の長者子《ちょうじゃし》、無量清浄仏《むりょうしょうじょうぶつ》の二十四願を聞き、皆大《おおき》に歓喜踊躍《かんぎゆやく》し、心中《しんちゅう》に倶《とも》に願じて言《いわ》く。我等、後《のち》に作仏せん時、皆無量清浄仏の如くなら令《し》めん、と。仏則《すなわ》ちこれを知《しろしめ》して、諸《もろもろ》の比丘僧に告げたまわく。是の阿闍世王太子及び五百の長者子、後無央数劫《むおうしゅこう》を卻《さ》りて、皆当《まさ》に作仏して無量清浄仏の如くなるべし、と。仏言《のたま》わく、是の阿闍世王太子、五百の長者子、菩薩の道を作《な》して以来《このかた》無央数劫に皆各《おのおの》四百億仏を供養し已《おわ》りて、今復来《またきた》りて我を供養せり。是の阿闍世王太

子及び五百人等、皆前世に迦葉仏《かしょうぶつ》の時、我が為に弟子と作《な》れり。今皆復会《またえ》して是《ここ》に共に相値《あいあ》えるなり、と。則ち諸《もろもろ》の比丘僧、仏の言《みこと》を聞きて皆心に踊躍し、歓喜せざる者莫《な》し、乃至

只今拝読致しましたのは、『無量清浄平等覚経』に記されてある御文の、この前お味わいしました所の続きであります。このお経では、阿弥陀如来の四十八願が二十四願になっておる。その二十四願を説き終ってあとに記されてあるのが只今のお言葉であります。

無量清浄仏とは阿弥陀如来のことです。この阿弥陀如来が、二十四願をお説きなさるのを聞いて、おそばに居った阿闍世王の和休《わく》太子及び五百の長者の子息、そんな人達が皆大いに喜んで、心中に願を起こした。聴聞しておったものが大いに喜んで願を起こした。それはどういう願であるかというと、我等後に仏になった時、皆無量清浄仏の如く致すであろう、私も同じようになりたいという願を起こされた。これが則ち御信心です。仏の本願を聞いて、それが私の本願となって現われる。そして私も仏になりたいという。信心とは別にむずかしい道理を覚えることではない。理屈を固定することでもない。阿弥陀如来の御本願を聞いて、喜んで私も仏になりたいという心が起きる、それだけです。ところがまだそれでは言葉は出んのです。お釈迦様はその心のあることを知ろしめして又仰った。「仏則ちこれを知して、諸《もろもろ》の比丘僧に告げたまわく。是の阿闍世王太子及び五百の長者子、後無央数劫を卻《さ》りて、皆当《まさ》に作仏して無量清浄仏の如くなるべし」と。今ここに居る阿闍世王の太子と五百の長者の子息が、皆無量清浄仏のように願行を積みて仏となるであろうと仰る。これは記別を授けられたのです。今、願を起こした人は無量清浄仏のようになる。阿弥陀様と同じ悟りを開くというのです。ここにお釈迦様のお心がはっきりと記されてある。助けたまえと思う心一つにて易く浄土へまいるべきなり、阿弥陀仏の浄土へまいりたいと思うその心一つできっとまいれるぞとはっきり言い渡された。その上仰るには、「仏言《のたま》わく、是の阿闍世王太子、五百の長者子、菩薩の道を作《な》して以来《このかた》無央数劫に皆各《おのおの》四百億仏を供養し已《おわ》りて、今復《また》来りて我を供養せり」と、これらの人は菩薩の道を作《な》して、求道者の道を作《な》してこのかた、無央数劫とは、長い長い間、皆各々四百億の仏に供養し終った。そして今又私をここで供養する、と。仏を供養するというのには色々ある。香華・灯明をあげるのも供養です。供養する心は尊む心です。その尊む心が段々嵩じて供養が運ばれる。そして菩薩の修行が進んでくる。こうして四百億の仏を供養し終って、今又我が所に来て我を供養する。

「是の阿闍世王太子及び五百人等、皆前世に迦葉仏の時、我が為に弟子と作れり。今皆復《また》会して是に共に相値《あ》えるなり」と。袖振り合うも多生の縁というが、一世や二世の縁ではない、人寿二万歳の過去世に、過去七仏中の第六仏である迦葉仏が御出世になって、その時、我もこの仏の会座に法を聴聞した。その時この和休《わく》太子と五百の長者の子息は、皆我が弟子であった。今また重ねて私のそばに来ている。ちゃんと深い宿縁があるのだ。

「則ち諸《もろもろ》の比丘僧、仏の言を聞きて皆心に踊躍し、歓喜せざる者莫《な》し」、このお話を聞いて、多くの仏弟子達が踊り上って喜んだと。

仏のお話を聞くということは一寸やそっとの因縁ではないのだ。今聞いて今わかるというのではない、やはりそれまでに非常に長い間求めに求めて来た、そして今やっと御縁に遇う、今こうやって会うておるということは、一世や二世の縁ではない。和休《わく》太子や、五百の長者子と二万歳の昔に仏のお弟子であったのです。やはり因縁が結ばれてあったのです。それを思う時、一句の法文を聞く者も、聞かせることも、あだやおろそかの縁ではないのです。一寸聞いてわかる人とわからぬ人とあるが、やはりこれは前世の因縁があるかないかである、前世の因縁がある人はたやすく法を聞くことが出来る。因縁を結んでおらない人はせっかくこの世に出ても法が聞かれんのです。人と会うても、この人はどこかで会うたような人だ、初めてとは思えんという人がある。何べんも会うておっても、その人とどこで会うたか知らん、いや会うたことがあったかな、とこういうように感じられる人もある。

お釈迦様が、阿闍世王太子及び五百の長者子を見て、あなた方初めて会うたのではない、ずっと昔迦葉仏のお出ましになっていた時代に私の弟子でありました。今私の話を聞いてくれた、深い御縁だと申された。この無量寿仏の本願を聞いて皆が喜んだ。そして皆が無量寿仏に成りたいと願った。お釈迦様は、成れるぞと記別を授けられたのです。ただ人の仰せられることではない、仏様が我々の心の奥底までも見抜いて仰ったお言葉であります。阿弥陀仏の本願成就を聴聞する阿闍世王太子、五百の長者子が信心決定となって現われてくるお相をここにお知らせになったのであります。

聖人がこの文をお引きになったのは、宿縁深厚の者でなければ、この『大無量寿経』を聴くことが出来ないということをお現わしになるためと拝されます。

（昭和八年十二月一日・明達寺）

第十四講

この前の所は、阿闍世王太子及び五百の長者子が、お釈迦様から、阿弥陀仏の本願を承って、大いに喜んで自分も阿弥陀仏になりたいという心を起こした。お釈迦様はその心をお喜びになって、阿弥陀仏になれるぞという記別をお与えになった。望みが成就するぞという請合をされた。そうして又お釈迦様が思われるようには、我が話を聞いてこの願いを起こすことの出来たということは過去の深い因縁によるものだ、過去世に四百億の仏に供養をした、そして今も私に供養しておる。長い間仏をお慕いして仏に供養を申し上げた人が皆こうしておるのだ。又、かの人達は過去世に我が弟子であった人達である。その深々の因縁によって法を聴き、仏を供養することが出来るのだと。そしてお釈迦様は、今自分の目の前に喜んでおる人の姿を見て、この人達は唯人ではない、今迄中々苦労して来た人達だ、又お話をよく聞いて来た人達だ、と過去の因縁の厚いことをお喜びになったのであります。

私共は仏になりたい、お浄土へまいりたいという願いが起きます。そうすると、今からどうしてこの願いが成就しようかと考えるのだが、お釈迦様は、今からどうしてというよりも、これ迄どうして来たかということを考えた方がよい。今が先へ続いてゆく、今教えを聞いて仏になりたいという心が起こったということは、ずっと昔から仏をお慕い申して仏のお話を受けた為である。その心が、起こったら、きっと未来に仏になるに間違いない。お前は今やっと気が付いたのだが、今迄もその道を歩いて来ておったのだ、もう永い間その道を歩いて来ておるのだ、だからきっとその道を成就することが出来るぞと教えられたのであります。

「則ち諸《もろもろ》の比丘僧、仏の言を聞きて皆心に踊躍し、歓喜せざる者莫《な》し」と、お経を聞いて皆が踊り上って喜んだということをもって結んでであります。

『大経』の対告衆は万二千人とお経に書いてありますが、若い人達が多く居られたのだなあということが、五百の長者子というところから察せられるのであります。成程因位の阿弥陀仏の本願を喜ぶというと非常に若い心になるのであります。今からだ、さあこれからやるのだぞという若い心であります。自分はもう果上になった、これで俺は修行は終りだ、これで充分だというような教えでない。本願を聞いてその本願を我が本願として立ち上がって進み出そうとするそういう心、未来に向うて行く教えである。やはり若い人の心に触れ合うてゆくものであると思います。それを思う時、仏法は年寄の聞くものだというように考えておる人があるが、主として阿弥陀如来の本願の大道は若い人にお説きになっておる御法である。年寄の人もこの本願の御法を聞くと若々しくなって進んでゆくことが出来る、だから御信心を頂くということは、若くなることだ、若返るのだ。

この頃若返る薬があるが、薬で若返るのでない、阿弥陀如来の本願を聴いて若返る。七十の老人もさあ今からだと無量寿の命道を歩み出してゆくのだ。真に若々しい天地に生まれ出さして貰うのだ。で、「仏法は心のつまる物かと思えば、信心におんなぐさみ候」と蓮如上人は仰せられてあるのであります。

是の如きの人《ひと》仏の名《みな》を聞き、
快《こころよ》く安穏《あんおん》にして大利を得ん、
吾等が類《たぐい》 是《こ》の徳を得ん、
諸《もろもろ》のこの刹《くに》に好む所を獲《え》ん。

かような人達が仏のみ名を聞いて、南無阿弥陀仏のみ名を聞いて、快く大利を得る。阿弥陀如来は、光明無量・寿命無量のお徳を兼ね備えてまします故に、み名を聞くとそのお徳が我が上に現われて下さる。大利を得る。

或る骨董屋が話をしておった。紫陽花の軸物と椿の軸物は売れにくい、紫陽花は変り易いし、椿は首が落ちるようにころりと落ちるからだと。我々人間は死ということに触れることは嫌いである、といって寿という字はめでたいといって喜ぶ。阿弥陀如来の名を聞いて喜ぶのは、阿弥陀如来は無量寿であり、無量光であるからだ。光もまた我々に気持よい、光の通る明るい所を我々は好む。限りなき寿《いのち》と限りなき光とを兼ね備えておられるのが仏である。その仏の名を聞いただけで大変気持よい。その人の名を聞いただけで結構になる場合と、あまり結構でないという名とがあります。沖縄へ行くと女の名に、かまどとか鍋とかいう名がある。かまどさん、鍋さんというとあまり優しくきこえない。それよりお花さん、お春さんという名の方がやさしい。やはり名にも色々ある。阿弥陀如来の名を聞くと心持がよい、それは無量寿・無量光を聞くからだ。その気持を「快く安穏にして大利を得ん」と。

次に「吾等が類是の徳を得ん、諸の此の刹《くに》に好む所を獲ん」。阿弥陀如来の名を聞いて喜ぶと自ら徳を得る。如来の名を聞くと心が気持よくなる。称名を聞くと称名のように朗かな心になる。闇を聞けば暗い心になる。光を聞けば明るい心になる。この南無阿弥陀仏の名を聞くと南無阿弥陀仏のお徳を頂くことが出来る。そして諸々の衆生が皆己が国に行って自分の本当の好む所を得るのであります。人々が本当に好むことは阿弥陀仏に成りたいということである。それを成就することが出来る。

無量覚其《むりょうがくそ》の決《けつ》を授《さず》けたまわく、
我前世に本願有り、
一切の人《ひと》法を説くを聞かば、
皆 悉《ことごと》く我が国に来 生《らいしょう》せん。

無量覚は阿弥陀さんである。阿弥陀さんからその決《けつ》を授けられる。その願いが成就するという決を与えて下さる。汝当《まさ》に仏になるであろうと、他と差別して定めて下さるから決という。「我前世に本願有り、一切の人法を説くを聞かば、皆 悉《ことごと》く我が国に来生せん」。私の前世に本願があった。それは、世の中の一切の人が、この仏の御法を説かれるのを聞いて、皆 悉《ことごと》く我が国に来生せんという願いである。

吾《わ》が願ずる所、皆具足《ぐそく》せば、
衆《もろもろ》の国より来生せん者、
皆 悉《ことごと》く此の間《あいだ》に来到《らいとう》して、
一生不退転《ふたいてん》を得ん、と。

私がこういう願いを起こしてその法を聞くところの者は、皆我が浄土へ来ることが出来る、そうしてやらねばおかぬという願いがあるから、その願いが具足する。具足とは満足した姿をいう。「衆の国より来生せん者、皆 悉《ことごと》くこの間に来到して、一生不退転を得ん、と。」、諸々の国から来生した者は一人も残らず来たらしめる。この仏のお悟りを聞く時は未来を待たず、この世に於いて不退転を得ることが出来る。不退転とは退却をしないということです。

速《すみやか》に疾《と》く超《こ》えて便《すなわ》ち、
安楽国之世界に到《いた》る可《べ》し、
無量光明土に到《いた》りて、
無数《むしゅ》の仏を供養せん。

速《すみやか》も疾《と》くも早いということである。世を超え自他を超えて行く。はやく超えて阿弥陀仏の安楽国に往生せよ。「無量光明土に至りて、無数の仏を供養せん」、その安楽国の名を無量光明土という。御開山はお浄土のことをお説きになる時に、お浄土という所は無量光明土だ、はかりない光の土だと仰ってある。これは『清浄平等覚経』にこの言葉があるところから仰せられたのであります。無量光明土に到りて何をするか、ここが有難い。極楽へ行って何をするか、一人百味の飲食を食べるというのではない、極楽へ行って無量無数の諸仏を供養するのだ。尊い人を供養するのだ、尊い人に孝養を尽すのだ、仏様に孝養するのだ。

是の功徳有る人に非ずば、
是の経の名を聞くことを得ず、
唯《ただ》清浄に戒を有《たも》てる者、
乃《いまし》斯《こ》の正法を聞くに逮《およ》べり。

この功徳というのはやはり仏を供養する功徳です。仏を供養するという功徳の無い人はこのお経の名を聞くことが出来ない。先にお釈迦様が、阿闍世王太子及び五百の長者子が、四百億の仏を供養し、今また来たりて我を供養せりとお話なさった。ただでお経は聞くことは出来ないのです。やはり仏を供養するというその徳が付かなければこの経の名を聞くことは出来ないと仰ってある。

「唯清浄に戒を有《たも》てる者、乃《いまし》斯《こ》の正法を聞くに逮《およ》べり」、清浄に戒をたもつということは、仏様のお定めになったお戒めをよく守っておる者。その者が今この御法を聞くことが出来るようになったのだ。仏のお戒めを守ることが出来なければ、仏の説法も聞くことが出来ない、と。戒というと、五戒とか十善というて決められたこと、それを保つ。仏の御教えに従ってそれを厳重に守る、これがなければ仏様から法を聞くことが出来ないのだ。それもそうだ、仏様がいくら言って聞かされても尻に聞かしておる。尻に聞かすということは聞いておらぬということである。親に意見をされても、言葉が耳に入っても聞かなければ聞いておることにはならない。又うちの子は親の言うことをよく聞く、してはならないというと決してしない、ということもある。清浄の戒を有《たも》てる者ということは、純一の心で仏の仰ることを厳重に守る者、こういう人でなければ、この尊い正しい御法は聞くことが出来ない。戒を守る人だから今この正法に会うことが出来る、と。

御開山のお弟子に顕智坊という人があった。船に乗って酔い、御開山に私は船に乗って酔いましたと言った。師は、それなら前一生船に乗るなと仰った。それ以後顕智坊はどういう場合も船に乗らなかった。それから又、顕智坊が茸を食うてあたった。私は茸を食べて当りましたと言ったら、聖人はそれなら茸は食わぬことだと言われた。それ以後顕智坊は厳重にそれを守って茸は食べなかったということであります。その顕智坊は聖人がお亡くなりになった時、葬式の手伝をする為に関東からはるばる上って来た一の弟子であった。顕智坊は理屈をきかずハイといってそれを守った。それだけでよい。どういう理屈を聞いたって、どういう道理を聞いたって聞けない者にはわかるものでない。真にわからんのです。

先頃熊本県の人吉へ六月末から七月の始めにかけて行った。朝早くこの町の禅寺の住職が尋ねて来たと取次がれた。三百年程たつ有名な寺であるという。紺足袋羽織袴である。今日は一つ教えて頂きたいことがあって来たと言って、「私は前々から或る事に就いて迷っているのです。その事に就いて明日になれば人に返事をせねばならん。それであなたにその決断を与えて貰いたいと思って来た」ということであった。それは昨年五月山崩れがあった。そこから石が出た。それに字が書いてある。それを小学校の校長や、女学校中学校の歴史の先生に調べて貰った。それはこの寺の開基とその弟子の尼さんが一緒に書いたものであって、色々な事が書いてある。段々研究してみると、幕府を倒して王政維新を劃策することである。すべからく神武天皇建国の精神に還ること、速かに幕府を倒せということが書いてある。終りに、天地神明の御前、仏陀に祈り、八百万の神々に祈願する、仏子何某、と書いてある。それで見ると寺の開基は熱心な勤王の士であった。如何に人間に言ってもわからぬ、神や仏に祈って土に埋めたというのでしょう。この話がひろがって、その石を帝室博物館に飾るから送れと宮内省から言ってきた。実は昨日、熊本で中等学校の先生の研究会があって、私に無断で宮内省にあげることにした。あなたにまかせておくと散失する、だからその石を研究会に出せ、その返事を明後日の一時迄に知らせよということになった。檀家の人に計るとそういうことは出来ない、寺の境内から出たものは寺の物だと言う。この話は有名になって、そういう有名な物なら一つ譲ってくれ、どれだけでも金を出すという人もある。その石は七万個あって、一つ一円に売っても七万円になる。欲心が出てそれをやってよいか、やらぬ方がよいかその決断を聞きに来たという。私がその禅坊さんに感心したのは、何も飾りが無い、卒直に自分の迷いを迷いとして打ち出しておる。大抵の坊主ならわかった顔をしたい、迷っていると言えぬものだ。殊に自分の家の問題になると中々相談出来ぬものである。それを卒直に打ち明けたということはさすが禅坊主だと思った。我が取れていないとこういうことは出来ない。で私は、そういう銭を儲けたって仕方がないでしょう。その会に全部出して、その会に寺の境内の地面を提供して、建物を建て研究所を作る。そこであなたも研究をするようになる。そうなれば自然にそこへ人が集まる。寺も繁昌する、会も栄える、この寺を建てられた開基の精神もそこに現われる、と語った。和尚さんは有難う、先生のお話を聞いて、皆にはっきりと上げると言うてやれます。これで胸がすっとしましたと言った。

ここなんです。右か左かということを聞くのです。理屈でない、理屈はちゃんと自分で考えておるのだ、右か左かを聞いて決定したら素直に行く。ここに本当に道を求めるということがある。

十二月二十六日の晩旅から帰って来た。自動車の中で五間長が自殺したことを聞いた。とたんに私は駄目だなあと思った。私は明達寺の住職で、北安田の人達の心を預っておるつもりでいたのに、我が村の我が門徒に自殺する人が居る。我が顔をぶたれたようで苦しかった。これは私がまだ皆から信ぜられておらんのだと直ぐに思った。愛しいとか、難儀な奴じゃと思わぬ先に私は駄目だなあと思った。二十五日間ずっと岐阜県、三重県、兵庫県、岡山県、愛媛県と各所を旅して色々な人に話をして、会うた人々から結構であった、助かったという声を聞いた。よい気になって帰って来たらこんなことであった。私は何も出来ぬ男だなあ、傍に居る人を助けることが出来ないのだと頭をびしゃっとぶたれたような気がした。仏法というものはお経の講釈ではないのだ。

自殺したこの男も、使い込み、借金、世間に顔向けが出来ぬというので死んでしもうた。素直に打開の道を聞くことが出来なかったのです。聞けば道が開けるのです。

先度或る人が、仏教の話は難しい、死んであとの事ばかり言う、それより金光教、天理教、大本教、人の道などの宗教は現在助かるということを説くのでその方がよいと話していたが、仏教は現在の問題を解決するものである。今の生活の上に仏教があるのだ、その教えを聞くのだ。我々は生活に迷うておる。けれども道を求めて行けば悩みや苦しみはなくなる。右に行こうか左に行こうかと迷うて先が見えないから苦しい、自分でそれは開けない。罪悪深重の者も助けるという弥陀の本願があるのだ。

弥陀の本願には、老少善悪の人をえらばれず、ただ信心を要とすと知るべし。その故は、罪悪深重煩悩熾盛の衆生をたすけんがための願にてまします。

と『歎異鈔』にあります。名誉が傷つけられるとか、面目が立たんとかいう者なら仏の教えを受けんでもよい。一人働きの出来ない者なればこそ教えを受けてゆく。無論教えを受けることが恥しいものならば、自分であく迄もやって行けばよい。それがやって行けぬ人のために道が説かれるのである。世間に愛想つかれた時にこそ、我が力では到底出来ません、私は自力の根性が離れませんと全体を投げ出すのだ。人と話をしたら悪い方へ取られたからこれから話をしないでおこうと、そういうのははからいである。共産国と手をつないでうまくいかなかったから寝返りしようと外の国と結ぶ。右が駄目なら左へと変る。そういう人は教えに入った人ではない。まだ頭が高い、偉いのだ。鞍替えしたからといって良くはならない。酒飲んで苦しい者は酒止めても苦しい。酒飲むとか飲まぬとかそういうことは問題でない。それが自分で止められるくらいなら教えというものは要らんのです。自分ではからいが取れるならそれに越したことはない。自分で止められればそれに限る。けれどもそれが出来ないのです。

「疑《うたがい》無く慮《おもんぱかり》無く彼《か》の願力に乗ずれば、定《さだ》んで往生することを得《う》」、自分を投げ出したそこに助かるみのりがある。人吉の禅宗の坊さんも迷いを打ち出して、そこで自分の行く道を聞いて、本願の道を見出して、すっと従って教えによって道を開いてゆかれる。「あなたまかせの年の暮」、どうでもなさるようになさって下さいと全てを打ちまかす。投げ出す。そこが御信心である。五間長の自殺した人でも、村長なり、親類なりに、さあどうかして下さい、殺すなら殺して下さいというだけの決心が出来れば、死なんでもよかったのだが、それがやはり容易でない。

自力我慢の執心で、真実の道を穢しておる。だから本当の道は自分のはからいで決めるのではない。酒飲んでもよく飲まんでもよい。そこに真実の道がある。はからいを捨て、素直に教えの下にひざまずいてそれを聞いてゆく。それが真実の道である。聖人は仏の教えを聞いてゆかれたのです。道は近い所にある。これを遠きに求めるのではない。日常のここにある。小さな事件の下に、絶対の光を仰いでゆくのが我々の信心の道であります。

「唯清浄に戒を有《たも》てる者、乃斯《いましこ》の正法を聞くに逮《およ》べり」と言われるお心をよく味わいますと、非常に有難い心持であります。ただ、道徳を守った者がこの御法を開くことが出来るというが、実は形式的の戒を保つことではないのだ。清浄の戒を保つ者というのは、道徳を守れない者と気が付いた者、その者にして初めて御法が頂けるということが、この文の奥深い御教えであります。

（昭和八年十二月二十八日・吉村源次郎家）

第十五講

悪《あく》と憍慢《きょうまん》と蔽《へい》と懈怠《けだい》のものは、以《もっ》て此の法を信ずること難《かた》し、宿世《しゅくせ》の時《とき》仏を見たてまつる者、楽《この》んで世尊の教《おしえ》を聴聞《ちょうもん》せん。

悪と憍慢と蔽と懈怠、この四つのことをしておる者は、この法を信じがたいとある。

阿弥陀如来と同じ徳を備えよう、仏になりたいという願いを起こして仏になる。これはどういう人が許されるか。悪と憍慢と蔽と懈怠の者以外の者が許される。

我々が頂いている『大無量寿経』には、悪という字が無く、憍慢と蔽と懈怠と三つが書いてある。この『平等覚経』には悪という字を付け加えてある。悪は罪ある者、憍慢は高ぶり、蔽は卑下、卑下は高ぶりの反対だが根本は一つであります。むやみに自分が威張るのが憍慢で、威張る心をもってへり下る、これが蔽である。行き過ぎた者も、退き過ぎた者もこの法を信じ難い。又懈怠の者、懈け怠っておる者はこの法を信じ難い、とお説きになった。

この反対を味わうと、阿弥陀如来のお心を信ずる者は自然に悪がなくなる、憍慢がなくなる、卑下もなくなる、又懈怠もなくなる、ということを教えられてある。阿弥陀様のお慈悲を信ずると不退転になる。精進にして悲願倦むことなし、じっと怠けておれぬようになる。信心の一つの徳は精進するということである。どんどん働いてゆく。怠けるというのはやはり疑いの道中である。自分の生活に或いは自分の行く先に疑いの雲がかかると仕事に精が出ない。これに反して自分の進む道の確かな者は生活に芯がある。進んでゆく道に、明らかな願いがあると自然と張り込みが出来る。怠けておるか、精を出して精進しておるかということは、その人の心がはっきりした人かどうかということから決まってくるのです。はっきりした道がわかっておると、怠けようと思っても怠けられない。

よく笑話に出る。若い男が毎朝々朝寝をしておる。余り仕事に精を出さない。或る人が或る時に、お前も大分歳が行ったから近々嫁を貰わねばならん。しかしそう怠け者では嫁は貰えんぞと言うた。それから男は働き出した。朝も早く起きる、仕事もよくするようになった。自分の仕事に何等の理想がない、自分の進んでゆく道に願いがないから怠けるので、向うが明らかになり、確かな心の坐りが出来ると仕事に精が出る。世の中に怠け者と言われる人が居るがこれは自分の道がはっきりしない人です。それから信心を頂くということは、自然の道を行くということである。そうすれば頭を上げて威張るということもなくなる。又卑下することもなくなる。我々の生活に於いてよく見れることは、調子がよくなると偉い者になる、躓《つまず》くとつまらぬ者と思う。人の話によく嘴《くちばし》を容れる人がある。出しゃばったり引込んだりする。有頂天になっておると、がたっと落ちる。上がったり下がったり、要するに皆自力のはからいである。上がっておる時も下がっておる時も自力我慢の根性が取れないのだ。信心を頂くと上がりもしない下がりもしない、絶対の道を行く。一人の道を行くからである。一人というと人と仲間を離れてゆくことかと思うがそうではない、他の真似をするのではない、他から真似されるのでもない、ただ自分の行かねばならぬ道を行く。だからそこに善も悪もない、負けた、勝ったということもない。人が何か話していると、それよりねとか何とか言って自分の話をする、これはやはり人に勝ちたいのだ。私が子供の時に教えられたことだが、人と話をしておって、人が何か話をして、次に自分の番が廻ってきて言う時に、それよりねということはならんぞ、あなたがそういうけれど、もっと面白い話があるぞ、と先の人の言を打ち消してはいけないということを聞かされた。打ち消されると残念で私もよう知っているとなる。上がったり下がったり、そして心を悩ましておる。要するにこれは自分をよく見せようとする根性がとれんのだ。心が砕かれておらないのだ。根本の心が砕かれておらぬ者は、絶対の生活を持たぬ者です。人と比べ合わす、そこには善とか悪とかいうものがついてくる。だから時に憍慢になり時に蔽になる。憍慢も蔽も共に自分に何かを持ち出す根性である。持って行く根性である。その持って行くものが段々教えによって知らして貰い、何も持って行く値打ちのない者だ、自分は零だ、からっぽな奴だということに気が付くと、今度はただ如来のおはからいのままに、如来のなされるままに手を引かれて行く。だから床の前に坐ろうと玄関に腰掛けておろうと卑下にもならぬし憍慢にもならない。こちらへおいで、はい有難う、これを食べなさい、はい有難う、どんな事でも素直に受けることが出来る。そこに信ぜられる御利益と、信ずる御利益とある。信心が頂かれると自然に柔和忍辱の心が出てくる。今迄にくらべて貪欲の心も薄らぐ、瞋恚も薄らぐ、愚痴も薄らぐようになる。こうなると自然に気高くなる。いわゆる悪も怖るべからずです。阿弥陀様の本願の大道は、悪も襲うて来ない。罪悪深重の衆生を助けようという本願がある。罪悪深重の衆生を助けんがための本願だということが、本当に我がものとして信ぜられるということは、ただ事ではないのであります。我がものとして信ぜられるという時には、自分一個のはからいを交えずして、ただ素直にみ親のなされるままに従い申すことが出来るのであります。そして自分が教えられた道を一生懸命に励んで進んでゆくという信心の御利益があります。

「宿世の時仏を見たてまつる者、楽《この》んで世尊の教を聴聞せん」、これは、康僧鎧三蔵の訳された『大無量寿経』にも同じ言葉があります。「宿世に仏を見たてまつる者」、前世に自覚者に会うておる者、そういう人は仏のお話を聞くことを好む。これは自然の道理で、よき人に度々会うておると、そのよい人になる道を喜んで聞くようになる、妙なものであります。真実の悟りを開いた仏を見なかったら、仏のお話を好んで聞くことが出来んのである。仏様のお話はお経の中に残っておるのですが、お釈迦様がおかくれになってから五百年間はお釈迦様のお徳のお蔭で、沢山の人がお悟りを開いた。その五百年後になると、その実際の仏の匂いがなくなって、像法といって、仏の像を作ってそのお像を拝んで教えを相続した。それから千年経つと末法になる。誰も悟りを開く者がなくなる。

釈迦如来かくれましまして
二千余年になりたまう
正像の二時はおわりにき
如来の遺弟悲泣せよ

御開山は御和讃にこうお述べになっておられます。これは、仏を見ることは出来ない、仏の御説法も本当にわかるものは無い、というのです。我がものにならぬというのです。これはそうです。仏の教えを真実自分に頂いておる信心者を見ると仏の説法を本当に聞く気になれる。

御開山は比叡山におって念仏を称えておられた。又念仏の教えを聞いておられたのだが、法然上人という人格者にお遇いになる迄は、やはりはっきりした御信心に入ることが出来なかったが、法然上人の生きた人格に触れて、そして易々と他力信心を頂かれたのです。我々は生きた信心の人を拝み、生きた仏を仰ぎ申して自然に仏様の教えを聞くことを好むようになるというのが只今の教えであります。

人《ひと》之《の》命《いのち》希《まれ》に得《う》可《べ》し、
仏世《よ》に在《ましま》せども甚《はなは》だ値《もうあ》い難《がた》し、
信慧《しんえ》有ること致《いた》る可《べ》からず、
若《も》し聞見せば精進して求めよ。

人が世に生まれて出るということは容易なことでない。お経には、盲目の亀が浮木に遇うように難しいものだと書いてある。盲の亀というのは譬えであります。亀の目が腹に付いているのが居る。いつも海の底ばかり見てお日様を拝めない。或る時板が流れて来た。亀はその板に乗った、どうした拍子か知らんが、板がくるっとひっくり返って、板の節穴と亀の目とが合うて、亀は初めてお日様を拝んだ。お互いがこの世に生まれて来て、仏様に遇うということは、盲の亀が浮木に遇うようなものである。中々稀な御縁だということをお知らせになるのであります。この世に生まれて来ることは容易でないのだ、又この世に生まれて来ても真実の仏様にお遇いするということは中々容易なことではない、「信慧有ること致る可《べ》からず」。もう一歩進んで「若《も》し聞見せば精進して求めよ」。信心は難かしい、だから若《も》し仏の御法を聞いて、又仏様にお遇いしたならば精進して求めよ、一生懸命その時を逃がさずして道を求めよ、と仰ってある。

如来の興世にあいがたく
諸仏の経道ききがたし
菩薩の勝法きくことも
無量劫にもまれらなり

と御和讃に仰ってあります。生れ難き人身に生まれ、会い難き仏に遇うて、そうして仏法を聞かして貰う。信慧とは、信心の智慧である。信心の智慧に入る。如来様の教えを我がものにさせて貰うということは中々容易なことでない。仏様にお会いして法を聴聞する人は、「精進して求めよ」、一生懸命になってこの道を求めて行かねばならない。

先に「値《もうあ》い難し」とあった。大体この世に生まれ出ることが難しい。次に仏様に遇うことも難しい。次に教えを信ずるということも難しい。三つの難しい坂がある。ところがその仏様にお遇いして、仏の御法を聞かして貰っておる、この人間の世に生まれ出さして貰っておるのだ。三つの難しい坂を二つ越えた。もう一つ信ずるということだ。その信心が難しいけれども、既に如来様に遇うて法を聴聞しておるのだから、精進してこれを求めよ、と仰せられるのであります。

此の法を聞きて忘れず、
便《すなわ》ち見て敬《うやま》い得て大《おおき》に慶《よろこ》ばば、
則《すなわ》ち我《わ》之《が》善《よ》き親厚《しんこう》なり、
是を以《もっ》ての故に道意《どうい》を発《おこ》せよ。

この法を聞いたら、則ち髄の髄まで頂け、頂いて忘れるな。そのうちに本当のものを得さして貰う。ただ耳だけ聞いて、馬の耳に風というようになってはいけない。土性骨切り込んで聞けということです。聞いた上には見て敬え、大いに仏様をお敬い申して行け、きっと大きな御利益を頂くことが出来る。仏様は、これこそ善き信心のお友達、親しいよしみのある人であると仰る。康僧鎧三蔵の訳された『大無量寿経』にも「則ちわがよき親友なり」と仰ってある。御和讃に、

他力の信心うるひとを
うやまいおおきによろこべば
すなわちわが親友ぞと
教主世尊はほめたまう

と仰ってある。この親厚というところを親友《しんう》と言われる。親しいよしみのある人の事を仰るのである。「是を以ての故に道意を発《おこ》せよ」、道意とは菩提心のこと、願というような時も使う。一生懸命に道を求めよということである。

設令《たとい》世界に満《み》てらん火をも、
此の中を過ぎて法を聞くことを得ば、
会《かなら》ず当《まさ》に世尊と作《な》りて、将《もっ》て
一切生・老・死を度すべし、と。已上

御和讃には「たとい大千世界に　みてらん火をもすぎゆきて」とある。世界に満ちた火の中をも進んで法を聞く。今日はお天気だからお参りしようか、仕事がなくなったから仏法を聞こうか、とそういう遊び半分でない。火の中をも過ぎて行くのです。風雨の中でも聞きに行くのです。

松任に私の父の教えを受けた婆さんがあった。十七才の頃教えが聞きたくてならなかった。二十四才、旅で病んでからどうしたら信心が頂けるかと悩んだ。親が、明達寺のお住様に頼んでくれて話をして貰いに来て頂いた。お住様は念仏せよと聞かされた。信心を得ようとすれば中々辛い、それでどうしたら得られるかとお聞きしたら、信心を得たければ、雷が鳴っても、台風で荒れておっても、それを耳に入れずに安田の寺へ聴きに来いと言われた。それで離れた村からあの雷の鳴る晩もわざわざ北安田の寺へ

参った。そして聞かして貰いましたということを話した。私の父は面白いことを仰る。雷の鳴る大荒の晩聞きに来いと言われたという。ここに、

たとい大千世界に
みてらん火をもすぎゆきて
仏の御名をきくひとは
ながく不退にかなうなり

というこころを私の父はこの婆さんに語られたものと思う。今世界中に満ちておる火を超えて仏の所へ進んでゆくという強い意志をもって行くならば、きっと仏になれる。雷が鳴って荒れた中を進んで行く程の決心があって初めて仏様の教えを頂くことが出来る。そして仏になることが出来る。一度仏のおこころが頂けますと、今度はその仏様の御廻向の力によって、一切衆生を済度することが出来る。自分一人でない、一切衆生の済度を教えて下さる。

御開山は『無量清浄平等覚経』の御文の、所々御引用になったのだが、いつも自分の頂いたことを自分の言葉で言わないで、経文そのままをお引きになる。キリスト教の『バイブル』を読んでおると、キリストは「私の言葉でない、神の言われることだ、お経に記してあることだ」と言われますが、御開山も自分がこう考えたと仰ることはない。全て教えのままに、自分がそうして得させて頂いたという喜びを持っておられる。だから、お経の言葉をそのまま御引用になって、自分はこうしたお育てを受けておると仰ってある。そうだからそのままが御開山の精神生活なんであります。その御開山の精神生活の根柢を見ると、何処迄も本願の貰われ心、願の世界、そこに一心専念に勉強せよ、精進せよ、怠るな、惰けるな、一生懸命やれ、どんな難儀な事が来てもそれを恐れるな、そこを進んでゆくのだ。本当の悟りは火の川、水の川の中を進んで行く、そこにこそ頂かれるのだ、一度そのお育てを頂かれたら、一切衆生と共に悟りを開いて、真に朗らな明らかな世界に入ることが出来るのだということを、御開山はお経の奥にお味わいなされてお喜びになられた。そのおこころのままに御引用になったのが只今の御文であります。

（昭和八年十二月二十九日・松田利勝家）

第十六講

『悲華経《ひけきょう》』の「大施品《だいせほん》」之二巻に言《のたま》わく。願わくは我阿耨多羅三藐三菩提《あのくたらさんみゃくさんぼだい》を成《じょう》じ已《おわ》らんに、無量無辺阿僧祇《むりょうむへんあそうぎ》の余仏《よぶつ》の世界の所有《しょう》の衆生、我が名を聞かん者、諸《もろもろ》の善本《ぜんぽん》を修して我が界に生《むま》れんと欲《ほっ》せん。願わくは其の捨命之後《しゃみょうののち》、必定して生《しょう》を得しめん。唯五逆《ごぎゃく》と、聖人《しょうにん》を誹謗《ひぼう》すると、正法を廃壊《はいえ》するをば除かん、と。已上

『教行信証』の「行の巻」に「大行とは則ち無礙光如来の名を称するなり」、と一番初めにお書きになった。そのおこころは、遠くお釈迦様の御化導の上にお味わい遊ばす為に、先ず初めに、康僧鎧三蔵訳の『大無量寿経』を御引用になった。それから『大無量寿経』の異訳を順を追って御引用になった。今拝読したところの一節は曇無讖三蔵訳の『悲華経』の御文であります。この『悲華経』には、第十八願のおこころをお述べになってある。変わった言葉で飜訳されてあるというけれど、おこころは一つなのであります。

『悲華経』の「大施品」之二巻に言わく。願わくは我阿耨多羅三藐三菩提を成じ已らんに」。阿耨多羅三藐三菩提という語はいつも出てくるが、無上正徧知、無上正等覚という意味であります。この上もないまことの覚りを得已って、「無量無辺阿僧祇の余仏の世界の所有の衆生、我が名を聞かん者、諸の善本を修して我が界に生れんと欲せん」、無量無辺は、はかり無い。阿僧祇は無数、数え切れない程沢山。諸の善本は善の本、これは念仏を称えることである。念仏を称えることである。諸善の本というのと、諸々の善本という意味が違うてくる。沢山の善がある。その本になるのはお称名することである。その時は諸々の善本である。諸々の善の本である。この阿耨多羅三藐三菩提を成じたものは我が世界に生まれたいと欲う。

「願わくはその捨命之後、必定して生を得しめん」、その人の命終った時、きっと我が国に生れるようにさせてやる。

「唯五逆と、聖人を誹謗すると、正法を廃壊するをば除かん」。五逆はいつも出てくる、父を殺し、母を殺し阿羅漢を殺し、仏身より血を流し、和合僧を破る。これは悪いという中でも殊更悪い五つのことであります。次には聖人を誹謗する。聖人は、尊い方、正法は、仏様のお説きになるみのり、廃壊は破る。それらの者を除く。これはお称名の徳を現わすために御引用になったのである。

ここに第十八願のおこころと、第十七願のおこころと二つにしたおこころを味わうのであります。恐らくこの飜訳者は第十七願、第十八願を一願として飜訳されたものと思う。

我が仏となった時に、他の沢山の国の仏さん、沢山の国の衆生が、我が名を聞いてそして我が名を称える。そういう者はきっと我が名を称えて我が国に生まれたいと思う、と。これは欲生我国である。第十八願に、至心信楽とあるのを、ここには諸々の善本を修してとある。欲生我国とあるのを、我が界に生まれんと欲せんとある。若し生まれずば正覚を取らじとあるのを、願わくば我が仏となった時に、他の沢山の国の仏さん、沢山の国の衆生が、我が名を聞いてそして我が名を称える。

ここに第十八願のおこころと、第十七願のおこころと二つにしたおこころを味わう

この世に命終る時にきっと我が国に生まれさせたい、これが仏様の願いである。但し、五逆罪を造ったり、聖人を謗ったり、正法を破った人は私の手に合わんで仕方がない、こう仰ってある。

これはいつも出てくることで、お慈悲のある仏様ならば、そういう除かれるようなことはなさそうだ、何故そのように除かれるのだろうという疑問が起こる。本当に我々が心から仏様の御名を聞いて阿弥陀様の国に生まれようという方に心を向ければ、自然

と親を殺したり、仏を傷付けたり、尊い人を謗ったり、尊い御法を破るという事は出来なくなる。そういう事をするということは、お念仏の申しようが足りぬということである。仏様の広大な命、限りない御光のお徳を聞いて、仏様をお慕い申して、御名を称え、私はどうかそうした広大な心の世界に生まれ出させて貰いたい、こういう願いがはっきりしているならば、自然と全ての生活が統一されて、そこに向って行くので、五逆罪を造ったり、聖人を誹謗したり、正法を廃棄するというようなことも無くなるのです。我々は悪い事をせまいということを考えるよりも、善い事をして行くということに精を出すことがよいのです。子供に、そういうことをするなと言うて聞かすよりも、これをしなさいというて善い事を与えてやることが大切である。仏様は我々に、ああするな、こうするなと教えて居られるけれども、阿弥陀如来は、ああするな、こうするなと仰せにならないで、我が名を称えて我が国に生まれようと思って我が方に歩いて来る者ならば皆迎え取る、こう呼んで下さるのである。その仰せが聞かれる時、仏を慕うて仏の方に向うて歩き出すことが出来る。そうすれば自然と五逆罪を造ったり、聖人を誹謗したり、正法を穢すことが無くなって行くのです。こういうことを承る時、我々の日常生活に、色々の悩みをもって人の悪口を言うたり、人を怨んだり、嫉んだり、妬んだりするという心を起こすことは、要するに仏の教えの聞きようが足らんのです。又仏になろうという願いが薄いのです。ま だ仏名の称えようが足らんのです。仏の名を称えるという業によって、我々の生活は統一されてゆくのであります。このことを教えて下さるのであります。

ここ迄ずっと、『無量寿経』と、『如来会』と、『人道経』と、『平等覚経』と、『悲華経』とを御引用になった。それで御引用の文は済んだのであります。そこで御開山が一文を加えられます。

爾れば名を称するに能く衆生の一切の無明を破し、能く衆生の一切の志願を満てたまう。称名は則ち是れ最勝真妙の正業なり。正業は則ち是れ念仏なり。念仏は則ち是れ南無阿弥陀仏なり。南無阿弥陀仏は即ち是れ正念なり。知る可し。

仏様の名を称える者は、能く衆生の一切の無明、暗い心を破って明るくさせて下さる。我々は毎日日暮しをしておると、時々真暗闇になります。南無阿弥陀仏のお称名をすることによって、衆生の一切の無明、暗い心を破って明るくなる。よく衆生の一切の志願を満たして下さる。我々は毎日日暮しをしておると、時々真暗闇になります。南無阿弥陀仏のお称名をする

仏様の名を称える者は、能く衆生の一切の無明、暗い心を破る。よく衆生の一切の志願を満たして下さる。我々は毎日日暮しをしておると、時々真暗闇になります。昔私達が編集したのだから、前にすっかり読んでおった本であったが、今新しく先生の教えを聞かして頂いた。先生が亡くなられる二年程前、明治三十三年頃、私共と共に東京においでになった。病気で寝ていられた時、疑いの人生に向うのは生きて行く甲斐がない、という言葉を我々は先生から聞いた。久しく肺を病んでおられ、奥さんも病身、生活も大変苦しかった。その頃、原子君は国に帰って東京に居られた。その時の言葉である。先生は常に悶々と心に疑いを持っておられたということが察せられる。この暗い心の中に、常に明らかな世界を拝んで進んで行かれた。

我、他方の救済を念ずるときは、我が処するところに光明照し、我、他力の救済を忘るるときは、我が処するところに黒闇覆う。

ということは後からの喜びの記録であります。この他力救済を念ずることによって人生の暗黒世裡を脱して、

清風掃々の光明海中に遊ぶを得るもの、その大恩高徳豈《あ》に区々たる感謝嘆美の及ぶ所ならんや。

と感謝しておられます。

私は暗い思いに閉されておる時に、南無阿弥陀仏とお念仏が出るとすっとする。気が立っておる時、お念仏をするとすっとする。心が閉ざされておる時、南無阿弥陀仏が現われてくると清らかな風が吹いて暗闇が晴れる。何時の間にかわかって来る。私をお念仏が助けて下さるのであります。南無阿弥陀仏を称えることによって、進んで行く道がわかるのです。怒り、腹立ち、妬み嫉み、悩みというものがすっと取れてゆく。念仏によって無明が晴れてゆく。衆生の一切の無明を破ると同時に、又この称名は、衆生の一切の願いを満たして下さる。南無阿弥陀仏と称えることによって我が世の一切の悩みも晴れる。ただ、お聖教の御文は単なる言葉ではない。御開山はこれをお書きになった時に、ちゃんと御自分のお領解があったのです。南無阿弥陀仏とお称えになった時に、あなたのお心の中に志願満足したのです。

阿弥陀如来の本願を聞いて、私も南無阿弥陀仏になりたいという願いが起こる。それが中心の願いである。この世の一切の事は南無阿弥陀仏になる道中である。それがはっきりすると、今度は南無阿弥陀仏という時に、全ての願いが南無阿弥陀仏に成就して行くのです。南無阿弥陀仏、これに全てが満たされる。

お金が欲しい、名誉が欲しい、御馳走が食べたい、等色々の願いがあるが、それは小さな願いである。畢竟はこの光明無量・寿命無量の南無阿弥陀仏になるという願いに納まる。だから南無阿弥陀仏を称えることは、南無阿弥陀仏と称える時に、我々の一切の志類が満たされる。

「称名は則ちこれ最勝真妙の正業なり」、南無阿弥陀仏を称えることは、最も勝れた、そして真実であって又不可思議な正しい業であるという意であります。正業とは正しい業、業というのは我々の所作である。身体の業、口の業、心の業、この身口意の三業は皆業であります。南無阿弥陀仏を称えるということは、その業の中で最も勝れた、最も真実な、不可思議な正しい業である。南無阿弥陀仏という業が業因となって業果を招くのです。

善導大師は、南無阿弥陀仏を称えることは正定の業だと仰った。御開山は、大行とは則ち無礙光如来の名《みな》を称するなりと仰った。我々は朝から晩までいろんな所作をなしておるが、その一番善い所作は南無阿弥陀仏を称えることだ。このことを深く味わわして貰わねばなりません。生きて行く内に色々と辛い事に悩むということも、要するに念仏の申しようが足らないのだ。こういう時形式的に南無阿弥陀仏の数を沢山称えればよいと思うが、それは間違いである。数で勝負するのでない、億念の称名、仏を慕う

心からお念仏を相続するのだ。そうすれば自然に柔和忍辱の心も出てくる。そこに我々の生活の統一点があるのであります。

今、本願寺の寺務総長をしておられる阿部恵水さんのお父さんの恵行さんがやはり本山の執事をしておられた。その頃本山に沢山の借金があって、随分借金取りが来る。と、阿部さんは他の事は何も言わずにただ南無阿弥陀仏南無阿弥陀仏と称えておられた。借金取りは話も出来ず、金も貰えず帰るより外なかった。私ら学校に居った時、阿部の狸坊主は借金取りを念仏で追い払うということを聞いておった。が、念仏を称えて借金取りを払うたというが、阿部さんは借金の事は何も知らず、たまたま執事になったところが、本山へ借金取りが無闇に来る。借りた金は返さねばならぬ、今は無い、直ぐ払えと催促する。仕方がない。言訳をする暇に念仏しておられたのだ。仏を念じておられたのだ。借金取りの矢の催促が御縁となって南無阿弥陀仏が出させられた。こういう具合に味わってみると、阿部さんという人は偉い人であったと思う。そういうことを思うと南無阿弥陀仏は借金取りを追い払う力がある。

「正業は則ち是れ念仏なり」、称名するということは正業である。それを意味を強めるために、正業は則ち是れ念仏なり、と。人間の最も正しい業は念仏することだとはっきり仰ってある。「念仏は則ち是れ南無阿弥陀仏なり」、念仏というのは南無阿弥陀仏のことだ。六字の御名号だ。「南無阿弥陀仏は即ち是れ正念なり。知る可し」。これは大変味わいの深いことである。

称名は則ち正業だ、正業は則ち是れ念仏だ、念仏は則ち是れ南無阿弥陀仏だ、南無阿弥陀仏は即ち是れ正念なりと。この念仏というのにはいつも言うように四通りある。観念の念仏・意念の念仏・称名の念仏・実相の念仏。仏をこっちの思いに思い浮かべるのは観念の念仏。こちらの思いを仏の方に打ち込んで行くのは意念。仏の心を思い浮かべ、仏に打ち込んで行くところに、仏と自分と一つになる所がある。その一つになった時に仏の名が出てくる、そうすると全てが仏のように見える、これが実相であります。ところが普通に念仏というのは、称名のことである。南無阿弥陀仏を称えることである。法然上人が念仏為本と仰った時の念仏は、観念も、意念も、実相も含めた念仏である。ところが弟子の中には、ただ南無阿弥陀仏と口にさえ称えておればよい、こういう念仏相続者が出ましたので、それを御開山は、念仏というは只鷹揚に称えるに非ず、信心があって初めて念仏があるのだ、称名の本は億念だ、憶念称名は信心為本だと細かにお味わい下さったのであります。そして法然上人の念仏の実義を明らかにして下さったのであります。その点からいうと『選択集』は真実義を現わすために御製作になったということも出来るのであります。

称名は正業である、正業は念仏である。口に称える称名は口業であります。正業称名は則ち是れ念仏なり、口業が念仏になると意業です。単なる称名でない、仏を念ずる称名である。念仏は則ち是れ南無阿弥陀仏、南無阿弥陀仏とは仏様の名である。我々が称名する、仏の名を称えることは、いわゆる能行である。我が口に南無阿弥陀仏が出る、我が心から南無阿弥陀仏を念ずる。能行というのは我が口に出る南無阿弥陀仏です。仏さんの方で成就して下さる南無阿弥陀仏は所行です。能行の念仏がそのまま所行の南無阿弥陀仏である。我々が仏を恋い慕うて称うるこの念仏がそのまま仏が成就になった御名である。機と法とに分ければ、我が称える念仏が機の念仏、仏の念仏が法であります。機の念仏と法の仏名とある。南無阿弥陀仏は即ちこれ正念なり、正しい思いである。このお蔭で我々は南無阿弥陀仏を称えて仏になるのであります。正念という時には仏様の念である。仏様の念が見えて下さるのである。ここ迄行くと我々が南無阿弥陀仏と称えるのは、心に南無阿弥陀仏を思うからである。その南無阿弥陀仏を思うのも南無阿弥陀仏である。仏様の、衆生が可愛いという思召しが私の心に乗り移って私の南無阿弥陀仏になる。私の正業として現われて下さる。阿弥陀如来様の念力が私の心に流れ込んで下さる。その念力によって私が南無阿弥陀仏と仏を念ずる。そして南無阿弥陀仏と口に称える。仏の称えさせて助けねばおかぬという念力があって、私の口から南無阿弥陀仏と出て下さる。だからこの南無阿弥陀仏は我が賢くて称えるのでない、仏様が十七願をお建て下さったその念願力から、その口に成就して下さるということを味わうのであります。この御開山様の称名の念仏と、南無阿弥陀仏と、正念と、この御本願の重々無尽の他力廻向の広大なお味わいが喜ばして頂けるのであります。

（昭和九年一月十二日・松田利勝家）

第十七講

明日四時五十分の汽車で武雄が出発するようになった。二月一日横浜出帆ハワイに赴任します。二十一日興徳会で送別会をして貰った後、ぼちぼち皆さんが餞別を持って来て下さる。まことに有難く思います。どうも毎年、私が出たり、武雄が出て餞別ばかり貰い続けて恐れ入る次第であります。

今日は『教行信証』の「行の巻」の続きを教えて頂こうと思う。先日で『無量寿経』とその異訳の御引用の所を終りました。今日は『十住毘婆沙論』の御引用のところであります。

『十住毘婆沙論《じゅうじゅびばしゃろん》』に曰《いわ》く。有る人の言《いわ》く、般舟三昧《はんじゅさんまい》及び大悲を諸仏の家と名《なづ》く、この二法従《よ》り諸《もろもろ》の如来を生ず、と。此の中に般舟三昧《はんじゅさんまい》を父と為《な》し、大悲《だいひ》を母と為《な》す。復《また》次に般舟三昧《はんじゅさんまい》は是れ父なり、無生法忍《むしょうほうにん》は是れ母なり。『助菩提《じょぼだい》』の中に説くが如し、般舟三昧《はんじゅさんまい》の父、大悲無生《だいひむしょう》の母、一切の諸《もろもろ》の如来は是の二法従《よ》り生ず、と。家に過咎《かく》無しとは家清浄なるが故なり。清浄とは六波羅蜜《ろくはらみつ》と四功徳処《しくどくしょ》と方便と般若波羅蜜《はんにゃはらみつ》と善《ぜん》と慧《え》と般舟三昧《はんじゅさんまい》と大悲《だいひ》と諸忍《しょにん》と、是の諸法清浄にして過《とが》有ること無きが故に、家清浄と名《なづ》く。

『十住毘婆沙論』十五巻。竜樹菩薩の御作で『華厳経』「十地品」のうち、初地と二地を解釈した書であります。この『十住毘婆沙論』のうちに「易行品」という所で、竜樹菩薩が御自分の御安心をお述べになっておる。その御安心に念仏往生の道を教えて下さるのであります。

御開山は三国の沢山の高僧のうちで、殊に高僧七人を選ばせられた。七人のうち二人がインドの方で、第一祖の高僧が竜樹菩薩、第二祖が天親菩薩であります。この竜樹菩薩は釈尊がおかくれになってから七百年後、南インドにお生まれになった方で、今日八宗何れの人も竜樹菩薩を崇めています。この竜樹菩薩は千部ものお聖教をお作りになったので千部の竜樹といわれております。その中でも殊更『十住毘婆沙論』、その中でも「易行品」という一章がよく念仏のみのりを教えて下さってあるので、御開山は特別これを崇められたのであります。そしてこの「行の巻」にもその一節を御引用になっておるのであります。

これからは『十住毘婆沙論』のうちの「入初地品」を御引用になります。「有る人の言く、般舟三昧及び大悲を諸仏の家と名《なづ》く、この二法従《よ》り諸《もろもろ》の如来を生ず」と或る人の言葉を引いて言われるのであります。般舟三昧、これは梵語の音写である。般舟とは常行或いは常行道、或いは仏立、そういう意味のある梵語だそうです。三昧は定、寂かなことである。般舟三昧というのは、九十日間立ち詰めにして、仏を念じ、仏の名を称えることである。善導大師はこの般舟三昧から『般舟讃』というお聖教をお書きになった。天台宗には般舟三昧の常行を修めた者が居る。九十日間を立ち詰めにしてお念仏を称える。随分えらいものです。真宗などに於ける行道散華というのは、大法事の時に立ってお経を読むことであります。

昭和六年北支へ行った。天津の寺院で支那の人が念仏法要をしておるのに会いました。お坊さんがお経を読む、お経が済むと参詣人が合掌して、お坊さんの後に蹤いて南無阿弥陀仏を称えて行道する。私達もその行道に交ってお念仏してきました。大正十五年インドへ行く道すがら、ペナンのお寺へ参りました。このお寺にも沢山の人が行道してお念仏を称えておりました。大方の人が一つの行道が終るまで立って念仏しておった。これはもう真に迫っておった。

我々は何か心配事があるとじっと坐っておられない。立ったり坐ったりして尻が落ち着かぬ。二階がある家だと段梯子を上ったり下ったりする。そういうことはその人に気にかかることがあるという一つの証拠であります。自分の今日の行き先が本当に気がかかる人はじっと坐っておれんのであります。立ち詰めにして念仏するというのは、如何にもせわしい姿である。善導大師は、法を求める人の姿は急走急作して頭燃を払うが如しと仰った。これはどういう意味かといいますと、前髪に火がついて燃えてくる、それを払いのけるような心持で仏法を求めなければならぬ、こういう意味であります。これと同じような心持がこの般舟三昧の行であるのだろうと思います。それを何故仏立というか、仏が立つというか。行をしておる人の前に仏が立って下さる、こういうような意味があるのは自力の願いがあるようにも思われます。が、自分が立ち詰めにお念仏するばかりでなく、自他共にお念仏する人の前に仏が立って来て下さる、こういう意味であります。般舟三昧ということを段々味わいますと、もう尻が地に着かぬ程熱心に仏に向い奉る心の現われということがわかります。

「般舟三昧及び大悲を諸仏の家と名《なづ》く」、立ち詰めに念仏することと、大きなお慈悲、これが諸々の仏の家である。なぜそういうことをいうかというと、「この二法従《よ》り諸《もろもろ》の如来を生ず」、この般舟三昧と大悲というこの二つの法から諸々の如来が生まれる。これは面白いことです。般舟三昧は一生懸命に仏を求めるこころです。大悲は衆生を慈《いつく》しむ心です。この二つから諸々の如来が生まれる。般舟三昧は念仏である。大悲は念衆生である。上求菩提の心が般舟三昧、下化衆生の心が大悲である。この二つから諸々の如来、仏さんがお生まれなさったのだ。仏の前に立つというこの般舟三昧は大変趣き深いことであります。我々念仏する者、又道を求める者の態度をはっきり教えて下さってある。坐っておるのでない、聴聞ということも出て聞けということになるのです。足を運べということです。じっと家に居ってはわからんのです。雪の中でも雨の中でも足を運んで念仏せねばならない、言わば立ち詰めに仏を念ずるのであります。

私は若い頃京都に居った。その頃京都の宿屋でも、商家でも、その家の奉公人は朝一旦下におりると一日中おりた切りで上へ上がって畳の上に坐ることは出来ない。女中でも下男でも一日中立ち詰めで、飯を食べるのにも勝手元に腰掛けて食べる。それはぬかりなく御用をするという時にはこうなけりゃならんのです。

昨日倉重君から手紙が来た。五年前軍隊に行って上等兵迄なっていたが、今軍隊に再び入ると昔とすっかり勝手が違う。食うことから顔を洗うことから寝ることまで初めから皆習わねばならん。この手紙も一寸した時間を見付けて書いた。昨日もお菓子が二つあたったが、兵隊は皆それを食うておる暇がないので、箱に入れて持っておると書いてあった。兵隊に行くと御飯を早く食い、顔を早く洗い、早く歯を磨く、やはり立ち詰めである。急走急作して頭燃を払う如くせわしいのである。忙しいということは一生懸命なということである。三悪道の火が自分の足の下に迫っておるということがわかれば、じっと落ち着いておられない。そこで立ち詰めにしてお念仏する心も出て来ます。そういうところから般舟三昧というは、常行三昧とも又仏立三昧とも言えるだろうと思います。これが尊い修行である。よく旅から子供が帰ってくる時に、親達は立ったり坐ったりして子供の帰るのを待ちこがれる。足音でもすると飛び出す。そういうことを承知の上で念仏常行を現わされたのであります。

この般舟三昧と大悲ということが本になって、そこから諸々の如来さんが生まれられる。

「此の中に般舟三昧を父と為し、大悲を母と為す」、般舟三昧は、例えば父親のようなもの、大慈悲は母親である。「復《また》次に般舟三昧は是れ父なり、無生法忍は是れ母なり」、色々の譬えを示し出されるのであります。父と母と分けたのは、光明と名号を父と母とに分けられたのと同じ心です。御開山の教えを受けると、「良《まこと》に知んぬ。徳号《とくごう》の慈父《じぶ》無《ましまさ》ずば能生《のうしょう》の因闕《か》けなん。光明の悲母《ひも》無《ましまさ》ずば所生《しょしょう》の縁乖《そむ》きなん」、こういうお言葉があります。父というのは能生である。本当に生まれしめるものである。衆生というは、その生まれるものの依り所となるもの、慈母である。母はそれを育ててくれる、こういう所から言われるのであります。そうするとその般舟三昧は如来の父だといい、大悲を母だという。ここに念仏成仏の道があるのである。仏になる道の本《もと》は、仏の種は念仏だというのです。立ち詰めに仏を慕う念仏の心が仏になる本だというのです。そこから仏が生まれて下さる。じっと坐っておることが出来ない程思い詰めた心で仏を念ずる、それが仏を生み出す父親だという。その父親が今度は衆生に対して大慈悲を恵む。おだやかな、ひろびろした心の母が育て、そして仏が生まれさせられる。般舟三昧は父だ、無生法忍は母だという時には、やはり一生懸命仏を念ずる。これが仏の種だ、その種が何によりて養われるかというと、無生法忍である。無生法忍というのはお経の中にも書いてありますが、決定心である。仏になるぞという決定を得る。無生の法というのは不生不滅の法である。初めなく終りがない、いわゆる常住である。法の常住である。忍は忍可決定で心に覚ること。

『『助菩提』の中に説くが如し』、『助菩提』というのは、『菩提資糧論』六巻中の偈文の事で、この偈文は竜樹菩薩の作である。その本の中にくわしく説いてある。

「般舟三昧の父、大悲無生の母、一切の諸《もろもろ》の如来は是の二法従《よ》り生ず、と。家に過咎無しとは家清浄なるが故なり」、過咎なしとは間違いが無いということで、過は咎、咎は間違いということです。これはどういう所から出たかというと、家が汚いと家の中に咎が出来る。家に間違いがないということは家が奇麗だからです。汚い所からは色々なものが発生する。

「清浄とは六波羅蜜と四功徳処と方便と般若波羅蜜と善と慧と般舟三昧と大悲と諸忍と」、六波羅蜜とは、生死の此岸より煩悩罪濁の海を渡って涅槃の彼岸に到る意で、布施・持戒・忍辱・精進・禅定・智慧を六波羅蜜という。

四功徳処とは行住坐臥の功徳で、諦・捨・滅・慧の四法をいう。我々が歩けば歩いたで坐ったら坐ったで、寝たら寝たで行住坐臥全てに徳を積んで行くというのが四功徳である。

方便とは、お慈悲の心から色々の手だてをめぐらして衆生を済度するというのが方便である。

般若波羅蜜、これは六波羅蜜の一つである。智慧である。一切諸法の真空の理に達した智慧である。

それから善と慧と般舟三昧と大悲と諸忍と。諸忍は、忍に種々あるから諸忍というてある。

「是の諸法清浄にして過有《とが》ること無きが故に、家清浄と名《なづ》く」。菩薩の家は清浄だということを、こういうような心があるから奇麗だと言ってあるのであります。こういう生活をしておるところから間違いが出来ないというのであります。それがこの反対になると、そういう穢れがあるから色々の間違いが出てくる。ここらも味わい深いことであります。

私は時々間違いをやる。過ちをやる。今年も四月に水戸へ行った時に間違えて二階から落ちて怪我した。そして寝て居った時に呉の或る人から、あなたは立派な御坊さんであるのに間違いをすることがあるか、間違いは心に隙があるからだ、そういう間違いをするような者は善知識でないと言うて意見をして来た。これは真言宗の人であります。本当にそうである。心に何か穢れがある時に間違いをする。仕損いをするというのは生活に隙があるのです。垢が着いておるのです。清浄の心には間違いはない。私は寝呆けて間違って二階から落ちた。そういう人は善知識とは言えないと叱ってくれた人の言う通りであります。やはり私の心に隙があるのであります。穢れが間違いを作り、過ちを作り、失敗を招く。自分は仕損いばかりしているということは我が心に穢れがあるということである。我が心に不善があるということである。私は勤行を仕損いする。一生懸命にならんのだ。妄念妄想に囚われているから仕損いをするのだ。何でもうわの空になっているのです。和讃でも二首目か三首目かを忘れるというのは専念でない証拠だ。外の事を心に浮かべておるのです。だからそういう事は申し訳のないことである。やはり穢れておるのです。そういうと、六波羅蜜というも、四功徳処というも、般若波羅蜜というも、善というのも、慧というのも、般舟三昧というのも、大悲というのも、全て念仏の心は一生懸命ということである。だからこうして並べてあるということは全て一心不乱という言葉を現わしてあるのです。この脇目ふらずに一心にやって行く姿が立ち詰めに念仏するという般舟三昧のこころである。これは清浄の家です。この家から芽が育ってくるのであります。そしてこの家に安住することが出来るのであります。

御開山は「行の巻」にどうしてこの御文をお引きになったのだろうか。念仏の道をお知らせになるためであります。そのために『無量寿経』や、その異訳をお引きになった。そして、称名念仏のお徳を讃嘆せられたのであります。「行の巻」の初めに「大行とは則ち無礙光如来の名を称するなり」とお述べになったその心持は、ずっとお経の上から、お味わいになっておるのであります。この『十住毘婆沙論』の中の御引用になっておる所で、何が一番重要な所かというと、般舟三昧である。般舟三昧を父だと仰る。行は生御開山は目を着けられたのであります。我々の念仏といい、行というものは、無礙光如来の名を称えることである。行は生活である。生活の中心はどこにあるべきかというと、立ち詰めに念仏するということにある。坐っておられない心でない。坐っておられないほどの真面目さを持ち、一生懸命の心を持って、丁度遠くから帰ってくる子供を親が待ち受けておるような心を持ってお念仏す胸を躍らせ血を湧かして仏の名を称える。我々がお育てにあずかって、雪の中をも、風の中をも、じっと内におることが出来ずして聴聞に出かける心であります。立ち詰めに念仏する心が頂かれるということは、大悲無生の母が既に如来様の大慈悲の心がる。こちらから足を運んだから助けて貰うというのではない、足を運ぶ前に既に如来様の大慈悲の心が種は下さっておるのです。そういうと仏の大慈悲が縁になってこの般舟三昧届いて下さったのである。そうして私の心に般舟三昧が起こったというのです。そういうと仏の大慈悲が縁になってこの般舟三昧ほどの真面目さを持ち、大慈悲の光明のお相はよくこのお念仏するというこのお姿を御開山は味わいの深いことであります。我々の生活はの因を起こして下さる。そうして私の心に般舟三昧が起こったというのです。立ち詰めにお念仏するというこのお姿を御開山は竜樹菩薩の御教えから味わわれたところに、御開ただ坐り込んだお念仏でない。立ち詰めにお念仏するということが窺われるのであります。もう自分はこれでよい、これでわかった、この山の教えて下さるお念仏が生活の中心である、ということが窺われるのであります。じっとしておれないぞという胸躍る思いで仏の御名を申れでもう極楽へ行くに間違いない、そういう坐り込んだお念仏でない。じっとしておれないぞという胸躍る思いで仏の御名を申し、仏をお慕い申して、そして生活を励み営んでゆくというところに御開山のお念仏の生活があるのであります。そこに常に精進して行かれた聖人のお念仏のお味わいをうかがうことが出来るのであります。

（昭和九年一月二十八日・明達寺）

第十八講

『十住毘婆沙論』は竜樹菩薩の御製作になったものであります。その中に「易行品」という一章がある。そこは、竜樹菩薩が色々学問なさったが、帰する処は、阿弥陀如来の御本願の大道であるということを告白なさった一章であります。御開山が浄土真実の行を現わされた中に、『無量寿経』の第十七願のおこころを段々御引用になった。次にこの『十住毘婆沙論』を御引用になったのであります。

是の菩薩此の諸法を以《もっ》て家と為すが故に、過咎《かく》有ること無し。

菩提を求むるところの菩薩がこの諸法を以って家と為す、法とは宇宙自然の大きな力の法則です。法則を家とするということは、起居動作が法に叶うて無理のない道を歩むということである。これらの菩薩の諸々の法を家としておる。何をしておっても、何処へ行っても家に帰る。家は帰る所です。そこは安らかな所です。腰を据える所です。菩薩はどういうことをやっておっても、終には法則という所に来る。色々の方面に心が飛んでおっても、仕業が乱れておっても、何をやっておっても危みがない。危みがあるということは法から離れておるからである。一切の事について最後には法の家へ帰る。帰る処は如来の家である。法の世界である。だから過咎がない。

世間道《せけんどう》を転《てん》じて出世上道《しゅっせじょうどう》に入《い》るとは、世間道とは即ち是れ凡夫所行の道に名《なづ》く。転とは休息《ぐそく》に名《なづ》く。凡夫道《ぼんぶどう》とは、究竟《くきょう》して、涅槃《ねはん》に至ること能《あた》わず、

「世間道を転じて出世上道に入る」。これは『華厳経』の言葉でありますがこれはどういうことか。竜樹菩薩はこれを、「世間道とは即ちこれ凡夫所行の道に名《なづ》く」と味わわれた。世間道とは凡夫の行う道ということであります。次に「転とは休息に名《なづ》く」と、休は休む、凡夫の道が休息する。凡夫の道が絶えるということである。もう一つ凡夫の道とはどういうことか、「凡夫道とは、究竟して涅槃に至ること能わず、常に生死に往来す、是を凡夫道と名《なづ》く」。そこ迄行っても、いくら究わめて行っても涅槃に至ることが出来ない。涅槃は梵音のニルバーナ、円寂、寂滅とも訳す。無為、無作、無生などともいう。迷妄を離れて寂静無為の法性を究めた悟りのことである。涅槃ということの一つの相には満足ということがある。明らかな光明ということである。凡夫の道はどこ迄行っても朗かに満足ということは得られないものだ。例えば我々が御馳走を食べたい、よい着物を着たい、お金が欲しい、或いは人の上に行きたい、こういう欲望を起こしてこれを満足しようと色々やる。が、こういうことはいくらやってもこれでよいということにならない。一を得ても二を欠く、二を得ても三を欠く、どこ迄行っても足らない。例え満足してもしたでそこに失うかといぅ心配がある。人と競争して勝てば今度は負けるかも知れぬといぅ不安と恐れを持つ。どこ迄行っても安心、落ち着きといぅことにはならないものである。自分の外に相手を求めてやることは、どこ迄行っても果てしがない。どうしても満足の境地に至ることは出来ない。究竟して涅槃に至ることを得ないのであります。

常に生死に往来《おうらい》す、是を凡夫道と名《なづ》く。出世間《しゅっせけん》とは、是の道に因《よ》りて三界を出《い》づることを得るが故に、出世間道と名《なづ》く。上《じょう》は妙《みょう》なるが故に名《なづ》けて上《じょう》と為す。入《にゅう》とは正《まさ》しく道を行ずるが故に、名《なづ》けて入《にゅう》と為す。是の心《しん》を以《もっ》て初地に入《い》るを歓喜地《かんぎじ》と名《なづ》く、と。

「常に生死に往来す、是を凡夫道と名く」、生死とは生まれ死ぬということである。凡夫道とは極めがないということである。だからどこ迄行っても安堵のない道である。

「出世間とは、是の道に因りて三界を出づることを得るが故に、出世間道と名《なづ》く」、この初地不退の菩薩の道は、欲界・色界・無色界、この世界を出ることが出来る。故に出世間の道ということが出来る。その道に上という字を加えたのはどういう訳かというと、これは、「上とは妙なるが故に名《なづ》けて上と為す」と、妙は不思議です。この道は普通の我々の凡夫の行とは勝れておる不可思議な道である。即ち他力念仏の一行を行ずる道であるから上という字が加えられた。

「入とは正しく道を行ずるが故に、名けて入と為す」、入るというのは、出世間の道に入る。入るとは生まれることである。世間の道を転ずるということである。出世間の道に入るというのは、出世間の道があるからである。お経の中に「横截五悪趣、悪趣自然閉」とある。横ざまに五悪趣を截《き》り、自然に悪趣が閉づとあるのは、転ずる姿である。凡夫の道が止んで、ここに涅槃に行く道を生むということが入《にゅう》ということである。

「是の心を以て初地に入るを歓喜地と名《なづ》く」、凡夫の道が止んで、三界を離れる道に生まれる。これは初めて出世間の道に踏み込んだ時で、歓喜地という。地は大慈である、どっしりと腰が落ち着く相である。初めて出世間の道に生まれると喜びが溢れてくる、それを歓喜地という。凡夫の道は不安の道である。どこ迄も生死を往来してばかりおる。この凡夫の道を離れて出世間の道に入ると、初めてどっしりと落ち着けるのであります。だから喜ぶことが出来る。喜びが初めて湧いてくる。その境地を初歓喜地と名《なづ》く。これは御信心の一念のところである。本願を信受すれば、前念の命終るなり、即ち後念生まれるなり、と御開山は仰っておいでになる。我々が阿弥陀如来の本願を聞いて、その本願に乗托すると出世間の道に入るのです。それ迄は我が了見で、身上《しんしょう》をよくしようとか、或いは人の上に行こうとか、そういうことばかり望んでおる。ところが阿弥陀さんの本願を聞いて、一切衆生と共に涅槃清浄の悟りを開くというこの本願を聞いて、その本願の大道を自分の生活で見出す、本願の大道を自分の生活のうちに見出すということは、阿弥陀さんの本願が我が心になるからである、この本願成就の道を自分が歩むようになる。その時に喜びが湧いて出る。すべての距たり、全ての縛りというものが解かれる。だから丁度縛り鉄が取れたようなもので、非常に快活な晴々した境地が味わわれるのであります。だからその時には、飛び上がるような喜びがある。人生が変ってくる。その境地が歓喜地です。そこに信の一念の味わいがある。一念歓喜とか、一念慶喜とかいう。すっかり心が開放せられる。だから踊り上がるような喜びの境地となる。

（昭和九年二月五日・村井一二家）

第十九講

『華厳経』の中には菩薩の修行の階段を五十二段に分けて記してあります。第一が十信、第二が十住、第三が十行、第四が十廻向、第五が十地、それに等覚、妙覚。これが五十二段の菩薩の階級です。十地のうちの第一地を初歓喜地と名付ける、初めて喜ぶ地となる。どうしてこの位が歓喜地というかということに就いては面倒であります。

竜樹菩薩がこの『華厳経』の「十住品」を講釈して『十住毘婆沙論』を御製作になった。そのうちの「易行品」という一章に御自督の御信心をこまかにお知らせになった。聖人はその『十住毘婆沙論』のうちの初歓喜地の位に就いての竜樹菩薩の御教えを御引用になった。ここに浄土の大行、お念仏の行のおこころを竜樹菩薩のお言葉を借りてお述べなさろうとなさるのであります。その続きであります。

問うて曰く、初地《しょじ》何《なん》が故ぞ名《なづ》けて歓喜《かんぎ》と為《す》るや。答えて曰く、初果《しょか》を得《う》れば究竟《くきょう》して涅槃に至るが如し、菩薩是《こ》の地《じ》を得れば心常《つね》に歓喜多し、自然《じねん》に諸仏如来の種《しゅ》を増長《ぞうちょう》することを得、是の故に是《かく》の如きの人を賢善者《けんぜんしゃ》と名《なづ》くることを得。

「問うて曰く、初地何が故ぞ名《なづ》けて歓喜と為《す》るや」、どうして最初の位を歓喜というか。「答えて曰く、初果を得れば究竟して涅槃に至るが如し」、十地の初地は初果という、初めての果報です。この初果を得れば、即ち十地の第一の位を得れば、究竟して、究竟とは、修行を段々極めて、真理を極めて行けば、涅槃に至るが如し。涅槃寂静は仏様の悟りのことです。ここに初めて仏さまの涅槃のこころを得られるのであります。即ちこの初地の菩薩となれば、必ず仏果菩提を悟ることが出来る。

「菩薩是の地を得れば心常に歓喜多し」、菩薩が初歓喜地を得られるならば、心に常に歓びが起こる。「自然に諸仏如来の種を増長することを得」、歓びが起こってくる。そうすると自然に諸々の仏の種を増すことが出来る。余り骨折らないで後から押されてゆくように自然に、無理なく仏果の種を増長することが出来る。御開山がやはり『教行信証』に、「爾《しか》れば、大悲の願船に乗じて、光明の広海に浮びぬれば、至徳の風静に、衆禍《しゅうか》の波転ず」と記された。これは仏様の御慈悲の願船に乗り込んで、光明の海に浮かんでゆけば、仏さまのお徳の風が静かに吹いて、諸々の禍いの波が近づけんようになる、こう仰るのと今のお味わいと同じことである。自然は他力を現わす。自然に諸々の如来の種を増長することが出来る。

「是《こ》の故に是《かく》の如きの人を賢善者と名《なづ》くることを得」、こういうような境地におる人は賢善の人ということが出来る。

初果《しょか》を得るが如しとは、人の須陀洹道《しゅだおんどう》を得るが如し。善《よ》く三悪道《さんあくどう》の門を閉じ、法を見、法に入り、法を得、堅牢《けんろう》の法に住して傾動《きょうどう》す可《べ》からず、究竟《くきょう》して涅槃《ねはん》に至る。

「初果を得るが如しとは、人の須陀洹道を得るが如し」、須陀洹道というのは、声聞四果の第一果で、三界の見惑を断じ尽して、初めて聖者の仲間に入った位である。一つの菩薩の道である。「初果を得るが如し」とは、須陀洹道に出た人は煩悩を断じてもはや如何なることがあっても揺ぐことがない。

「善く三悪道の門を閉じ、法を見、法に入り、法を得、堅牢の法に住して傾動す可からず、究竟して涅槃に至る」。この位に入ると三悪道の門が閉じる。三悪道の門とは、地獄へ行く門、瞋恚、腹立ち。餓鬼道へ行く門、これは貪欲、やたらに物が欲しい。次は畜生道へ行く門、これらは皆三毒の煩悩です。この位に入ると三毒の煩悩が起こらないようになるのである。そしてどうするかというと、法を見、法に入り、法を得る。法はドハルマ、宇宙自然の法である、この法が見えるのです。世の中の流れ、法則がわかる。その法の流れに自分が入りこんでゆくと法が我がものになる。これは面白い言葉である。例えばここに縄を綯うておる者がある。縄を綯うておるのを見るというのは法を見るのだ。法に入るとは自分で縄を綯うのだ。それから法を得るとは、本当に自分が縄を綯えるようになるのだ。先ず法を見て、その法の中に入って行く。そうすると法を自分のものにすることが出来る。「堅牢の法に住して傾動す可《べ》からず」、その法は常住です。諸行無常というが、法は常住です。非常に堅牢なものである。堅牢な法に住して「傾動す可《べ》からず」、傾はかたむく、動は動かす、動揺さすことが出来ない、確かな根拠を得るのです。心に据りが出来るのです。「究竟して涅槃に至る」、こういう具合に、ついには仏果涅槃に至るのである。

見諦所断《けんたいしょだん》の法を断ずるが故に心大《しんおおき》に歓喜す。設使睡眠《たといすいみん》し懶惰《らんだ》なれども二十九有《う》に至《いた》らず。一毛《いちもう》を以《もっ》て百分《ぶん》と為し、一分《ぶん》の毛《もう》を以て大海《だいかい》の水を分《わ》ち取るが如し。二三諦《にさんたい》は、苦の已《すで》に滅するが若《ごと》し、大海の水は余の未だ滅せざる者の如し。二三諦の如き心、大いに歓喜す。菩薩も是《かく》の如し、初地《しょじ》を得已《えおわ》るを、如来の家に生ずと名《なづ》く。

「見諦所断の法を断ずるが故に心大に歓喜す」、見諦とは真理を見て明らかにすること、所断とは断ずる所。見諦所断法というと、見道位にて断ずる煩悩のことである。例えば腹が立つのは暗闇の心があるからである。しかし道理が明らかになれば腹が立つ訳が無い。腹立ちが起こるということは心が暗い証拠である。心が明らかになった人には腹立ちはないのです。例えば人が、貴様馬鹿だという、そうすると、何で俺が馬鹿だとぐっと腹が立つ。それは心が暗いからだ。言われて自分が馬鹿だということがわかれば、その人に対して、自分が馬鹿なのに馬鹿と気付かんでおるのだ、よく言ってくれたなあとお礼が言える。そこにはもう腹立ちはない。腹立つというのは、道理の法を離れておるのだ。ものの道理がわかればさっさと仕末付けて行く。欲もそうである。やたらに貪る、欲を起こすということは、ものの道理がわからんからである。金が欲しい、欲しければ働けばよい。働かないで金欲しいというのは、それは貪欲である。金が欲しい、働いて儲ける、それは貪欲でない。力量の無い者が沢山欲しい、これは貪欲である。例えば友達が仕事をして金を千円貰うた、自分には何も当らん、馬鹿馬鹿しい、世の中は不平均だという。働かない者が貰わないのは当り前だと気が付かないで、友達の貰ったのに気が付いて世の中は不公平だ、私はつまらんという。随分そういうことがあるのです。自分に働きがないことを思わずに、人と一緒の待遇をして貰えないという不平、こんなのは貪欲である。ものの道理が明らかになれば欲も起きない。見諦所断ということは、ものがわかれば煩悩もなくなる。道理がわかれば煩悩も起こらぬようになるということです。だから三毒の煩悩ということは畢竟は暗闇である。法がわからんのだ、法に暗いのだ、法が暗いから突き当るのだ。法が明らかになれば三毒もなくなる。その所断の法を断ずるのです。「故に心大に歓喜す」、心が晴れ晴れとして喜ぶというのです。苦しいというのは心が暗いからである。明らかな光が出れば心も喜ばれる。

「設使《たとい》睡眠し懶惰なれども二十九有に至らず」、この境地になると一休みして眠っておっても、しばらく油断しておっても後すざりはしない。有というのは迷いの世界。三悪道の世界に至ることはない。それで譬えてみると「一毛を以て百分と為し、一分の毛を以て大海の水を分ち取るが如し。二三渧は、苦の已《すで》に滅するが若し、大海の水は余の未だ滅せざる者の如し。二三渧の如き心、大に歓喜す」、一本の毛を百に分ける、その百に分けた一分の毛を大海に入れて海の水を分かち取るとなれば、この初歓喜地の位に入って消滅した苦は、丁度大海の水のように多く、消滅しない苦は毛で分かち取った二三滴の水のように僅なものである。だから初歓喜地の菩薩は大いに喜ぶのである。

「菩薩も是の如し、初地を得已《おわ》るを、如来の家に生ずと名《なづ》く」、菩薩もまた初地の位を得ると生死に返ることがないから如来様の家に入ったというのです。

一切《いっさい》の天《てん》・竜《りゅう》・夜叉《やしゃ》・乾闥婆《けんだつば》、乃至　声聞《しょうもん》・辟支《びゃくし》等の、共に供養《くぎょう》し恭敬する所なり。

如来の家に入る、如来のおこころに遇う、その光に遇うので、あらゆる階級の生物、天・竜・夜叉・乾闥婆、又声聞・辟支等が共にこの菩薩を供養し恭敬する。供養は御馳走する、恭敬は敬うのである。如来の家に入っておるからである。例えて言うなら我が家に鹿児島から中間君が来ておる。ハワイから玉代勢、佐賀から野本、小松から平松が来ておる。我が家に居るためにわしの行く所で御馳走に預かる。この我が家に居らなかったらそういうことはない。丁度そういうようなもので、初歓喜地の人は如来の家に入る、だから如来様を尊重しておる人は、その家に入る人達を供養し敬うのである。これが自然の理である。

何を以《もっ》ての故に、是《こ》の家過咎《いえかく》有ること無きが故なり。

この如来様の家は危ぶみがない、過《とが》がない、だからその家に居るから大事にされる。村の人も町の人も、ああああの人は暁烏さんの家に、明達寺に居るから大丈夫だと思う。留守中に、家へ上ってお逮夜参りのお経を上げておっても、何の心配もないと安心しておる。若し私が泥棒の大将であったとすると、皆は暁烏へ行くと何人も盗人がおるぞ、あの家に居る者は油断がならんぞ、あの家の人が来たら気を付けにゃならんぞということになる。こういう具合である。菩薩の家に居る者は危ぶみがない。だからそこに居る人を皆敬う。

世間道《せけんどう》を転じて出世間道《しゅっせけんどう》に入り、但《ただ》仏を楽敬《ぎょうきょう》すれば、四功徳処《しくどくしょ》を得《え》、六波羅蜜《ろくはらみつ》の果報《かほう》の滋味《じみ》を得、諸《もろもろ》の仏種《ぶっしゅ》を断《だん》ぜざるが故に、心大《おおき》に歓喜す。

世間道というのはやはり貪欲・瞋恚・愚痴の世界、そういう世間の道を転ずる。転ずるとは、そのような道をなくする、そして出世間の道に入る。菩提に至る道に入る。

「但仏を楽敬すれば、四功徳処を得」、この出世間の道に入ると、仏を楽《ねが》い敬えば、楽《ぎょう》という字は楽しんで願うという意味を持つ。仏を楽敬するということは、自分が仏様のようになりたいということである。だから仏様を敬う。自分が金持になりたいと思う人は金持を敬うのです。自分が大臣になりたいと思う人は大臣を敬う。自分が悟った人になりたいと思う人は悟った人を敬う。この世間の道を転じて出世間の道に入る。こういう人はただ仏を楽敬して仏様を敬う。仏様を敬う者はよく四つの功徳を得る、行住坐臥に功徳の所を得る。仏様を楽《ねが》い、仏様を敬うておると仏の徳が自然に得られてくる。

「六波羅蜜の果報の滋味を得、諸の仏種を断ぜざるが故に」、布施・持戒・忍辱・精進・禅定・智慧のこの六波羅蜜を修めた果報で自利の利益を得る。行住坐臥に自らその徳が備わる。六波羅蜜の果報の滋養分が段々身に入ってくる。だから仏種がなくならない。段々育つ。だから歓喜が溢れるのである。

是《こ》の菩薩の所有《しょう》の余苦《よく》は、二三の水渧《すいたい》の如し、百千億劫に阿耨多羅三藐三菩提《あのくたらさんみゃくさんぼだい》を得と雖《いえど》も、無始《むし》生死の苦に於《お》ては、二三の水渧の如し。滅《めっ》す可《べ》き所の苦は大海の水の如し。是の故にこの地を名《なづ》けて歓喜と為す。

「是の菩薩の所有の余苦は、二三の水渧の如し」、それは世の中の喜びという喜びが皆備わる。従って苦しみも皆無くなるかというと、菩薩の余苦は二三の水渧のようなものがある。「百千億劫に阿耨多羅三藐三菩提を得と雖《いえど》も、無始生死の苦に於ては、二三の水渧の如し」、その果報を喜んでおるけれども、百千億劫の長い長い年月の後に阿耨多羅三藐三菩提、仏の悟りを得られるけれども、無始生死の苦に於いては、ずっと昔から苦しみ抜いておる。その長い間の苦しみと比較してみれば、消滅した苦は二三渧の水の雫のようなものである。「滅す可《べ》き所の苦は大海の水の如し」、未だ滅しない苦しみは大海の水程ある。滅した苦は僅に二三滴の水の滴りのようである、が聞法の信の喜びは深い。

苦しみは大海の水程あるとは非常に有難いお譬えである。或る人が、私は仏法を聞かない間は何も苦しみがなかったが、聞いたら余計苦しくなった、これなら聞かねばよかった、と言った。大変面白い事である。明らかな御法を聞かないと、ただ呆然と一人苦しんでいるのだ。ところが仏様の教えを受けたら一分の光がわかる、光が拝めるのであります、そこに喜びが出てくる。光の照らしに苦しみが明らかになって昔の真暗闇の時の苦しみと違うてくる。光に遇って飛び上がるように喜ぶ、が飛び上がるような喜びだけであるなら段々頭が高くなる。高ぶりの心が出てくる。と又、苦しみが沢山起こってくる。

我々には無始曠劫以来の苦しみ、百千億劫以来の苦しみが沢山残っている。苦しい所ばかりである、苦しみの底が知れない。が少しわかって来たら、そのわかった喜びとくらべると、わかった喜びは少しばかりであるということもわかる。御信心を頂かない前よりも頂いた後の方が苦しみがふえたというのは妙なんであるが、大海の水のような苦しみの中に二三滴の信心の光がそこにある。「是の故に此の地を名《なづ》けて歓喜と為す」、仏果涅槃の境地を歓喜地と名付ける。いわゆる信の一念のお味わいである。こういうところを頂いてみると、インドの南の方にお生まれになった竜樹菩薩と、二千年後の日本のこの雪の降る寒い所に生まれた私共とは、仏様の道を進むのに何等の隔りがない。一つの道を味わわして貰えるなあと思います時に、仏道に国境はない、時代に制限はない、偉大なるものであるということを味わわして頂けるのであります。

一寸喜び初めた時に、飛び上がるように喜ぶ。今迄真暗であった、何処に向うても閉ざされておったものが、すっと一歩開けてくる。こういう大きな心が開かれると、苦しみが出てきてもそれが却って一層の励みとなる。苦しみは大海の水程沢山ある。その苦しみは皆が持っておるのだ。仏種はささやかな灯火の如きものだが、それが自然に増長して行く。仏の力でそれを育てて貰うのだからどんな苦しみの坂が向うに見えても苦がない。さあ何でも来い、どんな苦しみにも耐えて行こう、それが法蔵菩薩の願の上に頂かれるのであります。「たとい身を諸の苦毒の中におくとも、我が行は精進にして、忍んで終に悔いじ」と仰った。この心持が味わわれるのであります。どんな苦しい坂でも私だけは行きましょう。ここに自然に育ってゆく成仏の心がある。それは如来のお育てにあずかり、如来の家に居る、如来を楽《ねご》うて敬うてゆく。その心に自然と行住坐臥に功徳を得、六波羅蜜の行が勤まるようになる。だから初めてこの地に入ったのを初歓喜地だ、という。『十住毘婆沙論』の中、初歓喜地の相を示す文をお引きになったところであります。

（昭和九年二月十日・明達寺）

第二十講

「行の巻」に竜樹菩薩の『十住毘婆沙論』を御引用になった。その続きであります。読んでくれるのを聞いておると我々の読み方が下手なので難しそうに聞こえる。けれども、御開山は丹念にお味わいになって、難しい所を皆に聞かすために、皆心のうちに安らかな喜びを与えようと思し召して、長々とこの文を御引用になったということを心に留めて、しんみりと味わいさせて頂きたいと思います。これからの御引用は『十住毘婆沙論』の「地相品」の中、歓喜の縁由を示されるところであります。

問うて曰《いわ》く、初歓喜地《しょかんぎじ》の菩薩、此の地の中に在《あ》りて、多歓喜《たかんぎ》と名《なづ》く。諸《もろもろ》の功徳《くどく》を得るが為の故に歓喜を地《じ》と為す、法を歓喜す応《べ》し、何を以《もっ》て歓喜するや。

初歓喜とは、菩薩の位に十心・十住・十行・十廻向・十地・等覚・妙覚の五十二段がある。そのうちの四十一番目の十地の初めに入ると、初めて仏様のこころに遇わして頂くことが出来る。その仏のこころに遇わして頂く相を初歓喜地という。御開山は信心を頂くのは初歓喜地の位に入るのだとお味わいになっておる。「初歓喜地の菩薩、この地の中に在りて、多歓喜と名く」、初めて歓喜を得るのだが、何故多歓喜と名付けるか、「諸の功徳を得るが為の故に歓喜を地と為す」、先ず第一にこの境地は信の境地である。この信の境地に入ると、諸々の功徳を得るが為の故に歓喜を地と為す。この境地に入ると心に徳が備わる。それだから歓喜を境地とする。

「法を歓喜す応《べ》し、何を以て歓喜するや」、そして法を喜ぶ、何を喜ぶというと頂いた御法を喜ぶ。

答えて曰《いわ》く、常に諸仏及び諸仏の大法《だいほう》を念ずれば必定《ひつじょう》して希有《けう》の行《ぎょう》なり、是の故に歓喜多し。是《か》の如き等の歓喜の因縁の故に、菩薩初地の中に在《あ》りて心《しん》に歓喜多し。

何故喜びが多いかということを問うてある。それに答えられて、常に諸々の仏及び諸仏のお説きになる御法を思うておれば、必定してとは、帰する所ということである。必定してとはとんとん拍子というような事、押されて行く、引かれて行く、そういう心持である。だから必定は決定である。又そこを易行と言われるのであります。「希有の行なり」、仏を念じ、仏の御法を念ずるということは必然の大道である。そしてそれは実に珍しい行である。このことを御開山は「行の巻」の初めに「大行とは則ち無礙光如来の名を称するなり」と仰ってある。そのおこころを浄土の三部経から、又七高僧の教えのもとにお味わいになるのである。私が言うのでない、ちゃんと竜樹菩薩がここに書いておいでになって、その証拠をお示しになっておるのであります。竜樹菩薩がこの『十住毘婆沙論』の中に「諸仏及び諸仏の大法を念ずれば必定して希有の行なり」、と仰ってある。御開山は、私の手づくりでない、竜樹菩薩が『十住毘婆沙論』の中にちゃんと書いておいでになるのだぞというのでこのお言葉を御引用になったのであります。仏を念ずるということはそのまま行である。最も尊い行である。「是の故に歓喜多し」、この尊い行をつとめるのだから喜びが多い。「是の如き等の歓喜の因縁の故に、菩薩初地の中に在りて心に歓喜多し」、かような歓喜の因縁がある。仏及び仏の御法を念ずるということは必定の行である。最も勝れた行である。だから喜びが多いのである。だからこういう歓喜の因縁の故に菩薩が初歓喜地の中に於いて心に喜びが多いのだ。それが、竜樹菩薩が住んでおられた心の境地であったのです。この心を明らかにするために、

諸仏を念ずというは、燃灯等《ねんとうとう》の過去の諸仏、阿弥陀等の現在の諸仏、弥勒《みろく》等の将来の諸仏を念ずるなり。

常に是《かく》の如きの諸仏世尊を念ずれば、現に前に在《いま》すが如し。

諸々の仏を念ずる、然灯仏等の仏は既に成道正覚して涅槃に入っている過去の仏である。阿弥陀仏という仏は現在においでになっておる。お経の中には、阿弥陀仏今現にましまして法を説きたまうとある。我々真宗の流れを汲んでおる者は、御開山の御命日に精進をする。或は蓮如上人の御命日に精進をする。昨日は御涅槃になられたお釈迦様の御命日であった。ところが阿弥陀様の御命日はない。何故かというと、阿弥陀如来はまだおかくれになっておらないのである。お釈迦様や親鸞聖人はおかくれになったけれども、阿弥陀様はおかくれにならないのであります。今現に生きておられる仏様である。今現在説法である。だから「弥陀成仏のこのかたは　いまに十劫をへたまえり」と和讃に書いてある。成仏して十劫を経ておるが、おかくれにならない。いつ迄も生きておられるから阿弥陀様は無量寿だ。阿弥陀様の葬式はない。従って命日はない。我々が死んだり生きたりするということは身体の上のことである。お釈迦様や親鸞様は身体の上の涅槃がある。死がある。だから御命日がある。阿弥陀如来は御命日のあるお釈迦様や親鸞聖人やらと違う、本地本仏でまします。常においでになる。生きておいでになる。日本の神様も、日本の津々浦々に満ちておられる。神様は、我々の先祖であって今も生きておられる。神様は死なれないのである。人間は死んだら身体を墓に納めるが、神様にはそれがない。神社に納めてお祭する。その神様は今も生きておられるのである。我々の先祖が生きておられる相、それが神社である。だから神社の神様は無量寿である。死の無い相である。阿弥陀様にも御命日はない、神様にも御命日はない、生きておられる。だから何時でも現在の仏である。阿弥陀如来は現在の仏です。弥勒菩薩等は将来の諸仏といわれるのであります。

五十六億七千万
弥勒菩薩はとしをへん
まことの信心うるひとは
このたびさとりをひらくべし

弥勒は五十六億七千万年後に仏になられる将来の仏である。過去の仏、現在の仏、乃至将来の仏、そういう諸仏を念ずるということである。阿弥陀如来を念ずるということのみを説いてあるのでなく、ちゃんと現在の仏、過ぎ去った仏、将来の仏を念ずるとある。現に今まします仏を念ずる、そこに非常に切実なお味わいが味わわれるのであって、竜樹菩薩が、現在過去将来の仏を念ずると仰っておられるが、その中心は現在の仏、阿弥陀如来を念ずるというところに眼目を定められてあるということがわかるのであります。そこに、「大行とは則ち無礙光如来の名を称するなり」と申された御開山の教えの根元が段々味わわれてくるのであります。

「常に是の如きの諸仏世尊を念ずれば、現に前に在すが如し」、かように諸々の仏を念ずる、念ずるは名を称える、或いは思い浮かべる。この仏を念ずると、仏が現に今前に在しますが如くである。仏を念ずれば仏は前に居られる。

子の母をおもうがごとくにて
衆生仏を憶すれば
現前当来とおからず
如来を拝見うたがわず

そこに会うておるのである。現に仏にお遇いするのである。仏を念ずれば仏は前においでになる。

三界第一にして能《よ》く勝《すぐ》れたる者《ひと》無し。是の故に歓喜多し。

三界とは欲界・色界・無色界である。全世界のうちで仏は最も勝れた方である。これより勝れたものはない。こういう尊い仏様が前に居られる、だから歓喜が多いのである。

能登の中田君は生きるか死ぬかの重病である。二月の初め是非会いたいというので六日に見舞に行った。心臓、腎臓、喘息、これだけの病気を併発しておる。毎日二遍ほど苦しがる、看護婦が二人付いておる。金沢の病院からも何遍もお医者様に来て貰っておる。私は見舞に行って会いたければ又来るからと言うて来た。ところが十三日に電話がかかって、是非もう一度会いたいから来てほしいというので、今日十六日はものを書く日であったが、何時お別れになるやら知らんと思ったので行って来た。何でも十三日は危篤状態になったが、先生がおいでになるというて喜んでいるうち段々よくなって、寝られなかったのによく眠れた。先日六日に行くといった時も朝から気分がよくなったという。私のような者であるけれどもしばらくでも話をすれば結構だと思って行った。そういうものである。自分の信ずる人の傍に居ると、信ずる人の顔を見ておるということによって全ての苦しみが取れる。それがいわゆる歓喜地である。仏を念ずれば仏が前にましますが如し、私のそこに居られる。これははっきりしたお味わいである。その人のことを思い、その人の名を呼ぶとその人がちゃんとそこに居る。今日中田君は有難いお領解を述べておった。付添いの看護婦さんは大変親切な人で、自分が呻くと看護婦さんが一緒になって呻いてくれる。私の母は亡くなられたが、私の苦しみを共に苦しんで私を可愛がって下さった。この看護婦さんは母の再現である。母が年若い看護婦となってこの私を看護してくれると思うと嬉しくて有難くて、と言って中田君はほろほろと泣いておった。

聖徳太子は、お母様のおいでになるお浄土をお願いになっておられ、仏の浄土というだけでなく、母の行かれた浄土に行かして貰うと思うと喜ばしいというお領解を述べられた。この中田君が五十二になっても、子供のように母を慕うておる姿を見て、非常に尊く思われました。看護婦の姿の上に母親が念ぜられるから、看護婦までが母親に見えるのである。そこに非常に力があるのです。救いがあり喜びがあるのです。お経にあるおこころが味わわれます。

諸仏の大法《だいほう》を念ずというは、略して諸仏の四十不共法《しじゅうふぐほう》を説かん。

四十不共法は、仏には他の聖者と共通でない特種の功徳法が四十ある。聖人はその内略して仏の四共法をお説きになった。

一《ひとつ》には自在《じざい》にして飛行《ひぎょう》意《こころ》に随《したが》う、二《ふたつ》には自在にして変化《へんげ》辺《ほとり》無し、三《みつ》には自在にして所聞無閡《しょもんむげ》なり、四《よつ》には自在にして無量種《むりょうしゅ》の門を以《もっ》て一切衆生の心《しん》を知《しろしめ》す。乃至

一つには、自由自在にして飛行機のように心が自在である徳。二つには、自由にしてどうにでも変わることが出来る、何にでも変われる徳。三つには自由であって聞く所が障りが無い、何でも聞こえる徳。四つには、色々の門、色々の心の扉が開いて、その人々に応じて自分の胸の扉が開いて一切衆生の心を知ろしめす、ということは、自分の門を開いてその人を自分の心の中に入れるということです。その味わいをここに書いてあるのです。

念必定《ねんひつじょう》の諸《もろもろ》の菩薩というは、若し菩薩阿耨多羅三藐三菩提《あのくたらさんみゃくさんぼだい》の記《き》を得れば、法位《ほうい》に入り無生忍《むしょうにん》を得、千万億数《しゅ》の魔之軍衆《ぐんしゅ》、壊乱《えらん》すること能《あた》わず、大悲心を得て大人《だいにん》の法を成ず。乃至　是《これ》を念必定《ねんひつじょう》の菩薩と名《なづ》く。

「阿耨多羅三藐三菩提」とは無上正真道、この上ないということである。記とは記別。無上正真道に生まれることが出来るという記別を得るならば、「法位に入り無生忍を得」、法位とは菩薩の不退の位のことである。法の位に叶い、法の位に入ることが出来る。無生忍とは信心の智慧を得る。「千万億数の魔之軍衆、壊乱すること能わず」、確かな心を得るのだから、千万億数の数多い悪魔の軍勢が来てもこの人を乱すことが出来ない。

「大悲心を得て大人の法を成ず。乃至　是を念必定の菩薩と名《なづ》く」。悪魔にも心を動かされない。こわくない。それどころかどんな悪魔も可愛がる。向うがどんなに手向うても、愛の心をもって迎う。可愛やという心で迎える。大人法というのは、菩薩利他の大行、他力浄土門でいえば教人信の大行のこと、声聞や凡夫に対して菩薩を大人という。

先日も申しましたが、呉の土肥さんの女の子が隣の男の子に殺された。我が可愛い子を殺した男の子にも親がある。その親は又自分の男の子がいとおしいだろう。それを思うと男の子を憎めない、どうか罪を軽くしてやって下さいと土肥さんが歎願した。こうなると土肥さんには悪魔もその心を乱すことが出来ないのです。子供を無惨に殺すとは大悪魔である。その悪魔もこの尊い信心の人の心を乱すことは出来ないのです。のみならずもう一つ進んで殺した子を可愛想に思う。愛を持つならば、悪魔も無くなる。大悲心を得て、そこに大人の法を成ずのです。一切の善も悪も自分の胸の中に入れる。その大人法を成就する。こういう人をこそ観世音菩薩というのです。

希有《けう》の行を念ずというは、必定の菩薩第一希有の行を念ずるなり、心《しん》に歓喜せ令《し》む。一切の凡夫の及ぶ能わざる所、一切の

声聞《しょうもん》・辟支仏《びゃくしぶつ》の行ずる能《あた》わざる所なり。

「希有の行を念ず」というのはどういうことか。大人の行を行じておる菩薩は第一希有の行を行ずるのである。最も勝れた希行を念ずるのである。「心に歓喜せ令《し》む」、それだから心に喜びが起こってくる。「一切の凡夫の及ぶ能わざる所」、こうした心は凡夫の及ばぬところである。どんなに向うが手向うて来てもそれを憐み育くむ、自分の懐に、愛のうちに入れる。こんな嬉しいことはない。こういうことは一切の凡夫の及び能わぬところである。「一切の声聞・辟支仏の行ずる能わざる所なり」、声聞は仏の声を聴いて悟れる者、小乗の出家の聖者である。辟支仏は、仏の教えによらないで自ら真理を悟り孤独を好み、説法教化を受けない。そういう人は行ずることは出来ない。

土肥さんは偉大な心を示された。その土肥さんの心が呉の人々を驚かした。可愛い子を殺した人迄憐むということ、それが偉大なこと大事件であります。殺した者もそれによって助かるのです。仏法を聴いている人の徳であります。呉の木戸秋さんが、暁烏先生の話を聴いておる者は変わったところがあると話しておられた。仏法を聴聞しておるからその御利益で変わった者になれるのである。

仏法の無閡解脱《むげげだつ》、及び薩婆若智《さつばにゃち》を開示す。

無閡解脱とは、無礙道と解脱道の事。無礙道は修行によって煩悩を断じ悟りに入ったこと。解脱道は煩悩を取り除いて悟りを得たことである。薩婆若智とは仏の智慧、仏智をここに示し給う。

又十地《じゅうじ》の諸《もろもろ》の所行の法を念ずれば、名《なづ》けて心多歓喜《しんたかんぎ》と為す。是《こ》の故に菩薩初地に入ることを得れば、名《なづ》けて歓喜と為す。

諸々の行が行ぜられる法を念ずれば非常に喜びが多い。その喜びの多いことを心多歓喜という。この言葉からここに御開山は御信心の御利益をじっくりお調べになった。現生十種の益を得るということをお書きになっておる。その事が心多歓喜の益である。これを御開山がここに御引用になったのはなぜか。『十住毘婆沙論』の「十地」の喜びを得るということを仰るがためである。御開山は凡夫が信心を頂く喜びの上に、菩薩の初地の喜びをお味わいになった。初歓喜地から十地の喜びまでの上に凡夫の御信心の喜びを味わわれたのである。こういう謂れがあるから菩薩が初地に入るを歓喜と名づけるのである。（昭和九年二月十六日・矢木政次郎家）

第二十一講

問うて曰く、凡夫人《ぼんぶにん》の未だ無上道心を発《おこ》さざる有り、或《あるい》は発心《ほっしん》する者有り、未《いま》だ歓喜地を得ず。是の人諸仏及び諸仏の大法を念じ、必定の菩薩及び希有《けう》の行《ぎょう》を念じて、亦《また》歓喜を得ん。初地を得る菩薩の歓喜と、この人と、何の差別か有る。

仏の教えを聞かず、仏になりたいという願いを起こさない凡夫も居る。或いは仏になりたいという心を起こしておる者もある。

信心を得たいと思っておってもただ内輪のことにかかわり果てておるような凡夫もおる。仏に遇うても喜ぶことさえ出来ない凡夫、聴聞しかけて仏になりたいと願いを起こしておる者、この二通りがある。「是の人諸仏及び諸仏の大法を念じ、必定の菩薩及び希有の行を念じて、亦歓喜を得ん」、この二通りの人が仏及び仏の大法を念ずる。これは果上です。三宝に帰すという時は、帰依仏・帰依法・帰依僧という。必定の菩薩及び希有の行を念じ、というのは帰依僧に当るのです。仏を敬い、仏の御法を聴聞して、そして初めて菩薩の歓喜を起こし、そして仏になりたいという願いを起こし、そして仏になれるという確信を得ておる菩薩が必定の菩薩である。その必定の菩薩が行うてゆく希有の行、その行を念じてゆくならばそういう人は歓喜を得られる。これが無上道心を発こしておるけれども歓喜地に至らん者、こういう人はどうすればよいか、そういう人は仏を念ずるのだ。それから仏の法を念ずるのだ。仏を念じ仏の御法を念じ、菩薩及び菩薩の修むる行を念ずればよいか、そういう人は仏を念ずるということになる。発こす時に得というのに対して念という字がある。無上道心を発こすというが言うてある。次には念という字がある、菩薩及び菩薩の修むる行を念ずるのです。ここに相対してみると、発こす時に得るということと、自分の力で起こるというようになる。又、歓喜地を得るというても自分がその境地に至るという字がある。ところが念といこと、念仏念法念僧の心である。念というのが易行である。だから自分が今こんな事をやろうということよりも、やって行く人のうことになると、自分はまだ喜びを得んが、仮にその心を起こしてその道を得ている仏と、その仏の説き給うた御法を念ずる、そ事を思い、自分が仏の行を勤めて行こうとする前に、仏を念ずる。又、自分は学問して学校を卒業するのではないが、学問して学そういう人は喜びを得る。譬えば自分が学問して学校を卒業する。念ずるということによって喜びが得られる。自分がやっていって喜び校を卒業した人を念じて、その人のやっている事を念ずる。これが念の喜びです。自分がやっていって喜びを得るばかりでない。喜びを得た人の事を思っても喜ばれるというのです。これが念の喜びです。にきっと仏になれるという確信を得られるということになる。ここが難行道と易行道と二道に分かれるところである。諸々の行を修めて久しゅうして道を得るというのは、発こす人が得るのである。信方便の易行をもって疾く阿惟越致に至るというのは念でと、自分の力で起こるというようになる。無上道心を発こすという

「初地を得る菩薩の歓喜と、この人と、何の差別か有る」、自分が既にそこに行って喜んでおるのと、喜んでいる人の事を思って喜ぶのとどれだけの違いがあるか、これが問いです。例えば金を儲けて喜んでおる人と、その働いて儲けた人の事を思って喜んそういう人は喜びを得る。譬えば自分が学問して学校を卒業する。又、自分は学問して学校を卒業するのではないが、学問して学でおる人と、どれだけ違うておるかということになるのです。

答えて曰く、**菩薩初地を得れば、其の心歓喜多し、諸仏無量の徳、我亦定んで当に得べし、と。初地を得る必定の菩薩は、諸仏を念ずるに無量の功徳有り。我当に必ず是の如き之事を得べし、何を以ての故に、我已に此の初地を得て、必定の中に入れり、と。**

菩薩が初地の位を得ればその心に喜びが多い。その喜びの多いことをくわしく説いて、諸々の無量の徳を我もまたきっとそのう

ちに得られるという、そういう確信があるから喜ばれる訳である。
「初地を得る必定の菩薩は、諸仏を念ずるに無量の功徳有り。我当《まさ》に必ず是の如き之《の》事を得べし」、初地を得るに決まった菩薩は、諸々の仏のことを念ずる時、仏には無量の功徳がある。その功徳を我もそのうちに必ず得られると。
「何を以ての故に、我已《すで》にこの初地を得て、必定の中に入れり」と。何となれば我はもう既に歓喜地の位に入って、きっと仏になれる身分になっているから、仏の功徳を得て喜びが多い。ああいう功徳が欲しいけれども、あれは我が物になるやらならぬやらわからない、こういうのには喜びはないけれども、きっとその功徳を共に得られる。例えば向うに奇麗な花がある、あそこへ自分は行けるやら行けんやらわからないというなら、その花が例え奇麗に見えてもさほどの喜びはない。けれども、向うの花の咲いている所へ取りに行けるに違いないとわかっておれば、花を見つけた喜びは確かなものとなる。初歓喜地に入った菩薩が仏の功徳をみると、あの功徳はやはり私に頂かれる功徳だ、とこういう具合に思うから喜びが多い。

余《よ》は是《こ》の心《しん》有ること無し。是の故に初地の菩薩多く歓喜を生ず。余は爾《しか》らず、

ところが初歓喜地の菩薩でない人、例えば凡夫の人でまだ発心しなかった人、無上道心を発《お》こさない人、発《お》こしてもまだ歓喜地に至らないような人はこんな心はない。初歓喜地の菩薩は喜びが多いが、初歓喜地を得ない人達はこういう事を思うことは出来ない。

何を以ての故に、余は諸仏を念ずと雖《いえど》も是《こ》の念《ねん》を作《な》すこと能わず、我必ず当《まさ》に作仏すべし、と。

こう念《おも》うことが出来ないのは何故かというと、そういうことを頼めないからである。心が確かでないからである。

譬《たと》えば転輪聖子《てんりんしょうじ》の、転輪王の家に生《む》まれて、転輪王の相を成就せんに、過去の転輪王の功徳の尊貴《そんき》なるを念じて、是の念を作《な》さん。

転輪王の王子が転輪王の家に生まれて、転輪王の相を成就するに、昔の転輪王の功徳が尊いことであるということを思い念じてこういう事を思う。

我今亦《また》是の相《そう》有り、亦当《またまさ》に是の豪富尊貴《ごうふそんき》を得べし、と。心大《しんおお》きに歓喜せん。若し転輪王の相無ければ、是の如《かく》きの喜《よろこび》無からんが如し。

私は既に転輪王の相を持っておる。だから転輪王のように豪奢な富や或いは尊貴というものを得ることが出来る、とこういうことを思うことが出来る、だから心が大いに歓喜する。ところがもし転輪王の相がなければかくの如き喜びはない。

必定の菩薩、若《も》し諸仏及び諸仏の大功徳威儀尊貴《いぎそんき》を念ずれば、我是の相有り必ず当《まさ》に作仏すべしとて、即ち大《おお》きに歓喜せん。余は是の事《こと》有ること無けん。定心《じょうしん》とは、深く仏法に入りて、心動かす可《べ》からず、と。

必定の菩薩が、諸々の仏の大功徳、威儀、威神、堂々たる姿、もう初歓喜地になっておるからこの相がある。その尊貴の相を念ずれば、我は必ずあの通りの身分になれるというて大いに喜ぶ。「余は是の事有ること無けん」、ところがまだその位を得ない者が居るならば、他の者は誰もこういうことはない、喜ばれない。

「定心とは、深く仏法に入りて、心動かす可《べ》からず、と」、ここに定心とあるが、この言葉は、深く仏の御法に入りて心が動かぬ、確固不動の心の者を定心と言うたのである。

これだけでこの問答は一先ず終るのでありますが、この一文の問答は何を現わすかというと、仏教の話を聞いておっても、自分が確かに仏に向くことでなければ、仏から呼びかけられておる自分だということがはっきりと信ぜられておる人は喜ぶことが出来るが、呼びかけられておるのだという心が無い人はどうしても喜ばれない、ということをお示しになった一文であります。

御開山は、信心を得るということは、一子地だと言われた。大信心は一子地なりと言われる。一人子の位だと言われる。だから初歓喜地という。我を頼め、必ず救うと呼びかけられたのは他人でない、実にこの私である。我を助けねば阿弥陀様はじっとしておれないのだ。十方衆生と呼びかけられたが、そのおこころは我一人なんである。我一人が可愛さに十方衆生と呼びかけられたのだ、ということが頂かれる時、弥陀の浄土は私のまいる所である。阿弥陀様の功徳はやはり私が頂ける功徳である。だから浄土の有様を聞いて喜ばれる。仏の功徳を聞いて喜ばれる。私もあの通りの身分になれるなあと思うから喜ばれる。聞くこと見ること皆喜びの種でないものはない。ところがその仏の心を頂けない者、又一人向うことの出来ない者は、弥勒の位になっておらん者は、極楽と聞いても結構な所だが私は果して行けるかな、と思い、又仏の功徳を念じても結構な功徳じゃなあと思うだけである。極楽の事を聞いても、それを自分の向うに飾り、仏の功徳を聞いても遠く向うに飾っておるに過ぎない。極楽はおよそ自分とは縁が遠いものだと思う。これに反して、仏の本願のこころが自分のものとして頂かれる時、今度は極楽の事を聴いても、ああ私の行く所だなあ、仏の功徳を聞いてもやはり私のだなあと思う。親爺が道具を買うても、ああああれは私のだなあと思う。何につけても喜びが出る。真実信心の行人は、同じ念仏をしておっても大分味が違うのです。仏を念じておってもこの据りの無い落ち着きのない者が仏を念じておれば、喜びは満更ないということはないけれども、確かに手を取った喜びは出来ない。私一人を助けるという仏のお骨折りがはっきり知られておると、極楽は私の行く所、仏は私の成る相であると味わわれる。見るもの聞くものが皆喜びの種になってくる。そこに毎日毎日の日暮しを喜ぶことが出来、上手に足を運んでゆけるのであります。これが初歓喜地の菩薩の相であります。又御信心の喜びの特長でもあります。この仏の教えを信ずれば喜びが多い。いくら念仏しておっても、自分が助かるという落ち着きのない人の念仏には喜びがないということをお知らせ下さったところであります。

（昭和九年二月二十日・安田徳三郎家）

竜樹菩薩の御作『十住毘婆沙論』を「行の巻」に引用なされた続きをお話いたします。

又云《いわ》く。信力増上《しんりきぞうじょう》とは、信は聞見《もんけん》する所有りて必受《ひつじゅ》して疑《うたがい》無きに名《なづ》く。

これは『華厳経』の御文を大体味わってお述べになった所であります。信とはどういうことか、我々が信心信心と言っているこの信心の信という字を、竜樹菩薩がはっきりとここに教えて下さるのであります。信とは聞見する所有り。耳に聞き目に見るということは、ただ漠然と自分の目で見、耳に聞くのとは違う、明らかな自分の内心に対して、外界のあるものが自分の目に入って来、耳に入って来る。自分の内心と、外界の事物とがぴたっと接触する。そして必受して疑い無きことである。必受とは決っておる、疑い無きとは、その間に危い所が無い、そぐわぬようなことが無い。自分の周囲のものに対しても何等の距りが無い。疑いがある人は心が暗い、何かしらん危っかしくてあやしい。本当にそのものを見たり聞いたりしないのだ。ただ自分許《ばか》りで言っておるとあやしい、危い、本当かしらん、そうでないか知らん、そういう心が起こるのは疑いである。

例えば今日、私は昼前無量寺へ行って来た。昼からは金沢へ行って来た。無量寺の方は雪が皆溶けておった。道もからからしておった。ところが東相川迄来ると雪がある。金沢も本通りは雪が無いが裏町には大変雪がある。こういうことを見てくれば少しも疑いがない。ところが東相川も金沢の裏町も行かないでは雪があるかないかわからない。あるといっても疑いが起こる。今子供が泣いた、これは確かだ。けれども家に子供を置いて来た人は、先度も置いて来たら泣いておったがなア、とこういう疑いが起こる。「聞見する所有りて必受して疑《うたがい》無きに名《なづ》く」、疑い無きとは、実際に見えるのだ、聞こえるのだ。自分が火鉢に当っておれば暖い、実際当ってみて、ああ暖いと初めて言える。風呂に入る時よい加減かねと聞いて入ってみると、熱かったりぬるかったりする。湯加減はみたかというと、みないけれど丁度よかろうといっても、実際は入ってみねばわからん。見聞してはじめてはっきりする。信ということはちゃんと自分の外にあるものと、内にあるものと一つになるのだ、しっくり合うておるのだ。あやしいところがないのだ。それを信という。

増上《ぞうじょう》は殊勝《しゅしょう》に名《なづ》く。

増上とは、増は増《ま》すという字、上は長いと同じ、増上とは殊に勝れるをいうのである。

問うて曰《いわ》く、二種の増上有り、一《ひとつ》には多《た》、二《ふたつ》には勝《しょう》、今の説何者ぞ。

増上とは段々沢山になるということ、信の力が沢山であって、あらゆる方面に信の力が沢山現われてくるというのが多という意味である。勝は、信の力がすぐれているという意味である。増上にはこの多の意味と、勝の意味とある。この二つあるが、今いう

のはこのうちのどちらかという問に対して、

答えて曰《いわ》く、此の中の二事倶《とも》に説く。菩薩初地に入《い》れば、諸《もろもろ》の功徳の味《あじわい》を得るが故に、信力転増《てんぞう》す。是の信力を以て、諸仏の功徳無量深妙なるを籌量《ちゅうりょう》して、能く信受す。是の故に此の心亦《また》多なり、亦《また》勝なり。深く大悲を行ずとは、衆生を愍念《みんねん》して骨髄《こつずい》に徹入《てつにゅう》するが故に、名《なづ》けて深《じん》と為す、一切衆生の為に仏道を求むるが故に名《なづ》けて大と為す。慈心とは、常に利事《りじ》を求めて衆生を安穏《あんおん》にす。慈《じ》に三種あり、と。乃至

増上というのは、この二つの意味、両方共を言い表わしておる。信力が多いということ、力が沢山あり勝れているということ、この二通りの意味である。

「菩薩初地に入れば、諸の功徳の味を得るが故に、信力転増す」、菩薩が初歓喜地に入ると、初めて仏様のおこころに出遇う。そうなると諸々の功徳の味《あじわい》を頂く、それ故に信の力が益々増す。これは、自分が本当にその仏のお力に出遇うておる身になると、心が益々増上して来るということである。

先度、京都で近々お話をしてほしいと頼みに来た。その人は京都の稲荷神社のそばで食堂を経営している人である。三月三十一日に行くことに約束した。稲荷神社のそばだから稲荷の話をしようと思って、稲荷さんの事を書いた本を大体調べた。調べてみると、これは稲荷のあたりの某という人が何か不思議な力を感得した。霊気に触れたのである。その触れた霊現のうちに、この神様はどなただろうということになり、あとで稲荷大明神という名が付くようになったということである。神様の名が決まってから霊現があったのではなく、或る人が宗教的霊気に触れて、そこから神様がおいでになった。面白いことである。そしてその辺りの人から神様はどなたかと聞かれたことで名が付けられた。これは面白いことである。実際我々が大変苦しんでおる時に、その苦しみは物の苦しみもあるし、その他色々の心の苦しみがあろう。段々教えを受けておるうちに、自分の親や兄弟の言葉ではどうにもならん。金や財産があってもどうにもならん。胸の悩みがからっと晴れん。が仏智の不思議によって自分の胸が晴れるのだ。世の常の道では晴れなかった苦しみが助かるのだ。これが初歓喜地の味わいである。功徳は自分の身に満つるのである。功徳が満つるから信ぜよというのではない、実際自分が教えを受けておって、霊現あらたかなお助けを頂くと、このもとは何だろうかと思う。御開山はその喜びのもとは、ひとえに法蔵願力の現われだと喜ばれた。信ずるとは見るのです。聞くのです。ちゃんと現に力が自分に得られるのだ。功徳の味わいを得るが故に、信力がうたた増す、信が増して来る。今迄とは違ってくる。今迄は人が悪口を言うと腹立ったが、今では腹立たぬようになった。今迄は人から何かされるとかっとなったが、今はそうはならぬようになった、不思議なことだ。これが自分に頂いた信心の力の味わいである。そうすると益々心が強くなる。あらたかなことだ、尊い冥加だと益々信力が増す。

「是の信力を以て、諸仏の功徳無量深妙なるを籌量して、能く信受す」、是の信の力をもって諸々の仏の功徳の深く妙なるを籌量す、ということは味わいの深いことである。信の力で仏様の思いが量られる。疑うておっては量れない、信じて初めて広大な功徳がわかるのである。わ

量（おしはかる）すればよく信じ受ける。これは、自分の信の力で、仏様の功徳の無量深妙なることを籌量す、ということは味わいの深いことである。信の力で仏様の思いが量られる。疑うておっては量れない、信じて初めて広大な功徳がわかるのである。わ

かるから心が確かになるのだ。信受する、お受けが出来るのです。人と人との間でもそうである。あの人が言っている事は本当だ

ろうかと人を疑っておる人は、真に人の功徳がわからんのです。信によって量るのです。仏様の功徳を疑うておっては量れ

手の人の功徳の無量深妙な事が量られるのです。本当にその人と心が融け合うたら、その信力によって殊更その相

る。信じてその功徳の深妙なることを量れば、それから自分のものとして身に受けることが出来る。

「是の故に此の心亦多なり、亦勝なり」、そうなるとこの心が沢山になる。功徳が段々多くなる。信の力が沢山になる。あらゆる

方面に信の力が現われてくる。多くもなるし、又勝れてもくる。それが増上の意味である。

「深く大悲を行ずとは、衆生を愍念して骨髄に徹入するが故に、名けて深いという。初歓喜地の位に定まった人が深く大悲を行ず

とはどういうことか、衆生を愍んで、その愍む心が骨の髄に徹る、故に深いという。今日は寒い日だ、寒さが骨の髄に通るとい

う。あの人は親切な人だ、その親切が骨の髄まで通ったという。衆生を憐んで下さるその心が衆生の骨の髄まで徹り込むのです。

かるが故に名付けて深という。深いというのは、そのお慈悲の心が私の骨の髄まで通るということである。

「一切衆生の為に仏道を求むるが故に名けて大と為す」、一切衆生のために自覚の道、仏の道を求むるが故に大という。

「慈心とは、常に利事を求めて衆生を安穏にすることである。慈に三種有り」と。慈心、いつくしみの心である。慈心とは常に利事を求めて

衆生を安穏にする。利事とは衆生を利益することである。衆生をいろいろな難から救う、或は損失から救う。これが利事である。

利益することを求めて、衆生を安穏にする。心を安らかにする。「慈に三種有り」これは初めの方で註釈ずみである。

大慈大悲ということを明らかに知らせて下さる。ここに我々がこうして御信心を頂いて初めて仏さんの心に答えた時、益々信心

が増上するというのである。仏様の力があらゆる方面に味わわれ、そしてそこに仏の大慈悲心が自分の骨の髄まで通って下さると

いうことを感ずるのであります。そして又自分の日暮しということがどうなるか、菩薩の身口意の三業は全て菩薩自身を利益する

ものでなしに、衆生のため、衆生を安穏ならしめるためだ、これが仏の心に入った者の生活ぶりである。御信心を得た者の心はそ

れである。仏の心に入れて初めて益々仏のお力をあらゆる方面に見出してゆくことが出来る。又、何よりも勝れておる尊い心に触

れてゆくことが出来るというのである。そしてどういう生活が出来るかというと、いつの間にやら仏の心が乗り移って下さって信心が益々増上す

る。信心が増上するというと、どういうことになるか。大慈悲の行が出て衆生のためを思う。衆生の隅々迄憐んで、何をしても衆

生の利益になることのみ行って行くようになるのであります。

（昭和九年二月二十六日・高見正雄家）

第二十三講

又曰《いわ》く。仏法に無量の門あり。世間の道に難《なん》有り易《い》有り、陸道《ろくどう》の歩行《ぶぎょう》は則ち苦しく、水道《しいどう》の乗船《じょうせん》は則ち楽しきが如し。菩薩の道も亦是《またかく》の如し。或《あるい》は勤行精進《ごんぎょうしょうじん》のもの有り、或は信方便の易行を以て疾《と》く阿惟越致《あゆいおっち》に至る者有り。乃至

『十住毘婆沙論』に御引用になっている続きであります。「易行品」の中の難易二道を判釈する文で大切な一節であります。御和讃に、

竜樹大士世にいでて
難行易行のみちおしえ
流転輪廻のわれらをば
弘誓のふねにのせたまう

七高僧一人一人の、その時代時代に応じて、仏の心の異なった相の上に教えて下さるのであります。お釈迦様がおかくれになって七百年後に、南インドにお生まれになった竜樹菩薩はどういうお手柄を残されたかと申しますと、お釈迦様の御在世当時からずっと伝統相承された仏教の中には色々の流れがある、その流れを二つに分けて、自分の当しく行くべき道をはっきりと名乗りを上げられたのです。これがいわゆる教相判釈ということであります。道を行くにつけても、いよいよ自分の行く道は一つしかない。自分の行く道とその他の道、こういうことになる。自分の行く道は一道であるが仏の道は万行である。自分がいやしくも行くとして選んだ道は行き易い道である。けれども選び捨てた道は難しい道である。釈尊滅後百年間のうちに二十ばかりも派が分かれた。それから年を経るに従って色々の人が色々の形をもって仏教を味わわれて沢山の派になった。そのうちで竜樹菩薩は、私の行く道はここだと一つ選び上げられた。この教相判釈の事を、今読んで頂いた所に書いてあるのであります。

真宗の話を聞いておると、難行道・易行道ということが出て来ます。支那の道綽禅師がこの難行道を聖道門、易行道を浄土門とお味わいになっておられる。竜樹菩薩は、難行道を捨てて、易行道に入られた。聖道門を捨て浄土門に入っておいでになった。それを相承して善導大師は雑行を捨てて正行に帰すると仰った。我々浄土門の御教えを受ける者として特に大切な教相判釈をして下さったのが、この難行易行の御判釈なんであります。

「又曰く。仏法に無量の門有り」、仏法に無量の門がある。門というのは入口であります。仏法に入る入口は沢山ある。我々が仏道に入るについて種々御縁がある。一人一人特殊の門を潜って入るようになっておる。それで仏教に無量の門あり、と。自分が行く道ばかりでない、どの門からでも入れるということをここに仰せになってある。固苦しい事は仰せられず、沢山の門があるから

どこからでも入れる、とこう一先ずはっきりと仏教の入口の沢山あることを示して次に、「世間の道に難有り易有り、陸道の歩行は則ち苦しく、水道の乗船は則ち楽しきが如し。菩薩の道も亦《また》是の如し」、これは譬えを以て言われた。世間の道に二通りある。それは陸路と水路。陸の道を歩いて行くというのは難しい、これに反して水路の乗船は楽しい。インドにはガンジス河、インダス河など大きな川が四つある。昔は交通するのに多く船で行ったようです。インド人には船旅ということは楽しいものだということになっておったらしい。成程、暑い国だから陸路をてくてく歩いて行くのは苦しいでしょう。又船で行くのは楽でしょう。それでこの譬えを設けられたのです。陸道の難行と、水道の易行と。

菩薩の道にもこの二つがある。「或は勤行精進のもの有り、或は信方便の易行を以て疾く阿惟越致に至る者有り」、その一つは勤行精進、勤はつとめる、行は行う、行を勤めて一生懸命精出してやる。これは陸路を汗をたらして行くようなものである。次に信方便、信心の方便。易行によって、信方便は丁度船に乗るようなものである。支那の曇鸞大師は、この竜樹菩薩のおこころを受けられた。竜樹菩薩は陸道と、曇鸞大師は陸路と仰っておられる。

万行諸善の小路より

本願一実の大道に

帰入しぬれば涅槃の

さとりはすなわちひらくなり

と御和讃にあるが、陸路は狭い道、船路は広い道というのである。ここに信方便とあるのは、道綽《どうしゃく》禅師の信仏の一念ということになります。仏を信ずる一念、方便というのを一念と仰る。信方便のその船に乗り込む、そうすると、た易く、疾く阿惟越致に至る。阿惟越致は不退転の位である。信の一念ではやく飛び越える。信ずるというのは、仏の信と、衆生の信とが一つに融け合うことである。この信の船に乗ると行がた易い。丁度船に乗った者が船にまかせて行くようなものである。陸路の行は非常な骨折りである。

いつか或る若い嫁さんが私に相談しに来た。朝早く起きると主人に叱られる、朝寝すると姑に叱られる、どうすればよいですかと。又酒の場でこういうことがある、酒飲みは、酒飲まぬ奴は話にならぬ、酒嫌いな人は飲む奴はうるさいといって気に入らぬ、先生どうすれば良いですかと。これらは一例で世の中にはこんな事が沢山ある。随分むつかしいものである。ところが信方便となるとこれは楽である。私はその嫁さんに言うた、朝寝してもよし、朝起きしてもよい、信心がなければどちらをやってもろくな事はない。あなたが主人を信じ姑を信じておれば叱られても何ともない、叱られればああそうだなと却って励まされて進んで行く、という話をした。我々に信があればどんなことでも出来るのです。信じてやれば容易に出来る、それを信方便の易行という。竜樹菩薩は船に乗って行くようにた易いと仰る。疾く阿惟越致に至るのです。

若《も》し人疾《と》く不退転地《ふたいてんじ》に至らんと欲《おも》わば応《まさ》に恭敬《くぎょう》の心を以て執持《しゅうじ》して名号を称すべし。若し菩薩此の身に於て阿惟越致地《あゆいおっちじ》に至ることを得、阿耨多羅三藐三菩提を成らんと欲《おも》わば、応当《まさ》に是の十方諸仏を念じて、名号を称すべし。『宝月童子所問経《ほうがつどうじしょもんぎょう》』の「阿惟越致品」の中に説くが如し。乃至

『十住毘婆沙論』の「易行品」の文を引いてここに易行の道を教えて下さるのであります。若し人あって、早く阿惟越致、不退転の位に至ろうと思うならば、「恭敬の心」、恭はへり下り敬う、敬は尊び敬う、謙虚なこと、その恭敬の心をもって執持して名号を称えよ。執持は、お経の中にも、名号を執持して不退に至るとある。執は心堅牢にして移転せず、持は不散不失、おも変りせぬこと、一心の相である。執持して仏の名を称えよ、これが易行である。早く不退転の位に至ろうと思う者は、恭々しい心を以って執持して名号を称えよ、名号を称すれば御信心が得られるのだ、至心信楽《しんぎょう》欲生我国はこの信心の現われである。名号を称すべし、これはまさしく易行の行の現われである。

「若し菩薩此の身に於て阿惟越致地に至ることを得、阿耨多羅三藐三菩提を成らんと欲わば、応当《まさ》に是の十方諸仏を念じて、名号を称すべし。『宝月童子所問経』の「阿惟越致品」の中に説くが如し」、菩薩この肉体に於いて、阿惟越致地、不退の位、に至りて、無上正真道を得ようと思うならば、十方の世界に各々仏が居られる、この十方国土の仏様を念じて名号を称えなさい。このことは、『宝月童子所問経』というお経に「阿惟越致品」という一節があるが、その中に説いてある通りである、と。竜樹菩薩は、この事は私の言うことではない、仏様の教えを受けて言うことだと、自分の言う言葉の根源を示されたのである。

ここに、菩薩この身に於いてとある。この言葉が親鸞聖人様のお目に止まったのである。どうして竜樹菩薩が「此の身に於て」と仰ったか。竜樹菩薩は以前に、中々この私は阿惟越致地に至ることが出来ず、阿耨多羅三藐三菩提を成ずることも難しい、兜率天に行って阿耨多羅三藐三菩提を得ようと仰った。それで聖人は「此の身に於て」という菩薩の言葉に目を止められたのだろうと思うのである。

五十六億七千万年の後に弥勒菩薩が出生せられる。その弥勒菩薩の教えを受けるのでなければ仏になれん、こういうことを信じておる人が相当ある。又、この身体ではとても悟りは開かれない、死んでから西方極楽の阿弥陀如来の傍に行って正定聚の菩薩になる、こういう人が居る。

『大経』上巻の四十八願の中の第十一願に「必至滅度の願」があります。死んでから正定聚になるように思われる。又下巻の初めの所にある正定聚ということも、死んで帰ると思われる。ところが御開山は第十八願成就の文に、即得往生と仰る言葉に、信の一念の時にこそ往生を得るのだ、こう仰る。その言葉から段々深く味わいなされて、正定聚の菩薩になるのは、死んでからでない、この身体のうちになれるのだ、こうお味わいになった、それが「この身に於て」であります。その事を竜樹菩薩が申されたのである。

超世の悲願ききしより
われらは生死の凡夫かは
有漏の穢身はかわらねど
こころは浄土にあそぶなり

生死の苦海ほとりなし
ひさしくしずめるわれらをば
弥陀弘誓のふねのみぞ
のせてかならずわたしける

いつ乗せて下さるか、今である。この身においてである。この肉体のあるうちに正定聚の菩薩になる。

今朝この家の婆が来て、今夜どうか天気がよいように、悪ければお参りが少ないからと言うておった。がどちらでもよいのだ。天気がよければお参りが沢山あるし、悪ければ悪いで本当に聴聞しようという人が参る。天気がよいのもお導きであるし、悪ければこれまた悪いでお導きである。身体が息災な人は息災な時がお導きである。悪い時には悪いのがお導きとなる。浅はかな考えの者は、身体の丈夫なのが仕合せ、悪ければ不仕合せ、銭沢山持つのが仕合せ、銭持たねば不仕合せ、そういう事を思っておる。こんな人は世の中の屑だ。或る時は仕合せだったり、或る時は不仕合せだったりするのはおかしな事だ。世の中には色んな事が出て来るものである。人は病気ばかりでもない、息災ばかりでもない、生まれるという始めがあれば死ぬという終りがあるのは当り前である。そういう事に心を動かされておっては、一生涯心を動かされておらねばならん。この身体があるうちに不退転の位に至るということは、雨が降ってもよし、天気がよくてもよい、病気でもよし、息災でもよい、儲かってもよし、損してもよい、家の造りがよくてもよし悪くてもよい、順境逆境両方に対して束縛せられることのない、悩まされることのない行の道がある。それはこの仏さまの御名を称える念仏の一道だと仰せられるのであります。

法然上人は幼少の時に、敵味方の共に助かる道を明らかにせよという親の遺言を受けて、それから一生懸命道を求められて、四十三才の時に念仏の道を見出された。その道は敵味方の共に助かる道である。順境逆境共に助かる道、それは念仏の一道である。だから我々は順境に会うても油断してはならない。逆境を避けてもならない。現われたものを現われたままにして、それを御縁として念仏して仏の御名を称える。この差別の境界にあって、この心をもととして行くのです。勝っても駄目、負けても駄目、息災でも念仏、儲けても駄目、損しても駄目、そういうことには相手にならん。煩悩も起こらばこれとて打ち捨ててただひとえに仏を念ずる、仏の名を称える。

今日夫婦喧嘩した人が私の所へ来た。一体どちらが悪いでしょうかという。どちらも悪い。喧嘩をしてもそれを御縁として共に助かる道を頂いて下さい。喧嘩の始末をつけようと思わんで仏の方へ向えばよい。仏の方に向えば自ら和やかになれる。仏様の広いお心の中にはいれば喧嘩もなくなる。仏の名のお導きによって自然に両方共融け合うのだ。そこに、この世に於いて、この身に於いて心の据りを頂くことが出来る、歓喜の心を頂くことが出来る。この世に於いてこの念仏のもとに、偉大な御利益を得させて貰えることをここに示して下さるのであります。

（昭和九年三月十六日・米永角五郎家）

第二十四講

西方善世界の仏を無量明と号す、身光智慧明かにして、照す所辺際無し、其れ名を聞くこと有る者は、即ち不退転を得。乃至 過去無数劫に、仏有す、海徳と号す、是の諸の現在の仏、皆彼に従うて願を発せり。寿命 量有ること無し、光明照して極 無し、国土 甚だ清浄なり、名を聞けば定んで仏に作らん。乃至

『十住毘婆沙論』の「易行品」は竜樹菩薩の御自督をお示しになったお聖教の一節であります。そのうち色々の章が分かれており、初めに「十方仏章」、これは東西南北四維上下、十方の国々に各々仏がおいでになる。そこに仏の世界がある。ずっと仏の名や極楽の名を記してある。その十方仏国の事を聞き、仏の御名を聞いて、その仏の御名を称える者は、この世に於いて阿耨多羅三藐三菩提を得るということを記してある。そこまでが先日お話した所である。今日の所は、「十方十仏章」の次の「弥陀一仏章」というて、阿弥陀如来のことをお書いた所であります。これは自分の身にそれをひき当ててお味わいになっておるのであります。初めに十方の仏のことをお説きになり、十方世界に沢山の仏がおいでになるが、まさしく自分に御縁のある仏は、西方の阿弥陀如来一仏であるということをお知らせになります。

「西方善世界の仏を無量明と号す、身光智慧明かにして、照す所辺際無し、其れ名を聞くこと有る者は、即ち不退転を得」、十方の内九方はよくない、西方の仏だけがよいから信ずる、ということは仰せられない。十方の仏に仕えることは出来ないから西方の一仏をお選びになっておる。この事は曇鸞大師と魏の天子との問答にある。魏の天子が「十方仏国浄土なり なにによりてか西に一仏をお選びになっておる。この事は曇鸞大師と魏の天子との問答にある。魏の天子が「十方仏国浄土なり なにによりてか西にある」と、曇鸞大師は「わが身は智慧あさくして いまだ地位にいらざれば 念力ひとしくおよばれず」、私はまだ智慧が浅くて、そうあっちこっち心が廻りません、だからただ一仏に帰命いたします、と。

世の中に沢山の宗教がある。なぜ仏教を信ずるか。ほかの宗教は悪いから仏教を信ずるのではない、ただ自分はどれもこれもという訳にはいかぬから有縁の仏を信ずる一つである。又世の中に真宗の善知識は沢山あるが、あなたはどうしてあの方に深く帰依しておりますかという人がある。ほかの方が悪いというではないが、自分は根気が無いからあちらこちらと足を運ばれない、だからただ一人の有縁の知識のお育てを受ける。あの方が良い、この方が悪いというような気持ではないのだと。

十方諸仏のお徳を讃嘆し、次に自分の最も縁の深い西方阿弥陀如来のお徳を御讃嘆遊ばします。いわば愚痴無智の人の初心に縁を求めて行く態度である。ともすると我々は自分で選択して、自分に縁のある宗教があると、ほかのは皆駄目だ、自分のところだけよいのだ、こう言いたいものである。ところがそれは僭越な話であって、ほかの事をやってもそれが駄目ということは言えないのである。ただ自分に縁が無いだけである。自分の行きたいところをやって行けばよいのである。だから外の国の仏を求めて行っても助かるに間違いないのだ。ただ自分はそれに御縁がないから行かぬだけだ。自分はこの一道を歩まして貰う。非常に尊い落ち着きの中に、自分の信心の道を現わされるのであります。それがこの「弥陀一仏章」なのであります。

「西方善世界の仏を無量明と号す」、西の方に極楽浄土がある、その仏の名を無量明と名づける。これは深い味わいの名である。阿弥陀如来のことを『無量寿経』に十二の名をもって讃嘆してある。無量光仏、無辺光仏、無礙光仏、無対光仏、燄王光仏、清浄光仏、歓喜光仏、智慧光仏、不断光仏、難思光仏、無称光仏、超日月光仏とある。その一番先の無量光仏、即ち無量明仏という名をここに挙げられたのである。限り無き明らかな仏様の名、限り無く明らかな、それが無量明である。

「身光智慧明かにして、照す所辺際無し」、身体に光がある、これはやはり自分の徳の光が身体に現われるのです。なんか徳の高い人の所に行くと、ひとりでに頭が下がる。尊い人の所へ行くと、いつの間にやら身が引き締まるようになる。それはやはり光に触れるのです。身の光も心の光も妙にして、智慧明らかに涯しなく照らして下さる。この仏の世界には極まりが無く、暗い影がない。

私はあの人を思っているがあの人は私が気に入らぬのだと、又、あの人は私を気に入っているのだ等と言うのは辺際がある訳である。ずっと自分の心を見渡しても、心のしこりになるものは見えない、ということは中々我々にはそれは出来ないことである。どこか自分の心にしこりが残る。あの人は私に融けていないということはやはり闇がある。阿弥陀如来はそういう暗い隔たり心はない。だから阿弥陀如来は明らかな世界の真ん中にお坐りになっておる。それが辺際なしである。

「其れ名を聞くこと有る者は、即ち不退転を得」、無量明という名を聞いておる者は不退転の位に住する、それはどういう事か。近い話だが、ここに四、五十人の人が集まっている。例えば私の所にやって来る人はどの人を見ても暗い影が私に見えない、ちょっともそこに蟠《わだかま》りが無い、こう私が言うならば、それを聞いた人は、それなら私は明らかな心の中に置いて貰っておるのだなあと思う。光明普く十方世界を照して、念仏の衆生を摂取して捨てず、阿弥陀の三字はおさめ助ける、即ちこの阿弥陀如来の御名を聞く者を、阿弥陀如来は全て洩らされない。お前が心に垣をしておっても私は垣をしない、と。私はあなたの心の中に居るのだなあと気が付く、それが不退転の位である。「其れ名を聞くこと有る者は、即ち不退転を得」ということはその事である。あなたの教えを聞くとこっちが不退転になる。

「過去無数劫に、仏有す、海徳と号す、是の諸の現在の仏、皆彼に従うて願を発せり」、この海徳という仏の名は、阿弥陀如来の一つのお徳から名付けられたものである。今沢山の仏が居られる。その仏様は皆海徳という仏様に従うて願を起こしたのである。『般舟三昧経』というお経の中には、三世の諸仏は弥陀仏三昧によりとある。諸々の仏は皆海徳仏により願を起こした。

「寿命量有ること無し、光明照して極《きわまり》無し」、この仏様の寿命は限りがない。又光明も限りが無い。光明無量・寿命無量の二徳を備えておられる。寿命に限りが無いから尽未来際、衆生はこの仏によって助かることが出来る。光明に限りが無いからどんな辺土の衆生も光明に照らされることが出来る。だから光明無量・寿命無量のお徳の外に我々は出られない。摂取の光明のうちずまいということを現わされたものであります。寿命無量・光明無量のお徳によって、男も女も、善人も悪人も皆共に仏様のお助けの外には出られんぞということであります。我々は仏さんとは時代が違うという人がある。そんな人に対しても仏は、違うというても私は寿命無量であるぞと。又、我々は仏様とは余程場所が距っておるという、けれども仏は光明無量だからどこだって行くと仰る。時代が距っておるというて逃げても仏様は寿命無量であるから逃げられないのだ。場所が距っておるというても逃げ切れないぞ、私は光明無量であるからと言われる。従って何時でも、何処に居ってもこの仏に従って願を発《お》こすことが出来る。それが海徳仏のお徳である。

「国土甚だ清浄なり、名を聞けば定んで仏に作らん」、その浄土は純一潔白である。その浄土の海徳という仏の名を聞く者は聞いただけできっと仏になる。聞其名号信心歓喜である。

問うて曰《いわ》く、「但《ただ》是の十仏《じゅうぶつ》の名号を聞きて、執持して心《しん》に在《お》けば、便《すなわ》ち阿耨多羅三藐三菩提《あのくたらさんみゃくさんぼだい》を退《たい》せざることを得《う》。更《また》余仏余菩薩の名《みな》有《まし》まして、阿惟越致に至ることを得《う》と為《せ》ん耶《や》。答えて曰く、「阿弥陀等の仏及び諸大菩薩、名《みな》を称して一心に念ずれば、亦《また》不退転《ふたいてん》を得ること是《かく》の如し。阿弥陀等の諸仏も亦《また》応《まさ》に恭敬《くぎょう》礼拝し其の名号を称すべし。

『十住毘婆沙論』の「易行品」の中、弥陀の易行を説く文の引用をなさるのである。

十方諸仏の名号を聞いて執持して心におけば阿耨多羅三藐三菩提を得、余の仏菩薩の御名によって阿惟越致の位に至ることが出来るか。答えて曰く、阿弥陀等の諸仏及び、諸々の大菩薩の御名を一心に念ずれば不退転に住することが出来る。それだから恭しく礼拝して阿弥陀仏等の諸仏の名を称えなさい。

今当《まさ》に具《つぶさ》に無量寿仏を説くべし。世自在王仏、乃至其の余の仏有り、是の諸仏世尊、現に十方の清浄世界に在《ましま》して、皆《みな》名を称し阿弥陀仏の本願を憶念すること是の如し。

今つぶさに無量寿仏のことを説こう。竜樹菩薩は、世自在王仏の次に沢山の仏の名を書いておられるが御開山は略しておられる。

今現に沢山の諸仏世尊が、十方の清浄世界においでになって、皆阿弥陀如来の名を称え、阿弥陀如来の本願を憶念することこの通り、と。ここで御開山は成就の文の「其の名号を聞きて信心歓喜し乃至一念せん」とあるその名号を聞きて、ということをお味わいになったのであります。「聞《もん》というは衆生、仏願の生起・本末を聞いて、疑心有ること無し」、こうお味わいになった。御開山は本願を聞くと味わっておいでになるが、その源は何処にあるかというと、この竜樹菩薩の書かれた只今の御化導に依られたのであります。

「名を称し阿弥陀仏の本願を憶念すること是の如し」、御名を聞いて本願を憶念する、その人の徳を聞いてその人の事を思う。先日私は山口県の萩へ行った。萩は吉田松陰門下に伊藤博文、山県有朋など明治維新の大業を成し遂げた人が育った所である。そういう人の名を聞いて、若い頃明治の日本の改新に命を捧げて働かれた事を憶ったのである。阿弥陀如来の名を聞いて阿弥陀如来の本願を憶念する。名を聞いて因位の本願を憶念する。

若《も》し人我を念じ名を称して自ら帰すれば、即ち必定に入りて、阿耨多羅三藐三菩提を得《う》、是《こ》の故に常に憶念す応《べ》し、と。偈《げ》を以て称讃せん。

これは阿弥陀仏のお言葉です。第十八願のおこころを竜樹菩薩はかように和らげてお知らせになったのであります。若し人というのは十方衆生である。我を念じとは、至心信楽《しんぎょう》我が国に生まれんと欲する。名を称え念ずる、称念である。名を称えて至心信楽《しんぎょう》して我が国に生まれんと願じ乃至十念す。信も行も全てひっくるめて自ら帰すれば正定聚の位に入る。きっと阿耨多羅三藐三菩提を得る。「是の故に常に憶念す応《べ》し」、だから常に阿弥陀仏を憶念せよ。「偈を以て称讃せん」、これから偈を以って阿弥陀仏のお徳を讃嘆されるのである。

（昭和九年三月十八日・明達寺）

第二十五講

無量光明慧《むりょうこうみょうえ》、身《み》は真金《しんこん》の山の如し、
我今身口意《しんくい》をもて、合掌し稽首《けいしゅ》し礼したてまつる。乃至
人能《よ》く是《こ》の仏の無量力功徳を念ずれば、

即時に必定《ひつじょう》に入る、是の故に我常に念じたてまつる。乃至
若し人仏に作《な》らんと願じて、心《こころ》に阿弥陀を念じたてまつれば、
時に応じて為に身を現ぜん、
是の故に我彼の仏の本願力《ほんがんりき》を帰命す。
十方の諸《もろもろ》の菩薩も、来《きた》りて供養し法を聴く、
是の故に我稽首《けいしゅ》したてまつる。乃至
若し人善根を種《う》えて、疑えば則ち華開かず、
信心清浄なる者は、華開きて則ち仏を見たてまつる。
十方現在の仏、種種の因縁を以て、
彼の仏の功徳を嘆じたまう、我今帰命し礼したてまつる。乃至
彼《か》の八道《はちどう》の船に乗じ、能く難度の海を度《ど》す、
自ら度し亦《また》彼を度せん、我自在人を礼したてまつる。
諸仏無量劫に、その功徳を讃揚《さんよう》せんに、
猶尚《なお》尽すこと能わず、清浄人を帰命したてまつる。
我今亦《また》是の如し、無量の徳を称讃す、
是の福の因縁を以て、願わくば仏常に我を念じたまえ、と。抄出す

「易行品」の弥陀の易行を説く続きであります。今拝読しました所が偈文で、詩の形で仏徳を讃嘆せられるところであります。

「無量光明慧、身は真金の山の如し」。無量光明慧とは阿弥陀如来のことである。光明の体はもと智慧であるからここに光明慧とある。量りなき光明の智慧は、それが身体として見れば真金の山のようだ、と。仏様のお身体に金箔を塗るということは、こうした言葉から段々ああなって来たのであります。日本の仏像には皆金を塗ってありますが、ビルマの人達も石仏に丹念に金を塗っておる。我々から見ると石に金を塗るということは随分おかしく見える。石のままの仏様の方がよいように思ぅけれど、ビルマ人は片っ端から金を塗る。こういぅ習慣は只今のような言葉から流れ出て来ているということが考えられるのであります。仏様のお身体が金の山のようだということは一つのお譬えであります。

「我今身口意をもて、合掌し稽首し礼したてまつる」、そういぅ尊い立派なお相だから私は今、身を以て、口を以て、心を以て、この三業をもって合掌して、頭を下げて御礼を致します。これは竜樹菩薩が仏に対する衷心を卒直に披瀝せられたものでありま

す。

今から百年程前、西本願寺の方に三業惑乱という異安心問題が起こり、やかましく言われた事があります。越前の国の功存の著わした事をもとに、京都の智洞という人が三業帰命の安心を高唱した。ただ大様に極楽にまいりたいと願うというような事ではいかぬ、身口意の三業のその真剣さが現われねばならない、こういう事を本に書いたのです。これは話ばかりを聞いて実際生活にそれが現われないということを書かれたものと思う。ところがこの話を聞いた者は、弥陀を頼むには身口意の三業が揃わねばならぬという。弥陀を頼み極楽に往生せんと思う者は、頭を下げて助け給えと思って南無阿弥陀仏を称えよ、心に頼み、身に敬礼し、口に称名するというような事を申すのでしょう。そうすると又それでは自力になるというて反対の義が出て、大変やかましい議論となったことがあります。この三業帰命というような人達の求むる所はちゃんとここにあるのです。竜樹菩薩が先ず他力信心のお味わいを述べられるところに、身口意の三業をもて、合掌し稽首し礼したてまつる、とちゃんと書いてある。だが必ず三業揃えて弥陀をたのむということが、真宗御当派の教えだということは申されないのです。それを固定して考える時、それが手作りになると自力の信心になるのである。真に仏様に御礼するということになると、やはり身口意の三業のお礼の心が現われてくるのです。その現われてくるそのままを竜樹菩薩はここにお書きになったのである。

「人能く是の仏の無量力功徳を念ずれば、即時に必定に入る、是の故に我常に念じたてまつる」、人在ってこの無量光明の阿弥陀如来の限りない力の功徳を念じたら、即ち仏様の功徳の広大なことをじっと念じておれば、思う時その人は、きっと仏になるという位に入る。その人を思うことはその人と同じになることである。仏の偉大な力を念ずる時に、その人は仏の力に乗托してもう外へ行かれぬ覚悟を得さして貰うのである。こういう尊い御利益があるので、私はいつも仏を念じておる、仏の力を念ずると即時に必定の位を得ることになる。

「若し人仏に作《な》らんと願じて、心に阿弥陀を念じたてまつれば、時に応じて為に身を現ぜん」、もし人が仏になりたいという願いを起こして、心に阿弥陀仏を念じたならば、時に応じて阿弥陀如来がその時にお身体を現わして下さるというのです。それは有難いことであります。これは何か変った形に現われるように思うけれどもそうではない。阿弥陀如来はお木像のようなお姿ばかりだと思うとそうではない。男ともなられ女ともなられる。年寄りにもなられる、若い者にもなられる。種々形を現わして下さる。親ともなり兄弟ともなり、連れ合いともなり善人とも悪人ともなって自分に現われて下さるのである。願作仏心をもってお念仏しておると仏が拝まれる。仏が拝まれる時に自分は仏になっておるのであります。これは遠い事ではない、近くにある。御開山は御自分の奥様を仏と拝んでおられる。又御開山のお弟子の人達は御開山を聖人として拝んでおられる。

先月朝鮮の或る所に行ったが、布教使の若い奥さんが熱烈な御信心に入ったという話を聞いた。それは嫁に行くのにあまり進まぬ縁であったらしいが、親兄弟の勧めるままに行った。行ったら婿さんの気に入らなかった。その悩みによって遂に仏の心を頂いたということであった。その奥さんは、そうなってみると非常に有難くなった。全て仏様のお手廻しのように見える。今迄嫌であった夫、無理無体を言う夫が自分を導くための如来様である、こういうように心が変わったと話しておった。又先日も話したように、呉の土肥さんの七つになる子供が殺された。けれどもその中から土肥さんは殺した青年の罪を軽くしてほしいと願った。その心持があまりに尊いので皆拝むような気持になった。子供は信心を与える為にお生まれになった、そして殺されてみせて下さった、こういうように喜ばれるのである。それが進んで、子を殺した隣の子は悪人の姿になった如来、仏の現われである。そうなると念仏者の家から阿弥陀様が身を現わして下さるのである。ここに「時に応じて身を現ぜん」のお言葉がわかる。いくら阿弥陀様が身を現わしていて下さっても願作仏心が無く、仏を念ずることの無い者には見えないのです。仏に成ろうと本当に阿弥陀様を念ずれば、阿弥陀様はその身を現わして下さるのである。

「是の故に我彼の仏の本願力を帰命す」、それだから我は彼の阿弥陀仏の本願のお力をたのむ。「十方の諸《もろもろ》の菩薩も、来りて供養し法を聴く、是の故に我稽首したてまつる」、自分ばかりでない、十方の諸々の求道者達も来てこの阿弥陀仏を供養して法を聴く、こういう訳で我は仏様に頭を下げまつる。

「若し人善根を種えて、疑えば則ち華開かず、信心清浄なる者は、華開きて則ち仏を見たてまつる」、若し人在って、善い仕業をしておっても心の垣が取れないで、ああか、こうかと二の足を踏んでおっては華は開かない。信心清浄なれば華開いて仏を見たてまつる。仏と融け合うのだ。心がほどけるのだ。例えば行儀作法もよく、家もよく、勤めも立派に出来る人でも、固苦しく窮屈で誰とも打ち融けない、こういうのは華が開けていないのである。信心清浄な者は華開きて則ち仏を見奉る。心がきれいな者は、心が一つに融け合うて仏様に遇うことが出来る。

「十方の現在の仏、種種の因縁を以て、彼の仏の功徳を嘆じたまう、我今帰命し礼したてまつる」、今現にまします仏様達が、色々の因縁をもって、彼の仏の功徳を讃嘆し給う、我は今その仏様に帰命して御礼を申します。

「彼の八道の船に乗じ、能く難度の海を度す、自ら度し亦《また》彼を度せん、我自在人を礼したてまつる」、八道は八正道です。正見、正思惟、正語、正業、正命、正精進、正念、正定。この八正道の船に乗じて、渡り難い海をよく渡る。自分もこの海を渡り、又他の者も済度する。この仏を信じておる人は、その信によって八正道の道を行く。その人は自在人である。その自在人を我は礼したてまつる。

「諸仏無量劫に、その功徳を讃揚せんに、猶尚《なお》尽すこと能わず、清浄人を帰命したてまつる」、諸々の仏が長いことかかってこの仏様の功徳を讃嘆しても尽くすことが出来ない。『大経』を頂くと、百千万劫にもよく尽くすことあたわずとある。自在人、清浄人、これは皆信心の行者である。その信心の行者を帰命し奉る。

「我今亦《また》是の如し、無量の徳を称讃す、是の福の因縁を以て、願わくは仏常に我を念じたまえ、と」、我はかようにして仏様の徳を讃嘆いたします。この仏を礼するというこの福徳の因縁をもって願わくは仏常に我を念じて下さい。

ここ迄で「易行品」の引用は終りであります。

この頃、浄土真宗にも祈禱ということが大切だという人がある。又信心一つが大切だと言う人がある。清沢先生はかつて、祈禱は迷信の一つだ、こう仰ったことがある。一面から言えば浄土真宗は祈禱でない宗旨だ、こういうようにも言われる。それでは御開山のお言葉に祈りという言葉がないかというと、やはりある。この世の為に、国の為に祈り、念仏申す、そういう箇所がある。和讃には、

仏号むねと修すれども
現世をいのる行者をば
これも雑修となづけてぞ
千中無一ときらわるる

こういう御和讃がある。これは南無阿弥陀仏を称えておっても、身体が息災になるように、金持になりたい、というような事を祈る行者は雑行雑修というて、千の中一人も助からないと仰ってある。では祈るということは何か。竜樹菩薩は、私は仏をかように念じます、どうぞ仏様も常に私を念じて下さい、私をあなたの心の中に置いて下さい、こう申しておられます。そこにはやはり仏様に対して望みがある訳である、こういうのは祈禱という意味は何もない、祈願です、祈願の心がある。普通の人は、こっちはこれだけの事をしたからと仏様に代償を求める、又、こっちがこれだけ仏様を思っておるが、仏様は私を思っておって下さるか下さらんかわからない、と言って二の足を踏んで疑うておる者もいる。ここに、「願わくは仏常に我を念じたまえ」というのは、仏様は私を忘れてはおいでにならないということである。念じたまうということである。念じたまえということは、念を求める心だが、その心の中には、仏は常に我を念じたまうという確信がある。我があなたを念ずる時は、あなたも我を念じたまうのである、進んで言えばあなたが我を念じたまう故に我が今あなたを念ずることが出来るのですと、念と念とが通うのです。この事を善導大師は次のように味わっておいでになります。「衆生行を起こして口に常に仏を称すれば仏即ちこれを聞きたまう、身に常に仏を礼敬すれば仏即ちこれを見たまう、心に常に仏を念ずれば仏即ちこれを知りたまう、衆生仏を憶念すれば仏亦《また》衆生を憶念したまう」、と。このおこころが、我があなたの功徳を念じます、どうかあなたも私を念じて下さいと言われるのと同じ味わいであります。竜樹菩薩、善導大師一つの流れであります。私が常に仏を憶い、仏を念ずる時に、仏も私を念ぜられるのであるということを喜ぶの

であります。

第二十六講

『浄土論』に曰く。

我修多羅、真実功徳相に依りて、
願偈総持を説きて、仏教と相応せり。
仏の本願力を観ずるに、遇うて空しく過ぐる者無し、
能く速に功徳の大宝海を満足せしむ、と。

竜樹菩薩の御作『十住毘婆沙論』の御引用を終って、今度は七高僧第二番目の天親菩薩の御作『浄土論』からの御引用であります。

昔の方が「言、典にあずからざるは君子の恥づるところなり」と申されたのでありますが、言というのは、自分の言う事である。典は古人の書き物です。自分の言う事が経典に書いてないようなでたらめな事を言うなら、それは恥かしい事だということであります。近来の人はこれは私が発明した、他から聞いたのでないといい、これは大変良い事になっておるのです。発明したものの専売特許ということもある。又、色々研究して新しい機械を作り、新しい薬を作る。ところがこの仏教の方では、新しいというより、自分の言うことは古い昔から教えられておるのだということを確かにするということに勉めておられる。これを我が親鸞聖人は「更に親鸞珍らしき法をも弘めず、如来の教法を、われも信じ人にも教え聞かしむるばかりなり」、こう言うておいでになる。歴史学者は、親鸞聖人は法然上人より進んでこういう御発見をされたとか、又聖人にも斯く斯くの新しい教えがあると申します。けれども聖人は、法然上人の仰せの通り、遠くは七高僧、更に遠くはお釈迦様、もっと遠くさかのぼれば久遠実成の阿弥陀如来、法の真実そのままを我々に明らかにされることより自力を捨てよと仰せられる、この手作りのものはお嫌いになるのであ作ったことになれば新しく出来るでしょう。聖人がいつも自力を我々に明らかにされることより自力を捨てよと仰せられる、この手作りのものはお嫌いになるのである。それは常に宇宙の真理、天地のまことに触れようと努力しておいでになるからです。余りに身勝手な、主観的な議論などは好まれないのです。ところが我々は一寸油断すると、小さな自分の経験や感情や知識で手作りの道を拵らえようとします。拵らえておるのです。そして、自分の道があると思って、自慢憍慢の心が起きる、尊い道を踏みにじるような愚かなことをやるのです。聖人は、自分が賢くてこの道を発見出来たのではない、私は何も知らぬ者である、教えてもらい、習うたより外私の物は無いのだ、全てが貰い物、お与え物である。有難いというのも、尊いというのも習うたのである。称えることもお礼するということも習うた

（昭和九年三月十八日・明達寺）

三経に貫通したおこころをお示しになる書物ということをいうのであります。

この『浄土論』は三部経の要を味わって書いたものだというので「三経通申の論」と申すのであります。通はとおる、申はもうす、三経に貫通したおこころをお示しになる書物というのであります。

の本を書かれた方であります。その沢山の御著述の中に、まさしく天親菩薩の御自督の信心を述べられたのが『浄土論』である。

天親菩薩は竜樹菩薩と同じく、千部の論をお作りになったので論主と言うておる。初め小乗と申しまして人間的なお釈迦様を中心として語られた。その一方、他の色々の本を書かれました。後に翻然と悟るところがあって小乗を捨て、大乗仏教に就いて五百

天親菩薩はインド北西のカシミールにお在になった。竜樹菩薩は南インドの暑い所の御出生で天親菩薩は北方の涼しい所に生まれられた。思想の系統からいうと、竜樹菩薩は空論というて、執着を離れるということを表に教え、八不中道、否定的の言葉をもって真実義を現わされた。般若、空ということが竜樹菩薩のお言葉によって味わわれます。これに対して天親菩薩は、有論といって肯定的な言葉でもって真理を現わしておいでになる。それだけ思想上の違い目があります。しかし根底は一つであります。一つの事が時が変わり所が変わると現われ方が違うのであります。その違った形に現われておるものに貫通した真理を見出してゆかれたところに、御開山の御卓見が窺われるのであります。

『教行信証』は御自分のお言葉より他からの引用のお言葉の方が多いのであります。長々と『十住毘婆沙論』を引用されたあと、これから『浄土論』を御引用になります。

『バイブル』を読むと、キリストは、何でも自分のやる事は旧約聖書にあると言うておられる。御自分も、インドや支那、日本の先覚者のお心持をずっと聞いて歩かれる。そして皆からそれでよいと認可されて初めて広い世界のまことを喜ばれる。そういう意味で、『教行信証』は御自分のお言葉より他からの引用のお言葉の方が多いのであります。

『教育勅語』に、「之を古今に通じて謬らず、之を中外に施して悖らず」と仰っている。これが大きな真理である。そういう心持で聖人は一々古い典拠を求めておられます。

のだ、全てが貰い物である、とこれは聖人のおこころであります。だから一つ一つ古の典籍を尋ねられるのです。この『教行信証』のお書きぶりを見ますに、行なら行に就いて、信なら信に就いて、遠くは三部経の教え、下っては七高僧の一人一人の教えを尋ねておいでになる。聖人が一つお書きになることがあると、私はこう考えるが、この考えは何処から来ただろうか、私の考えつきではない、この考えの源は古人から来ておるのだと、段々古い所迄さかのぼって行かれる。そして自分にとっては初めて迷いの夢を覚めた新しい考えだが、発見された真理それ自身は、過去未来現在、三世を通じた大きな真理であると仰せである。その真理を今迄得た人は無いかというと、そうでもない。インドの人にも得た人は居る。支那にもその真理に到達した人がある。日本の人も到っておられる。真理に国境は無い。日本の国に於いても、聖人が心に頂かれた信心は、支那の人もインドの人も同じように頂かれている真理である。いわゆる一味の安心である。

で聖人は一々古い典拠を求めておられます。

『浄土論』は、『浄土往生論』或いは『往生論』ともいう。くわしくは『無量寿経優婆提舎願生偈』といいます。毎晩勤行の時「世尊我一心　帰命尽十方無礙光如来　願生安楽国」と読誦します。あれは「論偈」といいまして、『浄土論』の骨子を天親菩薩が偈文として書かれたところだけを読誦するのであります。偈は五言九十六句を以って、極楽浄土の二十九種の荘厳詠嘆して、往生を願われています。次に「長行」を以ってその意義を論述されます。今はその偈頌のところを引用されます。

偈文の一番先は、

　世尊我一心に、
　尽十方無礙光如来に帰命し、
　安楽国に生れんと願いたてまつる。

となっている。世尊とはお釈迦様のことである。天親菩薩がお釈迦様の御名の前にひれ伏して、世尊よ、とお釈迦様の御名を呼び出してお領解を述べられるのです。この『浄土論』一部は、天親菩薩より遠く九百年も年を隔てておる私も、まのあたりに教えをお受けするのであります。世尊我一心に、尽十方無礙光如来に帰命して、安楽国に生まれんと願う、と卒直なお領解であります。

ここには、聖人は、安楽国に生まれんと願うの次「我修多羅」から御引用になっています。

「我修多羅、真実功徳相に依りて、願偈総持を説きて、仏教と相応せり」、修多羅というのはお経の事。真実功徳相は、真実の功徳の相で、誓願の尊号と解釈されている。願偈総持の願偈は今天親菩薩の御作二十四行の『願生偈』のことである。総持は智慧。お経に示された真実功徳相によって願いが偈文の形になってこれを説く、と。天親菩薩が『浄土論』を御製作になったのは、この態度でもってお作りになったのであります。私はお経の真実の功徳のすがたによってこの偈文を説くと前置しておいでになる。そして段々自分がお経によって教えられた一切の事を書かれるのです。ここにもやはり「言、典にあずからざるは君子の恥づるところなり」というお心持が現われています。我一人が考えたのは危いのです。三世を通じて、どこの国に行っても、どの時代に生きても、それが真理だということを述べ現わされるのです。「仏教と相応せり」、仏の教えとかちっと合う。

「仏の本願力を観ずるに、遇《もうお》うて空しく過ぐる者無し、能く速に功徳の大宝海を満足せ令《し》む、と」、大分間を略して、肝心の所だけを書いてあります。仏様の本願の力をよく観ずるに、本願力に遇うたらば、空しく過ぎる者はない、阿弥陀如来の本願のおこころにお出会いした者は、その本願に乗托して仏の境地に出会うことが出来る。空戻りすることが無い。そして能く速に功徳の大宝海を満足せしむのである。このことを御和讃には極く平易に述べられてあります。

　本願力にあいぬれば
　むなしくすぐるひとぞなき

功徳の宝海みちみちて
煩悩の濁水へだてなし

阿弥陀様の本願の力を観ずるということは遇うということと同じこと。遇うとは巡り遇うことである。本願とはいつも承っておるように四十八願、つづめて言えば十八願、十方衆生至心信楽《しんぎょう》我が国に生まれんと欲《おも》い、乃至十念す、若し生まれずは正覚を取らじ、この本願である。平たく言えば、一生懸命我が国に生まれたいと欲えば、皆まいらせてやろう、まいらせねばおかん、これが阿弥陀さんの本願の力です。ただ本願というのでない、本願の力です。力とは本願成就です。活動です。本願はただ固定した空論というのではない、それがいつも具体的に活動してゆくところに力がある。本願の活動が本願力です。本願力を観ずるというのは、我々がこの人生に生きておってこの世間の流れを阿弥陀如来の本願の力で観るのです。我が上にも、世間の上にも、至心信楽《しんぎょう》我が国に生まれんと願えという、阿弥陀如来の誓願の力がこもっておることを観るのです。阿弥陀さんの本願の力が我が上に活動しておる、世間の上に活動しておいでになるそれを観るのです。それに遇うのです。本願というのはお経の中に書いてある文句ではない、そのお経の文句が現実の世界に現われたものなのです。一切衆生を一人残らず助けにゃおかぬという本願があったって、自分が助からぬ間はこの本願はただの話である。自分が助かる時にその本願のお力が自分に現われて下さるのである。遠い所にあるのではない。だから我々が助からぬ間は仏様は居られない。ただこっちだけの話である。我々が光明の中に明らかに照らされ、限り無き寿命で活動しておる時の南無阿弥陀仏は生きた仏の活動であります。南無阿弥陀仏と言うたって、阿弥陀様の本願と言うたって、真に生きた活動に遇うておらない人は本願というても空虚な話である。阿弥陀仏というても空虚な言葉でしかない。生きた力に遇わねば駄目である。現実に現われておる力がある。この現われておる力に自分が遇う。或は本願力に乗ずればと仰った如く乗込むのである。遇うということは乗込むということと同じことである。遇うたというのは、自分が恵みを貰った人に遇うて初めて言えるのである。阿弥陀様のお姿を拝んでおったって私が助けて頂くまでは、ただ顔を見ておるだけでこちらの顔はちっとも晴れない。自分が助かる時に初めて生きた力に遇うのだ。一切衆生一人も残らず助けねばおかぬという阿弥陀様の本願の力を観て、そこに初めて遇うことが出来るのです。それは既に本願の船に乗ぜられておるのです。だから遇うて空しく過ぐる者がない。「能く速《すみやか》に功徳の大宝海を満足せ令《し》む」、速《すみやか》にというのは遇うた刹那である。速《すみやか》にということは前に『十住毘婆沙論』の中に「疾く阿惟越致に至る」とあった。疾くとは速《すみやか》にということである。次に『十住毘婆沙論』には「即ち必定に入りて」とある。天親菩薩は「功徳の大宝海を満足せ令《し》む」と仰ってある。功徳の大宝海とは、段々承ってゆくと、これは南無阿弥陀仏ということがわかる。本願に遇うて空しく過ぐる者がない。その本願に遇うた証拠は何か、自分が南無阿弥陀仏を頂いたことである。功徳の大宝海を満足すとは、例えば打出の小槌というものがある、その打出の小槌を自分の物にさせて頂くことである。阿弥陀様のお骨折りでこうして功徳の大宝海を満足させて頂く、大きな力が生まれるのである。それは何か、南無阿弥陀仏である。南無阿弥陀仏の六字に封じ込めて、自分のものとしてお与え下さる。南無阿弥陀仏を我が物にさして頂くのである。だから、本願の力に遇うたということは、我が身が南無阿弥陀仏の主《ぬし》にして貰ったということである。南無阿弥陀仏の主になるということは、何等障りの無い身にさせて貰ったということである。だから南無阿弥陀仏の主になった者は、死ぬことなど余り辛くないのだ。それは形をもっておる以上は、身体が生存している以上は死ぬことは嫌だが、生まれた以上は誰もが死ぬ。これは天地自然の約束であって、死にたくないといっても死ぬのである。又、自分勝手に我が子が欲しいと言うても子は生まれぬ。全て世の中の事は自分の思う通りにはならぬものである。しかし本願のお力に遇うて、功徳の大宝海を成就した者には、世の常の人が死ぬことを恐れるような心もなくなるのである。歎きや悲しみも超えるのである。

　娑婆永劫の苦をすてて
　浄土無為を期すること
　本師釈迦のちからなり
　長時に慈恩を報ずべし

人が泣いておるが、にっこり笑える。又、人が死んでゆく時も、ああ名残り惜しいことだという別れはあるが、あああの人は仕合せだなあ、結構な国へ帰って行くよと喜ぶことが出来る。又可愛い子供が死んでも、ああ可愛いと泣いておるのでない、この死んだ子供は、私の迷いが可愛さに、仏が遣わして下さったお使いであったと気が付くと、死んだ子は尊いお使いであったと手を合わして拝む心になる。子供が功徳の大宝海を成就したのである。大分趣きが変わるのです。だから信心を頂くと人が悩み苦しんでおるような時でも、悩まぬでもよいようになる。人が悲しんでおる事でも悲しまんでもよいようになるのだ。それが南無阿弥陀仏の上に成就しておる。我々が差別の世界に居って死は悲しく別れは辛いけれども、限りなき寿と限りなき光明のお徳を備えられた阿弥陀様のおこころとお徳を味わう時に、自分自らが弥陀同体になるのである。

　念仏成仏これ真宗、念仏する人が念仏になるのである。その時には限りない寿命を喜び、限りなき光明に住む身であることを喜ぶのである。誰とも別れることもない、この差別の人間界から絶対の境界への旅立ちがあるだけである。これが信の一念の境地である。その事を頂いてゆくのが平生業成といいます。

（昭和九年三月十九日・明達寺彼岸会）

第二十七講

又曰《いわ》く。菩薩は四種の門に入りて、自利の行成就したまえり、知る応《べ》し。菩薩は第五門に出《い》でて廻向利益他《えこうりやくた》の行成就したま

えり、知る応《べ》し。菩薩は是の如く五門の行を修して、自利利他《じりりた》して、速《すみやか》に阿耨多羅三藐三菩提《あのくたらさんみゃくさんぼだい》を成就することを得たまえるが故に、と。抄出す

只今拝読したのは『浄土論』の教えを聖人が仰がれる一段であります。
『浄土論』には、因の五念門と果の五功徳門というのが書かれてある。因の五念門というのは、法を信ずるそのすがたであります。第一が礼拝門、仏様にお礼をとげる。第二が讃嘆門、仏様のお徳を讃める。第三が作願門、自分でお浄土にまいりたいと願う。第四が観察門、仏の境界はどんなであろうということを思い巡らすのであります。礼拝・讃嘆・作願・観察この四つが入門である。第五が廻向門、これは自分の行が成就するに就いて、その自分の頂いただけを喜ぶだけでなく、他の者に与えるというのが廻向門である。これは出門である。

これに対して果の五功徳門というのは、この因の五念門から自然に開けてくる境界です。それを五つに分けてある。第一が大会衆門、これは多くの人の数に入るということ。我々は自分の心にまかせた日暮しをしておる時は誰も友達がない。一人ぼっちである。この自力の垣が壊われて沢山の友達が出来るのです。孤独の悲しみを受けるということは、我慢我情の罰なんである。余り威張り散らしておると無論友達は出来ない。孤独は威張る者の罰である。友達の無い人は憍慢なのです。自分には友達がないということは憍慢なということの半面を現わしておるのです。信心を頂くと素直な心で礼拝が出来るようになる。沢山の友達の中に入ることが大会衆門である。大会衆の中に入る。だから賑かになる。

それから第二近門、段々お浄土に近づいてくる。第三宅門、これは家に入る。第四屋門、もっと部屋に入る。第五園林遊戯地門、花園に遊び出る。これが果の五功徳門である。大会衆門・近門・宅門・屋門が入門で、園林遊戯地門は出門である。入門は入る門、出門は出る門である。こういう所から御開山は『入出二門偈』という御文を書いておいでになる。入門は自利、出門は利他です。入出ということは自利利他ということに名付ける。自分が仏の境界に段々入りこんでゆく、それは自利という。仏の境界から出て衆生済度に出掛ける、それを出門という、だから入門の方を往生《(ママ)》廻向、出門を還相廻向といいます。菩薩は、礼拝・讃嘆・作願・観察この四種の門に入って自利の行を成就される。「知る応《べ》し。菩薩は第五門に出でて廻向利益他の行成就したまえり」、第五番目の行は、因の五念門の内では廻向門、果の五功徳門の中では園林遊戯地門。第五門で初めて出て行く、出て廻向利益の行を行じたまう。「知る応《べ》し。菩薩は是の如く五門の行を修して、自利利他して、速《すみやか》に阿耨多羅三藐三菩提を成就することを得たまえるが故に」と、菩薩はかように因の五念門、果の五功徳門、この行を修めて、自分を利し、他を利して、そして速《すみやか》に阿耨多羅三藐三菩提、仏の悟りの智慧を成就することを得たまう。これが浄土の行を成就したものである。

先の所に、「仏の本願力を観ずるに、遇うて空しく過ぐる者無し、能く速《すみやか》に功徳の大宝海を満足せ令《し》む」とあった。これは信心の御利益として、御名号を我々の方に頂くということ、功徳の大宝海とはお六字を身に頂くことである。これは信心の御利益の点からお六字を我が物に頂くというところをお味わいになった、今の所はそのお六字が生活の活動になって現われ出て下さるというのである。御和讃に、

南無阿弥陀仏の廻向の
恩徳広大不思議にて
往相廻向の利益には
還相廻向に廻入せり

とある。又、

弥陀の廻向成就して
往相還相ふたつなり
これらの廻向によりてこそ
心行ともにえしむなれ

とある。自利は自らが仏になる。利他は他の者を仏になさしめる。信心の上の生活に自利と利他の行がある。この自利利他の根本になるのは何か、仏の廻向である。「弥陀の廻向成就して　往相還相ふたつなり」、私達に阿弥陀如来の方から自利の行も、利他の行もお与え下さるのである。行の根本は弥陀廻向である。ここに御開山は大行のこころを教えて下さるのである。「大行とは則ち無碍光如来の名を称するなり」、仏になる大きな行は何かということを説いたのが「行の巻」の、天親菩薩の『浄土論』の先に引いてある「功徳の大宝海を満足せ令《し》む」とある所と、ただ今の「自利利他して、速《すみやか》に阿耨多羅三藐三菩提を成就することを得たまえるが故に」という二つの上にお味わい下さっておるのであります。私らが浄土に往生するということが、仏の成就して下さった南無阿弥陀仏のお六字を称えることであるということを、『浄土論』によって現わされたのがこの一節であります。

『論の註』に曰《いわ》く。謹《つつし》んで竜樹菩薩の『十住毘婆沙《じゅうじゅうびばしゃ》』を案ずるに、云《いわ》く、菩薩阿毘跋致《あびばっち》を求むるに、二種の道有り。一《ひとつ》には難行道《なんぎょうどう》、二《ふたつ》には易行道《いぎょうどう》なり。難行道とは、謂《いわ》く五濁の世、無仏の時に於て、阿毘跋致を求むるを難と為す。

天親菩薩から四百年程後、即ち仏滅後千三百年の時に、支那に曇鸞大師という方がお生まれになった。七高僧三番目の方である。この曇鸞大師を聖人は七高僧の中でも別して崇められた。覚如上人は『報恩講式』の中に、御開山を曇鸞大師の化身、御再誕として御讃嘆になっておる。聖人は親鸞と名乗っておいでになる。親は天親の親、鸞は曇鸞の鸞であります。天親菩薩と曇鸞大師の教えによって阿弥陀如来に遇い奉ったと仰せられるお心で、かくは親鸞と仰せられた。この曇鸞大師が、天親菩薩の『浄土論』

を講釈なされて、『浄土論註』二巻を御製作になった。依って『浄土論』を我々が味わうのに際して、細かにそのおこころをお知らせ下さった大切なお聖教である。

近来この『浄土論註』を御開山が自筆でお写しになった本が西本願寺に蔵されていることがわかった。そしてそれがコロタイプ版になって出版され、我々が手に取って見ることも出来るようになりました。御開山はこの『論註』を丹念に研究なされたのであります。

この『論註』に他力という言葉が初めて出て居るのでありまして、御和讃に、他力の信心とか、他力の廻向とかあるその他力というのは、この『論註』に初めて見られるお言葉であります。その『論註』を今御引用になっております。

『論註』の一番初めに「謹んで竜樹菩薩の『十住毘婆沙』を案ずるに」とある。天親菩薩の『浄土論』を註釈なされようというのに、初めから竜樹菩薩のことが出ておるのはどういう訳かというと、曇鸞大師は、この『浄土論』が仏教の教理史上どういう地位にあるかということをお定めになるために、竜樹菩薩のお聖教を御引きになったのである。

天親菩薩の『浄土論』は竜樹菩薩の「易行品」の系統を引いたお聖教であるということを知らすために、先ず一番初めに『十住毘婆沙論』をお引きになったのである。又そうすることに依って、この一代仏教の流れの上に於いて、難行道は聖道門の流れ、易行道は浄土門の流れであって、一は自力であり一は他力である、これはその他力の教えの系統を引いておるお聖教だということを、はっきりここで定められるのであります。

「謹んで竜樹菩薩の『十住毘婆沙』を案ずるに、云く、菩薩阿毘跋致を求むるに、二種の道有り」、阿毘跋致とは不退の位、菩薩は求道者。菩薩が不退の位を求めるのに二つの道がある。一つには難行道、二つには易行道。「難行道とは、謂く五濁の世、無仏の時に於て、阿毘跋致を求むるを難と為す」、五濁ということは『阿弥陀経』の終りに五濁悪世とある。劫濁、見濁、煩悩濁、衆生濁、命濁、全て娑婆の濁りである。劫濁というのは、世の中が末世になったということである。見濁とは色々の異見が出るということである。思想或いは主義というものがやたらに出てくるのは見濁である。煩悩濁、これは三毒の煩悩の濁り。衆生濁、これは人が集まり沢山になる濁りである。命濁、命の濁り、命が段々短かくなる。この五つを五濁という。五濁の世であっても仏がおいでになれば、信仏の因縁によって引き立てられて浄土へ行けるけれども、世の中はかように濁っておる、そして教え下さる知識が無い時には菩薩が不退転を求むるのはむつかしい。

此の難に乃《いま》し多くの途《みち》有り、粗五三《ほぼごさん》を言いて以て義の意を示さん。一《ひとつ》には外道の相善《しょうぜん》は菩薩の法を乱る、二《ふたつ》には声聞の自利は大慈悲を障《さ》う、三《みつ》には無顧《むこ》の悪人は他の勝徳を破す、四《よつ》には顛倒《てんどう》の善果《ぜんか》は能く梵行を壊《え》す、五《いつつ》には唯是れ自力にして他力の持《たもつ》無し。斯《かく》の如き等の事、目に触るるに皆是れなり。

この難とは、難に多くの道があるが、五三と書いてあるが実際には五つ出してある。そのむつかしいという訳を言うたら、こうだと難行道の難の訳を出される。

「一には外道の相善は菩薩の法を乱る」、外道とは仏教の外の教えである。相善とは上辺《うわべ》に現われておる善である。仏教で慈善というのをキリスト教では愛という。仏教では貧乏人を憐むとか罪人を助けるということがある。キリスト教でもある。よく似ておる。礼拝ということも、仏教、キリスト教、神道皆同じようにいう。ところが曇鸞大師の御教えを承りますと、外道の相善は菩薩の法を乱るとある。よく似ておるが曲者だ。相善というのは、形はよく似ておる、形は仏教の他のものともよく似ておるが、趣は余程違うておる。それもそうでしょう、親切で人に物を上げるのと、たくらみがあって物をやるのと姿は一つであるが根底が違う。その嘘の善根は真実の道を乱すことになる。だからむつかしいというのです。世の中は末世になった。仏もおいでにならない。色々の見解が沢山出て混乱する、目が散るのである。あっちに蹤こうか、こっちに蹤こうか、あれを取ろうか、これを取ろうか、あの道を行こうか、この道を行こうか、よく似た善根があるから気が散る。菩薩の法を乱るというのは、自分が一途にやって行こうとの心が惑うというのである。自分が無いのである。

「二には声聞の自利は大慈悲を障《さ》う」、声聞というのは、仏様の説法を聞いて喜んでおる人であるけれども自分が聞いて喜ぶだけで、他を誘うということがない。だからよくあれは声聞根性だという。自分さえ助かればよい、人の事は構わない。この村でも、あの爺さんは声聞根性だと言われている人がある。自分の往生が大事だという話を聞くと、それでは人の事などどうでもよい、あれはあれでやっておる。自分の妻君が喜べなくても、子供が喜ばなくても、あれはあれで構わんでもよい、自分は自分の道を行きましょう、と人を誘う気もなければ、人に勧めたいという気もない人がある。こんなのは声聞根性です。御法座にも子供に参れと勧めもしない、妻にも勧めない。あれはあれで私は私という。これは悟ったようであるけれども、いつの間にやら利己主義になっている。大慈悲とはやるせない気持である。一遍嫌だというても又誘う。二遍誘うて嫌というたら三遍誘う。親が、子を真実の道に引き入れたいと思うが子は蹤いて来ないと言っているのは、まだ本当の慈悲がないのだ。本当の慈悲のある人ならば、子や連合いに物を残してやりたいということよりも、子や連合いを御信心の道に引き入れることが肝要であると思うようになる。が、大抵の親は子に金や田を残したり家を残したりすることに務めておる。何よりも大事なことは御信心を得させることに気を付けることである。

先日山形県の人から父の死を知らせた手紙のついでに、次のようなことを言って来た。父の死なれた後に私宛の遺書があった。私に特別に言って下さることがあるのだと思い封を切った。外の事は何も書いてなく歌が一首書いてあった。この遺書を見て非常に感激したと、この人の手紙にその歌が一首書いてあったが原歌は忘れました、意味は、ただ一つ言いたきことは真実信心の道を歩めよ、と。やはりこのお父さんは本当に御信心を喜んでおった人であったでしょう。幸福ということも世の中の幸福は変わってゆくものです。財を残してもそれは崩れる。しかし信心が頂かれておれば、これはどこ迄もなくならない。本当に子が可愛い親ならば、子に信心の道を知らさねばならないのです。一遍で聞かねば二遍、二遍で聞かねば三遍、手を替え品を替えて導きたいのが本当なんです。ところが声聞の自利は菩薩の大慈悲を障《さ》う、自分だけ助かればよいという声聞の小さな教えが、一切衆生と共に助かりたいという人の心をさまたげる。

「三には無顧の悪人は他の勝徳を破す」、己はどうかと自分を反省することのない人を無顧の悪人という。人の欠点ばかり見て揚足ばかり取っておるのは無顧の悪人である。こういう人は他人の徳を破るものである。他を見ても人の悪いことばかり見ておる人は、その人の穴の中に自分自身を突込んでおる人である。

「四には顛倒の善果は能く梵行《ぼんぎょう》を壊す」、顛倒の善果とは、或いは金持になる、或いは高い位に就く、浮世の栄華が出来る、これは顛倒の善果である。こういうこの世の果報が梵行を壊す、破るのである。梵行とは清浄の行である。

この頃新聞を読んでおると、東京あたりの小説家達がよく博奕をしておる。大分警察に挙げられた。こういうのを見ると彼等は顛倒の善果で、梵行を壊しておるなあと思う。ああいう文士などは比較的容易に金が懐に入る。そして身体が楽だから皆寄って遂そんなことをするのだ。この頃この辺の人は博奕などほとんどしないけれども昔は冬になると流行った。春になって田甫が忙しくなると博奕を打っておる者はなくなる。そうすると身体が楽だということが博奕など考えさせることになる。忙しければ清浄の行が出来る。だから人間的果報、お金が沢山ある、身体が息災、位が高い等いうことは悩みのもとになる、それが梵行を壊すことになる。

「五には唯是れ自力にして他力の持無し」、これが当《まさ》しく自力という言葉の出る初めである。この頃総理大臣の斎藤さん迄が仏語も知らずに、自力更生でなければ他力では助からんと言われる。近来は自力他力ということが人の口に乗っておるが、その言葉の始めはここに在る。「唯是れ自力にして他力の持《たもつ》無し」、自分の小さな了見だけでやっておって力を添える他力がない。

これで五つである。この五つの難をしかと味わってみると、根本は無仏ということである。善知識がない。第一の「外道の相善は菩薩の法を乱る」、仏法を求むる人は仏様が守って下さるから心が乱れることはない。けれども仏様がおいでにならない人、外道の人は、よく似たことはあるけれどもあっちこっち迷うて歩くのです。無仏だからです。第二番目の「声聞の自利は大慈悲を障《さ》う」ということは、自分さえ良かったらという声聞根性が大慈悲を妨げる。ということはやはり無仏だからである。第三番目の「無顧の悪人は他の勝徳を破す」は、無反省の悪人が他の勝れた徳を破るということも、これもやはり明らかに足許を照らして下さる仏がいらっしゃらないからである。第四番目の「顛倒の善果は能く梵行を壊す」、これもやはり世の中の栄華栄耀をしておっても、足許を見よ、気を付けねば落ちるぞと言うて下さる仏がないものだから、有頂点になって上がり過ぎる。上がっても上がっておるということも知らない。第五に「唯是れ自力にして他力の持《たもつ》無し」は、ただ自分で知っておることをやるだけで仏の教えがない。これが難である。段々味わってみると五濁の世、無仏ということが難の頂上である。この五種の難ということのもとはやはり無仏である。仏がおいでになるならばこの五つの難は皆なくなるのです。そういうと難行道とは仏が無い世界に修行する人の事である。それなら今の世の中はどうか、「正像末和讃」に、

釈迦如来かくれましまして
二千余年になりたまう
正像の二時はおわりにき
如来の遺弟悲泣せよ

とある。この御和讃を頂くと、お釈迦様がおかくれになってからもう二千何百年も経っておるぞ、お弟子達は泣かねばならんぞ、と聖人が仰っている。

『法華経』の中には「我常に霊鷲山に在り」と。私はその生きていらっしゃるお釈迦様にお目にかかりたさに、先年仏蹟巡拝をした。私はいつも霊鷲山に居るぞと仰るお釈迦様は、又涅槃のお釈迦様である。八十才でクシナガラでおかくれになったお釈迦様は、浄飯大王の王子としてお生まれになったお釈迦様である。私は死なぬと仰ったお釈迦様は久遠実成のお釈迦様である。それは生まれられた始めもなければ死ぬ終りもないお釈迦様である。このお釈迦様はインド、日本、支邦の国籍を超えておる。それではその仏様は今何処に行っていらっしゃるか、今現在説法である。現に生きていらっしゃる。国境を超えた久遠の仏は今現に生きておられる。大乗仏教は生きた仏の前にお育てを受ける道である。仏は今現在説法で、お浄土に生きておられる仏様の声を、仏様直々《じきじき》の声として承れるのは、南無阿弥陀仏として承るのである。南無阿弥陀仏は仏様の直々の声である。それでは仏様といつお会いするか、毎日毎日の日暮しの上にお会いするのだ。死んでから極楽に行って会うというのではない、今現に会うておる、今現在説法の仏と共に居る。その仏と共に居るが故に易行道である。私が仏を念ずれば仏も私を念じ給う。私が仏の名を称えると仏はそれを知り給う。私が仏を礼拝すると仏はそれを見て下さる。衆生の称礼念が仏の見聞知の三つに相応する。だから生きた如来様の前に自分も生きて働いておるのだ。いつでも仏と共に居る。仏と共に居るが故に行も容易である、信も出るのである。浅黄色の中に蓬色が交じると蓬色は浅黄色のようになる。朱に交われば赤くなるということがある。仏の傍に居ると自然とその作法が出来るようになる。こっちは敬う心が中々起きない奴だが、そういう方のお傍に居ると自然とこっちも敬う気になる。だから仏様と一緒に居れば行も容易です。仏と離れた人の行は難行です。仏と共に居る者の行は易行です。重荷を負うて行かぬでもよい、軽い思い

で心勇んで行くのである。心がほどけるのだ。仏を信ずることの無い者の日暮しはどうしても上辺だけのものになる。重荷になる、だから難行である。

こういう具合に段々頂きますと難行道には仏は無い、易行道には生きた仏にお出会いしておるということが窺われるのであります。ここに南無阿弥陀仏は浄土の大行である、生きた仏がこの南無阿弥陀仏として、生きた生活の上に偉大な力を示して下さるというおこころが、段々教えられるのであります。

（昭和九年三月十九日・明達寺彼岸会）

第二十八講

昨晩は『浄土論註』の初めにある五つの難に就いてお知らせになった所を頂きました。

「斯の如き等の事、目に触るるに皆これなり」、五つ挙げただけで、もっと挙げればもっと沢山ある。全て目に触れることは皆むつかしいことである。仏の傍に居れば何事も容易だ、仏がおいでにならなければ全てむつかしい。こうなると難行道、易行道ということは、仏に遇うか遇わぬかということによって分かれる。それで五つの難を挙げられた中にも一番後に「唯これ自力にして他力の持《たも》つ無し」とあるが、これが根本になる。その他力というのは仏に遇うことである。難の原因は無仏の時である。世の中は五濁悪世でも構わぬのである。世の中がいくら濁っておっても、只一人仏がおいでになれば、その傍にさえ居れば世の中は容易である。易行だ。それを思うとお慈悲は広大なものです。

あの方が居られた頃にはあの家は中々愉快なお家だったが、あの方が死なれてからどうも冷たい家になった。あの学校は校長が代ってからどうも変だなどいうが、根本は中心に仏がおいでになるかということである。仏にお遇いしておれば全ての行が容易だ、何でも無頓着でおってもよいのだ。私が旅をして総が同行している時など総に、永い事先生のお供をしておられてお疲れになるでしょうと聞かれる。総はちっとも気疲れしないと言う。本当にその人にまかせて一緒に居れば別に疲れることはないのです。何かそこに気遣いがあれば疲れる。私共は自分の心に合うた家に行けば永い事居っても疲れない。気を張らねばならぬことがあると疲れる。だから難とか易とかいうことは外的にあるのでない、内の心にあるのだ。

これから段々外が明るくなると田甫に行く。そして働くと身体が痩せるし目がくらむ程疲れるという人がある。そういう人は心の中に燃ゆるものがないのだ。でない人は難儀は意に介しない。何も願いが無くてただ人に言われてやっておるような人ならばそれは難儀でしょう。難ということを思っておる人は、仏様から遠ざかっておるということである。仏様がおいでなければ目に触れることがない、難しい。

譬《たと》えば陸路《ろくろ》の歩行《ぶぎょう》は則ち苦しきが如し。易行道とは、謂《いわ》く但信仏《ただしんぶつ》の因縁を以て、浄土に生ぜんと願ずれば、仏の願力に乗じ

て便《すなわ》ち彼の清浄の土に往生することを得しむ。

譬えて言えば陸の道を歩くのは苦しい、「易行品」には陸道とあるが、『論註』には陸路とある。道には広い道もあれば狭い道もある。御和讃には、

万行諸善の小路より
本願一実の大道に
帰入しぬれば涅槃の
さとりはすなわちひらくなり

とある。万行諸善の陸路を歩いて行くのは、即ち苦しいことだ。これは難行道だ。

次に、易行道とはどういうことか。「易行品」には信方便とある。ここに曇鸞大師は、天親菩薩が信方便と仰ったのを、信仏の因縁とくわしく味わって下さったのである。信仏の因縁とは仏様の因縁を信ずるということである。仏様の因縁を私らに結ばせられた。因縁とは本願である。仏様の因縁は本願である。本願はどういう因縁であるか、十方衆生と呼びかけられた時に仏様と私らと因縁が結ばれるのだ。あの人は私と因縁深い人だ、長いつきあいをしておるというが、仏さんと私も長いつきあいである。久遠の昔に十方衆生と呼びかけられたその時から因縁が結ばれておる。そして一人でも地獄へ堕ちるようであれば仏にならぬという広大な因縁が結ばれておる。それが因縁である。その仏様の結ばせられた因縁を信ずる。仏様と私とは切っても切れぬ約束があったのだということである。信じられたその仏様の因縁は私の因縁である。仏の因縁は私との因縁である。袖振り合うも多生の縁ということがある。仏と私とは多生の縁、切っても切れぬ縁がある。仏の願力に乗じて浄土に生まれたいと願う、仏の因縁とは願力である。この仏の願力に乗じて浄土往生することを得しむ。信仏の因縁によって浄土へ生まれたいと願えば仏の願力に乗じて……とある。『論註』の終いの方に、他力ということを明らかにせられておりますが、他力というのは本願力である。本願力というのは、四十八願のうちの三つの願をお引きになって明らかにしておられるのであります。そしてその願は増上縁だと仰せられる。増上縁だと仰せられるところに、因縁ということのお謂れをみることが出来る。仏の因縁は本願である。その本願は私を助けねばおかぬという本願である。ここに仏の因縁を信ずるということが、そのまま仏の願力に乗ずることになる。仏の願力の船に乗って波に乗って行く時に往生させて頂くのである。融け合って一緒に行くことである。波が来たらそれに乗って行く。景気に乗るということは、好景気の波に乗って一緒に行くことだ。願力に乗ずるとは、本願と一緒に動くということである。衆生は、生れさせねばおかぬというその本願に乗って行くのだ。夏、海に行って浴びると、波がどっと打ち寄せて来て又たちまちさっと引いて行く。あの波に乗って行くとすっと行く。それが乗托である。そして彼の清浄の土に往生することを得しむのである。清浄は浄土である。

仏力住持《ぶつりきじゅじ》して、即ち大乗《だいじょう》正定《しょうじょう》之聚《のじゅ》に入らしむ。正定は即ち是れ阿毘跋致《あびばっち》なり。

仏の力がじっと留って、それを持っておって下さる。こっちがうかうかしておっても、願力が持《たも》って下さる。阿弥陀如来の力です。その願力に触れる時、大乗正定の聚に入らして下さる、仏になるに間違いのない位に据る。

先に「唯是れ自力にして他力の持無し」とありましたが、易行道は願力の持《たもち》があるのだ。ちゃんと持っておって下さるのである。私はお前を持っておってやるぞと仰るのである。そして大乗正定の聚に入らしむるのである。「正定は即ち是れ阿毘跋致なり」、正定は不退転の位である。阿毘跋致は不退転位である。

譬《たと》えば水路の乗船は則ち楽しきが如し。

路は小道、道は大道であるが、曇鸞大師はここではくわしく使い分けしておられないように考えられる。水の路は船に乗って行く、いや仏様の願力に乗って行く、だから楽しい。

此の無量寿経優婆提舎《むりょうじゅきょううばだいしゃ》は、蓋《けだ》し上衍《じょうえん》之極致《のごくち》、不退《ふたい》之風航《のふうこう》なる者なり。

この天親菩薩の『浄土論』は、大乗のうちの最も勝れた大乗である。不退之風航とは順風に帆を上げた船である。これに乗托して浄土に行くことが出来る。

ここに『浄土論』の中心の信心が竜樹菩薩の「易行品」に説かれてある易行道の極致であると説かれたのである。これから『浄土論』の講釈があります。

無量寿は是れ安楽浄土の如来の別号《べつごう》なり。釈迦牟尼仏《しゃかむにぶつ》王舎城《おうしゃじょう》及び舎衛国《しゃえこく》に在《まし》まして、大衆之中に於て、無量寿仏の荘厳功徳《しょうごんくどく》を説きたまう。

無量寿とは量りなき寿《いのち》である。この無量寿というのは、安楽浄土の如来の特別の御名である。

お釈迦様が王舎城及び舎衛国で、沢山の人の中で、無量寿仏の荘厳功徳をお説きなされた。王舎城では『無量寿経』『観無量寿経』を、舎衛国では『阿弥陀経』をお説きになった。

即ち仏の名号を以て経の体《たい》と為す。後《のち》の聖者婆藪槃頭菩薩《ばそばんずぼさつ》、如来大悲之教を服膺《ふくよう》して、『経』に傍《そ》うて願生の偈を作れり。已上

ここに「仏の名号を以て経の体と為す」とある。三部経の本体は仏様の名である。「教の巻」の初めに「夫れ真実の教を顕さば、則ち『大無量寿経』是れなり」とあって、その『無量寿経』には何を説いてあるかというと、「如来の本願を説くを経の宗致と為す。即ち仏の名号を以て経の体と為るなり」と。御開山のお心の寄所は実はここにあるのです。ここで見ると『大経』ばかりでない、三部経の本体は皆仏の名号である。三部経は何をお説きになったか、阿弥陀如来の御名号のことをお説きになったのである。

要するに阿弥陀様は十七願に、我が仏になれば十方の仏に我が名を称して欲しいと願われた。その十七願によってこの世に出られたのがお釈迦様である。お釈迦様はこの世に出られて無量寿仏を讃嘆される。

お釈迦様から九百年後に生まれられた後の聖者、婆藪槃頭菩薩即ち天親菩薩が、釈迦如来のお経、大慈悲の教えを服膺して、お経に添うて、極楽へまいりたいという願いから、この『願生偈』をお作りになった。これで一段が終った訳であります。次に述べられるところは『願生偈』を作られた造意であります。

又云く。又所願軽からず、若し如来、威神を加えたまわずば将《はた》何を以《もっ》てか達《たっ》せん。神力《じんりき》を加えたまわんことを乞《こ》う、所以《このゆえ》に仰《あお》いで告げたまえり。

曇鸞大師が又仰っておられる、「又所願軽からず」と。自分の願は軽い願でない、三毒五欲に閉された日暮しを毎日送っておるその凡夫が、仏になりたいという願である。随分な重荷である、軽くない願である。次に「若し如来、威神を加えたまわずば将《はた》何を以てか達せん」、若し仏様がこの強い力を、威神力を加えたまわなかったらば、何を以ってかこの願を達することが出来ようか、どうか威神力を加えて下さいと。神力は不可思議な力です。勝れた力を威神力という。これが仏の力である。だから神力を加えて下さいとお願いする。「所以に仰いで告げたまえり」、この故に、「世尊よ」と仰いで仰ったのだ。この私の願いは非常に重い、どうぞあなたは私に力を加えて、私の願を成就して下さいという心持を現わして、一番先に世尊と呼びかけられた。世尊と呼びかけられたところに、お釈迦様に威神を加えられんことをお願いなさっていらっしゃる天親菩薩のおこころを、曇鸞大師が察して仰ったのである。

我一心《がいっしん》とは、天親菩薩の自督《じとく》の詞《ことば》なり。言うこころは、無礙光如来を念じて、安楽に生ぜんと願ず、心心相続して他想間雑《けんぞう》すること無し。乃至

これは我一心の講釈である、我一心とは、天親菩薩の御自督のことばである。自分を督励されるお言葉である。自分で告白されるお言葉である。一心とはどういうことか、尽十方無礙光如来を念じて安楽国に生まれんと願う心が、心心相続して、心と心が相続して、専一の心がずっと通って行って、時間的に通って行くのです。「他想間雑すること無し」とは、他の思いが交わらぬということである。専一無二である。時間的にも空間的にも他の思いが交わらない、それを一心という。一向一心なのである。どちらを向いても仏様の心持は、心心相続して他想間雑することのない心持である。

帰命尽十方無礙光如来とは、帰命は即ち是れ礼拝門なり。尽十方無礙光如来は即ち是れ讃嘆門なり。何を以てか知らん、帰命はこれ礼拝なりとは。竜樹菩薩、阿弥陀如来の讃《さん》を造《つく》れる中に、或《あるい》は稽首礼《けいしゅらい》と云い、或は我帰命《がきみょう》と言い、或は帰命礼《きみょうらい》と言えり。

「帰命」というは五念門の中の初めの礼拝門である。「尽十方無礙光如来」は第二の讃嘆門である。帰命に礼拝の意があることを何を以って知るかといえば、竜樹菩薩が「易行品」に阿弥陀如来の讃を作られた中に「稽首して礼し奉る」とか、或いは「我れ帰命し奉る」とか、或いは「帰命礼し奉る」と仰せられてある。

此の論の長行《じょうごう》の中に亦《また》、五念門を修すと言えり。五念門の中に、礼拝は是れ一なり。天親菩薩、既《すで》に往生を願ず、豈《あに》礼せざる容《べ》けんや。故《かるがゆえ》に知んぬ、帰命は即ち是れ礼拝なり、と。

『浄土論』の長行の中に、五念門を修すと書いてある。その五念門の中の一つが礼拝ということである。

帰命は仏の教えに従い申す、お礼する心である。天親菩薩は既に弥陀の浄土へ生まれんと願っておいでになる。竜樹菩薩と等しく阿弥陀如来を礼拝されたはずである。とすれば帰命の中に礼拝がある訳である。

然《しか》るに礼拝は但是れ恭敬《くぎょう》にして必ずしも帰命ならず。帰命は必ず是れ礼拝なり。

礼拝という言葉は敬うということになる。必ずしもそれは帰命という訳ではない。しかし、帰命というのはきっと礼拝することである。これはどういうことかというと、ただお礼をしておったのでは、真に本当に任せ切って頼んでおることにはならない、ただのお礼である。けれども真に任せ切っておるところにはきっと頭が下がる。頭が下がっておる者は必ずしも帰命しておるという訳ではない。帰命しておる者はきっと頭が下がるということである。

若し此《これ》を以て推《すい》するに、帰命を重《おも》しと為す。偈は己心《こしん》を申《の》ぶ、宣《よろ》しく帰命と言うべし。

それだから帰命ということは礼拝ということより重いことになる。

この偈文は自分のぎりぎりの心を申し述べられておるのだから、礼拝というよりも帰命と言わねばならない。

『論』は偈の義を解《げ》す、汎《ひろ》く礼拝を談ず。彼此《ひし》相成ず、義に於《お》て弥《いよいよ》顕《あらわ》れたり。何を以てか知らん。

長行は『論』の初めにある偈文の義理あいを説いてある。汎《ひろ》く礼拝と申されたのは、礼拝は帰命の中に含まれてあるからである。「偈」の帰命と「長行」の礼拝とが互いに相助けて御信心の心持を現わしておるのである。

「義に於て弥顕れたり。何を以てか知らん」、その義理あいに於いていよいよその真意が明らかになってくる。

帰命と礼拝ということに就いてですが、御信心が一番先にどういう形になって現われるか。人を信ずる、或は仏を信ずるということはどういう形になるか、信ずるということは任すということである。或は従うということである。だからその人の前に出たら素直になることである。又素直になるばかりでない、任すというのはその人を敬う心がある。尊む心がある。だから信心ということが明らかになると、尊いものが前に現われる、尊いものの前に跪く心がある。信心あるものは自然と頭が下がる。その点からいうと、信心の反対が憍慢である。これは頭が下がらんのである。どうしても、どこにも頭が下がらんのである。信心の無い者は頭を下げんのです。若い時には誰にも頭を下げないということが偉い事のように思っておった。なぜかというと、世の中には金を貫いたさに、世話になりたさに頭を下げないという者があった。そういう媚を売るために頭を下げるのは卑しいと言って頭を下げないと思ったものだ。しかし、そういうことを言っても、恩になって恩を求めるのは堕落の心かも知らんが、現に恩のうちに在って、お世話になっておって、何もお世話になるまいと言うておっても駄目だ。誰にも世話になる、私一人でやると言って力んでおる人があるが、その人が現に自分は今皆のお世話によって、御恩を受けて生きておるものだということがわかれば、自然と感謝の思いが起こり、一切を恭敬する心が起こってくる。お蔭様で有難うございます、という言葉が自然と出て来るのであります。だから、尽十方無礙光如来に帰命すということは、どちらを向いても仏様のお光明のお手廻しの中に入れられておる自分であることに気付かせて貰う時、自然と頭が下がる。その心が御信心であり、如来に帰命するということである。だから御信心の一番最初の現われが礼拝である。だから礼拝は帰命よりも弱いのである。そういうことから段々みると、今心から人に頭を下げる心が起きない者は、まだ信心がないのだ。人に頭を下げる事は残念だ、こういうような気持がある間は、まだ本当に身も心も仏様の前に投げ出し、一心に帰命する信心がないのだ。一心帰命の信心が一番先にどう現われるか、礼拝ということに現われるのである。尊いものの前に、力のあるものの前に、この力の無い自分をすっかり投げ出して、御助け候えと手を合わせる。ただこれ一つである。

（昭和九年三月二十日・明達寺彼岸会）

第二十九講

尽十方無礙光如来は是れ讃嘆門なりとは。下の長行の中に言く、云何が讃嘆する、謂く彼の如来の光明智相の如く、彼の名義の如く、実の如く修行し相応せんと欲うが故に、と。乃至

尽十方無礙光如来というはこれ讃嘆門であるということはどういうことか。『浄土論』は偈文と、その偈文を解釈してある所と二通りに分かれている。偈文の解釈してある所を長行という。

「下の長行の中に言く」、これはやはり天親菩薩のお言葉です。「云何が讃嘆する」、讃嘆文とはどういうことかというと、「謂く彼の如来の名を称すること」、南無阿弥陀仏と称えることは、「彼の如来の光明智相の如く」、如くとはそのままということである。「その光明の如くなる」ということは、その光明の明らかなところを頂くことである。謂れは、光明無量と寿命無量の二つの謂れがあるということを書いてあるから、始めに光明智相とあるから「彼の名義」ということは、寿命無量ということが表に現われておるおこころのように察せられるのであります。そして「実の如く修行し相応せんと欲うが故に、と」。実とは事実そのま

彼の如来の名を称すること、彼の如来の光明智相の如く、実の如く修行し相応せんと欲うが故に、と。乃至

光明が即ち智相である。仏様の智慧の相は光明です。その光明智相の如くとはどういうことか。『浄土論』は偈文と、その偈文を解釈してある所と

まということ、そのままとは如来様の光明そのまま、お名号そのまま、そのまま修行する。修行するとは、自分の行として行う。相応ということは、相かなうということで、しっくりと合うて行くことである。仏さんの光明、名号のお謂れそのまま修行する。修行とは、それを自分の生活に現わすこと、そしてしっくりと相合うて行こうとする、それが讃嘆である。

天親今、尽十方無礙光如来と言《のたま》えり。即ち是れ彼の如来の名《みな》に依りて彼の如来の光明智相の如く讃嘆するなり。故《かるがゆえ》に知んぬ、此の句は是れ讃嘆門なり、と。

天親菩薩が今、尽十方無礙光如来と言うておいでになるのは、則ちこれ、彼の尽十方無礙光如来というこの名によって、彼の如来の光明智相の如く讃嘆するのである。阿弥陀というのは、光明無量と寿命無量との二つの徳がある。その光明の方面からお讃めになっておるのである。

「故に知んぬ、此の句は是れ讃嘆門なり」、光明の仏を讃嘆なさるのであるから讃嘆門だということがわかる。ここの所を頂いて、御開山はいつも尽十方無礙光如来とお記しになるそのお心持を思い出さして頂くのであります。御開山がお荘《かざ》りになる御本尊は、木像もあれば絵像もある。聖徳太子のお姿の前でも、お釈迦様のお姿の前でも、色々の御本尊の姿をそのまま阿弥陀如来として拝んでいらっしゃる。お書きになる時には南無阿弥陀仏とお書きになった。或いは帰命尽十方無礙光如来とお書きになった。又、南無不可思議光如来とお書きになった。殊に一番お心に叶った名は尽十方無礙光如来であったように伺われます。或る時にお弟子の中の或る一人が、南無阿弥陀仏と称えればよいか、帰命尽十方無礙光如来と称えればよいかと聞いた。又、南無阿弥陀仏は梵語である、支那語に直して言えば帰命尽十方無礙光如来となる、どちらを称えるかと争いが出た時、お弟子がその事を聖人にお尋ねした。聖人は、六字もあろうし、九字もあろうし、十字もあろう、どちらでもよいと仰った。一つに片寄っておいでにならんのである。しかし光明本などを見ますと、御開山の御本尊の一面が窺われるのであるが、尽十方無礙光如来という名がしっくりと合うておったということが窺われます。何故そういうかというと、法然上人の御門下の人が、南無阿弥陀仏と称えて日暮ししておると悪心がなくなるから如来様の国に生まれる。身体がなくなったら浄土へまいるのだと一益的に考えておった。御開山は、信心の一念の時に即ち正定聚に住する、摂取の光明の中に摂め取られ、この世に於いて明らかな光明の中に住まわして頂ける、こういうように味わっておられる。この世に於いて光明の中に住むということは、この世の中が明らかになることである。光明摂取のうちに助かるというお味わいからいうと、尽十方無礙光如来と称することがしっくりするようです。そういう所を『歎異鈔』では、念仏は無礙の一道なりと仰った。無礙の一道なりというお言葉が我々に出る時に、尽十方無礙光如来となるのです。かくの如き言葉でいうと御開山にはぴんと来るのです。尽十方ということは、どこへ行ってもということです。どこか塞がる所があるとか、どこか疑問があるとかいうようなことがなくなるのである。

今日聖興寺での会合で話が出ていた。信教寺は二十三日に婚礼をやるそうな、そうすると二十三日は仏滅だという者があった。すると、仏滅だと縁起が悪いぞと誰かがやかましく言った。仏滅だとか、縁起が悪いとか、あの方角が塞がっておるとか言っておるのは、この尽十方無礙光如来の信心が無いのである。この頃ああいうことを言うのが大変はやっておるという。はやって来たということは真宗の教えが衰えてきたということである。真実の信心を得ておる者が少ないということである。真実の信心を得て尽十方無礙光如来を信じておる者の中には疑問もない。一年三百六十五日、日々光明の内住まいであって、その光明が届かぬ所はない。どこにも光明が輝いておる。尽十方無礙光如来ということは、全てが光っておるということである。私が何時でも言う話であるが、どこか一所塞がっておる人の生活は明るくない、光明が欠けておる。後光の欠けた仏さんである。ところが真に無礙の一道に生きておる人は明るい。信心の無い人は皆塞がっておる、八方塞がりである。信心の無い人の日暮しは、親爺が悪い、嫁が悪い、隣が悪い、向うが悪いと毎日突き当りの生活ばかりである。丁度小さな鉢に入れられた金魚のようなものである。信心のある人は突き当りがない。我々を障りの無い明らかな生活に引き入れて下さるというお力が尽十方無礙光如来である。これが讃嘆門というのはどういうことか。讃嘆とは讃めるということである。尽十方無礙光如来というて讃めておるというのは、自分がその通りになりたいという心で一杯だということだ。しかしそれを取ろうとするのは讃めることではない。あの人はうまいこと金を貯めたという人は、自分も貯めるような者になりたいのだ。だらなものを讃嘆する人は結局は自分もだらな者になってしまうのです。

尽十方無礙光如来は光明智相である。その光明智相の如く名義の如く如実に修行する。光明智相はそのまま名義である。名義はお謂れである。その一面から言えば光明無量、他の一面から言えば寿命無量である。そのお謂れ通りに修行し相応せんと思う。讃める者は、自分がその通りになりたいという心持がある。仏のお徳を讃あるということは、自分もその通りな日暮しをしたいという心の現われである。讃めるということは単に讃嘆ばかりでない、讃める内容として自分がその通りに修行して行こうという心が含まれておる。だから尽十方無礙光如来が讃嘆門になるのである。

願生安楽国《がんしょうあんらくこく》とは、此の一句是れ作願門《さがんもん》なり、天親菩薩帰命之意なり。乃至

天親菩薩が帰命される意志の表現である。仏に帰命し礼拝するその心の底には願生の心がある。越前の功存という人が『願生帰命弁』という書物を書いた。西本願寺でこれが問題になった。願生は帰命の意味である。こういうことは、今の『浄土論註』の言葉が主な依所となっておるのだ。如来に帰命する心の底には、浄土に生まれたいという心があるのだというのである。「帰命之意なり」という意は意欲である。願である。どうか頼むということになる。頼みを成就して貰いたいという願いがある。帰命には願いが備わっておる。仏を頼むということは、お助け候えと願うことである。だから蓮如上人は、頼むということは、助けたまえと頼むことであると仰った。助けたまえというのは、弥陀を頼むことである。弥陀を頼むという中には、助けたまえと求める心があるのであります。その求める心は何処から出たか、それは求めさせられる仏様の仰せ、求めよという仰せに従ったのである。元を言えば如来です。それが形に現われる時はやはり願生です。願です。求めるということは何処から起きたかというと、求めさせる仏様のお心が通ったのである。それで求めるという心が起こった。その求めるということは、頼むということの内容である。ですから帰命ということから願生ということをそうひどく取り除くべきものでないのである。

仏を頼むということは、願う心か、願いを求むる心かというえらい議論があった。私達が学校に居る頃、占部さんはこの事で異安心扱いを受け、遂に本願寺を出られた。しかしこれは両面の意味がある訳である。形の上からいえば信後である。信のすがたとしては、自分がその願いを自分で起こしたのではない。その願いを反省する時、そこに仏の仰せに従っているのである。これに就いて御開山が、欲生我国、我が国に生まれんと欲せんという欲生ということを御講釈あそばす時に、欲生とは「如来諸有の群生を招喚《しょうかん》したまう之勅命《のちょくめい》なり」と仰ってある。そうなると、生まれんと思え、願えと仰る。その願えと仰ることは、仏が起こされて、我々の願う心が起こったのである。だからその願えということは帰命の内容として嫌うべきものでない。我々は仏様にお礼を遂げるのであるけれども、極楽へまいりたいとは思わぬ、そういうことはないのである。仏様にお礼をするということは願生か或いは願作仏の心があるに決まっておる。願生安楽国はそのまま願作仏心である。そういう所から天親菩薩が帰命の意なりと仰ったのであります。

問うて曰《いわ》く、大乗経論《きょうろん》の中に、処処《しょしょ》に、衆生畢竟無生《ひっきょうむしょう》にして虚空《こく》の如しと説けり。云何《いかん》ぞ天親菩薩、願生と言《い》う耶《や》。

大乗経論の中に処々に説いてある衆生というものを、段々問いつめて行くと、生はない、虚空の如く摑み所がない、こう書いてある。

衆生の生ということは実際ない。例えば、虚空の如きものである。が、天親菩薩はどうして願生と言われたか、どうして生まれんと願うと仰ったか。

答えて曰《いわ》く、衆生無生《むしょう》にして虚空《こく》の如しと説くに二種有り。一《ひとつ》には凡夫の謂《おも》う所の実の衆生の如き、凡夫の見る所の実の生死の如き、此の所見《しょけん》の事、畢竟して所有無きこと、亀毛《きもう》の如く、虚空の如し。

大乗経典の中に、衆生は無生にして虚空のようなものだと説いてあるが、これに二種の説がある。一には凡夫のいわゆる実の衆生の如き、凡夫が思っておるような固定した衆生というようなもの、或は凡夫の見ておるところの実の生死の如き、これはどういう事かというと、凡夫がいつも見ておることは、畢竟じて所有なきことなり、そういう固定したものはないのである。生まれて死ぬという、生死というものはないのだ。とりつめて言うと、そういうことはただ仮に現われておるようなもので、亀毛のようなものだ。亀毛というのは、亀が長く水の中に居ると亀の甲にいがが付く、そうすると或る人は毛が生えておるという、が実は毛が生えておるのではない。凡夫が生きておる時は、形があるものだから生があると思う。生きたり死んだりするそういうことがあると思うておる。それは丁度亀の甲に生えた毛があると思うようなもの、そういうことが実際にあると思っておるから、生まれれば目出度い、死んだら悲しいということになる。ところが実際は何もないのだ。子供が三人ある、五人ある、妻がおる、夫があるというておるが、そういうものはないぞと仰ってある。阿弥陀さんだけがちゃんと見ておられる。我々は人が死んだ、葬式があるというておるが、そうかお前は死んだか、さあ私の所へお帰りといって見ておられる。我々は本当のものは見ないで、亀に毛があるように見ておるが、それはただぼやっと見ておるのだ。虚空のように掴み所がないものを見ようとしておるのだ。

二には謂く諸法は因縁より生ずるが故に、即ち是れ不生にして所有無きこと虚空の如し。

二つ目の説は、この世の中の諸法というのは、法とは全て変化してゆく相が法である。その変化してゆく相は法の変化の上にあるのです。万法と万物は同じことである。全てのものは、因縁和合して出来てゆく、即ちこれ不生である。身体はおれの物だというが、そんな物は何一つない。虚空のようなものである。こういう二つの説がある。

天親菩薩の願 生する所は、是れ因縁の義なり。因縁の義なるが故に、仮に生と名く。凡夫の実の衆生・実の生死有りと謂う が如きには非ざるなり。

単に無生と言われたのではない、天親菩薩が願生と言われたのは、因縁から言われたのである。凡夫が思っておるような実の衆生があると、実の生死があるというようなものではない。そういうものとは違うのであると。

天親菩薩は因縁和合と言われておる。凡夫が思っておるようなものではないのである。だからあとで御開山は無生の生というこ とを仰る。我々が極楽へ生まれるということは、無生の生である。

問うて曰く、何の義に依りて往生と説くや。答えて曰く、此の間の仮名の人と浄土の仮名の人と決定して一なるを得ず、決定して異なるを得ず。是の義一異を観ずる門なり、『論』の中に委曲なり。

何を以ての故に、若し一ならば則ち因果無けん、若し異ならば則ち相続に非ず。是の義一異を観ずる門なり、『論』の中に委曲なり。

第一行の三念門を釈し竟んぬ。乃至

どういう訳で往生というか。「答えて曰く、この間の仮名の人の中に於て、五念門を修するに、前念は後念の与に因と作る」仮名人とは衆生の事である。衆生は五蘊の仮に和合したものであるから人と名付くべき実体はない。この世に於いて仮に名を現わしたものである。我々は何の某と仮にこの世に出ただけである。この仮名の人の中に於いて、礼拝・讃嘆・作願・観察・廻向の五念

我々が極楽へ生まれるということは、無生の生である。

問うて曰く、何の義に依りて往生と説くや。答えて曰く、此の間の仮名の人の中に於て、五念門を修するに、前念は後念の与に因と作る。穢土の仮名の人と浄土の仮名の人と決定して一なるを得ず、決定して異なるを得ず。前心後心亦復是の如し。

教行信証行巻講話

門の行を修めて行く時、「前念は後念の与に因と作る」、先に思ったことは、次に思いを起こす因となる。これは仏様にお礼をとげるということは、次のお礼をとげることの因となるということである。

「穢土の仮名の人と浄土の仮名の人と決定して一なるを得ず」、穢土の仮名人とは私らのようなものです。浄土の仮名人とは菩薩とか声聞とかである。これとはきっと一つだと言われません。「決定して異なるを得ず」、きっと違うておるとも言われません。「前心後心亦《また》復是の如し」、丁度先の心と後の心とのようなものである。違うておるとも、同じであるとも言われない。なぜかというと、「何を以ての故に、若し一ならば則ち因果無けん、若し異ならば則ち相続に非ず」、一つのものだというと因果が無いだろう。この世の衆生があの世に行く、この世は仮、あの世のものは仮でないというなら相続がない。あの世のものとこの世のものと一つだというなら因果がない。前念は後念と同じものというなら、前念後念はない。又、違うておるならば相続がない。丸っきり違っておるものなら相続しない。昨日の私と今日の私と、今の私と後の私と違うか、皆さんも自分の家におる自分と、ここへ来ておるあなたと違うておるか、丸っきり一つのものだというなら因縁ということはない、やはり違うておるのだ。あの人はうちにおる時とここにおる時と丸っきり違うておるという、同じでないものがある。例えば、ここへ来ておると嬉しい顔をしておるが、家へ帰ると厳しい顔をしている。一つでないのである。前念と後念とあるのだから、娑婆のものと浄土のものと別々であるという。それなら一つだというと因果の関係、相続ということがないのである。

「是の義一異を観ずる門なり」、一異を観ずる門ということは、竜樹菩薩の『中論』の中の八不中道という説の中にある。古来一異断常といわれている。生に非ず、滅に非ず、断に非ず、常に非ず、来に非ず、去に非ず、一に非ず、異に非ず、これを八不という。我々が一と決めたのでもない、異と決めたものでない、常と決めたのでもない、滅と決めたのでもない、去ると決めたのでもない、来たと決めたのでもない、断と決めたのでもない、生と決めたのでもない、これが事実であります。宇宙というものは、我々が自分で考えられるものではない。不可称、不可説、不可思議である。その一異の門を現わすのである。『論』の中に委曲なり。第一行の三念門を釈し竟《おわ》んぬ」、これは『中論』のうちに明らかである。これで第一行の礼拝・讃嘆・作願のことを言い終ったつもりであるといってある。

曇鸞大師が、この生ということを仰ったことを、もう一つ明らかにせねばならない。我々がお浄土へ生まれるということは、極楽へ行って、阿弥陀様のもとに行く。そして阿弥陀さんの力によって、再び赤ン坊になって、この世に居った時のような顔をして、生まれ変って来ると思っておる人がある。又、或る人が、凡夫が死んで極楽に行き蓮台に乗れるというが、そんな事は信ぜられんと言うた。どんな可愛い子供でも、いくら仲の良い夫婦でも極楽へ行ってその顔は見られない。よく死にしなに、一足先へ行って待っておるから後から来いという、極楽へ行ってから又夫婦になろうと思っている。そういう極楽はない。お経には死んでから行くと書いてない、極楽に生まれるとある、願生です。願生というのは無生の生です。天親菩薩が安楽国に生まれんと願うと仰るその生まれんと仰るのは、どういうことだというと、衆生の仮に思っておるようなそういう生と違う、と曇鸞大師は味わっておいでになる。我々が迷っておるのはこういう生というものがあると思っておるからだ。生死があると思ったら迷いである。それは仮にあるだけのものである。生死は形の上の変化にすぎない。宇宙の一つの流れにすぎない。このいわれの事を私は歌に作った。

生と死のうねりをなしてとことわのいのちの水の流れゆくなり

これは熊本の若い女の人で、長い間肺病で寝ておった人があり、この世でとてもお目にかかることが出来ん、せめて一目だけでもと思って出て来ました。今も熱が三十八度ありますという。私はその姿を見てとても助からぬと思った。そこでこの時この歌を上げた。生まれるということと死ぬということは、水の流れのようなものだ。高くなったり、低くなったりうねりをなしている。一つの水が生となり死となって流れておるのだ。生と死とは永遠の命の一つの流れである。そういう歌を書いて上げた。その女の人は非常に喜んだ、それから不思議なことに翌年行ったら又傍に来た。そして病気も癒って復職するようになったと感謝して語った。そこで私は話した、あの歌は私自身を教える為に書いたのです、それをあなたに上げたに過ぎない、と。

生死を超えた世界、生死を超えたということは生死そのままということである。この身体がこの世に何十年あっても、そんなものは目出度いことではない。うちは長生きの筋だといって喜んでいる人があるが、長生きしてよいことがあったか。ろくな事がないと、こんなに長生きさせにゃよかったという。大体長生きしておる者には、よい加減に死ねばよいと蔭口をきかれておるのだ。

死んで先どうなると頭を痛めておる人がある。極楽へ行けないで地獄へ行くと鬼は金棒を使うという。又、地獄へ行くと釜の中に入れられて煮られるというが、そんなものは何もないのだ。そういう地獄や極楽へは人間は行かぬのだ。死ねば身体は腐る、燃やせば灰になる。それが中々はっきりしないのだ。それでは、極楽へ生まれんと願うということはどういうことか、無生の生である。帰命無量寿如来という寿に帰するのである。永遠の命の世界、永遠の命の世界とは死んでからでない、今である。南無阿弥陀仏という今の命である。だから願生の生は南無阿弥陀仏の成就の姿です。

それでこう頂くと、尽十方無礙光如来は光明智相である。願生は寿命無量のすがたである。そういうと、讃嘆門と作願門は光明無量・寿命無量の相とお味わいすることが出来ます。生は命です。願生の生は帰命無量寿如来です。親鸞聖人はこの願生のこころを帰命無量寿如来と仰った。又、阿弥陀如来は欲生我国と仰った。お釈迦様は願生彼国と仰った。天親菩薩が殊更願生と仰ったのは、お釈迦様が成就の文に願生彼国と教えて下さったその願生の意であります。阿弥陀如来は欲生我国と誘うて下さる。そのおこころが我々に到り届いて願生の思いになる。その願生する自分はどういう自分だというと、こういう生死の境を超えたあなたに出てくるものである。自分の願生の生は、超越であります。解脱であります。生は真理であります。こういう差別のある世界、死のある世界を逃れることである。そういう差別の世界から別れることである。この境遇の一段上に出て行くのです。我々はこの世の中に居ってこの教えを頂くと、頂いただけ上に出てゆくことが出来る。一皮波の上に顔を出して、朗かな息をしてこの世を渡ってゆける。そこにはいわゆる生もよし死もよし、雨もよし風もよし、全てに随順して、全てに相応して、如実修行に相応する道を歩まして頂けるのであります。

（昭和九年三月二十日・明達寺彼岸会）

第三十講

我依修多羅《がえしゅたら》・真実功徳相《しんじつくどくそう》・説願偈総持《せつがんげそうじ》・与仏教相応《よぶつきょうそうおう》とのたまえり。乃至　何《いず》れの所にか依《よ》る、何の故にか依《よ》る、云何《いかん》が依《よ》る。

何《いず》れの所にか依《よ》るとならば、修多羅《しゅたら》に依るなり。何《なん》の故にか依《よ》るとならば、如来即ち真実功徳の相なるを以ての故なり。

云何《いかん》が依《よ》るとならば、五念門を修して相応せるが故なり。乃至

『浄土論』の註釈を段々なさる所である。先ず『浄土論』の御文をそのままお引きになっておる。「我依修多羅」、我れ修多羅に依る、とある所から疑問を設けられたのである。何れの所にか依る。何の故にか依る、云何《いかん》が依る、この三つの疑問が出された。先ず初めの「何れの所にか依る」というのは、修多羅に依るのである。「何の故にか依る」とならば、如来即ち真実功徳の相なるを以っての故である。「云何が依るとならば、五念門を修して相応せるが故なり」、どういう具合に依るというと、五念門というて度々話したように、礼拝門・讃嘆門・作願門・観察門・廻向門、この五つで信心が形の上に現われる姿であります。先ず第一に信心が形の上に現われる時に礼拝、頭が下がるようになる。讃嘆、ほめる。作願、仏になりたいと願う、浄土へまいりたいと願う願いである。観察、お浄土の有様をいろいろと思い浮かべて喜ぶ。廻向、自分一人でない、皆と一緒に誘うてその境界に行くこと。それが如来の真実功徳相によるすがたである。喜びが実際に現われて来ることである。我々は何に依る。依るということは頼むことです。信ずることです。信ずるということはどうなることか、頼むはどうなることかというと、喜びが形の上に現われて来ることである。例えば子供が親に依る、或は妻が夫に依るというその依るという時は、全身を任すということである。任すようになると自らその人の前に頭が下がるのである。又、その人の傍に行きたい、傍に行ってどんなよい事があろうかと思い巡らす。又自分がそうなるばかりでない、人も誘うてそこに連れて行こうと思うのです。これがその人を頼っておる所以である。私はあの人を頼っておると言うても、その人を讃めもせず、その人の傍へ行きたくも思わぬ人はその人に依っているのではない。本当に依るならば、自然とこの五念門の行が行われてゆくのである。五念門を修して相応せるが故に、依るものと依られるものと、即ち能依と所依がきちっと合うてゆくのである。

修多羅《しゅたら》とは、十二部経の中の直説《じきせつ》の者を修多羅と名《な》づく。謂《いわ》く、『四阿含《しあごん》』『三蔵《さんぞう》』等なり。三蔵の外の大乗の諸経を亦《また》修多羅と名《な》づく。此の中に、依修多羅と言うは、是れ三蔵の外の大乗修多羅なり、『阿含』等の経には非《あら》ざるなり。

「修多羅とは、十二部経の中の直説の者を修多羅と名《な》づく」、十二部経というのは、経文を総称して十二部経という。そのお経の中に、釈尊が直々説かれたもの、或いは人を通して説かれたもの、譬喩因縁によるもの、色々種類があるが、ここに修多羅というたのは、釈尊が直々に法門だけを説かれたものをいう。ではどういうものか。

「謂く、『四阿含』『三蔵』等なり」、『四阿含』とは、小乗教の根本聖典で、『長阿含経』、『増一阿含経』、『雑阿含経』、『中阿含経』である。それから『三蔵』は、経蔵・律蔵・論蔵である。「三蔵の外の大乗の諸経を亦《また》修多羅と名《な》づく」、この『四阿含』、『三蔵』は小乗のお経である、これ以外の大乗の諸経も亦《また》修多羅という。「此の中に、依修多羅と言うは、是れ三蔵の外の大乗修多羅なり、『阿含』等の経には非ざるなり」、今、偈の中に、修多羅に依るとある修多羅は、小乗の経・律・論の外の大乗の経典を言うのである。即ち大乗浄土三部経を指すのである。

真実功徳相《しんじつくどくそう》とは、二種の功徳あり。一《ひとつ》には、有漏心従《うろしんよ》り生じて法性《ほっしょう》に順ぜず。所謂《いわゆる》凡夫人天の諸善、人天の果報、若《も》くは因、若くは果、皆是れ顛倒《てんどう》す、皆是れ虚偽《こぎ》なり。是の故に不実の功徳と名《な》づく。

ここに真実功徳相といってあるが、二つの功徳がある。一つは不実の功徳である。それは有漏心より生ずる。有漏心とは煩悩の心、穢れておる心である。この有漏心より生じて法性に順ぜない。法性とは宇宙の大道理、法そのまま。人間なら人間あたりまえの道、世間なら世間あたりまえの道、一寸も無理が無い、拵えもののない宇宙の流れのそのまま、人間の生活そのまま。その法性に順《したが》わない。「所謂凡夫人天の諸善、人天の果報、若くは因、若くは果、皆是れ顛倒す、皆是れ虚偽なり。是の故に不実の功徳と名く」、凡夫人天の諸善、果報、御馳走食べるとか、良い着物を着るとか、財産家になるとかは皆凡夫の果報である。しかし凡夫の穢れた心からやってゆくことは、因も果も皆さかさま事である。嘘偽りである。こういう訳だから不実の功徳という。

二《ふたつ》には、菩薩の智慧清浄の業より起りて、仏事を荘厳《しょうごん》し、法性《ほっしょう》に依《よ》りて清浄の相に入る。是の法顛倒《てんどう》せず、虚偽《こぎ》ならず、真実功徳と名《な》づく。

二《ふたつ》には法蔵菩薩の智慧清浄の働きから起こって、浄土の荘厳を成就す。「法性に依りて」とは、仏の性質のままに従って清浄の相に入る。この法はさかさま事でない、又虚偽でない、だから真実功徳相と名付ける。この『浄土論』に説かれておる御法は、菩薩の智慧清浄の業から起こっておるから真実功徳相というのである。

云何《いかん》が顛倒《てんどう》せざる、法性《ほっしょう》に依《よ》りて二諦《にたい》に順ずるが故に。云何《いかん》が虚偽《こぎ》ならざる、衆生を摂《せっ》して畢竟浄《ひっきょうじょう》に入《い》らしむるが故なり。

顛倒せずとは、法さながらの性質に依って、いわゆる自然とか法爾とか言われるのは法性に依るのである。「法性に依りて二諦に順ずる」、二諦とは真俗二諦である。真諦門とは仏になる道、俗諦門とは娑婆世界の道。昔から真俗二諦というのは真諦門は仏になる道、俗諦門とは仏が衆生を済度なさる門というようになっておる。この「二諦に順ずるが故に」、真諦門、俗諦門の明らかな道理に従うが故に。

「云何《いかん》が虚偽ならざる、衆生を摂して」、衆生を皆自分の懐に入れること、おさめ取ること。和讃に、清浄大摂受という語がある。清浄で大きく摂めると仏様の事を讃嘆してある。『勝鬘経』の中に摂受正法という語がある。衆生を摂めて遂には仏の境地迄摂め入れねばおかぬ、そこに引入れねばおかぬと。虚偽ならずとは、ただ一寸思いつきで衆生を憐むということとは違う。凡夫でも一寸可愛想なと思う心が起こる。けれどもそれは末とおりたる憐みの心ではない。良い事と一たんは思うけれども、又穢すようなことになる。それは虚偽なのである。とどのつまりは、衆生を清浄の所まで、仏の境地迄引き入れねばおかぬ、それが真実である。真実は末とおりたるまことの心ということである。よく人に親切にされても、すぐにその恩を忘れる人がある。先度からもしばしば話すように、忠犬ハチ公は主人が死なれて十年経っても、生きておった時と同じように上野駅へ迎えに行っておった。これは真実である。末とおりたるものである。思い込んだ一念、岩をも通す、これが一念である。ちょいちょい思いつきが変わってゆくのは虚偽である、何処迄も思い詰めて衆生を摂してゆくことが仏の真実である。あの人は駄目な人だと言わないのです。思わんのです。どうでもあの人をよくせねばおかぬというそれが摂めるということである。あんな人は駄目だ、とても見込みがない、というのは摂取ではないのです。今はろくな事はしておらんけれども、あの人だって末の見込があるということが、衆生を摂するということである。そしてちゃんと自分の胸に摂めておいて、それから段々親切に育て上げていって、遂には仏の境地まで引き上げると、これは虚偽ではない、如来の真実の功徳はそれである。見限るということがない。思い切るということもない。一寸の思いつきで良い事をやるというのとは違うのである。それが虚偽ならずということである。

説願偈総持《せつがんげそうじ》・与仏教相応《よぶつきょうそうおう》とは、持《じ》は不散不失《ふさんふしつ》に名《なづ》く、総《そう》は少《しょう》を以て多《た》を摂《せっ》するに名《なづ》く。乃至　願は欲楽往生《よくぎょうおうじょう》に名《なづ》く。乃至

「説願偈総持」の持は、散らず、或いは失わず。いわば滅失せずということをいうたのである。「総は少を以て多を摂するに名《なづ》く」、少を以って沢山のものを摂する、それが総である。総務とか総長とか一人が沢山のもののことをみてゆく時は総という字を書く、総摂するのである。

「願は欲楽往生に名《なづ》く」、願というのは、極楽に往生せんと願うことを名付けて願と言うたのである。まとめて言えば「説願偈総持」、願は浄土に往生するという願を現わす。偈は偈文、持はじっとたもってゆく。

与仏教相応《よぶつきょうそうおう》とは、譬えば函蓋相称《かんがいあいかな》うが如し。乃至

与仏教相応とは、例えば、函と蓋とがきちんと合うように、三経と本論が函と蓋のようにきちっと合う。日域大乗相応の地という言葉もあるが、きちっと外のものと内のものが、しっくり合うことが相称うである。

云何《いかん》が廻向《えこう》する、一切苦悩の衆生を捨てずして、心《しん》に常に作願すらく、廻向を首《しゅ》と為して、大悲心を成就することを得たまえるが故にとのたまえり。

廻向とはどういうことか、苦しみ悩んでおる一切衆生を捨てずして、皆引きうけて、心のうちにいつも願っておる。それは、廻向を一番本として与えるということを主眼としてそこに大悲心を成就することが出来る故である。大きな慈悲心を与えてやろうということが主になって成就してゆかれる。

廻向に二種の相有り。一には往相《おうそう》、二には還相《げんそう》なり。往相とは己《おの》が功徳を以《もっ》て一切衆生に廻施《えせ》して、作願《さがん》して共に彼の阿弥陀如来の安楽浄土に往生せしめたまうなり、と。　抄出す

廻向とは、自分が仏になりたい、極楽にまいろうというばかりではない、人も皆誘うて自分のありたけの身上を皆に与えてさあ一緒に行きましょうと、これが廻向である。「彼の阿弥陀如来の安楽浄土に往生せしめたまう」、これが廻向です。ここ迄になっておる。

長々と『浄土論註』の御教えを御引用になって、そして御自分のお領解を述べられたのであります。この御引用あそばす所に、聖人の御精神の現われが味わわれるのであります。殊に、「顛倒せず、虚偽ならず」という所、又、廻向ということに殊更心を止めさせられたのであります。顛倒せずということは、法そのままに従うことである。ありのままということである。無理のない生活である。虚偽ならずというのも、無理のないこと、末とおりたることである。我々は無理なことをすると末とおらない、本当に生活に沁み込んでおることならば末とおるのです。いつも本願を聞けと仰る。自分の中心の願をはっきりと聞いてゆく、その願を見出して、それに従って行く、いわゆる法性に順ずとは、自然法爾ということである。自然法爾の自覚は、本願を見出すことである。そこに無理が無いのです。内外相応である。自分の本願を段々成就してゆく、そこが自然である。自然とか法爾とかいうことは、只ありのままということである。ありのままということが形に現われる、それが本願成就の姿である。自然法爾に我が心に現われる。或いは姿に現われるそれが信心という。それがもう一つの形に現われるのが五念門の行である。信心と行とが現われるのであります。これが法性に順ずるということである。本願を信ずるということは、法性に順ずることである。御開山はそれを自然法爾と仰る。自然法爾とは放逸というようなことではない。どこまでも末とおってゆく、しかも無理がないということである。末とおってゆくということは、通さねばおかぬという念願があるからです。それに順ってゆくのが順当なのである。その道を教えて下さるのである。その道はただ自分一人が頂くのでない、一切衆生に施す、皆と共に阿弥陀如来の安楽浄土に往生せんと願うのである。

「願偈総持」とある、或は「優婆提舎願生偈」とある。天親菩薩が『浄土論』を御製作になった所以は、自然法爾の生活を教え、そして阿弥陀如来の安楽浄土に共々に往生せんと願われた、そのおこころを現わして下さったのである。これを御引用になって、顛倒ならず、虚偽ならず、法性に順ずる行である。

だからお念仏は法性に随順する道である。そして虚偽でない真実の道である。その道を明らかにして、そして共々に一切衆生と手を取って、阿弥陀如来の浄土へ往生しようということをお知らせ下さったのであります。

弥陀の名号を称える、その行は、自然法爾の生活、本願成就の生活そのままの姿である。真実の行ということは、自然法爾の生活を教え、阿弥陀如来の十七願成就に「聞其名号」、その名号を称える、とある。

天親菩薩が『浄土論』を御製作になった所以は、自然法爾の生活を教え

天親菩薩自身の中心、念仏の大道はここに在るということをお知らせ下さったのであります。

(昭和九年四月八日・明達寺)

第三十一講

『教行信証』の「行の巻」には、念仏の行を各方面から讃嘆してありまして、「大行とは則ち無礙光如来の名を称するなり」とあるその大行のお徳を、竜樹・天親・曇鸞大師と段々御教えを受けてこられました。この度は道綽禅師の御教えを受けられるのであります。

唐の道綽禅師は、曇鸞大師のお墓の碑文を見て感じ、念仏の道に入った方であります。『観経』のおこころを和らげ、『安楽集』を御製作になった。御開山はこの『安楽集』の中に記されたお言葉によって、道綽禅師の御教えを受けられたのであります。『安楽集』は上下二巻になっております。そのうち念仏の徳を讃嘆されました所を殊更引用あそばしたのであります。

『安楽集』に云く。『観仏三昧経』に云わく、

道綽禅師が『安楽集』の上に、遠くお釈迦様がお説きになった『観仏三昧経』を引いてお味わいになった。それを聖人が御引用になっておるのであります。

父王を勧めて念仏三昧を行ぜしむ。

『観仏三昧経』、観仏は仏を観ずる、三昧は心が静になる、その事を書いたお経で、全十巻あります。

お釈迦様が正覚を成就あそばしてから、久しくカピラバスツの方へお帰りにならなかった。ところが、父の王様は、自分の大切な子が出家し、人から尊まれる仏陀になったということをお聞きになった。是非自分の国に帰って自分を始め多くの者を教化するようにとお使を遣わされた。父の王様は正覚成就した自分の子が家へ帰ってくるのを大変喜ばれ、城下のはずれ迄わざわざ迎えようとお出掛けになった。そうすると向うからみすぼらしい姿をし、鉄鉢を持った沙門が来る。それが自分が待ちこがれておった子であった。父王はしばらく逢わなかった我が子を久し振りに見て、大変お喜びになった。

しかし、よく見ると跣《はだし》で、鉄鉢を持った姿である。どうしてあなたはこうしたみすぼらしい姿をしておるかとお尋ねになると、これは私の家のきまりで、人の家から供養して貰った食物を食べ、こうして乞食をして歩いておるのですと言われた。父王はびっくりして、あなたの家は国王の家であって、乞食の家柄ではない、数多くの弟子に食べさせる食物が要るなら、私の方から皆上げる、こんな見にくい姿をしてくれるな、と言われた。そうするとお釈迦様は、私はあなたの子であったが、今は仏の子になった、仏の後継ぎであります。仏の家のきまりでは、家々の前で托鉢して食物を貰うことになっておる。こう申されたので父王は更にびっくりなされたということである。

釈尊はカピラバスツに入り、第一に父王を済度された。又、育ての御母マハーパジャーパティを済度された。それからお后のヤスダーラ妃もお弟子になられた。御子ラゴラも従弟達も一門こぞって釈尊のお弟子になった。キリストという人も偉いお方であって、一番最初にキリストを信じたのは両親であった。お釈迦様は、両親を始め妻や子もお釈迦様を信じてお弟子になったのであります。これでなければ本当でありません。ほかの人が本当に信じておっても、傍近く住んでおる人がその人を信じないというようでは、本当に信心を得たのではないのです。

お釈迦様はお父様のお尋ねに対して色々お話をなさるのです。そして一番大切な道を父王に教えられたのです。それは念仏の道であります。

父王、仏に白《もう》さく、仏地《ぶつじ》の果徳《かとく》・真如実相《しんにょじっそう》・第一義空《だいいちぎくう》、何に因《よ》りてか弟子をして之を行ぜ遣《し》めざる、と。

仏様の立っておられる所、それが仏地である。仏の所依となるもの、仏の所住となるもの、仏の立っておられる境地、それが仏地です。その仏地の果徳、仏陀に成られた果の徳というものは、真如実相・第一義空である。真如はまことそのまま、実相はまことの姿。第一は絶対、空は拘束すべきところのないということ。

父王は問われた、仏様のお悟りのお徳は、世の中の真実の大道理である。何故弟子をして（弟子は父王自身）真如実相・第一義空の行を修めさせないのですか。

仏、父王に告げたまわく、諸仏の果徳、無量深妙《むりょうじんみょう》の境界《きょうがい》神通解脱《じんづうげだつ》有《ましま》す。これ凡夫所行《しょぎょう》の境界に非ざるが故に、父王を勧めて念仏三昧を行ぜしめたてまつるなり、と。

諸々の仏の果報の徳は、はかりがたく深く妙なるものである。無量深妙の境界である。不可思議の通力、そして全てから解脱しておいでになる。真如実相・第一義空というのは、凡夫の境界でない。これは無量深妙の境界、神通解脱の境界であります。凡夫の境界におられるあなたには、あなたに相応した念仏三昧を殊更お勧めしたのであります。

父王《ふおう》、仏《ぶつ》に白《もう》さく、念仏之功《ねんぶつのく》、其の状《かたち》云何《いかん》ぞ。仏、父王に告げたまわく、伊蘭林《いらんりん》の方《ほう》四十由旬《ゆじゅん》ならんに、一科《いっか》の牛頭栴檀《ごずせんだん》

有《あ》り、根芽《こんげ》有りと雖《いえど》も猶未《なおいま》だ土《つち》を出《い》でず。其の伊蘭林《いらんりん》唯臭《ただくさ》くして香しきこと無し、若し其の華菓《けか》を噉《たん》ずること有らば狂《きょう》を発して死せん。後の時に梅檀《せんだん》の根芽漸漸《こんげぜんぜん》に生長《しょうちょう》して、纔《わずか》に樹《き》と成らんと欲するに香気昌盛《こうけしょうじょう》にして遂に能く此の林を改変《がいへん》して、普《あまね》く皆香美《こうみ》ならしむ。衆生見る者皆希有の心を生ぜんが如し。

父王は仏に、それでは念仏の功徳ということは、その状《かたち》はどういうものだろうか。

仏は父王にお話になる。

伊蘭林という林がある。その林は方四十由旬ある。一由旬は四十里である。その中に一本の梅檀の木があって、芽があるけれどもまだ地上に出ていない。その伊蘭という木は嫌な匂いがする。若しその花や果実を食うことがあれば、気違いになって死ぬ。後に梅檀の芽が漸々成長してくると、嫌な匂いがした伊蘭林がすっかり変わってしまって、改めて伊蘭の林が梅檀の香りとなる。それを見ると衆生は、珍しいことだ、不思議なことだという心を起こす。

仏、父王に告げたまわく、一切衆生、生死の中に在《あ》りて、念仏之心《しん》も亦復《またかく》是の如し。但能《ただよ》く念を繋《か》けて止《や》まざれば、定《さだ》んで仏前に生ぜん。一たび往生を得ば、即ち能く一切の諸悪を改変《がいへん》して、大慈悲を成ぜんこと、彼の香樹《こうじゅ》の伊蘭林《いらんりん》を改むるが如し。

仏、父王に仰せになる。一切衆生は、生死の中に在る。その生死の中に在って、念仏の心も丁度同じである。念仏の心を貫える者はこの一念の念仏によって、仏の所に生まれることが出来る。

阿弥陀様の世界に往生することを得れば、一切のもろもろの悪を改めて、大慈悲の心が出来るということは、丁度この香りのよい牛頭梅檀の木が悪臭の伊蘭林を改めるのと同じである。

言う所の伊蘭林《いらんりん》とは、衆生の身《しん》の内の三毒三障《さんどくさんしょう》無辺《むへん》の重罪に喩《たと》う。梅檀《せんだん》というは衆生の念仏之心《のしん》に喩《たと》う。纔《わずか》に樹《き》に成らんと欲すというは、謂《いわ》く、一切衆生但《ただ》能く念を積みて断《た》えざれば、業道成弁《ごうどうじょうべん》するなり。

言う所の伊蘭林とはどういうものか、例えば、三毒衆生の中の貪欲・瞋恚・愚痴。三障とは惑（煩悩）・業・苦。無辺の重罪とは極まりのない程の沢山の重罪である。この三毒、三障を伊蘭林に譬えたのである。

梅檀は、衆生が仏を念ずる心に譬えたのである。梅檀の芽が木になるかならない時に、はや香気が盛んで、伊蘭林の臭気を変じてしまう。一切の衆生が念々に念仏を相続すれば、その念仏の業が積んで必ず往生成就するのである。

問うて曰《いわ》く、一切衆生念仏之功《のく》を計るに、亦《また》一切に応《おう》ず、知る可《べ》し。何に因りてか一念之功力《のくりき》、能く一切の諸障を断ずること、一の香樹の四十由旬の伊蘭林を改《あらた》めて悉《ことごと》く香美《こうみ》なら使《し》むるが如くならん。

一切の衆生が念仏の功徳を思いはかってみると、一人一人の念仏の功徳もすべて諸悪を断ずると思われる。丁度一つの梅檀の香木が四十由旬の伊蘭林をことごとく香り高いものにするのと同じことである。

答えて曰《いわ》く、諸部の大乗に依りて、念仏三昧の功能《くのう》不可思議なるを顕《あらわ》さん。何《いかん》となれば、『華厳経』に云《のたま》うが如し、譬《たと》えば人有りて師子の筋《すじ》を用いて以て琴《こと》の絃《お》と為《せ》んに、音声一たび奏するに一切の余の絃 悉《ことごと》く皆断壊《だんえ》するが如し。若し人菩提心の中に念仏三昧を行ずれば、一切の煩悩・一切の諸障、悉《ことごと》く皆断滅す。亦《また》人有りて牛羊驢馬《ごようろめ》一切の諸乳を搆《しぼ》り取りて一器の中に置かんに、若し師子の乳一渧《いったい》を将《もっ》て之に投ぐるに、直に過ぎて難《はばかり》無し、一切の諸乳 悉《ことごと》く皆破壊《はえ》して変じて清水《しょうすい》となるが如し。若し人但能く菩提心の中に念仏三昧を行ずれば、一切の悪魔・諸障、直に過ぎて難《はばかり》無し。

仏の経典によって、念仏三昧の不思議なることを現わそう。獅子の身体の筋を取って琴の絃にする。そうして一たび弾くと他の絃がことごとく切れてしまう。若し人有って、菩提心のうちに、仏になりたいという念仏の心を起こすと、一切の煩悩、一切の諸々の障りはことごとくなくなる。丁度獅子の絃で琴を弾くと他の糸が切れるように煩悩がなくなってしまう。牛の乳、羊の乳、驢馬の乳、馬の乳の混ぜてある所に、獅子の乳を一滴混ぜるとその一渧《いったい》は直ちに、何のはばかりもなく、牛や馬の乳が皆変じて奇麗になってしまう。若し人が念仏をすれば、一切の悪魔、諸々の障りが直ちに追い払われてしまう。

又彼の『経』に云《のたま》わく、譬《たと》えば人有りて翳身薬《あいしんやく》を持って処処に遊行するに、一切の余人是の人を見ざるが如し。若し能く菩提心の中に念仏三昧を行ずれば、一切の悪神・一切の諸障、是の人を見ず、所詣《しょけい》の処に随《したご》うて、能く遮障《しゃしょう》すること無し。何が故ぞ能く爾《しか》るや。此の念仏三昧は即ち是れ一切三昧中の王なるが故なり、と。

又『華厳経』にこう言うてある。人有って身体を隠すという薬を持っており、その薬を身体に塗って処々を遊行すると、ほかの誰にも見られない。若し菩提心のうちに念仏を称うれば、一切の悪神、一切の諸障はこの念仏の人を見ない。そしてその行っておる所に依って、妨げを受けるということはないのである。何が故にそうか。念仏三昧は一切の三昧の王である、最も勝れておるからである。

これは、念仏の徳を現わしたのであります。

この『安楽集』の今の御教えを平易につづめてみるとこういうことになる。

お釈迦様が父の王様に、あなたは念仏なさい、こうお勧めになった。そうすると父王は、仏の仰せによると、仏陀の果徳は、真如実相の悟りで、法身空寂の理だと聞いた、だのに何故あなたは、弟子である私に真如実相・第一義空を行ずることを教えないで、念仏を教えるのですか、とお尋ねになった。そうするとお釈迦様は、念仏の教えが特に勝れておるから教えたのであります。真如実相・第一義空ということはあるけれども、それは凡夫の境界でない。凡夫の境界には、自分が先ず悟るということはないと仰った。これは面白いです。信心の道理を極めるのでないのだ。道理を悟った人を念ずることによって、その道理が明らかになってくる。一辺に宇宙の道理が人間の上に現われてくる。その人間を念ずることによって、自分がその宇宙の大道理を悟ることが出来る。これが念仏である。仏様はこの大道理を自分の身に現わした方である。この人を念ずる時、自然と徳がその人に現われて、例えば朝寝坊の人でも朝起きせねばならぬようになる。朝起きせねばと思っても中々出来ないが、朝起きする人の傍に居ると自然と朝起きするようになる。金や物を粗末にする人に粗末にするなといくら言うても中々覚らん。金原明善という人が、汽車に乗っておって、弁当の食べ残りを捨てる人があると、それを下さいと言って集めて来られた。食物は神仏のお与えものだ、一切衆生の血を作ってくれる基になるものだ、と道理の上からこれを大事にするように言うても聞こえて来ない。が、金原明善のした事を聞くことの方が、自分が物を大切にするということの力になる。これは妙なことです、人の上に真理が現われる。その人を念ずることによって我々は真理の道に出ることが出来るのである。

その相を明らかにするために、『華厳経』の中に引いてある思召しを教えられる。『華厳経』には、伊蘭林という毒草の林があって、それが四十由旬四方もある大きな林であるが、その中でちょっと栴檀の香木が土から芽を突き上げると、伊蘭林の悪い匂いがなくなる。その香木が段々成長して行くとその林が全て栴檀の香りになる。我々が念仏すると、色々の煩悩悪業の我々であるけれども、いつの間にやら念仏の心に全てが感化せられて、全生活が明らかになる。それからこうも言うてある。ここに琴がある。獅子の筋で琴の絃を張る。そしてその絃を弾くと他の糸は皆切れる、この獅子の絃の音だけ残る。念仏の声が高く鳴りひびくと、他の色々の恐しい猛獣もどこかへ行ってしまう。又、牛や羊や驢馬や馬の乳を一緒に混ぜたものの中へ、獅子の乳を一滴入れると、色々な乳が皆奇麗な清水となる。獅子の一滴の乳には、あらゆる乳を消化して清水にする力がある。我々の煩悩の心の中に念仏の心が起こると、その念仏の功徳によって、我々の心全体が奇麗になる。こういうような尊いことがあるからあなたに念仏を勧めるのです、こうお話になった。

これを御開山は何の為に御引用になったかというと、やはり念仏の道の尊いことを讃嘆あそばされたのであります。我々が仏を念ずる、仏の名を称《ほ》めるうちに、その名を称めることによって、身も心も仏のかたへ融け込んで行くようになる。それが、仏を念ずる念仏の上に現われる功徳であります。

（昭和九年四月八日・明達寺）

第三十二講

又云《いわ》く。『摩訶衍《まかえん》』の中に説《と》きて云うが如し、諸余の三昧《さんまい》は三昧ならざるに非ず。何を以ての故に。或《あるい》は三昧有り、但《ただ》能《よ》く貪《とん》を除《のぞ》きて瞋痴《しんち》を除くこと能わず。或は三昧有り、但能く瞋を除きて痴貪《ちとん》を除くこと能わず。或は三昧有り、但能く痴を除きて貪瞋《とんじん》を除くこと能わず。或は三昧有り、但能く現在の障《しょう》を除きて過去・未来一切の諸障を除くこと能わず。若し能《よ》く常に念仏三昧を修すれば、現在・過去・未来を問うこと無く一切の諸障皆除こるなり、と。已上

『安楽集』の中、諸障皆除の文をお引きになる。『摩訶衍』の摩訶は大、衍は乗、大乗の事である。『大智度論』を指す。『大智度論』にどういうことがあるか。

「諸余の三昧は三昧ならざるに非ず」、三昧とは、心を鎮めて一生懸命に思いをこらすことである。そういう事は色々の方面にあるが、念仏三昧よりほかの三昧は三昧でないことはないが、念仏三昧こそ最も勝れた三昧である。それはどういう訳かというと、「或は三昧有り、但能く貪を除きて瞋痴を除くこと能わず」、或は三昧は貪欲を除くことが出来るが、瞋恚・愚痴を除くことが出来ない。やたらに物が欲しいというむさぼりはなくなるが、腹立ち、或いは愚痴というような煩悩は除くことは出来ない。「或は三昧有り、但能く瞋を除きて痴貪を除くこと能わず」、又三昧がある、この三昧は瞋恚を除く、だがそのほかの愚痴や貪欲を除くことが出来ない。又、「或は三昧有り、但能く痴を除きて貪瞋を除くこと能わず」、愚痴を除くことは出来るが、貪欲・瞋恚を除くことが出来ない。「或は三昧有り、但能く現在の障りを除きて過去・未来・現在一切の諸障を除くこと能わず」、これは現在の障りは除くことが出来る。しかし、過去・未来の一切の諸々の障りを除くことは出来ない。「若し能く常に念仏三昧を修すれば、現在・過去・未来を問うことなく、現在でも過去でも未来でも何れの時でも、一切の諸々の障りが除かれる。念仏三昧を行ずれば、全ての障りが除かれる。現在・過去・未来を問うこと無く過去一切の諸障皆除こるなり」と。しかしよく常に念仏三昧を行ずるものがあったならば、貪欲・瞋恚・愚痴の三毒の煩悩を離れる。念仏三昧を行ずると、貪欲・瞋恚・愚痴の三毒の煩悩を離れる。念仏三昧を行ずると、過去・未来・現在三世の業障一時に罪消えるとお説きになってある。

今日我々がこうしたお知らせを聞かせて頂けるにつけても、道綽禅師のこういうお言葉のその本をよく頂かねばならぬのであります。ただ仰るのではない。禅師が真実心をもって念仏を申しておられる。御自分が脇目をふらずに一心に念仏を申しておいでになるそのお味わいから、このお言葉が出たのであります。自ら貪欲起きないようになる。瞋恚も起きないようになる。又今の、諸々の障りがなくなるばかりでない、過去の障りも、未来の障りも全て取れると仰せになります。愚痴も起きないようになる。又今の、諸々の障りがなくなるばかりでない、過去の障りも、未来の障りも全て取れると仰せになります。蓮如上人に、罪を消して極楽へまいるか、罪を持ちながら極楽へまいるかと尋ねられた時、罪消して極楽へまいるか、罪を持ちながら極楽へまいるかと尋ねられた時、罪消さずして救われたりとも、罪の沙汰なきが故なり、と仰った。仏に向うて仏を念じておるところには、貪欲を止めようとか、愚痴を止めようとか、瞋恚を止めようとかは思わない、自然に止まってしまう。私は仏を念じておるけれども貪欲が止まぬ、或いは瞋恚や愚痴が止まぬという人がある。尊い阿弥陀を念じておるならば、自らこっちの三毒の煩悩が取れ、苦しみもないようになる。だから三毒の煩悩を止めて念ずるのでない、念仏すれば自然に三毒の煩悩がなくなるのである。又念仏しておると心が明らかになるばかりでない。過去にどんな暗い影があっても、念仏しておれば自然と悪いことが止まるのである。悪いことを止めて念仏するのでない、念仏すれば自然に三毒の煩悩がなくなるのである。そうすると今の自分が明らかになるばかりでない。過去にどんな暗い影があっても、念仏しておれば自然と悪いことが止まるのである。心の曇りが全て晴れる訳である。歪められておる今の自分が明らかになるばかりでない。

未来にどんな暗い影が来ようともそんな影はなくなる。過去・未来・現在の三世の業障一時に罪消えて正定聚不退の位に住する、すっかり明らかになる。仏を信じておるところに、自然と明らかにならして頂ける。そのお味わいを教えられたのであります。

又云《いわ》く。『大経讃《だいきょうさん》』に云《いわ》く、若《も》し阿弥陀の徳号《とくごう》を聞きて歓喜讃仰《さんごう》し、心《しん》に帰依すれば、下《しも》一念に至るまで大利を得、則ち功徳の宝《ほう》を具足《ぐそく》すと為《な》す。

『大経讃』とは、曇鸞大師のお作りになった『讃阿弥陀仏偈』であります。その中にこういうことが書いてある。若し阿弥陀如来のお徳を現わした御名号を聞いて歓喜讃仰し、喜び讃め仰いでそして心に帰依すれば、下一念に至るまで、たった一思いに至るまで皆大きな利益を得、則ち功徳の宝を具足すとなす。このお経の教えは『大経』の下巻の、本願成就の文のおこころを和らげられたものである。阿弥陀の徳号とあるのは、成就の文の聞其名号である。この名号を聞きて、「歓喜讃仰し、心《しん》に帰依すれば」、歓喜讃仰して一心に帰命すれば、「下一念に至るまで大利を得」とは、一声の称名でも即得往生することを得る、と。則ち功徳の宝を具足すと為す、ということは、不退転ということを言うたのである。成就の文のこころをそのまま仰ったのである。どういうことだというと、阿弥陀如来の御名前を聞いて喜び、阿弥陀如来を讃めて、真に阿弥陀如来におすがり申せば、たった一思いに至るも、大きな御利益を得る、広大な功徳の宝が行者の身に備わる。

設《たと》い大千世界に満《み》てらん火をも、亦直《またただち》に過ぎて仏の名《みな》を聞く応《べ》し。阿弥陀を聞かば復退《またたい》せず。是の故に心を至して稽首《けいしゅ》し礼したてまつる、と。

これも先のお経の続きです。『大経』の下巻に、

設《たと》い世界に満てらん火をも、必ず過ぎて要《もと》めて法を聞かば、会《かなら》ず当《まさ》に仏道を成じ、広く生死の流《ながれ》を度すべし。

とある言葉を和《やわ》らげられたのです。たとえ大千世界が火に満ちておっても、炎を分けて、求めて仏の名を聞く者は、直ちに不退の位に入り、退却して悪道に入ることはない。阿弥陀如来の御名を称えよ、と私らに望まれるのであります。無量寿であるぞ、無量光であるぞ、障りの無い光が照しておるぞ、無限の命であるぞ、それはお前の為に設けられてあるのだということを現わされたのであります。御和讃に、

無明長夜の灯炬なり
智眼くらしとかなしむな
生死大海の船筏なり
罪障おもしとなげかざれ

と御開山はお述べになる。又、

たとい大千世界に
みてらん火をもすぎゆきて
仏の御名をきくひとは
ながく不退にかなうなり

と和らげてお知らせ下さってある。こういう広大な御利益があるから、至心をもって阿弥陀如来の前に頭を垂れてお礼を申し上げる、と曇鸞大師は記しておられる。

又云く。又『目連所問経』の如し、仏、目連に告げたまわく、譬えば万川の長流に浮ける草木有りて、前は後を顧みず、後は前を顧みず、都て大海に会するが如し。世間も亦爾なり、

『目連所問経』というお経にこう書いてある、そのおこころを又道綽禅師がお味わいになる。お釈迦様が弟子の目連に仰る。沢山の川がある、その流れに草が浮いて流れている。どんどん流れてゆく。先に流れて行く草は後に流れて行くものをふり返ってみない。後に行くものは前に行くもののことをまた思わない。しかし遂には大海に流れ込んで皆海で一緒になる。世の中も丁度そういうものである。

又云く。又『目連所問経』の如し、仏、目連に告げたまわく

豪貴富楽自在なること有りと雖も、悉く生老病死を勉るることを得ず。只仏経を信ぜざるに由りて、後世に人と為るとも更に甚だ困劇して仏の国土に生ずることを得ず。

世の中に、どんな立派な貴い位を持っておっても、又富や楽しみを持っておっても、この生老病死を免れることは出来ない。位の高い人も、どんな大事な人でも死なねばならないのである。唯仏の教えを信ぜないために、後の世に人間世界に生まれて来ても縁が無くて、はげしい苦しみの身となり困っており、仏の国に生まれることが出来ない。

是の故に我説く、無量寿仏の国は、往き易く取り易くして、而も人修行して往生すること能わず、反りて九十五種の邪道に事う。我是の人を説きて、眼無き人と名け、耳無き人と名く、と。経教既に爾なり、何ぞ難を捨てて易行道に依らざらん矣と。已上

無量寿仏の国は往き易い国、又取り易い国であるにもかかわらず、人は教えの如く念仏修行して往生することはしない。却って九十五種の邪道の方にとられてゆく。こういう人を名付けて、眼の無い人、耳の無い人と名付ける。そういう具合にいろいろの経の教えにもそう書いてある。何で九十五種の難を捨ててこの住き易い取り易い念仏の道を行かないのか。

この教えを頂きますと、川の流れに沢山の草木が流れて行く、それが前を行くものは後をかえりみず、後のものは前のものを見

ず、互いに遂には大海に入ってゆく、こういう一つの譬えがある。世の中の生活でも、色々の日暮しをしている。立派な日暮しをしている人もあるし、貧しい日暮しをしている人もあるけれども、遂には皆死という所に行く、生老病死は免れられない。しかも平常から仏の御教えを聞かして貰って信じておればよいけれども、一向に仏の御教えを信じようとしない。こういう人は若し来世に人間に生れ出て来ても、御縁がないものだから、困っておっても仏の国に生れることは出来ない。それを思う時、お互いはこうして一座の御法莚にでも会わして貰うことを喜ばねばならない。袖ふれ合うも多生の縁、俄に聞いてすぐわかるものではない。

私はこの頃、目が段々悪くなってきてむつかしい書物でも読んでもらって聞いています。あんなに早く読んで頭に入るのか、わかるのかという人がある。私はとてもわからんと。矢のように早く読むのを聞いてわかるようになる迄は、何百冊も沢山読んでおる。だからどんなに早く読んで貰ってもわかるようになっておる。私自身の勉強の為に読んで貰っているのに、ほかの人がそれをはたで聞いておってもわからんというのは当り前である。我々は段々聞いていってわかるようになりたいと思わねばならない。ところが多くの人は、勉強しても、聞いても駄目だ、こういうて聞こうとしない。わからぬものでも度々聞けばわかるようになる。昔の人は本を読んでもわからぬ時は百遍も読んだ。読書百遍意自ら通ず、である。いつの間にやら意がわかる。私の知ったおばあさんで、私の書いた『歎異鈔講話』を百遍も繰り返して読んだという。そこまで繰り返し繰り返し聴聞するといつの間にやらわかしてもらえる。水は軟いものである、石は固いものである。ところが軟い水が石に穴をあける。雨だれは、下の石に穴をあける。我々はいくら学問が無くても、度々度を重ねて聴聞すれば、いつの間にか仏様は徳を下さるのである。そうするとこの御縁に会うているということが、やはりただの御縁でない。今迄度々聴聞させてもらったお蔭で、こうして集まる気になったのである。又そうしてここに集まった者が、次の御縁に会うている。そういうと一度御縁に会うことは、ただの御縁でない。久遠劫の阿弥陀様のお手廻しで御縁に会うておるのである。一度御縁に会うたのが御縁になって、次の御縁が開かれる。だからどこ迄も退転することはない。押されて行くのである。丁度川の流れに浮いた草木が遂に海に出て一つになるように、我々は仏の念願に押されて遂にはお浄土へ行くのである。だから、取り易く往き易い易行道である。どうして誰も易行道に入らんのだ、この尊い道に入って来ないのだろうか、安楽国の道を行かないで、九十五種の外道の方に足を運んで行くのである。どうして誰も易行道に入らんのだ、この尊い道に入って来ないのだろうか、安楽国の道を行かないで、九十五種の外道の方に足を運んで行くのである。どうして誰も易行道に入らんのだ、この尊い道に入って来ないのだろうか、道綽禅師はもどかしく思って、一切衆生をお誘い下さるのがこのところのおこころである。ここにもやはりお念仏の大道が、いかにも尊く頂かれるのであります。

（昭和九年四月九日・明達寺）

第三十三講

今度は善導大師のお言葉を御引用になった所であります。

「行の巻」は、「大行とは則ち無礙光如来の名を称するなり」と始めに書き出されてある。この聖人のおこころによって、もって来たる源を、初めに『大経』によって、それから段々『浄土論』『浄土論註』と御引用になった。今度は善導大師の御教えを御引用になる下りであります。

光明寺《こうみょうじ》の和尚《かしょう》の云《いわ》く。又『文殊般若《もんじゅはんにゃ》』に云《のたま》うが如し、一行三昧《いちぎょうさんまい》を明《あか》さんと欲す、唯勧む、独《ひと》り空閑《くうげん》に処して、諸《もろもろ》の乱意を捨てて、心を一仏に係《か》け、相貌《そうみょう》を観ぜず、専ら名字を称すれば、即ち念の中に於て彼の阿弥陀仏及び一切仏等を見ることを得、と。

光明寺は、支那長安の西南にある寺である。善導大師は終生この寺においでになったので、善導大師のことを光明寺の和尚という。『文殊般若』とは、くわしくは『文殊師利所説摩訶般若波羅蜜経』の事である。「一行三昧を明さんと欲す」、この『文殊般若経』の中に一行三昧ということを明してある。一行三昧ということはどういうことか。専修念仏の一行を一行三昧という。

「空閑に処して」、空は広々とした所、閑は静かな何も妨げるものがない。騒がしいことのない確かな所に居て、「諸の乱意を捨て」、みだらな心、又ああせうか、こうせうかという心を捨てて「心を一仏に係け」、一つの仏の事をずっと思い続けて、「相貌を観ぜず」、その仏のお顔というようなものを観念するのでなく、「専ら名字を称すれば」、ただ南無阿弥陀仏と仏の名を称えれば、「即ち念の中に於て彼の阿弥陀仏及び一切仏等を見ることを得」と。念は憶念、余行余善に心をかけず、ひたすら仏を称えておるうちに、阿弥陀仏及び一切の仏等を見ることが出来る。これが一行三昧である。こういうことが『文殊般若』の中に説いてある。

それを善導大師が、この『文殊般若経』の教えに就いて問答を立てて色々に味わっておられる。

問《いわ》うて曰く、何《なん》が故ぞ観を作《な》さ令《し》めずして直専《ただもっぱ》ら名字を称せ遣《し》むるは、何の意《こころ》か有るや。答えて曰く、乃《いま》し衆生障重《しょうおも》くして、境細《きょうさい》に心麁《しんそ》に、識颺《しきあが》り神飛《しんと》び、観《かん》成就し難きに由りてなり。是を以て大聖悲憐《ひれん》して、直《ただ》勧めて専ら名字を称せしむ。正しく称名易きに由るが故に、相続して即ち生ず、と。

観は観念、『観経』の中にも実相観、水想観と色々観念の事が説いてある。その一行三昧のお経の中に、何が故に観を勧めずして専ら名号を称えよとお勧めになったか、

答えて曰く、衆生は障りが重くて、心は如何にも粗雑で細かな煩悩を見るの明がなく、「識颺《あが》り」、識は根で、根上がりとはよい気になっておること。「神飛び」、これも根である、有頂天になる。「観成就し難きに由りてなり」、そういうような者だから、じっ

と一つに心を鎮めて、心を澄まして観念することは中々容易でない。「是を以て大聖悲憐して」、ここを以って大聖釈尊が悲しみ憐んで、「直勧めて専ら名字を称せしむ」、ただ口に南無阿弥陀仏を称えるだけでよいと先ず称名をお勧めになる。「正しく称名易きに由るが故に」、称名することは、心を一つにしてじっと思い詰めるよりも実に易いのである。「相続して即ち生ず」、た易いから称名は相続して、段々称名が称名を生んで行くようになる。一つのことに心をとめて行くと中々むつかしいが、名を称えるということは、少々心に油断しておっても、凡夫でも相続が出来る。相続しておると段々人心が仏の方に向くようになる。実に容易だから、称名をお勧めになる。これが易行他力である。称名の行は易行だと言われるのはそこにあるのである。心を初めから落ち着かすのは容易でないけれども、口で南無阿弥陀仏というのは容易だから、この容易の方から進んで、段々中味に入るというところから一行三昧をお勧めになったのであります。

（昭和九年六月一日・高見正男家）

第三十四講

昨夜参れなかった人に、夕べの話の結びの所を一寸話しておきます。

「行の巻」は最初に「大行とは則ち無碍光如来の名を称するなり」と記されてある。南無阿弥陀仏を称えるということは、最も大きな行であるという事を仰せられたのである。それに就いて、お経や色々な論釈を段々と御引用になり、私の言うことは、私が考え出したのではなくて、遠い遠い源があるということをお知らせになるのである。今頂く所は、善導大師の『往生礼讃』にある『文殊般若』を御引用になり、善導大師の思想の背景を明らかにせられるのであります。

『文殊般若』というお経の中に、一行三昧ということを説いてある。それには、ただ独り誰も居らぬ所へ行って、乱れる心をふり捨てて一心に仏に向うて念仏を称え、お相など念うのでなく、専ら名号を称えておれば、阿弥陀如来、又諸々の仏にお遇いすることが出来るということが書いてある。そこで問が出てくる。どうしてお相を観ぜずして名号を称えよと仰せられたか、どういう意味か、と。答えて、お相を念い浮べるということは、乱れ勝ちな心を持った自分達としてはむつかしいことである。でなく、ただ仏の名を称えるということは容易である。だから大聖釈尊は、我々障りの多い者を憐んで称名の行をお勧めになる。心が先か口が先かというと、口が心に現われるのである、だから容易だ、と。昨夜はそこ迄であった。

問うて曰《いわ》く、既に専ら一仏を称《しょう》せ遣《し》むるに、何が故ぞ境《きょう》現ずること即ち多き、此れ豈《あに》邪正相交《あいまじ》り一多雑現《いったぞうげん》するに非ずや、と、

『文殊般若経』に、既に専ら阿弥陀一仏の名を称えと言うていながら、なぜ諸々の仏を見ることを得と言うてあるか。一仏を称えれば一仏を見てよいのだ。それに阿弥陀如来の外に仏にお遇いすることになるとはどうした事か、正と邪と、一と多とが交ってくるのでないか、それはどういう訳か。

答えて曰く、仏と仏と斉しく証して、形二の別無し。縦使一を念じて多を見るとも何の大道理に乖かん也。

仏と仏とは等しいものである。形が二つに分かれておるのでない、弥陀一仏の中に諸仏は納っておる。皆同体である。だから一の阿弥陀を念じて沢山の仏を見ると言うたって大道理に乖くことはないのである。同じことである。

又『観経』に云うが如し、

『観経』のこころは、「行観・坐観・座観・礼念等、皆面を西方に向うるを須うる者は最勝なり。樹の先より傾けるもの倒るるに必ず曲れるに随うが如し。故に必ず事の礙有りて西方に向うに及ばざる者は、但西に向う想を作すも亦得たり。

「行観・坐観・座観・礼念」、歩いて見、坐って見、或いは礼拝して念ずる等色々の相で仏を観ずるのだが、きっと顔を西方に向ける、というのが『観経』の教えであります。それはどういう訳かというと、西の方に向うておるものは、最も勝れておるのであります。樹が倒れる時に、樹の先が傾いておる方に倒れる。西に木の先が向うておれば西に倒れる。我々の心が西に向いておると西の方に行くのだ。そういうことを言うてある。

「必ず事の礙有りて西方に向うに及ばざる者は、但西に向う想を作すも亦得たり」、事に礙りがあって西に向うことが出来ない場合には、想いだけは西に向うようにする。昔、熊谷直実が関東に行く時に、西方に尻を向けてはいけないと言うて馬に後向きに乗って行ったという。ああいうのは特別であるが、西から東の方に向うて旅する時はどうしても西には向けない。熊谷さんは馬の背に後向きに乗ったというが歩いて行く者にはそうは出来ない。そういうように西に向く事が出来ない時は心が西の方に向いておればよい、とある。

問うて曰く、一切諸仏、三身同じく証し、悲智果円にして亦応に無二なるべし。方に随いて一仏を礼念し課称せんに亦応に生を得べし。何が故ぞ偏に西方を嘆じて勧めて礼念等を専らにせしむるは、何の義か有る也。

仏様は、法身・報身・応身三身共に同じで、「悲智果円にして」、慈悲も智慧も円満で欠け目がない。不足のものは色々あるが、何れの方角に向っても、一仏にお礼をしたり、或いは称えておればきっとその仏様の所に生まれることが出来るにちがいない。だのに、どうして西方ばかりを偏えに頼むか。西の方ばかりをどうして勧められるか。

答えて曰く、諸仏の所証は平等にして是れ一なれども、若し願行を以て来し収むるに因縁無きに非ず。然るに弥陀世尊、本深重の誓願を発して、光明名号を以て十方を摂化したまう。

諸仏のおさとりは平等であり一つであるが、その仏の願、或いは修行というものを考えてみると、因縁がないわけではない。悟った仏は一つだが、そこまでゆかれる本がある。その悟りの境地に達する仏は、数多い仏のうちでも特別である。同じ東京へ行って満ちておるものは一つしかない、どんな仏様でも智慧も慈悲もまどかで一つだ。

何れの方角に向っても、一仏にお礼をしたり、或いは称えておればきっとその仏様の所に生まれることが出来るにちがいない。だのに、どうして西方ばかりを偏えに頼むか。

た仏は一つだが、そこまでゆかれる本がある。その悟りの境地に達する仏は、尾張から行っておるもの等色々あって一概に言えない、その道は違う。仏になっておる人だというても、加賀から行っておるもの、尾張から行っておるもの等色々あって一概に言えない、その道は違う。仏になることは一つであっても、そこに行くまでの道は違う。智慧と慈悲の円満した方が仏である。けれどもそこに行くまでの願行を調べてみると、皆因縁がない訳ではない。しかし阿弥陀さんは因位の時に、四十八の願を起こされた。そして、光明無量によって十方衆生を、寿命無量によって三世の衆生を救うことを願われた、あらゆる衆生を摂化し給うた。摂はおさめる、化は化導。

但《ただ》信心をもて求念《ぐねん》せ使《し》むれば、上一形《かみいちぎょう》を尽《つく》し下十声《しもじっしょう》・一声《いっしょう》等に至るまで、仏の願力を以て往生を得易《えやす》し。

阿弥陀様の摂め化導して下さる如く、真実を信ずる、仏さんは信ぜしめて下さる。

一形というは一生涯。十声或いは一声、南無阿弥陀仏を称える。そうすれば仏の願力をもって往生を得易い。助けねばおかぬという仏様の願の力で往生出来る。こっちが称えた力で往生出来るのでなくて、仏の願力で往生出来る。自分が一生涯称えておろうが、十声一声称えておろうが助からない。助けにゃおかぬというその誓願によって助けられるのです。それが結果の上に現われたのです。その十声一声、十念一念で助かる。願力を以て往生する。

是《こ》の故に釈迦《しゃか》乃以《およ》び諸仏、勧めて西方に向《むか》うるを別異《べつい》と為《な》す耳《のみ》。亦《また》これ余仏を称念して障《さわり》を除き罪を滅すること能《あた》わざるに非ざるなり、知る応《べ》し。

お釈迦様は西方の弥陀を頼めと仰せられる。又諸仏も西方の弥陀を頼めと仰る。けれども弥陀と諸仏は証果は同じだが、因位の願行が別であるから、衆生済度の事に就いては別異がある。

またこれ、阿弥陀如来の外の仏様を念ずれば障りがなくならない、或は助からない、又罪がなくならないというのではない。ここはよく聞いて貰わねばならない。阿弥陀様の外の仏様は助けて下さらないというのではない。どの仏様でも念仏すれば助かるというのである。真宗の人は、阿弥陀様より外の仏様は助けて下さらぬという。それはその人には弥陀一仏であるが、他の人には他の仏様があってよい。どの仏様でも衆生を助けぬ仏様はない。弥陀如来諸仏に勝れて、ということは、願った仏様は一つの仏様だが、その一念があればその一念によって結び付けがある。御開山は果上の仏様より、因位の本願を聞けと仰る。そこに特別の結び付けがある。阿弥陀如来の本願に引きつけられる。その本願のお約束で助けて貰うのだが、そういうても他の仏様を念ずれば、障りを除き罪を消すことは出来ないというのではない、ここはよく聞いておかねばならない。他の仏様は駄目だ、阿弥陀様でなければ助からぬというのでない。自分は弥陀の名を称えて助かる、他の人は諸仏の名を称えても助かる、それでよいのだ。自分はどの仏様にも御縁はないが、この仏様にだけは御縁があるというのは思い上がった者のいうことである。他の人が、他の仏様に御縁があるというのは嘘だというとこれは間違いである。これを善導大師ははっきりと教えて下さるのである。

若《も》し能《よ》く上《かみ》の如く念念相続して畢命《ひつみょう》を期《ご》と為《す》る者は、十は即ち十ながら生じ、百は即ち百ながら生ず。何を以ての故に。外《げ》の雑縁《ぞうえん》無くして正念を得《う》るが故に、仏の本願と相応することを得るが故に、教《きょう》に違《い》せざるが故に、仏語に随順《ずいじゅん》するが故なり、

と。已上

もし能く、阿弥陀如来の本願の手強さを信じて上の如く相続する。上に言うたような信心の上から念々相続して、畢命を期とするものは、一生涯の間念仏を相続しておるものは、即ち十人は十人ながら、百人は百人ながらお浄土にまいる。どういう訳でそうなるかというと、一仏を称えておれば心が乱れない、雑縁なくて正念を得るが故である。あれこれと心が乱れぬものだから一つの正しい思いを得るのである。「仏の本願と相応することを得るが故に」、阿弥陀如来の因位の約束と相応するためである。「教に違せざるが故に」、お釈迦さまの教えの証果である。

「仏語に随順するが故なり」。我々がお念仏を称えれば極楽へ行くことは、十人は十人ながら、百人は百人ながら明らかに間違いない。第一には、外の雑縁がない、第二には正念を得る。第三には仏の本願に相応する。第四には教に違せず。第五には諸仏の教に随順する。

分けて言えば仏の本願に相応することを得るというは『大経』の方である。教に違せざるが故にというのは『観経』。仏語に随順するというは『阿弥陀経』である。この三つのお経の上に明らかにお知らせ下さるのである。こういう仏様の尊い教えの金言である。阿弥陀諸仏の金言である。だから助かるに違いない。念仏の道は自分勝手に選ぶ道でない。その念仏の道は自滅の者の姿でない、阿弥陀如来の本願からそれを説いて下さる。お釈迦様の教え、又それが間違わぬという成仏の証拠は、『大経』『観経』『阿弥陀経』の教えの上にはっきりと示して下さっておる。そして信心を得て念仏を称えるのである。それは自分で決めたというものではない。この尊い仏様が手引きをして下さる道なるが故に、十念或いは百念、我々が南無阿弥陀仏を称えるこの一声のお念仏の中に、無上甚深の功徳利益の広大なることとその極まりがない。自分が称える念仏で助かるのでない、称えさして下さるお念仏なのである。ただ称えたのではない、阿弥陀如来が称えさせて助けねばおかぬとの誓願が我々に至り届いて称えるのである。弥陀の成就があればこそ称えさせて貰ったのである。一声の南無阿弥陀仏の中に、弥陀のお力強さが見せられておるということが信ぜられるのであります。その御利益を得るということに疑いはない。念仏はお助けの道ではなくて、お助けを頂いておる結果である。凡人の中には、念仏を称えてから助かろうという人があるが、それなら易行ではない。信心を得てお助けを貰った嬉しさに念仏を称えるのである。南無阿弥陀仏は自分の力で称えるのでない。南無阿弥陀仏は仏に呼び出されて御返事するのである。

昨日松任の招魂碑の除幕式があった。私は午後他所へ行くことになっていたので、午前に参列しました。行ったら既に祝詞をあげておられた。神主さんは三声ウオー、ウオー、ウオーと大分長いこと声を出しておられた。それによって神を呼び出すのだそうだ。私達は御前に参りました、と申し上げる。神様どうか頼みますということかも知れん。あれと同じことである。我々が称える念仏は、阿弥陀様、私は参りました。こういうような意味になる。人の所へ行って、今日は、某が参りましたと挨拶すると同じである。こっちが門を叩く心持か、或は向うが自分の胸を叩くために南無阿弥陀仏と現われて下さるのか。それは向うがこっちの門を叩かれるのである。南無阿弥陀仏というのは先手の呼声である。それを善導大師は、南無阿弥陀仏と称える時、はや往生は成就しにけりと言われた。その口に現われる南無阿弥陀仏は、自分のものでない。南無阿弥陀仏を称えてから仏に遇うのでない。ただ称えるのでない。生臭いものを食い、又言いもするこの口で我々は南無阿弥陀仏と言う。言わせられるのである。南無阿弥陀仏の威神功徳の広大なること極まりなしである。称えさせて助けにゃおかぬとの願力のお手強さが我々に至り届いて下さるのである。だから我々が南無阿弥陀仏と称えるその中に、弥陀釈迦諸仏のお骨折りがこもっておるのである。そうすれば、南無阿弥陀仏と称えるその信心の結果として弥陀諸仏にお遇いするを得る。

弥陀の浄土に帰しぬれば
すなわち諸仏に帰するなり
一心をもちて一仏を
ほむるは無礙人をほむるなり

ここに我々は一切衆生と共に、お礼をさして貰えるのです。ともすると、阿弥陀如来のほかの仏様では駄目だ、弥陀一仏でなければならぬ、でなければ浄土へはまいれぬと思うのは凡夫の小さな了見である。それは間違いである。

それで『文殊般若経』には、弥陀一仏を称えるということの次には、弥陀と諸仏にお遇いすることが出来るとお説きになっておられる。これが善導大師の御教えであります。

(昭和九年六月二日・米永嘉之作家)

第三十五講

『教行信証』の「行の巻」に、「大行とは則ち無礙光如来の名を称するなり」と聖人が体験あそばされた。その体験のもとは遠く阿弥陀如来の御本願の約束から流れて、インド、支那、日本の祖師方の教えによって頂かれたものであるということを証拠立てるために、段々と御教えの文を御引用になっておるのであります。

又云く《またいわ》。唯念仏の衆生を観《みそなわ》して、摂取《せっしゅ》して捨てざるが故に、阿弥陀と名《なづ》く、と。已上

只今の所も支那の善導大師の御教えを御引用になったところの一段であります。このお言葉はよく我々の耳に残っておる言葉でありまして、『小経』の、「彼の仏の光明無量にして十方の国を照すに障礙する所無し。是の故に号して阿弥陀と為す」、という所に教えの源があります。

十方微塵世界の

念仏の衆生をみそなわし
摂取してすてざれば
阿弥陀となづけたてまつる

聖人は「阿弥陀経和讃」の最初に掲げておいでになります。これは、善導大師のこの御教えを頂かれた姿であります。又『観経』に、「光明偏く十方世界を照らし、念仏の衆生を摂取して捨てず」とある。この『観経』の御教えを受けて善導大師は、「唯念仏の衆生を観《みそなわ》して、摂取して捨てざるが故に、阿弥陀と名《なづ》く」と仰せられた。で、この引用の文は、この『観経』の文と、先の『阿弥陀経』の真意を取られたものであります。

ここに御引用になったのは、念仏することの大切なことを教えられたのであります。いくら阿弥陀如来が十方衆生を助けたいと思し召しても、念仏のこころの起こらぬ者は助ける訳にはゆかぬ、と。

私共若い頃お経の講義を聞いた時に、阿弥陀様は広大なお慈悲のお方で、十方衆生を皆助けねば正覚を取らぬと、そういうお方である。信心が無ければならぬとか、念仏を称えねばならぬとか、そういう約束をしないで、どんな者も引き連れてゆかれる……と。だのに又一方では、南無阿弥陀仏を称えれば助けると。お助けに信心が要るとやら、念仏が要るとやらの条件が要る。そうすればあらゆる衆生を助けることにはならない。それで丸々他力といわれるだろうか、とこういう不審が誰しも一度は起こった。よく考えると、どうあっても信心を得て念仏する者でなければ助からないのだ。例え仏様が可愛いものだと極楽へ連れて行っても、本人に念仏がないから、そこは極楽にならない、称念の無い者は突然連れて行くことは出来ない。いくら尊い仏のお慈悲でも突然授けては受け切らないのだ。『法華経』に長者窮子の譬えがある。これはくわしく先に話をした。段々と連れて行かねばならんのです。子供を手なづける時、初めから表向きに抱くと泣く、始め後ろ向きに取って抱くとだまっている。馴れてくると表向きに抱いてももう泣かない。時機純熟である。それでなければお助けもお助けにならない。仏様のお助けは境遇を変えることではなくて、心が変わることである。勿論心が変われば境遇も変わって行く。苦しみの本は、境遇よりもその人の心にある。世の中がいくら変わっても、その人の心が変わらねば一生そこは楽しい所にはならないのだ。田甫の蛙を捕まえて来て、お前はいつも泥の中に居って可愛想だというてお仏壇の中に入れてやっても、蛙はすぐ飛んで逃げて行く。無自覚の者は仏のこころと一緒にならぬもので、極楽へ連れて行こうものなら、極楽に親しまずすぐ逃げ帰るものです。譬えば、極楽へ行くと百味の飲食があると思って行く、実際百味の飲食が前にすっと並ぶ、ああ嬉しいと思って食べようとすると、すっとなくなる。極楽では百味を食うのではない。ただ見せるのである。精一杯見せておいて、しかも食わさぬのだ、欲望の者には食わさぬ。ではどういう者が極楽へ行くかというと、どんなよい物が出ても欲望の起きない者が行くのである。これは譬えであるが、それに相応した事が説いてある。我々は心が変らぬ先に早く極楽へ行っても駄目なのである。仏になっても居らぬのに仏の真似は出来ない。近い話だが御法事に参ると立派な衣を着て和尚さんが坐っておる。よいなあ、ああして坐りたいなあと思う人もあるでしょう。それならまあ坐ってごらん。田甫をしておる者はああして坐っておれんのです。ここに法座を開いておる、有難い法座だというても、聴く気のない者をつかまえて、有難いではないかと言っても、坐っておって足が痛いだけで、お助けにならない。仏様はどうして助けて下さるかというと、先ず、自分が仏になりたいという心が起きる迄お育てになる。仏になりたいという心が起きてそして阿弥陀様が慕われる。すると仏様は仏名を呼ぶ者をあてにして助けて下さる。だから仏様のお骨折りは、称える気のない者が称えるようになる迄中々の骨折りである。金持になろう、位の高い者になろう、そういうような心の起こっておるものは仏になりたいという心は起きない。阿弥陀仏のようなお悟りを開きたいという心が起きて、南無阿弥陀仏と仏の名が出るようになれば、もう仏の方に向いている。そうすれば連れて行って貰うことを喜ぶ。今東京見物に連れて行くと言うたって、又西洋へ連れて行ってやろうと言うたって、行く気のない者はちっとも喜ばぬ。水戸の熊沢道見君、この人は京都中学で私とは三、四年あとであった。隣に居ったものだからよく遊んだ。大変優秀であったから大学を出て高等学校長になり、昨年文部省から欧米視察を命ぜられた。先度私は水戸へ行ったから会うた。欧米に行ってきて面白かったかと聞いたら、行きたくなかったが、文部省から命ぜられたので行った、身体が弱いから、もう一遍行けと言われたっていやだ、と言って喜んでいなかった。今迄金持の親類が金を出すから洋行せよと言っても行かなかった。文部省も再三行けと言うても断っていた。が今度はしばらくというので行って来たと言うていた。こんなのは、西洋に旅してよかったろうと言うても駄目だ。ここらの婆さんに西洋へ連れて行ってやるというても喜ばんだろう。やはりその心が起こらねばならない。その心の起こる迄育てるということが容易でない。仏様のおこころもそこにある。念仏を称える迄、そこ迄が骨折りだ。仏の方へ向いて拝むようになれば占めたものだ。

釈迦・弥陀は慈悲の父母
種種に善巧方便し
われらが無上の信心を
発起せしめたまいけり

と、丁度『法華経』の長者窮子のように色々の方面をもってそろそろと連れて行って下さることがわかる。

色々の御催促によって我々は念仏する気になったのだ。中々ただではなれんのだ。いくら立派なお経があっても、中々それを読む気になれん。立派な知識が居られてもその人の話を聞く気になれん。無理に連れて来て説教聞けというても聞かない。仕方がないのだ。そこで聞かねばおれないように、或は可愛い子供に別れ、或はいとしい夫に別れる、或は病気になるとか、家庭内の苦しみに耐えかねるとかの逆境に遇う。又順境もあろう。種々の御方便をもって教えられて、そうしてどうしても聞かにゃおれんよう にして下さる。そして結局仏にならねばならないという願いが起き仏に向わせて下さる。「摂取してすてざれば　阿弥陀となづけたてまつる」。念 うにして下さる。そうして、よくそこまで気が付いたと摂取して下さる。

仏の衆生でなければ摂取出来ないのです。

同じ光明でも、光明に二通りある。遍照の光明と摂取の光明の二つである。遍照の光明は遍く照らすのである。これは信心のあ る者でも無い者でも、念仏を称える者でも称えない者でも、誰でも照らす。照らすというのは段々お育てなさるというのである。 しかし、いよいよそれを嫌にする時には、入れてやるというと嫌というのは仕方がない。摂取とは摂め取って捨てぬというのです。一度仏の方に向うて南無阿弥陀仏と称える気になったならば、一度 あなたの所に行こう、私はあなたの懐にする時には、入れてやるというと嫌というのは仕方がない。摂取とは摂め取って捨てぬというのです。一度仏の方に向うて南無阿弥陀仏と称える気になったならば、一度 よいよその心になった者を、早く気が付いた、それでこそ我が子だと立ち上げさせられるのが摂取の光明である。光明のお照らし を我がものとして、ああ有難いという心の起こった時、お照しに会い、御教えによって自分の暗い心が明らかになった時、それが 摂取の光明である。摂取とは摂め取って捨てぬというのです。一度仏の方に向うて南無阿弥陀仏と称える気になったならば、一度 一念発起した者は、今忌っておろうが、ちゃんと仏は承知なさっておるのです。そういう者なら無理にでも連れてゆかれる。その 嫌でも応でも連れて行って下さるおこころが摂取のおこころである。早い話でいえば、仏様が家々を廻って歩かれて、南無阿弥陀 仏という声がすると、ここにも私の子が居る、私の名を呼ばっておると皆摂取の車に乗せて下さるのである。だから一度仏の慈悲 に気が付いて、南無阿弥陀仏と称えた者ならば、きっと助けて下さる。それが阿弥陀の三字のおこころである。だがよく味わうと、 遍照の光明と摂取の光明と二つあるようだが、その実は一つなんであります。

「大行とは則ち無礙光如来の名を称するなり」、仏になる大行は、無礙光如来のみ名を称えるのだ。称えるというその事は、さの み広大なことがなさそうに思うけれども、称えるというその声によって、おん助けの一念が出るのである。念仏を称える、そこに 手がかりが出来るのである。そこから助け上げられるのである。だから我々には南無阿弥陀仏と称えることが大事なのである。そ れは昨日の所でもお知らせになったように、憶念をせよ、仏様の事を一生懸命思えと言われる。我々の口は軽いから南無阿弥陀仏 と言うことは容易であるが、何がなしに南無阿弥陀仏と称えよというのではない。仏の御名を称えれば、称えるのをきっかけにお 助け下さる。一番簡単に容易に現わすこの称名念仏をする。それを易行と仰せられるのであります。仏様は助ける手がかりを出し て、容易に称名念仏のお約束を下さったということを喜び、お慈悲のおはからいであったということを喜ぶのであります。

（昭和九年六月四日・中川清朔家）

第三十六講

又云《いわ》く。弥陀の智願海《ちがんかい》は深広《じんこう》にして涯底《がいてい》無し、名《みな》を聞きて往生せんと欲《おも》えば、皆 悉《ことごと》く彼の国に到る。

阿弥陀如来の智慧より出た本願を大海に譬えられたのであります。譬えられたその海は広くして涯底がない。涯ははて、底はそこ。広さは涯がない。深さも底がない。仏の智慧というものは深さに於いても、広さに於いても制限がないのだから、我々の有限の智慧でもっては計られない程広い世界である。広くして涯がないということは、我々の起こす願は、満足せりということはないということを反面現わしておるのであります。若し我々の小さな智慧でもって、小さな願の成就をもって、これで仏の境地を究めりと思うならば大きな間違いである。我々は究めてゆけばゆくほど仏の智願の広大なことに驚き、自分の歩みのいかにも小さなことを恥じ入るより外はない。その心持を、弥陀の智願海は深広にして、深く広くして涯底無しとこう言われたのであります。

「名を聞きて往生せんと欲《おも》えば、皆 悉《ことごと》く彼の国に到る」、南無阿弥陀仏というみ名は、頼む衆生を助けるという心が封じ込められておるみ名であります。この南無阿弥陀仏のみ名を聞いて、極楽に往生しようと思う者は、皆ことごとく彼の国に到る。仏のみ名を聞くということは、自分の心の底に仏をお宿し申す心持であります。仏の名を聞いて往生せんと欲《おも》うという所に、仏の名が我がものとして現われるという心持があるのであります。往生したいと思うだけでは助からんのだが、み名を聞いて往生しようと思うならば、皆ことごとく彼の国に到るのである。

設《たと》い大千に満てらん火をも直《ただち》に過ぎて仏《ぶつ》の名《みな》を聞け、名を聞きて歓喜し讃ずれば皆当《まさ》に彼《かしこ》に生ずることを得《う》べしと。

『無量寿経』の下巻には世界に満てらん火を必ず過ぎてという御語があります。聖人の御和讃には、

たとい大千世界に
みてらん火をもすぎゆきて
仏の御名をきくひとは
ながく不退にかなうなり

とあります。大千世界に火が燃えておる。その焰の中を直ちに過ぎて、脇目をふらずに過ぎて、仏のみ名を聞け。右向いても左向いても、前を見ても後を見ても、何処にも寄り場がない。四方から自分の行く所に火が燃え立っておる。大千世界に満つる火は地獄の火です。苦しみの中に身を焼けこがしておるということであります。その中を直ちに過ぎて仏のみ名を聞け、と。頼め助くるという仏のみ名は、畳の上に左団扇を使うておるような凡夫にはわからぬのである。仏の名の広大さは、火の中を過ぎて行くその人にこそはじめて聞こえるのであります。

南無阿弥陀仏の名を聞いて、その名を喜こんで、その仏さんの名を讃めるというような心持になると、皆当《まさ》に彼の阿弥陀仏の国に生まれることが出来る。

万年《まんねん》に三宝滅せん、この経、住すること百年ならん、爾《そ》の時聞きて一念せば、皆当《まさ》に彼《かしこ》に生ずることを得べし、と。要を抄す

万年は末法万年である。お釈迦様が亡くなられてから五百年は正法の時期、後の千年は像法の時期、後の万年は末法の時期とこういうような思想があります。これは末世の思想と申します。これを今日私共の気持から味わいますと、余程頽廃的な幼い思想であります。この末法の思想が起こって来たのは、釈尊滅後仏教が堕落した時の思想であります。お釈迦様が亡くなられてから五百年間は三法具わって成仏出来る時期、その五百年が済むと教行のみあって仏果を証得する者のない時期、その時期は千年、釈尊の像を尊ぶ。像とは絵像、木像、石像というようなお像です。それが済むと像も尊まぬようになる、これを末法という。末法は万年。お釈迦様の教えが絶える、段々お釈迦様の感化がなくなってゆく。

釈迦如来かくれましまして
二千余年になりたまう
正像の二時はおわりにき
如来の遺弟悲泣せよ

と親鸞聖人が仰ったのは、この末法思想によって仰ったのである。肉体の釈尊の感化を受けた時代が過ぎれば、釈尊の御教えは段々薄らいでゆくのでしょう。ところが我々の信ずる御法は、そういう三世の混乱がないのであります。過去の塵点久遠の昔から、尽未来際にかけて常に相続し、常に栄えて行く大きな御法であります。そこには、正法も像法も末法もないのであります。仏教がお釈迦様の肉体の上にとらわれておる時は、末法思想は起きるでしょうけれども、その肉体を通して真実の仏のお心に触れる時、永遠に生きて、永遠に若やいで、永遠に働いてゆかれる相が味わわれるのであります。ところがその言葉の中には末世思想がある。「万年に三宝滅せん」、仏法僧の三宝がなくなる、と。

「この経、住すること百年ならん、爾《そ》の時聞きて一念せば、皆当《まさ》に彼に生ずることを得べし」、末法万年の後、全て法滅する迄の時期が百年ある。ほかの全ての御教えは無くなっても『大無量寿経』だけは百年残る。その時に聞いて、ただ一度でも南無阿弥陀仏と称えると、皆彼の国に生まれることが出来る、こう書いてある。

私共はこの御文を聞きますとき、非常に物足りなく感じます。この言葉によりますと、弥陀の法というものは、一万千五百年後、それに百年加えた一万千六百年した時になくなるというのです。それから五十六億七千万、弥勒菩薩が出世されるまでは無仏法の時代が続くということになる。これはインド人の中には、昔仏教によって頽廃的に考える人があったから、こういったのではなかろうかと思います。今日日本でも、今の年寄達の間には、仏教があるが、若い者の時代になると、仏教はなくなる。その時には寺は立ってゆかぬから、今のうちに財産を作っておいて、その時は不自由なく暮してゆけるようにしておかねばならぬ、こういうように申しておる人があります。こんな人は、永遠の心がない人であります。私共は、この法は千年、万年、何億年たっても滅びるものではない、常にこの念仏の法は栄えてゆくものであることを信じておるのであります。それを私共は、古人の言葉において、善導大師のお言葉の背後に窺われるのであります。

しかし時代というものは恐しいものであります。インドで千年程前、グプタ時代は釈尊の像が沢山出来た時代であります。しかしその時代のどの像を見ても非常に奇麗な相が出ており、線がこまかです。けれども相に力がありません。ただ見た目にだけ美しく、売るための像としかなっておりません。そこいうと宗教は現実的でなければならんとかいうて、宗教本来の面目が失われておるように思う。現実的になっております。美術的に勝れた作品を作ろうというような彫刻作品になると余程力が失われるように思われる。宗教的に作られておるものには力がある。そういう時代の仏教というものは時代を救うものではないのです。人の根柢に動く仏教、それは時代と共に移り、時と共に栄えてゆくものであります。善導大師のこのお言葉にはそうした意味が現われておらんように思われます。この思想に就いては、今自分は、たとえ善導大師が仰った事であっても、又御開山が『御本書』に御引用になっておるけれども、そのまま承服することは出来んのであります。しかし御開山がここに御引用になったお心持は充分に頂くことが出来ます。聖人は南無阿弥陀仏のお徳の讃嘆をあらゆる経文によってあそばしており、ほかの経に超え勝れておるということを現わすために、このお経をお引きになったものであります。その辺はよくわかります。しかし私共の信じますお念仏の御利益は、もっともっと広大であり、もっともっと永遠性を持っております。この事は御開山に申し上げたらきっとそうだと御得心遊ばすことと信じます。

又善導大師は次にこういう言葉で申しておられます。

又云く。現に是れ生死の凡夫、罪障深重にして六道に輪廻《りんえ》し、苦《く》言う可《べ》からず。今善知識に遇《あ》いて弥陀本願の名号を聞くことを得たり。

生死とは生まれて死ぬということ。生まれて死んでゆくこの間に生きておるのが凡夫である。罪や障りが深く重くして、六道に輪廻し、地獄の苦しみの頂上におる。湯の沸くように、上がったり下がったりして六道に輪廻しておる。その間の苦しみは言う事も出来ぬほど辛い。

今善き知識に遇うて弥陀の本願の名号を聞くことが出来た。やはり善き知識に遇わねばならぬ、善き人に遇うて聞くということがなければ駄目なんです。

一心に称念して往生を求願す。願わくば仏の慈悲、本弘誓願《ほんぐせいがん》を捨てたまわず、弟子を摂受《しょうじゅ》したまうべし、と。已上

一筋に称えて、弥陀の名号の事をお説きになるのを脇目ふらずに聞いて、極楽に往生したいと願う。阿弥陀如来よ、願わくは本弘誓願を捨て給わずして、あなたが願いを起こされ、お約束下さった誓願を反古にしないで、約束通り善知識の教えを受けておる弟子の私を摂取して下さい、慈悲の胸に抱いてやって下さい、とこう願いを述べられたのであります。

弥陀の名号を聞いて、そして、無量寿のこころを自分の命として頂く。そこに一心の活動がある。一心に阿弥陀の名を念じて、念じつつ心のうちに、どうぞあなたは、この私を称えさせて助けにゃおかんというお約束を御履行下さって、この私をどこまでも摂取してお捨てなく導いて下さいと、お願いあそばされたのであります。

（昭和九年六月十日・明達寺）

第三十七講

今読んだ所は、善導大師が称名念仏の御利益を讃嘆しつつ、我々に称名念仏の道を熱心に教えて下さる道なんであります。一度にこれを味わうと長くなるから、ぼちぼち私が味わえる所迄味わいながら、善導大師の御念仏の御利益の教えを受けようと思います。

又云《いわ》く。

これは善導大師の教えが続いて引用されるからであります。

問うて曰《いわ》く、阿弥陀仏を称念し礼観《らいかん》して、現世《げんぜ》に何《いか》なる功徳利益《くどくりやく》か有る。

ここからは善導大師のお言葉になる。阿弥陀如来のみ名、則ち南無阿弥陀仏というみ名を称えて阿弥陀如来のおすがたにお礼する。そうしたならば現在のこの生にどんな功徳があるか、どんな利益があるか、と善導大師が問を発せられたのであります。南無阿弥陀仏を称えるということは、死んでから極楽へ往生さして頂けるという御利益があるとこれは大体聞いておるのだが、死なぬ先に、今からどういう功徳利益があるか、ということを善導大師が教えて下さるのであります。

答えて曰《いわ》く、若《も》し阿弥陀仏を称すること一声《いっしょう》するに、即ち能《よ》く八十億劫《おくこう》の生死の重罪を除滅《じょめつ》す。礼念已下《いげ》も亦《また》是の如し。

阿弥陀如来のみ名を一声称えれば、はや八十億劫の、我々がとても勘定できない程永い間の、重い罪を除き晴らして下さる。今迄どんな重い罪を造って来たって、一声の念仏で消して下さる。これは『観経』の中に教えられたおこころによって知らせられたものであります。

『観経』の終りの方に、罪悪深重の者が、臨終の今わの時に阿弥陀如来のおこころを聞いて、南無阿弥陀仏を称えて往生することをお説きになったところがあります。阿弥陀如来のお徳を聞いて南無阿弥陀仏と称える。その称えた時に八十億劫の罪が消える。死んでから罪が晴れるのでない。何も知らなかったものが、阿弥陀如来の教えを聞いて廻心懺悔して、南無阿弥陀仏と一声称えると、今迄長い間造っていた罪は皆無くなる、それを胸に頂いて次のお譬えを頂く。

暗い部屋がある、その部屋は何百年も前から陽の射したことのない部屋であるが、そこに一度灯をともすと直ちに闇室が明るくなる。我々が今日迄どんなに暗い日暮しをしてきておろうと、どんなに沢山罪を造って来ておろうと、仏様の智慧の光が射して、念仏を称えると、その一声の念仏に今迄の闇は皆晴れる。それは消えてしまう。

『歎異鈔』の第一節に、

弥陀の誓願不思議にたすけられまいらせて、往生をばとぐるなりと信じて、念仏もうさんとおもいたつ心の発《おこ》るとき、すなわち摂取不捨の利益にあずけしめたまうなり。

と、一声の念仏よりもっと早く、南無阿弥陀仏を称える心になった時、とある。これは現世である。今です。我々が南無阿弥陀仏と本当に称える時に、もう罪はないのです。罪を持っておっても障りにはならない。八十億劫の重罪を持っておっても、現在の一念に罪はなくなる。今迄成して来た事を思い出して悪かった悪かったと言っておるのはどこか自分に良い所があるかと思っておるのだ。昔、香月院講師に、或る人が、私はこう喜びました、こう頂きました、こんなに懺悔致します、と色々有難いことを書いて持って行った。そして、どうかお正し願いますというた。御講師はそれを最後迄読んで、黙って「地獄行き」とお書きになった。我々に善い心が起こるとか悪い心が起こるとかいう事を沙汰しても善悪共に地獄行きなんである。「いずれの行も及びがたき身なれば、とても地獄は一定すみかぞかし」、それが明らかになった時に心の底から南無阿弥陀仏と仏にすがる心が起こる、その時に罪がなくなるのである。罪を造っておる自分があってこそ罪の重荷はあるが、罪全体がない時に負うておるものはないのである。自分自身が罪の者であるということがわかったら、罪を負うておることはないのだ。だから重荷はないようになるのだ。罪が消えるということは、罪人だということがわかった時である。罪があるということは、自分がまだ、どこか取り柄があるように思っておる内は、罪は持っておるのである。自分は縦から見ても横から見てもろくな所は無いのだということがはっきりしたら、いわゆる罪人だということがはっきりした時、罪は無くなるのである。その時に何が出てくるか。全身こめて南無阿弥陀仏より他ないのである。

教えに二通りある。教えによって日暮しがああなる、こうなるという教え。又ああもならんぞ、こうもならんぞ、という二通りがある。教えを聞いてああなる、こうなるという教えは聖道門という。ああもならん、こうもならん、絶対絶命という教え、これが浄土門である。けれども大抵はああなる、こうなるということを聞く。称えられんがどうしたものか、喜ばれんがどうしたものか、こんな事しておってどうしたものかと心配しておる。これは頭が高いのです。仏の道を聞いて偉い者になろうと思う、人から尊まれるようになろうと思うというのはやはり頭が高いのです。仏の名号を聞いてそのお名号を踏台にする人、本願を聞いて本願を梯子としてそれに乗って高い高いしようとする。丁度子供が親の肩車に乗って、大きくなったというようなものである。それは聖道門自力である。一遍そうやってみて、その踏台から転がり落ち、梯子から真っ逆さまに落ちて始めて気が付いた時に南無阿弥陀仏が出させられるのであります。

ドイツのニーチェの『ツァラツストラ』は、ニーチェ自身の自督の信心を書いた書物でありますが、その中に、自分は綱渡り、鳴り物を持って綱渡りをしておる。その綱渡りから大地に落ちた。そこから私の人生への真実の道が始まったと言うておる。我々が罪悪深重の凡夫だということがわかれば、綱渡りから落ちるのだ。本当に信じておれば、如来の教えは冷たいのではない。けれども表面は可愛い者の為に突っ放すのである。綱渡りから落すのである。そっぽ向いてどん底に蹴落すのである。それが如来の大慈である。獅子は子を育てるのに、生まれた子を崖の上から蹴落す。そうして育てる。本当に生きる者のみが這い上がってくる。そのものこそ、百獣の王といわれる強い獅子になることが出来るのである。本当に罪が重いということがわかれば、南無阿弥陀仏を称えるようになる。南無阿弥陀仏となる。妙である。このつきつめた所に南無阿弥陀仏となるのだ。南無阿弥陀仏ということは、どうしてみても頭の上げようがないということである。その頭の上がらん中から南無阿弥陀仏と出る、それが本当の念仏なんであります。それを『華厳経』の中には無根の信と言われてある。根の無い信心である。泥田の中から蓮が出るように、汚い心の中から南無阿弥陀仏という奇麗な蓮が出る。その蓮の花とも言わるべき南無阿弥陀仏の一人働きによって、我々凡夫は助かる。そうすれば腹立たんようになるか、愚痴言わぬようになるか。蓮如上人は「かかる罪の沙汰は無益なり」と仰せられておる。罪を消して助かるか、消さずして助かるか、そういう罪の沙汰は無益だ。そういうことを彼れこれ言うておるのはまだ本当に助かっておらんのだ。わからんのだ、だから彼れこれ手だてする。

先度、起上り小法師の玩具を買った。手や足を出す起上りでおかしいので買った。普通のは、手が無くてころっと転がってひょっと起き上がる。これは転んで手が出る足が出る、妙な起上りである。転んで起きて手や足を出す、手だてをする。これでどうや、あれでは駄目か、これをやってはならんぞ、と手だてをする。

先日東京から法を求めて来られた人があった。何を聞きに来たのかというと、自分はどうも高い所に上がったり、低い所に下がったりしてどうにもならん、と。高いというのはどういうことか、というと、御信心が喜ばれたといって有頂点になる、かと思えば、何も喜ばれないでぐうたらになる、という事であった。

高い所に上がって喜ぶ時は、何かほかの自分をこしらえてそれに酔うておる時であろう。それなら高い所も低い所も同じことだ、いつも同じ所に上がり詰めにしておるということだ。真実でない。自分をこしらえておるのだ。自分を良い者、可愛い者に作っておるのだ。そして喜ばれんとか、喜ばれたとか言っておる。実は地獄のどん底に落ちた人こそ救われるのである。

先度、仏教を聞かねばよかった、聞かぬ先なら何をしておっても何ともなかったのに、聞いたらあれこれと咎められて困った、が今更止める訳にいかんと言うた人があった。そうした人は、本当の所迄聞かんからだ。こういう人は無慚無愧の人である。恥もなければ怖れも無い、畏むということもないのだ。自力の相である。地獄のどん底に落ちて、本当に仏様を仰ぐ心が出ねば、本当の善知識にも会えない。知識に会えねば仏様を拝む心も起きない。自分の我慢の心にちゃんと腰を据えておる、だから八十億劫の罪が滅しないのだ。本当の念仏が無いのだから阿弥陀仏を称礼念しないのだ。本当に南無阿弥陀仏と一声称えるということはもう手も足も出ない。そこから南無阿弥陀仏と相続がある。そこに助かる。罪も罪でなくなる。障りも障りにはならない。罪も重荷にはならない。そこに本当の念仏の世界がある。その御利益はいつあるか、現在あるのだ。死んでからではない。今からである。その御利益を受けた人は、身を南無阿弥陀仏に丸められておる。だから過去の罪はない、現在の罪もない、未来の罪もない。罪も障りもない。阿弥陀様に吸い取られるのだ。それが摂取の光明の中に収められたのだ。誰に向うても、済まなかったというよりもえらい御催促を受けたと思うようになる。

今年世界中の農作物が不作だという、昨年世界中で小麦が取れすぎて余ったから、今年は余り取れないようにしようと、イタリヤやカナダやアメリカ等小麦の生産国の代表者が集まって小麦の取れ高を制限した。それが一年で取れぬようになって困っておる。日本は昨年米が千万石余計取れたが今年は不作である。お米が余計取れたからというて、やたらに米を作らぬようにしようと思うことは要らない。お天気様がちゃんと余計取れないようになさる。

ここらの人も、今年の米の作りはどうかときくと、楽天的の人は良かろうという、悲観的な人はどうも駄目だという。楽天しておっても、悲観しておっても、どうにかなる。又何が来るやらわからん。苗を田に植えて手入をして育てても、秋になって取れるやら取れぬやらわからぬ。取れなかったら食うものが無くなる。けれども取れぬ先からそんな心配する必要はない。そこなんである。取れるか取れないか、取ってから相談かければよい、病気になってもそうだ。何が出て来るやらわからん、何が出て来ても、過去にどんなことがあるものでも、現在周囲にどんな事があっても喜ぶ世界がある。これから何が出て来ても、さあ何でも来い、と。過去・現在・未来三世の業障一時に罪消えて、正定聚不退の位にすむとは、誰も彼も朗かに明らかな歓びの世界に連れて行くということである。これが南無阿弥陀仏に身を丸められたということである。現在の御利益である。（昭和九年六月十六日・松田利勝家）

第三十八講

称名念仏の御利益を、古の祖師方の教えの上にお味わい遊ばす下りを先日から頂いております。今頂いておるのは、善導大師の御教えを御引用になっておる所であります。善導大師が、称名念仏は、現在どういう御利益があるかということを尋ねとして出し、その答をこまごまとして下さることを昨日から承っておるのであります。今日も続いて承ろうと思います。

普通に仏教といえば、死んでから先の事と思い、又死ぬと同時にお浄土に生まれるという風に思っております。それは臨終往生と申します。そういう事を信じて喜んでおる人が今もあります。我が御開山聖人の殊更お喜び遊ばすのは、現生正定聚と申しまして、この世に於いて正定聚の菩薩の位を頂くということをお味わい遊ばすのであります。それを又平生業成とも申します。又同じお念仏の流れに於いてもこの身体の命がなくなった時に、阿弥陀如来が、観音・勢至二菩薩と共に行者をお迎えして下さるということを、喜んでおる人々もあります。御開山は、念仏の行者は不来迎である、来迎を自分で頼んではならぬ。何故かというと、信心を得て南無阿弥陀仏を称えるようになれば、その時にはや娑婆は終り、その人は光明のうち住まいである。沢山の菩薩、聖者がお迎いに来て下さる、諸仏来迎であるとお味わい遊ばされるのであります。その御開山の現在のお助けの御教えは、御自分が発明遊ばされたのではなくて、遠く釈迦の教えから三国の祖師方の御教えに従われたのであります。その最も手近い例が、この善導大師の問答の上にはっきりと教えて頂くのであります。

昨日は、「若し阿弥陀仏を称すること一声するに、即ち能く八十億劫の生死の重罪を除滅す、礼念已下も亦《また》是の如し」という所を味わいかけたのであります。一声南無阿弥陀仏を称えれば、これ迄長い間造った生死の重罪でも、一声南無阿弥陀仏と称えるところに皆消える。「礼念已下も亦《また》是の如し」とは、身体でお礼することも、心に念ずることも、これと同じ功徳がある、ということである。信じて阿弥陀様の前に頭を下げてお礼をすれば、今迄の罪は皆消えるというのです。子供が徒《いたずら》してやんちゃする。親が何をするんだと叱る。その時子供が済みませんと心から悪かったことを謝まれば、善い事に気付いたと、謝った子供よりも謝ってもらった親の方が喜ぶ。総ての罪科《つみとが》がそこで皆消されてしまう。却って沢山の罪があった子が後になって法を喜ぶ人になる。

罪障功徳の体となる
こおりとみずのごとくにて
こおりおおきにみずおおし
さわりおおきに徳おおし

皆変ってしまう。

又、念は一思いである。まだ口に出さぬ先、身体に現われない先に阿弥陀様に振り向く思いになる。『歎異鈔』第一節に、「念仏もうさんとおもいたつ心の発《おこ》るとき」とある。阿弥陀如来に向いたてまつり、一念の信心の発起する時に、今迄の罪は皆消えてしまう。身口意の三業は、身体に現われると礼拝になる。口に現われれば称名になる。心に現われれば念になる、或は信心になる。

身口意の三業のどこに現われるにしても同じことである。阿弥陀如来におすがり申す一念に、今迄の罪科は皆消えてしまう。だから現在の重荷はなくなる。徳川家康は、「人の一生は重荷を負うて遠き道を行くが如し」と言われた。信心の上には、そういう重荷はなくなる。空手である。本願の船に乗って楽々と日暮しが出来る。善導様が、色々お経の教えを仰いでこの事をお味わいあそばすのであります。

『十往生経』に云《のたま》わく、若し衆生有りて阿弥陀仏を念じて往生を願ずる者は、彼の仏即ち二十五菩薩を遣《つかわ》して、行者を擁護《ようご》し、若《もし》は行・若《もし》は坐、若《もし》は住・若《もし》は臥、若《もし》は昼・若《もし》は夜、一切時・一切処に悪鬼・悪神をして其の便《たより》を得令《し》めず、と。

若し衆生があって、阿弥陀仏を念じて、阿弥陀仏の浄土に往生したいと願う者があれば、いわゆる第十八願の「至心に信楽《しんぎょう》して我が国に生れんと欲す」と仰った本願のおこころが我がものになった人、信心の行者です。この行者には、彼の仏即ち二十五人の菩薩を遣わされる。二十五菩薩とは、観世音菩薩、大勢至菩薩、薬王菩薩、薬上菩薩、普賢菩薩、法自在菩薩、陀羅尼菩薩、白象王菩薩、虚空蔵菩薩、宝蔵菩薩、徳蔵菩薩、金蔵菩薩、光明王菩薩、金剛蔵菩薩、山海慧菩薩、華厳菩薩、日照王菩薩、月光王菩薩、衆宝王菩薩、三昧菩薩、師子吼菩薩、定自在王菩薩、大威徳菩薩、大自在王菩薩、無辺身菩薩である。この二十五人の菩薩を遣わして彼の行者を擁護し、抱き護って下さる。

「若《もし》は行・若《もし》は坐、若《もし》は住・若《もし》は臥、若《もし》は昼・若《もし》は夜、一切時・一切処に悪鬼・悪神をして其の便を得令《し》めず」、歩いておる時、坐っておる時、じっと住《とど》まっておる時、寝ておる時も、或は昼でも夜でも一切の時、一切の処に、悪鬼・悪神をして隙を窺わしめない。悪鬼・悪神というのは、人間を苦しめ、人に祟りをなすもの、そういうものを近付けないというのです。ちゃんと菩薩が護っていらっしゃるのである。どんな悪神でも鬼でも指一本さす事が出来ない、護っておって下さるのである。これは単なるこれだけの教えとして聞いておってはなりません。これを聞いて、何とした広大な御利益であろうかと思うのですが、このお経のおこころを自分の上に味わってみたら、自分は真に念仏の上にこの利益《りやく》を受けておるかどうか。

世の人はよく悪魔の誘いを受けるとか、病気になると厄病だとか言います。が、信心の行者に厄病があるだろうか。厄病はないのです。二十五菩薩が信心の行者を護って下さる。行住坐臥、時処所縁を嫌わず、こっちが寝ておろうが、起きておろうが常にお護り詰めである。他の悪鬼・悪神が祟りをなす隙が無いようにして下さる。乗ぜられる暇がない。このおこころが皆さん味わわれるか知らん。世の中に悪い鬼が居るかも知れん、人間に祟りをなす神があるかも知れんが、それらは信心の行者に対して、何の障りも出来ないと。

私がいつも言う話ですが、私の所に来る人は皆良い人ばかりだと私が言うと、先生はあの人は良い人だと言われますが、あの人はこう悪い事をしております、と。又或る人は、私はあの人にこんなひどい目に逢わされましたという。その人等に対して私は言う。そうかねえ、それは悪い事ですね、けれども私はあの人を悪人だとは思っていないと。すると、あの人は先生の所へ行くと良い人になっておるのだ、私らの所へ来ると悪い所を出すと言います。で私は言う。私の所へ来るとその人は良い所が出る、あなたの所へ行くと悪気が出る、ではあなたの所が悪いのだ、別にあの人が悪いのではなく、あなたが悪いから、あなたの所へ行くと悪気を出すのだ。奇麗な座敷で屁が出ると不調法したと思うが、便所で出ても別に不調法とは思わんだろう。臭い所で出ると屁も臭いと思わんが、奇麗な所で出ると臭い。あなたの所へ行けば汚い所が出るというなら、それはあなたの所が汚いのではないかと言うたら、その人は、そういう事を言われるが、先日誰やらに先生はひどい目に遇うたではないか、又、銭を取られたことがあるでしょう、先生のような人でも騙して取って行く者があっただろう、あれは悪神だったのでしょう、そうではないか、と言う。しかしそうではない、あの人は自分に尊い事を教えるために、私から金を取っていったのだ。あの人はやはり善知識である。私を教えるためにああいう姿を現わして下さったのだと話をしました。

別に私共を苛めようというのではないのだ。何でも彼でも人が自分を苛めようとしておると考えておる者がある。又、あいつもこいつもああして私を讃めるが、私に何かして貰いたい為に、私の所へ来てお上手をするのだろうと考える人がある。又気を廻す人は、あいつは私を軽蔑したといい、人が笑えば、私を馬鹿にして笑ったといい、人が怒れば怒ったで又気を廻す。雨が降れば降ったで、天気が良ければ良いで気を廻して心配する。それはまだ本当に阿弥陀様に向う心になっておらんのです。私共は、どこから見ても良い所はない者だということが、本当に懺悔できておれば、別に心配はいらぬのです。徹底的に自分があさましいものだということがわからない者は、お慈悲の広大なことはわからない。見放されようか、見捨てられようかと心配ばかりしておらねばならない。そういう人はお慈悲を踏台にしておるのだ。だから落ちようかと心配せねばならない。どん底に落ちてしまって、見るかげもないものを助けて下さるのである。大きなお慈悲の手を拡げて待って下さっておる所には、見捨てられようか、見放されようかという心配は要らない。そういう人は、恐しいものが来ても、それが悪魔とも悪神とも感ぜられないのです。どちらを向いても二十五菩薩がその人を護っておって下さる。二十五菩薩には奇麗なお顔の方もあれば、恐しい顔をした菩薩もある。怒る菩薩もあれば、慰める菩薩もある。この自分一人を育てる為に、泣いたり笑ったり、打ったり撫でたりして護って下さる。だからどんな事が起こって来ても、これはどうやらという案じはない。そこに偉大なお力に乗托して、喜びの世界に進み出さして頂くことが出来る。そのお味わいを『十往生経』に二十五菩薩を遣して、その行者を擁護して行住坐臥に悪鬼・悪神も近付くことが出来ないように護って下さる、とこうお説きになったのであります。どうです。皆さんは護られておりますか。こう丁寧にいくらお経の中に書いてあったって、我々全てが護られておるという訳にはいかぬだろうという、ここが大事な所である。ただ護って下さるそうなと、そういう人には二十五菩薩は見えない。お経に書いてある二十五菩薩は実際どこにおいでになるだろうか等いう、そういう人には菩薩のお迎えはないのだろう。まだ護られておらないのです。おらないのなら信心はないのだ。信心が頂かれておる人ならば、仏様が二十五菩薩を遣わして護り詰めにして下さっておるということがわかり、ああそうじゃ有難い事だと教えが自分の生活の上に体験されて喜ばれるものだ。教えを実証するものは自身である。成程自分はお護りを受けておるのだ、如何なる外道も悪魔も指一本さす事が出来ないのだ、と。『歎異鈔』には、

念仏は無碍の一道なり。そのいわれいかんとならば、信心の行者には天神地祇も敬伏し、魔界外道も障礙することなし、罪悪も業報を感ずることあたわず、諸善も及ぶことなき故に、無礙の一道なり。

とある。その天神地祇も敬伏し、魔界外道も障礙することなしと仰ったのがこのこころである。天地にある善鬼神も悪鬼神も皆お護り下さる。悪鬼神も信心の行者に驚き恐れる、こう仰る。この教えを、聴聞を重ねて本当に自分の上に頂かねばならぬことであります。

今日はこの家の二番の娘つねさんが、お嫁へ行って子供を五人おいて死なれてからはや十七年になる。今生きておられたら四十八才になられる。私の寺へもよく来られた。親が子の法事を勤める余り目出度いことでもない。当り前なら親死に子死に孫死ぬ、それが逆さまになって両親が揃って法事を勤められるのであります。今日はその御縁に私も皆さんもお遇い致しました。

この頃私は時々ものをほっと忘れる。今日もこちらの誰のお経であったか忘れておった。聞いて思い出にふけっておった。死んだ人は何処へ行っておるだろうと聞く人がよくある。聞く迄もない、今日御法事が勤まっておるここへ来ておられる。ここの両親がこの法事の縁によってお念仏を称えられ、二十五菩薩がここにちゃんと来て下さる。二十五菩薩が護って下さるうちに我々は住んでおるのである。のみならず私一人の往生の道ということが明らかになる時、右からも左からも神が護り育てて下さる。そうなると、我々はよく人が見ておろうがおるまいが、なんでもかんでもうるさいと思うけれども、そういうことはない、仏様のお護りがある。あの人は口やかましい人でなんか嫌な人だ、なんか冷酷な人だと思うようなことがあっても、それは菩薩の一つの相である。だからあれは冷酷な人だ、あの人は口やかましい人だ、あの人は不親切な人だと言う者は、まだ自分が終局の御信心を明らかに頂いておらない証拠であります。信心が頂かれておるかおらないかということは、人に問う迄もない、自分の日暮しの上に於いて、色々の事にかれこれと心を悩ましておる間は、まだまだ自力我慢の根性が廃らないのだ。己を忘れて、本願他力に帰して、身も心も南無阿弥陀仏と弥陀を頼む信心に出られる人は、善いにつけ悪いにつけ全ての人が菩薩の摂取であります。菩薩の摂取の擁護のもとに護られる。護られて浄土の旅をさせて貰うのが本願のままの生活なんであります。

この頃或る人が人の道教団に入りかけた。「人の道」に入ると朝も早く起きるし、行儀もよくなるという話であった。ところが人の道を止めたらやはり朝寝するようになったと。何れにせよ自分の自力で励んでゆくのではないのです。我々は、色々のおさと

し、色々のお手引、菩薩の常時の励ましによって引立てられ、精進させて貰うのであります。だから勤めても勤めておるという心を忘れる。励んでも励みを忘れる。ただ偏えにお慈悲のお手引によって暮さして頂くという喜びをもって、この世の中に明らかな気持で日暮し出来るのであります。信心の御利益であります。

摂取の光明の中に摂め取られておるということを信じて、どんなことが来ても、そこに朗らかなお慈悲の心を味わわして頂けるのが、信心の上に頂かれる現世の御利益であります。

（昭和九年六月十三日・関又八家）

第三十九講

お念仏を称える者には現在の御利益があるということを、御開山が、善導大師の御教えを受けて段々と教えて下さる。その続きであります。

又「観経」に云うが如し、若し阿弥陀仏を称礼念して、彼の国に往生せんと願ぜば、彼の仏即ち無数の化仏・無数の化観音・勢至菩薩を遣して、行者を護念したまう。

「阿弥陀仏を称礼念して」、称はお礼をする、念は思う。称は口にかかる、礼は身体にかかる、念は心にかかる。我々の中心の心が外部に現われる時には、三つの器管を通します。それは身体と口と心、それを身・口・意の三業といいます。この三つは別々の事であるようであるけれども、よくみれば一つになる。心に思うことが口に出る。口に言うておることも身体に行うことが口に出るし、心に在り又身体に行うことが口に出るし、心に現われる。この身・口・意の三つは別々に存在することは出来ないのです。相関係しておる。けれどもそれがもし作り事であるならば別々になっておる。口にその人の事を讃めておっても、心の中には何とも思っていない。口に讃めておっても身体の上に何等の現われがない。私はあなたの御恩を忘れません、あなたを懐しく思っておると言うておっても、珍しい物があっても供養しようと思わぬ、そういうのは口ばかりである。本当に思っておるのでない。心に思う事は身体に現われるし、口に出るものです。私は心に思わぬ、そういうのは口ばかりである。口には南無阿弥陀仏と仏の名を呼び、身体には阿弥陀様の前に頭を下げてお礼をする、そして心の中には阿弥陀如来を念ずる。阿弥陀仏に心が一筋に傾いておる相を称礼念というのである。こう言う人もあるが、「思い内にあれば色外に現われる」で、心に思っておればきっと口にも出て来るものです。阿弥陀仏を称礼念してというのは、或る一つの方面から阿弥陀仏を頼む姿を教えられたのです。口に思っておるけれども身体や口には中々出せんものでして、

「彼の国に往生せんと願ぜば、彼の仏即ち無数の化仏・無数の化観音・勢至菩薩を遣して、行者を護念したまう」、彼の国とは阿弥陀仏の国、彼の仏とは阿弥陀仏である。無数とは数限りもない。化仏とは化け仏と書く。阿弥陀如来が衆生を済度するために、

衆生の器に応じて、色々に形を変えて導いて下さる。化けて行く。『法華経』の中に長者窮子の譬えがある。先度から度々話しました。この長者窮子の教えによると阿弥陀仏の心が内に在って、便所掃除の人にも現われる。又番頭にも現われる。そうしてこの一人子を自分の子として救い取らねばおかぬという方便をめぐらされるのであります。ですから、化仏というのは、仏様の代理である。手を替え品を替えて済度して下さるのである。それは仏のお姿ばかりではない。法然上人は善導大師を大変信じておいでになった。或る時上人が野に出られると、下身は仏、上身は善導大師の形をした金色の姿をした仏様を御覧になった、後にそれを半金色の善導様と言うた。明達寺の法宝物にもその御絵像があります。

五、六年前から非常な悩みを持っておった人があって、私はその人に手紙を書き本を送ってやった事がある。その人はその後非常に喜ぶようになった。その喜びのあまりに自分の心を述べられた。それによると、或る時私の姿を見たらその私の姿から黄金の光が放っておった、というような事が書いてあった。これはその人の目にはそう見えたのである。私はその人の前にそういう形をして現われようとは夢にも思っておらない。がその人が悩みを訴えておった時に、気の毒に思い、どうかこの悩みから出るように思ってその人に心を向けた。それを向うが素直に受け取って、そしてその教えによって悩みが晴れたものだから、それ以後私の事を思う時、非常に懐しく思っておられるようであります。そうしてその人には私の影が見えるのであります。済度せられたというものは、済度して下さったお姿が常に目の前に見えます。これを化仏という。それは色々の形になって現われる。こういうように有難く現われるのもあろうし、又悪い姿となって現われることもある。時には悪魔となり、外道となって現われて下さることもある。仏様は色々の上に形を現わして済度して下さる。その化仏の数は無数とある。御和讃にも「無数の阿弥陀ましまして」とある。阿弥陀様は沢山おいでになる。一人だけではない。種々様々手を替え品を替えて済度して下さる。それが化仏であります。阿弥陀仏は、自分自身現われ給うばかりでない、観音様や勢至様を遣わされる。色々の姿となって現われて、この行者を護念し給うのである。

復前《またさき》の二十五菩薩等と、百重・千重行者を囲遶《いにょう》して、

無数の化仏、無数の化観音・勢至菩薩を遣わして、復二十五菩薩等と百重千重に取り巻いて行者を護って下さる。どこかへ逃げて行こうと思っても逃げられないです。海へ行って魚取りを見ていると、初めの網に魚がかからない。次の網、その次の網と投げて第三番目の網にやっとかかるということがある。我々は一回や二回や三回どころでない、百重千重取り巻いて護って、いやが応でもお浄土へ連れて行こうとこの我々にかかりはてておって下さる。こっちが止めてしまおうと思ってもどうしても、仏の念力が、止めさせないように護って下さる。引き立てて下さる。逃げて出られない。観世音菩薩、勢至菩薩、その他の菩薩といろいろの形でこの念仏の行者を取り巻いておって下さる。

行住坐臥《ぎょうじゅざが》、一切時処《いっさいじしょ》、若《も》しは昼・若《も》しは夜を問わず、常に行者を離れたまわず。今既《すで》に斯《こ》の勝益《しょうやく》有《ましま》す、憑《たの》む可《べ》し。願わくは諸《もろもろ》の行者、各《おのおの》至心を須《もち》いて、往《ゆ》くことを求めよ。

歩いておる時も坐っておる時も、立っておる時も寝ておる時も、どんな処でも、昼でも夜でも常に行者を離れ給わず、こっちが忘れておっても、仏様は放して下さらない。常に護りづめにしておって下さる。

この勝れた御利益がある。たのまずにはおれない。阿弥陀様に助けられるということは、死んでからのことだとすると、助けられるやら助けられんやら死んでからでないとわからない。ところが善導大師は、仏様に助けられるということは、死んでからのことでない、この世に於いてである、現在護って頂くのである、今現にこの勝れた御利益があると仰る。この味わいは、自身御利益を受けておる者にはよくわかる。

この頃天理教が流行《はや》ってきた。大本教も流行ってきた。人の道も流行ってきた。金光教も流行ってきた。その他色々の新興宗教が流行って、沢山の信者が出来てきた。どういう人がそういう信者になるかといえば、真宗の教えや禅の教えを受けておる者、その他の宗旨の者、又無宗教の者が、自分にはっきりしたお領解がないから、色んな人に誘われてそれらの教えに引きずり込まれてゆくのです。自分が真に助かっておらんからです。腹がふくれて一杯になっておる時は、何が出ても喰う気にならないが、腹が減っていると、お菓子が出ておればお菓子を摑む、果物が出ておれば果物を摑む気になる。外の宗旨にふらふら誘われるのはどうしてかというと、自分の身に本当に御利益を受けておらんからである。御聴聞が身に味わわれておらんのだ。お護りがないのだ。お護りがないから本当に阿弥陀仏を称礼念しておらんのだ。心から仏を念じて彼の国に生まれんと願うならば、無数の化仏、無数の観音、無数の勢至、二十五菩薩ともにその人を百重千重取り巻いて護っておって下さるのである。あなた方は自分に、仏様のお護りの中におるのだということが味わわれておりますか。

「入初地品」の中に、「説使《たとい》睡眠し懶惰なれども二十九有に至らず」という教えがあるが、これは不退の位の相を味わっておいでになるところである。不退の位というのは、どうしても退くことのない位。菩薩は眠ったり、怠けたりしておっても、もう二十九有に至らない。二十九有とは迷いの世界です。仏様に護られておる者はきっと仏になれる。こう仰せられる。皆さんは今現に護られておりますか。お護りがわかっておりますか。無数の化仏・菩薩が二十五菩薩と共に私を護って下さると聞いても、それは話で、そういう話を聞いて有難いと思うこともあるけれども、そういう架空な護りは私にないという。お護りが我が物になっておらんのです。ここには化仏がいらせられる。ここに観世音もおいでになる。ここに勢至菩薩もいらせられる。私を取り巻いていらせられる。二十五菩薩もお出ましになっておる。私を取り巻いていらせられる。お慈悲が本当に見える。草木国土悉皆成仏、草木も仏になるという教えは、この無数の化仏、無数の化菩薩、二十五菩薩が皆私を取り巻いて護って下さるという御信心の味わいであります。

善いとか悪いとかに始終してただ日暮しをしている。腹を立てたり喜んだり、羨んだり妬んだり、勝手な心配ばかり、そういうのが凡夫です。お慈悲に自分の眼が開けておれば、あの蛙の声の中にも、鳥の啼き声の中にも、虫の鳴き声の中にも、色々の人の上には勿論、私一人を助けるためにこうして下さるのだと教えを頂く。そして何と有難い事だなあと思う。親もただの親でない。子もただの子でない。連合いもただの連合いでない。友達もただの友達でない。今迄は、あれは良い友達、悪い友達と思っておったが、良い友達の上にも悪い友達の上にも、私一人を護り導いて下さるための広大な仏様のお光が宿って下さると思う。従って金が儲った時も、損した時も、米が豊作の時も、不作の時も、何時もそこには仏のお心が現われ出て、しぶとい私を百重千重囲繞して、逃げ場のない程お慈悲で追いかけておって下さる。取り巻いておって下さる。我がはからいにて地獄に堕ちずして極楽へまいるなりと、現実にお護りがあるのである。今日迄始終話を聞いておる者が、ただ話だけ聞いておるから家へ帰ると直ちに煩悩に巻かれる。それは実際身も心も投げ出して、阿弥陀様に縋る一念がないからである。

聖徳太子様が「世間は虚仮なり、唯仏のみ是真なり」と仰せられたのは、世間の事は難しいものである、仮の事である、本当の事は仏の世界よりないと仰った。そうすると世の中は皆仮のものだというて一応はそう思っても、一度目が覚めてみれば皆真実である。どういう真実だというと、

釈迦・弥陀は慈悲の父母
種種に善巧方便し
われらが無上の信心を
発起せしめたまいけり

何処を見ても、仏様の御真実が写り出ておって下さるのである。右を見ても光明、左を見ても光明、前を見ても如来の御光明、後を見ても光明で、光明と光明で照らされて、自分はその光明のお照らしの下に、浄土往生の道を歩かして頂くのである。護られておるのです。百重千重囲繞して護られておるのである。昔から節分の豆撒きに、福は内、鬼は外と言う。或る時或る人が目出度い歌を書いて下さい、この家は貧乏神が取り巻いておると言うた。貧乏神が取り巻いておるならそれは目出度いことだ、なぜなら、福の神が外へ出て行かれないから。福の神が出る所がなければこの家は福の神ばかりだ、貧乏神が取り巻いても入って来れぬ、と話した。

今日私共は仏様のお慈悲に護られて何処にも出る処がない、もうお浄土に行くより外ないのだ。この娑婆をあとにして極楽へまいる道中が本当に皆さん出来ておりますか。この教えは現在救われるとの教えである。死んでからでない。現生に於いてである。

今日念仏を称えて、現在のお護りを味わって喜んでおる人は少ないのである。御利益があると聞くと結構だと思うが、本当はその御利益を受けておらんのだ。従って常に不満足な事だらけである。従って何かにつけて自分の量見を持ち出して、そして世の中を怨んだり、はかなんだり、呪ったり、又自分自身の道を呪ったりします。こういうのは皆自力の根性です。本当に阿弥陀如来を称礼念して彼の国に生まれようと願っておらんのです。阿弥陀如来を称礼念するようになると、何処を見ても、如来さんのお照らしのない所はないのです。何処を見ても化仏・菩薩が現われて、人の上にも或いは物の上にも、一切の草木国土、善人、悪人、全てに仏が現われる。そうして自分を取り巻いてお浄土へ連れて行って下さる。現にです。現世利益である。この現在の利益を喜ぶのである。うまい物を食べた人は、うまいぞと言える。自分が食わんのではうまい物がわからん。いよいよ食べてああうまかったと。信心は本当に頂いたら喜ぶことが出来る。現に光明の中に納め取られて、どちらを向いても仏様のお相ばかりに取り巻かれておるという境地が信心の世界である。丁度お祭の御神輿が沢山の若い衆に担がれるように、私共を観音・勢至、その他の菩薩の御神輿に担がれて、わっしょいわっしょいと差し上げられて連れて行って貰うのである。だから、親でも子供でも連れ合いでも友達でも、皆わっしょいわっしょいとこの私を担いで行って下さる方である。私一人を助けるのだ。一切の仏が善人となり悪人となり、石となり木となって私を助けて下さる。現に御利益がここに見えておる。だから疑う余地はないのである、はっきりしておるのです。南無阿弥陀仏と称えておっても、この現世利益が本当に自分の身の上に入っておらん人なら、まだ真剣な念仏者でないのだ。真に雑行雑種自力の心を振り捨てて、仏の浄土に往生することを願っておる者は、無数の化仏、無数の化観音菩薩、勢至菩薩を阿弥陀如来は遣わして行者を護り給う。又二十五菩薩に百重千重護られて手を引かれて行くのである。私共がどんなに逆らっても手を引いて下さるのである。若い頃私は、とても罪の深い徳の薄い者で、坊さんにはなれない、在家になるよりほかないと思った事がありました。坊さんになれないどころでない、在家にもなれない。在家になれないどころでない、人間になれない奴である。そういういたずら者の悪人であるけれども、広大な如来様のお念力に助けられて、そうして今度は仏様に手を引かれて、後を押されて浄土へまいらせて頂けるのである。

工業学校の柔道の先生だった人が骨接ぎをしておる。それが自分の患者を一寸した拍子に殺した。それが問題になったが中々白状しない。その頃私の書いた『歎異鈔講話』をその人が読んだ。その人はまだ未決であったが、それを読んで気が付いた。『歎異鈔』の中には、悪人が仏になれるという事が書いてある。私のようなこの大悪人が救われる道があるということがわかった。それから有体《ありてい》に懺悔の心が出た。悪人が助かるということが書いてあるが、その悪人は私自身である。長い間嘘を言っておった悪人は私であると気が付いて、私の今迄言うたのは嘘であると言うた。悪人はとても助からぬと思うと悪人でないような顔をせにゃならん、だから罪を隠さにゃならん。助けて貰えるという本願が聞えたら、悪い者は悪いと素直に懺悔出来るようになる。これが実際の御利益である。そこに自分を投げ出して行かれるのです。そこらに居る者が全て自分の仇と思う時には白状出来ない。私の全てを知り尽くして、而も私を可愛いと思し召して下さる阿弥陀様のお力が現われて下さっておるということがわかれば、有体に自分の罪を語って懺悔出来るのです。だからそういう仕損いがあっても、そういう悪いことがあっても素直に懺悔出来るということは、お慈悲を信じておる一つの証拠である。それが素直に懺悔出来ないという時には、まだ自分を持ち出しておる我慢の根性があるのだ、真に自分に値打ちがなくなり、如来様にお縋り申す時には、何もかも如来様にお任せ申すのである。どこからでもちゃんと護っておって下さっておる。善人となり悪人となり、或は智者となり愚者となって私を導いておって下さっておる。こっちが称えられるか称えられんか、勤めが出来るか出来ないか、そういう事には頓着なく仏様は百重千重取り巻いて、否が応でも浄土へと願わせ、仏の名を称えさして、手強いお力の中に、今日只今出さして下さっておる。「この信金剛の如し」ということがある。この本願のお助けを頂いておる者は、どんな悪魔が誘惑に来ても心が動かんのであります。今日仏様を拝みながら、南無阿弥陀仏を称えながら、本当にこの現実の今のお助けがはっきりと味わわれていない人は、ふらふらと外の宗教に引きずられる、そういう門徒の人が多いのであります。誘う者が悪いのではないのです。それにつけても、一層心を入れて真実の仏のお護りの許に明らかな日暮しをして行かねばなりません。

（昭和九年六月二十一日・明達寺）

第四十講

今日の所は善導大師が『無量寿経』をお引きになった教えであります。

又『無量寿経』に云《のたま》うが如し、若《も》し我成仏せんに、十方の衆生、我が名号を称せんに下《しも》十声に至るまで、若し生れずば、正覚《しょうがく》を取らじ、と。

この御文は法然上人が大変愛読しておられたお言葉と味わわれます。というのは、『御伝鈔』を見ると、御開山が法然上人の御姿を写さして下さいとお願いになった。法然上人はよかろうと仰った。御開山は先ず筆を取って御姿をお写しになった。法然上人の所へ持って行って、どうかこれにお言葉をお書き頂きたいとお願いになった。その時筆を取らせられたのが、このお言葉であるということを『御伝鈔』に書いてある。そうするとこのお言葉を法然上人は自分の肖像の上にお書きになられた程でありますから、大変お喜びになっておいでになったお言葉と伺うことが出来るのであります。従って法然上人のお心一杯のお言葉であるというように仰がれるのであります。

ところがこの御文を頂くと、『無量寿経』の中にこれと同じ言葉がないのです。どういう訳かというと、これは『無量寿経』の中の第十八願の御意《おこころ》全体を御自分にお味わいになって、御自分の言葉として書き直されたのです。それで普通には「加減の文」と言います。加は加える、減は減ずる。湯加減はよいかねというように用うる字であります。善導大師は、第十八願の思召しをよくお味わいになった。そして御自分の心の上に味わわれたままを記されたものであります。やはり第十八願の御文であります。第十八願には「設我得仏」、設《たと》い我れ仏を得たらんに、とありますが、ここには「若《も》し我成仏せんに」とあります。しかしこれは同じことであります。次に第十八願には「十方の衆生至心に信楽《しんぎょう》して我が国に生れんと欲し、乃至十念せん、若し生れずば正覚を取らじ」とある。ところがここには至心信楽《しんぎょう》欲生我国の三心が減じてあって、直接「我が名号を称せんに」とある。又第十八願に「乃至十念せん」とあるのを、ここには「下十声に至るまで」とあり、信心を抜いてある。いわゆる御名号を称えるという中に、信心のこころを封じ込めてあるのであります。心から仏様の名を称えるようになると、その中には、至心信楽《しんぎょう》して我が国に生まれんと思う信心が備わっておるという思召しであります。南無阿弥陀仏の御名号を称え、下十声に至るまで、若し生まれずば正覚を取らじ、と。

彼の仏今現に在《ましま》して成仏したまえり。

お経の中には「今現在説法」、今現に在《ましま》して法を説きたまうとあるが、ここには、彼の仏今現に在して成仏したまえりとある。十方の衆生、下は十声称えたものに至る迄、皆浄土に迎え取ろう、若し生まれずば私は仏にならぬ、こういう願を建てられた。こういう願を建てられたお方は、現に今、西方の極楽に在して仏になっておいでになる。

当《まさ》に知るべし、本誓《ほんぜい》重願虚《むな》しからず、

仏になっておいでなるから、我が名号を称える者は、きっと迎え取る。迎え取ることが出来なければ、私は仏にならんという誓い、本誓は本願の誓いです。この根本の誓願、重大な誓願は虚しいものではない、仏様の広大な真実のお約束があるから。

衆生称念《しょうねん》すれば必ず往生を得《う》。

仏の名を称えればきっと往生を得る。善導大師が阿弥陀仏の第十八願をお味わいになった。どうお味わいになったかというに、我が名号を称せんに、下十声に至るまで、若し生まれずば、正覚を取らじ、と。十八願の至心信楽《しんぎょう》欲生の三信は善導大師には、称える中にすっと入っておるのです。ただ称える一つである。昔から南無阿弥陀仏を称えることがお助けを信ずること、こういうことがよく言われる。信ずるもののお助け、称えるもののお助け、と言われています。信心を頂いておるけれども、御名号は称えないということはありません。本当に称名が出来るならば、信心は自然と備わっておるのであります。ですから信ずるということと、称えるということは、本当の者ならば、一つであるのです。信行は一つであります。これを念称是一という。仏を想うと仏の名を称えるということは一つの事だとお聞かせにあずかっておる。これをどうして善導大師は加減の文にされたかというと、『観経』の中の下上品、下下品に、罪悪深重の衆生が、臨終今わの時に、善知識に会うて阿弥陀仏のこころを聞いて、廻心懺悔して南無阿弥陀仏と称える時に、今迄この沢山の罪が滅してお助けに預かるということが書かれてある。そこには、「具足十念称南無阿弥陀仏」ということが書いてある。そこで当時学者は、これはおかしい、仏になるには信と行と二つしかない。この人はお浄土へまいりたいという願はあるけれども、行が無い、こういう事を申しました事に答えて、善導大師は、南無阿弥陀仏と称える中に、法蔵菩薩の永劫の修行のお骨折りがこもっておる。その称えるのが大行である、お浄土へまいる大行である。その永劫の修行の骨折りに封じ込められて、仏様の約束通り南無阿弥陀仏を称えさせて貰う、それが大行である。仏様のお約束通り称えるのだから大行である。この称える中には信心も備わっておる。称えよという仏様の仰せに答えて南無阿弥陀仏と称える。その心が転化するところが至心信楽欲生我国、仏が、称える者を迎え取ろうと約束せられた。その願が成就して南無阿弥陀仏となっていらっしゃるのです。仏様の約束だから、南無阿弥陀仏と称えるだけで仏にして貰える。こういうお言葉はただお聖教の話として聞いておくと、わかったようでわからんようなものである。これを自分の日暮しの上に味わってみますと、私のこの心の中から本当に南無阿弥陀仏が出て下さるのである。南無阿弥陀仏を称える気のない、仏ら蓮華が出るように、私らのこの三毒五欲の心の中から南無阿弥陀仏が出て下さるのである。泥田の中から蓮華が出るように、私らのこの三毒五欲の心の中から南無阿弥陀仏が出て下さるのである。仏の先手の呼声に答えたのであります。仏様のお育てに向う気のない私が、仏の名を称えるようにさして貰った。ということは、仏の先手の呼声に答えたのであります。仏様のお育てによって称えるようになったのである。そうすると私の口に南無阿弥陀仏と本気に出るようになったという背景には、仏を頼む心称えさして助けにゃおかぬという本願が成就したから我々の口に南無阿弥陀仏と出て下さるのである。我々が称えてから助けて貰うのでない、ぬという約束、そこで南無阿弥陀仏と称えた時、仏の約束が既に成就しておるのである。だから南無阿弥陀仏と本気に出るようになったのである。仏が称えさして助けねばおかがあり、又自分に仏をお慕い申して仏になるという願がある、だから南無阿弥陀仏と出たのである。その時助かるのである。だからそれ以上のお助けはない。お念仏というものは、原因でのうて結果である。お念仏を称えるということは、浄土まいりの種でぬという約束、そこで南無阿弥陀仏と称えた時、仏の約束が既に成就しておるのである。我々が称えてから助けて貰うのでない、あるが、その念仏はただ私が出したのでない。仏の称えさして助けにゃおかんという確信から出させられたということを思うと、き、念仏は結果である。称えれば助からぬ者はない。称えさして助けにゃおかんという誓願が我々の口に南無阿弥陀仏となって出させられたのである。それが他力廻向の念仏である。

南無阿弥陀仏を沢山称えれば浄土へ行けるように思うのは、これは自力の念仏である。他力廻向の念仏は一声の念仏のうちに、仏の名を呼び、仏に向う心を与えて貰う念仏である。この名を称えさせて貰うということは、必ず称えさせにゃおかんという御親の念力がここに出て下さったのである。阿弥陀様の本願はどこに成就しておるか、我々の口に南無阿弥陀仏と称えた時に、第十八願が成就して下さるのである。だから称える念仏のもとに本願が成就して下さっており、自分の現生往生の思いを喜ばして貰うのであります。

又『弥陀経』に云《のたま》うが如し、若し衆生有りて阿弥陀仏を説くを聞かば、即ち名号を執持《しゅうじ》す応《べ》し。若《も》しは一日若《も》しは二日乃至七日、
一心に仏を称して乱れずば、

次に『阿弥陀経』のおこころをお味わいになっておられるのであります。

若し衆生ありて、仏が、阿弥陀如来が無量の光明を放ちて摂取したまうことを聞き、即ちその名号のいわれを執持し、一心に堅く信じて、一日でも二日でも、七日でも、心を一つにして、仏様の名を称える心が乱れず、命のある間念仏を称える人は、

命終《いのちおわ》らんと欲する時、阿弥陀仏 諸《もろもろ》の聖衆《しょうじゅ》と現に其《そ》の前に在《まし》さん。此の人終らん時、心顛倒《しんてんどう》せず、即ち彼の国に往生することを得ん。

こういう人はもう臨終になると、阿弥陀如来が、観音・勢至・五十二菩薩と共にその人の前に現われて下さる。ちゃんとお迎えが来て下さるというのである。

だから、そういう具合に仏様のお迎えが来て下さっておるから、臨終になって、心が顛倒しない、乱れるということがない。平生聞いておることが、うろたえてなくなるというようなことがない。仏様のちゃんとお護りの下におるのだから、心が乱れるということはない。そうして極楽へ安らかに往生することが出来る。

仏、舎利弗《しゃりほつ》に告げたまわく、我是《こ》の利《り》を見るが故に是の言《ごん》を説く。若し衆生有りて是の説を聞かん者は、応当《まさ》に願を発《おこ》して彼の国に生ぜんと願ずべし、と。

釈迦牟尼仏が、舎利弗尊者に告げられる。我は阿弥陀仏の名号に、こういう広大な利益があるということを知っておるから、この事を説くのである。この一日乃至七日、一心に乱れず、弥陀の名を称えて、極楽往生のこの教えを衆生が聞くことがあるならば、聞いた程の者は、誰でも彼の国に生まれたいという願を起こして、彼の国に生まれんと願じなさい。いや、阿弥陀仏の極楽の事を聞いた人は、皆その国に生まれたいという願を起こす。

仏が広々とした心の世界の光景をお説きになると、実際そういう生活をしたら楽だろう、一日でもそういう身になりたいと、阿弥陀の事を聞けば、誰でも阿弥陀仏国に生まれたいという願を起こすに決っておる。そしてその願が起こった者は、きっと助かるのである。その願が起これば、阿弥陀様を慕うようになるから、南無阿弥陀仏を称えるようになる。それはきっと極楽へ行くというのであります。

次下《しも》に説きて云《のたまわ》く、東方恒河沙《ごうがしゃ》等の如き諸仏、南西・北方及び上下、一一の方の恒河沙等の如き諸仏、各《おのおの》本国に於て、其の舌相《ぜっそう》を出《いだ》して、偏《あまね》く三千大千世界を覆《おお》いて、誠実《じょうじつ》の言《ごん》を説きたまわく。汝等衆生、皆是の一切諸仏の護念《ごねん》したまう所の経を信ず応《べ》し、と。

東の方に世界がある。又、南にも西にも北にも上にも下にも世界がある。その各々の国にガンジス河の砂の数程沢山の仏様が居られる。それが各々の本国に於いて大きな舌を出して三千大千世界を覆い、大きな舌を以って誠実の言を説き給う。誠の言を説かれる。それは、「汝等衆生、皆是の一切諸仏の護念したまう所の経を信ず応し」と、こう仰る。

云何が護念と名くる。

それでは護念とはどういうことか。

若し衆生有りて、阿弥陀仏を称念せんこと、若は七日・一日下至一声・乃至十声一念等に及ぶまで、必ず往生を得。此の事を証成せるが故に、護念経と名く、と。次下の文に云く、若し仏を称して往生する者は、常に六方恒河沙等の諸仏の為に護念せらるるが故に、護念経と名く、と。

衆生が居って、阿弥陀仏を称えること或は七日、或は一日、もっと短かければ一声乃至十声、一念、一声でもよいが一思いでもよい。たった一思い阿弥陀仏を思う、それだけでも往生を得る。きっと往生出来る。この事を成就するが故に『護念経』と名付ける。その事を六方恒沙の仏様が証拠を立てて下さる。護って下さる。そういうことを説かれるお経だから、『阿弥陀経』のことを『護念経』ともいう。

仏の名を称えればきっと極楽に往生することが出来る。南無阿弥陀仏を称える者は、恒河の沙の数ほど沢山の仏様が護って下さる。それだから『阿弥陀経』のことを『護念経』と名付ける。

今既に此の増上の誓願有り、憑む可し。

この仏の位に至ることを導いて下さる増上の誓願がある。この本願をたのむべし。

諸の仏弟子等何ぞ意を励して去らざらん也。

諸々の仏弟子達、どうして心を励まして迷いの世界から極楽に行こうとせんでおるか。悟りを聞きたいと何で思わんでおるかと善導大師が息をはずませて皆に念仏になれよということをお勧めになっておるのである。急いでお浄土まいりの用意をせんでおるか。悟りを聞きたいと何で思わんでおるかと善導大師が息をはずませて皆に念仏してということをお勧めになっておる。

又云く。弘願と言うは『大経』に説くが如し、一切善悪の凡夫、生を得る者は、皆阿弥陀仏の大願業力に乗じて増上縁と為ざるは莫し、と。

他力の念仏往生の法門を弘願という。又言えば、阿弥陀如来の本願のことを弘願という。一切善悪の凡夫、善人でも悪人でも全て極楽へ往生することの出来るのは凡夫自力の力でない。いわゆる四十八願が弘願である。弘願ということは『大経』に説いてある。一切善悪の凡失、善人でも悪人でも全て極楽へ往生することの出来るのは凡夫自力の力でない。この阿弥陀仏の大願業力に乗ずる。その大願業力を増上縁としない者はない。仏の本願が増上縁となる。これは他力の現われである。

です。　他力は増上縁である。

今こちらの話が済むと四時の汽車で金沢へ行く、夕飯を金沢暁烏会の平井さん外二十八人程と一緒に食べて、八時から話に行く。こういう具合になっておる。私が行くというがどうして行くか、どういう因縁で行くか。色々の因縁がある。平井さんが暁烏会の講演を頼まれることも縁である。因縁が熟して行くようになる。因は内から、縁は外から、自分の内にもその種があり、外から大体招待して下さる。私が金沢で話したいというのは因であるが、それを成就するためには色々の縁が寄ってこねばならない。増上縁というのは、その因をして働きを起こさしめる最も強い力をいう。ここに皆さんが参るまいと思っておっても友達が強く勧めるので参るようになった、こういう力が増上縁である。参る心のなかった者が、参る心の縁を結ばす。これが増上縁である。阿弥陀様の本願は何で増上縁になるかというと、御法座に参りたいという信心が自分にはっきり出ないこの私に、参るという因の心を阿弥陀様の本願が引き出して下さる。だからその浄土へまいりたいという信心は、仏様の本願の方から引き起こされた信心である。それで増上縁である。立ち上る力のない者に、立ち上る力を与えて下さる、だからそれがもとである。我々が仏を頼み、仏の名を称えるというのは、こっちの働きであるようであるが、その働きは私が起こしたのではない。仏の信ぜさせにゃおかん、称えさせにゃおかんという誓願のおこころが我々に響いて、そして私が南無阿弥陀仏を称えるようにさして貰う、これが増上縁である。阿弥陀様の本願を私の増上縁とするのである。本願の御謂れで一念発起の信心が与えられたというのである。それを縁という。頼むのは私だが、頼ませる力はお与えものである。縁であるけれども因を起こす縁であるから余程強い縁である。そそれを増上縁という。それが他力である。他力とは増上縁ということである。仏様のお力によってこのわからぬ私が、わからぬ奴と気付かして貰ってお助けにあずかる。凡夫であることに気付かぬ者が、仏の強縁によってお育てにお育て下さる。だからそれが増上縁であかる。その他力とは増上縁であります。しかし段々教えに依って娑婆の厭うべきことがわかり、極楽を願うべきことがわかれば、そこにまいらして貰いたいという心がはっきりするのであります。その心を得れば、仏様は摂取の光明の中に摂め取って下さるのである。何も助からぬ者は助からぬのである。南無阿弥陀仏のお念仏の称えられん者は助からぬのである。他力で助かるというのはしかし、寝ておる者を掴まえてゆくというのではない、一念の信心発起は、我が心の中に娑婆を厭う心が出来、極楽を願う心を起こし、仏を念ずる心が起きるようになる迄お育て下さるのである。世の中にそういう結構な境涯があるということを知らして貰う。そういう心のない、迷いの人の迷いを仏様は晴らして下さるのである。その境地を知らして貰って、南無阿弥陀仏を称えるようになったというところに、仏様の教えの力がある。それが増上縁である。他力とはそれをいうのである。その他力によって助かる。他力によって信ずる心が起き、他力によって称えさせて貰う。私が信じて私が称えるのである。私が信ずるのは自分である。他力とはそれをいうのである。その他力によって助かる。他力によって信ずる心が起き、他力によって称えさせて貰う。私が信じて私が称えるのである。それは自力ではないか。そうでない、人が信ずるのでない、人が称えるのではない、私が信ずるのである。私が称えるのである。自分で信ずる気が起こったかというとそうではないのだ。阿弥陀如来の方から起こさしめたもうた御方便なのである。その信ずる心も念ずる心も阿弥陀様から起こさして下さったのである。だから私が頼み、私が称えるのであるが、その信ずる心も念ずる心も仏様のお力が働き出して下さったものなのである。それを増上縁という。だから他力で助かる。信ずるも他力なり、称えるも他力である。こちらの力で信じてもその実は仏様の力で助かるのである。こちらの力で称えておるようだが、仏様の力で称えしめられるのである。頼む心も称える力も私にあるのではない。丸々仏様の方から与えて下さったのである。そうなると皆他力であります。皆仏の力であります。仏の一人働きで私をお助け下さるのである。私はその仏様の念力に動かされて、南無阿弥陀仏と称えさせて貰うのです。だから一つ一つの念仏は弥陀廻向の尊いお心であることを喜ばして貰うのであります。それを増上縁というのであります。或は護念と名付くと仰ったのであります。

（昭和九年六月二十二日・明達寺）

第四十一講

今日の所は、善導大師の有名な「言南無釈」と言われておる教えの所であります。

『観経』の下々品に、一生の間悪い事という悪い事をした者が、臨終間際になって、善知識に遇い、阿弥陀如来の御本願のお謂れを聴いて、廻心懺悔し、南無阿弥陀仏と十声称える者は、永い間の罪科が亡び極楽にまいることが出来るという事が書いてある。このお経のおこころに就いて、善導大師の時代の多くの学者達は疑いを持ったのである。というのは、阿弥陀仏の本願を聞いて、極楽へまいりたいというてお念仏をするというのはそれはただ願があるだけで行がない、願に相応した行がなければならない。願があっても、願に相応した勤めがなければ極楽に行かれるやら行かれぬやらわからぬ。衆生に、極楽へまいらして貰いたいという願はある、しかし、別に行はない、だから極楽にまいるのはまいってもまだ仏になれない。だから極楽へ行く修行をしなければいけない。こういう事を当時の学者達は言うた。そこで善導大師はそんな学者に対して、そうではない、極楽へ行った凡夫は、皆仏になるのだ。この南無阿弥陀仏は、浄土へまいりたいという行者の願いから出たからこれは行である。南無阿弥陀仏の中に願と行とが納まっておるのだと仰る。多くの学者達は十声称えることは十願であって十行でない、と言われる。善導大師は、十願は十行を具足する。一声の南無阿弥陀仏に願と行が納まっておる。だから十声称える念仏には十願があって十行が具足する、こういう事を申されたのであります。

その南無阿弥陀仏を称えるということが大行であるということを御開山が「行の巻」にお味わいになる。その御開山の信心の背景としての教えとなる所を引用されてあるところが、今日教えを頂くところの「言南無釈」であります。

善導大師は、どういう意味から南無阿弥陀仏を称えれば願と行とが両方満足しておると仰せられたかというと、南無阿弥陀仏のお謂れがそのことを現わして下さっておる、と。南無阿弥陀仏のお謂れに願と行とが納められてあるということを仰せられるお言葉が有名な「言南無釈」であります。「言南無」というのは、原文が漢文であるから「言南無」と書くのであって、訳せば南無と言うは、ということであります。

又云《いわ》く。南無と言《い》うは、即ち是れ帰命《きみょう》なり。亦《また》是れ発願廻向《ほつがんえこう》の義《ぎ》なり。阿弥陀仏と言うは即ち是れ其《そ》の行なり。斯《こ》の義《ぎ》を以《もっ》ての故に、必ず往生することを得、と。

これは善導大師の「六字釈」、即ち南無阿弥陀仏の六字の講釈をせられたのである。この講釈によって、願行具足、願と行とが具わっておるということが味わわれるのであります。一声の南無阿弥陀仏の中に、仏になりたいという願と仏になる行とが一緒に封じ込められておるというこころを現わそうとせられるのであります。

「南無と言うは、即ちこれ帰命なり」。南無阿弥陀仏というのは梵語です。これを支那の言葉に飜訳すると帰命となる。天親菩薩の『浄土論』には、「世尊我一心に、尽十方無礙光如来に帰命し、安楽国に生れんと願いたてまつる」とある。その帰命とは南無するということである。『正信偈』には、「帰命無量寿如来、南無不可思議光」とある。南無とは帰命ということである。同じことである。この「帰命」に就いては、「行の巻」のもう少しあとの方に出て来ますからここでは細かに申しません。簡単に言えば、仏を頼むこころです。「帰命は即ち釈迦・弥陀の二尊の勅命に順《したが》い、召《めし》にかなうと申す語《ことば》なり」。『尊号真像銘文』というお書物の中に御開山はこのように書いておかれました。仏さんの仰せにお従い申すということが帰命です。蓮如上人は、帰命ということは、助け給えと頼むなりと仰る。助け給えというのは、仰せに従うことである。助けてやるぞという仰せに従うのが助け給えということである。従うとは、あなたに身も心も打ちまかすということである。助け給えと頼む、仰せに従うというこの言葉の上から見ると、帰命というのは素直にお敬い申す心です。ですから、帰命とは礼拝するこころである。天親菩薩は、帰命とは礼拝門だという御註釈をしておいでになる。お礼が出来るのです。敬い尊む心から素直に頭が下がる。そのこころが帰命である。だから帰命というのは、従い申すことである。

そう言われる善導大師は「亦《また》是れ発願廻向の義なり」と仰っておいでになる。帰命というのは敬いの心から素直にお従い申す心である、これが発願廻同の義だ、とこう仰る。義とはことわりである。

「南無と言うは、即ち是れ帰命なり」、即ち是れとは、南無ということが帰命だということである。ところが帰命の中からこころを割り出して味わわれたのが「亦《また》是れ」である。先の「即ち是れ」の言葉に対して更によく味わうと、こういう味わいがあるということを「亦《また》是れ」と言われたのである。

「発願廻向の義なり」、発願というは、願を起こす。廻向というのは、こっちの心を如来様に向うて捧げる。南無の二字は、願を起こす願のこころである。願をもって仏に向う心である。そういう心がある。仏の前に頭を下げる心、そこには仏になりたいという願がある。帰命の心の中には願作仏の心がある。金持の前に頭を下げておる者は、金持になりたいという心がある。仏の前に頭を下げる者は、仏になりたいという心がある。感心するということは、自分がその身になりたいという願がちゃんとあるのです。監獄所に居る罪人に対して感心するなら監獄へ行きたい人である。監獄へは誰も滅多と行きたがらない。監獄におる者に頭を下げる者はない。その人の前に感心して頭を下げるという者は、やはり自分がその身になりたいという願がその底にあるということである。これが「亦《また》是れ発願廻向の義なり」ということである。だから南無の二字は願だというのです。

「阿弥陀仏と言うは即ち是れ其の行なり。斯の義を以ての故に、必ず往生することを得」と、これが面白い。南無の二字は願、阿弥陀仏の四字は行だと、浄土へまいる道だといわれる。阿弥陀仏は浄土へまいる道だと、これはどういうことか。「南無」、と阿弥陀仏の前へ頭を下げる、これは願のこころだが、阿弥陀仏は何で行であろうか。「往生をばとぐるなりと信じて、念仏もうさんとおもいたつ心の発《おこ》るとき、すなわち摂取不捨の利益にあずけしめたまうなり」と『歎異鈔』にあります。あなたには助けてくれる力があるだろうか、ないだろうかと思う人にはお助けはない。これは早い話が、お金を借りに行くにも、あそこへ行っても貸してはくれないと思う所には、初めから借りに行かない。あそこならという目星をつけて行く。願が起きる位ならその願はきっと成就するという力がその中に籠っておるのである。南無阿弥陀仏という中に、南無の願が籠っておる。阿弥陀の三字は摂め助ける、いわゆる助けてやるだけの力がある。この阿弥陀仏には光明無量・寿命無量の願がある。四十八願のうちの第十二願・第十三願がその光明無量・寿命無量の願である。限り無き光明と、限り無き寿命ということが阿弥陀仏のこころである。限り無き光明をもって空間的に一切衆生を懐に容れる。限り無き寿命をもって時間的に三世に亘った衆生を自分の懐に納める。どんな世の涯に居る者でも、どんな時節におる者でも、全てを助ける、全てを納め取る、ということが阿弥陀仏のこころである。だから阿弥陀仏というのは、皆が大聖になることである。皆が大聖になるということは、願が進んでゆく、それが行だという。行は生活である。南無は願、阿弥陀仏は行である。南無阿弥陀仏の中に願と行とが納まっている。善導大師は「斯の義を以ての故に、必ず往生することを得」と仰った。こういうこころがあるから、一声南無阿弥陀仏と称える処に願と行とがある。だから願だけで行が無いと言う訳はない。南無阿弥陀仏は単なる願でない、願行具足の南無阿弥陀仏である。願も行も具足するから浄土に往生するに間違いない、こう仰ってある。

それで願行具足ということに就いて昔から難しい色々の講釈がありますけれども、極《ごく》たやすく味わってみるとこんなになる。先ず南無と阿弥陀仏とに分ければ、南無は衆生の頼む信心である。阿弥陀仏は頼まれる仏である。こうなると南無の二字は機、阿弥陀仏の四字は法。南無の機と阿弥陀仏の法とが南無阿弥陀仏の六字の中に納まる。我々が南無という時には仏の前に頭を下げる。仏に御助け候えと頼む。阿弥陀仏は頼む心をみそなわして助け給う。相手が頼めば相手になって向うから立ち現われて下さる。です からこの頼む心の上に、頼まれて下さるお助けの成就した姿が阿弥陀仏である。これを行という。衆生の方は頼む一つである。浄土へ行く行というものは阿弥陀仏の行である。法蔵菩薩の五劫兆載永劫のお骨折りで我らが浄土へ行く行は出来ている。行が出来ておるからこちらは浄土へまいるというようなそういう行や願ではない。お助け候えと仏を頼む一念の信心である。こちらが願を起こしてからこちらから浄土へまいるというようなそういう行や願ではない。如来の願は既に成就しておる。南無阿弥陀仏とこちらは称え る一つである。浄土へ行く道中を仏の方でちゃんとこしらえておって下さる。こちらはお従い申す一つである。そうすればとんと浄土へ行く道中を仏の方でちゃんとこしらえておって下さる。願よりも行が先なんである。仏の行が先になって願が起ん拍子に仏様の姓と一つになって往生するのである。その点になると、願よりも行が先なんである。仏の行が先になって願が起こってそうしてここに凡夫の行というものが自然に現われるのである。これが一つである。

もう一つは、南無という二字は頼むこころ、阿弥陀仏は助け給うところだが、この南無阿弥陀仏全体が仏の名前である。仏の名は仏の呼び声である。仏のこころの現われたのが仏のお名前である。この仏のお名前はやはり仏が凡夫に呼びかけたまうお言葉だ。これは味わっておかねばならない。南無阿弥陀仏は仏様のお名前であります。このお名前は仏様が我らに呼び かけて下さるお言葉である。私らが毎日南無阿弥陀仏と称えておるのは、仏様のお声の現われである。一声一声の南無阿弥陀仏は、仏様から我らに呼びかけて下さるお声である。どう呼びかけて下さるかというと、頼め、助けると……。南無の二字は頼めよ、阿弥陀仏の四字は助けてやるぞという仰せである。だから南無阿弥陀仏というのは、頼め助けてやるぞということである。「如来已に発願して衆生の行を廻施したまう之心なり」、南無の二字は、衆生に阿弥陀仏を頼めと仰る言葉、そのままが仏の願だというのである。頼んでくれ、阿弥陀仏に縋ってくれというのである。我々が仏にお従い申す心が、仏の浄土へまいらして貰いたいという願である、とはっきり味わって貰うことから、もう一つ更に進んで味わえば、こっちからまいらして頂きたいと願う前に、仏の方から、阿弥陀仏の国に縋えてくれとたのまれる。そうなるとこっちが頼むようだが、仏から頼めと頼んで下さるのである。我が浄土へまいろうと願えよと仰る。その心をこっちに与えて下さるのである。それが本願廻向の心である。南無の二字は頼む、その頼む心の中にどういう意味があるか。「亦是れ発願廻向の義なり」、頼む心が発願廻向である。信心というは、無の二字は頼む、その頼む心の中にどういう意味があるか。「亦是れ発願廻向の義なり」、頼む心が起こる、縋る心が起こる、それは我々の力で起こ頼む心は如来よりお与え下さった心だと了解するのである。仏の前に頼む心が起こる、縋る心が起こる、それは我々の力で起こたのではない、こちらが先手でない、仏の本願が我々の胸にこたえてお助け候えと出られたのである。こっちが頼んだのなら返事を聞かねばならんが、頼む心を我々の方に流し込んで我々を助けたまうのであるから、仏の言葉がこちらにこたえて、ちゃんと返事が出たのが南無の二字である。南無は願いであるが、この願いは仏の願いである。しかし南無阿弥陀仏は、南無も阿弥陀仏も共に仏の真実である。もう一つ味わえば、南無も機の方なら阿弥陀仏も機の方である。頼め助けるその仰せが我がものになって、お助け候えと頼む心になれるのだ。御助け候えと言われる時にお助けにあずかるのである。阿弥陀仏の真実の願が現われて我がものになった相が御助け候えである。その心が内容となって頼むことが出来る。こうなると、南無阿弥陀仏全体が頼む一念である。南無阿弥陀仏の六字は頼む機の方なり、阿弥陀仏の四字は法の方なり。分けてみると、南無も阿弥陀仏も全体が法の真実である、仏の言葉であるというように味わわれるのであります。南無阿弥陀仏全体が仏のお言葉と受けることが出来るのだ。この南無の二字の中に阿弥陀仏が納められる味わいから言えば、全て機の方の頼む一念のところに味わった相である。阿弥陀仏の四字のところに南無の二字を納めて味わわれた時に、南無阿弥陀仏全体が仏の呼び声になる、こういうことになる。段々味わってゆくと、大体頼むということでも、お助けということでも、南無の二字も、阿弥陀仏の四字も両方ともに仏の真実である。自分の南無の機と、阿弥陀仏の法とが一体だというのである。頼めと仰るのは助ける心である。助けるぞと仰るのは、頼ませる心である、それを機法一体という。機法一体に願行具足する。機は願である、法は行であり、修行である。この我々の願は仏の願である。仏願が我々に乗り移るのであるから仏の行が満足するのだ。阿弥陀仏は私の浄土の行となって下さる。だから機法一体だから願行具足である。南無阿弥陀仏の中に頼む機も助け給う法もある。

我々が何がなしに人の悪口を言うたり、嘘を言うたりする口で、南無阿弥陀仏と称える気になる。これは真実の家に生まれて、何も知らぬ時から南無阿弥陀仏を称えることを習うて来たものだからである。自分の心の苦しみが段々増えてくれば、南無阿弥陀仏の家に育った者は、いつかはその功徳が現われてきて、南無阿弥陀仏のこころがわかってくる。「私は仏法は嫌いだ」という人が私の所へ来る、その人は自分の悩み事を色々に私に訴えておる。又、今迄南無阿弥陀仏を聞かない、聞けば不愉快だという、こういう人は心に暗闇を持ってくる。そしてどうかこの暗い胸を明らかにする道を教えて下さいという。私の話によって段々その人が明らかな心になる。その時その人は私の教えによって命拾いしたことになる。妙な所に首を突っ込んでおったのがお蔭によって助けられたのであります。喜んでくれるその時に私はその人に、あなたが今迄聞いた私の話をつづめて言えば南無阿弥陀仏である。私の作った教えでない、お釈迦様が南無阿弥陀仏の六字の中に封じ込めて教えて下さった教えのままである。だから私にお礼を言うのでない、南無阿弥陀仏の仏様にお礼を申しなさい。南無阿弥陀仏に封じ込めて私に下さったその仏の真実にあなたは助かったのである、私にお礼を言う心が起きたら、南無阿弥陀仏を称えてお礼を申しなさい、南無阿弥陀仏とはこういう世界であります、と私は話しました。こういう人が称えると今度は中々熱心であります。

自分の暗い胸が明らかになり、喜びの心が一杯になって南無阿弥陀仏が出る。今迄はぐらぐらと、こう言われればそうかと思い、又人を疑い妬み、世をはかなんだり如何にも落ち着きのなかった者が、一度信心に目が覚めてみれば、寝ても覚めても私には常に大きなお慈悲が守りづめにして下さるのだ、導きづめにして下さるのだということが明らかになる。そうしたら何ら自分の日暮しを案ずることはいらない。苦しむこともいらない。この大きな御慈悲のはからいに打ちまかせて安堵の思いで朗らかに日暮しをさせて貰う。この日暮しもお与えであるとの感謝の気持でおる。この気持で南無の願と、阿弥陀仏の行とを我がものにさしてもらっておると思う時、南無阿弥陀仏南無阿弥陀仏と称える称名が浄土まいりの大行ということになる。南無阿弥陀仏を称えることが浄土まいりの行である。大行である。身口意の三業の中の口業の南無阿弥陀仏を称えるということは浄土まいりの行である。南無阿弥陀仏と我々が称える時に、この称える称名の中に、法蔵因位の時に、兆載永劫の永い間の「たとい身を諸《もろもろ》の苦毒の中におくとも、我が行は精進にして忍んで終に悔いじ」という御修行がある。あのお心から励まされた行に満足してゆく。我々が南無阿弥陀仏とお念仏を称えるのは、仏の仰せを頼む心で、その頼む心が浄土へまいる大行である。頼む心の外に浄土へまいる道はない。親に孝行するということは、親にしたしみ、親の仰せに従うことである。お母さんと呼んでお母さんのそばに寄ってゆく、その心の中に全てが満足してゆく、願のうちに行が満足する。この心を味わわれて善導大師は南無阿弥陀仏と称えるということは、そういう願があるから行が出てくるのだ。南無阿弥陀仏と称えるようになったに就いては、もう既にその背景に阿弥陀如来様の助けにゃおかんとの念力が現われておるのだ。十方諸仏に我が名を称えられねばおかぬという願が成就して下さったのである。ただ称えられたのではない。自分が南無阿弥陀仏と十声称えるのも、一声称えても、一念南無阿弥陀仏と気が付いたらそれだけでも阿弥陀様の五劫の御思惟、永劫の御修行によって、我々は願も行も頂くのである。四十八願も皆我がものにさして貰うのだ。だから一皮剥いたら鬼が転じて仏になるのである。地獄の門が閉じて極楽の門がさっと開くのだ。丸々他力の願力一つで助かる道を、善導大師は六字のお謂れの中に知らして下さるのであります。有名な「言南無釈」のお教えを頂きました。（昭和九年六月二十三日・明達寺）

第四十二講

『教行信証』の「行の巻」のおこころを続いて頂きます。

「行の巻」は、初めにお経を御引用になり、次で七高僧の教えを段々御引用になって、聖人御自身のお喜びを述べられると共に、聖人の御信心は深く遠くその源があるということを知らして下さる。そのお味わいを頂いておるのであります。今日の所も善導大師の御釈の下りであります。この前読んだのも善導大師の御釈でありました。

今日の所は『観念法門』の摂生増上縁ということに就いてのお示しであります。

又云《いわ》く。摂生増上縁《せっしょうぞうじょうえん》と言《い》うは、『無量寿経』の四十八願の中に説くが如し。

摂生の摂は摂めるという字、生は衆生、衆生を摂め取るという意味です。増上縁というのは、ものの成立を助けるための力強き縁として働くものをいう。例えば、今日何しようかと思っておるところへ誰かが来て、明達寺の祠堂経にお参りして先生のお話を聴こうと誘うた。ではそうしましょうということになった。その誘いの言葉が増上縁であります。増上縁によって北安田へ来たのであります。摂生増上縁というのは、極楽へ衆生を迎え取って下さるその増上縁というのであります。

摂生増上縁というは四十八願にはどう説いてあるか。

仏言《のたま》わく、若し我成仏せんに、十方の衆生、我が国に生ぜんと願じて、我が名字を称すること、下《しも》十声に至るまで、我が願力に乗じて、若し生れずば、正覚を取らじ、と。

これは四十八願のうちのどの願であろうか。康僧鎧三蔵の訳した『無量寿経』の四十八願には、これと同じお言葉がないのであります。又、善導大師が先にお引きになったお言葉も『無量寿経』にはないが、『無量寿経』の本願として誓ってあるのであります。善導大師がよく味わってお経を読んでおいでになるそのお経をお引きになる時に、原文の通りに御引用になってはおられぬが、その真意を得ておられるそこから、御自分の言葉を得てお書きになったものと味わえます。前にも申しましたそれがいわゆる「加減の文」であります。私共はあまり親しくなっておるお経文ならば、お経文通りに話すこともあるが、原文のそのままを忘れたりした時には、そのおこころから推してお話をするというような場合もあるのであります。この御本願もそういうようなおこころであるのであります。

「若し我成仏せんに、十方の衆生、我が国に生ぜんと願じて」、第十八願には、「至心に信楽《しんぎょう》して我が国に生れんと欲し、乃至十念せん」とある。しかしここには、「至心信楽《しんぎょう》」ということを抜いて、「我が国に生ぜんと願じて」とあり、「欲生我国」とだけ書いてある。それは、善導大師が第十八願をどういう具合に味わっておいでになったかということがこれによって窺われるのであります。

第十八願に、至心信楽《しんぎょう》欲生我国とある。これは三信といって、信心の三つの相を現わすとされています。御開山は常にこの三つの信心をお引きになるのであります。そして信心をこの三信のうちの至心に摂められることもあります。信楽《しんぎょう》に摂めて味わわせられることもある。欲生我国に摂めてお味わいになったこともあります。例えば、本願の三信は一心だということになれば、至心に摂められておるのであります。仏の心を信ずる一つだということになると信楽《しんぎょう》である。仏の国に生まれたいと思う心だというと、欲生になる。これが三つ別々のものかというとそうでない。まことの心を信ずる、その心というのは、畢竟じて極楽へまいりたいと願う心になる。至心とは信楽《しんぎょう》というものを受けるこころです。仏の教えが自分の胸に響いた時に、我々の心の中に願が出てくる。そうすると至心信楽《しんぎょう》ということが欲生我国と現われるようになる。唯浮いた心で極楽へまいりたいと願うのでない、仏の真実が至り届いて下さる。その真実が自分の胸に至り届いて下さった時に、阿弥陀仏の国に生まれようと願う心になるのである。

阿弥陀仏の国に生まれるというが、それが中々そんな願いが普通では起こらんのです。我々は毎日の日暮しに於いて、何か願いをもって生活をしておるでしょうか。自分の生活の中心点はどこにあるか、阿弥陀仏の国に生まれたいと願っておるかどうか。うまい物を食いたい、うまい酒を飲みたい、よい家を建てたい、子供を立派に育てたい、自分は安楽に暮したい、そういうような願いは誰でも起こすけれども、そういうような浮世の願いを超えて、仏になりたい、仏の国に生まれたいという願いが、中心の心となって働き出るという人は少ないのです。浮世の色々の事に煩わされておるから、右へ行ってみたり左へ行ってみたり、一寸進んでみたり退いてみたり、本当の居り場所がわからぬからうろうろしておるのです。何処へ行くやらわからんものだから、今日の日暮しがあっちへ突き当りこっちへ突き当りしておるのです。都合が悪いと聞けば行かねばならぬ所も止めるが、良いと聞けば何を置いてもそこへ行く、そんな人は生活の中心を持たぬのです。だから、その日の朝の出方によって調子の良い日もあるし、悪い日もある。丁度夏の夜の電灯に集まってくる虫のように、硝子に突き当ったり電球の熱に焼かれたり、そういうような日暮しをしておる人は中心が無い。中心が無いからうろうろする。それを迷いという。迷っておるから道の無い所を行く、道の無い所を行くから行き詰りに会う、或いは穴に落ちる。学校を出てどこへ行くか、行く先がはっきりしているだろうか。自分の行くべき道、自分の願いがはっきりせねばならない、それが大事なことである。

昨日越後に行って聞いた話だが、或る娘に婿を貰うのに娘は男の顔選びばかりしていた、ところがひょっとした事で、親類の余程年下の男と親しくなって子を産むことになった。それが、男があまり年が幼くて夫婦にしてやれないという。いろんな事がこの娑婆にはあるものです。娘もその男に嫁に行けばよいかというのにそうでもない、一人居れば子供を育てる苦しみがある、二人になっても苦しみがあるのです。

先日行った家には子供が七人もあったが、母親が死ぬ時一人も死に目に会えなかったと。いくら家に居っても死に目に会えぬような事もある。遠い所へ行くと親の死に目に会えないから遠い所へは行きたくないという者もあるが、近い所に居っても会えない者は会えない。

芭蕉という俳人に、弟子が辞世の句を詠んでおいて下さいと言うた。辞世の句とは死にしなに詠む俳句です。ところが芭蕉は、私にはこれといって辞世の句はない、私の今迄詠んだ句は皆辞世の句だ、と言った。命は只今だという心であろう、その覚悟がなければならない。

人は沢山で暮しておったっていずれは一人で死ぬ。二十年か三十年の間夫婦といって連れ添うておるだけのことである。或る親が娘を嫁にやったので安心だと言うていた。何が安心か。その後、娘を嫁にやった為にその親は大変な苦しみを受けていた。嫁にやること必ずしも目出度いことではない。嫁を貰うということも同じように目出度いこととは言えない。身上良いのが目出度いのでもない、身上悪いのが目出度くないというのでもない。何をしておるのかがわからぬのが衆生である。妻があり子がある、それが却って自分の眼を遮っておるということに気付かねばならぬ。我々の命は何時果つるやらわからぬ。危い所に居るのだ。窮屈な所に居るのだ。菩薩はこれはこうしてじっとしては居れんぞと驚きを立てて、無上正真道の願を起こされた。家を建てて、妻子と一緒に建てた大きな家に住みたいというような願いとはちがうのだ。極楽へまいりたい、極楽に行って仏になりたい。この願いがあなた方にありますか。信心とは心の底にその願いがはっきりすることです。世の中全ての事が極楽行きの道中なんである。だから金が儲ろうが儲るまいが、身体が息災であろうが悪かろうが、どこへ行っても、仏になりたいという願いさえはっきりしておれば仕合せである。そのはっきりした願いがないものだから、ただその日その日の日暮しが出鱈目なのである。そして碌でもない事に安心してみたり、とんでもない事に祝いをしておるのだ。だから、息子に嫁を貰ったり、娘を嫁に出したりして目出度いと言うておる。かと思うと一年もたたぬうちに、了見の悪い嫁じゃと嘆き、嫁は嫁で里の事ばかり言うてなじまない。お目出度いというておってもそういうものなのである。娑婆の事は、明日はどういうことが起こってくるやらわからぬ。自分の根性も何が出るやらわからぬ。そんな自分の根性を当てにしたり、又人をやさしい人と当てにしたり、大丈夫な人と当てにしたりする。当てにしてどうなるのでしょう。人間の考え得る智慧は底知れておる。娘をよい婿の所へやりたい、よい家へ嫁がしたいと思ってもそうはゆかない。頭のよい気だてのよい嫁を貰いたいと思うてもそうもゆかぬ。そうかというて出鱈目にやることも出来ぬ。私共は、善導様の仰った「帰去来《かえりなんいざ》、魔郷《まきょう》には停《とどま》るべからず」というこのお言葉をよく味わわねばならぬ。この世は魔郷である、こんな常識の世、こんな凡夫の世に長居は無用である。それを超えて仏の世界に生まれたいと思うべきである。単に嫁になりたいという願いでない、主人になりたいという願いでない、仏になりたいという願いが我々の中心に生まれてくる、それがはっきりするのが信心である。毎日の日暮しがどうであっても、道中に於いて風が吹こうが、雨が降ろうが、天気が好かろうが悪かろうが、そんな色々の縁に育てられてお浄土へ歩いてゆく。お浄土への願いがはっきりしておる。一念発起とはその心である。その心が起こり、その願いが起これば、南無阿弥陀仏と仏の名が自然に出る。我々は仏になりたいのだ、弥陀同体の悟りを開きたいのだ、仏になって弥陀の浄土の主《あるじ》になりたいのだ。浄土のお相伴に行くのでない、弥陀の浄土の主になるのだ。光明無量・寿命無量の仏の後取りに……そういう願いである。それがはっきりしてくると道の悟りも開かれる。阿弥陀様から尊まれ、懐かしまれ、自ずから南無阿弥陀仏のお称名が出て来るのである。だからこのお称名は我々のものでない、この願いを起こさしめて下さった親がある。親があって子がある。

南無阿弥陀仏は過去の仏であり、未来の仏である。過去の仏だというても塵点久遠劫の昔、世自在王仏の御許に於いて本願を建て、永劫の修行をして南無阿弥陀仏となられた。これは過去の仏である。この仏の教えを受けて、我々は南無阿弥陀仏とならにゃおかぬという願いが立つのだ。その南無阿弥陀仏に我々がなる、これは未来の仏である。だから自分の称える南無阿弥陀仏は過去の阿弥陀様の名であって、又未来の阿弥陀様の名である。過去の阿弥陀様が我々に乗り移って、今後は我々が未来の阿弥陀如来になるのであります。どえらいことであります。ですから我々が称える南無阿弥陀仏は、過去に正覚を成就された阿弥陀様の名である。そしてその名がやはり未来の自分の名である。仏様の名を称えておるかと思えば、未来の自分の名を呼んでおることになるのです。自分の行きつく先は南無阿弥陀仏である。私が南無阿弥陀仏と口に称えれば私の行きつく先ははっきりしてくるのです。

「我が名字を称すること、下十声に至るまで、我が願力に乗じて、若し生まれずば、正覚を取らじ」と、極楽国に生まれたいと願い、仏の名を十声呼んでも、何回呼んでもよい。一声であろうが一思いであろうがかまわぬ、称えるならばこの者は、我が願力に乗じて必ず極楽国に往生するであろう。若し往生せないような事があるならば仏にならない、と。これは、善導様は至心信楽《しんぎょう》のこころを味わっておいでになるのであります。

阿弥陀仏の国に生まれたいという心は我が起こしたのではない。自分だけの願いならば、願はあるけれども成就しないかも知らんという心配が起こる。ところが、自分の心の中に起こった願いというものは、実は仏の願いが現れ出て下さったのである。仏の御本願が我が胸に現われて、極楽へまいりたいという願いが起きたのである。我が浄土へまいりたいという心は、法蔵菩薩の願いの力が乗り込んだのです。衆生は我が願力に乗じて我が国に生まれたいと願を起こした。だから、衆生に願いの心の起きたのは我に対するその答である、と。仏の先手の呼声が私に答えて願いが起きたのだ。浄土を願う心はこっちが発起した願いであるのだが、こっちが発起するようにして下さった仏の願いの力がある。いくら仏の願いの力があっても、こっちの一念発起の心が無ければ助からぬ。こっちに一念発起が出るが、私の働きで出たのではない、仏の本願が現われ出て下さったのだ。だから自分の願いの心が起きたに就いても、この願いが成就するかしないかという案じはいらない。往生するに違いない、必定往生である。仏の約束だからである。私が南無阿弥陀仏と称える時、はや往生は必定である。南無阿弥陀仏を称えた時、南無阿弥陀仏が出させられたのである。

善導大師は一声一声の念仏の上に於いて、決定往生の思いで至心信楽《しんぎょう》のお味わいを願力に乗じてお味わい下さったのである。

「若し生れずば、正覚を取らじ」、これは第十八願のこころである。

此《こ》れ即ち是《こ》れ往生を願ずる行人《ぎょうにん》、命終《いのちおわ》らんと欲《ほっ》する時、願力摂《せっ》して往生を得しむ。故に摂生増上縁《せっしょうぞうじょうえん》と名《なづ》く、と。

極楽に往生せんと願うところの行人が命終ろうとする時、本願力に摂め取って往生を得しむることが出来る。

「願力摂して」、仏は私共に、この誓願が成就することを願って下さるのである。大きな願いである。仏の願いは一切衆生と共にです。一人ということはない。だから仏が蓮台に坐っておられるのだが蓮台の横の衆生は一人もない、皆その蓮台に乗せて下さるのである。

「命終らんと欲する時」、欲という字が書いてあるのは、普通の臨終というのと随分趣が違うように味わわれます。ではこの命はどういう命を言われたか、御開山は、信の一念を命終る時と味わわれたのです。信心を得るということは、凡夫の命がなくなって仏の命を頂くことである。自分が死ねばどうなるかと無暗と死後の恐しい人は信心がないのだ。一昨日も東京の人が来て、その人の十四になる男の子が突然の患いで死んだ。その人は、私の不注意で殺したように思う、立っても寝ても居れん、どうかこの子が浮ぶようにしてやりたい、子供はどこに行っておるものか案ぜられる、子供の冥福が祈られてならないという事を縷々《るる》と語った。そこで私は、子供がどこへ行っているかというて案じておられるが、あなたはどこに居りますか。子供が問題と思っておるが子供は問題でない、あなたが問題である。あなたは何処から来て何処へ行くか、又、あなたは自分の子供だと思っておるが、あなたの拵えた子供ではない、産霊《むすび》の神様のおはからいによって生まれて来たのである。産霊の神様の思召しによって私もあなたもこの世に生まれて来たのです。神様の働きで子供が出来る。あなたの子はあなた方夫婦二人の力で出来たのではありません、神様の授り子である。それをあなた方が育てる約束があるから育てたまでの事です、と語った。その人は、それは成程そう思います、が実際私は居ても立っても苦しいのです、という。そこで、もう一遍考えてごらん。毎日自力我慢の根性でもって日暮しをしていたが、今度はひどく頭をぶたれたのだ。本当は涙もこぼさんようなあなただが、息子の死によって、人の前で涙を出して済まんことですと頭を下げた、我慢の強いあなたが頭を下げることの出来たのは、死んだ子供のお蔭である。子供が死ななければそうはならん。それだけでも死んだ子はただの子供ではなかったでしょう。そこ迄思ってみると死んだ子はあなたの善知識である。あなたをここ迄連れて来たのはあなたの子である。あなたは涙を出して既に道を求めておる。一人だと思っておるが、ここにあなたの子が居る。いや、あなたの子ではない、仏様のお使いだ、あなたのその子はただ生まれて来たのではない、仏の使いなんだ。あなたは、子供はどこへ行っておるかと心配しておるが、実は子供があなたを心配してこの世に生まれて来たのだ。そしてここ迄連れて来たのだ。子供の滅後が問題ではない、あなた自身が問題なのだ。あなたが助かって行けばよい、というようなことをぼちぼち涙と共に話をした。はやわかって今日は非常に喜んだ手紙をよこされた。

子供というものは、神様のおこころが我が身に宿って生まれ出て下さったのだ。そういうと子供を持った者は、我が子を育てるのに、神様に仕えるような心で大切に育てねばならない。子供を育てるということは、神に仕えるという事と同じことである。仏様はその自然の大道を教えて下さるのである。

「摂生増上縁」と仰るのは、仏の念願力により如来の国に摂め取る。この肉体を受けた者が、無量寿仏の願いによって御信心を頂くということ、そして仏の国に生まれ出るのである。これが仏の念力である。

仏の国とは自覚の国である。その仏の国にいつ生まれるか、本願を信ずる一念のところに生まれる。子供が死んだといって泣いておるが仏の教えによって、この世の命が絶えて仏の世界に生まれ出るのだ。死んだ子供も永遠の命を持っておる。親も永遠の命を持っておる。そこの世界には別れがない。一昨日来た人にも話したのであるが、今迄あなたの心の世界には、子供が死んだらそれと共にあなたの心も死んでおったが、一転して大きな仏のおこころに目が覚めてみれば子供は死なんのだ、あなたも死なんのだ。この肉体は初めがあれば終りもある、それを超えた無上の世界に生まれ出ることが一念の信心だ。長い間仏教を聞いておる人でも、死にとうないと言うておる。何を聞いておるのか、いつ迄この凡夫の身体に執着しておるか、その凡夫の身体を超え大きな仏の世界に生まれ出ようとすることが大切である。この世の生活を超え、永遠の光の下に、無量寿の命の世界に生まれ出る。それはいつ出るか、信の一念である。その上はただ願力に乗じて行くのだ。その仏の願いの下に日暮しをさして貰うのである。帰える所は南無阿弥陀仏の世界である。子供と別れることも、気に入ることも入らぬことも、その仏様の光に照らし出されて、全てが善巧摂化の御方便である。牛は草を喰うても、またそれをはき出して嚙む、反趨をやる。どんな事も仏様のお慈悲の現われとして相続出来るのであります。それを摂生増上縁というのであります。

（昭和九年六月二十五日・明達寺）

第四十三講

『教行信証』の「行の巻」のおこころを続いて頂きます。今日の所も善導大師のお言葉であります。

又云《いわ》く。善悪凡夫《ぜんあくぼんぶ》をして回心起行《えしんきぎょう》して、尽《ことごと》く往生《おうじょう》を得使《えし》めんと欲《ほっ》す。此《こ》れ亦《また》是《こ》れ、証生増上縁《しょうしょうぞうじょうえん》なり、と。已上

昨日の所では摂生増上縁と仰ったが、今日の所は、証生増上縁と。証はさとり、生は生まれる。

「善悪凡夫をして回心起行して、尽く往生を得使めんと欲す」、回心起行、大変味わいの深いことであります。回心は、今迄雑行雑善に心がけていた者が、心をひっくり返えして弥陀を仰ぎ信ずるということであります。いつも言いますように、御信心を得るということは、価値の顚倒です。御信心を得れば姿が変わってくる、それを癈立という。その回心がはっきりしないから、又頂きようが足らんから変わらんのです。何時から変わったかという時間はわかりませんが、とにかくその人の人生の向きが変わるのです。今迄大事にしておったものが大事でないようになる。今迄知らなかった事が大事になってくる。今迄は娑婆の望みを果すことが大事であった、ところが段々聞かして頂くと、娑婆の一切の事が余り大事でなくなる。それを超えたところに本当の大事なものがある事を見出す。

聖徳太子が「世間虚仮、唯仏是真」と仰ったように、世間の事は皆空しく仮の事だ。善いと言うても、悪いと言うても、そのうちに段々変わって行く、唯その変わって行く世界を、変わるままにじっと見守って行く仏の智慧だけが本当の事である。その事を明らかにせねばならぬ。ところがそういう眼を開くことが我々には中々出来ないのだ。それであっちに迷い、こっちに迷って悩んでおる。そこで仏は、そういうような事は皆まかせよ、安らかな豊かな日暮しをさせてやりたいものだ、という思召しでここに回心を勧められた。お前、よい機会だ、行う機会だぞと言うて回心の機を知らして下さる。回心の機会、行う機会がはっきりした時助かるのです。悪ければ悪いと素直にあやまることが回心懺悔である。

次に起行ということは、起はおきる、行はその起き上がってゆくことです。信心の上から行業を起こすことである。娑婆の日暮しの上に、自分は浅間しい者だということが深く感ぜられても、どうしても起き上がる力がない、又娑婆に突き当り、倒れても、自分には立ち上がる力がない。譬えば、私共で言うならば、自分が世の中の悪い事に憤慨して改革せねばならんと思っておっても、その悪い事の種が自分にある。世の中が悪いというより自分が悪い。世の中を濁しておるのは自分だということがわかる。けれども、その自分がどうしても改められない自分だという事がわかった時、世の中に立つ瀬がなくなる。そして世の中に居っても何も出来ないのだと失望落胆する。自暴自棄に陥り、立ち上がる力がない。その時仏の御本願を聞いて、我々は悪いから助からんと決めておるが、仏様は、凡夫の決めておる善悪の世界を共に摂取して下さる。善人も悪人も仏の前には同格である。殊に悪いことをして悩んでおる者が仏のお目当てであるとそのおこころが知られる時、私のような者でも進んで行く道があるということがわかる。この私を相手にして下さるお方がある。私のような者は指一本さしてくれる者がない、その私を待ち受けて下さる仏様が居られる、とそのおこころに触れた時、立ち上がるのである。悪人も悪人のままで助かる。仏になる道に立ち上がる、それを起行という。だから一念発起の信心は極楽に向うて立ち上がった姿である。駄目だという中から新しい芽がふいて立ち上がることが出来る。今迄やった事が駄目だからやり直すのではない。世間に顔向けならんようになった者が、名誉回復することが立ち上がる事ではない。穢れの付いた自分のこの肉体の生活を、汚れのそのままを捨て去って、今度は新しい心の世界に、この肉体を超えて立って行く、これからだと、それが回心起行であります。その回心起行は自分でそれに気が付くのでない、仏様から先手をかけて知らして下さるのである。我々がつまらん所に行こうとして悩んでおっても、ひょっと方向を知らして下さる。ここに追手があるぞとその追手の仏の方を知らして立ち上がる力を与えて下さる。それは本願念力である。我々はその事に自分で気が付いたのではない。善導大師は、自分が悪い者と気が付いて立つ瀬がないと気が付いた事までがお慈悲のからくりであると仰る。丸々お慈悲の念力が応えて、そうして回心起行に気を付けさして下さる。そういうところを証生増上縁と言われるのである。仏が衆生を証誠して、その証誠が縁となって私が救われるのである。

又云く。門門不同《もんもんふどう》にして八万四なり。無明《むみょう》と果《か》と業因《ごういん》とを滅《めつ》せん為《ため》なり。

「門門不同」、仏教の門は八万四千ある。いわゆる八万四千の煩悩を退治するための法門であるから、法門も八万四千ある。無明は煩悩の根本、迷いの根本になるもの。自分の心の暗闇、自分を知らぬ事が無明である。無明から起こる所の応報は苦しみである。その苦しみの果が出ると、その果が種になって他の生活を呼び出す。それが業因である。無明の故に招き出された結果、その結果によって他の事を成し出そうとする業因。迷いの生活が、迷いの果を招くと申しますが、妙である。

利剣《りけん》は即ち是れ弥陀《みだ》の号《みな》なり、一声《いっしょう》称念《しょうねん》するに罪《つみ》皆《みな》除《のぞ》こる。

弥陀の名号は、一切の業の穢れを断ち切る鋭い剣である。その剣を持ってしばり上げて除く、それは何によって除くか、弥陀の名号によってである。弥陀の名号によって無明の果と、業因とをしばり上げて除くのであります。一声南無阿弥陀仏と称える時に、今迄造ったあらゆる罪が皆消えてしまう。

微塵《みじん》の故業《こごう》、智《ち》に随《したが》いて滅《めっ》す、覚《おし》えざるに真如《しんにょ》の門《もん》に転入《てんにゅう》す。

阿陀弥如来の光明の智慧に照されて皆なくなる。「覚《おし》えざるに」、御開山は、おしえと仮名を付けておられる。非常に有難いお味わいです。我々の方が覚《さと》らざるに、……覚ろうと思っても覚れるものではない。教えられて覚ったのである。自分で覚ったように思うけれども、教えられたのである。人は、こういう事を覚った、こういう事がわかったというけれど、それは自分の働きでない。御開山は、自分が覚ったとは仰らない、習うた、聞いたと仰る。お経全体が我聞如是、如是我聞である。弟子達は皆承った、それがお経である。覚りは教えである。南無阿弥陀仏を称えるようになると、真実の門に自然に入って行く。念仏を称えるうちによい所へ行く。

娑婆長劫《しゃばじょうこう》の難《なん》を免《まぬが》るることを得ることは、特《こと》に知識釈迦《ちしきしゃか》の恩《おん》を蒙《こうむ》れり。

娑婆永劫の苦をすてて
浄土無為を期すること
本師釈迦のちからなり
長時に慈恩を報ずべし

と善導大師の和讃に仰ったのは、ここの意であります。娑婆の永い間の苦しみの難、それを免がれることを得ることは、ひとえに善知識釈迦の御恩を蒙るが故である。教えを受けねばわかるものでない。釈迦善知識の教えにより、御恩によってこの尊い道が明らかになったのである。

種種《しゅじゅ》の思量巧方便《しりょうぎょうほうべん》をもて選《えら》んで弥陀弘誓《ぐぜい》の門《もん》を得《え》しめたまえり、と。已上　要を抄す

そうなると、種々の思量、又巧みな御方便をもって、殊更に選んで弥陀の弘誓の門を得しめ給う。沢山の仏教の門ある中に、殊更にこのお六字の念仏の道を知らして貰ったのには、ただの御縁ではない、お釈迦様の色々の御はからい、色々の御方便で、私をしてこの念仏の行者にならねばならんようにして下さったのである。

この一段の御文の中で一番先に味わえることは、「利剣は即ち是れ弥陀の号《みな》なり」ということである。阿弥陀如来の御名号は無明の闇を晴らし、一切の業の角を裁る利剣だ、煩悩の角を裁る剣だと。一声の念仏で無明長夜の闇が晴れる。がこの事を聞いて広大な御利益がある、結構な御利益があるという事がわからねばならぬが、それに停っておっては何もならぬ。それがいよいよ自分のものになって、南無阿弥陀仏と一声称える気が起きた時に、朗らかな世界がある事に気付く、そこに回心懺悔がある。

時々こういう事を言う人がある。何を言っても叱られるからいっそ黙っておった方が無難である。何かしゃべれば下手な事を言うと言われる、そうすると腹が立つ、と。何も言わぬとあの人は黙っとると言われる、又腹が立つ、と。これは煩悩である。言っても言わんでも腹が立つのだ。どうせ腹の立つものなら精一杯腹を立てることだ。そのうちに泥の中から救い上げて下さるのだ。塵芥は蓋をしたって臭い、その塵芥を隠さずにさらけ出すことだ。極楽に行く迄我々の塵芥はある、その塵芥を吹き飛ばす。そこに何らの恐れがない。人に咎められるということは別に恐しいことではない。本当に人を咎めるということは、その人を信じておるから出来るのであると言うと、けれども自分が人に言われたくないと思うようなことを言われると腹が立つと言う。それがおかしい。思っておることは皆さらけ出すことだ。蓮如上人は、口あけない者は恐しいと言われた。もの言わない者は、ちゃんと人と相構えて対立しておるのと同じだ。もの言わぬ人は自力の人である。自分の腹一杯の事が人前で言えぬのならまだ信心がないのである。よく、私はあなたの前に出ると何も言えぬようになるといわれる、それは信がないからだ。けれども自分が言わぬ先から自分の胸に照しみて恥かしゅうて口に出んというのならよいが、恐しいというておるのはまだ仏を本当に信じておらんのだ。

「利剣は即ち是れ弥陀の号《みな》なり」ということは、信の一念に切り替えることが出来ることである。人生に恐れがなくなるのである、危ぶみがなくなるのである。自分の値打ちというものを見付け、或は自分の働きで人生が立っておると思っておるなら、色々自分に値打ちを付けねばならんが、何もそういう事に頓着せんでもよい、あるがままである。信がある者は何でも人の前に投げ出せるものである。昔りーさの婆さんは私の顔を見るとさっと逃げた。あの婆さんが隠れ歩いたのは、恐しゅうて恥かしゅうて隠れていたのである。ところが悩み抜いた結果、自分の泥をすっかり吐いた、そして何でも言えるようになった。心が開けたのである。何か辻褄を合わして話をする人がある。自分に何か持っているものがあって、信心に心が開けていないのだ。

南無阿弥陀仏の一念で生まれ変わるのである。一声の南無阿弥陀仏である。頼む一念の信心である。自分の悪いことは何も心配はいらぬ。この安心は我が力で出来たのではない、善知識のお育てである。気の付かぬ事ばかりだのに何とお手間をかけたことか。千代尼の句に、

いかばかりお手間をかけし菊の花

というのがある。この花をつけさす迄育てて下さったのだ。今迄遇うてきた事の全てがこの私を育てる為の善巧摂化の御方便であった。あの人にひどい目に遇わされたと思うことも、この私を育てて下さる為の御方便であった。手を替え品を替えての御方便である。こうして釈尊の教えの御恩を喜ばれるのである。又一度この事に気が付くと、自然に真実の生活に足を運んで行く。それはどうかというと心に頑張りを持たんから人に何か言われても、素直にはいはいと言える。本当に助かれば善知識の御恩が喜ばれるのです。助からにゃわからん。ただお話が有難いとか結構であったとかそういう事をいくら言っていても駄目である。信心を得てこそみな導きとなる。いつぞやも新聞や雑誌に本願寺の事をやかましく書き立てた。一応は私らも困った事と思う。或る人は記事を見て、真宗はつまらぬと言うた。そういう批判をしておる者は信心がないのだ。私共は仏様の子だ、本当の善知識という事がわかれば向うが何であろうが迷わぬ。自分に教えて下さっておる、そういう教えに応じて行くのだ。自分の信ずる善知識がたとえ盗人しようが、人殺しをしようが、そんな事で自分の信が無くなるようでは、その人にはまだ善知識はないのだ。あんな人とは思わなんだ、何という人やらあきれた、あんな人とは相手にならん、こう言うならまだその人は本当に助かっておらんのだ、善知識に遇うておらんのだ。本当にその人が助かっておるなら、広大な恩を受けたあの人がああいう事をされるのは、まだ私が本当の味わいが足らんので身を以て私に知らして下さるのであると、そういう事が起これば起こるほどその人の深いお慈悲を喜ぶのである。ですからこういう以上は、一度自分の善知識となった人ならば、その人がどんな事をしようと問題にはならないのである。ところが、それ程の善知識に助かっておる人は少ないのである。あの人は学者だ、あの人は徳の高い人だ、あの人は説教上手な人だと、そういう事をやたらに言うて、その人を善知識にしておるのが普通である。そういう事はその人を讃めることでも何でもない。昨年も一昨年もアメリカのメーソンさんが来た。その間あっちこっちへ行って私を紹介する時、暁烏さんの所へ行ったら洋間をしつらえてあった、日本で三番目の奇麗な部屋だと紹介する。私は初めの間は情ないと思い、後からは余り言うと癪に障った。そういうことを讃めて貰わんでもよい、もっと心の奥底に触れ合うものがあるのに、そこが大事なのに。人と交わるにも、その人の名誉とか財物に目がくらんでおる間は駄目である。自分が本当の教えを受けて一念発起の信心が得られた時には、そういう地位、金、そういうものは要らぬようになる。学者だろうが、無智だろうが、婆さんだろうが、爺さんだろうが、盗人だろうが、人殺しだろうが、ただ如来の御代官として私を助けて下さるお方だと信ずるより他ないのであります。だから本当に自分が廻心懺悔して生まれ代っておる人が少ないから、従ってそういう善知識に遇うておる人も少いのである。

善導大師は御自分がお助けを得ておられるから一声の念仏を、「利剣は即ち是れ弥陀の号なり」と言われ、又、「覚えざるに真如の門に転入す」と仰るのであります。私共この御法を得た事は、お釈迦様の広大なお慈悲の御恩を受けておるのだ。そのお釈迦様の教えは一寸の説教ばかりでない、種々様々の善巧方便のお手廻しによって、この御信心を得さして貰ったのだとお喜びいたすのであります。

御開山は『教行信証』の「行の巻」にこの善導大師のお言葉をお引きになったのは、これによって益々念仏の尊さ、その念仏の背景としての善知識のお骨折りを頂いて、本願のお手強さの味わいを教えて下さる為であります。

（昭和九年六月二十六日・明達寺）

第四十四講

爾《しか》れば南無之言《なむのごん》は帰命《きみょう》なり。帰《き》の言《ごん》は至《し》なり。又帰説《きえつ》よりたのむなりなり。又帰説《きさい》よりかかるなりなり。

「行の巻」の初めに「大行とは則ち無礙光如来の名を称するなり」と記されてあります。私らが浄土へまいる大行とは、南無阿弥陀仏のお六字を称えることである、ということを三国の祖師方の教えによって大体お味わいあそばしたのであります。

善導大師のおこころを段々おうかがい遊ばされた後に、今承わった所は、御開山が自ら善導大師のおこころをお味わいになった御自釈であります。有名な帰命の字訓と申しますのはこれなのであります。そこで、御開山の南無阿弥陀仏のお六字の細かな御講釈はここで承われると思います。少し先の所に、善導大師の「言南無者即是帰命、亦是発願廻向之義」という六字釈を御引用になったのであります。その「言南無者」のお釈のこころを今度は御開山自ら細かにお味わいになっておられるのであります。「爾《しか》れば南無之言は帰命なり」、爾ればとは、ずっと御引用になってきた事を全て受けられる言葉であります。「南無之言は帰命なり」、帰命とはどういうことかと先ず帰という事を講釈される。「帰の言は至なり。又帰説《きえつ》なり。又帰説《きさい》なり」と。

帰は至るということである。至るという字は色々の意味があります。至心或いは至極という時には至という字をつける。至心というのは真心、至極というのはとどのつまり。至というのは安田から松任に至る、或は松任から金沢に至る、行き着く、到着するという意がある。至極というのは行き着く所に行き着いた事である。頂上である。至心は満ちた心です。この上ないということが至上である。至心は他のものが混わる余裕がない、一心である。一心一向というのは至心の相である。帰命の帰はこの至という意である、一杯である、余地がない。余地がないということは一ということである。帰は全体である、二がない。帰のこころは、仏と衆生と頼まれる者と頼む者との距りがない。それが至である。仏心と凡心と一体になったところを一心という。仏心の他に凡心があるのでない、凡心の他に仏心があるのでない。だから仏心とか凡心とか言うておる間は信心はまだないのである。衆生の心はこういう心、如来の心はこういう心、というように分けておるのは学問上の話である。いよいよその話が自分のものになって現われ出た時には、衆生の心もなければ仏の心もない、ただ一つである。分けられないのです。我々のこの生活に於いて心が二つ以上わかれるということは迷いである。人間に苦しい事があるということは心が分かれておる相である。心が一つになっておる時にはきっと苦しみがないのです。心が分かれたところに不信の芽がある。混り物があるのです。自力という心は混ものである。あっちへ行こうか、こっちへ行こうか、余地があるから迷いや苦しみがある。この帰の字は余地がないということである。至極の心、至上の心である。我々がこの世に生きてゆくに就いて無上の命令がある。これは神様のお声でこの上もない命令であります。これに従って動いてゆく、それが人間の道徳だというのである。無上命令という無上の意義がこの至の字の意義である。無上、至極、同体である。

　人間が色々悩むということは、掛け引きがあるからだ。生きた心に、どんな迫害があってもそういうものを受け付けない、河童や蛙に水を掛けたように、待遇とか、人の批評に自分の心を煩わす者はまだ人から乗ぜられる余地があるからだ。だから向うがこっちを圧《おさ》え付けるのだ。こっちが一心であれば向うが入る隙はない。自分に満たないものがあれば、自分の心に緊張を欠く。緊張を欠くから乗ぜられる、乗ぜられるから苦しみが起こって来る。それが地獄である。貪欲・瞋恚・愚痴が出るのはまだ一心になっておらないのだ。だから順境に誘われて貪欲が起こり、逆境に脅されて瞋恚が起こる。貪欲・瞋恚・愚痴は心の動きです。自分が無いのです。しかして自分の名を充実するのに心が一杯になる。水に石を投げると石は水に受け容れられる、教えは投げられても煩悩の水が受付けない。我々の心が張り切って一つになっておる時には、他の何物も妨げをなす事は出来ない、貪瞋の煩悩がしばしば起こっても信心はそれに妨げられない。「此の心深信すること、金剛の若くなるに由りて」、固いことは金剛の如くである。

　「帰の言は至なり」、帰命の帰は至である、と。その至というこころをもう一つ和らげて「帰説《きえつ》なり」と。これは説明によって字訓を出された。帰命の帰の字のこころには帰説《きえつ》、帰説《きさい》とある。しかして御開山はその字に左仮名をつけられた。帰説《えつ》《よりたのむなり》、帰説《さい》《よりかかるなり》と。

　蓮如上人が、

　　もろもろの雑行・雑修・自力の心をふり捨てて、一心に阿弥陀如来われらが今度の一大事の後生御たすけ候えと、たのみ申して候。

と仰った。このたのむという言葉の味わいをお助け候えと弥陀をたのむ心を述べられた。では御開山にはそうした言葉がないかというに、御開山は多くは信ずるという言葉をお使いになる。『歎異鈔』に「ただ信心を要とすと知るべし」、或は「弥陀の誓願不思議にたすけられまいらせて、往生をばとぐるなりと信じて」、又「親鸞におきては、ただ念仏して弥陀にたすけられまいらすべしと、よき人のおおせをこうむりて、信ずるほかに別の仔細なきなり」とある。たのむという言葉をあまりお使いあそばさん。ところがこの『御本書』の「行巻」の御自釈には、又帰説《えつ》なり、よりたのむなりと仰る。よりたのむのよりは、倚《い》りかかること、たよることである。凭《もた》れるのである、凭れるということは、牽かれることである。頼むということは色々の味わいがあります。或る人は、頼むというのは、田の実《み》というような意がある。田の実というのは稲の事で、稲は命の綱である。田の実が頼みになったのだと味わった。古人は、頼むは縋り任かす、或は乞い求める、或は頼み牽かれる、こういうように味わっておられます。

聖徳太子の『十七条憲法』の第二条に「篤《あつ》く三宝を敬え。三宝とは仏・法・僧なり。則ち四生之終帰《よつのうまれのついのよりどころ》・万国之極宗《よろずのくにのきわめのむね》なり」とある。四生之終帰、仏・法・僧の三宝は生きとし生ける者の最後のよりどころである。更に「其れ三宝に帰《たよ》りまつらずは、何を以《も》てか枉《まが》れるを直《なお》うせん」とある。三宝にたよる、たよるとは頼むということ。全体を頼むのである、倚りかかるのである。その前には自分がなくなることである。御開山の言葉には「心を弘誓の仏地に樹《た》て」とある。これも頼んだ相である。命の本源、自分がそれを宗とするということである。子供が親に倚りかかるとは親に全体を打ち任すことである。孝子というのは、親の言うことを聞いて、微塵もそれに逆らわぬ、全く親に倚りかかる、倚りたのむ子の事をいうのである。素直に従うことだ、あなたの思召しのままにして下さいということだ。例えばお菓子を持っていってどうぞ召し上って下さいと言うと、お心に従ってお受けしますと言う時には、持って来られた人の心のままに従うことだ。御意見通り従います。これが帰するということである。そこには我が了見を交えない。自分を持ち出すとよりたのむ、よりかかるという事は出来ない。頼む衆生と、頼まれる仏が一つになることが他力の頼むである。一体である。至極である。終帰《ついのよりどころ》というのは終局である。行くべき所に行き着く、その時には自分というものがなくなる。自分を持ち出すからいさかいが起こる。了見を持って行くから人と合わん。その了見がなくなるのが帰命の帰である。至極のこころである。仏の前に頭を下げるというのはまだ余地がある。頭を下げる全体がなくなる、頭を下げるその心が仏である。頭を下げる心に仏があるのでない、頭の下がるそこに仏がある。満ち足りて余念がない、そこに仏がある。何物にも怖れない、何者にも妨げられないその心が頼むのである。南無の字、帰命の帰の字はそれなんである。ともすると弥陀を頼むというのを、どうか阿弥陀さん助けて下さいという事と思っている。又人にものを頼むのに念を押す人がある。念を押すということはその人にすっかり任せておらんのだ。頼むとは大船に乗ったような気持ですっかり任せ切ることである。「とても地獄は一定すみかぞかし」、駄目と投げ出された時、頼む、と出る。頼むということは我々の信心が阿弥陀様のこころで一杯になることである。他想間雑することなしである。

命《みょう》の言《ごん》は業《ごう》なり、招引《しょういん》なり、使《し》なり、教《きょう》なり、道《どう》なり、信《しん》なり、計《はからう》なり、召《めす》なり。

帰命の命という言葉の色々の味わいを教えて下さるのであります。

命というのは、いのちという意味であります。又みことという意味もあります。それから命令するという意味もあります。昔の学者で、命をいのちと、帰を帰ると味わって、仏の命に帰ると考えた人もあった。聖人は、帰というのを、よりたのむ、よりかかると味わい、命を業なり、招引なり他いろいろに味わわれた。

業という時には善業、悪業がある。我々に身口意の三業というものがある。口で言う、身体で行う、心で思う、その所作から結ばれる所の働き、それを業という。業というと仏の大願業力である。帰命というのは、仏の大願業力によりかかる、仏様の一人働きである。そこに安堵することが業である。その仏様の業の力はただ静止の状態にあるのでない、我々に働きかけてくるのである。働きかけて下さるとは招引である。命令は招引である。こっちに来いという言葉がかかる。お言葉がかかることが招引である。大願業力でもって引いてゆく、そこから招引という意味が出てくるのです。

「使なり」、使いという時には、自分の本心を向うに乗り移すというような時である。私が人に、あの人に会って来てくれといって使いにやる時には、自分の心の中を向うに移すのである。だから命の言はこっちの心を向うに移すことである。信心求念の使の意である。

「教なり」、仏様が私におこころを運んで下さる、その運ぶ相が教であります。教は命である。『十七条憲法』の第二条に、「人尤《はなは》だ悪《あ》しきもの鮮《すくな》し、能く教うるをもて従いぬ」と、三宝を教えとして味わわれた。第三条には「詔《みことのり》を承《う》けては必ず謹め」と仰ってある。詔は命である。命に対しては謹め、従えと教えられます。命は教えであります。我々が親の命に従うということは親の教えに従うことである。全て我々が蒙るところの教えは仏なんである。仏に教えるものはない、教える仏があるのみである。仏の仰せによりかかるということは、教えによりかかることである。教えそのままになるのである。仏の業そのままになる。

「道なり」、命は道なりというのは面白い。求道というのは、仏の教えを聞いて行くことである。道を求めるということは、仏の教えを聴聞することである。仏様の命令が道だというのは面白いです。我々がどこを歩いて行っても、仏の教え、仏の仰せ、その道を歩いて行くことになる。教えて下さる道を行くのだ。自分で道を歩いて行くのでない、仏の命令、それが私達の行く道なんである。仰せのままとはそこなんである。そこで命は道なりということになる。

「信なり」、この信は仏の信である、まことです。まことは仏の約束である。迎え取るのが仏様のまことです。その仏のまことでこの私をあなたの胸の中に引き寄せて下さる約束、それが信である。私らの信心は、我々の胸に仏教を頂くことであるが、仏様の信心は、私を仏様の胸の中に抱き取って下さることである。そうすると、帰命の命ということは、信心ということ、仏様のお約束ということになる。そこで命は帰する。よりかかる、よりたのむということは、お約束によりかかる、よりたのむということになる。

「計《はからう》なり」、命は計う、命ということは、計うのである。お前あっちに行く道を聞いて来いというのは命ずることである。命ずるということは、その人の全身を計うのである。凡夫の計いにあらず、ことごとく如来のお計いである。命令は計うて下さるのである。よりかかる、よりたのむということは、仏のお計いによりかかるのである。だからそれは計らわれるのである。

「召なり」、召すとは、先に招引というお言葉があった。召すとは招き寄せてこっちへ来いと言われるのである。お父さんがお召しだぞと、召すというのは呼んでおられるということである。或いは思し召す、聞こし召す、呼び寄せられる、だから招引と同じような意味である。召すとは呼び付けて下さることである。

是《ここ》を以《も》て、帰命は本願招喚之勅命《ほんがんしょうかんのちょくめい》なり。

これも面白いです。帰の言は至なり、よりたのむなり、よりかかるなり、命の言は業なり、招引なり、使なり、教なり、道なり、信なり、計なり、召すなり、こう仰って最後に至って、「是を以て、帰命は本願招喚之勅命なり」と。

帰命というのは、阿弥陀如来の御本願の呼び付けて下さるところの勅命である。勅命という語は先頃も問題が起こった。真宗の坊さんは、如来の本願を勅命というが、神勅や天皇陛下の勅語と紛れ易い、不敬な言葉だというので問題が起きた。親鸞聖人は、仏の仰せを本願招喚の勅命という言葉をお使いになっておるのだ。

「竜樹和讃」に、

　智度論にのたまわく
　如来は無上法皇なり
　菩薩は法臣としたまいて
　尊重すべきは世尊なり

とある。そこから勅という字を使われたのであります。「帰命は本願招喚之勅命なり」、一寸みると、命というのは本願の呼び声だと聞こえる。帰の字は凡夫の方につく、命は仏の方につく、仏の仰せがあってそれに帰するのだ。よりかかるのは衆生、よりかからせるのは仏の力である。仏様の呼び声、命があってそれによりたのみ、よりかかる。よりたのむのは帰である、ところがここにはそうなっておらぬ、二つをひっくるめて、「本願招喚之勅命なり」とある。それはどういう味わいになるかというと、帰命の二字は如来様のおこころの味わいだ、だから帰の字はたのめよの仰せである。命の字は、はかろうてやる、引き受けてやるである。あなたのお召しに従う、あなたの道を歩む、あなたのおこころにまかす、あなたの教えを受ける、という義でありますが、これはことごとく如来の御親切とお味わいする。よりかかるのも、よりたのむのも自分の心でない。如来がよりかからせて下さる、たのませて下さる。そこへゆくとこの自分の思いがこっちに一杯になるのではない、如来のこころが私の心に一杯になって下さるのである。だからこの信心は如来のまことである。帰命の二字は丸々如来様の勅命である。帰は我を頼め、命は助けるということになる。頼め助ける、任せ受け取る、これが南無の二字のこころです。こう仰るのを承わると、御開山がお念仏のもとはどういうことかをよく味わっておいでになったということが窺われます。

南無の二字を御開山はどういうように受けておられたかというと、南無の二字は、仏の呼び声だ、俺が居るぞ、俺に任せ、引き受けるぞという声を聞かれたのです。その仰せは聞かれた聖人の心一杯になっておるのであります。その仰せが、自分の生きてゆく全体の仰せになる。命の根本になる。ただ仰せ一つである。帰命の二字は、如来招喚之勅命なりとお記しになったところから、勅命は仏の仰せと窺われるのであります。如来の仰せ、本願の一人働きで助かるのである。普通には、南無はたのむ機の方、阿弥陀仏はたすける法の方であると味わっておる。ところが聖人は帰に字訓を付けられ、帰はよりかかる、命は仏の呼声だと、全て仏様のお手柄とお味わいになった。仏の方から先手をうって下さるのだ。こちらが仏をたより、立ち上がるのでなく、仏の力で仏の方から自分の行く道を知らして下さるのである。だから教え一つである、仰せ一つである。仏の真理に代るべきものはない。教えの外に真理はない、ただ本願の一人働きで助かるのである。

それで「本願招喚之勅命なり」とお味わいになっておるということは、衆生が仏をたのむ心は、たのめと仰る仏の心が背後にあるということを仰せられるのであります。

（昭和九年六月二十七日・明達寺）

第四十五講

昨日の続きを頂こうと思います。

今日は河北郡七塚村の鹿野久恒君のお寺に行って参りました。住職鹿野君は横浜別院の輪番をしている。その人が、今度村に託児所を建てた。託児所の御本尊に、聖徳太子の御二才の尊像を東京の或る美術家に彫刻して貰った。御丈三尺ばかりである。今日はその入仏式であった。急な招待であったが参りました。

この頃は聖徳太子というと私が引き受けねばならぬような気がしておるのであります。人も段々聖徳太子の話をしてくれというようになって来たのであります。その事に就いては大変自分は喜ばしい気が致しておるのです。金沢別院で二十一日、二十二日と聖徳太子の御法要が勤まった。何か私が行かんで太子様はお淋しかっただろうというような気がしておる。余り偉ら振りすぎるなあと思いますが、一面又、そういう気持を持っておれるという事は、何と自分は仕合せ者だなあと思うのであります。今日は大変なにぎあいで、俄の催しであったが沢山の人でした。

昨日おうかがい致しました「行の巻」の六字釈の下で、帰命の御字訓の所をもう一度繰り返えして窺いたいと思います。

善導大師が、南無阿弥陀仏の講釈をされて「南無と言うは、即ち是れ帰命なり。亦《また》是れ発願廻向の義なり。阿弥陀仏と言うは即ち是れ其の行なり。斯の義を以ての故に、必ず往生することを得」と仰ったそのお言葉を、聖人が御自分にもう一度深く味わって、私達に知らして下さるのであります。そのお言葉は「帰の言は至なり。又帰説《えつ》なり。又帰説《さい》なり」、こう仰る。帰説《えつ》というのは「よりたのむ」、帰説《さい》は「よりかかる」とある。帰命の言は至、いたるという字を書いてある。帰するというのは、至る。至るとは至極とか至上とかに使われる言葉ですが、御開山は多くの場合この至という字を、仏のお心が我らに至らせられたというようにお味わいになっておる。第十八願に「至心信楽《しんぎょう》欲生我国」とある。至心というのを、仏の真実が我らに至り届いて下さるというようにお味わいになったのであります。その仏のこころが我々に至り届いて下さるそのこころを、よりたのむなり、よりかかるなりと、こっちの心が至るかと思うとそうではない、仏のこころが至らせられてこっちがよりかかり、よりたのむのである。そこが大きな違いであります。こっちが頼んだから仏がお出でになるのでない、仏がお出で下さるので、こっちが頼む心が起こるのである。縋ってから仏がおたすけ下さるのでない、縋る思いが起こったのは、縋らせて下さる仏のおこころがこちらに届いたのである。そこで帰命の帰の字は、我々の心持から言えば、よりかかり、よりたのむのだが、それは仏がたのませて下さる、よらせて下さるというお味わいである。

さてこの命の言は、業なり、招引なり、使なり、教なり、道なり、信なり、計なり、召すなりと仰ってある。この事は昨日もざっと話したが、この何れの語も深いお味わいがあります。その一つ一つを味えば聖人の尊いお心に触れる事が出来ます。今日道々考えておったのですが、殊に、命の言は教なりという御釈があるが大変味わい深いお言葉であります。

明日の夕方曽我君が遊びに来ます。明後日から越中に行く事になったというので、では道すがら一晩寄って行かないか、一緒に夕飯を食べようと言うと来るという。高光君や藤原君も来るという。鹿野君も来るという。私は曽我君に会ったら一番先にこれを話そうと楽しみにしておった。

命という語を聖人は教なりと味わっておいでになる。教はおしえです。教といえばすぐ私の頭に思い出す事は、明治天皇の『教育勅語』であります。勅語を拝読致しますと、一番初めに、

朕惟《チンオモ》ウニ、我カ皇祖皇宗国ヲ肇《ハジ》ムルコト宏遠ニ、徳ヲ樹《タ》ツルコト深厚ナリ。

「我が皇祖皇宗」と筆を起こさせられました。この御意を窺いますと、私が今言うことは私の言葉であるが、これは私の先祖の神様の心が私に教えて下さるのである。私の考え出した言葉でなくて、御先祖の神様の御意が私に現われ出て下さった教えであると、陛下は御自分の思いを交えずして、遠い御先祖の大神の御心のままに道を味わわれました。そして共にその心になりたいという思召しであります。この思召しを頂くと、教えというのは、命であるというこころが味わわれます。命は教である。教は仰せであります。日本の教育の淵源は祖先の神様の仰せである。『十七条憲法』の第二条には、「人尤《はなは》だ悪しきもの鮮《すくな》し、能く教うるをもて従いぬ」こう仰ってある。ここに教育の根本がある。人というものは、悪いという者は少い、稀にはあるかもしれんが私には見当らぬとの仰せである。どんな人でもよく教え導きさえすれば素直になると非常に有難いお言葉であります。あの人は根性が悪

い、気がきついと言いますけれども、どんな人でも終り迄付き合えば、決して悪人はない、皆これ凡夫のみです。心の底を割ってみればやさしい心を持っておる。心の底に涙を持っておらぬ者はない、がその現われ方が色々違うだけである。高光君がよく言うた、僕は学校に居った頃磊落でやんちゃをやっておった、と。そういう人達とよく話してみると内心は苦しんでおる。表面快活そうに見えても不幸なのだ、じっとしておれん、だから弱い心を強い言葉で胡魔化しておるのだ。聖徳太子は「人尤だ悪しきもの鮮し、能く教うるをもて従いぬ」と仰る。そこなんである。どういう人でもよく語り合うてみれば、そういう心であったのかと、心が融け合うのです。向うが融けて来ないと思う人は自分が融けんのです。仏は自ら衆生と融けさせられて、一切衆生が皆仏の子になるようにして下さる。人がいくら反対しようが、こっちの心が融けておれば、いつの間にか向うも融けます。この事は私を例にすれば、明治四十三、四年頃私は異安心だといってやかましく言われておった。その頃鹿野君が私の寺の報恩講などに参っておった。ところが鹿野君の細君の親や寺の先住が、暁烏のような異安心に近寄ってはいかんとやかましく言った。それで恐しくなって鹿野君はずっと来んようになった。変心したかと思っておったところが、私がインド行きを発表したら早速一口交ぜてくれと餞別のお金を送ってくれた。その鹿野君は今度太子の入仏式に私を招いた。そして、今日は暁烏さんが講演に来られるというのでわざわざ遠方から人が沢山集まったと言われた。ともかく異安心を騒ぎ立てたような寺へ私が行って太子様の入仏式に御法の話をした。しかも昔の人が一生懸命迎えてくれた。六十余りの爺さんが私の座所へやって来て、私はあの頃あなたを異安心というて騒いでおったが罰が当って今は目も見えない、すまなかったと話しておった。その頃河北郡一体では、異安心を告訴する、と署名を取って歩いたそうである。隣町高松町の坊さんなどその張本人であった。けれどもこちらはそれらに少しもさからう気がない。わかる時にはわかってくれると思っておった。今日では反抗しておった人達はなお喜んで私を迎えて下さる。不思議な事です。こっちに固い心がなければ自然に融けてゆきます。喧嘩をふっかけて来ても相手にならんのです。こっちが憎むから相手も憎む。憎まれるのはこちらに何か曇りがあるからであります。相手が悪いのではありません。自分がはっきりすればどんな事にあっても驚かぬ、悲しまぬ、腹を立てぬ、そのうちどんな人とでも融け合うてゆける。けれどもそれには永いことかかる。異安心騒ぎから二十五、六年もたっている。そう慌てんでもよい、自然と融けます。下手すればこっちに氷が廻って冷たくなる。だから早くこっちに仏様のお力を頂いて行かねばならんのです。向うからいくら冷たく出て来てもこっちの温まりで氷を融かしてゆくことが出来る。教えというものは有難いものです。聖人の仰せに「親鸞珍らしき法をも弘めず、如来の教法を、われも信じ人にも教え聞かしむるばかりなり」とある。教というものは我が教えでない、教えは仏の教えだ、命令である。味わいの深いことであります。『教育勅語』に「我カ皇祖皇宗国ヲ肇ムルコト宏遠ニ、徳ヲ樹ツルコト深厚ナリ」とある。味わいの深いことである。教えを受け取るということは仰せを受け取ることである。教えというものは仰せそのままを伝えることである。命というは教なり、非常に力強いことです。他力の信心とは仰せを、仏の真理を自分に頂くことである。仰せ一つである。その仰せ一つになることを仰せに従い召しにかなうなりと申されたのである。

帰命ということは仰せに従うことである。召しに従うことである。そこから最後に、「是を以て、帰命は本願招喚之勅命なり」と。

帰命というは南無、こちらが仏様に縋る、或は仏様を頼むということです。それを御開山は本願招喚の勅命なり、阿弥陀如来の御本願が呼びつけて下さる勅命だ、仰せだとえらい事を仰った。こっちがお縋りするのは仏の仰せだ、この味わいが何遍味わってみても他力至極の味わいである。

人には信じたい、頼りたいという心がある。又反対に頼れない信ぜられない、頂かれない、こういう歎きがある。御開山はその歎きを自分の心の中に見出されて、信心を仏の心の上に見出された。そうして、我が心で助からずして如来の一人働きで助かる。仏の智慧の光に照らされて助かってゆく。こっちが信じたいと思う心が自身に発起するのではない、それは仏の心がみのらせられたのであると仰る。我々はともすると疑いの心が起きる。はかろうたり危ぶんだりする、しかし深い根拠はないのだ。ただ忽然として人間の本性が起こって来る。心が落ち着いておれば起こらない、ふらふらしておるから起こって来るのだ。そういう根性がいくら起こって来ても相手にしない。頼むのは仏の仰せである。信ずる心も仏のおこころの現われである。だから一度信じようとする心が起こった以上は如何に疑いの心が起こっても、はからいの心が起こっても全てこれは何らの力のないものである。信ずる心に引き立てられて如来の浄土へ往生するというお味わいがここに窺われるのであります。どこ迄も本願他力であります。ここに聖人の御信心の味わいを教えて頂くのであります。

（昭和九年六月二十八日・明達寺）

第四十六講

発願廻向《ほつがんえこう》と言《い》うは、如来已《にょらいすで》に発願《ほつがん》して衆生《しゅじょう》の行《ぎょう》を廻施《えせ》したまう之心《のしん》なり。

南無阿弥陀仏のお六字の解釈の続きであります。昨夜迄の所は、南無の二字のおこころをざっとお味わいしたのであります。今日の所は、この南無の二字の中に、発願廻向と善導様が仰ったそのおこころを御開山がお味わいになるのであります。善導様の御釈に、「南無と言うは、即ちこれ帰命なり。亦《また》是れ発願廻向の義なり」とあります。この御釈を先徳がなされた。南無の二字は願である、阿弥陀仏の四字は行だ、それでこの南無阿弥陀仏の六字の中には、浄土に往生したいという願と、浄土往生の行と、願行が具足していると我々に教えて下さったのであります。この善導様の御釈の文面の上から言えば、帰命は願である。阿弥陀仏に帰命するということは願である。どういう願だというと、極楽に生まれたいという願、これを願作仏心というてもよい願である。ところが聖人はこの願ということをその元に溯ってお味わいになり、その願は凡夫の方から願を起こす願でない、発願廻向というは、凡夫の方から願を起こして仏に向うて行くようにみえるが、その発願は仏の願である。如来已《すで》に発願して衆生の行を廻施したまうの心なり。発願は仏の発願である。法蔵菩薩が已《すで》に昔発願して下さった。我々が今極楽へまいりたいと発願するのでない、法蔵菩薩が昔四十八願を起こして下さった。我々がまいりたいという願いの前にまいらせにゃおかんという願いがある。如来已《すで》にというのは、遠い昔に如来さんが願いを起こして下さった。今私の胸に願いが起こって来たが、その源は仏にある。法蔵菩薩が世自在王仏の御前で、無上正真道の心を起こさせられた、その時の願いが我が胸に今生きて現われて下さるのである。聖人は一つの思いにも伝統精神をお味わい下さったのである、根拠がある。私らの心に仏になりたいという願いを起こす、その心は仏の願いである。

善導大師の二河白道のお譬えを頂くと、

人有りて西に向いて行かんと欲するに、百千の里《り》あらん。忽然《こつねん》として中路に二河有《あ》り。一つには是れ火の河、南に在《あ》り。二つには是れ水の河、北に在り。二河各《おのおの》闊《ひろ》さ百歩、各《おのおの》深くして底無し。南北に辺無し。正しく水火の中間に一つの白道有り、

この白道を、行者東の方から西に行く、この白道とは何か、衆生の願往生心である。願往生心というからこっちから向うへ行く。だがその願往生心は阿弥陀如来の方からついて来た。もう一つ言うと、進むこと退くことまでがすっかり阿弥陀如来の願になっておるのである。私らの行く道は、仏様が願を建てられて、そして衆生の行を廻施したまうの心である。廻施とは施し。衆生の行を廻施したまうということは味わいの深いことであります。行というのは我々の毎日の日暮しであります。日暮しを下さる。行を下さる。行というは「大行とは則ち無礙光如来の名を称するなり」、お称名である。お称名の行である。南無阿弥陀仏南無阿弥陀仏と称えるこの行を称えて下さるのである。一声々々の南無阿弥陀仏が大行である。我が浄土まいりの行である。それをお与え下さる。お与え下さるこころが発願廻向だという。南無阿弥陀仏を称えるこの行は我がつとめる行でない、如来已《すで》に発願してこの行を与えて下さるのである。だから一声々々のお念仏は仏教の御廻向である。そうすると南無阿弥陀仏を称えるのは仏様に呼びつけられて称えるのである。

「発願廻向と言うは、如来已《すで》に発願して衆生の行を廻施したまう之《の》心なり」、南無の二字には、如来已《すで》に発願して衆生の行を廻施したまう心がある。南無と帰命する衆生が、弥陀を頼む、頼む一念の信心は、仏が極楽まいりの行を与えて下さる心がある。仏を頼む、その心に行を与えて下さるのである。頼む一念発起の時に行が与えられる。信心を得るということは、阿弥陀如来が私にお念仏を下さることである。南無阿弥陀仏は御廻向のお念仏である。今迄は自分で称えておったと思ったが、実は一声々々の念仏は仏のお与えものである。南無したてまつるということは、南無阿弥陀仏を貰うことである。帰命するということは南無阿弥陀仏を

貰い受けることである。お助け候えという心は、南無阿弥陀仏の主になることである。

即是其行《そくぜごぎょう》と言《い》うは、即《すなわ》ち選択本願《せんじゃくほんがん》是れなり。

少し前の所で、「阿弥陀仏と言うは即ち是れ其の行なり」とあった。今、「即是其行と言うは、即ち選択本願これなり」と、非常に深い味わいがある。南無の二字は衆生が弥陀を頼む機の方、阿弥陀仏の四字は、お助けの行だとお知らせあそばす。善導大師の只今の御釈に、それが即是其行であると言うてある。阿弥陀仏の四字がその行である。親鸞聖人はそれを受けてその行というのは即ち選択本願是なりと。即ち発願廻向が行だ、その行が発願だと、願の中から行が出てくる。又、行はそのまま願である。願が行である。行が発願である。選択本願是なりであります。

阿弥陀仏の四字から光明無量・寿命無量の十二、十三願が生まれる。選択本願ということをよく承わると、御開山は選択本願というは第十八願に名付くと仰ったことがあります。十一、十二、十三、十七、十八、二十二の六願、或いは十一、十二、十三、十七、十八の五願を選択本願と仰ったこともあります。第十八願のこころを善導大師が加減して仰せらるるに「若し我成仏せんに、十方の衆生、我が国に生ぜんと願じて、我が名字を称すること、下十声に至るまで、我が願力に乗じて、若し生れずば、正覚を取らじ」と、第十八願のおこころは称える者は助けるとの御意を善導大師はお味わい下された。その称えるということは大行である。私らの往生する行は、已《すで》に第十八願の乃至十念の中にちゃんと成就してあるそれが即是其行のこころだ。私のつとめる行は仏の本願にちゃんと成就しておる行である。

必得往生《ひっとくおうじょう》と言《い》うは、不退《ふたい》の位《くらい》に至ることを獲《う》ることを彰《あらわ》すなり。

私釈のうち必得往生の釈である。必得往生というは、名号の謂れを信ずる者は、現生に不退の位に至ることを得る、ということを現わすのである。必ず往生を得て退かないとの仰せである。

「南無と言うは、即ちこれ帰命なり。亦《また》是れ発願廻向の義なり。阿弥陀仏と言うは即ちこれその行なり。斯の義を以ての故に、必ず往生をすることを得」、南無阿弥陀仏にはこのお謂れがある。そのお謂れによって助けて頂く。きっと不退転の位に至る。南無阿弥陀仏に衆生の往生はちゃんと成就してある。他力の至極をいうのだ。善導大師は、南無阿弥陀仏を聞いたら、私の往生は間違いないぞ、どこへ行こうかという案じはいらない、どこへ行っても南無阿弥陀仏は付いておられる。未来というが死んでからの行く先の言葉でない、我々の毎日の日暮しの上に於いてである。我々は何で安心するか、南無阿弥陀仏によって安心するのである。金や学問や子供や財産によってではない。南無阿弥陀仏の話によって安心するのである。南無阿弥陀仏は頼め助けるというお約束である。その仏様の約束の一人働きで往生を遂げられるということが必得往生のお言葉である。必得の文字は、『大経』の願成就の文の即得の得と、「易行品」の入必定の必から出たのである。

『経《きょう》』には、即得《そくとく》と言《のたま》えり、『釈《しゃく》』には、必定《ひつじょう》と云《い》えり。即《そく》の言《ごん》は、願力《がんりき》を聞《き》くに由《よ》りて、報土《ほうど》の真因決定《しんいんけつじょう》する時剋之極促《じこくのごくそく》を光闡《こうせん》するなり。

経は『大経』の事、釈は竜樹菩薩の「易行品」の事です。『大経』の「願成就の文」には即得往生とある。即得往生の即の字は「願成就の文」から出、必定の必は「易行品」から出たものである。即得の即の字は何を現わすかというと、即というのは、余地のないこと、隔たりのない事を現わす言葉である。願力を聴聞して報土の真因決定する時剋の極促を現わすことである。その場に往生する種を頂くことである。時剋の極促とはこの上もない短い時をいうのである。

必《ひつ》の言《ごん》は審《しん》《つまびらかなり》なり、然《ねん》《しからしむるなり》なり、分極《ぶんごく》《わかちきわむる》なり。金剛心成就《こんごうしんじょうじゅ》之《の》 貌《かおばせ》なり。

必というのは、審の意、明らかに信じられたこと。然は、しからしむるの意、又分極のこと。極限まで分け極むる。往生一定とは、はっきりきまること。必の言は、金剛心成就の貌《かおばせ》である。「此の心深信せること、金剛の若くなるに由りて」(『信文類』)、必然的に、自然に極楽へ行かねばならぬようなからくりに納め取られておるということが必の字の意味である。

善導大師の「言南無者」の御釈に対する御開山のみ教えがずっと記されました。ここ迄頂いてみますと、南無阿弥陀仏のお六字のほかに我々は何も求めることはいらないのである。南無阿弥陀仏の一人働きで助けて貰うのである。

南無阿弥陀仏というより外は津の国のなにわのこともあしかりぬべし

と法然上人が仰った。南無阿弥陀仏の一人働きで、かの国に往生することを得て、きっと仏になるのだ、このおこころが本当に自分のものに貰えますか。

本当に我々がお浄土へまいりたいという願いを、又お浄土へ行く迄の行を、すっかり南無阿弥陀仏の六字の中に封じ込めて私に与えて下さる仏のお約束なるが故に、必であり又即であります。こっちが決めて行くならどうか知らんとの案じもある、しかし仏の方から決めて下さるのである。こちらのはからいは何も要らん。ここ迄頂くと、我々がこの世に於いて暗い日暮しをしておるということは、要するに南無阿弥陀仏が称えられていないのである。我が心に今案じがある、行く先が心配であるという者は、南無阿弥陀仏が我が内にないからである。南無阿弥陀仏が信ぜられておるならば、五年先の事でも十年先の事でも何ら心配は要らない。未来の事も過ぎ去った昔の事も心配要らぬ。「過去・未来・現在の三世の業障一時に罪消えて、正定聚不退の位に住すとなり」である。南無阿弥陀仏があれば、罪も障りも皆消えるのだ。悪い者だから悪口を言われるのは当り前だがしかし、人の悪口など言う者は、ろくな者ではない。自分はそんな人の悪口なんぞ言わないぞといって安心しようとしても、そういうところに安心の道はない。善いとか悪いとか言って上がったり下がったりしておる間は自力である。南無阿弥陀仏を信ぜられたら、例え罪業深重なりとも必ず弥陀如来は救いまします、どんな者であってもお助けに洩れる者はないと仰る。広大な南無阿弥陀仏である。

御本願の道と世間の仁義道徳、形式道徳の道がどうも混乱しておる。善いとか悪いとか色々言い草を立てているのが世間の道。善ければ善いまま、悪ければ悪いまま、凡夫の善からんとも悪しからんとも計らわぬのを他力と申すのである。清沢先生は仰った。こんな悪い事をして居って申訳ない、私一人居る為に世の中に悪い種を蒔いておる、人に苦労をかけておる、申訳ない事である、そういう者はまだ倫理道徳の域を脱しない人であると。先生は強い道徳心を持っておられた。その先生が、自分で責任を負うておると心が大変苦しい。責任を感じて苦しんでおる者は、責任煩悩といって一つの煩悩だと言われた。えらいことを言われた。その頃先生は雑誌『精神界』に「責任煩悩」という事を書かれたら、東京の或る人が先生に、無責任はよいかと尋ねた。先生は、無責任をよいと思わぬ、しかし我々は責任の負えない奴である、と仰った。我々は責任を負うほど力がない、私が負わねばならぬ責任は親様が負うて下さる。真実信心の人は自分に責任がなくなるのである。阿弥陀如来は我々の責任を解消して下さる。如何に小さな罪も皆引き受けて下さる。よく考えてみれば、過去塵点久遠劫の昔から悪いことを重ねて来たのである。今人に迷惑をかけているのでない、久遠劫の昔から一切世界の人に苦しみを与えて来た自分である。我々は一々責任を果すことの出来ない程の深い根を持っておる。他力本願には責任はいらなくなる。どういう風にして責任を消してもらえるか、このいたずら者が頼む一念の所にお助けに預かるのである。頼め助くるとの如来の一人働きで、南無阿弥陀仏南無阿弥陀仏と口に仏のおこころが御廻向して現われて下さる時、助かるのである。一声一声のお念仏によって、即得往生住不退転、必得往生の尊い喜びを頂くのである。そして明らかな豊かな心の世界に住まわせて頂くのであります。

（昭和九年六月二十九日・明達寺）

第四十七講

二十一日から今日迄十日間自坊の祠堂経を勤めさして頂きました。そのうち二十四日には越後の新井町へ、二十八日には河北の七塚村へ行って来ました。新井の方は山に釈迦堂が建って釈尊の仏骨奉納式、七塚の方は聖徳太子尊像の入仏式と目出度い御縁に遇うたのであります。両方共深い御縁があるので断ることが出来ず、祠堂経の方は坂木君に代って貰いました。

光陰矢の如しと申しますが、日の経つのは早いものです。善い事も悪い事も、面白い事も面白くない事も矢のように過ぎて行きます。楽しい事も久しく止まらず、苦しい事も久しく止まらず、天気がよいかと思えば雨が降る、雨が降るかと思えば風が出る。風が吹くかと思えば又天気がよくなる。慌しく変化する。

昨日は夕方曽我君が見えました。招いておいた藤原君、木場君、成川君、坂木君なども見えました。話をしておるうちに横浜別院の輪番鹿野君、東京の歌謡家近藤栄誠君も来、安藤君も来ました。十時頃大方帰り、泊ったのは曽我君、安藤君、鹿野君、近藤君である。近藤君は今度富山県、石川県で招待して盆踊りの稽古に来て貰ったのである。東京から珍らしい人が来たから村の人達にも踊りを教えて貰い、家の女達も二階の洋間で歌を習い踊りを習い、そしておそく寝た。今朝早く曽我君や安藤君を送り出し、近藤君や鹿野君を送り出した。それから今月一日から私の目の治療をして上げようと、わざわざ志布志から来てくれていた暉峻の奥さんが一時の汽車で東京に発ちました。それを送り、休む間もなく祠堂経の講話をした。これが済むとハワイの戸田君と、この村の信耕弥之助君の長女とが結婚する。武雄が不思議な縁で仲人をするようになってこの寺で嫁取りをするようになった。もう婿さんが来ておられる。何かしらん廻り舞台のようにぐるぐる廻る。四葩《よひら》〔あじさい〕の花の色が変わって行く如く、猫の目の変わるように変わって行く。こうして忙しく日を過しておりますが、しかし色々の事を教えられつつ活き活きと生きさして貰っておるのであります。どういう事が自分に起きて来ても、今しばらくのこの世だと思うと大変面白いことだと思うのであります。昔の説教者の話に、憂いも辛いも今しばしと言った。人間世界のどんな面白い事だってそう大して値打ちのあるものはない。どんな苦しい事だってそう心配するような事はないものです。どんなにひどい咳が発作して来てもそれも休み間がある。人は一寸よい事があるといつもこんなよい事があるというような気になって油断する。悪い事があるといつも悪い事が起こると思って心配する。例えよい事があってもそうした中から何が起こってくるやらわからぬと思っておらねばならない。悪いことがあってもそう長続きすることはない、楽しい事もあるし、苦しい事もある。私共は荒浪の中を行く船のように、船は揺れるけれども、それを超えて一つの願いに進んでゆく、それを本願力に乗ずるというのである。色々のものが襲うてくる、その中をじっと一筋に超えてゆく心の道を与えてもらう。

　ずっと「行の巻」のおこころを続いてお味わいして来ました。殊に善導大師の「言南無者」の御釈を、御開山が御字訓を加えて下さったことに就いて色々お味わいさせて頂きました。南無阿弥陀仏の一人働きで我らが浄土に往生するのであるということを、南無阿弥陀仏のお言葉のお謂れの上から親切に教えて下さるのであります。私らの念仏は私らが先手でなくて、仏が先手である。心に仏を憶うことも、口に仏を称えることも、身体で仏にお礼することも全てが仏の心が私に至り届いて下さるのである。こっちが呼びかけて仏に返事をして貰うのでなくて、こっちが仏の仰せにはいと返事をすることも、又南無阿弥陀仏と称えるお念仏も、仏が私にお与え下さるところの浄土往生の大行であるということをお知らせ下さったのであります。そのお知らせの終りの方に、「必の言は審なり、然なり、分極なり」という御釈があります。必ず往生定まるという必定の必の言は審、つまびらかなりと、これは自ら明らかなりという語である。明日からきっと早起きするとか、きっと嘘を言わぬという時に必ずという。審とは明らかに定まる、行く先が明らかになったという時にいう。「斯の義を以ての故に、必ず往生することを得」、明らかに南無阿弥陀仏のお六字を頂き、自分の行く先がはっきりなった、それが審の言である。

　我々の心は色々のものに閉ざされて暗いです。こんな事で後でどうなるやらと思うけれども、それは自分の根性を持ち出して色々当てはめて考えるからである。何が出て来てもそれに自分が従って行くという事がはっきりしておれば、案じは要らんのです。それが必の字のこころである。信心の生活は明らかです。後暗い所はない、ものを言っても不明瞭なということはごまかしがある。飾るところがある、土台がない、信心がない。信心を頂くと必定ということがはっきりする、明らかになる。審という言は味のある語である。

然ということは、しからしむる、自然の然です。必然の然です。水が高きより低きに従って流れてゆくような姿が然です。後から押されて下り坂をとんとんと行くようなものです。我々が念仏して浄土へまいる道は、水が低きにつくように止まっておることが出来ない、押されて行くのだ。一度仏の心に廻心起行して仏に向う心になるととんとん拍子である。その生活が然である。然ということは如何にも無理のない事である。信心の生活はこだわりのない、頑張りのない、水の流れのように自然である。世の中は水の流れのように変わってゆく。他力廻向の信心の生活はいつも新しく変わってゆくのです。変わるままに変わってゆく。そして変わる中に非常にのどかな豊かな生活を味わうのです。それが審なり然なりである。

「分極なり」、分はわかつ、極はきょく。分極なりというのは、きちっと箱に収めたように乱れないということである。間違いがないということである。分極なりと、これは余程味わいのあるものである。我々が自力のはからいを捨て、私欲を離れる。そして他力のおはからいに任せる。仏の働きに助けて貰うということはだらしが無いように思う人がある。本当の他力の生活はだらしがない事でない。決まりのつく生活に二種ある。腹底に何もなくて、ただ外面だけ調えてゆこうとする為に決まりをつけてゆく、そういうのは自力の世界である。朝起きてお勤めしなくても仏様はよく御存じないからどうでもよいという、それは慣れれば手にすることを足にするのである。そこに自分の生活に妨げが出てくるようになる。信心の生活はそういうだらしないのでない。然というのはお任せするという相であるが、だらしないのでない。お任せした所にはっきりした分極、決まりがついているのです。

先度或る人が、朝起きてお朝事せんと気持が悪いが、それは自力でないか、先生は気の向いた時すればよいと言われたと言った。しかしそういう人の心には、他力と無力とお任せと自分の心に任せておるのと間違うておる。分極なりと仰った所に大変な有難いお味わいがある。必然の必はきちっとした生活、締まりをもった、信心の相続の一つの相である。又しからしむること、はっきりと決まりがついて行くこと、ここに二つの味わいがある。金剛心成就した相がある。必定というのは、固いことを現わす言葉である。石が固いというても雨垂れの水は石に穴をあける。御信心の固いのは「此の心深信せること、金剛の若《ごと》くなるに由りて」で、石のような硬さと違うのです。外から磨り減らされるようなものがなくなるのが金剛心である。自分で決めたものを持っておると磨り減らされる。そういうものを皆離れた丸々他力にお任せした生活が金剛である。変わるがままに変わってゆく、そこに何らの患いもなく、何らの疑いもなく、決まりがあって決まりにくくられず、くくられずして決まりがある。ここに真実信心の生活の味わいが細かに味わわして貰えるのであります。

第四十八講

（昭和九年六月三十日・明達寺）

今日はこの村の総報恩講で、皆さんは親しく我が家に御開山をお迎え申して、一年中の御化導を受けた御礼を心から述べ、色々のおもてなしをせられた事であろうと思います。親鸞聖人が御往生に近付いて述べられたと伝えられる御書に、

我が歳きわまりて、安養浄土に還帰すというとも、和歌の浦曲《うらわ》の片男浪《かたおなみ》の、寄せかけ寄せかけ帰らんに同じ。一人居て喜ば（ママ）は二人と思うべし、二人居て喜ば（ママ）は三人《みたり》と思うべし、その一人《いちにん》は親鸞なり。

我なくも法《のり》は尽きまじ和歌の浦あおくさ人のあらんかぎりは

これを頂くと、聖人のお身体は六百七十三年前の今月二十八日、東山で荼毘の煙と化せられたけれども、阿弥陀如来のおこころと一つに融け合うて、今に私共につき添うていて下さるという事を思うのであります。その御教えを受け、行く先明らかな心の日暮しをさして貰うということは、実に聖人の教えのお蔭であります。

兼ね兼ね聖人のみ教えを受けておる者は、丁度平生世話になった人に、お祭とかお正月に招いて御馳走をするように、報恩講に御開山をお招き申して御馳走を上げるそのお日柄がこの村では今日の日であります。皆さんは掃除をして家を整え、お華を捧げ、香を焚き、灯をともして、お餅を搗いて捧げ、聖人の御魂を各自にお招きされたのであります。

又今晩は南出区の女の人達が集まって尼報恩講のお座を開き、聖人の御恩徳を皆が私と共に喜び合うておるのであります。私共は御縁に遇うて御開山の御相伴にここに参らして貰っておるのであります。そして皆さんを初め私までが尊いみ教えを受けさして頂くのであります。しばらく旅から旅へと出ておりまして、『教行信証』を頂く御縁を失うておりました。久し振りにこの『教行信証』のみ教えを続いて頂こうと思います。

この前の時に、善導大師の六字釈のおこころを、御開山が深く味わわれたその御教えを段々頂いて来たのであります。

「斯の義を以ての故に、必ず往生することを得」、と言われましたその必の字を聖人が深くお味わいになったのでありますが、「必の言は審なり」の審は、審判という時に使われる字であります。はっきりするということである。私らのこの御信心は昔からよく言うように、蛇の目をあくで洗うようにはっきりすることである。昨日昼、大阪暁烏会の会員の座談会があった。その折、一番年寄った七十余りの人の話に、どうも自分は助かっておるようにも思うし、助からんようにも思う、どうもはっきりしませんという話であったが、必の言は審なりではっきりわかることである。

「然なり」、然はしからしむるなりで、そこに無理のないことだ。右に行こうか左に行こうか、どちらに行こうかというような余

地がないことである。はっきりするからもう考える余地がない。はっきりしない時には然という字は使わない。然という時には一つの道が開かれておるのであります。思案も分別も要らんのであります。思案や分別で解決してゆくようなものならば、そこには然というものはない。ここに明らかな目の人が自分の手に物を持っておる。持っておる人ははっきりしておる。一つの道であります。それを他の者が丸いと言おうが四角と言おうが、分はわかつ、極はきわまる、未開な所を極めてゆく、よい加減な所がないのです。それは金剛いと言おうが、他から何と言われようが思案はない、必然である。一つの道であります。

「分極なり」、分はわかつ、極はきわまる、未開な所を極めてゆく、よい加減な所がないのです。それは金剛心成就の貌である。信心を得た者は金剛心である。御和讃に、

　信心すなわち一心なり
　一心すなわち金剛心
　金剛心は菩提心
　この心すなわち他力なり

とある。金剛というのは金剛石、昔から金剛石は火にも焼かれず水にも溶けないものであるといわれた。固い事の標本になっておる。私らの御信心はややこしいものではない。右に行こうか、左に行こうか、そういうのではない、只一つの道がわかるのである。思案や分別はないのである。この一つの道を聖人が、善悪の二つ総じてもって存知せざるなりと仰った所に深い味わいがある。その一つの道は自分で決めるのではない、自分で決めるならば右とか左とか思案分別で決める。右と決めておろうが、左と決めておろうがそういうことに頓着なしに偉大な思召しによって決められるのであります。そこに自分が思うような小さなこころでないものが必然のこころは明らかなものである。それは光明である。それは金剛心である。あやふやなものでない、南無阿弥陀仏のお助けはあやふやしたものでない。この心すなわち他力なりと聖人が仰った御信心は自分が賢くて信ずるのでない、色々考えて決める道でもない、考えが間に合わぬようになる。善いとか悪いとか言えぬ、どうしてもそうならねばならぬ、行かねばならぬ道なんである。それは与えられる道である。我が賢くて信ずるのでない、念仏の一道は思慮分別を持っておる者に得られる道ではないのである。思慮分別がどうしても間に合わぬようになる。どうしても駄目だ、とても浮かぶ瀬がないといって匙を投げたそこに一つの道が開かれる。本願の大道である。そこへ行った心だから金剛心成就であ

る。この確かな心がいわゆる安楽の世界である。我々の智慧や分別で決めた事なら又変わってくる。世の中がどう変わっても、自分の思いがどう変わってもそこにどうしても変わらぬ一つの心がある。それが金剛心である。金剛心は他力廻向である。自分で作ったものは動く、真実の法の動きそのままの本願の船に乗ずるのです。本願の大道です。聖人が必然と言われましたおこころを仰ぎ、そのおこころを味わってその中から自然の道を素直に歩まして貰う。そのこころの

姿が金剛心であります。

『歎異鈔』には「煩悩具足の凡夫、火宅無常の世界は、よろずのこと、みなもてそらごとたわごと、まことあることなきに、ただ念仏のみぞまことにておわします」と記されてある、これはこの一つの道であります。念仏の道は自分の拵えて行く道でない、自分はどうにもならん、どうしても往生する事は出来ない、助からない心の者である。その心一杯に南無阿弥陀仏というお助けの声が聞こえてくるのであります。お助けを求める声が即時に助けてやるというお声であります。ここに他力の尊さを味わわして貰うのであります。

（昭和九年十一月二十三日夜・西敏次家）

第四十九講

昨晩頂いた「行の巻」の六字釈の下に「必の言は審なり、然なり、分極なり。金剛心成就之貌なり」とありました。御信心の事を金剛堅固の信心といいます。金剛堅固の信心というのは、水にも流されず火にも焼かれない堅い御信心ということであります。この金剛堅固の信心ということを頂くと、

　器には従いながらいわがねもとおすは水のちからなりけり

という明治天皇の御製を思い出します。この御製は、水は方円の器に従う、丸い容れ物の中に入れれば円くなる、四角い容れ物の中に入れれば四角になる、そういう姿を見れば水は素直である、その素直な水が大きな岩をも通す力を持っておると讃嘆せられたのであります。このお歌は我々の生活の中心を教えて下さるお歌と窺われます。器には従いながらということはどんな器にでも従うということであります。世の中の事に頑張りを持たぬ、それは然である、しからしむるのである、自然法爾である。何でも人に張り合うている人をこの辺ではきかんという。きかん人は強いように見えますけれども、そういう人は存外弱いものであります。本当に根強いのは控え目で余り張り合わない、至極おとなしい、全てまかしてゆく、そこに本当の力がある。昨夜も一人の青年が来て色々話をした。本当の力というのは、自分の意見を立てるというような人にはないものだ、自分の小さな意見を立てて、その意見を通して行こうとするような人には本当に人を動かす力はない。融けて皆と一緒になる、余り自分を出さないで、我れを離れて、言挙げする心を捨て、自力のはからいを捨て、皆と心から一緒になって行く、そういう話をしました。

聖徳太子の『十七条憲法』の第一条には、「和《やわらぎ》を以て貴《とうと》しと為し、忤《さか》うこと無きを宗《むね》と為す」と仰ってある。第十条には「我独り得たりと雖も衆《もろもろ》に従いて同じく挙《おこな》え」と、自分一人がこれは良いと思ってもその良いと思うことを頑張らずして皆の人の言う通り素直に従ってゆく、ここにこそ本当の力がある。器には従いながらいわがねもとおすは水の力なりけりで、水はやさしいものだが、さて水の力は岩をも通す。先度手取川の大洪水の時、水は非常な勢いで家もさらった。信心の人の生活は強いというがどこが

強いかというと、余り人と張り合わんのである。人と張り合う人はどこか恐しいのである、危いのである。恐しものがあるものだから他の人の事が気になる、本当に心が落ち着くと他の者の言うことが気にならぬようになる。だから何事もそうかそうかと聞いておれるのです。弱い犬はよく吠える、恐しいからである。強い犬は余り吠えません。小さな子供がいくらやんちゃを言っても親はそれによって動じない、たとえ子供が頭を殴ってもそれを親は別に腹を立てない。相手がなすがままにまかしておいて、そしてにっこり笑うておられるということは、向うがどういうことをしても、こっちは犯されぬという心の据りがあるからです。金剛堅固の信心というのは何者にも犯されぬ、生にも死にも犯されぬ、貧乏にも富にも力にも犯されぬというこころです。私にも確かな後立てがある、光明無量・寿命無量のお徳を備えさせられた仏のおこころ、そのおこころのままに日暮しをさせて貰うのである。だから何が来ても恐れがないのである。世の中には色々の波瀾がある、病気もあれば息災な事もある、愉快な事も悲しい事もある、生まれた事があれば死ぬ事がある。波のようなものである。まことの信心は世の波に障《さ》えられない、光明無量・寿命無量の前には何ものも妨げを与えることはないのです。

先日報恩講の時に皆さんと一緒に頂いた聖人のお言葉に「大悲の願船に乗じて、光明の広海に浮びぬれば、至徳の風静《しずか》に、衆禍の波転ず」とある。衆禍の波、もろもろの禍いの波が返ってゆく、これが金剛堅固の信心の相であります。どうなって来ても自分を脅すものはないのです。小さな心の世界に生きておるとしばしばひっくり返えされる。肉体を超えた無量寿のこころの世界、無礙光のこころの世界に住まわせて頂くのです。阿弥陀様のお徳に手向うような力はないのであります。それが衆禍の波転ずである。我々がこの小さな肉体に執着して、その肉体を大事だと思うことより外何も思えぬ間は、世の中の千変万化の重荷がかぶさって妨げられる。富に妨げられ、貧に妨げられ、色々のものに犯されるのである。ところが南無阿弥陀仏のおこころを頂くと、もう何ものにも犯されることはない。犯されないそのままになってゆく。したいままにまかしておいて、そうしてそこに何等の危ぶみがない。病気になれば病んでおればよい、治れば又喜んで働く。会うた時も喜び、別れた時にはまた別れを喜ぶ。生きておる時には生きておる喜びを見、死んでゆく時には死んでゆく時の心を味わう。死ぬにも生きるにも、病んでも息災でも、阿弥陀如来のおこころから頂いた信心は妨げられないのです。昔、清沢先生と私らが色々論議をしておった。先生は論議がお好きでした。十二時、一時までやっておると先生がそんなに勝ちたければ勝たして上げる、こういう事を言われた。勝っても負けてもどちらでもかまわん。負けたところで値打ちがなくなる訳ではない。例えば親父と細君が議論する、細君が言うことをきかん時には親父は負けたように思う、こういうのは親父に自信がないのである。危いのです。本当に自分に据りがあると細君が言うことを聞こうが聞くまいが別に何んでもない、子供が言う事を聞かんと親がいらいらするという事は親に力がない。中心の力が明らかに味わわれておる人は言う事を聞いても聞かないでも犯される事はない。衆禍の波を転ずです。金剛心です。金剛心ということは、人を寄せつけん石部金吉とは違う。金剛堅固の信心は柔和である、張り合いをせんのである。衆と共に従うのである。成るがままにまかせておいて何ら恐れがない、世の中の移り変わりをそのままに受取ってそれに犯されることがない。絶対無限の広々とした心の世界を喜んでゆくのであります。そこにはじめて金剛堅固の貌があるのです。

(昭和九年十一月二十四日・藤田正雄家)

第五十講

御開山が、高僧方の教えを段々受けてお書きになった『教行信証』を読んでゆくと、丁度『華厳経』の「入法界品」にある善財童子が五十三人の知識を尋ねて御化導を受けて行かれるのと、同じような気持が味わえるのであります。「更に親鸞珍らしき法をも弘めず、如来の教法を、われも信じ人にも教え聞かしむるばかりなり」、この自分の行っておる道は自分が発明した道でない、遠い昔から存在するこの宇宙の真実義である。それを私は信じて、昔からその道を行く人の教えを段々と頂いて行くのである。こういう聖人のおこころである。

『教行信証』というお聖教は、初めにお経のお言葉に従ってお述べになり、次で三国の祖師方の教えを丁寧に受けて御引用になったのであります。昨夜迄のところは、善導大師の教えを受けられた所であります。今度は『浄土五会念仏略法事儀讃』といって唐の法照禅師の撰である。禅師は常に善導大師の教えを受けておられ、後《のち》善導と言われたお方であります。親鸞聖人はこの禅師の教えを受けておられるのであります。

私は、本願寺の御影堂へ参って、聖人の御尊顔を拝むような心持でこの『教行信証』を味わわして貰います。

一週間のお七昼夜も今日ははや四日目、御本山では今晩は『御伝鈔』が拝読されます。もう後三日でお七昼夜も終りで名残り惜しいような気が致します。若い頃は一週間のお精進が長くて長くて、あと幾日でお七昼夜がすむと思っておった。ところがこの頃はいつの間にやら済む。というのは、ゆっくり御飯を食べておる時間もないように忙しい日暮しをしておるからでしょうか、けれどこの忙しいのが精進だと思います。精進には魚肉を食べないが、昔の人が、御恩報謝の忙しい時にはゆっくり食べる暇がないのだというように書いている。私は、ただ自分は懈怠がちの者だが、皆が集まってこの私を催促し、皆のお蔭で手を引かれて、教えを受けて御報謝を勤めさして頂けるということを喜んでおる次第であります。その毎日の報謝の中にこうして御開山のお聖教を読まして頂く、それによって又新しい教えを受けられることが出来るのであります。目が段々読めんようになれば読みたくても読めない、しかし仕方ありません。

今晩の所をぼちぼち頂きながら支那の高僧のお言葉の上に、我が聖人のおこころを味わわして貰って一緒に喜ばして頂きたいと思います。

『浄土《じょうど》五会《ごえ》念仏《ねんぶつ》略《りゃく》法事《ほうじ》儀讃《ぎさん》』に云《いわ》く。夫《そ》れ如来《にょらい》、教《きょう》を設《もう》けたまうに、広略根《こうりゃくこん》に随《したが》い、終《つい》に実相《じっそう》に帰《き》せしめんとなり。

ここに如来とあるのは、阿弥陀如来とか釈迦如来とかいう特別なお名前でない、一切如来であります。しばしば出る事ですが、如は梵語にはタターガタ。真如からおいでになったお方、真実からお生まれになったお方という意味で如来という。仏陀、自覚者は世の真実をお悟りになった方である。しかしその悟りを開いたということは、その人が初めて開いたのではない、無論悟りがその人となって現われ出て下さったというので如という名が出たのであります。だがこの仏陀という時には、まだこっちから悟りを開くというような心持になることもあるが、如という時には全他力であります。真実そのものから現われ出たものであります。阿弥陀如来とか、釈迦如来というけれど、皆元は真実がそのまま形を現わして出て下さるのであるという事になるのであります。如来は真実がこの世に現われ出て下さったものでありますが、この世に現われて何をして下さるかというと、我々にその真実を教えて下さるのです。教えです。教は設けられたまう教えであります。教は行であります。人間がどういうことを行ずるかを教え給うのです。精神現象或いは思想というようなものは、そのまま各人に後へ後へと伝わってゆく。財産相続が出来るように学問も相続が出来るのです。財産を人に渡すようにきちっとは出来ませんけれど、以心伝心で段々と伝わってゆく。それを伝えるのが教えです。それを貰い受けるのが習うということである。自分に考えない事でも前の人の行った結果を頂いて、それから又考えて進んで行くことが出来ます。それが教えです。真実から現われ出たお方が教えを設け給う。教えというものは、日本には日本相応の教えがあるし、インドにはインド相応の教えがある。支那には支那相応の教えがある。日本でも時代時代で違う。その時代に応じて又その人その人に応じて教えというものが出る。人を見て法を説けと昔から言う、誰にでもむずかしい話をしてはいかん。

「教を設けたまうに、広略根に随い」、広略根に従いとは、広く説かれることもある、略して説かれることもある。それは衆生の根気に従ってである。小学校の子供に話す時にはやさしく、大学生には大学生にふさわしい話をする。百姓、或いは学者、それぞれその人の根気に従って広く説いたり略して説いたり、何でも相手に当てはめて導いてゆく。西洋人なら西洋の言葉を使わねばならぬ。年寄なら年寄のように、若い者なら若い者のようにせねばならない。それが根に従うのである。根に従わねばならないけれども、その目的は実相に帰せねばならぬ、実相とは真実の相である、真理というてもよい。真如とか実相とか言う。あるがままである。その本当のものに入ればよい。ありのままの、無理のない、本当の相そのものに帰せしめんとなり、いわゆる無理のない生活に導いてゆく。天地の大道である。

九州の高原という町に立派な町役場が出来た。その役場の町会議事堂に額を掛けたいから私に何か書いてくれというて来た。それで「背私向公」と書いた。『十七条憲法』に「私に背きて公に向う」とある。私というのは一個人、一個人の利益というものに背いて、皆の行く方に向うという事である。この私というのは根機根機で違うのであります。その私から手を引いて公の方に連れて行くのが教えであります。人間であればやはり小さな世界しかわかっておらん。それだのに身勝手なことをし、我がはからいを出して、自分一人の了見で事を運んでゆこうとするのだ。無理なことである。教えというものは、そんな小さな了見では駄目だぞと知らせ、そして大きな一つの世界に連れてゆく、それが教えである。日本の教育の根本を明治天皇がお示し下さったのが『教育勅語』である。『教育勅語』は何を知らして下さるか。陛下自らが、「爾《ナンジ》臣民ト倶ニ拳々服膺《フクヨウ》シテ、咸其《ミナソノ》徳ヲ一ニセンコトヲ庶幾《コイネガ》ウ」と、一つのこころに成りたいということを願わせられた。こうして教育とはどういうことかというと、陛下と我々臣民が一つの心になる。一つに成れというのでない、一つの心になっておるのだが、その一つの心を明らかに自覚せよということである。今から一つになるのでない。億兆心を一にして来たのである。その一つの心が本当の心と教えて頂くそれが教育である。日本の教育の根本は『教育勅語』でありますが、『教育勅語』そのままが仏教の至極であります。

今日平松区の若い衆が報恩講に参った。若い衆の話に、この頃林中村の学校で青年会をやっておる、けれども誰も行かぬ、僕ら青年でお講を作る、そしてお寺に来てお聖教を読んで仏教の話を聞きたいと思う、と言うた。仏教というものは学校の教育の外にあるのかと私は青年らに聞いた。学校では仏教は習えないと言う。学校は自覚の道を教える所でないか、寺へ行ったって坊主は信心があるとは限らぬ、本当は学校で自覚の道を教えれば寺は要らぬ。信念のある坊さんが居れば寺は要らぬ。お講をこしらえるより寺を潰して本当の学校だけにしたらどうだと言うたら青年達は吃驚したような顔をしておった。昔はお寺が学校の代りをしておった。ところが明治になって学校が建った。その時寺は要らんようになった。それなら学校は本当にこの一つの道を教えておるかというとそうでない。

釈迦の教法ましませど
修すべき有情のなきゆえに
さとりうるもの末法に
一人もあらじとときたまう

と御和讃にあるが、『教育勅語』はましませど、修すべき人のなきゆえに、さとりうるもの今の世に、一人もあらじとときたまう、である。人の行くべき中心を教えるものがないから、学校というものは単なる文字や学問を教える所だとそういうように思っておる。この頃家の玉代勢君は六年生で来年は中学校を受けるという。先生も心配して教えて下さる。随分勉強に忙しいので、朝事や日中に参らない。学校が大事か、仏様のお給仕が大事かというようなことを考えさせられる。渡辺君は四高へ入った。寺の報恩講に来るに学校を休んで来た。報恩講が大事か学校が大事かということを考えた。私は学問は大事でないとは言わぬが、仏様のお給仕が大事だと思う。親が病気になれば子は学校を休んで介抱する。私はそれでよいと思う。やはり親の介抱が大事である。米作りが大事か親の介抱が大事か、米作りを一時止めても親の介抱するのが当り前と思う。それが本当の教育だと思う。ところがこの頃は学問が大事だといって親の葬式でも学校を休まない。親が病気しておっても学校を休まない。こういうような教育はよいと思わぬ。孝は人間の一番大事な行である。ところがこの頃はそれが忘れられている。世の親達は学校の成績をよくせよと言う、学校の成績がよくなって月給を沢山取ったってどうする。こうした親は考え方が初めから間違っておるのです。この間行った家の床の間に娘の女学校時代の習字を表装して掛けておる。それを見ると、成程女学校時代からそうして育って来たから、後この娘は気違いになったのだと思った。のぼったのである。日本の教育の根本は、私心を去って実相に帰す、真実の道を知らせることが教育の根本であり、仏の教えの根本である。その人その人に応じて広く或いは略して説くことである。右と言ったり左と言ったりすることはあるけれども要するに真実の道に目覚めさせる、それを覚らせるということが仏教である、教育の目的もこころにある。転々別々に覚るのでない、皆この実相に帰するのである。この頃個性教育と言う。その個性に応じて行かねばならぬが、その帰する所は皆一つなんです。ここに教育の根本というものと仏教というものが一つのものであるということがわかる。この一つがはっきりするとお寺に居っても、学校に居っても、神社に居っても差し支えがない。ただ一つの道を歩くのです。天地に満てる大道理を歩まして頂く、その道を教えるより他に教えはない、教育はないと思うのであります。

（昭和九年十一月二十五日・喜多宇兵衛家）

第五十一講

今日は雨が降り風が吹いたのに、皆さんよく参って下さった。お七昼夜は明日一日になりました。昔親鸞聖人の教えを受けた人達が、遠い関東あたりから遥々京に上って御命日にお墓に参詣しておったのであります。初めは二十八日に参詣しておったようだが、二十七日を加え、まだそれでも足らんと二十六日を加え、とうとう一週間、聖人をお偲びして報恩講を勤めるようになったものであると思います。そういう具合で、本願寺でも毎年一週間報恩講を勤めます。段々年いって聖人の御恩を余計思うようになると、一週間の日が余りにも短いような気が致します。お七昼夜も今日明日で終りかなあと思うと、御開山がわざわざお出で下さったのにお名残り惜しい気が致します。今年の報思講のお名残りに、今日明日と思う存分御開山を讃嘆してお偲び致したいと思います。風邪気味で困ったことになったと思いますが、しかし押して出て話をしておればそのうち忘れておれる程の病気ですから、今日の晩も、明日のお朝事後もお日中もお話をさせてもらいます。

『教行信証』の「行の巻」のうち、『浄土五会念仏略法事儀讃』の御文を御引用になっておるその御文のおこころを話しかけました、その続きであります。

「夫れ如来、教を設けたまうに、広略根に随い、終に実相に帰せしめんとなり」、如来が教えを設けたまうに、広く或いは略して教えられる。一概に教えられるのでなく、それはその人その人の根機に従って、或いは広く或いは簡略にお説きになる。しかしその目的は遂に実相に帰せしめるためである。実相は真如実相で、真実の相である。まことに帰せしめようというおもくろみより外はない。一切経は皆まことの道に入らしむるというより外はない。別にこしらえるという事をしなくてもよい、人間在りのままでよい、自然につかわされるのである。このままの相、無理のないようにそこに入らせようという教えである。仏の教えはつくろうたり、拵えたりする教えでない。嘘を剥がして本当の相になる、これが仏の教えの目的である。我々の生活に苦しみがあるということは、どこかに無理がある。どこかに外から着いた垢がある。そのために苦しい。それを取り除け、本当の道に入らしむるというのが仏の教えの要《かなめ》である。「実相に帰せしめんとなり」、これは余程味わいがある。我々の迷いは実相がわからぬからです。よい加減なはからいがあるから色々の手違いが出て来るのです。悩みというのは要するに真実がないことから起こる。仏の救いは真実ということをわからして下さる。非常に味わい深い事である。学者には学者相応の、無学者には無学者相応の教えはあるけれども、何れもそれ相応の真実の相に帰せしめんと仰せられるのである。仏教とはそれだけである。世の中は苦しまないでよいように出来ているのです。それを苦しんでおるのは何かそこに間違いがあるのだ、行くべき所に行っておらんのだ、渡るべき所を渡っておらんのだ、そこにひっかかるのである。そうしておってあれが悪い、世間が悪い、こう言うておる。自分の道がはっきりわからんのである。目がよく見えれば道を歩いておっても石が有ればよけて通る、溝が有ってもよけて通る。目が悪いと石に躓《つまず》いたり、溝に落ちたり、そして誰がこんな事しておいたと怒っておるが自分の目が悪いからだ。そういうのは実相がわからんのである。本当の事に気が付かぬのである。それではろくな歩みは出来ない。如来はその真実のものを知らして下さる。無いものを有するようにして下さるのではない。有る事を本当に有るぞとわからして下さるのである。外からよい加減なもの、着いたものを剥がして行くというのが仏教の門である。

真《しん》の無生《むしょう》を得《え》ん者《もの》には、孰《たれ》か能《よ》く此《これ》を与《あた》えん哉《や》。

「真の無生を得ん者」、我々が普通に生と言っているのは、死あり生あり、生まれる始めがあれば死ぬ終りがある。仏の生は無生である。生ずることもなく又滅することもない。仏の国に生まれるということは、生まれてみるとそこに始めはない、ずっと昔からそこにおるのだ、それが無生である。極楽へ行ってそれから初めて極楽があるのならそれは無生でない。既に初めからある。仏さんに生まれるということは、生まれて初めて仏になったのでない、仏になるのでない。もともと仏である。もとから浄土である。だから無生の生である。真実の相に帰ってみると今迄は夢をみていたようなものである。ああ夢であった、長い夢を見ておったなあと気付く。生まれぬ先というものは命の限界がある。無生というのは永遠の命である。だから生まれるということはない。我々は無生の命を得て、無生の世界に生まれたというが、死んでそこに生まれたということはないのである。こういう無生の生に入っておるものは、実相の悟りを得ておるものには教える必要はないのである。

然るに念仏三昧は、是れ真の無上深妙の門なり矣。

様々の教えの中で念仏三昧の教えはこの上ない深い微妙の門である。門というのはそこをくぐる、そこを通る。無生の天地に入る門である。

以みるに弥陀法王の四十八願、名号仏事を為し、願力衆生を度したまう。乃至

考えて見ると、阿弥陀如来の四十八願、南無阿弥陀仏の名号が仏事を成す。仏の御名が仏の仕事をして下さる。名が仕事をして下さるというより、衆生を済度して下さるのは本願の力である。「願力衆生を度したまう」、願の力が衆生を済度して下さる。仏の御名が仏の仕事をして下さる。名によって助かる。願力が衆生を度して下さる。南無阿弥陀仏のお六字が仏の仕事をして下さるというより、衆生を済度して下さるのは本願の力である。

如来常に三昧海の中に於て、網綿の手を挙げて父王に謂うて曰わく、王今坐禅す、但当に念仏すべし。豈念を離れて無念を求め、生を離れて無生を求め、相好を離れて法身を求め、文字を離れて解脱を求むるに同じからんや。乃至

三昧は静かな心、その三昧海中に於いて、「網綿の手を挙げて父王に謂うて曰わく」、如来様の手を網綿の手というてある。すなわち柔軟な手を挙げて「父王に謂うて曰わく」、王様今あなたは坐禅をしておいでになる。しかし坐禅をしておいでになるより念仏をなさいませ、と。なぜ何も思わぬようにと坐禅を求めるのですか、それよりも仏を念じられてはどうですか。念を離れて無念を求め、生を離れて無生を求め、相好を離れて法身を求める、文字を離れて解脱を求めるに、こういうことを今あなたはしておられる、坐禅をしてそういう事を求めるということは、それは難しいことなんである。この差別を離れて絶対というものはない、平等ということもない。差別の中に平等がある、相対の中に絶対があるのだ。形の中から形のない世界が出るのだ。初めから何も相好のない世界、そういうような所に出来るのではない、仏を念ずるというこの念の中に無念の世界があるのだ。この念仏の道はそれなんである。仏を念ずるというが、自分で仏を想うのである。その想いを一つにすること、そこに無念無想になる。初めから無念無想になるのは稀だから念仏のうちに無念無想が出て来るのである。

粤大なる哉、至理の真法、一如にして、物を化し人を利すること弘誓各別なり。

「粤ぁぁ大なる哉」、これは仏教を讃嘆してある。「至理の真法」、至理の至は至極、真法はまことの御法、理を尽くし、真を極めたる真如の法である。一如は一向一心、変わらぬ平等一如である。「物を化し人を利すること弘誓各別なり」、その人その人別々の誓いを立てて、その人その人に相応して利する。例えば御馳走するのに、よい家の者も貧乏人も学問の有る者も無い者も一緒に御飯を上げる、これはよい事であるが、皆平等にしない事がよい事もある。私のように入歯の者は固い物は食べられない、かといって老

人の好きな軟い物を出すと若い者は頼りない、平等というてもそうはいかぬ事もある。本当の御馳走は平等でないのである。若い人には若い人の好きなような、年寄には年寄の口に合うようにそれが相応の御馳走である。いつか朝鮮の鎮海へ行った。そこの松尾さんという家へ泊った。そこでは私に相応したものを出して下さって大変おいしく頂いた。仏様のこころは一つである、一如である。一如にしてしかも万物を済度し、人々を利するにそれぞれに相応した道を教えられる。

故《かるがゆえ》に我《わ》が釈迦《しゃか》、濁世《じょくせ》に応生《おうしょう》し、阿弥陀《あみだ》、浄土《じょうど》に出現《しゅつげん》したまう。方《ほう》に穢浄両殊《えじょうりょうしゅ》なりと雖《いえど》も、利益斉一《りやくさいいつ》なり。

この釈迦如来は濁った五濁悪世にお生まれになった。阿弥陀様は浄土に出られた。聖人は鎌倉時代に出られた。それ相応の世界に現われて下さる。方は、方角をいえばお釈迦様は娑婆、阿弥陀様は浄土、その方角は穢土と浄土の両殊であるが、衆生済度の利益は、お釈迦様がこの世に出られるのも、阿弥陀様が浄土に出られるのも一つである。別に違いはない。仏様のすがたは色々の形となって下さるのである。その根機に相応して現われて済度して下さる。だから色々の場合、色々の形を取って現われて下さるのだが、済度して下さるというお力は一つである。この御化導を頂くと、仏教の上には色々の御化導がある。色々の人が寄って色々の人を済度される。親鸞聖人のようなお方がおられても聖人に済度されない人もある。又、つまらぬ人と思う人に済度されることもある。どの道で救われるやらわからない。そういう私の話を聞いて感心しておっても必ずしも有難いとは言えんのである。どこにどういう形で済度の道が開かれておるやらわからぬのである。そういう事を段々頂くと、ただ自分自分の有縁の知識に遇うてその教えを聞いてゆけばよいのであって、その知識に遇うた事を喜ばねばならない。他の人が有縁の知識に遇い、道を得ておるなら私も仕合せ、あなたも仕合せ、それでよいのであります。ここに修行の道を行くものの済度の方法があるということを教えて頂くのであります。

（昭和九年十一月二十七日・明達寺）

第五十二講

今日はここのお父さんの五十年と兄さんの二十五年の御法事の御縁で、今晩のお講が勤められるのであります。

先度から続いて味わっておる『浄土五会念仏略法事儀讃』を続いて味わわしてもらいます。

お釈迦様はこの世に御出世になる、阿弥陀様はお浄土に御出世になる、一つの如来様が衆生化益の為に、或いは弥陀となり、或いは釈迦とならせられた。一つの心が色々の形を分けて、そして追いかけ追いかけして衆生を済度して下さる。この世は穢土である、あの世は浄土である。両方、方角は違うておるけれども、衆生を済度して下さるお心は一つである。それをお釈迦様といい、阿弥陀様ともいうのである。

釈迦・弥陀は慈悲の父母

種種に善巧方便し
われらが無上の信心を
発起せしめたまいけり

時に、お釈迦様を信ずるが阿弥陀様は信じない、また、阿弥陀様に参るがお釈迦様に参らないといぅ人がある。けれどもそうでない。釈迦といぅも阿弥陀といぅも、根本は如来が機に応じ、所に応じて形を現わして下さるのである。何れの仏をたのんでも、導かれる所は一つなんである。各々その縁不縁がある。縁のある方は容易であります。縁がない方は難しいのであります。この『五会法事讃』をお書きになった法照禅師は、阿弥陀仏を信じ、阿弥陀仏の六字を称える道は、最も易らかな往生の道であると仰せられた。この念仏の道に最も御縁が厚かったからであると思います。

若《も》し修《しゅ》し易《やす》く証《しょう》し易《やす》きは、真《しん》に唯浄土《ただじょうど》の教門《きょうもん》なり。

修め易い修行、又証《さと》り易い教門は浄土の教門である。『正像末和讃』に、

釈迦の教法ましませど
修すべき有情のなきゆえに
さとりうるもの末法に
一人もあらじとときたまう

とあります。この教法は修すべき有情がないとある。修といぅのは因について、証といぅのは果についてである。修するといぅのは、学校で勉強するといぅようなもの、証といぅのは卒業するといぅようなものである。この「修し易く証し易きは」といぅのは、勉強はし易いし、卒業することも容易なのは、ただこの浄土の教門である。これはこの法照禅師が浄土門に御縁が深くてこの教門を既に得られておるからこう仰せられたのであろうと思います。

然《しか》るに彼《か》の西方《さいほう》は殊妙《しゅみょう》にして、其《そ》の国土《こくど》に比《ひ》し難《がた》し。也厳《またかざ》るに百宝《ひゃっぽう》の蓮《はちす》を以《もっ》てす。九品《くぼん》に敷《ひら》きて以《もっ》て人《ひと》を収《おさ》むること、其《そ》れ仏《ぶつ》の名号《みょうごう》なり、と。乃至

西方は浄土。殊妙といぅのは殊は勝れておる、妙はたえなる、ということである。西方浄土は余程勝れておる。他の諸仏の国土の及ぶところでない。そして西方浄土を飾るのに、百の宝の蓮を以ってしてある。金、銀、瑠璃、破瓈《はり》、硨磲《しゃこ》、赤珠、瑪瑙《めのう》、というように。そしてその蓮は九品の差別に敷《ひら》き住生する人を収める。

九品とは、『観経』の中に説いてあるのは、この人間世界は九品に分かれておる。上品の中にも上・中・下、中品の中にも上・中・下、下品の中にも上・中・下がある。大乗の菩薩の修行は上品の人である。それから仏道まで行かないで人間道を修め、道徳

を守る人と、小乗の道を行く人とは中品の人。下品というのは、人間並の日暮しが出来ず、悪事ばかりをやっておる人である。人間の階段は九つあり、智慧のある人もあり、ない人もある。実に色々あるけれども蓮は九品に敷《ひら》いてそれを皆収める。念仏の一門を開いて、光明遍《あまね》く十方を照らし、念仏の衆生を摂取して捨てず、皆受け取って、遂に願生を選ばしめ給うのです。よく来たよく来たと全てを収めて下さる。唯念仏一門である。仏の名を呼んでその国に生まれたいと思う者は誰でも来いと引き受けて下さる。しかし、いくら仏が迎え取ろうとせられても仏を嫌う者は仕方がない。

『法華経』の中に長老窮子の譬えがある。長者に一人の子供があった。小さい時に攫われた。或る時、大分大きくなっておるけれど、どうも自分の子供に似ているという子供を見た。それで懐しくて、お前は私の子だ、どうか私の家へ来てくれと言ったら吃驚して逃げて行った。それで長者は、初め便所掃除に傭い、それから少し馴れると座敷掃除夫にと、段々上へ上げて自分の側へ来るようにした。そして大分経ってから実はしかじかこうだ、お前は私の子だ、捜しておった、この家の財産は皆お前にやる、こういうような譬え話である。いくらこっちが助けてやりたいと思っても、向うが疑うておる時は仕方がない。自分は可愛がってゆくつもりでも、打ち融けない者は仕方がない。念仏の衆生を助けるとは、仏に打ち解けてくる者を助けるという事である。これはやはり娑婆でもそういうような味わいがあります。私等でも時々御馳走をしたいと思う時でも、来てくれぬ人を無理に連れて来ることは出来ない。無理に連れて来れば却って御馳走にならない。念仏するということはお助けの心に寄ってくることだ。その心が起こった者なら皆収め取って下さる。「人を収むること、其れ仏の名号なり」、その沢山の人を収め取って下さるということは仏の名号である。名号の中に収めて下さる。仏は名を以って衆生を化益し給う。南無阿弥陀仏と称える程の者は皆収めて下さる。六字名号の利益であります。しかし仏がいくら迎えようとしても反対する人がある。又中々傍に寄らないという人もある。それは御縁がない。

法照禅師は、修し易く、証し易きは、真に唯浄土の教門だと仰る。が一方から言えば、中々信じがたい門である。なぜかと言えば、自分の小さな根性でおしはかろうからである。まかせれば非常に易いのである。極楽の百宝の蓮台はまかせる者を迎え取って下さる。極楽の百宝の飾りは、十方衆生を迎い取るための御方便である。ただ南無阿弥陀仏を称える時に御名は迎え取るために用意して下さってある。信じて称えさえすれば修め易い、証《さと》り易い浄土の教門である。そこで御開山は、信心を要すと知るべしと仰った。自分の様々の手段がつきて、とても私は駄目だと匙を投げた時に、初めてお助け候えとお念仏が出させられる。そうなる時極楽はとんとん拍子である。難しい道でない。修し易い、証《さと》り易い道である。この事は法照禅師の教えである。そして聖人の仰ぎ給うた道である。

(昭和九年十一月二十八日・宮田常吉家)

第五十三講

『教行信証』の「行の巻」の続きを、今晩から又ぼちぼち味わわせて頂きます。先日来ずっと話しましたように「行の巻」は阿弥陀如来のお六字を称えることについて、色々のみ教えを聖人が御自ら受けさせられたままを記されたのであります。釈尊の教えを始め、高僧方の教えや、その他色々の方の教えを聖人が受けられて、そしてお称名の大道を明らかに喜んでゆかれるのでありますす。染物をするのに、度々染めれば段々濃くなるように、同じようなおこころをしばしば色々の人から、色々の言葉で教えて貰うと確かさが加わり、明るさが増してくるのであります。インドの文学の特質は、一つ音律でもって一つの事柄を繰り返し繰り返しいうのであります。御開山のこの『教行信証』のみ教えをみると、そのお書き振りは、インド文学の特質を自分に味わわれたのでありますす。南無阿弥陀仏を称える道を重ね重ね教わって、そして益々自分の信念を深められ、道を明らかにしておいでなさるすがたによってもわかるのであります。

『称讃浄土経』に依る。釈法照

これより法照禅師の『五会讃』の中の『称讃浄土経』に依る讃文であります。

聖人は御和讃に、

世世《よよ》に善導いでたまい
法照・少康としめしつつ
功徳蔵をひらきてぞ
諸仏の本意とげたまう

と、善導大師がしばしばこの世に現われて、法照・少康と姿を現わされるとあるのであります。

『称讃浄土経《しょうさんじょうどきょう》』に依《よ》る。釈法照
如来《にょらい》の尊号《そんごう》は甚《はなは》だ分明《ふんみょう》なり、十方《じっぽう》の世界に普《あまね》く流行《るぎょう》す、
但名《ただみな》を称するのみ有りて皆往《みなゆ》くことを得《う》、観音・勢至 自《おのずか》ら来《きた》り迎《むか》えたまう。
弥陀《みだ》の本願特《ほんがんこと》に超殊《ちょうしゅ》せり、慈悲方便《じひほうべん》して凡夫《ぼんぷ》を引《ひ》く、
一切衆生皆度脱《みなどだつ》す、名《みな》を称すれば即ち罪消除《つみしょうじょ》することを得《う》。
凡夫若《ぼんぷも》し西方《さいほう》に到《いた》ることを得《う》れば、曠劫塵沙《こうごうじんしゃ》の罪消亡《つみしょうもう》す、
六神通《ろくじんづう》を具《ぐ》し自在《じざい》を得《え》、永《なが》く老病《ろうびょう》を除《のぞ》き無常《むじょう》を離《はな》る。

「如来の尊号は甚だ分明なり」、阿弥陀如来の尊い御名を南無阿弥陀仏という。南無阿弥陀仏は、明らかな、至極明朗であるというのです。分明というのはどういう意であるか。地球は太陽の光に照らされて明らかになっておる。法照禅師のおこころは南無阿弥陀仏の光によって明らかに照らされていらっしゃる。「如来の尊号は甚だ分明なり」とお記しになった法照禅師は、南無阿弥陀仏の六字を丁度太陽の光のように仰いでおいでになる。御自分の心が南無阿弥陀仏の御名によって明らかにして頂かれたのであります。そこで法照禅師は十方衆生、全世界の生きとし生けるものは、全て南無阿弥陀仏に照らされて明らかな心になるということをお説きになったのであります。南無阿弥陀仏に照らされ自分の心が明らかになるにつけても、阿弥陀仏を讃えずにはいられないのであります。

一寸戸を開けて瞬時雪かと思ったらお月夜で、月が皎々と照っている、非常に明らかである。私らの生活も明らかかと思う時南無阿弥陀仏に照らされている。念仏を称えるお蔭であります。心が明らかということは、心が暗いということの反対である。心が暗いということは、深く自分の生活を反省してみると誰でもわかります。どこへ行ってよいやら、何をしてよいやらわからない、こういうのが暗いのである。私は目が悪いからどちらへ行っても物に突き当るような気がする、うまく足が出ない。目はあいていても暗いと突き当る、躓《つまず》く。我々の心が暗いということは、何かに躓《つまず》くのです。又突き当るのです。人と衝突したり、喧嘩したりするのは、心が暗い証拠です。右へ行こうか、左へ行こうか、行く所を迷っておる者は暗い証拠である。明らかであれば迷いはないし、突き当らんのです。法照禅師は南無阿弥陀仏のお照らしによって物に突き当らぬようになった、迷わぬようになった、躓《つまず》かぬようになったと申されるのであります。もう一つ言えば、南無阿弥陀仏のお照らしによって、生活が広くはっきりして来たということです。そこからいえば、勇気が出て来た、力がある。その実感から「如来の尊号は甚だ分明なり」と仰ったのであります。だからお互いは南無阿弥陀仏を称えれば心が明らかになり、活き活きとして進んでゆくことが出来る。その時、成程如来の尊号は甚だ分明だということがわかるのです。お聖教を読んでも阿弥陀様の本願は甚だ明らかである。お日様の明らかなようにと、ただ受けておったのでは、それだけでは本当にわかったのではない。自分の生活が、南無阿弥陀仏と称え、それがじっくりと毎日の日暮しの上に南無阿弥陀仏の明りがさし込んで広々とした生活が味わわれる、いそいそとした日暮しが出来る。その味わいが出来る人に於いて初めて如来の尊号は甚だ分明なりと仰せられるおこころが味わわれるのであります。

「十方の世界に普く流行《るぎょう》す」、これは、南無阿弥陀仏は東西南北上下、十方の世界に流れ行われるということである。「大行とは則ち無礙光如来の名を称するなり」、最も広大な行は南無阿弥陀仏を称えることである。そうすると十方世界に普く無礙光如来の名が流行《るぎょう》する。極楽へ行くと、草も木も全てが念仏・念法・念僧の声を出すと『阿弥陀経』に書いてある。この法照禅師のお言葉をみると、十方世界に普く南無阿弥陀仏が流行すと書いてある。流行《るぎょう》とは近頃の言葉でいえば流行《りゅうこう》である。十方世界に南無阿弥陀仏がはやっておる、ということは、前の方にも南無阿弥陀仏の声が聞こえる、後にも南無阿弥陀仏の声が聞こえる、右にも南無阿弥陀仏が聞こえる、左にも南無阿弥陀仏が聞こえる、足許にも聞こえる、頭の上にも聞こえる、こういう相であります。

三十年ばかり前に東京に居った時に聞いた話であるが、或る若い人が信心の喜びに入った時の話です。私はこの頃汽車で旅して困った、なんだというと小便が出来ないで困った、小便をしようと思って便所へ行くけれども、汽車の音が南無阿弥陀仏南無阿弥陀仏と聞こえて勿体なくて出来なかった、ということであった。これは馬鹿なような話であるが尊い話である。その人は南無阿弥陀仏に本当に照らされて、汽車の車輪の動きまで南無阿弥陀仏と聞こえるのである。愉快な話だ。汽車の音も不思議なことに色々に聞こえる。私はよく汽車に乗るが、毎日音が違う。自分の心持のように聞こえるものだ。行かんか行かんかと聞こえる、だらだらと聞こえる。それ行けそれ行けと聞こえることもある。私は何も思わんでも聞こえる。その時の気持が聞こえるのである。この人は南無阿弥陀仏が喜ばれたから汽車の音も南無阿弥陀仏と聞こえたのだ。南無阿弥陀仏の汽車が大行をやっておるのである。こうなると一切世界万物、皆南無阿弥陀仏を称えるのである。賑かなことである。悪口言う声だとか、叱る声だとか怨む声だとか、悲しい声だとか、呻き声だとかに聞こえないのだ。一切が南無阿弥陀仏とお念仏しておるように聞こえるのである。だから聞こえる自分は南無阿弥陀仏に育てられておるのであります。そこにこそ明るい光を受けての日暮しがある。だから前へ行っても南無阿弥陀仏の中に行くのだ、横に行っても南無阿弥陀仏の中に行くのだ。進んでも退いても南無阿弥陀仏の中に行くのである。

二河白道の譬えの中に、「我今回《かえ》るも亦《また》死せん、住《とどま》るも亦《また》死せん、去《ゆ》くも亦《また》死せん。一種として死を勉《まぬが》れざれば」とあります。暗闇の底に沈んだ人の心は閉されておるが、南無阿弥陀仏が本当に我が物になった人の心はたえず明るいのであります。往くも南無阿弥陀仏、住《とど》まるも南無阿弥陀仏、退くも南無阿弥陀仏、一つとして南無阿弥陀仏を離れない。信心を得た者は南無阿弥陀仏を離れない。蓮如上人は、ただ心にかけて仏恩報謝の称名念仏に励むべきなりと仰った。これはどこへ行っても南無阿弥陀仏の聞こえるすがたであります。自分が色々の目に遇うても、南無阿弥陀仏が自分の口に出させられ、十方から聞こえる南無阿弥陀仏がある。我が口に称える大行は、十方衆生の上に流行しておるところの大行である。一人が南無阿弥陀仏を称えるということは、一切衆生が南無阿弥陀仏を称えることである。一切衆生の南無阿弥陀仏が我が口に南無阿弥陀仏と現われる尊いおこころであります。

「但名《みな》を称するのみ有りて皆往くことを得」、ただ御名を称するのみ、南無阿弥陀仏を称えるのみで皆往くことを得る。往くとは往生である。南無阿弥陀仏を称えるだけで極楽へ行ける。自分が南無阿弥陀仏を称える時に、十方衆生が南無阿弥陀仏を称える。十方衆生が南無阿弥陀仏を称うれば、称えることによって道が開ける。閉ざされないのである。称えるだけで極楽へ行ける。

「観音・勢至自ら来り迎えたまう」、阿弥陀仏のお弟子である観音様も勢至様も自ら来り迎えて下さる。観音様・勢至様に迎えに来てほしいと願うのでない、自ら来り迎え給う。自然と観音・勢至は迎えに来て下さる。南無阿弥陀仏を称えるということは、已《すで》にお慈悲と智慧との観音・勢至二菩薩に手を引かれて行くことである。迎え給うということは、手を引かれて行くということである。

「弥陀の本願特に超殊せり」、阿弥陀仏の本願は殊に超え勝れておる。これは南無阿弥陀仏の本源、源を明らかにしたお言葉である。南無阿弥陀仏の出てくる源はどこか、念仏を称える心である。念仏を称える心は阿弥陀様の本願である。阿弥陀様の本願から南無阿弥陀仏が成就した。その阿弥陀様の本願が私らの心に宿らせられる時に、我々の口から南無阿弥陀仏が出るのである。その関係をお味わいになった。弥陀の本願特に超殊せりと念仏の源を仰ったのであります。

「慈悲方便して凡夫を引く」、そのお念仏は誰の口から出るか、阿弥陀様の御本願、慈悲の御方便で凡夫を引いて下さる。凡夫とはただ人、聖者でもない、賢者でもない、貪欲・瞋恚・愚痴の三毒の煩悩に犯されて、泣いたり、怨んだりしておる者の事である。その者を引き連れて下さる。阿弥陀様の本願は誰を引張って下さるかというと、慈悲方便で、凡夫を引いて下さる。凡夫を引いて下さるという時には、法照禅師は自らを凡夫と感ぜられておるのである。自分が南無阿弥陀仏で助かるというのは本願の約束である。「弥陀の本願には、老少善悪の人をえらばれず、ただ信心を要とすと知るべし。その故は、罪悪深重煩悩熾盛の衆生をたすけんがための願にてまします」と『歎異鈔』にあります。罪悪深重の、煩悩熾盛の凡夫を助けるがための願である。だから凡夫である自分が南無阿弥陀仏と称えて助かるということは本願の約束である。本願の約束が我が上に現われて下さる。華厳という人は、何か自分がしたことを、その事はお経の中に書いてある事だとよく言われたそうで、今の自分の生活は已《すで》に古い時代に決まっておる事だと、今の自分の生活は昔の生活の現われである、昔霊山会上に居った時に已《すで》に聞いた教えである。お釈迦様が霊鷲山の上で説かれた説法を私は已《すで》に昔に聞いたとお喜びになった。古きを尋ねて新しきを知るというが、今の上に古い事を思うということは非常に尊い事である。

今自分のやっておることは古い昔からちゃんとお経の中に書いてある事である。自分が今南無阿弥陀仏を称えておるということは、五劫永劫の昔に建てられた阿弥陀仏の本願が、今我々の口に南無阿弥陀仏と出て下さるのである。古い約束である。だから南無阿弥陀仏を称えておるけれども、これは助かるか、これは助からんか、そういう案じは要らない。本願のお約束の南無阿弥陀仏が悪人凡夫の我々の口に現われて下さったものだから、助かるに間違いない。助かるに間違いないというしるしが南無阿弥陀仏となって出るのである。だから南無阿弥陀仏というのは、我々の往生を定め給う証明だと仰る。南無阿弥陀仏を称えることは、仏の国に往生する証明だという事である。だから南無阿弥陀仏を称うれば、はや我が往生は成就するのだ。南無阿弥陀仏を称える外に往生の道はない。南無阿弥陀仏を称えるそこに往生成就のもとを頂かして貰うのである。

「一切衆生皆度脱す」、自分が助かれば一切衆生が皆助かる。自分が迷っておる間は皆迷っておる。自分の心が腹立って向うを見れば向うの者が鬼に見える。自分がにっこり笑うと向うの者も笑うておる。人生は鏡のようなものである。自分の周囲の人の顔も自分の顔も見える。先ず念仏する心になることである。自分が先ず念仏する気になれば、皆助かる。

先度或る人が、私の死んだ子は何処に行っているのでしょうと言うたから、何処へ行っても居らん、君と一緒に居る。君が迷うておれば子も迷うておる。君が助かれば子供も一緒に助かる。子供ばかりでない、親兄弟皆助かる。一仏出家すれば九族天に生まる、一人助かれば皆助かる。だから自分が助かるということは一切衆生が助かるということである、と話しました。

「名《みな》を称すれば即ち罪消除することを得」、南無阿弥陀仏を称うれば罪が消える。罪が消えるとは後悔も何にもないようになるのだ。私は悪かった、私は仕損ったというておるのはまだ悩んでおるのである。南無阿弥陀仏を心から称えるようになると、悪い事も善い事も如来様のおはからいでないものは一つもない。だから自分の悪かった事までも有難い御方便である。「過去未来三世の業障一時に罪消えて、正定聚不退の位に住すとなり」、何も重荷がなくなる。

「凡夫若し西方に到ることを得れば」、西方は仏様の国、凡夫が仏様の国に到ることが出来れば、「曠劫塵沙の罪消亡す」、今迄ずっとずっと経て来た大きな罪も、小さな罪も皆消えてしまう。追いかけて来ない。南無阿弥陀仏の世界には何も追うて来ない。勝ったと誇っておれば負けた者が追うて来るが、皆負けて済んでしまえば追うて来るものはない。善悪の世界に居れば、善が行けば悪が追うて来るか知らんが、善悪を過ぎた世界には善も悪も追うて来ない。「善悪の二つ、総じてもて存知せざるなり」と仰るのはそこである。

「六神通を具し自在を得」、六神通は、天眼通・天耳通・他心通・宿命通・神足通・漏尽通である。全て自由になる。解放された広々とした世界の相である。ここに初めて自在ということがある。この肉体の世界、差別の世界に居る間は自由がない、制約と制約の間に居る。ところが差別の境地を離れて南無阿弥陀仏の世界に入ると本当に自在を得るのである。それが六神通である。

「永く老病を除き無常を離る」、生老病死の境界を離れて、無常を離れる。差別の世界は長続きはしない、限りがある。しかし寂滅の世界は永遠であります。不滅であります。法は常に流転し、そして法自身が常住であります。無常にして常住であります。この常住の世界に、丈夫な心で安住するというのがこの信心の相であります。金剛堅固の信心というのは、この世の老病を除き無常を離れるというおこころを仰ったものであります。

（昭和十年一月三日・西敏次家）

第五十四講

『教行信証』の「行の巻」のおこころを続いて頂きます。

『仏本行経《ぶつほんぎょうきょう》』に依る。法照

何者《なにもの》をか之《これ》を名《なづ》けて正法《しょうぼう》と為《す》る、若箇道理《いかんがどうり》是れ真宗《しんしゅう》なる、好悪《こうお》今の時 須《すべから》く決択《けっちゃく》すべし、一一子細《いちいちしさい》朦朧《もうろう》たること莫《なか》れ。

法照禅師の『五会讃』の中に『仏本行経』というのがあります。その中の一節であります。正法ということと、真宗ということとをお説きになります。

「何者をか之を名《なづ》けて正法と為《す》る」、正法というのは正しいみのり、お釈迦様のお説きになったお言葉を正法と申します。それは何が故かというと、お釈迦様のお説きになるところのお言葉は天地の大道理そのものである。法は天地の大道理、時間と空間に貫徹して世の中に満ち満ち、相継続し相連絡して進んでゆくその根本を法といいます。

昨日例年の通り新年会を開きました。高光君、藤原君、その他の客が来られた。その時の話に、金沢の『護法』という雑誌に、安心を統一するということが書いてあると。林五邦君はそれを聞いて、安心を統一するとは坊主の仕事であろう、僕はそういうようなものの会員にならんと言うた。それから何か珍しい事を書いてあるという話であった。その折に私にわかったことがある。安心ということは既に統一されたものである。これから安心を統一するのでない。安心ということは世の中の統一されたところである。何が統一するかというと、その統一しておる働きは法である、天地の大法である。法というものがあって初めてそこに安心というのがある。

人間にはそれぞれちゃんと道がある。突然来て私を殴ることはない、気違いでなければ。今日沖縄から竹内三和氏が死んだと電報が来た。山田亮賢君の弟が那覇の真教寺に養子に行くことになり、この事に就いて色々骨折った人であり、その結婚式には私共夫婦に来て貰わねばと一生懸命になっておった人がぽかっと死んだ。一昨々年から私を沖縄に招待すると用意しておった。突然に死んだように思うけれども三年前からちゃんと準備しておったのだ。西郷隆盛は、人は生まれぬ先に死ぬ日は決っておる、だから私はどういう鉄砲玉の中に入っていっても死ぬ時でなければ死なぬと言われたそうであるが、ちゃんと決まっておる。それをお互いは知らんのである。突然来たように思うけれども、世の中の出来事は、突然来るものでもなければ、偶然来るものでもない。皆それぞれ順序を経て来るものである。突然でもなく偶然でもない、一糸乱れず世の中の事は行われて行くということがわかった時、初めて安心が出来るのである。生死ということも大きな道理の上に運ばれて行く。人と自分との上でも道理の上に運ばれて行く。そういうものである。そういうものであればこそ我々は安心しておられる。人の物と自分の物との区別の出来ない者を法によって取り締まる。悪事を働いた人は何故牢に入れられるかというと、国の不安のもとになるからである。その人をそこに入れて置く事は社会が安心だからである、その人自身も安心である。近頃共産主義運動は危険思想だといわれている。改革の為には手段を選ばぬという所が危険だというのです。度々約束を守らないとあの人とは安心して交われないと言われる。

世の中の事は一糸乱れずに起こってくるものだから法を信ずるのです。法を信じた時に初めて安心がある天地万物が統一されておる所に本当の安心がある。安心を統一するのでない、統一の心が明らかになったのが安心であります。ところが我々には不統一がある、あれはこう思うだろうか、ああ思うだろうかと自分の心に不統一の所がある。そうすると不安です。どこか欠け目がある、偶然がある、突然がある。順序よく行われておることも突然と思われ偶然と思われる。そして驚かねばならない。婿を貰った、嫁にやった、安心だと、そういう安心なら一日に三遍も五遍も安心したり不安になったりする安心だ。誰も嫁を貰うのに苛めてやろうといって貰う者は居ない、だから貰う方もやる方も法に叶うておれば不安なしにやったり貰ったり出来る。ところがそこに無法が出て来る。我々は法を法のままに中々見ることが出来ないのです。だから仏様が宇宙の法則を見抜いて、仏の統一された心から説き出されるそのお言葉の上に天地の大法を味わわしてもらうのであります。仏のお言葉は正法であります。

又邪法ということがある。手造りの法は邪法である、曲った法です。曲った法は法でないのです。よく我々が、そんな法があるか、という言葉を吐くが、正法というのは法そのままの法であります。本当は法に邪と不とあるのでない。邪法というのは無法ということと同じであります。正法というのは法そのままである。正法というのはお釈迦様が説かれた法であります。お釈迦様の正しい御法をそのまま相続した時代を正法の時代と言っておる。

「若箇《いかんが》道理是れ真宗なる」、それでは真宗ということはどういうことであるか。真宗とは親鸞聖人がお開きになったものだと思うと間違いである。既に支那の法照禅師の御釈に真宗ということがある。真宗ということと正法ということを段々教えられるのであります。

「好悪今の時須《すべから》く決択すべし、一一子細朦朧たること莫《なか》れ」、正法を好むか、或いは真宗を好むか、今の時に須《すべから》く決択すべきである、と。法照禅師のおこころからいうと、正法と真宗と別であるように思えます。正法と真宗と二つあるようです。正法に行くか、真宗に行くか、好むと憎む、好きか嫌いか、はっきり決めなさい、と。一つ一つ不明瞭な所があってはならない、はっきりせよ、去就を決せよ、と。言葉尻が濁るのは不正直である。文章でも初めは堂々としていても、はっきりしていないと終りが抜ける。もの事をはっきりする、ここに我々の行くべき本当の道があるのです。

正法能《よ》く世間を超出《ちょうしゅつ》す。
持戒《じかい》・坐禅《ざぜん》を正法と名《なづ》く、念仏成仏《じょうぶつ》は是《こ》れ真宗《しんしゅう》なり、
仏言《ぶつごん》を取《と》らざるを外道《げどう》と名《なづ》く、因果《いんが》を撥無《はつむ》する見《けん》を空《く》と為《な》す。

「正法能く世間を超出す。持戒・坐禅を正法と名《なづ》く」、持戒は戒律を守る、坐禅は心を静める。これは法照禅師の正法に就いての解釈であって、こういう正法はよく世間を超える。世の中の当り前の日暮しを超え出て行く、世間の日暮しと違う。

「念仏成仏は是れ真宗なり」、御和讃に、念仏成仏これ真宗とあるのは、この御言葉から御開山がお引きになったのである。念仏して成仏する、これが真宗である、真宗の宗旨である、と。持戒・坐禅を正法といい、念仏成仏を真宗という、どちらを取るかはっきりせよと言われる。法照禅師の仰った事はそういう意味であると思いますが、私は正法ということももっと深く考え、念仏ということももっと深く考えておるのであって、念仏そのまま正法と信じておる。法照禅師の仰るのには宗旨という根性があるようであります。例えば禅宗の外に真宗があるというように、やはり一つの宗旨でいかねばならんというように。坐禅をして悟りを開くか、念仏して悟りを開くか、どちらでもよいように思いますけれども、いよいよ選んで行くということになればどちらか一つ自分の根機に合うたものを選んで行かねばならない。禅師が、持戒・坐禅で行くなら禅宗で、念仏するなら真宗でと言われるところから法照禅師は宗旨家だと言われる所以であろうと思う。が、念仏で行くか、坐禅で行くか、そこは根機相応である、そこをはっきりせよと仰る。

「仏言を取らざるを外道を名《なづ》く、因果を撥無する見を空と為す」、釈尊のお言葉を信じない者は外道である。外道にも沢山あるけれども、世の中の因果の道理を無視する如きはそれである。それらは空《くう》一方に片寄った邪見である。ここで空とするというのは、邪見だから問題にならんというのである。

正法能く世間を超出す。禅《ぜん》・律《りつ》如何《いかん》ぞ是れ正法ならん、念仏三昧《さんまい》これ真宗《しんしゅう》なり、性《しょう》を見心《みしん》を了《さと》るは便《すなわ》ち是れ仏なり、如何《いかん》が道理相応《どうりそうおう》せ不《ざ》らん。略抄す

「正法能く世間を超出す。禅・律如何ぞこれ正法ならん」、正法は世間を超出する。それでは禅宗や律宗は正法だろうか。

「念仏三昧これ真宗なり、性を見心を了《さと》るは便《すなわ》ちこれ仏なり、如何が道理相応せ不《ざ》らん」、一生懸命念仏することは真宗である。仏様は自分の本性を見、心を悟れるお方である、その仏を念ずれば道理と相応する。

一応は禅・律を正法ということが出来る。禅・律という形のものそのままが正法かどうか。念仏といえば禅・律を離れたもののように思うが、念仏とは仏を念ずるということである。仏は世の中の真実を悟ったお方である。その仏を念ずるのだからどうして道理と離れたことであろう。正法は道理である、仏のお言葉は世の中の道理である。道理はドハルマ、正法は仏である。そういう仏は言葉でない、仏の真実である。本当に大切な所は念仏だ。律とか禅とかはただ世間を超出する、世間と離れてゆく。仏を念じて仏になることは最も正しい道理に叶うた道である。念仏成仏これ真宗である。法照禅師はどういう事を言われるかというと、一応は禅・律を正法と名付けるが、仏教中の真宗ではない、本当の正法は、念仏成仏これ真宗である。仏を念ずるということが正法である。そしてそれが真宗である。律を守るとか、坐禅するというのは形の言葉である。その言葉の底にある仏、その仏を念ずるいうことが一番大事である、と。ここは大切なところであります。

元日に大阪から人が来られた、始めて会うた人である。その人は、初めに梅原真隆さんの本を読み、次に金子大栄さんの本を読んだ。次に私の本を沢山読み、是非会いたいと思って来た。私の寺へ来て勤行に会い、この時本当に善知識に会わねばならぬと思った。いくら本を読んでおっても勝手読みでは駄目だ、今日先生に会うて、じかにお話を聞き、初めてはっきりしたとその人は語った。或る人は、私は先生の話より勝手読みで先生の顔を見に来たという人もある。読む事や聴くことを抜きにして、ただ顔を見に来たということは問題でありますが、やはり生きた顔に接するということとは信心の一つの匂いに触れるのであります。禅師が坐禅をせよ、持戒をたもてと仰ったことも、人間の形の上のことではない。そう仰ると仏の真実、それがわからねばならぬのである。言葉の先だけでわかっておったのでは助からんのである。念仏成仏これ真宗、仏のこころの底に触れるのである。仏の全体に触れるのである。生きた人格に触れるのである。それによって助かるのである。そこを法と仏と分けてお知らせになっておるのであります。

何れの世、何れの人が是の法を貴ばざる。

其れ三宝に帰りまつらずば、何を以てか枉れるを直うせん。

と『十七条憲法』にありますが、こう仰る時は法であります。三宝というのは法をお知らせになったのであります。法ということを間違ってただ仏の言葉といって聞く者が、その言葉の末にとらわれると本当の源を離れてしまう。言葉によって真実の心に触れ合い、心の真実に触れる。そこで初めて溶け合う。手紙などを見ると中々感心なこと言うておるが、実際会うてみるとどうもしっくりしない人がある。又或る人は横着そうな人だが、会うとしっくり来る人がある。本当の仏の生きたこころに触れる、それが念仏です。ともすると南無阿弥陀仏南無阿弥陀仏と口先で称えることが念仏だと思うておる人があるがそれは間違いである。「大行とは則ち無礙光如来の名を称するなり」とみ教えを受けた。本当の行は魚食わんのでもない、妻持たぬのでもない、本当の行は仏を念ずることである。仏は法の体験者である。法自身の現われである。仏を念ずるその心が行である。大行とは、法それ自身を自分に行うてゆくことである。法は人格の上でいえば行である。仏を念ずるということが大行である。そういう所に生活の本拠を持っておれば淋しい道を歩むことになる。大慈大悲の本願に溶け込む、本願に乗托して念仏する道は、全身そこに投げ出して、仏の精神を自分のうちに躍り込む、それが大道理を頂くのである。仏のおこころに身も心も従うのである。自分自らが仏の中心に躍り込むのです。これが念仏です。人は形にとらわれて感服したり念仏したりする。そういう所に生活の本拠を持っておれば淋しい道を歩むことになる。法照禅師は念仏そのままが正法であるというおこころをはっきりとここに言い現わしておられるのであります。初めには正法と念仏とうに言われておる、がもう一つ進んで考えると「念仏成仏は是れ真宗なり」と、仏のおこころを否応なしに自分の胸の中に頂くという所に、法も律も禅も本当の意義が明らかになります。この事をお説きになったのであります。

これでこそ本当に正法を会得するのであります。念仏成仏是れ真宗、この真宗こそ摂受正法であります。仏様を相対的に現わし、次に絶対的に現わされた。行くべき道はただ一つであります。念仏成仏是れ真宗、この真宗こそ摂受正法であります。法と共に生き、世界の法則と共に生きる道であります。ここに於いて、大行と仰せられた御開山のおこころの意味合いも明らかになって来るのであります。

（昭和十年一月六日・北川勝忍家）

第五十五講

『阿弥陀経』に依る。
西方は道に進むこと娑婆に勝れたり、五欲及び邪魔無きに縁りてなり、成仏するに諸の善業を労しくせず、華台に端坐して弥陀を念ず。

法照禅師が『阿弥陀経』によってお味わいになった御釈であります。

「西方は道に進むこと娑婆に勝れたり」、西方の浄土の道に進むことは娑婆に勝れている。特別に結構なことである、なぜか。「五欲及び邪魔無きに縁りてなり」、五欲とは人間世界のことである。五欲は、財欲・食欲・色欲・名誉欲・睡眠欲であるが、そういう欲が無い、又よこしまな邪魔物もないからである。この教えを頂く時、我々は道を進む場所を大切にせねばならぬということを教えられます。水は方円の器に従い人は交わる友によると言いますが、人間はその居り場所で色々変わるものであります。氏より育ちといいます。教えは余程大事なものであります。

この頃我が寺へお勤めを教えに来ておられる今江の願生寺の御院主は、お父さんが大変お勤めが上手であった。子供の時からその教えを教えに来ておられたから自然と上手なのです。先代が厳しく育てられたれを聞いておられたから昔から学問を尊んで来た。だから段々学問好きに育てられます。居り場所というものは大事である。大阪からである。我が寺なら昔から学問を尊んで来た。東京に住んでおるといつの間にやら東京くさくなる。この辺でも北安田の人と徳光の人と様子がに住んでおると大阪くさくなる。東京に住んでおるといつの間にやら東京くさくなる。この辺でも北安田の人と徳光の人と様子が違うておる。環境は大事なものである。支那の孟子の母は子供を育てるのに三遍家を移った。最後は学校の横に移った。孟母三遷の教えと言われて有名である。見たり聞いたりするといつの間にか移る。魚屋は魚くさい、医者は薬くさい、百姓で泥くさい、坊主は抹香くさい、それでよいのです。ところがこの頃では、坊主も抹香くさくない者、百姓で泥くさくない者、魚屋は泥くさい、百姓は泥くさい、坊い者が居る。これは我が仕事をせんからである。極楽へ行けばいつの間にやら暗い心が明らかになる。仏の願いが育っておるといつの間にやらその願いによって勝れた心になる。だから娑婆を逃れて極楽へまいることを願うのである。今この法座は、勝った負けた儲かった損したというような場所と大分違う。人間は腹立つこともあろうし、愚痴の出ることもあろうし、色々なことがあろ

443

教行信証行巻講話

うけれども、仏様の広いおこころを聞いておって、そして家へ帰って腹が立ったら、今居った場所に照らされ、ああ何を思っておるのだと自分に気付かされるのです。御法座はただの居り場所とは違います。この春高松君が来られた。あっちこっちの法座について参って、しきりにこの辺をうらやんでおられた。高松君は御開山の永く居られた関東の高田の専修寺の近くの人である。そこには御開山のお弟子の真仏坊や顕智坊の寺などあって、御開山に御縁の深い、七百年来浄土真宗に御縁のある土地である。だから北国よりも古い歴史を持っておる。けれども今はこちらほど御法儀が繁昌しない。私は毎年一度あの辺の家へまいりますけれども、こっちのようにこんなに法座がないのです。こういうふうになごやかな法座が度々あるということは結構なことであります。法の話を聞いておるうちに自然とどこかが変わって行くのです。北安田の人が他の村の人と話をしておると変わった所がある。土地というものは妙なものである。仲間というものが大変大事である。本当の道をふんで行く人は善き同行や善知識を持っておる。善知識に親しみ、同行に交わってゆくということは自然と仏になる道を行くことになる。極楽への道中はどこかというと、このお参りの場所に足を運ぶことである。ここから道が続いて行くのである。しかし時によってお参りの座で、念仏そこのけで内輪の悪口や、世間の話をしているというならば、寺へ参っても所詮その甲斐がない。そこへ行けば仏のこころが味わわれるというような所へは勤めて足を運ぶようにせねばならんのであります。西方浄土にまいる者は五欲や障りがない、邪魔がない。だから道が退転する気づかいがない。こういう按配で西方に生まれることを願うのであります。

「成仏するに諸の善業を労《いたわ》しくせず」、浄土へ行くのに諸々の善業を労とせず押されてゆくのだ。その仲間に入ると善い事をするのに骨が折れない。西方行きの仲間に入ると皆手を引かれる、押されて行く。諸々の善業を修めることは要らない。ただ「華台に端座して弥陀を念ず」、蓮のうてなに端座して弥陀を念ずるばかりである。

五濁《ごじょく》の修行は多《おお》く退転《たいてん》す、念仏して西方に往《ゆ》くには如《し》かず、
彼《かしこ》に到れば自然に正覚を成ず、苦海に還来して津梁《しんりょう》と作《な》らん。

「五濁の修行は多く退転す」、五濁とは五つの濁りである。劫濁・見濁・煩悩濁・衆生濁・命濁である。色々の濁りの世の中で修行しておる人は退転することが多い。障りのために退くのである。

「念仏して西方に往くには如かず」、されば仏を念じて浄土に往生するにしくはない、早く西方浄土に行く事が大切である。

「彼に到れば自然に正覚を成ず」、お浄土に行けば自然にこっちがはからわないでも正覚を成ずることが出来る。仏になれる。そうなった上は、「苦海に還来して津梁と作《な》らん」、苦海とはこの娑婆である。一遍往生して仏になった者は、この五濁悪世の苦海に還って来て、渡しや支えとなって彼岸に渡す身分になるであろう。津梁《しんりょう》の津はつ、梁はり、大きな支えものになる。大工の棟梁というのと同じ意味です。海を渡すような身分になるということです。

万行之中に急要と為す、迅速なること浄土門に過ぎたるは無し、但本師金口の説のみにあらず、十方の諸仏共に伝え証したまう。

「万行之中に急要と為す」、色々の行の中でお念仏するということは、最も急がねばならぬ道である。要のところである。

「迅速なること浄土門に過ぎたるは無し」、これは余程有難い味わいであります。やはり来た方が一番近道である。暁烏を知らぬ先に暁烏の本を読んでおる、する

と読んでおる中にそばに来たいという心を起こす。やはり仏の近くに寄れば仏の匂いが移る。師匠のそばに寄って行く。仏のそばに行って

仏を念ずるということが仏になる一番の近道である。やはり仏の近くに寄れば仏の匂いが移る、自然と仏の道に近付いてゆく。お

浄土まいりの一番の近道は、浄土門に過ぎるものはない。

「但本師金口の説のみにあらず、十方の諸仏共に伝え証したまう」、この事はお釈迦様のお口から出た話ばかりでない、十方恒河

沙の仏様が証拠立てて私共にお伝え下されている。

此の界に一人仏の名を念ずれば、西方に便ち一蓮有りて生ず、

但一生常にして不退なら使むれば、此の華還りて此の間に到りて迎う。略抄す

「この界に一人仏の名を念ずれば、西方に便ち一蓮有りて生ず」、この界に一人の人がおって、仏を憶い、仏の名を称え奉れば、

「但一生常にして不退なら使むれば、この華還りてこの間に到りて迎う」、この人の一生の間仏を念じておるならば、この華がそ

の人の所へ迎えに来てこの人を連れて行って下さる。

こういうみ教えを頂くと、この娑婆と極楽というものが大変近く味わわれます。この世に居って我々が仏を憶う時、お浄土に私

が坐る蓮台が出来る。大変味わいのあることである。こっちの願いがちゃんと向うの果となって現われる。因の願が果上のうてな

になる。そしてこの間お念仏しておると、今度はこの蓮台が臨終の所まで近付き、娑婆まで迎えに来て下さる。五濁の世に居る

ということは、煩悩悪業の世界におるということですが、それが仏様のおこころを聴いて、仏様のみ教えの中に心が入り込んで、

そして仏様を念ずるという時に、即ち我々が仏を念ずるその心がそのまま浄土の蓮台をこしらえることである。蓮台が出来るとい

うことは、仏を念ずる時には自分が仏になるということである。念仏成仏である。仏を念ずるその心が仏の名に現れ出て

が仏を憶う時、仏は私らの所へ来て下さる、南無阿弥陀仏ということは、阿弥陀仏の光明無量・寿命無量の仏の中にこれ真宗がある。我々

という時に、仏様が我らと共に居って下さるということは、阿弥陀仏の光明無量・寿命無量のお徳を称えたら、南無

分と共に居って下さる。光明無量・寿命無量の仏様という事は、遠い彼方にいらっしゃるのでない、近くに、自

という二字が果となって、仏様が我らと共に居って下さるということであります。だから南無阿弥陀仏という時に

は仏は我らと共にいらっしゃる。その証拠に我が口から南無阿弥陀仏と出られたのである。仏を念ずるその心が仏の名に現れ出て

下さるのである。親鸞聖人は念ずる心も信ずる心も、弥陀如来の方より廻向しまします心なりと仰った。ここ迄考えてくると、五欲の世界、五濁の世界だと思っておるここが阿弥陀様の光明の世界である。光明の世界の明かりがわかると、今度は五欲や五濁の世に仏様の光明のお照らしに引かれて活動の力を現わすことが出来るようになる。

聖人のお言葉に、

大悲の願船に乗じて、光明の広海に浮びぬれば、至徳の風静かに、衆禍の波転ず。

と、難儀なことがいくら寄せて来ても、足許に寄らないようになる。その広いおこころに一度摂取せられたならばどんな苦しみが出て来ても渡して貰えるのである。

先に一寸考えておった。自分一人が助かるということを考える時、一切衆生の善も悪も皆自分を導く如来様のお手廻しである。だから腹立てておっても、苦しんでおっても、皆自分へのお手廻しである。そうなると、善人にも悪人にもお礼を申さねばならない。正しい人にでも不正の人にでも、ようこそここまで教えて下さったとお礼が申されるということは、自分一人が助かっておることである。その喜びの中に入っておれば世の中の全ての人も助かるのである。そうした喜びの中に又ふっと差別の世界に帰ってくると、今苦しんでおる人にも同情の念が出る。そしてこういう尊い世界があるということを知らして上げることが出来る。そして自分と同じような喜びに引き上げたいと思う。五濁悪世はそのまま広大な仏の御催促であります。そして更に一歩出て五濁を五濁と見てこの濁りを清めてゆきたいという心もまた出て来ます。この心が衆生済度の心である。自分が仏のお慈悲を讃嘆することによって願いが自然と満足せられてゆきます。そこにお念仏のもとに自利利他が成就しておる味わいが頂かれるのであります。この世でお念仏を称える時、浄土に蓮台が出来るということは、娑婆と浄土とは一つであって遠く離れていないということを申されたものであります。形の無い世界、距てのない世界を形の上に現わして、こうしたみ教えのあるということを味わわして貰います時、ただ形の無いところの話を聞いておっても、どうもはっきりしないようであるから、形の世界によせて形の無い仏の境界を明らかに知らして下さるのであります。

この一段では、「大行とは則ち無碍光如来の名を称するなり」と、念仏の力の偉大なこと、又、あらゆる行の中で念仏は最も大切な行であるということを、法照禅師の御釈を通してお味わいになっておいでになるのであります。（昭和十年一月八日・米永嘉之作家）

暁烏敏（あけがらす・はや）1877年生、1954年歿。真宗大谷派僧侶。真宗大学卒、東京外国語学校露語別科中退。清沢満之に師事。私塾浩々洞に入り、佐々木月樵、多田鼎とともに浩々洞三羽烏と呼ばれる。清沢らと雑誌『精神界』を発刊し、清沢歿後は主宰。1911年、異安心（異端）扱いを受ける。各地で講演を行い多くの信者を獲得。1951年、真宗大谷派の宗務総長に就任。『暁烏敏全集』（香草舎版23巻、暁烏敏全集刊行会版28巻）。

教行信証入門講話集

刊　行　2016年1月
著　者　暁 烏　敏
刊行者　清 藤　洋
刊行所　書肆心水

135-0016 東京都江東区東陽 6-2-27-1308
www.shoshi-shinsui.com
電話 03-6677-0101

ISBN978-4-906917-50-1 C0015